KB261178

가면을 벗은 역사
Debunking History

가면을 벗은 역사

지은이 | 에드 레이너 & 론 스테이플리
옮긴이 | 이종인
펴낸이 | 김성실
편집주간 | 김이수
편집 | 박남주 · 천경호
마케팅 | 이동준 · 이준경 · 강지연 · 이유진
디자인 · 편집 | (주)하람커뮤니케이션(02-322-5405)
인쇄 | 중앙 P&L(주)
제본 | 광성문화사
펴낸곳 | 시대의창
출판등록 | 제10-1756호(1999. 5. 11)

초판 1쇄 인쇄 | 2008년 4월 21일
초판 1쇄 발행 | 2008년 5월 2일

주소 | 121-816 서울시 마포구 동교동 113-81 4층
전화 | 편집부 (02) 335-6125, 영업부 (02) 335-6121
팩스 | (02) 325-5607
이메일 | esuesu21@naver.com(책임편집자)

ISBN 978-89-5940-101-7 (03320)
값 29,500원

Originally published in English by Sutton Publishing under
the title DEBUNKING HISTORY copyright ⓒ Ad Rayner and
Ron Stapley 2002, 2006. All right reserved.
Korean translation copyright ⓒ Window of Times 2008.

가면을 벗은 역사

시대의창

새롭게 아는 재미,
역사를 보는 안목

19세기 독일의 역사가 랑케는 역사를 "실제로 있었던 것을 그대로 보여주는 것"(wie es eigentlich gewesen)이라고 말하면서 역사가의 임무를 과거의 충실한 재현으로 정의했고, 이것이 근 100년간 서양 사학사의 큰 줄기를 형성해왔다. 여기에 대하여 20세기 영국의 역사학자 E. H. 카는 역사를 "역사가와 사실들 사이의 지속적인 상호작용의 과정, 또는 과거와 현재의 끊임없는 대화"(an unending dialogue between the present and the past)라고 주장하면서 반론을 폈다. 이런 상호작용 및 대화가 활발하게 벌어질 경우 사실의 기록에는 어쩔 수 없이 차이가 발생하게 되는데, 그 점을 지적하여 "소설이 상상으로 쓰는 사실이라면, 역사는 사실로 쓰는 소설"이라는 말까지 나오게 되었다. 이것은 과거의 사실이 하나의 기록으로 변모되는 과정에서 필연적으로 개입하게 되는 상상력의 역할 또는 오류를 강조한 말이거니와 이 책의 저자들도 이런 상상력이 작용한 부분을 신화, 전설, 오류, 역사적 논쟁 등의 네 부류로 나누어서 그것이 실제 사실로부터 얼마나 동떨어져 있는지 분석·비판하고 있다.

역사적 기록의 오류는 크게 보아 인물과 관련된 신화, 사건과 관련된 전설, 인물과 사건이 동시에 개입하여 빚어진 헛소문 등으로 대별할 수 있다.

먼저 인물을 살펴보면, 이 책의 020번째 이야기는 프랑스의 19세기 총리 탈레랑을 다루고 있는데, 과연 그가 "비단 양말을 신은 똥덩어리"인지에 대하여 의문을 제기하면서 그의 행적을 추적하고 있다. 이런 간결한 기사의 이점은 두꺼운 탈레랑 전기를 읽을 때의 지루함을 완전 배제할 수 있다는 것이다. 가령 700쪽에 이르는 프랑스 역사학자 장 오리외의 탈레랑 전기(1974년)를 읽는 것보다는 이 책에 실린 간단한 전기를 읽는 것이 탈레랑의 전반적 인상을 파악하는 데 더 유익하다. 그의 배경, 그의 인간성, 그의 위기, 그의 정치력, 그의 단점 등을 일목요연하게 제시했기 때문이다.

사건과 관련해서, 121번째 이야기는 공산주의가 멸망한 배경을 아주 간결하게 요약하고 있다. 레닌과 스탈린 시대에 무력으로 유지되던 공산체제는 흐루시초프 이후 그런 무력이 제거되자 노골적인 비효율성을 드러냈고, 그리하여 고르바초프 시대에 들어와 저절로 붕괴될 수밖에 없었다는 것이다. 공산주의는 현실에서는 안 통하는 탁상공론인데 그것을 강제로 찍어 눌러 75년씩이나 지속시킨 것이 오히려 대단하다는 논평을 하고 있다. 불과 7쪽에 지나지 않는 짧은 글이지만, 이것처럼 정곡을 찌른 공산주의 멸망사는 따로 읽어본 적이 없다. 149, 150번째 이야기에서 다룬 팔레스타인 분쟁과 아일랜드 분쟁도 사태를 탁월하게 요약하고 있다.

사건과 인물이 합쳐진 현상에 대해서는 022번째 이야기인 와이어트 어프의 전기가 인상적이다. 어프는 〈오케이 목장의 결투〉로 유명한 서부 보안관의 모델인데, 이 어프가 실제로는 깡패에 지나지 않았다는 것이다. 공저자는 어프의 자세한 배경을 설명한 후, 이런 비판을 가하고 있다.

그는 보안관 배지를 달고 설치는 무법자에 지나지 않았다. 더 흥미로운 의문은 왜 이런 이상화된 도덕성이 오랫동안 미국 문화를 상징해 왔는가 하는 점이다. 20세기 내내, 서부개척시대의 소설과 영화들은 선과 진실이 악으로부터 도전받지만 결국 승리한다는 생각을 널리 퍼뜨렸다. 하지만 백마를 탄 기사가 자신의 미덕을 유지하면서 악을 물리친다는 생각은 실은 미국 역사에서 가장 명예롭지 못한 일화—노골적인 탐욕 때문에 원주민을 마구 몰살하고 그들의 땅을 빼앗은 일화—를 은폐하고 있다.

이런 이상화된 도덕성(실제로는 도덕적이지 않으면서도 겉으로는 도덕적인 체하는 것)은 미국의 영토확장주의와 결탁하여 운명현시론運命顯示論으로 확대되었다. 미국 개척시대의 변경민들은 인디언들이 야만인이기 때문에 파멸시켜도 아무 문제가 없다고 생각했고, 영국, 캐나다, 스페인, 프랑스, 멕시코 등과 영토전쟁을 벌일 때 그것이 탐욕적인 영토확장과는 무관하고 오로지 '하느님의 뜻'이라고 합리화했다. 이처럼 사태를 임의적으로 선과 악으로 양분하여 자신들을 일방적으로 선의 입장이라고 생각해버리는 것이 운명현시론의 본질이었다. 미국의 먼로 독트린에도 이런 양면적 모습이 깃들어 있다. 그것은 까놓고 말해보자면 "당신은 아메리카 문제에 간섭할 수 없지만 우리 미국은 적절하다고 생각되는 경우 당신의 문제에 개입할 수 있다"는 것이다.

이런 문명 비판 외에 사상의 분야도 두루 언급하고 있다. 가령 진화론에 대해서는 이런 논평을 하고 있다.

"그것은 영국과 세계의 사회·경제적 사상에 영향을 미쳤다. 철학과 형이상학은 심한 변화를 겪었다. 문명사회에서도 생존경쟁이 불가피하다는 사상을 지지하기 위해 진화론(적자생존)이 인용되었다. 어떤 '사회적 다윈주의자들'은 약자와 강자의 관계에 개입하려는 인도주의적 시도는 '자연'의 의도와 상반된다고 생각했다. 국제무대에서는 휴스턴 스튜어트 체임벌린이 다윈주의 가르침을 인종적 우월주의의 개념에 적용했고, 히틀러는 아리아인의 우월성에 대한 생각을 보강하기 위해 진화론을 활용했다."

그러나 이런 심각한 내용만 다루고 있는 것은 아니다. 극적인 상황 대비로 유머러스한 효과를 자아내는 기사들도 있다. 가령 소 피트의 유언을 다룬 부분이 그러하다. 1806년 1월 23일, 영국 총리로 재직하다가 세상을 떠난 소 피트의 유언은 "조국이여, 어떻게 너를 이대로 두고 떠날 수 있을까"로 알려졌다. 영국이 트라팔가 해전에서 승리했지만, 오스트리아의 울름과 아우스털리츠에서의 참패 탓으로 유럽 내 동맹국을 얻지 못했기 때문에 피트는 마지막 몇 주 동안 아주 상심했다. 조국을 생각하면 차마 눈을 감을 수가 없는 상황이었다. 하지만 실제 유언은 그게 아니었다고 한다. 피트의 유언은 "벨러미의 송아지고기 파이를 먹고 싶어"였고, 요리를 가져다주기 전에 그는 세상을 떠났다. 벨러미의 송아지고기와 조국이여 운운하는 얘기는 너무 천지차이여서 읽는 이로 하여금 웃음을 터트리게 한다.

이 책은 이런 흥미로운 역사의 에피소드 150장면을 다루고 있다. 이 책의 공저자는 대학교수를 지낸 경력이 있는 만큼 야담 수준의 역사 에피소드를 나열한 것은 아니고, 일정한 역사의식을 가지고 여러 유명한 사건들을 해석하고 있다. 공저자의 해석에 대하여 독자들은 때때로 반론을 펴고 싶기도 할 것이다. 실제로 공저자는 그런 독창적인 반론을 기대하면서 이 책을 써나갔다. 가령, 링컨 대통령과 케네디 대통령을 다룬 기사에서 설사 두 대통령이 암살을 당하지 않았더라도, 미국은 남북전쟁의 후유증을 앓았을 것이고 베트남전은 계속 수렁에 빠졌을 것이라는 논리를 펴고 있다. 이것은 개인의 의지가 역사의 단절적 발전에 커다란 기여를 한다고 보는 독자들에게는 충분히 반론의 여지가 있는 해석이다.

공저자는 또 사안에 따라서 다양한 시각으로 역사적 인물들을 살펴보고 있다. 가령 스탈린, 히틀러, 로베스피에르, 워싱턴, 레닌, 존 브라운, 비스마르크, 루이 16세 등에 대해서는 개인적 사항에 더 조명을 맞춤으로써, 역사적 인물과 사건을 두루 살펴본다. 이 책에서 다룬 사건들은 18~20세기의 영미권과 유럽 대륙에서 벌어진 것들인데, 300년에 걸친 여러 지역의 역사이므로, 작은 부피의 책에서는 선택과 집중이 불가피했다는 것을 공저자는 밝히고 있다. 하지만 사건의 개요를 정확하게 지적하여 독자들에게 관련 사항을 더 연구하도록 유도하는 솜씨는 평가할 만하다. 역사에 관심 있는 독자들에게 입문 수준을 넘어서는 자극을 제공하는 좋은 책이다.

옮긴이 이종인

역사에는 오류가 없지만
사람들이 오류를 짓는다

역사에는 오류가 있을 수 없다는 얘기가 전해온다. 왜냐하면 역사는 이미 끝난 일을 다루고, 끝난 일은 영원히 확정되어 바뀌지 않기 때문이다. 어떤 행동을 선택하는 것은 현재 이 순간만 가능하다. 그래서 현재의 시점에서만 오류를 저지르는 것이 가능하다. 과거에 벌어진 일은 이미 종료되었으므로 현재의 우리는 그것에 전혀 손을 댈 수 없다. 이러한 주장이 역사 무오류론의 골자다. 하지만 역사는 과거의 '끝난' 일로만 구성되는 것은 아니고, 과거의 끝난 일을 '연구'하기도 한다. 이런 연구의 관점에서 보자면 누구나 실수를 저지를 수 있다.

오 류

우리는 객관적 사실을 잘 몰라서 또는 일부러 왜곡함으로써 역사의 사실들을 엉뚱하게 이해할 수 있다. 가령 넬슨이 워털루 전투에서 죽었다고 얘기한다면 이런 언급은 아예 잘못된 것이다. 연합군이 최초의 원자폭탄을 1945년이 아니라 1941년에 일본의 두 도시에 투하했다고 말하는 것 또한 오류다. 이러한 오류는 역사적 사실을 잘 모르는 데서 비롯한다. 사실의 왜곡, 말하자면 프로파간다의 목적으로 역사적 사건을 부풀리는 것, 이를테면 제1차 세계대전 중 영국 함대가 유틀란트 반도에서 독일에게 압승을 거뒀다(1916년)는 얘기도 오류다. 당시와 그 이후에 그 해전을 승전으로 널리 인정했지만, 진실을 말해보자면 영국 정부가 전투 결과를 과장하여 선전한 것이었다.

신화

사건의 엉터리 제시에는 신화와 전설도 포함된다. 이렇게 된 것은 고의적인 왜곡과 부주의한 잘못의 경계가 불확실할 뿐 아니라 모호하기 때문이다. 때로는 하나의 오류로 시작된 것이 시간이 흘러가면서 사람들의 마음속에서 영원히 자리잡게 된다. 그것이 사실보다 더 그럴듯해 보이기 때문이다. 때때로 '신화'는 진실보다 더 그럴 듯해 보인다. 그래서 후대에 들어와 그 오류를 아무리 고치려고 해도 신화는 계속 살아남는다. 마리 앙투아네트의 경우가 그랬다. 그녀는 프랑스 혁명 때 빵이 없어 굶주리는 파리 시민들에게 이렇게 말했다고 한다—"그럼 케이크를 먹으면 되잖아!" 사건을 이렇게 왜곡하여 제시하는 것은 옳지 않는데도, 그것이 젊은 왕비의 냉혹함과 어리석음을 잘 보여주기 때문에 어떤 의미에서는 진실보다 더 그럴 듯한 것이다.

전설

이것도 사람들이 진실이든 아니든 무조건 믿고 싶어 하는 그런 얘기다. 19세기 미국 역사에서 데이비 크로켓, 존 브라운, 커스터 장군의 역사적 명성은 이런 전설의 특징을 가지고 있다. 영국 쪽 사례를 들어보자면 플로렌스 나이팅게일이나 아라비아의 로렌스 등도 전설적인 명성을 획득했다. 이 모든 경우, 전기작가들이나 옹호자들은 이미 매력적인 역사를 더욱 덧칠하여 아름답게 꾸며놓았다. 그들은 '실제로' 일어난 상황을 잘 살펴보지 않고, '일어났더라면 좋았을 뻔한' 상황을 더 많이 강조했다. 이렇게 하여 이 역사적 인물들은 대중의 상상력 속에서 엄청나게 위대한 인물로 부풀려지고 그들의 이야기는 도덕적 우화의 수준으로 격상되었다. 하지만 실제 벌어진 사건은 이 전설과 비교해보면 아주 시시한 것이다.

역사적 논쟁

이것은 역사가들이 과거에 벌어진 일련의 사건들을 개별적으로 살펴보면서 사건의 중요성을 토의할 때 발생한다. 역사가들은 사건의 실제적 중요성이 겉으로 드러난 피상적 상황과 다르다고 주장한다. 따라서 가장 그럴 듯한 사건의 과정이라고 생각하는 것을 설명하기 위해, 또는 발생 가능한 사건을 가장 그럴 듯하게 설명하기 위해 '다양한 이론'을 구축한다. 예를 들어, 역사가들은 1860년대 이탈리아의 국가 통일과 관련된 사건들을 살펴보면서 제멋대로 해석하여 이렇게 주장했다―"피에몬테의 수상 카부르는 이탈리아의 통일을 주도면밀하게 추구한 통일의 최고 공신이다." 나중에 역사가들은 똑같은 사실을 다르게 해석했다. 이번에는 1940~50년대 로마의 그레고리오 대학교의 문서보관소를 뒤져서 입수한 새로운 문서를 면밀히 검토하고서, 이탈리아 통일은 카부르의 목적이 전혀 아니었다는 결론을 내렸다. 사실 여러 가지 면에서 그는 통일에 반대했다. 이 특별한 논쟁은 이제 정리된 듯하지만, 역사가의 결론이 아무리 확실한 것처럼 보이더라도 나중에 새로운 증거가 등장하여 혹은 오래된 증거를 새롭게 보는 방법에 의거하여 얼마든지 바뀔 수 있다.

이런 논쟁을 순전히 추리라고 주장하는 사람들에게는 이런 대답을 해줄 수 있으리라. 따지고 보면 역사상의 '모든' 이론과 '모든' 논쟁치고 추리가 아닌 것이 어디 있는가. 역사의 사실들은 중요도의 꼬리표를 달고 있지 않으므로 그 중요성은 역사가의 추리를 거쳐서 정립되는 것이다. 사실을 실험하고 증명할 수 있는 과학과 달리, 역사의 사실들은 '지나간 사건'이고 따라서 실험의 대상이 될 수 없다. 또 과학 분야라고 해도 우주의 생성 이론은 기존의 사실들을 객관적으로 검증하는 것이 불가능하다는 점에서 역사학과 비슷한 바가 많다. 그 결과 우주의 기원을 설명하는 다양한 이론들이 현재 나와 있다.

역사상 인물이나 역사적 사건의 진정한 의미도 얼마든지 논쟁의 대상이 될 수 있다. 에이브러햄 링컨은 정말로 노예해방의 옹호자였나? 호스바흐Hossbach 각서는 히틀러에게 제2차 세계대전을 시작하려는 의도가 있었음을 증명하는가? 이러한 의견들이 진지하게 제기되기는 했지만 과연 어디까지 진실일까? 까놓고 말해 그건 이론에 불과하고 그 신빙성을 검증받아야 마땅하다. '최고의' 이론은 당대의 이용 가능한 사실들을 가장 단순하면서도 포괄적으로 설명하는 이론이다. 하지만 이론들은 항시 변하기 때문에, 그 뒤안길에 미해결의 사고방식을 잔뜩 남기게 된다. 이 책은 그런 미해결의 사고방식 또는 독특한 사고방식을 살펴보고자 한다.

오류, 신화, 전설, 논쟁들은 이 책에서 12가지 범주로 분류되고 각각의 범주는 대개 연대순으로 배치되어 있다. 이런 분류는 어쩔 수 없이 임의적이고, 어떤 사항들은 다른 범주에 넣어도 무방하므로,

각 범주의 구분도 그리 엄격하다고 볼 수 없다. 그렇지만 독자는 이 책의 목차를 살펴보면서 자신이 찾아보려는 관련 사항들을 쉽게 찾아볼 수 있을 것이다. 12가지 범주는 다음과 같다.

01. 신화가 된 역사, 이젠 가면을 벗겨봐

이 첫 번째 장은, 뒤에 나오는 각 범주 가운데 대표적인 사건만 뽑아 구성하였다. 곧 연합군인 셈이다.

02. 음모와 계략, 진실은 따로 있잖아

이 장에서 다루는 사건들은 실제로 과거에 벌어진 것들인데, 그것이 어떤 음모에 얽혀 있는지 주목하면서 서술한다.

03. 영웅과 악당, 누구 맘대로 정한 거야

이 장은 역사적 인물들을 다루면서 그를 '영웅' 혹은 '악당'으로 보는 것이 옳은지 여부를 검토한다.

04. 역사적 논쟁, 2퍼센트 부족하잖아

이 장은 분명히 이미 합의가 이루어졌지만, 추가적인 논의가 필요한 역사적 문제를 다룬다.

05. 역사의 수정, 주류에 똥침을 놓아봐

이 장은 기존 의견의 정확성에 의문을 제기하면서, 역사상 인물과 에피소드에 대한 색다른 의견을 제시한다.

06. 역사의 재평가, 새로운 눈이 필요한 거잖아

이 장은 사뭇 다른 시각에서 보는 견해와 함께, 역사상 인물이나 에피소드에 대해 새로운 관점을 제시한다.

07. 정치의 재평가, 사기치면 안 되지

이 장은 근래의 정치사에서 사건과 인물에 대한 새로운 관점을 제공하고, 그것들의 진정한 중요성을 재평가한다.

08. 국제적 사건의 재평가, 누구 기준으로 볼 건데

이 장은 근래의 국제적 사건의 전개를 새롭게 설명하고 참된 중요성을 재평가한다.

09. 해묵은 수수께끼, 참신한 해법 좀 없어

이 장은 과거 사건의 당혹스러운 특징을 다양하게 그리고 참신하게 해석한다.

10. 지속적인 논쟁, 출발점을 다시 찍어봐

이 장은 기존의 논쟁을 다시 생각하고 이어 과거 사건과 인물에 대한 논쟁적인 의견을 제시한다.

11. 대중의 오해, 그건 아니잖아

이 장은 이 책의 핵심 주제를 다루고 있는데, 대중이 역사에서 저지른 '어리석은 과오'를 취급한다.

12. 끈덕진 왜곡, 이젠 그만하지

이 장은 일반적으로 잘못 판단된 과거의 인물 또는 사건을 확인하고 그 기록을 고치려고 노력한다.

혹시 자신이 좋아하는 역사적 오류나 논쟁이 빠져서 섭섭한 독자들이 있을지 모르는데 그분들에게 미리 양해를 구한다. 우리 공저자는 역사적 과오를 찾아낼 때 절대 잘못이 없다거나, 수정할 때 모든 것을 다 알고 수정했다고 주장하지 않는다. 역사 왜곡과 오류, 전설과 신화를 반드시 칼같이 구별할 수 있다고 주장하지도 않는다. 우리는 평생 동안 대학교수 겸 역사가로 경험을 쌓아왔고 그런 경력을 증명할 만한 충분한 업적도 갖고 있다. 우리는 이 책의 내용이

계몽적이고 또 재미있기를 바라지만, 집필 과정에서 시기와 지역을
제한했음을 미리 일러두고자 한다. 이 책은 시기적으로는 18세기
후반—미국과 프랑스 혁명의 시기—에 집중하고, 지역적으로는
영국과 유럽에 초점을 맞추고 있다. 물론 그 과정에서 미국과 그 밖
의 세계와 관련된 자료도 다수 포함시켰다.

CONTENTS
가면을 벗은 역사

신화가 된 역사, 이젠 가면을 벗겨봐

스탈린은 한국전쟁에 책임이 있을까

1950년 6월, 13만 명의 북한군은 국경 너머 남한을 침략했다. 당시 소련이 전쟁의 배후라는 비난이 널리 퍼졌고, 그 뒤에도 그 주장이 거듭 제기되었다. 이런 관점은 아직까지도 대부분의 역사서에서 발견된다. 그런데 처음부터 이런 해석을 의심하면서 여러 가지 이유를 제시한 사람들도 있었다. 하지만 그들의 반론은 기존의 해석을 뒤엎을 만큼 강력하지 못했기 때문에 소련 배후설이 하나의 통설로 계속 인정되어왔다. 하지만 소련이 전쟁에 적극 개입했다는 이론은 심각하게 도전받고 있다.

소련 배후설에 의문을 품게 되는 첫 번째 이유는 스탈린의 동기에 대한 설명이 도무지 그럴 법하지 않다는 것이다. 한국전쟁이 발발하기 불과 몇 주 전에 소련 대표단은 유엔 안보리(안전보장이사회)에서 퇴장했다. 그것은 장개석 정권 대신에 중공 대표단의 회원 자격을 거부하는 서방 국가들에게 항의하는 제스처였다.

미국은 이 문제에 대하여 이런 견해를 갖고 있었다—"대만으로 잠시 도피한 국민당 정권이 중국의 합법정부이고, 1949년 말 북경에서 권력을 잡은 중국 공산당은 임시정부로서 유엔에서 중국의 지위를 주장할 권리가 없다."

한국전쟁이 발발한 뒤, 소련이 안보리 석상에 복귀하지 않을 이유는 없었다. 그런데도 그들이 복귀하지 않았다는 사실은 다른 국가들 못지않게 놀랐다는 것을 보여준다. 소련의 공식적 견해는 이러했다—"중공 대표단을 안보리에서 불법적으로 배제한 것은 이사회의 모든 행위들이 무효이고, 따라서 그런 행위들에 거부권을 행사하고 말고 할 것이 없다." 그러나 미국과 그 밖의 서방 국가들의 견해는 달랐다—"소련이 안보리에 불참했다는 사실 자체를 거부권 행사로 볼 수 없으며, 따라서 소련 불참 시에 내려진 결정은 무효화되지 않는다."

이 두 가지 해석은 어느 정도 그럴 듯했다. 하지만 만약 소련이 상대국들의 주장처럼 침략을 교사했다면, 소련은 유엔 안보리 회의에 참석하여 한국전쟁에 대한 유엔의 결의안에 거부권을 행사했을 것이다. 아무튼 소련의 불참으로 인해 안보리의 결의안은 도전을 받지 않았고, 소련은 유엔의 한국전쟁 개입을 막을 수 없었다.

이와는 별도로, 남한의 이승만과 북한의 김일성이 한반도의 영구적인 분단을 싫어했기 때문에 전쟁이 발발했다는 증거들이 상당히 많다. 양쪽은 연합군이 철수한 뒤에 필요하면 무력을 써서라도 통일하겠다는 계획을 가지고 있었다. 양쪽이 전쟁 발발 몇 주 전까지도 아슬아슬하게 국지적 도발 행동을 한 것도 분명한 사실이다. 이승만 정부의 국방장관은 전쟁이 발발하기 전에 맥아더 장군에게 이제 북한으로 진군할 준비가 되어 있다고 얘기했고, 이승만 대통령 자신은 1949년초 한국군이 평양을 3일 만에 점령할 수 있다고 자랑했다. 북한의 김일성 또한 도발적으로 행동하면서, 당시 남한에서 선거를 치른 뒤 통일에 대비하여 북한 몫으로 남겨둔 100여 석의 의석을 거부했다. 김일성은 또 국경의 수많은 ‘무력충돌’을 부추기는 않았더라도 허용함으로써 남북간의 적개심을 조장했다. 일사불란한 공산당의 언어는 으레 수사로 왜곡되었고 어조 또한 과격했다. 양쪽이 상대방으로 하여금 먼저 전쟁을 일으키도록 획책했으므로 한국전쟁이 처음부터 내전이었다는 것은 의심할 여지가 없다.

주변 강대국들은 적어도 처음에 방관자에 지나지 않았다. 소련 관측통들은 김일성의 호언장담이 속 빈 강정임을 꿰뚫어보았고 그의 전면전 능력을 의심했다. 칼리노프 장군은 북한의 전쟁 준비 상황을 주목하면서 현대적 공군력을 확보하지 못했다고 평가했다. 자카로프 장군은 소련이 자동적으로 개입할까봐 경고했다―“이 북한 사람들을 신중하게 대할 필요가 있다. …… 우리는 엉성한 마술사처럼 행동하여 극동에 골칫거리를 가져오는 엉뚱한 사태를 만들어낼 필요가 없다.”

김일성은 모스크바와 미리 상의했지만 스탈린은 의심을 품었다. 그래도 스탈린은 모택동에게 의견을 물어보았고, 전쟁은 빨리 끝나고 또 미국이 개입할 시간은 없을 거라는 모택동의 생각을 알게 되었다. 모택동은 이렇게 말했다―“전쟁은 한국인들이 스스로 해결할 국내 문제입니다.” 그런 말을 들었다고 해서 스탈린의 의심이 줄어든 것은 아니었다.

미국 또한 이념적 편견에 사로잡혀 있었다. 그 이념은 1949년이 지난 뒤에 뿌리를 내리기 시작했고, 워싱턴의 상원의원 매카시가 끈질기게 추진한 것이었다. 그 이념에 따르면, 비겁한 서방 국가가 장개석의 몰락을 초래했고 또 미국의 결의가 좀더 강력했더라면 장개석은 모택동과의 투쟁에서 이길 수 있었다는 것이다. 이런 맥락에서 트루먼 대통령은 개인적으로 소련 공산주의를 깊이 불신했고, 이미 소련과 대항하기로 마음을 절반쯤 굳혔다. 미국의 시사문제 전문가들은 공산주의의 세계지배음모를 의심했고, 미국이 조만간 그런 위험에 직면하게 될 것이라고 내다보았다. 그런 의심은 NSC 68호(국가안보위원회 문서 68호)라고 알려진 방위문서의 출현으로 더욱 강화되었는데, 이런 강력한 주장을 담고 있었다.

…… 미국은 소련의 힘을 능가하기 위해 서방의 방어력을 재구축하는 과감한 대규모 프로그램을 시작하고, 또 새로운 도전에 즉시 무조건적으로 대응해야 한다. …… 이 새로운 개념의 안보는 매년 500억 달러 규모의 연간 예산 또는 예전의 전시 수준과 비슷한 국방비를 요구한다.

이렇게 하여 공산국가를 대하는 미국의 태도에 강경한 분위기가 스며들게 되었다. 1950년 7월 27일 트루먼 행정부가 모스크바에 보낸 외교각서는 이 새로운 호전성의 증거였다. 동시에, 워싱턴은 유엔이 한반도 문제를 토론하기 훨씬 전에 남한을 위해 분쟁에 개입하겠다는 의사를 공식적으로 발표했다. 이러한 발표는 미국이 이미 한국전 참전을 결심했고 또 필요하다면 '유엔의 결의와 상관없이 독자 행동을 하겠다'는 의지를 보여주는 것이다.

한편, 스탈린은 서방이 핵무기의 엄청난 기술적 우위를 확보한 사실을 크게 의식했고, 그래서 서구와의 충돌을 몹시 피하고 싶어 했다. 이 중대 국면에서 소련에게 무엇보다도 필요한 것은 폐허에서 다시 일어설 수 있는 조용한 평화의 시간이었다. 스탈린은 나치 독일과 막 끝낸 전쟁으로 소련의 자원이 고갈되었고 또 국력이 위험스러울 정도로 바닥났다는 것을 잘 알았다. 게다가 붉은군대는 당시 동유럽에 뿔뿔이 흩어져 있었다. 당시 러시아 지도부는 사소하다고 판단되는 전쟁에 끼어들 상황이 아니었다.

이런 모든 사실에도 불구하고 스탈린이 여전히 한국전쟁의 배후로 지목된다는 것은, 서방 국가들 특히 미국이 소련 지도부의 파워, 사악함, 악마 같은 교활함을 과대평가했음을 보여준다. 자국의 취약한 경제적·군사적 상태를 감안할 때, 소련은 서방 국가들이 자신을 이렇게 높이 평가해주는 것에 기뻐했을 것이다.

 스탈린은 맘씨 좋은 '조 아저씨'일까 아니면 잔인한 학살자일까

인류 역사상 가장 무자비하고 처절한 대량 학살자는 20세기의 사람들이다. 그들과 비교하면 훈족의 왕 아틸라는 아주 자애로운 편이다. 20세기에서 단연 선두를 달리는 살인자는 히틀러이고 그 뒤를 스탈린이 바짝 쫓고 있다. 그들은 얼마나 많은 사람을 어떻게 죽였을까?

스탈린 개인숭배는 소련에만 국한된 것이 아니었다. 버나드 쇼와 웨브 부부 같은 좌파 외국인들은 1930년대의 러시아를 방문하고 자신들이 본 모든 것을 찬양했다. 거의 모든 국외자들은 '공개재판'의 공정성을 믿었고, 유명한 영국의 변호사 D. N. 프리트도 그런 사람들 중 하나였다. 역사가들은 스탈린 체제를 찬양하기 급급했거나 아니면 그 비효율성을 지적하는 일을 게을리했다. R. H. 토니와 B. 페어스의 연구서는 여전히 학생들 사이에서 널리 이용되고 있다. 스탈린이 사망한 지 훨씬 지난 뒤에도 크리스토퍼 힐과 심지어 아이작 도이처와 같은 역사가들도 스탈린을 찬양하면서 그의 결점을 최소한으로 줄이려고 애썼다. 스탈린에 반대했던 트로츠키 일파가 좀더 현실적인 시각을 가지고 있었지만, 정평 있는 소련 역사가들 중에서 스탈린 개인숭배는 아첨일변도였다. 제2차 세계대전 때 소련이 1941년에 독일의 침입을 받자마자, 서방의 의견은 1939~40년 무렵에 의심과 적의의 시선에서 존경과 아첨의 눈길로 바뀌었다. 그는 서방 세계에 '조 아저씨' 혹은 영웅 또는 거의 성인이 되었다. 그가 잘못을 저지를 수 있다는 생각은 아예 할 수 없게 되었고, 스탈린이 사악하다는 생각 자체가 사악하게 여겨지게 되었다. 하지만 한 인간이 저지른 학살의 수치로 그의 사악함을 평가할 수 있다면, 이 모든 스탈린 찬양자들은 심각한 오류를 저지른 것이 된다.

선량한 공산주의자들은 찾아보기 어렵다. 냉소적인 사람들은 선량한 공산주의자란 곧 죽은 사람뿐이라고 말했다. 정통 공산주의자들은 더 이상 마르크스의 설계대로 행동하지 않았을 뿐 아니라, 100년 동안 진화되고 발전되어 원래의 마르크스주의와는 영 딴판이 되었다. 레닌은 공산주의를 설명할 때 정치적 발전을 영구 혁명이라고 보았고, 이것이 실현될 때까지 공산주의자들은 한결같이 반反혁명과 투쟁해야 한다고 말했다. 진정한 공산주의자는 어떤 한 가지 사업에 무자비하게 헌신하는 것이 특징이었다.

1924년에 이르러 너무 뒤늦게, 레닌은 스탈린의 출세 지향을 눈치챘다. 레닌은 무자비했지만 그의 억압은 스탈린의 숙청에 비하면 아무것도 아니었다. 스탈린은 무자비한 탄압이 프롤레타리아의 영구 투쟁의 일부라며 그것을 정당화했다. 하지만 기근 문제의 대처, 쿨락(부농)의 처리, 농부들의 소외화, 산업 노동자의 타락 등을 감안할 때 스탈린에게서 공산주의자의 정통성을 찾아보기가 어렵다. 스탈린은 국가를 숙청하기 위해 학살을 밀고 나갔다는 점에서 제2의 로베스피에르라고 주장할 수도 있다. 하지만 스탈린의 학살은 이상주의라기보다 망상증에서 비롯되었다는 결론을 피하기 어렵다.

어떤 카테고리들을 스탈린의 희생자 범위에 포함시킬지 미리 정하는 것이 중요하다. 1939~40년 핀란드 공격 때 약 100만 명의 러시아인이 죽었지만, 그들은 전사자들이기 때문에 제외되었다. 독일의 침공 결과 약 2000만 명이 사망했다. 전시에 스탈린은 초기의 군사적 재난에 큰 책임이 있지만 러시아 전사자의 책임을 오로지 그에게 돌린다면 그건 좀 지나친 처사일 것이다. 그래도 전사자들의 상당수는 그의 직접적인 책임이었다.

1920년대를 통해, 정치적 처형─오래된 사회 혁명가들, 제국의 장교들, 제정 러시아 시대의 생존자들, 등등─이 간간이 발생했지만, 스탈린이 쿨락kulaks(부농, 103항 참조)을 숙청의 목표로 삼은 다음에 희생자 수가 급증했다. 스탈린이 쿨락으로 분류한 사람들은 약 500만 명으로 추정되었다. 이 사람들 중에서 어떤 사람들은 집단농장에 저항할 때 군부대나 인민위원의 손에 죽었지만, 약 350만 명은 강제노동수용소로 끌려갔고 그들 중 100만 명 이하의 사람들이 목숨을 건졌다. 그 이후에도 여러 차례 숙청이 뒤따랐다. 스탈린은 개인적으로 1930년대에 약 25만 명의 사형선고에 서명했고, 이런 건수들은 모두 충실하게 집행되었다. 많은 사람들이 재판 없이 총살을 당했고, 이렇게 처형된 사람의 10배나 되는 사람들이 강제노동수용소로 갔고, 그들의 생존율은 평균 30퍼센트였다.

1939년 소련의 공식적인 인구 수치는 스탈린에게 개인적으로 보고된 수치보다 630만 명이 더 많았다. 이 차이가 바로 기근과 숙청으로 죽은 사람들의 숫자라고 주장되었다. 스탈린이 일부러 외부 세계에 1930년대 초의 기근을 숨기면서 외국의 원조를 거부했기 때문에,

기근으로 죽은 사람들을 희생자에 포함시키는 것은 당연하다. 하지만 630만 명의 차이를 스탈린과 관련된 죽음 또는 사망자 전체에게 돌리는 것은 지나친 단순화다. 통계는 원래부터 부정확한 게 많고, 숙청 희생자의 상당수는 심지어 러시아 국민도 아니었다. 스탈린은 러시아에 망명하고 있는 외국의 공산주의자들을 신뢰할 수 없다고 하여 많은 외국인들을 죽였다. 그래도 250만 명의 쿨락 사망자와 그 비슷한 숫자의 기근 사망자는 거의 확실한 숫자다. 또 스탈린은 1930년대에도 학살을 멈추지 않았다. 1940~41년에 발트 해 연안의 국가에서 17만 명이 강제노동수용소로 보내졌고, 뒤이어 1940년대 후반에 최고조에 달했을 때 약 50만 명(인구의 약 10퍼센트)이 수용소에 끌려갔다. 희생자들은 공무원, 교사, 예전의 발트 해 공화국의 지식인들이었다. '커존 라인'의 동쪽에서 살고 있던 약 400만 명의 폴란드인들도 강제노동수용소에 끌려갔다. 발트 해와 폴란드 사람들의 3분의 1이 겨우 목숨을 건져 1956년이 지난 뒤 귀환했다. 물론 스탈린은 1941년 초부터 폴란드인을 처형하기 시작했고, 1만 5000명의 폴란드 장교들은 카틴에서 처형되었다(016항 참조).

전시에 그는 외국인만 학살한 게 아니었다. 스탈린의 망상증은 독일의 강제노동수용소 또는 전쟁포로수용소에서 살아남은 러시아인에게까지 마수를 뻗쳤다. 그들이 살아남았다는 사실 자체가 스탈린에게는 부역자의 의심을 안겨주었다. 전에 죄수였던 많은 사람들은 러시아로 귀국하자 즉결처형되거나 투옥당했다. 스탈린은 독일 수감 생활에서 생존한 사람들을 의심했을 뿐 아니라 독일 군부대나 민간 조직에서 일했던 러시아 국민들을 더 증오했다. 이런 사람들은 약 100만 명이었고, 스탈린은 자신이 당장 손볼 수 없는 자들은 즉각

귀환을 요구했다. 미국인들은 이런 귀환에 비협조적이었지만, 영국이 넘겨준 사람들은 10만 명 가까이 되었다. 이들 가운데 생존한 사람들은 거의 없었다(016항 참조).

전후에도 숙청은 계속되었지만, 1930년대처럼 대규모는 아니었다. 학살은 소련 영토에 국한된 것이 아니었다. 트로츠키는 스탈린의 첩보원이 추적하여 죽인 희생자들 중 하나였는데(1940년) 그가 그렇게 희생된 마지막 시민이 결코 아니었다. 1940년대 후반, 대부분의 위성 국가들에서 실시된 공개재판은 전전戰前의 소련 공개재판을 모방했다. 스탈린은 이런 재판에 직접적인 책임이 있다. 스탈린이 마지막에 병들어 죽지 않았다면 소련 의학계의 엘리트들이 1953년에 대규모 숙청을 당했을 것이다.

이 모든 수치는 이중 계산될 소지가 있다. 강제노동수용소에서 기근으로 죽은 리투아니아 사람들을 어떤 카테고리(범위)에 집어넣을까? 쿨락이면서 숙청 때 사살된 당원을 어떤 범위에 넣을까? 게다가 통계는 부정확하다. 모든 것을 고려해보면, 스탈린 시대에 기근, 숙청, 전쟁 등으로 죽은 사람들을 약 3000만 명이라고 추정할 수 있다. 만약 전사자들을 제외한다면, 스탈린이 책임질 사망자 수는 약 1000만 명이 된다. 이것은 200만 명과 2000만 명의 양극단 사이에서 중간에 해당하는 평가로서 상당히 타당해보인다. 하지만 여전히 오차가 클 수 있고 많을 경우 몇 백만 명의 차이가 날 수도 있다.

히틀러는 제2차 세계대전의 사망자에 대해 책임이 있기 때문에 당연히 수위를 차지하는 학살자다. 만약 히틀러의 책임을 정적 처형과 유대인 대학살로 국한한다면, 그는 학살 순위에서 스탈린에 뒤지게 될 것이다.

## 003

현시된 운명은
미국 영토확장 정책의 구실일까

19세기 중반 무렵, 미국의 정착민이 영토를 서부로 확장하는 대운동이 시작되었다. 작은 물은 점점 커져 큰 강이 되었고 마침내 캘리포니아의 태평양 해안에 이르렀다. 이런 과정을 미국인들은 이렇게 정당화한다─"비어 있는 광범위한 땅을 점령하고 개발하는 것이야말로 미국인에게 '현시顯示된 운명'이었다." 이런 주장은 제국주의자의 본능을 은폐하는 핑계였을까, 아니면 그 이상의 것이었을까?

외국인들은 운명현시론Manifest Destiny을 단지 하나의 핑계라고 생각했다. 특히 영국의 옵서버들은 그것을 달갑지 않은 호언장담과 무지가 뒤섞인 현상이라고 깎아내렸다. 미국인들이 드넓은 북아메리카 초원의 '인디언' 원주민을 무시한 것은 잘 알려져 있었는데, 원주민을 파멸시키는 행위는 아무리 운명 현시 운운해도 세상 사람들의 폭넓은 지지를 얻지 못했다. 하지만 유럽 강국의 아메리카 토지 소유는 불법이기 때문에 무효라는 주장, 특히 최근에 갑자기 등장한 나라─그것도 예전에 식민지였던 나라─가 불법이라고 주장했기 때문에 무효가 된다는 아이디어는 런던, 마드리드, 파리, 상트페테르부르크, 그 어디에서도 호의적인 반응을 이끌어내지 못했다. 세계

강국들은 미국의 이런 맹목적 애국주의에 경멸의 눈초리를 보냈다.

심지어 미국인 자신들도 그것에 의혹의 눈초리를 보냈다. 책임감이 더 강한 사람들은 그런 생각을 불필요한 도발이라고 보았고, 그것에서 싸구려 대중적 저널리즘의 냄새를 맡았다. 사실 '현시된 운명'이라는 아이디어가 처음 언급된 것은 1845년 8월에 존 오설리번이라는 신문기자에게서 나왔다. 당시 그는 이렇게 썼다—"해마다 몇 백만 명씩 증가하는 자유 국가의 발전을 위해 하느님께서 우리에게 할당한 대륙을 개발하도록 지시했고, 그것은 하나의 현시된 운명이다."

교육 수준이 낮은 많은 사람들은 신문을 읽고 이 '운명 현시'에 설득당했다. 이들은 미국의 영토확장주의가 도덕적으로 정당하다는 이론을 환영했고 그래서 그것을 사실이라고 믿어버렸다. 이런 신념 덕분에 그들은 인디언이 야만인이라는 잘못된 믿음 아래 그들을 파멸시킬 수 있었고, 자신들의 행동이 도덕적으로 나무랄 데 없다고 생각했기 때문에 영국, 스페인, 프랑스에 맞서 싸울 수 있었다. 이것에 이의를 제기하는 것은 미국인의 애국심을 부정하는 것이었고, 심지어 그들의 인간성에 도전하는 행동이었다.

1838년 초까지, 잭슨은 체로키족을 매수하여 조지아에서 앨라배마로 추방했고, 다음에는 미시시피 너머의 서부 황무지로 쫓아냈다. 많은 사람들은 이 큰 강의 수로를 '민주주의의 계곡'이라고 여겼고, 1850년쯤에 사람들이 많이 정착했으며, 원주민들은 어쩔 수 없이 더 서쪽으로 밀려났다. 강 동쪽의 땅은 여러 주로 나뉘었고, 많은 땅—루이지애나는 1812년에, 미주리는 1821년에, 아칸소는 1836년에, 아이오와는 1846년에—이 연방에 편입되었다.

이 새로운 주들과 정착민은 미국 정치에서 강력한 새로운 힘이 되었다. 서부의 '통나무집'은 새로운 민주주의와 영토확장주의의 상징이 되었다. 1846년 1월, 매사추세츠를 대표하는 로버트 윈드롭은 의회에서 연설하면서 오설리번의 상투어를 써먹었다. 그 신념은 앤드류 잭슨과 똑같은 기질의 남자, 테네시의 제임스 녹스 폴크의 사상을 고스란히 반영하는 것이었다. 잭슨은 1844년에 동부 휘그당의 후보 헨리 클레이를 물리치고서 대통령이 되었다. 그는 곧 서부의 경계를 확장해 나가는 정착민들을 강력하게 지원했다.

캐나다 폭동이 일으킨 결과로서 캐나다 국경과의 마찰은 1842년 웹스터-애시버튼 조약으로 이어져, 뉴브런스빅과 메인의 국경 문제를 해결했다. 하지만 1846년 더 심각한 위험이 서쪽에서 발생했다. 영국은 미국과 오리건 국경을 놓고서 갈등을 빚었다. 미국의 북서부 오지에 대한 이해관계는 1842년 오리건 산길Oregon Trail의 성공적인 개통으로 늘어났고 정착민, 무역업자, 선교사들이 그 지역으로 몰려들었다. 폴크는 이제 "위도 54도 40분 아니면 투쟁을!"이라는 현지 정착민들의 요구를 받아들이면서, 이 위도를 미국과 캐나다의 국경으로 정하자고 주장했다. 그는 이렇게 단언했다—"오리건 지방에 대한 우리의 권리는 확연하고 의심의 여지가 없다."

하지만 그는 투쟁을 반기지 않았다. 멕시코와의 국경 문제가 이미 커졌기 때문에 폴크는 영국과 싸우고 싶어 하지 않았다. 결국 그는 영국 외무장관 에버딘 경과 협상했다. 영국은 콜롬비아 하구 인근의 넓은 영토를 포기했지만, 49도 위도선을 본토의 국경선으로 받아들이기로 합의했다. 반면에 포트 빅토리아와 밴쿠버 섬의 전체가 캐나다의 손에 남아 있게 되었다.

‘운명 현시’는 영국에 의해 때때로 견제되었다. 1850년 클레이튼-벌워 조약으로 영국이 머스키토 코스트의 온두라스 정착지를 현상 유지하는 조건으로, 미국은 니카라과에 대한 이해관계를 포기했다. 미국은 자국이 머스키토 코스트에서 살고 있는 원주민의 보호국이라고 주장해왔던 것이다. 멕시코는 해군이 없어서 손쉬운 먹이였다. 문제는 텍사스였다. 미국은 1819년 플로리다 조약으로 텍사스를 포기한 바 있었는데, 이제는 그곳에 미국의 정착민이 아주 많이 살고 있었다. 1834년, 텍사스 사람들은 멕시코로부터 독립을 선언했고 산타안나가 지휘하는 멕시코 군대는 그곳으로 쳐들어가, 알라모 강변의 산 안토니오에 거주하는 많은 미국인들을 살해했다. 1836년에 샘 휴스턴의 텍사스 부대는 그들을 내쫓았고, 1837년에 잭슨 대통령은 ‘론 스타 스테이트Lone Star State’(텍사스의 별칭)의 독립을 인정했다. 1846년 폴크의 결단으로 대對 멕시코 전쟁이 발발하여 세 지역에서 진행되었으나 오래 끌지 않았다.

캘리포니아에서는 존 C. 프레몬트가 이끄는 원정대가 주민들을 격려하여 멕시코 통제에 저항했다. 뉴멕시코에서는 스티븐 커니 대령이 지휘하는 소규모 미국 군대가 포트 레븐워스에서 산타페로 행군하여 그곳의 멕시코 저항을 소탕했고 다음에는 캘리포니아로 이동했다. 마지막으로 그들은 멕시코 본국으로 향했다. 이곳에서 재커리 (‘거칠지만 유능한’) 테일러 장군이 리오그란데에서 멕시코의 심장부로 진군하자 멕시코 군은 부에나 비스타에서 항복했다. 1847년, 윈필드 스코트 장군은 해상으로 베라 크루스에 상륙하여 무더운 한여름에 멕시코시티까지 약 1.5마일을 행군하여 그 도시를 9월에 함락시켰다.

1848년, 과달루페 히달고에서 평화협상이 이루어졌고 미국은 캘리포니아와 뉴멕시코(애리조나 포함)를 얻었으며 텍사스 합병이 공인되었다. 미국은 그 대가로 멕시코에게 1500만 달러를 주었고, 현지 미국인들이 멕시코에 제기한 300만 달러의 손해배상 금액을 대신 떠맡았다. 이 조약의 추가 조항으로서, 1853년 미국은 개드스덴 구매를 실시했다. 당시 길라 강 남쪽의 4만 평방마일 땅이 뉴멕시코에 추가되었고, 그 대가로 1000만 달러를 지급했다. 1867년 미국이 알래스카를 러시아로부터 구입하면서 본토 국경선이 확정되었다.

캘리포니아를 획득한 직후인 1849년에는 현지에서 황금이 발견되었고, '운명 현시' 사상에 또 다른 추진력이 제공되었다. 일확천금을 노리는 수많은 사람들이 그곳으로 몰려들었다. 어떤 사람들은 해상으로 케이프 혼을 지나 도착하고, 또 다른 사람들은 육로의 산길을 지나 작은 협곡으로 찾아왔는데 그들은 선광용 냄비로 사금을 채취하는 일에 몰두했다. 활기 넘치는 야영 천막들이 광산지역에 가득했다. 샌프란시스코는 하룻밤 사이에 탐욕, 부도덕, 사치가 들끓는 대도시로 변모했다. 그 일대의 지역은 몇 달 사이에 조용한 스페인-아메리카 인디언 목장 노동자들의 세상에서 앵글로-색슨의 활동적인 공동체로 바뀌었다. 1850년 캘리포니아는 새로운 주가 되었고, 25년 만에 7개의 새로운 서부 주들이 연방에 추가되었다.

경제적인 힘도 이런 서부 진출을 촉진시켰다. 대초원에 정착하여 열심히 일하는 농부들은 신속하게 땅을 개발하여, 그곳이 곧 세계 최대의 곡창지대가 되게 했다. 더 메마른 지역에서는 대규모 소 방목장이 들어서면서 목동의 시대를 예고했다. 이렇게 개발하는 과정에서 개척자들은 철도 발전의 도움을 받았다. 1850년까지 철도 길이는 6000마일에 지나지 않았는데 1860년경 3만 마일로 확장되어 서쪽으로 뻗어나갔고, 예전 개척자들의 산길을 신속하게 대체했다. 1850년에 작은 정착지였던 시카고는 1860년에 주민들이 많은 도시로 성장했고, 정육업의 전국 중심지에 위치하여 이미 철도의 중심 역할을 했다. 한때 자부심 많던 인디언 부족은 궤멸되었고, 비참한 인디언 생존자들은 여기저기 흩어져 있는 인디언 보호구역에서 살아야 했다.

이런 모든 변화를 도모하는 데 불과 한 세대밖에 걸리지 않았다. 1830년 1200만 명의 소규모 인구에서 1875년 4500만 명으로 급성장한 미국은 세계의 강국으로 발전했고, 많은 주민들이 새로 도착한 이민이었으며, 새로운 환경 아래 새로운 생활방식과 사고방식을 개척했다. 그들은 유럽 체제의 순종적인 백성이 아니라 새로운 땅을 얻고 새로운 야망을 품은 개척자들이었다. 미국의 확장은 우연이나 음모가 아니었고, 미국인은 북아메리카 대륙 전역에서 거주하는 신성한 권리를 하늘로부터 받았다는 철학적 사상 때문은 더욱 아니었다. 그것은 민주적 세력이라기보다 다인종 세력에서 흘러나온 자연스러운 발전이었다. 하지만 미국인들은 다르게 생각했다. 그들은 현시된 운명을 믿었고 그것은 결국 현실로 이루어졌다.

## 004

에이브러햄 링컨은 정말 노예해방을 추구했을까

링컨 대통령은 일반적으로 미국의 가장 위대한 대통령으로 꼽히고, 흔히 노예를 해방시키기 위해 남북전쟁을 치렀다고 알려졌다. 이 주장은 과연 진실일까?

에이브러햄 링컨은 1809년에 낙후된 남부 노예 주州인 켄터키의 통나무집에서 보잘것없는 농부 집안의 아들로 태어났다. 그의 배경을 이렇게 설명하는 것은 나중에 그의 경력을 소개할 때 여론의 화젯거리가 되기 위해서였다. 그가 일반대중에게 내세웠던 것과는 다르게, 그의 부모는 그리 독실한 기독교신자가 아니었다. 그의 어머니는 '칠칠치 못한 가난한 백인 여자'였고, 아버지는 '방울뱀보다 못한' 영세농민이었다. 그가 일곱 살이 되었을 때 부모는 오하이오 강을 건너 인디애나로 갔고, 다음에는 일리노이로 이전하여 농사를 시작했다.

어렸을 때 링컨은 키가 크고 동작이 어색하고 지저분한 소년이었는데, 농촌 생활을 싫어하여 곧 아버지의 농장을 떠났다. 그는 가게의 보조직원이 되었고 돈을 모아 평저선을 만들었다. 그는 그 배를 타고 강을 따라 뉴올리언스로 갔고 그곳에서 참으로 열심히 공부한 뒤에 변호사가 되었다. 또 지방 정계에 입문하여 25세의 나이로 일리노이 주 의회에 진출하고, 부유층 계급으로 구성된 이른바 '휘그'당의 일원으로 참여했다. 또 철도회사의 변호사가 됨으로써 품위를 유지할 만큼 충분한 돈을 벌기 시작했다. 그는 1846년에 가서야 전국 정계에 뛰어들었고, 일리노이 출신의 연방 하원의원으로 선출되었다. 그는 공화당의 창당을 가져온 정치운동에서 큰 역할을 담당했다.

당시의 긴급한 쟁점은 노예제도와 관련된 것이었다. 그는 결코 노예해방을 지지하지 않았지만 그 문제에 대하여 확고한 소신을 가지고 있었다. 1820년 미주리 타협과 1850년 타협이 이루어진 뒤, 그가 볼 때, 북부는 이 쟁점을 일부러 피해가고 있었다. 그런 틈을 타서 남부 사람들은 아메리카의 다른 주로 노예제도를 확대하려 하고 있었다.

1857년까지 에이브러햄 링컨은 북부의 수많은 변호사 출신 정치가들 사이에서 별로 두각을 나타내지 못했다. 하지만 이 무렵 그의 지명도를 높여준 것은 노예제도에 대한 그의 확고한 의견이었다. 그의 의견은 언제 어디서나 똑같은 것은 아니었고 연설 대상에 따라 의견이 조금씩 달라지는 경향이 있었다. 그는 급진적인 청중 앞에서는 노예제도 전체를 격렬하게 비난하는 한편, 우익 지지자들 앞에서는 백인의 인종 우월성을 확신시켰다. 현대적인 관점에서 살펴볼 때 링컨은 확실히 인종차별주의자였다. 그는 노예들을 백인과 동등하다고 생각지 않았다. 또 노예들이 배심원이나 유권자 역할을 제대로 할 수 있다고 보지 않았고, 그들을 사회에 통합시키라는 제안(만약 그런 제안이 나올 수 있다면)에도 반대했을 것이다.

그럼에도 불구하고, 그는 많은 북부 사람들처럼 노예제도를 사회악이라고 보았다. 1854년, 일리노이 페오리아의 연설에서 그는 노예 제도를 궁극적으로 제한하거나 폐지하기로 한 건국의 아버지들의 원칙에 입각하여 입법의 틀을 정해야 한다고 주장했다. 그는 또 '주권재민' 사상을 받아들일 수 없다고 주장하면서 의회에서 캔자스-네브래스카 법에 반대투표를 했다. 왜냐하면 일부 영토에서의 노예제도는 그 영토 주민의 관심사로 그치는 것이 아니라 미국 전체의 관심사이기 때문이다. 링컨이 참여하고 이끌었던 신설 공화당의 입장은 다음과 같은 것이었다—"남부의 기존 여러 주가 기존의 노예제를 유지하는 권리를 인정한다. 만약 그들에게서 그런 권리를 박탈하려면 헌법을 수정해야 할 텐데 그들은 결코 용납하지 않을 것이다. 하지만 노예제도가 기존 남부 주들 이외의 지역으로까지 확대되어서는 안 되고, 특히 새로 개척되는 서부 영토에서 노예제가 뿌리를 내려서는 안 된다."

1858년, 링컨은 일리노이의 민주당 출신 상원의원 스티븐 A. 더글러스와 미국의 노예제를 앞으로 어떻게 처리할 것인가를 두고 일련의 논쟁을 벌였다. 두 사람은 이념뿐 아니라 개성이 무척 대조적이었다. 더글러스는 '주권재민' 사상을 지지하면서 어떤 영토의 정착민들이 노예제도의 유지 여부를 결정할 권리를 가져야 한다고 주장했다. 링컨은 공화당의 견해를 지지하면서 노예제도의 추가 확장을 막기 위해 새로운 영토에서의 노예제도를 금지시켜야 한다고 주장했다. 하지만 링컨은 노예제도 그 자체를 폐지할 의도는 없었다.

그럼에도 불구하고 남부 사람들은 링컨의 입장에 대하여 깊은 의구심을 가졌다. 그들은 만약 링컨처럼 노예제도의 추가 확장을 막는 데 헌신적인 인물, 곧 '검은 공화당원'이 선출된다면 연방에서 탈퇴하겠다고 위협했다. 하지만 남부 민주당원들은 그런 인물의 등장에 어떻게 대처할 것인가를 놓고서 분열했다. 대부분은 더글러스의 주권재민설에 동조했지만, 민주당 과격파는 떨어져 나가 드레드 스콧의 판단—모든 신규 영토를 노예제도에 개방해야 한다—을 따르면서 켄터키의 존 브레킨리지를 분열 후보로 지명했다. 1860년 민주당이 이처럼 분열하는 바람에, 링컨은 선거에서 큰 표 차이로 대통령에 당선되었다.

하지만 링컨의 주요 관심사는 노예해방이 아니라 연방의 유지였다. 1858년 그는 이렇게 연설했다. "갈라진 집은 똑바로 설 수 없습니다. 나는 이 정부가 영원히 절반은 노예주이고 절반은 자유주인 상태로 견딜 수 없다고 생각합니다. 나는 연방이 해체되기를 바라지 않습니다. 집이 쓰러지지 않는 것은 물론이요 분열되지도 않으리라고 예상합니다."

그 연설은 링컨이 결국 노예제도의 종말을 예상하면서도 아직 그것을 표면화하지 않았음을 보여준다. 그렇다고 해도 흑인들은 그를 구세주로 보았고, 미래에 대한 희망을 품고 그에게 의지했다. 사실 남부의 모든 주는 링컨이 취임식을 거행하기 훨씬 전인 1861년 3월에 연방에서 탈퇴했고, 미국은 전쟁 혹은 링컨이 말하는 "반란"에 돌입했다. 링컨은 대통령에 취임한 초기 몇 달 동안에도 철저히 원칙을 지켰던 것처럼, 이제 타협하라는 압박에 둘러싸여서도 뚝심으로 버텼다. 흑인들은 그의 이런 일관된 끈기와 고집을 높이 평가했다. 그 후 일련의 군사적 참패를 겪으면서 소인이라면 벌써 단념했을지도 모르는 상황에 봉착했지만 그는 자신의 뜻을 굽히지 않았다.

노예제도가 있든 없든, 그 어떤 주라도 연방 탈퇴는 용납할 수 없다는 것이 그의 일관된 신념이었다.

남부 사람들은 그를 몹시 혐오하면서 그들이 가장 싫어하는 모든 것의 화신이라고 보았다. 북부 사람들도 그를 경량급 정치인, 서부 습관이 있는 벼락 출세자 등으로 폄하하면서 얕보았다. 어떤 비판가는 그에게 '보통사람들을 위한 보통 대통령'이라는 별명을 붙였다. 그것은 모욕의 언사였지만 오히려 링컨은 그 말을 아주 자랑스럽게 여겼다.

뒤이은 전쟁에서 북부 사람들은 승리할 자원을 확보했지만 남부 사람들과 같은 투지가 부족했고 외부 세계의 공감을 얻지도 못했다. 4년 동안 가혹한 내전을 치른 뒤에야 북부는 승리를 거두었다. 그 동안, 링컨의 결심은 결코 바뀌지 않았고 그의 관용과 동정도 변하지 않았다. 그는 남부에 대한 증오를 단호히 거부했다. 애퍼매톡스에서 리 장군 휘하의 남부군이 항복한 뒤 군중과 군악대가 워싱턴에서 승리 행진을 할 때, 그가 원하는 음악이 무엇인지 질문을 받고서 이렇게 대답했다. "군악대, 어서 딕시(남부) 노래를 연주하게."

그는 자신을 웅변가라고 주장한 적이 없지만 그의 연설은 지속적인 명성을 누렸다. 1863년 1월의 〈노예해방 선언〉에 뒤이어, 같은 해 11월의 게티스버그 연설은 지금까지 민주 지도자가 행한 가장 유명한 연설이다. 200자가 약간 넘는 대단히 짧은 연설이지만, 흑인과 백인을 가릴 것 없이 미국의 전국민에게 가장 위대한 유산으로 남았다.

하지만 그는 전쟁에서 연방을 구하기 위해 싸웠지 노예를 해방하기 위해 싸운 것은 아니었다. 링컨은 《뉴욕트리뷴》의 기자 호레이스 그릴리에게 이런 편지를 보냈다.

이 투쟁에서 가장 중요한 목표는 연방을 구하는 것이고, 노예제도를 구하거나 폐지하는 것이 아닙니다. 만약 내가 노예를 해방시키지 않고 연방을 구할 수 있다면, 나는 그렇게 할 것입니다. 만약 모든 노예들을 해방함으로써 연방을 구할 수 있다면 나는 그렇게 할 것입니다. 만약 어떤 노예들을 해방하고 또 다른 노예들을 그대로 놔둠으로써 연방을 구할 수 있다면, 나는 또한 그렇게 할 것입니다.

따라서 링컨은 어쩌면 별 공로도 없이 자유의 투사라는 명성을 누린 것인지도 모른다. 하지만 링컨은 로버트 리 장군이 항복한 지 5일이 지난 뒤인 1865년 4월 워싱턴 포드 극장에서 암살당했다. 이 사건은 북부 사람들을 소름끼치게 했지만 남부 사람들에게도 불행한 사건이었다. 그때 이후 링컨이 생전에 늘 애써 피하려고 했던 무자비한 보복 프로그램이 쏟아져 나왔던 것이다. 그의 기본 방침은 관용, 동정, 자제였지만 실제에서는 가혹한 앙갚음이 훨씬 더 집행하기 쉬웠고 편협한 지지자들에게는 더욱 매혹적이었다. 링컨은 설사 생존했더라도, 미국의 전후 상황을 크게 개선하지는 못했을지 모른다. 그의 사후에 100년이 지나서야 해방된 노예들이 겨우 미국 사회로 통합될 수 있었다.

## 005

게슈타포는 무자비한
독재정치의 도구였을까

게슈타포와 친위대는 독일의 나치 체제가 실제와 상상의 적을 숙청하기 위해 설립한 가장 무서운 도구였다. 이 조직들은 전체주의 폭정의 도구라고 생각되었으나, 실제의 운영은 자의적이고 어림짐작이고 심지어 어처구니없기도 했다. 이제 권력의 도구로서의 게슈타포와 친위대의 효율성을 재평가할 때가 되었다.

괴링이 만든 게슈타포Geheime Staats Polizei(비밀국가경찰)는 억압의 피라미드 꼭대기에 있었다. 그 집행 기관은 SA(돌격대)에서 선발한, 검은 제복을 입은 엘리트로서 히믈러의 SS(Schutz Staffeln, 친위대)였는데, 그들은 로엠이 지휘하는 갈색 셔츠 돌격대보다 훨씬 더 효율적인 주구走狗였다. 그들의 임무는 정치가, 공무원, 법관뿐 아니라 전체 국민에게서 복종과 순종을 강요하는 것이었다. 법관은 특히 "법관의 임무가 정의를 실천하는 것이 아니라 국가사회주의의 적을 전멸시키는 것이다"와 같은 나치의 새로운 법 원칙을 따라야만 했다. 괴링이 만든 게슈타포는 친위대장인 하인리히 히믈러의 통제 아래 들어갔고, 히믈러 밑에서 국가경찰의 지부가 되었는데 비밀경찰은 SS의 제2인자인 라인하르트 하이드리히가 지휘했다. 강제수용소를 관리하는 것이 게슈타포의 임무가 되었고, 수용소는 처음에 수천 명을 수용했으나 나중에는 그 숫자가 수백만 명으로 늘어났다.

물론, 게슈타포가 말하는 '국가의 적들'은 실제로는 진짜 적이 아니었다. 사람을 투옥하는 데 있어서 게슈타포 관리의 서명 이외에 어떤 법절차도 필요하지 않았다. 따라서 수용소의 운영에는 불법행위가 상당히 많았다. 투옥된 수많은 사회주의자, 공산주의자, 노동조합장, 유대인 이외에 전문직업인들도 많이 끌려갔다. 이를테면 의사, 치과의사, 신문기자, 평화주의자, 여호와의 증인, 사제, 변호사, 미술계와 연극의 인물 등도 투옥되었다.

게슈타포 체제는 민중에게 공포심을 불러일으키기 위해 계획된 것이었다. 독일 민중에게 절대 헌신한다고 믿어졌던 히틀러는 실은 그들을 아예 경멸했고 착취를 부추겼다. "당신은 원하는 것은 무엇이든 그들에게 시킬 수 있다. 그들은 당신에게 복종할 것이고 …… 그들은 개처럼 복종하는 하찮은 소인배들이다. 가혹하게 명령하라. 그러면 그들은 땀을 흘리고 쩔쩔매면서 복종할 것이다."

그래도 이 비밀경찰의 잔인함을 너무 지나치게 강조해서는 안 된다. 어느 체제에서나 테러를 이용했고, 테러가 덮칠 때는 늘 무서웠기 때문이다. 하지만 게슈타포 체제는 원칙 없이 자의적으로 운영되었고, 그 가혹함 못지않게 일관성이 없었다. 과대망상증에 빠진 게슈타포 관리들은 아주 형편없는 잘못을 저질렀고, 사소한 비행을 들추노라고 진짜 중요한 문제들은 무심히 흘려보냈다.

남아 있는 수용소 기록들은 많지 않은데, 수용소 운영자들이 종전 무렵 세심하게 범죄 문서들을 태웠기 때문이다. 하지만 어떤 기록 문서들은 SS의 악명 높은 본부 사무실에 우연하게도 남아 있었다. 여기서 발견된 문서들은 최악의 경우를 모면하기 위해 일부러 조작한 것 같지는 않았다. 이 기록들은 게슈타포의 진면목을 잘 보여준다. 게슈타포는 동네의 소문이나 참견하기 좋아하는 사람들의 악의적인 보고서에 의존하여 행동하는 경우가 많았다. 가령, 어떤 혼자 사는 사람이 나치에 비우호적이거나 나치를 제대로 존경하지 않았다, 혹은 검은 색 일색의 옷을 입었다, 또는 그칠 줄 모르고 짖어대는 개를 키웠다는 따위가 보고서에 적혀 있었다. 이렇게 행동이 불순하거나 좀 수상한 사람들은 사회에서 추방당했다. 그것은 중세 시대에 마녀를 사냥했던 수법과 흡사한 방식이었다.

내부 보안을 유지하는 방법으로서, 게슈타포의 운영은 대단히 변덕스럽고 따라서 들쭉날쭉한 결과를 초래했다. 게슈타포의 마수에서 벗어났던 희생자의 구두 증언도 있다. 음악을 좋아했던 어떤 게슈타포 장교는 예측 불가능하게 행동했다. 그 장교는 어떤 유대 여자를 체포·구금하러 나갔는데, 그녀가 도망가도록 눈감아주었다. 그녀는 그 장교가 무척 존경했던 교향악단 지휘자의 친척이었기 때문이다. 이런 경우에서 보듯이, 장교의 행동에 일정한 지침이 없었고, 장교의 브리핑도 전반적으로 애매모호했다. 이 때문에 게슈타포 운영 체제는 전체적으로 마구잡이였다. 게슈타포 테러의 가장 끔찍한 특징은 되는 대로 원칙 없이 마구 테러를 가하여 아주 무자비한 결과를 일으키는 것이었다.

 세계 공산주의의 몰락은 무조건 좋은 일이었을까

1990년을 전후로 하여 유럽과 아시아의 대부분 지역에서 공산주의가 몰락했다. 이 사건만큼 중요하고 또 불가사의한 사건은 따로 없을 것이다. 중국은 여전히 꿋꿋이 버티는 성채이고 쿠바는 여전히 공산주의를 고수하고 있지만 예전의 소련과 동구의 모든 위성국가들은 이제 지상에서 사라졌다. 이제 아무도 그들을 존경하지 않고 있고 또 찬가를 부르지 않는다. 하지만 이 중요한 역사적 사건은 여전히 많은 논란과 미심쩍은 불확실성을 불러일으키고 있다.

1980년대 후반, 뜻밖의 갑작스러운 권력 이동은 잇달아 동구의 소련 블록 전체를 무너뜨렸고, 뒤이어 1991년에 소련의 공산주의 권력이 붕괴했다. 당시 서구는 이런 현상을 좋게 바라보았다. 그런 현상에 뒤이어 바르샤바 조약이 해체될 것이고, 그러면 동구 국가들과의 외교 문제가 쉬워질 것이기 때문이었다. 서구는 예전에 소련의 정치적 통제를 받았던 많은 사람들이 이제 더 자유롭고 행복한 생활방식을 누리게 되어 진심으로 기뻐했다. 10년이 지나자, 공산주의 세력의 몰락이 처음 생각했던 것만큼 좋은 일인지 여부는 논쟁거리로 떠올랐다. 구체제를 뒤이은 다양한 정치체제를 실제로 향상이라고 볼 수 있는지 의문이 들기 시작한 것이다.

가령 다음과 같은 의견은 언제나 찬반 논쟁을 일으킨다. 공산주의가 그처럼 많은 사람들에게 고통을 안겨준 것은 정치 시스템의 사악한 왜곡 때문이 아니다. 그보다는 지배자가 되었든 혹은 피지배자가 되었든 인류의 도덕적 결점 때문이다.

소련

1991년 러시아에서는 공산주의뿐 아니라 레닌주의도 붕괴했다. 공산주의는 마르크스주의와 사회주의에 막연히 뿌리를 두고 있는, 19세기 후반 및 20세기 초반에서 시작한 (영토·권력 확장만을 추구하는) 집단적 국가 시스템이었다. 레닌주의는 정치사상이나 정치 프로그램이 아니라 단일 조직의 국가 그리고 그 국가를 지배하는 중앙당을 지휘하는 리더십을 뒷받침하는 조직 원리 시스템이었다. 하지만 두 개의 '주의'는 그 약속 사항을 제대로 구현하지 못하는 것으로 악명이 높았다.

사회주의적 방법은 경제를 효율적으로 조직할 수 없었다. 그리하여 러시아는 산업화 과정에서 짊어진 부담으로 신음하고 침체하여 점점 더 서방에 뒤처졌다. 원래 국가 활성화의 주역으로 의도된 공산당은 스탈린의 사후에 끊임없이 위축되었다. 당은 중앙집중의 원칙을 지키면서 독립적인 생각을 억눌렀다. 그것은 오로지 권력 장악만을 생각하는, 훨씬 더 거만한 지배계급(차르 시대의 관료제와 비슷한 계급)을 만들어냈다. 고르바초프는 글라스노스트glasnost(개방)와 페레스트로이카perestroika(구조조정)를 통해 이 약점들을 뜯어고치려 했으나 별로 성공을 거두지 못했다. 그는 일상생활 내에서의 법치주의로 나아가지 못했고, 신뢰할 수 있는 법적 절차를 발전시키지 못했다. 그리고 국가의 계획경제 체제를 없애지 못했다. 그것을 대체할 수 있는 새로운 기업이나 새로운 시장이 형성된다는 징후도 거의 없었다. 획일적인 단일제국을 자유로운 연방국가로 바꾸지 못했고 오히려 그가 애써 막으려 했던 제국의 해체를 가속시켰을 뿐이었다. 그는 동시대인 중 재능이 뛰어난 사람이었지만 자신의 한계와 복잡한 상황 때문에 권좌에서 물러났다. 예전의 단일국가가 비非공산주의 형태로 존속한 탓에, 또 군사적 우월성이나 정치적 야심을 가진 노멘클라투라nomenklatura(특권계급)가 살아남은 탓에 고르바초프는 실패했다. 부르주아 기반이 넓어지지도 못하고, 맥없이 무너진 경제를 통해 좌절감이 퍼지면서, 국민들 사이에서 공산주의 시대에 대한 향수와 아쉬움이 번져나갔다.

고르바초프 실험의 실패는 다음 세 가지 이유를 들 수 있다.

첫째, 그는 부르주아 계급의 가능성을 너무 높게 보았고 정치적 아파라트apparat(조직)와 군대의 공공봉사 의식을 과대평가했다. 게다가 민족주의의 중요성을 과소평가하고 심지어 분리주의를 허용했다.

둘째, 민주주의, 법, 시장, 경제, 제국의 문제와 씨름할 때 조금씩 점진적으로 다루지 않고 동시다발적으로 취급함으로써 지나친 낙관론을 폈다.

셋째, 정부 산하 기구를 발전시켜 그들에게 부서의 책임을 위임하지 않고, 스탈린 식으로 자신이 책임을 떠맡겠다고 계속 고집을 피웠다. 가령 경제 운용은 위임을 하지 않는다면 정말 다루기 힘든 문제인 것이다. 만약 그가 더 나은 팀워크를 보였다면, 또 소련의 지배계급이 고르바초프만큼 공공심이 투철했다면 이야기는 사뭇 달라졌을 것이다.

소련 자체도 곧 민족주의 바이러스에 감염되었다. 1991년 12월 25일, 연방의 최대 규모 국가이고 주요 구성원인 러시아 소비에트 연방 사회주의 공화국RSFSR은 러시아 연방으로 바뀌었고, 망치와 낫 국기는 전통적인 적, 청, 백의 삼색 가로줄의 국기로 교체되었다. 1990년 3월 소련의 의장으로 아슬아슬하게 선출되었고 당시 러시아 연방의 대통령이 된 보리스 옐친은 독립국가연방CIS 창설에 동의했고, 여기에 벨로루시와 우크라이나와 같은 많은 러시아 국가들이 가입했다. 12월까지 11개의 국가들이 가입했고 미가입국은 그루지야와 발트 해 3개 공화국뿐이었다. 산업 자원과 핵 자원, 육해공군의 핵무기와 재래 무기는 더 이상 단일 지휘를 받지 않고 각 나라들 사이에 뿔뿔이 나뉘어졌다.

그 결과, 서방 국가들은 머리가 하나 달린 괴물이 아니라 여러 개 달린 괴물을 마주보게 되었다. 이들 나라는 소련 공산당CPSU의 단일 통제를 받던 예전보다 덜 위협적이지만 그래도 아주 위험한 상황에 빠졌다. 위험 요소는 이제 군사 엘리트의 야심, 아파라트치키apparatchiki(정치국원)의 분노와 좌절, 가난하고 무력한 노동자 대다수의 불만, 러시아의 질서정연한 사회를 대신하는 무법천지와 갱단 등이 단골 메뉴였다. 필요한 훈련과 경험이 없는 상태에서, 러시아가 중앙 독재 체제에서 단숨에 자유민주주의 체제로 변신하기는 어려웠다. 이런 새로운 상황에 처하자 서방은 어떻게 대응할지 잘 몰랐고 중립과 개입의 양극단 사이를 오락가락했다. 중립적인 사람들은 러시아인들이 자신의 문제를 해결하도록 내버려두자는 것이고,

개입적인 사람들은 서방의 자금을 러시아에 투자함으로써 러시아 문제의 해결을 적극 지원하자는 것이다.

동유럽

예전의 동구 공산주의 독재 국가에서도 비슷한 일이 벌어졌다. 현지인들은 이미 공산주의에 대하여 폭발적인 불만을 보여준 적이 있었고 가끔 공개적인 폭동을 일으키기도 했다. 일반적으로 그들은 낮은 생활수준, 형편없는 임금, 만성적인 물자 부족, 산업의 후진성 등이 불만이었다. 하지만 그 불만은 지배 엘리트 계급—전체 시스템의 주된 혜택을 누리는 운 좋은 그룹—을 집중적으로 성토하는 경향도 있었다. 과거의 동구 지도자들은 불만을 억누르고 통제를 강화함으로써, 자신들이 이해하는 방식으로만 대응했다. 고르바초프는 이런 국가를 방문하여 개혁 과정을 온건하게 격려하려고 했다. 그는 그들의 정치에서도 충분히 글라스노스트glasnost와 페레스트로이카perestroika가 자리를 잡을 수 있다고 보았다. 동구 지도자들은 정치적 분열을 내심 두려워하면서 그가 그들의 입지를 취약하게 만들고 있다고 진단했는데, 그건 정확한 판단이었다.

한편 동구 민중은 정치적 자유의 징후를 알아차리고 훨씬 더 적극적으로 자유화를 외쳐댔다. 1988년과 1989년에 동구의 단일구조가 깨지기 시작했다. 1989년 8월에 폴란드의 권력은 온건 개혁주의자에게 넘어갔고, 1990년에는 반세기 만에 최초의 자유선거를 치렀다. 발트 해 국가들은 변화가 잘 이루어졌지만(고르바초프는 잠시 그들을 진압할까 말까 망설였다), 그곳에 살고 있는 소수의 러시아인들의 문제가 여전히 남아 있었다. 라트비아의 경우, 아주 많은 러시아인들이 살고 있었다. 동독에서도 긴장이 완화되었다. 동독과 서독 사이의 규제는 풀렸고, 1989년 연말에 베를린 장벽은 무너졌다. 헝가리와 체코슬로바키아에서도 민주개혁이 시작되었다. 가장 억압적인 공산주의 체제였던 루마니아는 전복되었고, 독재자 니콜라이 차우세스쿠는 아내와 함께 체포되어 부부 모두 총살당했다. 발칸 반도의 독재체제에서 가장 가혹하고 원시적인 알바니아조차도 자유를 얻기 위해 손을 내뻗었고, 결국 공산주의 지도자를 타도했다.

이 모든 해체가 예전의 독재체제를 과연 개선시켰는지 여부는 여전히 미해결의 문제로 남아 있다. 동유럽 지역이 비판의 대상이 된 것도 바로 이 분열 때문이었다. 사실 '발칸화'(소국분할주의)라는 용어는 그것을 표현하기 위해 만들어진 것이었다. 1990년대에 유고슬라비아가 소소한 국가 단위로 갈가리 찢어졌을 때 이런 의심이 싹트기 시작했다. 곧 과거의 공산주의 독재체제가 다른 악들을 숨기기는 했더라도, 분열된 이민족 사이의 평화를 유지했고 민족적·종교적 전쟁의 폭력을 막은 공로가 있었다. 소련 해체 이후 크로아티아, 보스니아, 코소보 등지에서 무자비하게 싸우는 종파들은 공산주의의 그런 결속시키는 공로를 잘 보여주었다. 오늘날 민족주의는, 예전에 티토 원수가 유고를 통일하기 위해 국민을 억압했던 것 못지않게 잔인하고 훨씬 더 파괴적이다. 이제 각자 독립한 동구의 종파들은 자신들의 입장을 강화하기 위해 상대방을 아예 죽여 없애버리는 편이 더 낫다는 쪽으로 행동하고 있다. 이런 종파적 민족주의 투쟁과 단일 공산주의 아래의 억압된 체제 사이에서 어느 쪽이 더 나은 선택일까? 그 대답은 현재로서는 명확하지 않다.

모택동이 문화혁명을 일으킨
진정한 동기는 무엇이었을까

서방 역사가들은 흔히 중국의 문화혁명을, 모택동이 정적을 제거하고 독재권력을 휘두르기 위한 시도라고 보고 있다. 이 기간을 생생하게 묘사하고 있는 장 융의 《야생의 백조들: 중국의 세 딸》(서방에서는 1993년에 출간)은 문화혁명이 얼마나 끔찍한 공포였는지 잘 보여주고 있다. 하지만 문화혁명이 모택동 주석의 파괴적이고 독재적인 변덕에 지나지 않는다는 설명은 근본적으로 잘못된 것이다. 그보다 훨씬 더 음울한 이유들이 그 배경에 깔려 있다.

모택동은 1950년 이후 중화인민공화국이 나아가는 과정에 대하여 점점 더 깊은 의구심을 갖게 되었다. 1956년에 이르러 모택동은 반대 의견을, 심지어 공산주의 정권에 대한 공개적 비판을 적극 격려했던 '백화제방百花齊放'을 권장했는데 이 운동에서 그의 의구심을 엿볼 수 있다. 그 의구심은 모택동이 소련 공산주의의 목적과 활동을 중국 공산주의와 비교하고 소련에 대하여 유감을 표명한 것에서 비롯하였다. 모택동이 볼 때 러시아 공산주의는 현대화·산업화·서구화에 지나치게 전념했고, 그는 이런 모든 것을 불신했다. 곧 소련 공산주의는 파벌과 위원회에 의해 너무 많이 지배되고 또 기술자와 전문가의 통제를 너무 많이 받는다는 것이었다. 소련은 성과에 지나친 관심을 기울인 반면, 시민의 사회주의적 성격을 구축하는 데 에는 게으름을 피웠다.

모택동은 이렇게 생각했다—'그렇게 하다가는 무엇보다도, 권력과 특전과 특권을 가진 새로운 관료 지배계급이 등장할 우려가 있다. 그러면 결국 자기 이익에 몰두하는 이기적인 파벌이 국가를 운영하게 되는데, 그런 자들은 혁명 이전에 나라를 망친 청대의 부패한 관리들과 조금도 다를 바 없다. 따라서 혁명의 이상과 목적을 깨닫고 혁명을 지속시켜야 하며, 지금까지 달성한 것으로 만족하는 점잖은 화석이 되면 안 된다.'

모택동은 또 스탈린 사후에 소련 공산주의자들이 서구 자본주의를 반대하기는커녕 그것을 열심히 모방한다고 생각했다. 서방 국가와의 우호관계를 강조하고, 핵 확산 규제에 기꺼이 타협하고, 노동자의 압력을 희석시키기 위해 새롭게 소비재 생산에 집중하는 것, 이런 것들을 살펴보고서 이렇게 판단했다. 곧 소련 지도부는 구체제와 구분할 수 없는 '새로운 차르들'(황제들)로 구성되어 있다. 이런 생각을 가진 모택동은 공산주의의 초심初心으로 돌아가야 한다는 점에서 좀더 스파르타적이었고 거의 청교도적이었다.

따라서 문화혁명의 요지는 형식적 제도에 대한 모택동의 공격이었고, 장정長征시대에 혁명의 초기 영웅들을 단결시켰던 원래의 정신을 되살리려는 노력이었다. 새로운 공화국 사람들이 갇혔던, 틀에박힌 관습을 깨트리려는 그의 모든 시도—전기 기술자에게 자동차 정비를 맡기고, 철학박사에게 변소 청소를 맡기는 것—는 이런 측면에서 이해되어야 한다. 모택동은 혁명정신에 위배되는 기능들이

제도화하여 굳어지는 것을 최선을 다해 막으려 했던 것이다.

그의 문화혁명 조치에는 두 가지 결과가 나왔는데 모택동은 이것을 미리 충분히 예상하지 못했다.

첫째는 홍위병에 대한 지나친 의존이었는데, 그들 중 많은 사람들이 교육을 받다 만 젊은이들이었다. 그들은 도시와 마을에서 대규모 행진으로 공포분위기를 조성했고, 《모택동 의장의 생각》이라는 '빨간 수첩'을 흔들면서 그가 원한다고 생각되는 충성심을 맹목적으로 과시했으며, 그들이 보기에 낡은 혁명질서를 지지하는 학자, 공무원, 당 간부를 위협하고 모욕했다. 지배 엘리트의 고위층조차 재편되었고, 유소기와 같은 사람들은 현직에서 쫓겨났다.

둘째는 문화혁명이 국가를 엄청난 침체 상태로 몰고 갔다는 점이었다. 학교, 대학, 그 밖의 학문 기관은 교과 과정과 목적을 완전히 뜯어고치기 위해 1967년에 잠시 폐쇄되었다. 시험은 연기되었고, 관련 과학 연구와 실습은 중단되었다. 따라서 중국은 그때 이미 다른 나라들에 비해 국가 발전이 크게 뒤처져 있었는데, 문화혁명으로 인해 그 격차가 더 벌어졌으며 혁명은 중단되었다.

제복을 입은 수백만 명의 중국 젊은이들이 상당히 무례하면서도 무익한 열광적 혁명운동에 빠졌을 때, 국외자들은 그런 운동을 이상하고 또 놀랍다고 생각했다. 결국 홍위병은 모택동의 당초 기대에서 한 걸음 더 나아가, 그 이념적 열광으로 국가의 모든 활동을 붕괴시켰다. 1975년 모택동의 사망 후에 나온 최종 결과는 정치노선의 경직화였다. 그리하여 20세기 후반에 들어와 달라진 정치 환경에 혁명 정신을 적용시키려 했던 온건파와 오래된 혁명의 힘에 계속 매달리려 하는 보수적인 과격파 사이에 갈등이 빚어졌다.

 영국의 광대한 식민지는 영국의
위대함일까 아니면 불명예일까

18세기에 이르러 영국은 거대한 제국으로 발전했다. 포르투갈, 스페인, 네덜란드, 프랑스의 발자취를 따라서 주로 상업적인 이유와 강한 해군력의 도움으로 식민지 제국을 확장했다. 영국은 오스트레일리아, 뉴질랜드처럼 비어 있다고 생각되는 땅, 북미의 비옥한 동부 해안을 발견했고, 그곳에 뿔뿔이 흩어져 있던 원주민의 권리를 무시한 채 식민지를 '건설'했다. 세계의 머나먼 곳에서 귀금속을 찾아다니던 그들에게 열대작물과 원자재의 새로운 필요성이 증가했고, 또 제조품 시장을 찾고 싶어 하던 영국은, 급증하던 자국의 국민들에게 개척할 땅을 제공하고 또 '이교도'를 개종하려는 교회에 출구를 제공해야 했다. 18세기가 끝나갈 무렵, 영국 섬사람들은 세계를 지배하는 강대국의 지위를 한껏 반기고 있었다. 하지만 식민지 제국은 영국에게 경제적 이득만 안겨주었을까?

대영제국의 식민주의 정책은 미국의 독립전쟁 때문에 심한 타격을 받았다. 독립전쟁은 식민지 주민의 배은망덕하고 고집 센 태도의 탓으로 돌려지기도 하고, 또는 조지 3세 정부의 가혹한 폭정 탓으로 돌려지기도 한다. 하지만 그 전쟁은 본국으로부터 3000마일 떨어진 곳의 식민지를 관리하기가 어렵다는 것을 아주 명확하게 알려주었다. 식민지로부터 멀리 떨어진 본국 정부가 분규에 말려들지 않고 값비싼 책임을 지지 않는 반면, 식민지 주민이 요구한 민주적 자유를 허용하는 일이 과연 가능할까?

전쟁이 끝나자, 영국은 식민지 주민과 유럽 동맹 국가들에게 민족적 굴욕을 당했다고 느꼈다. 또 미국인이 요구한 독립을 허용하는 것으로써 문제를 해결한 평화조약도 영국으로서는 모욕이었다. 그것은 본국의 정치가들에게 뼈아픈 교훈을 주었고, 제국주의적 허세를 상당히 무색케 했다. 1783년 이후 영국인은 식민제국의 경영을 값비싸고 골치 아픈 사업이라고 보았다.

하지만 영국은 미국인이 가르쳐준 교훈을 배우는 데 지지부진했다. 그들은 나폴레옹 전쟁 중에 그리고 그 전쟁이 끝난 뒤에도 서인도, 남아프리카와 그 밖의 지역에서 계속 식민지를 세웠고, 이렇게 획득한 곳을 아프리카, 인도, 극동 등 타 지역에의 영향력 확산에 필요한 전초기지로 여겼다. 하지만 영국은 미국의 독립전쟁이 가져온 근본 문제를 해결하지 못했다. 영국은 식민지 주민의 운명에 대해 대체적으로 무관심했는데도, 그 주민들 때문에 해외의 값비싼 분쟁에 말려들었다. 캐나다에서는 프랑스 정착민과 영국인 이주자 사이의 갈등에 개입했고, 뉴질랜드에서는 마오리 전쟁에 간섭했으며, 남아프리카에서는 네덜란드에게서 지배권을 인수하면서 세력은 작지만 고집 센 보어 주민과 싸우게 되었다. 동시에 새로 건국한 미국과 국경의 확정에 얽힌 일련의 사소한 문제가 있었는데, 영국 정부는 그 모든 것을 지겹고 따분하고 값비싼 문제라고 생각했다.

파머스턴 경(그 자신이 원래의 빅토리아 시대 사람이기보다 18세기의 인물이었다)은 상당 기간 '외국인 녀석'을 다루면서 대영제국의 틀을 자랑스럽게 여겼지만, 19세기 중반에 이르러 이미 대영제국은 우스꽝스러운 개념이었다. 디즈레일리는 당초 '식민지를 마음의 짐'이라고 보면서, 영국에 의존해올 때는 식민지가 골칫거리이고 독립을 요구할 때는 귀찮다고 여겼으나 나중에 생각을 바꾸었다. 한편 글래드스턴과 자유당―상업적 및 산업적 관심사를 대표하는 당―은 식민지와 외국 문제에 대한 무관심 때문에 '제국주의 반대자'라는 이름을 얻었다. 1870년대에 들어와 디즈레일리의 권유로 영국이 세계에서 유명한 대영제국이라는 사상을 재발견하게 되었다.

1870년 이후 50년 동안, 영국은 5대륙에서 방대한 해외 제국을 건설했고, 머케이터Mercator 지리 투영도의 돋보이는 그림에 힘입어, 세계의 약 절반을 붉게 칠하며 대영제국의 면모를 과시했다. 빅토리아 여왕 치세의 후반과 20세기에 들어, 영국은 자국을 세계의 대제국이라고 자부했다. 제1차 세계대전이 끝난 뒤, 이 위대한 제국이 부실해지기 시작하자, 영국은 1931년 웨스트민스터 법에 의거하여 '영연방'이라는 세련된 허울로 만족할 수밖에 없게 되었다. 영국은 이제 사실상 독립해버린, 예전의 식민지 국가들을 영연방이라는 형식적 틀 안에 유지하고 있을 뿐이었다. 20세기 후반에 들어와 '식민지'와 '제국'이라는 용어는 경멸적인 어조를 띠게 되었고, 영국은 예전의 찬란했던 과거를 사과하기 시작했다.

콜린 크로스(《대영 제국의 몰락》, 1968년)와 에드워드 그리어슨(《제국의 꿈》, 1972년)과 같은 작가들은 이러한 쇠퇴를 불가피한 과정이라고 보았다. 코렐리 바넷(《전쟁의 결산》, 1986년)과 같은 다른 작가들은 1945년 이후 세계 문제에서 더 이상 강력한 영향력을 발휘하지 못하는 영국의 위상을 안타깝게 생각했다. 그들은 영국이 더 이상 대영제국의 현실을 유지할 수 없는데도 불구하고 그런 제국의 허구에 계속 매달린 나머지, 식민 관련 사업을 지나치게 확장하여 나라의 경제를 망치고, 마지막 남은 초강대국인 미국에게 굴욕적으로 의존하게 되었다고 생각했다. 여러 해가 지나서야, 제국이라는 사상이 사라졌고 영국은 폭 좁은 컴퍼스를 사용해가며 나라의 범위를 줄이기 시작했다.

대중의 태도에서도 제국의 사상에 대한 이런 변화를 엿볼 수 있다. 루디야드 키플링은 '백인의 부담'이요 '절반은 악마이고 절반은 어린이'인 원주민을 얘기할 때 별나게 익살맞았다. 《솔로몬 왕의 광산》과 《강의 모래 가는 기계》와 같은 책들은 밀려나고 그 대신에 《왕관의 보석》과 《외쳐라, 사랑하는 국가여》처럼 자기만족이 줄어든 이야기가 들어섰다. 학교와 장학회에서 식민 역사의 수업과 제국에 대한 역사 시간을 대폭 축소했다. 20세기가 끝날 무렵 영국은 이제 예전의 제국시대 때 가졌던 거의 모든 영토를 잃어버리고 제국의 잔재인 지브롤터, 센트 헬레나, 포클랜드 제도 등만 겨우 유지하고 있을 뿐이었다.

제국의 비용과 가치에 대해 최종 결산을 해볼 수 있을까? '영국 본국'에 관해 말해보자면, 제국은 19세기 영국의 경제 산업 능력과 해군력의 자연스러운 산물이었고, 이렇게 생산한 것은 들어간 비용보다 더 많은 가치를 올렸다. 식민지 자체를 살펴보면, 의미가 훨씬 더 컸다. 한편으로는 많은 저개발 국가들에게 철도, 통신, 무역, 기계화, 댐, 저렴한 전력, 학교, 의료, 병원의 혜택을 주었다. 다른 한편으로는 그 국가들에게 식민지가 아니었다면 알지 못했을 시대의 위험과 위기를 인식시켰고, 그 나라들을 국제 정치의 무대로 끌어들였다. 하지만 우리는 이런 비교를 과장해서는 안 된다. 정반대로 이렇게 말할 수도 있는 것이다. 우리는 그들에게 저렴한 직물을 주고 그들은 우리에게 쌀을 주었고 혹은 우리는 그들에게 매독을 주고 그들은 우리에게 에이즈를 주었다. 이런 사실들은 위에서 말한 식민지 혜택론 못지않게 진실인 것이다.

식민지 확장이 곧 역사의 발전이라고 생각했던 사람들도 이제 식민지의 소멸 또한 역사의 발전이라고 인식하고 있다. 이런 인식은 역사 관찰자가 얼마나 오래 앞을 내다보느냐에 달려 있다. 여자의 모자에도 유행이 있듯이 정치적 가치도 유행이 있다. 현재 제국은 한물갔다. 식민제국의 경영이 별로 효율적이지 못하기 때문에 완전한 포기나 다름없는 회의론이 널리 자리잡고 있다. 현대 서방 세계의 자신감 위축 현상도 일정 부분 그런 사상에 기여했다.

 영국의 강경 여성참정권론자들은 여성투표권을 쟁취했을까

20세기 초까지 몇몇 외국에서 여성의 투표권 제도가 어느 정도 발전했지만 영국의 경우는 사정이 달랐다. 영국의 여성참정권론자들은 캠페인의 초기 단계에 머물렀다. 그들은 하원의원들에게 로비를 하고 또 시위를 함으로써 대의명분을 진행시키려 했다. 1906년의 새로운 자유당 정부에게 큰 기대를 걸었지만 여성투표권은 여전히 통과되지 못했다. 1910년부터 여성참정권운동은 더욱 투쟁적인 양상을 띠었다. 그 운동은 불법적인 방법을 채택했다. 공공건물의 난간에 몸을 사슬로 묶고 시위를 하거나 하원의원들에게 전단을 뿌리는 것은 폭력성이 별로 없었다. 하지만 공공건물을 방화하고 우체통을 태우고 유리창을 깨고 전화선을 자르고 유명 인사를 구타하는 행위는 심각한 위법행위였다. 당시 이 방법을 채택한 사람들은 강경 여성참정권론자들이었다. 과연 이런 투쟁적 접근법은 온건 여성참정권론자들의 평화적인 전술보다 더 성공적이었을까?

이런 저런 면에서 강경 여성참정권론자들의 행동은 건설적이 아니었다. 1890년대 초에 약 200명의 하원의원들은 여성참정권을 위한 발의發議를 지지했다. 이들 중에 약 40명은 보수당 의원들이었다.

하지만 20년이 지난 뒤, 여성참정권을 지지하던 많은 의원들이 강경 여성참정권론자들의 위법행위 때문에 그들과 등졌다. 보수당 의원들은 이제 여성참정권을 공공연히 옹호하지 않았고, 많은 자유당 의원들, 특히 정부 관계자들은 위법행위에 대해 강경노선으로 돌아섰다. 언론은 점점 냉담해졌고, 강경 여성참정권론자 죄수에게 우격다짐으로 음식을 먹여 공분公憤을 샀을 때에만 어느 정도 호의적인 보도를 해주었을 뿐이다. 이른바 1913년의 '단식 죄수 가출옥법'은, 단식 항의를 하는 강경 여성참정권론자들을 석방했다가 재수감하는 조항이 시민의 자유를 해친다고 하여 사람들에게 불쾌감을 주었고, 강경 여성참정권론자들은 그 법으로 인해 약간의 동정을 샀다. 그들은 이제 자신들의 대의명분을 널리 알릴 수 있었다. 하지만 남자들이 볼 때 그들의 극단적인 행위는 여성이 얼마나 투표 자격이 없는지 보여줄 뿐이었고, 강경 여성참정권론자들은 1914년이 되었어도 1906년보다 참정권 획득에 가까이 다가서지 못했다.

1914년, 1차 대전이 발발했다. 국가가 적을 물리치는 데 집중하자, 강경 여성참정권론자들의 소동은 가라앉았다. 1916년, 하원의장이 사회를 본 회담은 제한적인 형태의 여성참정권을 지지했다. 하지만 이것은 별로 구속력도 없고 정부의 공식적인 정책도 아니었다. 1917년, 하원에서는 '참정권 법안'을 토론했는데, 원래의 목적은 남성의 선거권 중 합리적이지 않은 조항을 없애기 위한 것이었다. 만약 남성 투표자들에게 장기 거주 증명을 요구한다면 대부분의 제대 군인들은 투표권을 상실할 것이기에, 모든 군인들은 거주 증명 없이도 투표권이 주어졌다. 그런데 군수공장의 남성 근로자들도 병사들 못지않게 전쟁에 크게 기여했고, 전시에 자주 거주지를 옮겨야만 했다. 병사들과 마찬가지로 그들에게 예외를 적용하자는 제안이 나오면서, 불가피하게 군수공장에서 일한 여성들의 투표권 문제로 비화했다. 이리하여 원래 남성의 투표권을 다루기 위한 법안은 결국 30세가 넘은 모든 여자들에게 투표권을 주기로 결정했는데, 여성투표권자는 가장이나 기혼자들로 제한되었다.

따라서 여성이 드디어 투표권을 얻은 것은 전전戰前의 강경 여성참정권론자들의 소동 때문이 아니라 전시의 국가적 대의명분에 기여한 덕분이었다. 전전의 강경 여성참정권론자들의 운동이 쟁점을 일반대중에게 널리 알린 것은 사실이지만, 그에 못지않게 분노를 일으켰고(이를테면 램지 맥도널드의 분노를 일으켰음) 즉각적인 성과는 없었다. 전쟁 덕분에 사람들의 태도가 바뀐 것은 분명하고 여성의 공로는 널리 인정받았다. 그런데도 여성들은 일관된 계획이 아니라 우연히 제정된 법 때문에 혜택을 얻었다. 사정이 이렇기는 하지만, 오랫동안 열심히 일했고 고통을 겪었던 여성들에게 투표권을 부여한 공로를 강경 여성참정권론자들에게 돌린다고 하여 누가 그들을 비난할 수 있을까?

러시아 혁명은 경제 발전을 촉진시켰을까 아니면 방해했을까

많은 역사학자들은 혁명 이전의 러시아를 원시적인 후진後進 농업경제라고 보면서, 공산주의 혁명을 역사 발전의 시작이라고 생각한다. 스탈린이 그 나라의 경제를 현대화하고 산업화하고 20세기 수준으로 끌어올렸다는 것이다. "스탈린은 나무쟁기밖에 없는 나라에 원자로를 남겨주었다"고 주장하는 교과서들도 있다. 하지만 이런 언급은 지나친 단순화다.

사실, 러시아의 산업화는 마지막 차르 니콜라스 2세의 치하에서 잘 진행되었다. 까놓고 말해보자면 러시아 혁명은 20세기 내내 산업화의 과정을 중단시키고 퇴보시켰다. 실제로 처음 진행되었을 때, 러시아 산업화는 임의적이고 취약한 기초에 바탕을 두고 있었으며 경제적 현실과 동떨어진 적이 많았다. 그리하여 20세기 내내 산업화의 발목을 잡은 문제들에 직면했고, 많은 사람들은 러시아 경제가 결코 회복되지 않을 거라고 말하기도 했다. 이렇게 볼 때 '러시아의 제3혁명'—이 나라의 현대화—을 주도한 사람이 스탈린이라는 평가는 크게 수정되어야 한다.

러시아의 산업혁명은 19세기 하반기에 시작되었고 주로 외국자본에게서 금융지원을 받았다. 또 1861년 농노해방이 이루어진 뒤에 도시인구의 급증으로 도움을 얻기도 했다. 철도의 발전은 19세기 후반의 가장 인상적인 업적 중 하나였다. 철도의 주요 목적은 양곡 생산지역을 도시와 연결시키는 것이었고, 또 양곡 수출을 용이하게 하기 위해 항구와 연결시키는 것이었다. 1861년부터 1880년까지 철도의 길이는 약 1000마일에서 1만 4000마일까지 늘어났다. 러시아는 이런 대확장에 자금을 댈 수도 없었고, 공업기술과 필요한 장비를 공급할 수도 없었다. 궤도와 기관차는 물론 나사와 볼트까지 해외에서 수입해 와야 했다. 대규모 융자는 파리 증권거래소에서 잇따라 추진되었고, 나중의 대출은 베를린과 런던에서 이루어졌다.

이런 철도 경기景氣는 또한 러시아 중공업의 성장을 촉진했다. 19세기 하반기 때 석탄 생산이 20배로 증가하고, 강철, 철, 선철의 생산은 10배로 늘어났으며, 석유산업이 새로 선을 보였다. 크리보이로그 분지에서 휴라는 웨일스 사람은 석탄, 철, 강철을 생산하는 한편, 노벨 형제들은 주로 바쿠의 석유회사에 자금을 빌려주었다. 면사방적과 모직물 제조와 같은 다른 산업들도 크게 확장되었다. 노동자의 임금은 저렴하고, 기계류는 즉시 수입되고, 관리 직원들은 해외에서 쉽게 고용될 수 있었다. 열악한 막사, 노동착취, 저임금, 아동노동, 물품지급 등은 영국의 초기 산업화를 특징짓던 많은 해악과 마찬가지로 러시아에서도 되풀이되었다. 정부는 노동조합에 대해 불쾌하게 생각했지만, 그래도 노동조합은 농노해방 이전에 농노를 공급했던 것처럼 이번에는 국가노동력을 제공했다.

국가와의 이런 연결고리는 지방이 산업 및 자본 부르주아를 발전시키지 못하는 원인이 되었다. 지방에 살고 있던 소수의 부르주아는 사장과 관리자가 되기보다 관료나 행정가가 되려는 경향이 있었다. 국가는 1860년에 설립된 '국립 중앙은행'을 통해 기업을 촉진했다. 발권發券은 단지 이 은행의 사소한 기능이었고, 주된 임무는 전체 신용 시스템의 버팀목이 되는 것이었다. 따라서 처음부터 국가의 역할은 상당히 컸다. 19세기가 끝날 무렵, 러시아 공장의 약 40퍼센트는 1000여 명의 직원들을 고용했고, 상트페테르부르크의 푸틸로프 군수공장은 1만 2000명의 근로자를 고용했다.

산업이 확장되고 통신수단이 향상되자 우체국과 전신국도 발전했다. 동시에 대형 판형의 저렴한 신문이 등장했다. 많은 직원을 거느린 검열당국도 외국의 논평이나 파괴적인 조사보고서의 확산을 막을 수 없었다. 러시아 사람들의 여행은 외국인과 마찬가지로 쉬워지고 빨라지고 값이 싸졌다. 유럽 쪽의 러시아는 급속하게 서구의 영향을 받기 시작했다.

제1차 세계대전의 비참한 패배와 1917년 두 번의 혁명 때문에 이런 발전은 완전히 중단되었고, 러시아는 원시적인 상태로 되돌아갔다. 산업활동은 멈추었다. 공장은 노동자들이 회의를 많이 열었지만 생산을 하지 못했다. 철도는 운행을 멈추었고, 농민들이 도시에 농작물을 공급하려고 해도 우연히 호위 마차를 만나는 경우를 제외하면 갈 수 없었다. 국가는 무질서, 폭력, 기근 속에서 붕괴했다. 볼셰비키 지도층은 능력에 부치는 산업 관리의 임무에 직면했다. 그들은 화폐를 폐지하고 '배급 카드'를 나눠주는 시스템으로 바꾸는 등 궁여지책을 생각해냈지만, 이 모든 것은 아무 소용이 없었다. 결국 그들은 '부르주아 전문가'의 관리기술을 징발함으로써 증오했던 부르주아의 전문지식을 활용해야 했다. 그러나 이것은 산업 현황을 더 악화시켰고 '크론스타트 해군기지 폭동' 당시 반反혁명의 직전까지 이르렀다. 이른바 '신경제정책NEP'(New Economic Policy)—사실, 공산주의 목표를 크게 포기한 정책—덕분에 막판에 재난을 피할 수 있었지만, 이 무렵 산업경제는 완전히 붕괴하여 회복할 수 없었다.

NEP의 업적은 1928년까지 러시아가 제1차 세계대전 이전에 생산했던 산출량의 많은 부분을 회복한 것이었다. 자본재의 생산은 1913년의 실적과 같은 수치를 얻었지만 농업 생산은 현저히 떨어졌고, 1930년대 말까지 회복되지 않았다. 소비재는 마찬가지로 비쌌고 구입하기가 어려웠다. 러시아는 스탈린의 '5개년 계획' 내내 극빈국가였다. 스탈린이 경제적 목표를 얻기 위해 실시했던 가혹한 억압과 더불어 이 가난은, 많은 사람들이 믿었던 대로 러시아가 노동자의 생활이 낙원과 거리가 멀었다는 뜻이다. 사실 히틀러는 이 모든 심각한 상황을 내다보았다. 1941년 러시아를 침공했을 때 스탈린의 독재 아래 오랫동안 신음했던 사람들이 일제히 봉기하여 히틀러의 해방 깃발 아래 몰려들 것이라고 예상했다. 하지만 그들은 봉기하지 않았다.

종전된 뒤에도 상황은 나아지지 않았다. 소련은 자체 생산으로 국민에게 양식을 제공할 수 없는 나라였다. 러시아 농업은 부패, 관리 부족, 수치의 왜곡 외에도 지나친 중앙집중화, 탐관오리, 잘못된 계획의 결과 때문에 고통을 겪었다. 아파라트apparat(관료계급)의 소수 특권층은 당연히 편안한 삶을 누렸지만, 대부분의 민중은 생존경쟁을 위해 싸우거나 불만의 침묵 속에서 참으며 살았다.

2000년에 이르러, 공산주의의 모든 실험이 러시아 산업의 발전을 지체시키고 탈선시킨 행위였음이 분명해졌다. 유감스럽게도 오늘날의 러시아 노인들은 공산주의 통치의 '좋았던 옛날'을 그립게 회고하고 있다. 옛날에는 직장이 있었고 가게에는 빵과 먹을 게 있었다. 그런데 공산주의가 붕괴된 지금은 그렇지 못한 것이다. 그러나 한 가지 사실은 엄연하게 남아 있다. 만약 1917년에 공산주의 정부가 들어서지 않고 자유로운 정부 아래에서 경제가 자유롭게 발전했다면, 러시아는 지금쯤 유럽의 선진국이 되었을 것이다. 그러나 오늘날의 현실은 그렇지 못하다. 정부는 동냥 그릇을 내두르면서 하루하루를 간신히 버텨나가고, 소련 체제의 잔재에서 뭔가를 건지려고 애쓰는 그런 난국인 것이다.

음모와 계략, 진실은 따로 있잖아

 도팽 황태자는 프랑스 혁명 때 비명횡사했을까

프랑스 혁명 때 루이 16세의 아들이 혁명가들의 마수를 피해 어른으로 성장했다는 소문이 후에 생겨났다. 이 얘기는 19세기 사람들을 매혹시켰고 그들의 상상을 오랫동안 사로잡았다.

공포정치가 끝난 지 몇 년 뒤 아주 흥미로운 이야기가 널리 퍼졌다.

아버지 루이 16세가 1793년에 처형되어 자동으로 루이 17세가 된, 어린 도팽이 축축하고 불결한 혁명재판소에서 생존했다. 그의 간수였던 파리 구두수선공과 그 아내의 도움으로 감옥을 탈출하여 자유를 되찾았다는 것이다. 가끔 그 이야기에 이런 곁다리가 붙여졌다. 로베스피에르 자신이 어린 도팽을 동정하여 도피를 묵인했다는 것이다. 소년은 프랑스 시골에서 이름 없이 성장했다고 하는데, 나중에야 자신이 적법한 왕이라는 사실을 알아차렸다.

이런 이야기가 떠돌자 1815년 이후, 마굿간지기 소년, 프로이센 시계제조공 등을 비롯하여 많은 사람들이 자신을 황태자라고 주장하고 나섰다. 그들 중에서도 시계제조공은 하도 그럴 듯하여, 어린 황태자를 시중했던 당시 꽤 늙은 베르사유 궁의 가정부가 실제 도팽이라고 인정할 정도였다. 급기야 루이 필립 왕이 그를 인정하여 소액의 연금이 하사되었다. 그는 나중에 무명의 상태로 죽었고 1840년에 네덜란드의 델프트에 묻혔다. 그의 비명에는 "여기 루이 17세, 노르망디 공작, 프랑스와 나바르의 왕이 묻히다"라는 문구가 씌어 있다. 간수들에게서 극적으로 탈출했다는 생각은 나중에 도크시 남작부인을 사로잡았고, 그녀는《별봄맞이꽃Scarlet Pimpernet》이야기에서 이 에피소드를 자세히 묘사했다. 그녀는 소년 황태자가 오스트리아의 친척집으로 갔다고 주장했다.

진실은 이처럼 흥미진진하지 않을 뿐 아니라 믿어지지 않을 정도로 삭막하다. 황태자는 늘 허약한 소년인 데다가 1795년에 습기 많은 감옥에서 결핵에 걸려 열 살의 나이로 죽었고, 루이 샤를르 카페라는 이름으로 공동묘지에 묻혔다. 매장하기 전에 검시가 이루어졌는데 그때 왕당파였던 담당 의사 펠레탕이 소년의 심장을 훔쳤다. 그는 손수건에 그것을 숨겼고 나중에 파리 대주교에게 넘겨주었다. 대주교는 그것을 단지에 보관했는데, 그 단지는 주교좌 성당이 1830년 혁명 때 습격당하여 약탈되면서 산산조각났다. 그때 검시 의사 펠레탕의 아들이 미라처럼 바싹 마른 심장조각을 주워 담아 크리스털 단지에 직접 보관했다. 1999년, DNA 테스트가 이루어졌고, 샘플을 그의 어머니 머리카락, 두 자매의 머리카락, 왕가의 살아 있는 두 친척의 머리카락과 비교했다.

그 테스트는 모든 의심을 물리치면서 이런 사실을 입증했다. 도팽은 1795년에 죽었고 심장은 그의 것이 맞다. 20세기에, 그의 유해가 묻혔다고 하는 무덤을 두 차례나 발굴했지만 그때마다 뼈는 도팽보다 나이 많은 17세 정도 된 소년의 것이 나왔다. 하지만 이제 거의 모든 사람들이 DNA 검사를 확실한 증거로 받아들이고 있다.

## 012

카르보나리 당원은 애국자일까 아니면 도적일까

이탈리아 통일에 관한 낭만적인 이야기들은 오래 전부터 전해내려 왔다. 마치니, 카부르, 빅토르 엠마누엘, 가리발디는 물론, 심지어 교황 비오 9세의 이야기조차 관련 문서가 조작되었다. 그리하여 설사 그들이 환생한다 하더라도 그들 자신을 스스로 알아보지 못할 정도가 되었다. 오래 전부터 이탈리아 민족주의 운동의 아버지라고 알려진 카르보나리당도 그런 전설의 대열에서 빠지지 않았다. 당원들은 그들의 신념 때문에 박해받는 지적 자유주의자라고 칭송되었고, 산기슭의 오두막에서 숯불 화로 하나로 이탈리아 겨울밤의 추위를 피해가며 활동한 조국의 영웅으로 묘사되곤 했다. 그들은 그런 어려운 상황에서도 가장 순수한 독립의 이상을 품었고 외국의 지배를 벗어난 이탈리아를 꿈꾸었다. 1939년, 어떤 저명한 역사가는 (1820년대의) "비밀결사 중 주요 세력인 카르보나리당이 전국 각지에서 결성되어 이탈리아 통일을 위해 활동했다"고 서술했다. 이런 유형의 역사가들은 카르보나리당의 실패를 설명하면서, 그들의 이상주의가 곧 약점이었고, 목적을 실현하기 위한 실제적인 기술과 조직이 부족했다고 논평했다. 하지만 카르보나리당과 그들의 목적을 이상적으로 보는 관점은 상당히 수정되어야 한다.

먼저, 1820년대의 이탈리아 혁명운동을 카르보나리당이 전적으로 이끌었다고 생각하는 것은 잘못이다. 이런 비밀결사가 온 사방에서 결성된 것이 아니라 지역적으로 결성되었다. 그들이 활동한 주요 무대는 나폴리 왕국이었고, 그 밖에 중부 공국들과 로마냐 등에 영향을 미쳤다. 피에몬테의 초기 폭동을 주도한 자들은 카르보나리당이 아니라 페데라티federati(연방주의자)였고, 이 두 그룹 사이에는 전혀 연결고리가 없었다. 게다가 나폴리의 카르보나리당은 모두가 자유주의적인 민족 이상주의자들인 것은 아니었다. 물론 그들의 계층에는 중산층의 지식인들이 많았지만, 원래 카르보나리당은 비밀결사의 회원들이었고, 프리메이슨에서 영감(가끔 이 비밀결사의 신호와 암호)을 얻어왔다. 이런 비밀결사는 이상주의자뿐 아니라 모험가들을 끌어들였다. 모험가들은 그 조직에서 대의명분 외에 화끈한 흥분을 추구했다. 특히 도적과 조직범죄가 들끓었던 나폴리에서, 카르보나리당을 등에 업고 자신들의 유괴, 강도, 살인을 은폐하려 했던 자들도 상당수 있었다.

그렇다고 해서 나폴리 도적들이 모두 카르보나리당원이거나 지지자들이었던 것은 아니다. 도둑질과 혁명의 열정은 분명 다른 것이었고 그런 사정은 나폴리에서도 마찬가지였다. 물론, 나폴리 당국은 무력에 호소하는 모든 혁명가들을 테러분자로 보았고, 그 지역 카르보나리당원들의 불미스러운 배경과 활동을 교묘히 이용할 줄 알았다. 만약 당원들 모두가 도적이었다면, 1820년에 나폴리 정부를 굴복시키지는 못했을 것이다. 반면, 소수의 하급 성직자들은 가끔 카르보나리당에 참여했다. 비오 9세조차 젊었을 때 카르보나리 그룹에 속했다는 소문이 돌았다.

카르보나리당원은 애국자들이었을까? 외국의 영향을 물리치고 오스트리아의 지배를 제거한다는 한결 같은 목적에서 보면 그들은 애국자들이었다. 나폴리 사람들은 스페인 부르봉 왕가의 권력을 약화시키려 했다. 하지만 1820년의 나폴리 폭동은 페르디낭 1세의 폐위보다 1812년의 스페인 헌법에 기반을 둔 자유주의적 헌법을 이끌어내는 데 더 관심이 많았다. 비엔나 조약에 의해 오스트리아인 통치자들이 자리를 잡고 있던 중부 공국들의 경우, 카르보나리당은 그 외국인 통치자들을 축출하는 것을 운동의 목표로 삼았다. 그래서 카르보나리당원들의 애국주의는 기존의 이탈리아 국가들의 독립을 지원하고 유지하는 것이 되었다. 그들은 토스카나 독립이나 롬바르디 혹은 베네치아의 회복에 애국적인 충성심을 발휘했다. 하지만 카르보나리당이 이탈리아 전역의 통일을 목표로 삼았다는 증거는 없다. 각각의 카르보나리당 그룹은 그들 자신의 제한적인 지역 목표를 가지고 있었다. 그들 모두는 정치적 억압을 종식시키고 싶어 했고, 정치적 권력의 공유를 원했고, 절대왕정에 종지부를 찍고, 외국인들을 쫓아내려고 했다. 하지만 중세 이후부터 이탈리아의 운명이었던, 오래된 모자이크처럼 얼기설기 모인 지방 국가들은 여전히 그 자리에 남아 있게 되었다. 이탈리아의 지도를 다시 그리거나 피에몬테 일국 지배로 넘기는 것은 그들의 목적이 아니었다. 대다수 그룹들은 돈벌이가 되는 흉악범죄를 저지르는 것보다는 지역 목표의 추구를 더 중시했다. 마치니는 그들의 이러한 약점을 꿰뚫어보았다. 1831년, 그가 '젊은 이탈리아'를 설립했을 때 더 이상 카르보나리당의 작업을 계승하려고 애쓰지 않았다. 그는 훨씬 더 복잡한 방법으로 사뭇 다른 목표를 시도했다.

## 013

전함 메인 호는 누가 폭파했을까

미국 역사상 크나큰 전설 중의 하나는, 1898년 미국의 대對 스페인 전쟁은 스페인 사람들이 고의적으로 미국 전함을 선제 폭파했기 때문에 정당하다는 것이다. 이 해석에서 볼 때, 미국인들은 마지못해 전쟁에 나섰지만 도발을 받았기 때문에 어쩔 수 없었다는 얘기다. 또 전쟁이 끝난 뒤 미국의 영토 합병은 미국의 제국주의가 적나라하게 드러난 사례가 아니고, 스페인의 파렴치한 행동에 대한 보상이라고 간주되었다. 이 모든 것은 터무니없는 전설이지만, 당시는 그런 해석이 일반적으로 받아들여졌고, 몇몇 대중적인 책들에는 지금까지도 그런 흔적이 남아 있다.

1898년 2월 15일, 미국의 전함 메인 호가 아바나 항구에서 폭파되었고 그 사고로 2명의 장교와 258명의 사병들이 목숨을 잃었다. 전함은 3주 동안 아바나 항구에 정박했는데, 그 목적은 스페인에 대한 쿠바의 폭동을 예의 주시하면서 쿠바 거류 미국 시민들의 안전을 보장하려는 것이었다. 쿠바 폭도를 가혹하게 대한 것으로 악명이 높았던 웨일러 장군을 소환한 뒤에 어느 정도 가라앉았던 대 스페인 전쟁의 열기는 메인 호의 침몰 때문에 돌연 되살아났다. 미국의 언론은 전함의 침몰을 스페인 탓으로 돌렸고, "메인 호를 잊지 말자"며 목청을 돋우었다. 4월 25일, 미국은 스페인에 선전포고를 했다. 거의 모든 미국인들은 전쟁 선포가 침몰 사고 때문에 정당하다고 믿었다. 하지만 과연 스페인이 침몰 사건에 책임이 있을까?

스페인이 그렇게 고의적으로 미국과의 전쟁을 일으키려 한 것 같지는 않다. 과연 전쟁으로 그들은 무엇을 얻을 수 있을까? 스페인의 전반적인 목적은 미국과의 적대관계를 피하는 것이었다. 사실 전함이 침몰하기 6일 전, 미국 정부가 주미 스페인 대사의 경솔한 반미적 서한에 강력하게 항의하자, 대사는 본국으로 소환되었다. 스페인이 미국의 개입을 언젠가 불가피하게 벌어질 일이라고 생각했더라도 메인 호 침몰은 군사적 명분이 되지 못했고, 그런 만큼 선전포고가 차일피일 미뤄지다가 결국 다른 사유로 선전포고가 발령되었을 가능성이 더 크다. 이에 비해 쿠바 폭도들이 메인 호를 폭파할 사유가 더 많았다고 보아야 한다. 그들은 이렇게 함으로써 미국을 전쟁의 소용돌이에 빠뜨리고, 그렇게 하여 쿠바의 독립을 더욱더 확실하게 만들 수 있는 것이다. 하지만 이것을 뒷받침할 증거는 없다.

재난 당시 메인 호 함장은 성급한 결론을 내리지 말도록 경고했다. 하지만 곧 열린 미 해군 사문위원회는 메인 호가 '외부에서' 폭발한 결과로 침몰했음을 발견했고, 그것은 (미국이 당연히 악한이라고 보았던) 스페인 사람들이나 쿠바인의 소행임을 암시했다. 스페인 사문위원회는 '내부에서' 폭발한 결과로 전함이 파괴되었음을 찾아냈고, 스페인과 쿠바는 자신들이 무죄임을 주장했다. 쿠바를 범인으로 지목하는 것이 스페인에게 유리할 터인데도 그런 결론을 내렸다.

부두노동자로 가장한 쿠바 폭도들이 폭약을 몰래 갑판에 가지고 들어왔을 거라는 얘기는 거의 나오지 않았다. 1911년, 메인 호는 인양되었고 선박을 다시 검사한 결과 미국에서 원래 발견한 사항들이 입증되었다고 구두로 전해지고 있다.

그리하여 어떤 구체적 증거 제시 없이 스페인을 범인으로 지목하는 전설이 수명을 연장받게 되었다. 전함의 폭발은 전함 화약고 내에 있던 폭파장치 잘못 때문이거나 연료창고에서 공기와 석탄 먼지가 섞여 유도되었을 확률이 가장 높다. 하지만 침몰은 미국의 세력 확장 전쟁을 정당화했고, 오늘날까지도 별 근거 없이 외부에 의한 침몰이라는 전설이 끈질기게 남아 있다.

## 014

보어 전쟁은
제국주의자들의 음모일까

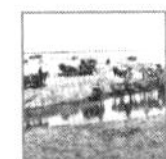

보어 전쟁은 남아프리카 케이프의 네덜란드계 정착민들과, 영국 정부를 위해 싸우는 제국 군대 사이에서 벌어진 것이었다. 이 전쟁은 20세기 동안 내내 양쪽에서 대중의 감정을 자극했다. 전쟁 때문에 끓어올랐던 많은 분노는 시간이 지나면서 수그러들었지만, 전쟁과 관련하여 사뭇 다른 견해가 여전히 대중들 사이에 널리 퍼져 있다.

전쟁에 대한 영국 정부의 공식적인 태도

영국의 태도는 사려 깊게 온건했지만, 언론과 그 밖의 배경에서는 소란스럽고 불쾌한 제국주의의 아우성이 드높았다. 체임벌린 총리와 랜스다운 같은 내각 동료들의 견해는 확실히 제국주의였음에도 불구하고 그들은 교양 있는 온건한 언어로 자신들의 정체를 교묘하게 숨겼다. 이러한 견해는 1897년 남아프리카 담당 고등판무관으로 임명된 알프레드 밀너 경(나중에 자작)의 생각과 일치했다. 밀너는 외교적인 수완이 약간 부족했지만 그래도 날카로우면서도 세련된 법률가의 정신을 가지고 있었다.

보어공화국에 대한 영국의 권리를 인정한 1881년의 프리토리아 회의에 의해 영국의 종주권이 인정되기는 했지만 1884년의 런던회의에서 그 용어는 의도적으로 사용되지 않았다. 그러나 구체적 사안으로 들어가 보면 영국의 종주국 지위는 예전과 똑같았다. 그러므로 영국은 보어 사건의 최종적인 중재자로서 권리뿐 아니라 의무까지 가지고 있다.

이런 영국 정부의 입장에 비춰볼 때, 트란스발의 연로한 대통령 폴 크루거—그는 충성된 국민에게 '폴 아저씨'라는 애정 어린 이름으로 알려져 있는데—의 행동은 도저히 받아들일 수 없는 것이었다. 그의 비행은 이런 것이었다. 약 3만 명의 영국인을 포함한 소수의 외국 이민자들(오이틀란더스Uitlanders)을 부당하게 취급했고, 세금을 중과하고 시민권을 박탈했으며, 흑인 원주민을 몹시 경멸했다. 게다가 크루거는 포르투갈 령 동아프리카의 델라고아 만을 경유하여 수입한 전쟁물자로 완전무장하기로 결정하였다. 그에 따라 군비확장 비용이 1895년의 연간 6만 파운드에서 1897년의 25만 파운드까지 증가했다. 크루거는 요새 건설과 중무장에 150만 파운드를 들였고, 아주 우려스럽게도 독일 육군 전문가를 고문관으로 초빙했다.

크루거는 자신의 무장정책에 대하여 만족스러운 해명을 내놓지 않았고 오이틀란더스의 고충을 시정하려 들지 않았다. 그리하여 1899년 3월 영국 이민자들의 어려움을 완화해달라는 오이틀란더스 청원이 빅토리아 여왕에게 제출되었을 때 영국 정부는 그 사건을 다루지 않을 수 없었다. 5월 첫 주, 블룸폰테인에서의 지루한 협상은 밀너의 박식하면서도 꼼꼼한 성격을 보여준 동시에, 크루거의 훼방 놓는 교활한 성격을 잘 드러냈다. 7월부터 9월까지 분쟁을 피하려는 노력이 반복되었지만 모두 실패로 돌아갔다. 크루거가 남아프리카의 전쟁을 불가피한 것으로 판단하고 시간을 끌고 있다는 생각이 커지기 시작했다.

보어 전쟁이 발발한 뒤, 영국 정부는 6000마일이 넘는 지역에서 경험이 부족한 약 5만 명의 군대가 민첩하고도 단호한 적과 싸우는 게 어렵다는 것을 알게 되었다. 영국은 비참한 패배를 여러 차례 겪었는데, 그러한 참사는 1899년 12월 초의 '검은 주간' 때 절정에 달했다. 독일의 카이저 황제는 할머니뻘인 빅토리아 여왕에게 이런 무례한 전보를 보냈다—"영국이 최근의 여러 시범 전투에서 패배했을 때 발휘했던 것과 똑같은 불굴의 정신으로 이런 패배를 받아들이는 것이 좋겠습니다." 여왕은 전투에서 패배한 것도 기분이 좋지 않은데 그런 전보를 받자 또 다시 울적해졌다.

하지만 로버츠 경을 영국군 최고사령관으로 임명하자 전세는 곧 바뀌었다. 1900년 봄과 초여름, 포위되었던 도시들을 구출했고 제국의 여러 곳에서 파견되어온 영국군 증원부대는 블룸폰테인, 요하네스버그, 프레토리아로 진군했다. 8월쯤 전쟁은 영국의 승리로 끝난 것이나 다름없었고, 9월에 크루거는 포르투갈 영토로 도망쳤다. 그러나 전쟁은 1900년도 중반까지 계속되었고, 1902년 5월에 베레니깅에서 평화조약이 체결될 때까지 막판 게릴라 전쟁이 펼쳐졌으며 희생의 대가가 컸다. 이곳저곳에서 뜻밖에 불쑥 나타난 게릴라 일당, 이른바 '코만도'는 여러 지역에 주둔한 점령군을 끊임없이 괴롭혔다. 이런 위협에 대응하는 방법은 주민을 임시수용소에 몰아넣은 후 시골 마을을 소개疏開시키는 것이었고, 넓은 지역을 소탕하여 게릴라 군대를 고립, 식별하여 패배시키는 것이었다. 유감스럽게도 이 '강제수용소'는 곧 악명을 떨쳤다. 군인들이 정상적인 군사작전 이외의 일을 맡았을 때 가끔 그랬듯이, 수용소 관리는 엄청나게 비효율적이었다. 식량은 형편없고 부족했으며, 공중위생은 원시적이었고, 질병은 창궐했다. 약 12만 명의 수용자들 중에서 약 3만 명이 사망했으며, 그들 가운데 약 2만 2000명은 16세 이하였다. 전체 수용자들 가운데 약 10만 명은 흑인이었고 18군데의 수용소에 분산수용되어 있었다.

전쟁이 끝날 무렵 약 1만 8000명의 흑인이 사망하여 땅 구덩이에 암매장되었다. 영국 여성 에밀리 홉하우스와 영향력 있는 원조위원회의 노력 덕분에 체임벌린 총리와 영국 정부는 수용소의 폐해에 관심을 기울이고 현지의 군인 감독자들을 민간인으로 교체시켰다. 적의를 품은 채 서로 싸우기를 10년이 지나서야, 보어인과 영국인의 관계는 서서히 개선되기 시작했다.

포악한 행위는 영국 측에서만 저지른 것이 아니다. 많은 보어인들이 포위한 도시를 무차별 포격했고, 시민들을 공포의 도가니로 몰아넣고 파멸시키려고 했다. 보어인의 지도자 드 웨트는 게릴라전을 펼치는 과정에서 블룸폰테인 시민들에게 장티푸스를 퍼뜨리기 위해 세타스포스 수도水道를 공격하기도 했다. 보어 측은 영국 편을 든 보어 사람들인 '결탁자Joiner'에게 잔인한 분노를 퍼부었다. 하지만 당시, 영국과 보어인 어느 쪽도 이런 행동을 비판하지 않았고 오히려 적절한 행동이라고 생각했다.

영국 일반대중의 태도

영국 국민들의 태도는 아주 다양했다. 극단적이고 맹목적인 애국심을 가진 제국주의자들의 태도는 대중적 언론에 잘 드러나 있다. 그들은 보어 사람들에게 마구 욕설을 퍼부었다. 그들에게 제국은 신성한 존재였고 그래서 남아프리카의 무례한 행동을 참을 수 없었다. 사람들은 크루거Kruger와 관련하여 비열한 노래를 불렀다. 가령 그의 이름 중 'g'를 부드럽게 발음하면서 "스크루저screwed yer"(너 엿 먹어라)라고 말했다. 그들은 포위당했던 메이프킹이 구출되자 기뻐 어쩔 줄 몰랐다.

한편, 전쟁을 분명히 반대하는 상당한 세력들이 있었다. 당시 글래드스턴은 작고했지만, 전기작가 존 몰리와 로이드 조지를 비롯하여 급진적 자유주의자들은 로즈베리 경과 그의 '자유주의적 제국주의자' 세력에 반대하면서 반反제국주의 정책을 지속했고, 그리하여 '친親보어파'로 알려지게 되었다. 예민한 체임벌린조차 이런 전쟁 반대의 의견을 완전히 묵살할 수 없다는 것을 알고서, 발포어, 힉스 비치, 솔즈베리 등과 함께 의식적으로 반反보어파 태도를 완화했다.

'친親보어파'는 (사뭇 다른 이유에서지만) 마르크스주의자의 신념과 일치했다. 마르크스주의자는 제국주의자들이 해외 영토를 얻고, 영국 경제를 활성화하기 위해 천연자원을 개발하려는 욕망에서 전쟁이 비롯되었다고 생각했다. 그들이 볼 때, 영국인 로즈의 남아프리카 회사와 그 회사에서 나오는 금과 다이아몬드가 문제였다. 크루거는 이 회사 때문에 영국을 의심하게 되었고, 영국의 침략에 맞서 그 자신과 국민을 보호하려고 나섰다.

하지만 정작 로즈 자신은 이중적인 인물로 치부되었다. 열렬한 광적 애국주의자인가 하면 무자비한 거물이라고 생각되었다. 크루거 입장에서 보자면 적이라기보다 동맹으로 볼 수도 있는 사람이었다. 군국주의를 의혹의 눈으로 바라보는 영국의 자유주의자들은 곧 남아프리카 전쟁을 비판하는 반反제국주의 대열에 합류했다. 이들은 나중에 강제수용소의 참상이 널리 폭로되자 인류애적 본능을 내세우며 그들의 입장을 강하게 호소했다. 그래서 자유주의자들은 1906년 이후에 정복한 남아프리카를 공정하게 대해야겠다고 결심하게 된다. 그래서 이런 말까지 나오게 되었다―"남아프리카는 비록 패전했지만, 20세기 초입의 몇 년 동안에 평화를 얻게 되었다."

보어 사람들의 의견

그들의 의견은 전쟁으로 대단히 많이 시달렸다는 것이다. 그들은 일찍이 영국의 지배를 피하려고 시도했지만 성공을 거두지 못했다. 1836년의 집단 이주(그레이트 트렉Great Trek) 당시, 그들은 미국 개척자들처럼 포장마차를 타고 이주했으며, 대초원을 건너기 위해서가 아니라 케이프 콜로니를 피해, 영국의 권력이 미치지 않는 곳에 새로운 정착지를 형성하기 위해 길을 떠났다. 나중에 그들은 1852년의 샌드 리버 회의Sand River Convention에 따라 영국으로부터 자유를 얻었지만, 결국은 줄루 전쟁이 끝난 뒤인 1881년의 프레토리아 회의Pretoria Convention로 그 자유가 없어진 것을 확인했을 뿐이었다. 영국 당국이 1884년의 회의에서 '종주권'이라는 끔찍한 용어를 삭제했을 때 보어 사람들은 드디어 자유를 얻었다고 생각했다.

하지만 영국은 결코 제국주의적인 계획을 포기하지 않았다. 1867년 그리쿼아랜드에서 다이아몬드가, 1886년 트란스발에서 금이 발견되자, 식민주의 탐욕은 다시 그 보기 흉한 모습을 드러냈고 덩달아 제국주의의 야심도 되살아났다. 보어 사람들이 볼 때 인간쓰레기인, 달갑지 않은 탄광자와 광산 노동자들이 그곳으로 마구 쏟아져 들어와 채광하기 시작했다. 보어 사람들은 소박하게 살면서 농사를 짓는 복고풍의 사람들이었는데, 이런 사건으로 혼란에 빠졌으며 자신들에게 가해진 새로운 압력을 개탄했다. 그들은 새로운 자본주의의 압력을 싫어했고 사악한 모든 것을 자본주의 탓으로 돌렸다.

보어 사람들의 외국인 혐오증은 탐욕과 영리주의를 상징하던 '구겐하임'(시사만화에서 교활한 외국인 유대 자본주의자로 묘사된 상징적 인물)을 집중적으로 공격하는 반反유대주의와 결합했다. 크루거는 집단 이주할 당시 열한 살 소년이었는데, 아이틀랜더스와 절대로 사귀지 않겠으며 흑인들에게 버릇을 가르치겠다고 맹세했다. 이것은 많은 보어 사람들의 감정을 있는 그대로 요약한 것이었다.

크루거는 먼저 북쪽의 메이스호나랜드와 마타벨레랜드를 인수한 다음 서쪽의 베콰나랜드를 인수하려는 로즈의 계획을 불신했다. 그가 볼 때 제국주의자들은 그를 포위하고 파괴하려는 듯했다. 크루거는 예전에 거북을 어떻게 죽이냐는 질문을 받은 적이 있었는데 그때 농부의 거친 목소리로 이렇게 대답했다.

"나는 거북이 머리를 내밀 때까지 기다리다가 단숨에 머리를 잘라버릴 거야!"

따라서 보어 사람들은 제임슨이 무모하게 공격해오자 신속하고 효율적으로 이동했다. 크루거가 그처럼 무장을 추진한 이유는 다가올 전쟁에 용의주도하게 대비하기 위해서였다. 1899년, 영국과 장기간에 걸쳐 협상할 때 그는 영국과의 협력을 완강하게 거부하면서 마음속으로 영국의 의도를 불신했으며 항복하기보다 전쟁을 더 선호했다.

전시에, 보어인은 참을성 많은 남아프리카 백인의 이미지를 보여주었다. 그는 소총만으로 무장하고, 육포를 소지하고 챙이 늘어진

소프트 모자를 쓴 채, 야만적인 침략자들과 싸웠다. 침략자들은 보어인의 농장을 약탈하고, 그의 항복을 강요하기 위하여 그의 아내와 가족을 가두어 놓고 굶겨 죽였다. 보어인들의 끈질긴 저항에도 불구하고 결국엔 영국의 압도적인 군사력이 승리를 거두었고, 베레니깅 이후에, 보어 지도부는 무력 충돌이 어렵다고 판단하여 놀라운 꾀로 그들의 목적을 추구하려 했다.

보어공화국을 전쟁으로 내몰았던 장본인 밀너는 1902년 이후에 그 공화국을 재건하는 임무에 열중했다. 그는 케이프에서 잠베지까지 이르는, 일련의 정착민 자치 공동체들을 구상했다. 그 공동체들은 영국인 이주민들과 영국 자본을 대량으로 투입하여 형성되고 또 좋은 대접을 받는 아프리카 원주민 집단 사이에서 평화롭게 사는 백인 세상이 될 터였다. 보어인들은 이런 계획에 협력했지만, '남아프리카 토인'(카피르스Kaffirs)에 대해서는 그들 나름의 성악설을 유지했다. 원주민 흑인을 다룰 때, 영국인의 우월한 관습이 도입되면 보어인에게 부끄러움을 주어 흑인에게 더 잘 대해주게 될 것이다. 이것이 밀너가 희망하는 바였다. 그러니까 선이 악을 축출한다고 보는 것이다. 하지만 보어인들은 오히려 악이 선을 축출할 것이라고 보았다. 그 결과 20세기 중반에 조직적인 인종차별 정책이 등장하는데, 이것은 보어인들이 갖고 있던 평소의 생각(악이 선을 구축한다)이 구체화된 상황임을 보여준다. 베레니깅 조약의 관용과 1909~10년의 영국 남아프리카법의 관대함이 이런 상황을 발생하도록 부채질했다. 그리하여 인종차별적인 새로운 남아프리카 헌법 아래에서 원주민의 권리는 별로 신장되지 못했다.

남아프리카 흑인의 의견

혹인들은 일반적으로 영국과 보어 측의 분쟁에 초연하려고 애썼다. 그들은 보어 전쟁이 두 백인 부족의 충돌이라는 대중적인 신화를 믿었다. 유색인종은 그 문제에 대해 방관자였다. 처음부터 영국인과 보어인은 '백인의 전쟁'이라는 상황에서 무장된 흑인부대를 이용할 생각은 아니었다. 하지만 전쟁이 아프리카 원주민과 무관한 것은 아니었다. 영국의 식민정책은 늘 보어인보다 원주민을 계몽적으로 다루었고(어쩌면 영국 정부가 흑인들을 멀리서 바라보았기 때문이리라), 영국인은 보어인과는 달리 원주민의 참정권을 금지할 의도가 없었다. 전시에도 영국인은 보어인보다 훨씬 적극적으로 원주민을 무장시켰다. 고급장교들이 뭐라고 말하든, 전투의 실무자인 야전의 초급장교들은 여러 가지 면에서 흑인들을 활용했다. 흑인부대는 포위된 도시의 일부 수비 업무를 맡았지만, 그들의 식량 배급은 백인 식량에 비해 아주 적었다. 어쩌면 그들은 백인 동료들이 모르는 방법으로 음식을 얻을 수 있다고 생각했는지 모른다.

영국인은 전투 지역의 정보를 얻고자 할 때에도 많은 원주민 정찰병들을 활용했다. 하지만 보어 코만도들이 흑인 포로를 거세하고 죽이기 시작하자, 영국은 흑인을 무장시킬 수밖에 없었다. 종전이 될 무렵, 영국군에는 3만 명의 무장된 흑인부대가 있었다. 게다가 보어인 자신들도 전투원과 비전투원을 충원할 때 원주민들에게 크게 의존했다. 어떤 남아프리카 역사가들은 약 1만 명의 원주민들이 보어 주인들을 위해 기꺼이 싸웠다고 추정했다. 종전이 될 때 어떤 보상을 해주겠다는 약속을 받은 것도 별로 없이 말이다. 실제로 종전이 되어 베레니깅에서 협상할 때 흑인들에게는 어떤 발언권도 주어

지지 않았다. 과거에 보어인들이 빼앗아간 땅을 영국인이 흑인들에게 돌려줄 거라고 생각했던 사람들은 실망했다. 흑인들은 보어인들에게 속은 것처럼 영국인에게도 속았다. 이렇게 볼 때 원주민들이 전쟁에서 단지 중립적인 방관자였거나, 종전 무렵에나 그 존재를 인정받았다고 말한다면 그것은 지나친 단순화다.

모든 것을 고려해볼 때, 남아프리카에서 발견된 금과 다이아몬드를 차지하려는 영국 제국주의자들이 꾸민 음모의 결과가 보어 전쟁이라는 진부한 견해는 부분적 이야기일 뿐이다. 그것은 대영제국의 남아프리카 계획 중 크루거에게 할당된 역할을 그가 완강하게 거부했기 때문에 전쟁이 발발했다는, 전통적인 애국적 견해가 부분적 사실인 것과 마찬가지다.

그림의 다른 편에서 볼 때, 인류의 진보를 위한 고결한 관심사가 전쟁을 가져왔다는 고상한 영국인의 신화는 강제수용소의 참상을 떠올리면 크게 희석되어 버린다. 독재를 피해 생존을 위해 싸운다는 고상한 보어인의 신화 또한 교묘하게 은폐한(그에게 책임이 있는) 잔악행위와, 추후의 지나치게 혹독한 인종차별주의 때문에 훼손되어 버린다. 또 보어 전쟁이 아프리카 사람들에게 전혀 중요하지 않았다고 볼 수도 없다. 사실, 인과관계에서 볼 때 전쟁은 양측의 열망과 판단 착오에서 비롯되었고, 수많은 아프리카인들을 죽음으로 몰아넣었다. 어떤 아프리카인들은 자신들이 전쟁과 무관하다고 생각할지 모르지만, 전쟁은 20세기 내내 지속적으로 남아프리카 흑인 주민에게 영향을 미쳤다.

## 015

세르비아는 사라예보 암살로
전쟁을 일으키려 했을까

1914년 6월 28일, 보스니아의 수도인 사라예보에서 세르비아 행동주의자, 가브릴로 프린치프가 프랜시스 페르디난트 대공과 그의 아내 조피를 쏘아 암살한 사건은 제1차 세계대전의 원인이 되었다. 또 세르비아의 도발이 전쟁의 원인이라는 신화를 낳았다. 피상적으로 볼 때, 이런 견해를 뒷받침하는 배경이 있었다. 19세의 보스니아-세르비아 학생인 프린치프는 비밀 민족주의 운동 '젊은 보스니아Mlada Bosna'의 일원이었고, 암살 때 '검은 손'이라는 세르비아 테러 단체―그들의 모토는 "단결 아니면 죽음을"(Ujedinjenje ili Smrt) ―에서 공급받은 권총을 사용했다. 오스트리아 측은 세르비아 정부가 음모를 부추겼다고 믿으면서, 자신들의 향후 조치에 대해 동맹국인 독일의 동의와 찬성을 추구했다. 그리고 한 달이 지난 7월 23일, 베오그라드의 세르비아 정부에게 강경한 최후통첩을 보냈다. 이것이 거절되자 오스트리아는 7월 28일에 전쟁을 선포했고, 사건들이 일파만파로 확대되면서 제1차 세계대전이 발발하게 되었다.

위와 같은 사실들은 따로 따로 놓고 보면 틀린 것이 전혀 없지만, 함께 놓고 보면 1차 대전의 발발이라는 사뭇 엉뚱한 그림을 내놓게 된다. 오스트리아인들은 우연한 어떤 행위로 인해 사태가 전쟁으로 발전해 나갔다고 보지 않았다. 오히려 어떤 고의적인 음모가 전쟁을 일으켰다고 보았다. 이러한 '오스트리아인의 해석'은 당시 세르비아의 1912~14년 공세적인 전쟁과 세르비아 정치의 폭력적이고 난폭한 성격에 의해 더욱 뒷받침된다. 이런 견해는 전쟁의 무거운 책임을 비엔나와 베를린 정부에서 세르비아로 전가시켰다. 당시 세르비아는 발칸 반도의 군소국가 중 가장 호전적인 국가로 낙인찍혀 있었다. 하지만 진실은 이렇게 단순하지 않았다.

다혈질인 어린 청년 프린치프는 영웅의 재목도 아니었고 세계대전을 일으킬 만한 위인이 되지 못했다. 사실 그는 사형선고를 받기에는 너무 어렸고, 그래서 오스트리아 요새에서 4년 동안 시름시름 앓다가 1918년 4월, 23세의 나이로 옥사했다. 이 당시 발칸 사람들이 많이 결성한 비밀결사들은 경솔한 행동으로 자해自害하는 것 이외에 큰 위협을 끼칠 만한 단체가 아니었다. 나중에 오스트리아의 주장을 정당화할 증거는 조금도 나타나지 않았다. 오스트리아는 세르비아 정부가 음모를 꾸몄다고 주장하면서 그들의 감독 아래 엄밀한 조사를 실시했다. 하지만 실제는 정반대였다. 세르비아 정부는 당시 전쟁으로 인해 자원이 상당히 고갈되어 있었고, 분쟁 해결이 끝난 뒤에 아직 군대 재건조차 마치지 못하고 있었다.

그들은 진심에서 우러나오는 호소로 페르디난트 대공의 방문을 막아달라고 사전에 오스트리아에게 주문했다. 6월초, 세르비아는 보스니아의 제국 행정을 담당하는 오스트리아 장관, 빌린스키에게 대공이 처할지도 모를 위험을 알려주었다. 그의 방문은 세르비아의 국민감정을 깊이 해칠 것이고 심지어 그의 생명이 위태로울지도 모른다는 것이었다. 오스트리아는 나중에 적반하장 격으로 세르비아가 그 정보를 사전 경고한 것은, 사전에 그런 움직임을 알고 있었다는 증거로 해석했다. 세르비아 정부는 오스트리아 측이 제기한 그런 공모의 비난에서 결백했지만, 그래도 비엔나 정부가 보내온 터무니없는 최후통첩에 온건하고도 공손한 답장을 보냈다. 그 답장은 오스트리아가 지적한 열 가지 항목 중에서 여덟 가지를 받아들이고, 나머지 두 건에 대해 협상하자는 내용이었지만, 요약해보자면 자랑스러운 독립 국가로서의 세르비아 지위를 완전 포기한다는 뜻이었다. 결국 그것은 나중에 대공 암살 사건을 법정 심문하는 과정에서 전혀 영향을 주지 못했는데, 그 심문은 대개 오스트리아 관리들이 주도했기 때문이다. 아무튼 세르비아는 자존심을 내팽개치면서까지 전쟁을 피하려고 했다.

한편, 오스트리아인들은 자신들이 주장하는 것처럼 불운한 희생자들이 아니었다. 합스부르크 왕실은 발칸 반도에 관심을 쏟고 있었다. 암살 사건이 발생한 후 약 10년 동안, 왕실이 일부러 프랜시스 페르디난트를 암살의 위험에 노출시켰다는 생각이 널리 퍼졌다. 그는 인기 없는 '삼각 군주제' 아이디어를 지지했다. 그것은 '이중 군주제'의 독일인과 마자르족(헝가리 민족)뿐 아니라 제국의 슬라브 주민들에게 참정권을 주는 정부 시스템인데, 대공은 그것을 계속 주장했다. 제국의 왕실 가족들이 대부분 일찍 죽는다는 숙명론 때문에 어차피 일찍 죽을 거, 대공은 암살 따위를 의식하지 않고 이 아이디어를 지지했다는 얘기도 나왔으나 이런 얘기는 헛소리일 뿐이다.

그러나 사라예보 국빈방문에 왕실의 말 못할 고려사항이 깔려 있었다. 대공은 일찍이 체코 여자인 조피 초테크 백작 부인과 귀천貴賤결혼을 했는데, 이것이 의전 절차상 문제를 일으켰다. 대공이 국빈

방문을 할 때면 그녀는 의전 서열상 대공에게서 멀리 떨어진 자리에 있어야 했다. 하지만 사라예보에는 대공이 제국의 야전군 원수 제복을 입고 갔기 때문에 그녀는 대공의 자동차에 함께 타고 갈 수 있었다. 그녀를 배려한 조치이기는 했지만, 오스트리아 왕세자가 세르비아 사람들 앞에서 군사적 우월성을 과시하며 행진하는 것은 그들에게 심한 불쾌감을 안겨주었다. 또 세르비아의 국경일인, 1389년 코소보 전투의 기념일에 맞추어 방문하기로 된 스케줄은 암살 음모꾼들에게 사전 노출되어 있었다.

사실, 오스트리아 제국 참모본부의 고위 장교들과 정부의 고위 관리들은 둘 다 세르비아와의 대결을 우려했다. 참모총장 콘라드 폰 헤첸도르프 백작은 1912년 초부터 세르비아 군사력의 성장이 오스트리아에게 미칠 위협을 경고했다. 군부는 세르비아 대응 방법을 놓고서 의견이 분열되었다. 어떤 자는 단기적인 원정대를 보내 응징한 다음 경제적인 배상을 받으면 충분하다고 생각했다. 어떤 자는 세르비아 영토의 일부 합병을 선호했다. 또 어떤 자는 세르비아 영토를 오스트리아와 불가리아가 분할하기를 바랐다. 독립 왕국인 세르비아를 제국의 영토로 완전히 합병하는 것을 원하는 그룹도 있었다(대공이 주장했던 '삼각 군주제'의 마지막 흔적). 어떻게 되었든 세르비아의 독립이 흔들릴 것은 확실했다. 외무장관 베르크톨트 백작도 불가리아와 협력하면서, 가능한 한 빨리 세르비아에게 전쟁을 강요하는 것이 좋다고 결정했다. 백작은 베를린의 독일 황제와 긴밀한 협의를 강조하면서, 러시아와 발칸 반도의 '범슬라브주의' 때문에 이런 위기가 왔다고 말했다. 베를린에 보낸 편지에서 백작은 이렇게 단언했다―"세르비아는 발칸 반도의 정치적 요소로 기능할 수 없도록 완전 제거되어야 한다. …… 우호적인 해결은 더 이상 생각할 수 없다.”

몇 년 전만 하더라도, 부클라우 위기에서 오스트리아의 예기치 않은 주도권에 놀랐던 빌헬름 황제는 오스트리아를 만류하기는커녕 그들을 열렬히 지지하면서 이렇게 선언했다―“세르비아에 대한 행동은 지체해서는 안 된다. …… 전쟁이 발발하더라도 우리 독일은 평소 동맹국으로서의 의리를 지키며 그 본분을 다할 것이다.” 따라서 전쟁으로 이어지는 치명적인 도화선은 발화되었는데, 불을 붙인 것은 보스니아 세르비아 사람들 못지않게 오스트리아인의 책임도 컸다. 그 사건은 전반적으로 보아 발생할 수밖에 없는 사건이었다.

하지만 영국은 이런 재난에 전혀 준비되어 있지 않았다. 여름의 무더위는 길었고, 영국 국민은 휴가철을 틈타 바닷가에서 휴가를 즐기고 있었고, 국가적인 차원에서 어두운 구름은 아일랜드 문제뿐이었다. 국왕 조지 5세는 최근에 얼스터(북 아일랜드)의 미래를 논의하는 버킹검 궁전회의를 격려했다. 비밀 외교의 수레바퀴가 돌아갈 때, 보통사람들은 아무것도 알지 못했다. 그들은 먼 나라에서 벌어진 대공의 암살 소식을 들었을지 모르지만, 더 이상 발칸 반도에서 비열한 사건들의 소식이 들려오지 않았다. 그래서 한 달 정도 지나가면서 모든 문제가 무사히 지나갈 거라고 생각했다. 하지만 유럽이 전쟁에 말려들었을 때, 보통사람들은 충격을 받았고 경악했다. 그래서 1차 대전 초기에 전쟁을 시작한 것이 세르비아였다고 생각하는 것이 결코 황당한 게 아니었다.

## 016

1940년 카틴 숲의 학살은 누구에게 책임이 있을까

2차 대전 중에 벌어진 사건들 중에서 1940년 카틴 숲의 학살만큼 오랜 논란이 계속된 사태도 없다. 이 사건의 진실은 최근에야 밝혀졌다.

1943년 5월, 독일 군부대는 스몰렌스크 인근의 드니에페 강기슭에 있는 카틴 숲의 이른바 '힐 오브 고츠'(염소의 언덕) 포로수용소 부근에서 약 4000구의 시신을 발굴했다. 대부분의 시신은 등 뒤로 손이 묶여 있고 뒷머리에 총구멍이 뚫려 있었다. 나치는 러시아인이 그들을 살해했다고 주장했고, 러시아는 반대로 나치가 살해했다고 주장했다.

독일의 사건 설명은 다음과 같다.

1939년 9월, 러시아가 폴란드 동부를 점령한 뒤, 주로 폴란드군 장교였던 약 1만 5000명의 폴란드인이 심문과 '재교육' 명목으로 소련의 우크라이나에 억류되었다. 소련 비밀경찰의 '촘브리크' 자루빈 준장이 주도한 이 과정은 별로 성공을 거두지 못했고, 포로집단은 해체되어 각 수용소로 분산배치되었다. 그런 수용소들 중의 하나가 카틴 부근의 코첼스크에 있었다.

1941년 6월, 독일이 폴란드를 침공했을 때 폴란드는 뜻밖에 소련의 동맹국이 되었고, 윈스턴 처칠은 러시아로부터 폴란드인을 적절하게 대우하겠다는 다짐을 받아내려 애썼다. 스몰렌스크는 1941년 7월에 독일에게 함락되었고, 1942년 이른 봄부터 지역의 농부들 사이에서 이런 소문이 나돌았다. 폴란드의 토트 조직Organization Todt(독일 강제노동수용소)의 조직원들은 카틴 숲에서 소수의 시신을 발견했고, 적절한 경의를 표하며 다시 묻었으며 자작나무 십자가로 무덤을 표시했다는 것이다. 1943년이 지나서야 추가 증거가 밝혀졌다. 독일 장교들은 많은 주민들에게 탐문수사를 했고, 그들 중의 몇 명은 그 지역의 대량 매장을 생생하게 기억했고, 4월에는 카틴 숲의 참호에서 4500구의 시신이 다시 발굴되었다. 약 1만 구의 시신은 전혀 발견되지 않았다. 시신에 관한 서류들을 살펴보았을 때 그들은 처칠이 우려를 표명했던 폴란드 억류자들이었다. 독일 조사 당국은 모두 러시아인이 처형했다고 결론지었다.

러시아 당국은 그런 주장을 완강하게 부인했다. 1943년 9월, 스몰렌스크를 회복했을 때 소련 공무원들은 1941년이 끝나갈 무렵 처형이 이루어졌다고 주장했다. 처형된 자는 폴란드 전쟁포로와 정치범들이고, 독일이 그 지역의 도로 보수 사업에 끌어들였던 자들이라고 설명했다. 악랄한 나치는 러시아인이 살인을 저질렀다고 하면서, 연합국들 사이에 이간을 붙이려는 심리전을 벌이고 있다. 러시아는 또한 이렇게 주장했다—"포로들은 독일이 스몰렌스크를 점령했을 때 여전히 살아 있었고, 그들이 지역에서 일하는 모습을 보았던 목격자들도 많다."

그 이후 세월이 좀 흘러간 뒤에 소련이 내놓은 사건 설명은 이러했다—"독일이 임명한 '의학 전문가들'은 경솔하게 그리고 피상적으로 조사했고, 러시아의 명성에 먹칠할 의도로 일부러 포로들의 손을 묶고 처형했다. 또 총을 맞은 상처에서 발견된 탄환은 대구경으로 독일 소총의 탄환이었다." 종전 후에 아우슈비츠, 부헨발트, 다하우에서 발견된 공포의 현장이 나치의 야만스러운 행동으로 밝혀지자 소련 측의 이야기는 더욱 신빙성을 획득하게 되었다.

런던에 망명했던 폴란드 정부는 1943년이 끝나갈 무렵, 스위스 적십자에게 독자적 조사를 요청했고 독일 측은 이것에 동의했다. 하지만 소련 측의 반응은 폭탄선언과 다름없었다. 그들은 조사 요청을 거부했고, '히틀러를 도왔던' 폴란드 정부와 연합국 관계를 끊은 직후, 모스크바에 폴란드 괴뢰정부를 세웠다. 소련은 사건을 더 이상 조사해서는 안 된다고 주장하고 나섰다. 그들의 이러한 설명은 뉘른베르크 재판에서 반복되었는데, 당시 연합국들은 그런 태도를 별로 문제 삼지 않았다. 따라서 종전 직후에 통용된 이야기는 소련 측의 설명을 일방적으로 믿어주는 그런 것이었다. 40년의 세월이 흐른 1989년이 되어서야 소련 당국은 1만 5000명의 처형에 책임이 있음을 인정했다.

## 017

케네디 대통령 암살에는
배후의 음모가 있었을까

1963년 11월의 미국 대통령 암살은 세계에 충격을 안겨주었고, 이 극적인 사건을 설명하려는 매력적인 신화와 전설을 양산했다. 약 40년이 지난 지금은 이 사건을 다시 살펴보기 좋은 때다.

1963년 11월, 케네디 대통령은 남부 민주당원들 사이의 반목을 해소하기 위해 텍사스를 방문했다. 당시 텍사스의 보수적인 당원들은 케네디의 국정 운영 스타일에 대해 비판적이었다. 텍사스는 선거인단의 표가 많은 중요한 선거구인데 케네디는 1960년 선거에서 간신히 이 주에서 승리를 거두었다. 그는 다가올 1964년 선거에서 부통령이자 남부 민주당원인 린든 존슨의 협력을 얻어 재선될 생각을 갖고 있었다. 케네디는 11월 22일 오전에 텍사스의 달라스 공항에 도착했고, 자동차 행렬은 정오 직후 달라스 시내로 진입했다. 행렬은 엘름 가를 돌아 텍사스 서적 창고 건물을 지나가고 있었는데 그때 몇 발의 총성이 울려퍼졌다. 대통령은 그 총격으로 목과 머리에 치명상을 입었다. 그는 급히 부근의 파크랜드 병원으로 후송되었으나 그곳에서 사망이 선언되었다.

벌집을 쑤시듯이 도시를 수색한 지 한 시간 반 만에, 경찰은 복잡한 배경을 가진 외톨이, 리 하비 오스월드를 체포했다. 그는 심문을 받았고 이틀 뒤에 법정으로 가는 길에 잭 루비와 마주쳤다. 달라스의 나이트클럽 주인인 잭 루비는 아주 가까운 거리에서 총을 쏘아 오스월드를 죽였다. 텔레비전 카메라 앞에서 벌어진 일이어서 그 상황이 전국적으로 방송되었다. 체포된 루비는 1964년에 살인죄로 사형선고를 받았지만 그 선고는 곧 취소되었고 또 다른 심리재판이 열릴 예정이었다. 잭 루비는 이 재판이 열리기 전인 1967년 1월에 암으로 옥중 사망했는데 그의 행동을 만족스럽게 설명하는 어떤 실마리도 남기지 않았다.

그때부터 미국에서 음모이론이 맹위를 떨쳤고, 연방정부가 암살 상황을 조사하기 위해 특별 설립한 조직인 워렌 위원회가 사건을 명확하게 밝힌 뒤에도 음모이론은 가라앉지 않았다. 따라서 이런 조사들을 어떻게 보아야 할까?

거리에서 눈물을 흘렸던 미국인들뿐 아니라 전세계인들은 케네디 암살 소식을 공포와 경악의 심정으로 받아들였다. 새로 임명된 존슨 대통령은 공항의 대통령 전용기에서 즉각 선서하고 대통령의 임무를 넘겨받았다. 그는 이듬해 11월의 차기 대통령 선거가 열리기 전에 모든 문제가 해결되기를 열망했고, 얼 워렌 재판장을 위원장으로 하는 '특별위원회'를 임명했다. 얼 워렌은 가능한 한 빨리 증거를 조사하고 암살 전모를 보고하겠다는 성명서를 발표했다. 그는 FBI, 재무부 비밀검찰국, 달라스 경찰국, 연방정부 기관 및 의회위원회가 작성한 사건 보고서를 평가했다. 그 보고서에는 552명의 목격자들이 맹서한 증언이 담겨 있었다. 10개월이 지난 1964년 9월 워렌 보고서는 조사 결과를 밝혔다.

위원회의 결론에 따르면, 오스월드는 서적창고 건물에서 세 발을 쏘았고, 이 탄환에 맞은 케네디는 사망했다. 나중에 암살범은 자신을 체포하려던 순찰 경찰관 J. D. 티핏에게 총을 쏘아 죽였다. 워렌 보고서는 오스월드의 성격을 분석하여, 권위에 대하여 뿌리깊은 적의와 분노를 가진 자라고 지적했다. 암살범은 스파이 훈련을 받기 위해 소련으로 도망쳤다가 돌아왔고, 실제로 쿠바를 위한 첩보행위에 연루된 적도 있었지만, 위원회는 외국의 개입이나 음모론의 증거는 없다고 단언하면서, 케네디 대통령 암살과 그 직후의 오스월드 피살을 서로 관련시키지 않았다. 위원회는 FBI와 재무부 비밀검찰국의 부실한 업무 수행을 여러 차례 비판했고, 앞으로 대통령 경호를 강화하도록 권고했다.

그런 보고서가 나오자 사람들은 환호하면서, 신속하면서도 철저히 진행된 그 보고서를 환영했다. 하지만 전체적인 이야기를 둘러싼 상황은 이상한 경우들이 많았고, 그것은 지금까지도 가라앉지 않는 추측을 불러일으켰다. 오스월드를 재판에 회부할 수 없었을 뿐더러 범죄 혐의와 관련된 증거를 통상적인 수준에서 조사했기 때문에, 사건 은폐 혹은 음모 가능성, 그의 유죄 여부에 대한 의혹이 곧 불거졌다.

암살 당시, 실제로 발사된 탄환은 몇 발인가? 델리 플라자에 울려 퍼진 기이한 총성을 감안할 때 기초적인 사실조차 의혹이 있을 수 있었다. 대통령이 시야에 들어온 몇 초 사이에 오스월드가 자신의 총으로 그 모든 탄환을 발사하는 것이 물리적으로 가능했을까? 아니면 그에게 공범이 있었을까? 탄환은 자동차 대열의 후미에서가 아니라 어쩌면 도로에 인접한 이른바 '풀이 우거진 둔덕'에서 발사된 게 아닐까? 오스월드는 어쩌면 진범이 아니고 앞잡이에 불과하지 않을까? 그는 '죄를 뒤집어쓴' 채, 입을 막으려는 의도에서 피격당했을까? 그는 첩보 훈련과 활동에 연루되어 있는 자인데, 위원회는 그 사건에 외국이 개입한 사실을 어떻게 부인할 수 있었을까? 어쩌면 위원회가 산더미처럼 내놓은 증거들은 진실의 해명보다는 은폐의 수단이 아니었을까?

기상천외한 추측도 있었다. 어떤 사람들은 재무부 비밀검찰국이 대통령을 제거하려는 음모를 꾸몄다고 생각했다. 어떤 사람들은 야심만만한 존슨이 음모의 배후라고 암시했고, 그 근거로 정상적인 의전 절차를 생략한 채 신임 대통령 선서를 황급히 서둘렀음을 지적했다. J. 에드거 후버 FBI국장이 실제로는 더 많은 사실을 알고 있지만 마피아로부터 아무 말도 하지 말라는 압력을 받았기 때문에 침묵을 지키고 있다는 추측도 나왔다. 마피아는 후버가 복장도착자라는 비밀을 알아내어 그걸 협박의 미끼로 사용했다는 것이다! 나중에 발생한 이상한 사건들도 많았고, 아무도 지금까지 그것들을 만족스럽게 설명하지 못했다. 이를테면, 왜 나중에 케네디 시신이 들어간 정교한 구리관이 비밀리에 평범한 나무관으로 바뀌었고, 왜 미 공군은 1999년에 이 구리관을 수심 몇 천 길의 대서양 바다에 던져버렸을까? 이 모든 일들은 너무 이상해서 간단하게 설명할 길이 없다.

하지만 지금까지 그 누구도 워렌 위원회의 조사 결과를 반박할 수 있는 객관적 증거를 내놓지 못했다. 마찬가지로 많은 영화들이 제작되고 1000권 이상의 책들이 저술되었으며, 위원회가 제시한 설명 이외의 기상천외한 이야기들이 선보였다. 미국인들은 멋진 신화를 사랑했고 그럴 듯한 음모론을 여전히 좋아했다.

원래의 그림은 시간이 지나면서 자꾸 흐릿해졌다. 그렇지만 케네디를 상당히 비판했던 흐름, 특히 남부의 반발은 부인할 수 없는 사실이다. 당시 관측통들은 대통령이 방문하던 날에 독설조의 플래카드들이 달라스 시내에 내걸려 있었다고 지적했다. 이를테면, "케네디, 민주주의를 말살한다!" 혹은 "당신은 독재자다!" 아니면 더 우회적인 "대통령 각하, 당신의 사회주의적 경향과 공산주의에 대한 굴복 때문에 나는 당신을 전적으로 경멸한다!" 같은 것도 있었다. 다른 사람들, 존경할 만한 남부사람들도 케네디를 허풍선이라고 생각하거나, 그의 선거 공약을 미사여구에 지나지 않는다고 보았다. 그의 프로그램이 아직 청사진 단계를 벗어나지 못한 것도 사실이다. 이를테면, 그의 '시민권 법안'은 그 이듬해 의회에 제출될 예정이었고, 다른 조치들은 여전히 대통령의 구상 단계를 벗어나지 못했다.

케네디 대통령에 대한 비판이 무엇이었든 간에 그것은 늘 그에 관해 정치적 판단에서 비롯한 것이었다. 하지만 그의 적들까지도 베를린 위기 때 세계의 외교 무대에서 펼친 그의 역할과, 쿠바 미사일 위기 때 그가 보여준 행동을 칭찬했다. 그의 문란한 성생활과 과도한 여색 탐닉은 당시 별로 알려지지 않았다.

케네디에게 바쳐진 무조건적인 찬사는 카멜롯 전설과 같은 매혹적인 시대와, 케네디의 세속적 축복—암살에 뒤이어, 감상적인 애도에 젖은 신문기사들이 전국에 밀물처럼 밀어닥쳐 미국 전역을 휩쓸었던 결과—으로 설명될 수 있다. 이런 온실 분위기에서, 음모이론이 뿌리를 내리는 것은 그리 놀라운 일이 아니다.

## 018

이른바 '히틀러 일기'에 관련된 진실은 무엇일까

1983년, 영국의 《타임스》는 아돌프 히틀러의 일기를 출판한다는 계획을 발표했다. 히틀러 일기는 오랜 조사 끝에 발굴되어 진품으로 인정받았고 제2차 세계대전의 기간에 관련하여 지금까지 출판된 단일 문서 중에서 가장 중요한 것으로 평가되었다. 하지만 그 직후 의문의 문서는 가짜로 판명되었다. 어떻게 이런 가짜가 나오게 된 것인가?

독일 잡지 《슈테른》은 여러 해 동안 하이데만이라는 뉴스 기자를 고용해왔다. 그 기자는 나치 기념품에 대한 열렬한 팬으로서, 상당 기간 동안 히틀러의 개인 일기가 어딘가 존재한다고 믿고서 그것을 추적해왔다. 그는 잡지사로부터 돈을 마련하여 그 일기를 구입할 생각이었는데 콘라트 쿠자우라는 사기꾼은 그 사실을 알고 구미가 당겼다. 상습적 사기꾼 쿠자우는 온갖 범죄를 저지른 전과자였는데 쉬투트가르트 인근에 살면서, 자신이 지금까지 저질렀던 시시한 사기극보다 더 돈벌이가 되는 정교한 위조 활동을 시작했다. 쿠자우는 고심 끝에 이런 이야기를 꾸며냈다―"히틀러는 제3제국의 마지막 기간에 10개의 트렁크에 들어 있는 귀중한 보관 문서들을 베를린에서 남부의 안전한 곳으로 옮기라고 지시했다. 하지만 그것들을 운반하던 융커352 비행기는 체코 국경 근처인 하이덴홀츠 숲에 추락했고 승무원들은 사망했으며 대부분의 화물은 추락과 함께 불타버렸다." 그는 자신이 히틀러 일기를 손에 넣은 것처럼 행세하면서, 일기의 발견지가 철의장막 뒤에 있다는 민감한 사안 때문에 그 출처를 밝히지 않았다.

그는 권당 5만 마르크를 받기로 하고, 그 일기들을 한 권씩 부지런히 집필하고 있었다. 하이데만이 신문사로부터 각권 8만 마르크 외에 상당한 추가 대금을 얻어내 그 차액을 횡령했기 때문에 두 사람은 공모자가 되었고 아주 나중까지 일의 전체적인 진행을 숨겼다. 그들은 보안을 유지해야 한다면서 잡지사의 경영진에게도 일의 진행 사항을 알려주지 않았다. 또 일기의 존재는 물론이고 진품 여부를 검증하는 일도 철저히 은밀하게 진행해야 한다고 말했다. 괜히 그런 사실을 알렸다가는 다른 잡지사가 냄새를 맡고서 '특종'을 먼저 발표할지 모른다는 것이었다.

이런 속임수는 히틀러의 집권 50주년이 되는 1983년까지 계속되었고, 그 무렵 쿠자우는 58권 이상의 가짜 '일기' 책을 집필했으며 하이데만은 그것들을 구입했다. 일기를 조사한 사람들은 얼마 되지 않았고, 그들 중에서도 그것들을 직접 읽을 수 있었던 사람들은 더 적었다. 일기가 이제는 사용되지 않는 오래된 독일 필기체로 씌어졌기 때문이다.

일기들은 검은색의 딱딱한 표지에 큰 공책(실제로는 연습장)이었는데, 일부는 독일 독수리 형태의 붉은 왁스로 봉인되어 있었으며, 일부는 표지에 두문자 'AH'로 장식되어 있었다. 대부분의 일기들은 마틴 보르만이 그것들을 총통의 소유물이라고 선언하는, 타이프로 서명한 부전이 붙어 있었다. 그것들은 몇 가지 놀라운 뜻밖의 새 사실을 담고 있었다. 이를테면 히틀러는 1941년 5월 헤스의 평화협상 임무를 잘 알고 있었지만 그것이 실패한 뒤 모른 체했다는 것이다. 쿠자우가 날조한 세부사항들 중에는 히틀러가 체임벌린의 침착한 전문가 기질을 대단히 감탄한 것 따위가 들어 있었다. 하지만 대부분의 경우, 일기 내용은 따분하고 사소한 것들이고, 많은 경우에 독일 역사가 막스 도마루스가 1962년에 출판한 두 권짜리 히틀러의 《연설과 선언》을 그대로 베낀 것이었다.

《타임스》와 《선데이타임스》의 사주인 루퍼트 머독은 판권을 얻으려는 경쟁에서 미국 잡지사 《뉴스위크》와 꼴사납게 싸웠지만 《슈테른》의 사주가 뻔뻔스럽게 가격을 약 500만 달러까지 올리자 루퍼트의 노력은 물거품으로 돌아갔다. 게다가 문서의 진품 검증은 여전히 미흡했고, 일기를 조사해보자고 열망하는 사람은 아무도 없었다. 은퇴한 '전문가'가 필적을 확인하려고 나섰지만, 쿠자우가 위조한 이른바 히틀러의 '육필'과 쿠자우의 필적을 서로 비교했기 때문에 조사를 가볍게 통과했다. 발표할 바로 당시까지도, 어떤 전문적인 문서보관자의 검증이나 법의학적 조사도 실시되지 않았다. 영국의 저명한 역사가 휴 트레보-로퍼는 첫눈에 그것들을 진품이라고 말했다. 그가 이렇게 속아버린 것은 일기의 내용보다는 방대한 양에 현혹되었기 때문이었다. 하지만 그는 일기를 읽을 수도 이해할 수도 없는 사람이었다. 《슈테른》이 일기를 일부 게재한 뒤에야 비로소 가짜임이 밝혀졌다.

무수하게 많은 텍스트 상의 오류는 별도로 치더라도, 쿠자우는 부주의하게 베끼다가 잘못을 저지르기도 하고, 출처 자료에 들어 있는 잘못된 사항들을 그대로 베끼기도 했다. 그 밖에 다른 실수들도 많았고 문맥이 앞뒤가 맞지 않는 경우도 흔했다. 히틀러의 예전 비서였던 크리스타 쉬뢰더 등 연로한 생존자들은 총통이 결코 일기 따위를 쓰지 않았다고 말했다. 그의 부관 폰 벨로우는 총통이 새벽 4시에 식사한 다음 잠자리에 들었으므로, 그 시간에 짬을 내어 일기를 쓴다는 것은 불가능하다고 말했다. 폭탄 공격으로 그의 생명이 위험했던 1944년 7월의 밤에도 일기는 기록되어 있었다. 이것은 원천적으로 불가능한 일인데, 그의 오른팔이 포탄 파편에 부상을 당했기 때문이다. 당시에 촬영된 사진은 팔에 삼각붕대를 맨 히틀러를 보여주고 있다.

법의학적 증거는 훨씬 더 불리했다. 종이는 질이 조잡했고 1955년 이후에 제조된 순백의 화학종이도 들어 있었다. 제본, 아교, 실 또한 전후戰後의 것이었다. 봉인에 붙어 있는 붉은 실은 성분이 폴리에스테르였고, 첨부된 두문자頭文字(이니셜)는 현대의 플라스틱으로 만든 것이었다. 타이핑된 부전은 오래된 타자기로 친 것이었지만, 1924년과 1937년 사이에 만들어진 타자기는 아니었고, 그보다 약간 뒤에 나온 타자기로 찍은 것이었다. 잉크를 화학적으로 분석해보면 일기책은 히틀러 당시에 쓴 것이 아니라 최근에 쓴 것이었다.

날조 사실은 만천하에 드러났고 트레보-로퍼 등 많은 사람들이 체면을 구겼다. 주범 하이데만과 쿠자우는 재판을 받은 뒤 상당 기간 수감생활을 했다.

영웅과 악당, 누구 맘대로 정한 거야

## 019

'네드 러드'는 누구일까

원래의 '러드 왕'은 영국 왕이라는 소문이 돌았다. 전설에 따르면, 그는 중세의 어느 때 런던 시티를 개발하여 발전시킨 인물이었다. 하지만 그는 기껏해야 지방의 관리이거나 부유한 상인일 것으로 추정된다. '왕'의 칭호는 순전히 존경을 나타내는 것일 뿐 그것을 입증하는 증거는 어디에도 없다. 그는 도시의 성문이면서 자신의 이름을 딴 러드게이트에 묻혔다고 널리 생각되었다. 오늘날까지도 러드게이트 힐과 서커스라는 거리 이름이 남아 있다. 그는 과연 기계를 파괴했던 러다이트 운동의 배후 지도자인가? 아니면 그의 이름을 딴 '네드 러드'의 모델인가? 어쩌면 그것은 우연의 일치일지 모른다. 하지만 후대의 러드는 결코 실존 인물이 아니다. 왜냐하면 그는 1810년과 1812년의 짧은 '통치' 기간 동안 많은 지역에서 동시다발적으로 나타나기 때문이다.

러드Lud(또는 Ludd)라는 이름은 삶의 질을 향상시키기 위해 싸우는 보통사람의 상징이다. 19세기 초, 노동자들은 산업의 기계화가 전개되면서 삶의 질이 급격히 악화되었고, 광범위한 실업과 저임금의 사태가 발생했다. 노동자들은 영국의 신화적인 투사가 필요하다고 생각했다. 그렇게 하여 '러다이트'들이 영국 북부와 미들랜드의 곳곳에서 등장했다.

랭커셔의 러다이트들은 방적산업에 종사하면서 베틀을 짜는 사람들이었는데, 그 일은 1785년 이후부터 처음에는 물로 나중에는 증기로 움직이는 카트라이트의 동력 직조기의 등장으로 위협받았다. 1812년 4월, 랭커서 사람들은 세 번째 시도한 끝에 웨스트 하우튼의 증기직조기 공장을 불태웠다. 그 뒤 많은 파괴범들이 검거되었다. 그들 중에서 4명은 교수형을 당했고 17명은 유배형에 처해졌다.

요크서 러다이트들은 모직물의 보풀을 깎는 숙련된 노동자들이었다. 그들은 전단기剪斷機의 도입으로 자신들의 생계가 위협받는다고 생각했다. 네 사람 몫의 일을 해내는 기계 때문에 많은 사람들이 일터를 잃어버리게 되었다. 노동자들은 1812년 4월 다시 리버시지의 카트라이트 공장을 습격했지만 큰 피해는 없었다. 카트라이트 자신과 일단의 병사들이 그들의 공격을 대비하여 기다리고 있었기 때문이었다. 러다이트들은 인명 피해를 본 뒤 격퇴당했다. 나중에 체포된 두 명은 부상을 입고 죽었지만 동료의 이름을 누설하지 않았다. 그들은 뒤에 카트라이트의 생명을 노렸지만 미수에 그쳤다. 하지만 카트라이트의 동료이며 고용주인 하스덴의 윌리엄 호스폴은 러다이트 폭도에게 피격당해 죽었다.

노팅엄, 사우스 더비서, 레스터셔에서 러다이트들은 이제 수직기手織機를 공격의 대상으로 삼았다. 지방의 양말 제조업자들은 생산량을 증가의 수단으로서 기계를 양말 짜는 근로자들의 집에 들여놓았다. 노동자들은 그런 변칙적인 기계의 도입을 막을 길이 없었다. 대형 양말 '재단기'의 도입으로 인해 지방 노동자들의 일거리는 더욱 줄어들었다. 이처럼 효율성 높은 기계는 지방 노동자들의 임금을 낮출 뿐 아니라 그들의 직업적 평판을 떨어뜨렸다. 1811~12년 사이에 약 1000대의 양말 기계들이 부서졌다. 개인 집에 설치된 기계들은 접근하여 파괴하기 쉬웠고, 동정적인 집주인들은 파괴 활동가들이 도망칠 수 있도록 도와주었다. 사실 러다이트 운동을 시작한 곳이 레스터셔라고 주장될 때도 있다. 오늘날까지도 지방의 전설에 따르면, '네드 러드'는 레스터 인근의 앤스테이 마을 출신이라고 한다. 러다이트들의 편지와 선언문은 그의 이름으로 작성되었고, 그 중 몇몇 편지는 '러드 왕'의 고향을 셔우드 숲(훨씬 더 유명한 전설적 영웅 로빈 후드의 고향)으로 지목했지만, 그 숲은 앤스테이 마을로부터 20마일이나 넘게 떨어져 있었다.

당국은 러다이트 운동을 막으려고 애쓰면서 경찰, 농민의용대, 정규 보병, 기병까지 동원했고 1812년에는 기계 파괴를 중대한 범죄라고 지목하고 중징계했다. 러다이트들의 행동은 전설적인 '캡틴 스윙'의 행동을 연상시킨다. 스윙은 1830년에 영농기계를 공격함으로써 부자 농부와 지주의 힘에 도전했고, 무능한 사법당국의 일꾼 푸대접에 항의했다. 두 번의 운동은 군중 시위의 힘을 보여주었고 그때마다 정부는 모질게 탄압하는 것으로 대응했다. 이런 운동을 통해 노동자들은 투쟁적인 파업의 위력을 서서히 알게 되었고 노동자 계급의 군기를 유지했다.

 탈레랑은 원칙을 지켰을까 아니면 개인의 영달을 좇았을까

탈레랑은 변절자로 악명이 높다. 그는 좌익 혁명 체제나 우익 전제군주 체제를 가리지 않고, 현재 근무하고 있는 체제의 사상에 따라 원칙을 바꾸었다. 동시대인들에게 그는 도덕심도 양심도 없는 인간이었다. 예전에 그의 상관이었던 나폴레옹 황제는 아주 솔직하게 탈레랑을 가리켜 "실크 양말을 신은 똥덩어리"(merde dans un bas de soie)라고 말했다. 이것은 그를 올바로 평가한 것인가?

탈레랑은 1789년부터 1834년 사망할 때까지 탁월한 공적 능력을 계속 발휘했다. 당시는 프랑스와 유럽 전체에 질풍노도의 변화가 일었던 시기였다. 자칫하면 미끄러지는 이 격변하는 시대에 어느 정도 발판을 유지하기 위해 그는 태도를 갑자기 바꿀 수밖에 없었고 곡예의 변신술을 활용하지 않을 수 없었다.

샤를 모리스 드 탈레랑은 1754년 귀족 부모에게서 태어났다. 특별한 종교적 소명은 없었지만 성직에 입문하여 1789년에 오텅의 주교가 되었다. 삼부회의가 개최되자 제3계급을 편들었고, 성직자의 시민헌법과 그 밖의 많은 반反성직자 조치를 지지했지만 1791년 1월까지 주교의 지위를 유지했다.

1792년에 프랑스의 외교사절로 런던에 파견되었지만 루이 16세가 처형되자 미국으로 도망쳤고, 1792년에 집정부가 설립될 때까지 망명생활을 했다. 1797~99년에 집정부의 외무장관을 지냈다가 공직을 사퇴하고 나폴레옹의 브뤼메르 쿠데타를 도왔다. 탈레랑은 1799~1807년에 다시 외무장관으로 발탁되어 나폴레옹을 섬겼고, 프랑스의 대對독일 정책에서 중요한 역할을 했다. 1808년 무렵에는 나폴레옹이 급격히 몰락하고 있다는 결론을 내리고 공직에서 사퇴하여 연합국에 봉사할 기회를 엿보았다.

1814년, 파리가 함락되었을 때 탈레랑은 러시아 황제와 협상했고, 루이 18세를 설득하여 겐트 헌장에 서명시키고, 나폴레옹이 권좌에서 물러났음을 공식적으로 알렸다. 그는 1815년 비엔나 회의에 프랑스 대표로 참석하여, 교묘한 술수로 연합국 사이의 불화를 조장하여 패전국 프랑스를 강대국으로 인정받게 했다. 그 뒤에는 부르봉 왕조 때 정치 현역에서 물러났지만, 곧 복귀하여 샤를 10세를 퇴위시키고 루이 필립으로 정권이 교체되는 시기에 중요한 역할을 했다. 그는 1830~34년에 영국 주재 프랑스 대사를 맡아 런던에 부임했고, 이 무렵 교회와 화해했으며 임종 때 주교의 자격으로 종부성사를 받았다.

당대 사람들이 이렇게 다채로운 경력을 두고 그에 얽힌 개인적 도덕성에 의구심을 품었던 것은 놀랄 일도 아니다. 18세기 후반과 19세기 초반은 민주주의/민족주의가 전제주의/부르봉 정통주의에 맞서 싸우던 시대였다. 그 결과, 도덕적 고려 사항은 늘 사람들의 마음속에서 우선순위였고, 이것을 지키지 않은 탈레랑은 눈에 띄는 존재일 수밖에 없었다. 그는 자신에 대한 비판을 냉소주의로 대응했는데, 그런 냉소적 태도는 죄의 자백 못지않게 파괴적인 것이었다. 그 럼에도 불구하고 그의 진정한 동기는 표면에 드러난 것보다 더 심오 한 것이었다.

그의 천박하고 변덕스러운 처신 밑에는 뚜렷한 애국심이 어른거 리고 있었다. 우익이든 좌익이든 권력체제가 정치적으로 복잡하든 말든, 그는 어떤 것이 국가에 이익이 되는 것인지 훤히 꿰뚫어보고 있었다. 이를테면 비엔나 회의가 좋은 사례인데, 당시 그는 약자의 입장을 완벽하게 수행하여 강대국의 지위를 얻어냈다. 그의 빛나는 활약이 아니었더라면 패전국 프랑스는 가혹한 대우를 받을 뻔했다. 그가 회의석상에서 승전국들의 상호 의심과 약점을 잘 이용하여 온 건하고 적절한 해결책을 얻어냈던 것이다. 그는 회고록에서 이렇게 말했다—"프랑스에 더 이상 이익이 없다고 판단될 때에만 대의명분 을 포기했을 뿐이다." 그의 발언은 세상사람들이 인정하는 것보다 더 많은 진실을 담고 있다.

존 브라운의 전설,
그는 영웅일까 아니면 순교자일까

021

1859년 존 브라운은 미국의 노예해방을 위하여 정부에 일격을 가했다. 그 후 브라운은 전설과 대중가요에서 영원의 지위를 획득했다. 하지만 역사가 그에게 부여해준 명성은 반드시 정확한 것이라고 할 수 없다.

브라운은 외로운 광신자였다. 남부 여러 주의 적대세력이 두려워하고 불신하는 자칭 영웅들 중의 한 사람이었다. 또 그의 친구들 역시 브라운을 두려워하고 불신했다. 1850년대 초, 그는 캔자스로 이주한 노예 주인들이 주권재민이라는 명목으로 '자유' 아메리카를 침해하는 상황을 목격했다. 또 북부(반反노예제) 지지파와 남부(친親노예제) 지지파 사이에서 벌어지는 사소한 충돌에 개입했다. 그는 포타와토미 학살에 가담한 '경계지역의 불한당'으로 자처했고, 실제로 그런 불한당의 측면이 있었다.

브라운은 또 많은 노예폐지주의자들 가운데 한 명이었고, '지하철도조직'이라고 알려진 모임의 운영을 도왔다. 많은 노예들은 자유 지역으로 탈출할 때 이 조직의 도움을 받았다. 이 협력자들은 이런 노예들을 맡아, 숨겨주고 식사를 제공하면서 그들을 변장시켜, 남부의 추적자들을 따돌릴 때까지 이 농장에서 저 농장으로 이동시켰다. 캐나다는 도피 노예들의 최종 목적지였다. 도망친 노예들이 다시 잡혔을 때 적용되는 '탈주노예법'이 캐나다에서는 적용되지 않기 때문이었다.

1859년, 브라운은 남부의 노예폭동을 선동하여 노예를 해방시키겠다는 무모한 계획을 세웠다. 그의 계획은 소규모의 지지자들을 규합하여 버지니아를 침입하여 하퍼스 페리의 미국 무기고를 습격한 후, 노예들을 모아 전국적인 폭동을 일으키자는 것이었다. 그것은 아주 비현실적인 아이디어였다. 1859년 10월, 그는 20여 명의 지지자들을 데리고 선착장의 소방서를 습격하여 점령했는데 곧 군대에게 포위되었다.

이때 남부의 노예들은 브라운에게 호응하지 않았고 폭동에 나서지도 않았다. 그들은 브라운의 절망적인 입장에 등을 돌리면서 그의 대의명분을 외면했다. 브라운의 두 아들은 아버지 곁에서 죽었고, 네 명을 제외한 모든 남자들이 죽거나 부상당하면서 이틀 만에 포위 공격이 막을 내렸다. 그를 체포한 연방 장교는 로버트 E. 리였다. 브라운은 체포된 후 반역, 살인, 범죄 공모로 재판을 받았다. 그는 유죄가 입증되어 1859년 12월에 교수형을 당했다.

브라운은 그리스도의 사랑과 악마의 증오, 성스러움과 폭력을 함께 갖춘 현대적 미국인이었다. 그는 원래 신앙심이 깊었지만, 노예 주인에게 폭력을 가하는 잔인한 일에도 주저하지 않았다. 그의 엉뚱한 봉기는 여러 모로 영향을 미쳤다. 남부 사람들은 그를 악마의 화신이라고 생각한 반면, 북부 사람들은 영웅 혹은 순교자라고 생각했다. 다음과 같은 R. W. 에머슨의 말은 대다수 북부 사람들의 의견을 대변한 것이었다—"그 새로운 성인은 지금까지 가장 멋지게 혹은 용감하게 사람을 사랑하여 싸움과 죽음을 향해 나아갔습니다. ……그는 교수대를 십자가처럼 영광스럽게 만들었습니다."

존 브라운은 무모한 쿠데타를 계획하면서, 당대 사람들이 뭐라고 하든 개의치 않고 자신의 양심에 따라 행동했다. 그는 명성 따위는 안중에도 없었다. 만약 그가 교수형을 당하지 않고 생존하여 자신의 명성이 높아진 것을 보았다면 아마 깜짝 놀랐을 것이다. 역사는 가끔 기이하면서도 하자 있는 영웅들을 만들어낸다. 존 브라운은 그 중 한 사람이었다.

와이어트 어프는
서부개척시대의 영웅일까

미들 웨스트 주의 법 집행관 와이어트 어프는 미국인들에게 널리 알려진 전설이 되었다. 여기에는 어떤 진실이 숨어 있을까?

1849년에 태어난 어프는 나중에 다지와 툼스톤의 연방 보안관으로 이름을 날렸다. 그는 무법자를 철저히 추격하고 법을 준수함으로써 엄격하게 치안을 확보했다. 1881년, 툼스톤의 변호사는 그를 두고 이렇게 썼다―"치안관으로서 그의 행동은 나무랄 데 없었다. 그는 과묵했지만 지켜야 할 의무가 있으면 결코 두려워하지 않았다. 으레 코트를 입지 않은 채 셔츠 바람에 돌아다녔고, 무기를 과시하지도 않았다." 그는 늘씬하고 체력이 강하고 딱딱한 표정에 잘 웃지 않는 사람으로 전해졌다. 얼굴은 늘어뜨린 수염으로 멋을 부리고, 우렁찬 목소리로 상대방의 저항을 제압할 수 있었다고 한다. 서부개척시대의 온갖 이야기 중에서 그에 관한 소문이 가장 부정확하면서도 가장 오랫동안 전해내려 왔다. 그 전설은 버트 랜커스터가 주연한 존 스터지스의 고전 영화 〈오케이 목장의 결투〉(1957년)를 비롯하여 수많은 할리우드 대작들의 주제가 되었다.

어프는 어느 곳에서도 연방 보안관으로 임명된 적이 없었고, 어쩌면 선출된 보안관도 아니었을 것이다. 부보안관이나 보조보안관 자격으로 치안유지를 담당했는데, 그것은 파트타임 일이어서 어프가 술집을 운영하는 데에 전혀 지장을 주지 않았다. 그는 독한 술보다 아이스크림을 더 좋아했다. 그는 딱 두 번의 총격 사건에 참여했는데, 잘 알려진 오케이 목장의 결투에서 클랜튼 형제들과 싸운 상황은 30초도 끌지 않았다. 속사 명수라는 그의 명성은 주로 술집의 목동들에게 '허세를 부려서 위협하기'나 권총 빨리 뽑아들기 기술에 지나지 않았다. 만약 전설대로 그에게 12인치 '번트라인 스페셜' 권총이 있었다면, 결투용이라기보다는 장식용으로 사용했을 것이다. 그는 총을 뽑아들다가 곧잘 실수를 했던 사람으로 알려져 있다. 어떤 경우에, 권총 혁대가 흘러내려 가랑이를 찌르는 바람에 아주 우스꽝스럽게 보이기도 했으며 그 때문에 말에 올라타지도 못했다.

우리가 와이어트 어프에 대해 이렇게 부정확한 정보를 얻게 된 것은, 주로 그 자신이 들려준 이야기의 앞뒤가 맞지 않았기 때문이지만, 부분적으로는 그의 아내 세이디가 낭만적으로 이야기를 부풀렸기 때문이기도 하다.

어프 전설은 알고 보면 상당히 시시한 이야기다.

어프는 먼저 인디언, 다음에는 버펄로 사냥꾼, 다음에는 철도노동자, 마지막으로 사업가에게서 땅을 빼앗은 개척자 농부였다. 툼스톤 소탕은 그의 원래 목적이 아니었고, 단지 채광권과 토지 소유를 늘리기 위한 것이었다. 술집의 도박장에서 허가 지분의 5분의 1을 소유한 그는 인간쓰레기들을 감시하면서, 자신의 치안 임무가 술집 영업에 방해가 되지 않도록 신경을 썼다. 기소되지 않은 용의자를 상대로 총격을 벌이며 법을 엄격히 집행했다는 얘기도 근거가 없다.

서부 사람들은 1880년초부터 어프의 그런 행동을 인정하지 않았다. 애리조나의 늙은 농부들은 오늘날까지도 그가 목동을 죽이고, 나중에는 그 자신의 막내동생 모건을 죽인 자를 추적하여 복수한 살인자로 낙인찍었다. 이런 비판자들은 그를 두고 이렇게 말했다—"그는 보안관 배지를 달고 설치는 무법자에 지나지 않았다."

더 흥미로운 의문은 왜 이런 이상화된 도덕성이 오랫동안 미국 문화를 상징해왔는가 하는 점이다.

20세기 내내, 서부개척시대의 소설과 영화들은 선과 진실이 악으로부터 도전받지만 결국엔 승리한다는 생각을 널리 퍼뜨렸다. 하지만 백마를 탄 기사가 자신의 미덕을 유지하면서 악을 물리친다는 생각은 실은 미국 역사에서 가장 명예롭지 못한 일화—노골적인 탐욕 때문에 원주민을 마구 몰살하고 그들의 땅을 빼앗은 일화—를 은폐하고 있다. 따라서 한 가지 점에서, 그것은 미국인의 마음을 달래주는 대용품이다. 그 유래는 미지의 땅에 대한 매력, 남자다움을 시험하는 외침 곧 "젊은이여, 서부로 가자!"에 의해 설명된다. 또 인적미답의 땅에서 새로운 삶을 이루기 위해 포장마차를 타고 여행하는 모험, 탁 트인 하늘, 힘들고도 단순한 생활의 도전 등도 매력을 만들어내는 요소들이었다. 서부에서 사람들은 저마다 자신과 가족을 위해 싸웠다. 그것은 선악을 명확하게 구분하는 단순한 청교도 신앙으로서 사람들의 마음을 강력하게 사로잡았다. 그것은 아서 왕과 원탁의 기사들의 전설, 또는 사악한 노팅엄 영주에 저항하는 로빈 후드와 그의 부하 메리 멘Merry Men의 전설과 동일한 위력을 발휘한다.

어프 전설은 도덕적 사례의 지침을 필요로 하는 사람들에게 문화적 아이콘이 되었고 아직까지도 그 효력을 발휘하고 있다.

세실 로즈는 몽상가일까 아니면 악당일까

　세실 로즈의 성격과 업적에 관한 의견은 20세기 후반이 지나면서 무척 다양해졌다. 20세기 후반의 학생 세대(현재의 저자도 그들 가운데 한 명)는 그를 제국 역사의 위대한 영웅, 남아프리카에서 제국의 국위를 널리 선양한 중요한 계획자라고 보았다. 또 그를 케이프에서 카이로까지 아프리카 대륙을 종단하는 철도를 구상했던 몽상가, 로디지아의 입안자, 옥스퍼드 대학의 로즈 장학금을 계획한 이상주의자 겸 박애주의자라고 생각했다. 다른 사람들은 비판적 시각에서 그를 음모가, 사기꾼, 거짓말쟁이, 금과 다이아몬드로 재산을 모은 출세주의자, 백인 우월주의를 맹목적으로 옹호한 인종차별적 인간이라고 보았다. 그의 성격은 이 모든 특성이 기묘하게 혼합된 것이었고, 로즈는 선과 악을 동시에 지닌 인간이었다.

　세실 존 로즈는 1859년에 영국 성공회 목사의 아들로 태어나, 비숍의 스토트포드에서 성장하면서 교육을 받았다. 그는 어린 시절 폐병을 앓았고, 1869년에 햇빛과 신선한 공기 속에 정양하기 위해 남아프리카로 건너가 형과 함께 나탈에 머물렀다. 1871년에는 킴벌리로 옮겨가고 2년 동안 개척자 생활을 하면서 텐트에서 잠자고, 뒤집

흰 양동이에 앉아 진흙을 뒤지면서 다이아몬드를 찾는 탐사활동을 했다. 훗날 그는 매주 100파운드를 벌었다고 주장했다. 남아프리카에 머물 때는 시간을 내어 8개월 동안 소달구지를 타고 트란스발과 베카와날란드(현재의 보츠와나)를 여행했다.

그가 본 아프리카의 광경은 상상력을 사로잡았고, '나의 북부'라고 부르게 된 지역을 개발하겠다는 결심을 다지게 했다. 나중에 이 다이아몬드 채굴자는 대학생으로 변신하여 1873년 옥스퍼드의 오리엘 대학에서 공부를 시작했다. 대학교에서는 존 러스킨의 피끓는 얘기를 들었다. 러스킨은 영국의 젊은이들에게 국가를 도우라고 호소했다—"국가는 …… 가능한 한 신속하게 식민지를 발견하여 …… 발을 들여놓을 수 있는 유익한 황무지라면 어느 곳이든 장악하고, 그곳에서 식민지 사람들의 주된 미덕은 대영제국에 충성하는 것이라고 가르쳐야 한다."

남아프리카로 되돌아온 세실 로즈는 1880년에 다이아몬드 회사의 회장이 되었고 뒤이어 트란스발 금광에 대한 포괄적 권리를 획득했다. 1889년에는 이런 많은 회사들의 합병으로 거대한 드 비어스 통합 광산회사의 회장으로 올라섰다. 1887년, 그는 영국 남아프리카 회사를 설립하고, 1889년에는 나중에 그 자신의 이름(로디스Rhodes)을 따서 로디지아Rhodesia라고 알려진, 트란스발 북부지역의 개발권을 왕실 특허로 따냈다. 지금은 교활한 방법이라고 여겨지는 조건으로 로벤굴라, 마타벨레의 왕에게서 그 나라의 귀금속을 채굴하는 허가를 따낸 다음, 왕의 전사들에게 소총을 공급하겠다고 약속했다. 이런 소총들은 당시 영국에서 개당 12s 6d(62.5펜스)의 값으로 자유롭게 구입할 수 있었지만, 다행히도 너무 싼값이었기 때문에 총의 성능은 별로 좋지 않았다. 첫 200명의 이주민들이 수백 마일에 걸친 전인미답의 벨트veldt(초원)를 뚫고 지나가는 것은 쉬운 일이 아니었지만, 결국 로즈는 포트 솔즈베리(오늘날의 하라레)에 주택, 은행, 신문사, 심지어 전보 사무실 등을 짓고서 그들을 정착시켰다.

그는 1880년에 케이프 콜로니 입법부의 위원이 되었고 1890~96년에는 콜로니의 수상을 지냈는데, 나중에 제임슨 습격과 연루된 탓에 사임해야만 했다. 이 사건의 배경은 1895년 크리스마스 때, 트란스발의 오이틀란더스Uitlanders(영국인 이주민들) 사이에서 불만이 팽배하여 요하네스버그의 보어 정부를 전복하자는 음모가 싹튼 것이었다. 로즈의 가까운 동료인 스타 제임슨Starr Jameson 박사는 500명의 무장경찰관 그룹의 선두에 서서 그 지역을 침공하자는 얘기에 크게 고무되었다. 유감스럽게도 오이틀란더스는 망설였고, 제임슨은 국경을 넘었는데도 그 지역에서 호응하는 봉기가 일어나지 않았다. 그는 보어 저격병들에게 추격당했고, 결국은 그가 징벌하러 갔던 바로 그 부대에게 창피스럽게 체포되었다. 지도자들은 요하네스버그에서 재판에 회부되었고 그들 중의 4명(로즈의 친형을 포함)은 유죄가 증명되어 사형선고를 받았고, 59명은 저마다 2000파운드의 벌금과 함께 다양한 형량을 선고받았다. 영국이 보어 정부에 정치적 압력을 가해 그들은 결국 석방되었지만 많은 주모자들이 나중에 런던에서 다시 법정에 섰다. 로즈는 보어 측에서 요구한 벌금을 자신의 돈으로 지불했지만, 이 일로 해서 로즈의 경력은 종말을 맞이했고 그 후 공직에 복귀하지 못했다. 로즈는 1902년 보어 전쟁이 끝나기 직전에 세상을 떠났으나 케이프 콜로니에서 예전의 명성을 회복하지 못했다. 그는 약 600만 파운드의 재산을 남겼는데, 거액을 기부하여 대영

제국의 뛰어난 인품을 가진 사람들에게 장학금을 지급하는 장학재단을 설립했다. 그 장학금의 취지는 "제국의 단일성을 유지하는 것이 영국뿐 아니라 식민지에게도 유리하다는 생각"을 제국의 사람들에게 불어넣는 것이었다.

로즈는 성격적 결함 때문에 그 자신이 세운 재단의 장학금을 받을 자격이 없다고 봐야 할 것이다. 그는 유색 원주민 노동자들에게 우호적인 태도를 유지하고 또 그들의 이익을 옹호했다는 명성을 얻기는 했지만, 경쟁자들을 무자비하게 대했고 지지자들에게는 권위주의적으로 대했다는 악명이 높았다. 또 사업과 정치와 관련하여 협잡과 속임수를 썼다. 그는 로벤굴라와 거래할 때 그런 사업적 속임수를 다양하게 구사했고, 제임슨 습격 사건 때에는 정치적 협잡의 태도를 보였다. 그는 영국의 영향력 있는 서클에 들어갔고, 당대의 정치적 지도자들을 많이 안다며 떠벌리고 다녔다. 하지만 조지프 체임벌린과 같은 정치인들은 별로 그와 사귀고 싶어 하지 않았다.

로즈의 사상은 때때로 상상력과 비전을 보여주었지만 이내 빛을 잃었고 곧 인기가 떨어졌다. 그의 가치관은 너그럽지 못한 데다가 승자만 일방적으로 편드는 것이었고, 20세기에 들어와서는 편협한 사상으로 간주되었다. 그가 평생 동안 간직한 신조는 다음과 같다. "하느님이 명백히 영어 사용 민족을 선택된 도구로 삼아 정의, 자유, 평화를 바탕으로 하는 사회를 이룩하려 하셨기 때문에, 하느님은 분명 내가 그 민족에게 가능한 한 많은 식견과 힘을 주기 원하신다."

그의 이런 말은 얼마동안 영국인들 사이에서 용인되었다. 하지만 다른 나라의 인종차별적 지도자들이 그런 말을 한다면, 아주 위험한 헛소리라고 여겨질 것이다. 그리고 그런 말은 실제로 헛소리다.

## 024

마르코니의 '무선전신'은
훔친 발명품에 근거했을까

1901년 콘월의 폴두 해안에 설치된 무선송신기는 짧게 세 번 '삐' 소리를 보냈다. 그리하여 구엘모 마르코니의 이름은 라디오의 발명과 동의어가 되었다. 그의 팀은 잉글랜드에서 조잡한 무선송신기를 만들었다. 그곳에서 그들은 모르스 부호 'S'를 보냈고, 대서양 저쪽, 뉴펀들랜드 센트 존의 시그널 힐에서 마르코니와 협력자들은 역시 조잡한 수신기에 빙 둘러앉아 그 신호를 수신했다. 그들은 연을 날려 안테나로 삼았다. 그런데 100년이 지난 지금, 현대 라디오의 아버지라는 마르코니의 명성에 이의가 제기되었다.

휴스턴의 나사NASA에서 근무하는 한 전기 전문가는 마르코니가 제거디스 찬드라 보스 경Sir Jagadis Chandra Bose의 발명품을 이용한 사실을 밝혀냈다. 보스 경은 독자적으로 캘커타의 연구실에서 무전을 발명해낸 과학자였다. 1899년 보스가 발표한 과학 논문은 마르코니가 2년 뒤에 제작한 송신기와 똑같은 장치를 설명하고 있다. 코히러coherer라는 장치는 두 개의 강철 플러그 사이에 수은 방울이 들어 있는 작은 유리관으로 구성되어 있다. 그것은 콘월에서 쏘아보낸 첫 번째 라디오 신호를 뉴펀들랜드의 수신국에서 청취 가능한 소리로 바꾸는 데 필수적 부품이었다. 조사에 따르면, 마르코니가 사용한 장치는 보스가 발표한 강철-수은 코히러의 설명서와 정확히 일치했다. 사정이 이렇다보니 마르코니는 자신의 아이디어가 이탈리아 해군의 연구에서 비롯한 것이라고 주장하면서 사람들의 관심을 진정한 코히러 발명자로부터 돌리려 했다. 사실 그 제품은 '이탈리아 해군 코히러'라고 알려지게 되었지만, 마르코니는 결국 자신의 이름으로 발명 특허를 받았다.

보스가 영국을 떠나 캘커타에 연구실을 세웠던 1896년, 마르코니는 볼로냐에서 런던으로 이사했다. 두 사람은 실제로 만난 적은 없지만 서로의 연구를 잘 알고 있었던 듯하다. 마르코니가 아이디어를 얻었다고 주장하는 이탈리아의 부유한 귀족 마르체세 루이기 솔라리는 처음에 "어떤 영국인의 출판물을 읽었다"고 얘기했는데 나중에 그 출판물을 구체적으로 기억하지 못했다. 그것은 당연히 1899년 런던의 왕립협회 회보에 발표된 보스의 코히러 논문이었다. 단지 솔라리가 기억하지 못했던 것이다.

## 025

로저 케이스먼트는 조직적인 중상모략의 희생자였을까

로저 케이스먼트는 1916년 아일랜드에서 체포되어 런던으로 이송되었고, 대역죄로 기소된 뒤 재판을 받고 교수형에 처해졌다. 아일랜드 민족주의자들에 의해 여전히 애국적 순교자로 존경받는 그는 영국으로부터 조직적인 중상모략을 당했다. 영국 측은 그의 지저분한 사생활이 시시콜콜 담겨 있는 일기(법정에 제출되지 않은 것)를 이용하여 동성애도착자임을 널리 퍼트렸다. 그의 사건은 커다란 논쟁을 일으켰으나 지금까지 해결되지 않고 있다.

1864년, 더블린 인근에서 태어난 케이스먼트는 1892년부터 영국 영사로 근무했고, 콩고와 아마존의 고무산업에 만연한 가혹한 근로조건을 보고함으로써 이름을 떨쳤다. 1913년, 그는 영사직을 사임하고, 열렬한 아일랜드 민족주의자가 되었다. 1914년, 미국에 건너가 아일랜드 독립을 위하여 미국인의 협조를 얻어내려 애썼다. 이후 독일에 건너가 아일랜드 전쟁 포로들 사이에 '아일랜드 연대'를 규합하기 시작했지만 별로 성공을 거두지 못했다. 그는 아일랜드에 반란을 일으키기 위해 독일의 협조를 구하려고 애썼다. 1916년에는 부활절 전야에 독일 잠수함을 타고 트랄리 부근의 케리 해안에 상륙했지만 몇 시간 만에 체포되어 재판에 회부되었다.

그의 유죄가 입증된 뒤에도, 많은 사람들은 그에게 집행유예가 선고될 것으로 생각했다. 케이스먼트는 대역죄의 의도를 가지고 있었지만 그것을 실천할 시간이 거의 없었기 때문이다. 막상 사형이 집행되자 사람들은 그가 고의적인 중상모략의 희생양이 되었다고 생각했다. 영국 당국이 집행유예의 요구를 사전 봉쇄하기 위해 일부러 중상모략을 부추겼다고 보는 것이다.

케이스먼트의 도덕성에 먹칠을 한 오점은 현금출납부와 일기에 그가 휘갈겨 쓴 기록을 파렴치하게 발췌·공개함으로써 시작되었다. 그 기록들은 '검은 일기'라고 알려지게 되었는데, 지금은 아일랜드의 국립도서관에 소장되어 있는 '흰 일기'와 구분하기 위해서 그런 이름이 붙었다. 그는 이 일기에서 남아메리카에서 조사한 현지 사정을 상세하게 기록했다. '흰 일기'는 음란한 모든 내용이 삭제되었기 때문에 오랫동안 '검은 일기'를 말끔히 정리한 버전이라고 생각되었다. 하지만 최근에 이 두 일기를 일일이 비교한 결과 정서법, 철자, 날짜가 다를 뿐 아니라 여러 가지 구체적 차이점들이 있어서 위조자가 날조한 것이 아닐까 생각하게 되었다. 반면에 동일 인물이 두 일기를 썼다고 진술하는 과학적 증거가 있었다. 만약 날조라면, 위조자가 많은 일기책을 엄청난 수고를 들여가며 집필했다는 얘기—이른바 가짜 히틀러 일기처럼 대대적으로 위조하는 것—가 되는데 아무런 대가도 없는 상태에서 그런 날조가 가능하겠는지 의문스러운 것이다.

영국-아일랜드 관계를 개선시키기 위한 과정의 일환으로 2002년에 출판된 일기의 진정성에 대한 새로운 조사가 벌어져 이런 사실이 확립되었다. 케이스먼트 자신이 두 일기책을 모두 썼다. '검은 일기'는 연필로 쓰여 있는 반면, '흰 일기'는 펜과 크레용을 사용했다. 두 일기를 가져와서 필적, 잉크, 사용한 종이를 법의학적 수법으로 자세히 조사하기도 했다. 케이스먼트가 일기를 쓴 장소로 추정되는 아프리카와 브라질의 식물에서 나온 꽃가루를 일기책의 종이에서 검출할 수 있는지 여부도 조사했다. 그 결과 과학자들은 일기가 의심할 여지없이 진짜임을 확인했고, 그러한 결정은 케이스먼트의 전기 작가인 로저 소이어를 만족시켰다.

하지만 모두들 기뻐한 것은 아니었다. 스코틀랜드 역사가 앵거스 미첼를 비롯하여 아일랜드에 살고 있는 역사가들은 끈질기게 '검은 일기'를 가짜라고 생각하면서 이렇게 말했다—"그것들은 영국 치안 당국이 초기의 버전에서 가려 뽑아 재집필한 일기책입니다." 따라서 제시된 온갖 증거에도 불구하고 이 문제는 오늘날까지도 논란의 대상이다.

러시아의 마지막 황제는
지독한 폭군이었을까

20세기 소련의 관점에서 제정 러시아의 마지막 시기를 돌이켜보면, 니콜라스 2세가 러시아 민중을 무자비하게 탄압한 폭군이라고 비난하는 볼셰비키의 역사관을 자연스럽게 받아들이게 된다. 황제는 인내의 한계를 초과하여 러시아 민중을 괴롭혔기 때문에 민중은 봉기하여 폭군을 쫓아냈다. 하지만 혁명가들의 자유주의를 과대평가하는 것이 잘못인 것처럼 러시아 황제의 독재를 과장하는 것 또한 잘못이다.

현대 국가의 모습을 갖춘 러시아가 프랑스, 이탈리아, 독일과 다르다는 것은 의심할 여지가 없다.

첫째, 표트르 대제 이후부터 통치자들이 현대화를 추진했음에도 불구하고 러시아는 여전히 후진국이었다. 그들은 비교적 뒤늦게 서유럽에 합류했고, 16세기가 지나서야 몽골에 예속된 상태에서 겨우 벗어났다. 따라서 폭넓은 중세 기독교 공동체의 전통을 갖추지 못했다. 러시아 전통에서 보자면, 유럽 문화는 '외국'이었고 러시아의 뚜렷한 정체성은 서방을 어설프게 모방하는 데서 나오는 것이 아니라 슬라브인의 뿌리에서 흘러나오는 것이다.

둘째, 산업이 급속도로 발전하기 시작했지만 러시아의 정부 형태
는 대단히 권위주의적이었다. 정교政敎분리, 정치권력의 세속화, 민
중에 의한 정부 통제 등은 러시아에서 발생하지 않았다. 심지어 프
랑스 혁명도 러시아의 사상적 측면에 미미한 영향을 주었을 뿐이다.
러시아 시스템은 오로지 황제에게 달려 있었다. 황제는 국가의 정치
적 수장일 뿐 아니라 사회적·종교적 모든 권력의 정점이었다.

1881년, 알렉산더 2세가 사망한 뒤부터 유럽 개혁에 대한 충동은
퇴색했고 알렉산더 3세 치하에 들어서자 하나의 대안이 나왔다. 그
것은 반反유럽적 사회의 특성을 강조하는 반동정책이었다. 알렉산
더의 주요 협력자는 성무회원聖務會院의 행정장관 콘스탄틴 포비에
도노체프였는데, 그는 농민공동체의 권력을 성공적으로 파괴했고,
서서히 진보하던 변화의 흐름을 중지시켰다. 차르의 절대권력은 훨
씬 더 집중되었고, 확장된 관료 계층은 전통적 귀족의 자리를 대신
하는 경향이 있었다. 밀려난 귀족들은 시골의 사유지로 물러나 한가
한 생활을 영위했다. 권좌에서 물러난 귀족들은 비테와 스톨리핀 같
은 개혁 장관들의 정책을 방해할 수는 있었지만 그들을 교체하지는
못했다. 좌절한 귀족들은 과격주의를 고집했고 때로는 혁명에 심취
하기도 했다.

러시아의 후진적이고 권위적이고 지나치게 집중된 정치제도는
또 다른 사업에 의해 더욱 악화되었다. 그것은 알렉산더 3세 치하에
서 공식화된 사업인데 러시아인의 삶 전체를 러시아의 표준적 유형
에 일치시키려 하는 것이었다. 이 정책의 주창자들은 신흥 관료계급
이었고, 그들은 프로이센 정부의 편협한 특징을 맹목적으로 추종하
면서 질서와 단일성을 목표로 삼았다. 발트 해 연안지역의 폴란드,

우크라이나, 베사라비아, 트란스코카시아, 그리고 근동지역의 이슬람 지역에서, 무자비한 러시아화 정책은 제국의 전통적인 다양성을 대체했다. 가장 큰 고통을 겪은 사람들은 유대인이었는데, 그들은 정기적인 '인종대학살'에 노출되었다. 그 학살은 순간적으로 벌어진 일이었지만 때때로 국가가 부추긴 측면도 있었다. 이런 학살 프로그램이 시행되면 유대인의 재산과 생명은 극심한 증오와 분노 앞에서 날아가 버렸다.

1900년 무렵, 러시아는 조용히 안정된 나라가 아니라 불만이 들끓고 희망이 좌절된 나라로 바뀌었다. 니콜라스 1세의 교육장관 오바로프 백작이 만들어낸 전통적인 구호는 '정통성, 절대권력, 국민성'이었는데 그 누구의 마음에도 들지 않았다.

반半숙련 직업 관료들을 기반으로 하는 차르 황제의 정부는 1900년에 이르러 국가의 미래에 대해 큰 책임을 졌다. 모든 권력의 중심인 황제 자신은 상냥했지만 능력이 부족한 사람이었고, 의견을 피력할 때에는 편견이 심했다. 그는 자신에게 올라오는 요구의 본질을 잘 파악하지 못했다. 황제는 공적 의견을 자유롭게 표현하지 못하고, 불확실성과 불안감에 둘러싸여 정치적 진공상태에서 살았다. 총리실의 제3국과 무서운 비밀경찰(오크라나Okhrana)은 외국인, 반체제 인물, 선동자, 범죄자, 그 밖의 황제에게 위험할지 모르는 사람들을 대대적으로 수색했다. 하지만 너무나 방대한 일이어서 그들의 능력으로는 모두 감당할 수가 없었다.

1905년, 니콜라스 2세는 개혁주의자이지만 별로 자유주의적이 아닌 재무장관 비테 백작의 충고와 러일전쟁에서 패전한 탓에 이른바 10월 선언을 받아들였다. 그것은 민주적 형태의 정부를 아주 조심스럽게 시작한 첫걸음이었다. 하지만 일본과의 전쟁이 끝나고, 몇 주 지나지 않아서 황제는 중요한 양보를 철회하고 수많은 주요 항목들을 취소하면서 계엄령을 선포했다. 그럼에도 불구하고 10월 선언은 최초의 두마(러시아 국회)를 성립시켰다. 의회는 여러 가지 제약을 받았지만, 그래도 개혁주의자들이 미래에 더 큰 양보를 요구하고 얻어낼 수 있는 무대가 되었다.

하지만 1907년 황제는 다시 상황을 완전 통제하게 되었다. 거의 전방위적으로 탄압하기 시작했고, 비판자들은 시베리아 유형이나 감옥형에 처해지거나 사형선고를 받았다. 첫 번째 두마보다 의원 수가 훨씬 더 적게 선출된 두 번째 두마는 황제의 명령에 따라 해산되었고, 무척 온건한 사회민주주의 의원들은 체포·추방되었다. 일단의 엄격한 장관들이 새로 공직에 취임했다. 비테의 사상을 지나치게 민주적이라고 보았던 차르는 1906년에 그를 해임하고 스톨리핀을 총리에 임명했다. 그는 자유주의자가 아니었지만 개혁을 계속했고 이번에는 주로 토지개혁에 집중했다. 1909년, 총리는 농민들이 합법적으로 또 효율적으로 토지를 구입할 수 있도록 해주었고, 그렇게 하여 농업의 현대적 상업화가 될 수 있는 토대를 마련했다. 하지만 제1차 세계대전이 다가오자, 법원과 비밀경찰을 동원하여 정계와 노동계의 반대자들을 억압하고, 지도자들을 해외로 내쫓거나 시베리아 강제수용소로 보내 가두었다. 이런 탄압이 큰 성공을 거두었던 탓에, 레닌은 1917년 무렵 과연 자신이 생전에 대중혁명의 성공을 볼 수 있을지 의심하기 시작했다.

비록 그런 탄압이 대대적으로 이루어지기는 했지만, 그것은 법원과 정당한 법 집행을 통하여 조직적으로 또 합법적으로 진행되었다.

그런 탄압의 사상적 배경은 황제 정부의 완고한 보수주의였고, 변덕을 부리지 않는 일관된 권위주의였다. 비록 계몽적이지 않았지만, 통치는 러시아의 법체계 안에서 이루어졌고 정부는 누구를 두려워하거나 봐주지 않고 공평하게 법을 집행했다. 정부가 두려워한 것은 혁명이 발생하여 법과 질서가 붕괴되는 것이었다. 그렇게 되면 민중 봉기로 인해 공공질서, 재산, 생명이 아주 위험해질 것이었다. 1917년 당시 황제는 자신이 민중을 아무리 가혹하게 대하더라도 혁명이 일어나서 사회가 완전 붕괴하는 것보다는 낫다고 생각했다. 반면에 혁명가들은 니콜라스의 독재가 지속되기보다는 차라리 혁명이 터지는 것이 더 낫다고 보았다.

 라스푸틴은 어떻게 죽었을까

1916년에 피살된 그리고리 라스푸틴의 죽음은 비밀에 둘러싸여 있다. 그는 자칭 수도사이고, 진탕 마시고 법석대면서 섹스에 빠지는 추잡한 언행의 거친 난봉꾼이었지만 황후의 친구였고, 1917년의 러시아 혁명 직전에는 황제 니콜라스 2세의 중요한 조언자였다. 이 모든 상반되는 이야기 뒤에 숨겨진 진실은 무엇일까?

1920년대에 한 소송 사건이 런던에서 진행되었다. 유수포프 왕자는 패트릭 헤이스팅스와 함께 원고로 등장하여 에이버리 판사 앞에서, 미국의 메트로-골드윈-메이어 회사가 찍은 라스푸틴 영화에 대해 증언했다.

이 영화에서 라스푸틴은 유수포프 왕자비를 사랑한 것으로 묘사되었는데, 유수포프 부부는 적극적으로 그것을 부인했다. 패트릭 경의 회고록에 따르면, 그 이야기는 《법정의 사건》이라는 제목으로 1949년에 출간되었다.

증인석에 선 왕자비와 왕자는 둘 다 멋진 사람들이었고, 영화사로부터 (당시) 거액인 2만 5000파운드의 손해배상금을 받아냈다. 런던으로 망명하여 러시아 볼셰비키의 마수로부터 완전 벗어나 기소

당할 위험이 없었던 유수포프 왕자는 증언대에서 그의 변호사로부터 질문을 받고 솔직하게 대답했다—"그래요, 나는 라스푸틴을 죽였소. 그를 죽이는 것은 나의 의무요. 그래서 죽였소."

그는 당시의 상황을 이렇게 설명했다. 일단의 귀족들은 라스푸틴이 황후에게 너무 강한 영향력을 행사하는 것을 걱정하면서—황후는 라스푸틴만이 황태자의 혈우병을 완화시킬 수 있다고 확신했다—라스푸틴의 무모하고 무책임한 소행이 러시아를 파멸의 길로 내몰지 않을까 우려했다. 그래서 1916년 12월에 그를 암살하기로 결정했다.

하지만 그 일은 쉽지 않았다. 전설에 따르면 라스푸틴은 독을 먹었는데도 독이 몸에 퍼지지 않았고 탄환을 맞았는데도 끄떡없었다. 라스푸틴은 마법을 익혀서 죽지 않는 사람이라는 것이었다. 하지만 나라의 앞날을 걱정한 왕자는 암살을 결심하고 라스푸틴이 좋아하는 술잔치를 해주겠다는 핑계로, 그 자신의 모이카 궁전에 라스푸틴을 초대했다.

라스푸틴이 도착하자 그를 기쁘게 하기 위해 음악이 연주되었지만, 실제로는 곧 벌어질 살해의 소음이 외부로 들릴까봐 미리 막기 위한 것이었다. 그는 주인의 안내를 받아 궁전 아래 쪽 방으로 갔고, 평소 무척 좋아하는 달콤한 케이크를 많이 먹었다. 케이크에는 10여 명의 어른을 죽일 만큼 청산칼리가 흠뻑 들어 있었지만, 라스푸틴은 하나씩 게걸스럽게 먹어도, 겉보기에 아무 효과가 없었다. 용기를 잃은 유수포프는 권총을 꺼내들고 탄창이 다 되도록 쏘아댔지만 라스푸틴은 거꾸러지지 않고 황소처럼 울부짖으면서 방 주위를 돌아다녔다. 그가 쓰러졌을 때 유수포프는 꼭대기에 납을 박은 지팡이로 그를 죽도록 후려쳤다.

유수포프의 공모자들은 그를 도와 시체를 얼어붙은 네바 강에 던져 넣었다. 하지만 시체를 건졌을 때 폐에는 물이 차 있었다. 강 속에서도 숨을 쉬었다는 증거였다. 라스푸틴은 여전히 목숨이 붙어 있었고, 공모자들은 그를 얼어붙은 강 속으로 다시 밀어 넣어 익사시켰다. 라스푸틴에게 쏟아진 일반적인 증오 때문에, 당시 황제가 유수포프에게 취한 조치는 멀리 떨어진 러시아 시골 영지로 추방하는 것뿐이었다.

유수포프의 증언은 영국에서 일대 센세이션을 일으켰다. 그는 볼셰비키가 그 애국적인 행위에 대해 기소하지 않을 것 같다고 생각했기 때문에 그렇게 솔직히 증언할 수 있었다. 아무튼 영국에 망명 온 유수포프는 안전했고, 영국은 소련이 요청하더라고 그의 신병을 넘겨주지 않을 것이었다. 유수포프의 이야기는 너무나 괴이해서 더 이상 윤색이 필요 없을 정도였다. 언론에 널리 보도되었고 사건 기록은 지금까지 남아 있다.

하지만 그 이야기는 어디까지 진실일까? 언론인 겸 역사학자 브라이언 모이너헌이 최근에 발굴해낸 경찰 공문서는 라스푸틴의 피살에 대하여 전혀 다른 이야기를 해주고 있다. 이것은 최근에 나온 라스푸틴 전기에도 실려 있다.

여색을 밝힌 라스푸틴은 매춘부를 대기시켜 놓은 궁전으로 유인되었다. 유수포프가 피살자의 제압에 필요하다고 주장했던 네 시간이 아니라 두 시간이 지난 뒤, 가면을 쓴 남자들이 궁전에서 밖으로 나왔다. 그들은 시체를 운송하여 강에 던져버렸다. 공문서 기록은 시체의 사망 원인이 총상이었고, 사후 부검은 어떤 독살의 흔적도 발견하지 못했다고 밝혔다.

1967년에 세상을 떠난 유수포프는 자신이 라스푸틴을 죽인 이야기를 결코 취소하지 않았지만, 얘기할 때마다 세부사항이 조금씩 바뀌었다. 그의 사건 설명은 지금까지 도전받지 않았다. 그런데 모이너헌은 실제 이야기는 훨씬 더 평범하다고 말한다—"관련 기록을 살펴보면 라스푸틴이 죽지 않는 자라는 전설은 거짓이었고, 그를 죽인 사람이 일부러 그것을 전설로 부추겨서 불후의 이야기로 남게 되었습니다."

루돌프 헤스는 음모꾼이었을까
아니면 정신착란자였을까

1941년 5월 10일, 히틀러의 대리(부총통)인 47세의 루돌프 헤스는 메세르슈미트 비행기를 직접 몰고 영국으로 건너가, 낙하산을 타고 목적지에서 12마일 떨어진 스코틀랜드에 내렸다. 그 지점은 전쟁 전에 그가 알고 지내던 해밀턴 공작의 랭커셔 고향이었다. 헤스는 평화협상 임무를 띠고 영국으로 왔다고 주장했다.

하지만 사건 당시의 히틀러의 의견, 추후의 뉘른베르크 재판, 많은 유명한 심리학자들에 따르면 헤스는 정신착란을 일으켰다. 그러나 헤스의 1941년 평화협상 임무가 공식적이었고, 그는 정신착란을 일으키지 않았으며, 스판다우 감옥에서 죽은 사람이 헤스가 아니라고 주장하는 사람들도 여전히 있다. 정신착란 주장은 진실인 것으로 평가되고 있지만, 여전히 상당한 미스터리가 남아 있어서 그 주장을 백퍼센트 믿어주기가 어렵다.

만약 헤스의 평화협상 임무에 대한 영국의 공식적인 설명이 맞다면, 그 임무는 실패할 수밖에 없었다. 1939년 체임벌린이 거절한 것보다 더 가혹한 조건을 처칠이 받아들일 리 없었기 때문이다. 또 그가 내놓은 조건은 1940년 여름의 암울한 시기에 처칠이 퇴짜를 놓은 조건과 똑같은 것이었다. 그런 굴욕적인 평화조건을 받아들이고 얻을 수 있는 보상이라고 해야 히틀러가 처칠의 오래된 적 볼셰비키(러시아)를 공격하는 것을 옆에서 지켜보는 것인데, 그건 처칠로서는 그리 적절한 보상이 아니었다.

히틀러는 뉴스를 듣자마자 아주 힘주어서 자신은 헤스의 도피극과 무관하다고 말했다. 그는 헤스가 평화협상에 성공할지 여부를 알아보려고 기다리지 않았다. 히틀러가 남을 감쪽같이 속이는 완벽한 배우가 아니라면, 그가 처음에 보였던 당황했던 태도는 진정인 것 같다. 따라서 헤스가 히틀러의 지시 아래 공식적인 평화협상 임무에 나섰을 가능성은 별로 없다. 헤스가 동료들의 출세를 질투하고 또 영국과의 평화협상이 성공하면 히틀러의 총애를 얻어 높은 지위에 오를 거라고 생각했을지 모른다. 그래서 히틀러가 사전에 알지 못한 채 자신의 주도 아래 행동에 나섰을 가능성이 있다. 그런 터무니없는 생각과 행동을 했다는 것 자체가 정신착란 이론을 뒷받침한다.

하지만 스탈린을 비롯하여 다른 사람들은 의구심이 컸다. 헤스가 영국에 도착한 타이밍은 독일의 러시아 침공 3주 전이었다. 히틀러가 묵인하든 않든, 헤스는 처칠의 반공주의에 편승하여 서부에서의 전쟁을 막으려 했던 게 아닐까? 그러면, 독일은 두 개의 전선에서 싸우지 않아도 될 것이었다. 아주 그럴듯한 시나리오였으나 처칠은 테헤란에서 스탈린을 만났을 때 그 사실을 극구 부인했다.

헤스는 뉘른베르크 재판에서 이성을 잃고 행동—어쩌면 사형선고에서 그를 구해주었던 행동—하는 사람 같았지만, 스판다우 감옥에서 보낸 마지막 몇 년은 거의 정상적이었다. 독방에서 무척 오랫동안 지낸 사람에게서 나타나는 것 이상의 기행을 보이지는 않았던 것이다. 많은 간수들과 그의 가족은 그를 정상인으로 보았다. 그는 제정신을 되찾았을까 아니면 정신을 잃은 적이 한 번도 없었을까? 헤스의 정신이 불안하다는 통상적인 설명이 훨씬 더 그럴듯하지만 여전히 한 가닥 의심이 남는다.

그의 죽음의 성격과 방식에 대해서도 약간의 의문이 있다. 헤스는 1946년 뉘른베르크에서 종신형을 선고받고 서베를린의 스판다우 감옥의 독방에서 약 40년을 지냈다. 1987년 8월 17일, 93세의 나이로 죽었는데 자살로 의심되었다. 그는 이미 여러 차례 자살을 시도했지만 미수에 그친 바 있었다. 헤스의 아들은 아버지가 자살했다는 사실을 반박하면서, 아버지는 너무 허약해서 스스로 목매달아 죽을 기력이 없었다고 말했다(부검은 목매달아 죽은 것으로 판정). 하지만 아들인 볼프-뤼지에 헤스는 죽은 사람이 실제로 자신의 아버지였음을 부인하지 않았다.

1941년 봄에 노르웨이에서 훈련받았다는 헤스의 대역代役이 존재한다는 소문이 나돌기도 했다. 이 소문은 비밀을 더욱 가중시키고, 1987년에 죽은 사람이 아예 헤스가 아니라는 주장에 신빙성을 안겨주었다. 전시에 양측의 고위 정치가들과 장군들은 대부분 대역을 두고서 신변 안전을 꾀했던 것이다. 하지만 더 중요한 것은, 치과 기록들과 헤스의 몸에 외상이 없다는 사실이 대역의 가능성을 암시한다는 것이었다.

이런 근거에서 스코틀랜드로 비행한 사람은 대역이고 헤스가 아니라고 추정되고 있다. 하지만 이런 속임수가 있었다면 공개리에 진행되었던 뉘른베르크 재판은 그것을 밝혀냈을 것이다. 법원의 어떤 사람들, 혹은 뉴스 화면을 시청한 사람들은 헤스가 가짜임을 알아차리고 그것을 지적했을 것이다. 또 헤스의 가족들이 그를 몇 년 동안 방문했다는 사실은 대역의 가능성을 부인하는 것이다. 물론 그 가족조차 정교한 속임수의 일부로 활용했다면 애기가 달라지겠지만. 따라서 그의 죽음이 자살이나 자연사냐에 대해서는 의문이 계속 남겠지만, 그가 진짜였다는 사실에 대해서는 의심할 게 별로 없다.

헤스에 관한 이런 저런 소문은 결국 미스터리로 남게 될 것이다. 아주 결정적인 새로운 증거가 나오지 않는 한, 그 미스터리를 말끔히 해결하는 것은 불가능하다.

## 029

'호호 경'은 과연
반역죄인이었을까

1946년 1월 3일 윌리엄 조이스(별명은 '호호 경')는 런던에서 반역죄로 교수형을 당했다. 나치 거물에 대한 뉘른베르크 재판이 열린 지 두 달 후의 일이었다. 그런 피고인들에 비하면, 조이스의 죄목은 하찮았다. 조이스는 영국의 시민이 아니었기 때문에 원천적으로 반역죄를 저지를 수 없었고, 따라서 그의 처형은 영국 측의 보복적인 앙갚음이라는 주장이 제기되었다. 과연 그것은 보복이었나?

윌리엄 조이스는 미국인 아버지와 영국인 어머니 사이에서 1906년 뉴욕에서 태어났다. 1921년, 그는 영국으로 건너왔고 나중에 런던 대학교를 졸업했다. 그는 오스월드 모슬리와 베니토 무솔리니를 찬양하다가 파시스트가 되었다. 엉뚱하게도 자신을 영국 국민이라고 주장하면서 1938년에 영국 여권을 신청했고, 독일로 떠나기 직전인 1939년에 이 여권을 갱신했다.

나치즘과 히틀러에 대한 열광 때문에 그는 영국 여권이 만료된 지 한 달 뒤에 독일의 귀화 시민이 되었다. 그는 독일을 위해 방송하기 시작했을 때 코맹맹이 상류 계급의 억양(저머니Germany를 '자마니'라고 말하는 억양) 덕분에 곧 영국의 청취자로부터 '호호 경'이라는 별명을 얻었다. 방송은 특별한 내용이 별로 없었고, 으레 일반적인 프로파간다의 성격을 띤 것이었다. 영국에서 그의 방송을 들은 많은 사람들은 놀라기보다 즐거워했고, 그의 이야기를 진지하게 받아들이는 사람들은 별로 없었다. 독일 스파이가 영국 시골 교회의 시계탑 작동이나 기타 사소한 영국 관련 정보를 그에게 자세히 알려주었다는 소문이 돌았지만, 그것은 의심스러운 소문이었다. 만약 그의 목적이 영국 사람들에게 불안과 실망을 퍼뜨리는 것이었다면 그는 성공하지 못했다. 그의 얘기를 진지하게 받아들인 사람은 하늘이 무너질 것을 걱정하는 극소수였을 것이다.

종전 뒤 그는 독일에서 체포되었고, 반역죄의 재판을 받기 위해 영국으로 이송되었다. 영국 시민만이 영국에 대한 반역죄를 범할 수 있었는데, 그는 틀림없이 영국 시민이 아니었다. 그는 영국 여권을 잘못 취득했고, 1939년 9월 방송하기 한 달 전에 잘못 갱신했다. 게다가 독일로 귀화한 뒤 영국 여권을 보관했는지 여부도 의심스러웠다. 녹음된 목소리를 정확하게 확인하기 어렵던 그 시절에, 과연 그런 방송을 실제로 그가 했는지 여부도 증명하기가 쉽지 않았다. 영국 여권의 보호를 받으려면, 영국 정부에 충성할 의무가 그에게 있다고 주장되었고, 그리하여 법원은 반역죄가 입증되었다고 생각했다.

종전된 지 몇 달이 지나자, 해방된 유럽은 바쁘게 전시 매국노를 기소·처형하고 있었다. 노르웨이의 키슬링, 프랑스의 라발은 많은 반역자들 중에서 대표적 인물이었다. 영국은 그런 거물급이 별로 없었다. 영국이 생각해낼 수 있는 최선의 사례는 구실과 증거가 박약한 조이스뿐이었다. 뉘른베르크의 검찰관들도 조이스 사건의 기소를 맡으라고 하면 주저했을 것이다.

 매카시즘은 목적이 수단을 정당화했을까

제2차 세계대전이 끝난 뒤 미국은 세계 도처에서 공산주의가 약진한다면서 불안감이 높아졌다. 1948년 무렵, 러시아인들은 주로 동유럽을 장악했고 그 지역에는 독일의 일부도 끼어 있었다. 공산주의자들은 또 중국에서 신속하게 권력을 잡고 있었다. 1949년, 러시아는 서구가 예상하기 훨씬 전에 최초의 원자폭탄 개발에 성공했고 1950년대에는 수소폭탄도 개발했다. 당시에 공산주의가 널리 퍼졌고, 미국의 무책임한 좌익의 도움을 얻어 그 기세가 멈추지 않을 듯했다. 미국의 좌익들은 개인적 이념을 우선하면서 나라의 안전을 위태롭게 할 태세였다. 위스콘신의 젊은 상원의원 조지프 매카시는 1950년부터 1952년까지 미국에 만연한 공산주의에 맞서 싸웠다. 그의 캠페인에는 어떤 동기들이 깔려 있을까? 그것들은 정당했을까? 그런 터무니없는 마녀사냥이 미국에서 다시 시작될 수 있을까?

많은 미국인들은 무명이었던 매카시가 이런 불안한 분위기를 틈타 일약 치고 나오자 그를 파렴치한 우익 공화당원이라고 보았다. 그는 널리 퍼져 있는 공포상황에서 개인적 영달의 기회를 엿보았고 그것을 붙잡았다. 1950년 2월, 그는 국무부에 재직 중인 '정식 공산주의자' 57명의 이름을 확보했으며, 또 국무부에서 일하는 205명이 '공산주의 동조자'라고 주장했다. 이 놀라운 발표는 앨저 히스의 위증죄가 유죄 판결을 받은 직후에 나왔다. 공화당원들은 이런 발표를 활용하여 트루먼 행정부가 중국의 공산화를 막지 못했다고 설명했다. 딘 애치슨 국무장관은 중국의 공산화가 '미국의 잘못'임을 사실상 인정하면서, 미국이 조금 더 경계했더라면 막을 수도 있었는데 그렇게 하지 못해 아쉽다고 말했다. 그의 이런 우려에 뒤이어, 트루먼 행정부의 국무부와 국방부는 1950년 4월에 국가안보위원회 문서 68호를 발표하여 미국의 정책을 선언했다. "전면전 이외의 방법으로, 우리는 소련 시스템의 성격을 바꿀 수 있기를 기대하면서 힘의 균형을 바로잡을 의도로 …… 군사적인 동시에 일반적 힘을 즉각적으로 또 대규모로 구축한다." 애치슨의 우려는 그 직후 한국전쟁의 발발—3년 동안 아시아에서 계속될 투쟁의 서막—로 정당화된 듯했다.

매카시는 미국 정계, 학계, 예술계의 수많은 뛰어난 인물들을 상대로 적대적인 캠페인을 지휘했고, 그가 넌지시 암시만 해도 많은 사람들이 공직에서 쫓겨났다. 그는 결코 자신의 주장을 입증하는 증거를 내놓지 않았지만, 유도심문하면서 일부만 진실인 얘기를 퍼트리고 중상모략함으로써 애치슨, 마셜과 같은 유명한 민주당원들의 신용을 떨어뜨렸다. 나중에 가서는 핵 개발에 참여한 과학계의 일류 학자들과 찰스 채플린, 프랭크 시내트라, 폴 로브슨과 같은 연예계 스타 등 많은 사람들을 당황하게 했다. 1950년, '맥커런 국내안보법'은 트루먼 대통령의 거부권 행사에도 불구하고 의회를 통과하여, 공산주의 '전위' 조직을 통제하고 '불온분자'—심지어 미국 여권을 소지한 사람들도—의 미국 입국을 금지했다. 매카시는 비난에 대한 증거를 제시하지 않고도, '하원 비미非美 활동 조사위원회'가 배척한 정치적 그룹의 소속원들을 비난했고, '연좌제' 술책을 뻔뻔스럽게 사용하여 '빨갱이 위협'의 분위기를 조성했다. 그 덕분에 공화당은 1952년 대통령 선거에서 다시 집권했다.

1953년 1월, 매카시는 상원 조사소위원회 위원장에 취임했고, 12개월 동안 정부 내의 '좌익' 혐의자를 적대시하는 운동을 펼치면서 많은 공직자들의 평판을 땅에 떨어트렸다. 하지만 사태가 반전되기 시작했다. 1953년 10월, 매카시는 미국의 군부를 공격하기 시작했다. 그는 국방장관 로버트 스티븐스를 의심하면서 아이젠하워 대통령의 반감을 자초했다. 미 육군도 가만있지 않았다. 매카시가 군 복무에 소집된 보좌관을 위해 영향력을 행사한 사건을 폭로하며 반격했고, 그의 소위원회는 텔레비전으로 중계된 청문회에 섰다. 결국 청문회에서 그의 책략이 노출되자 대중은 경악하면서 의심을 품게 되었다. 그가 무자비하게 주장하고, 증인을 노려보면서 고함을 지르고, 책상을 쿵쿵 치며 분노하는 모습은 매카시즘 배후의 선동적인 히스테리를 보여주는 것이었다.

여론은 그에게 등을 돌렸고, 그의 방법을 비난하는 상원의 불신임 동의안은 1954년 12월에 67대 22의 표결로 통과되었다. 며칠 뒤, 매카시는 직접 아이젠하워 대통령을 공격했고, 이렇게 하여 결국 자신의 대의명분을 실추시켰다. 그의 소란스러운 경력은 그렇게 하여 종말을 맞이했다. 그는 지식인들을 사정없이 경멸했기 때문에 나름대로 호소력이 있었다. 그는 지식인들을 "뒤틀린 생각을 하는 달걀머리"라고 욕을 퍼부었고, "입에 은 숟갈을 물고 태어난 범털"이라고 야유했다. 사회적 질투와 분노라는 대중적 편견에 널리 호소했다. 그는 1957년 사망했다. 권좌에서 추락한 지 몇 년밖에 지나지 않았는데, 그를 찬양했던 수백만 명의 사람들은 그의 죽음을 애도하지 않았다.

이 기간이 지난 뒤, 미국의 급진주의자들은 더 이상 위협을 받지 않은 채 '매카시즘MaCarthyism' 대신에 '매카시워즘MacCarthywasm'이라고(ism은 현재형, wasm은 과거형) 기꺼이 농담할 수 있었고 그의 과장된 표현, 연극적 몸짓, 옹졸한 속물근성에 대한 기억을 노골적으로 비난했다. 그래도 그가 일으킨 영향은 일파만파로 번졌다. 1960년대 초반에는 그 여파를 다시 볼 수 있었는데, 존 버치 협회가 이끈 새로운 우익운동이 세상을 떠들썩하게 했다. '버치 협회 회원들'은 공산주의가 미국 곳곳에서 '언론, 종교계, 라디오 및 텔레비전 매체, 노동조합, 학교, 법원, 입법부'에서 득세하고 있다고 주장했다. 그들은 심지어 연방 대법원까지 의심했다. 1960년대 후반은 그런 현상이 두드러졌다. 당시 미국은 아시아에서 공산주의가 끊임없이 확산되는 데 위협을 느꼈고, 그 결과 '도미노 이론'을 내놓으면서 베트남 개입을 정당화했다. 1970년대에는 칠레에서 좌익의 아옌데를 밀어내고 피노체트 장군이 출현하자 환영했다. 매카시즘은 이제 불 꺼진 재일지 모르지만, 그것을 불러일으킨 심리기제는 여전히 미국인의 마음속에 남아 있다.

미국에서 똑같은 현상이 재발할 수 있을까?

그럴 가능성이 충분히 있다. 미국 정계의 지도자들과 대부분의 국민은 애국심이 무척 강하다. 그들은 거의 감상적이고 비현실적일 정도로 조국을 사랑한다. 그들이 가슴에 손을 얹고 맹세하는 이상적인 생활이 실제 상황과 일치되는지 여부는 개의치 않는다. 유감스럽게도 해외의 국가들은 미국인의 빛나는 애국심을 공유하지 못하고 비웃는다는 것이 그들의 확신이다. 미국의 국익을 명확히 파악하고 오로지 국가를 지키고 국가를 위해 기꺼이 희생하겠다는 정신, 바로 이것이 그들의 지상과제다. 이런 정신이 50년 전 공산주의에 대항하여 싸웠던, "미국을 구하자"는 강력한 충동을 낳는다. 이런 의미에서 볼 때 미국의 매카시 정신은 여전히 살아 있다. 그들의 성스러운 국가관을 위협하는 '보이지 않는 적'이 무엇이든 간에.

## 031

닉슨 대통령과 워터게이트 사건의 진실은 무엇일까

1974년 7월 24일, 미국 연방 대법원은 만장일치로 R. M. 닉슨 공화당 대통령의 업무상 비행을 문제 삼아 탄핵하기로 결정했다. 닉슨은 탄핵절차가 시작되기 전인 8월 8일 자진 사임하는 미국 최초의 대통령이 되었다. 그는 캘리포니아로 물러나 사생활을 시작했으며, 지명된 후계자 제럴드 포드로부터 포괄적인 사면을 미리 얻어냈다. 그는 이후에 미국 대통령들 중에서 가장 존경받지 못하는 인물이 되었다. 비판자들은 엄청난 비난을 퍼부었다. 불쾌하고 사소하고 교활한 행동을 했다고 비난하는가 하면 미국 민주주의의 근간을 해치려고 했다는 등 다양한 반응이었다. 퇴임 2년이 지난 뒤 데이비드 프로스트와 가진 텔레비전 인터뷰에서, 닉슨은 많은 외교 문제를 적절히 처리하고 베트남, 이스라엘, 중공, 소련과 성공적인 외교를 수행했다고 자랑하면서 이런 말을 했다—"나는 약간 어리석은 짓들도 했습니다. 특히 하찮은 워터게이트 일을 처리하는 데서 그러했지만, 그래도 큰일은 잘 해냈어요." 이 두 가지 평가 중에서 어느 것이 더 정확한 것인지 논란은 여전하다. 그래서 국내와 국제 문제에서 닉슨의 진면모가 어떤 것인지 역사적으로 아직 결정되지 않았다.

워터게이트 사건은 1972년에 미국의 언론과 닉슨 행정부가 치열하게 논쟁하는 배경에서 발생했는데, 그 과정에서 신문은 대통령을 거세게 비난했다. 닉슨 대통령이 '대통령 재선 캠페인Campaign to Re-Elect the President'—약어는 CRP이지만 곧 닉슨 비판 캠프는 발음이 비슷한 'CREEP'(음침한 자)라고 별명을 붙였음—이라고 알려진 조직을 통해 갱단과 비슷한 캠페인 수법을 썼다는 것이었다. 그 수법은 강도단, 파괴, 납치, 정치적 공갈을 위한 매춘부의 이용, 갖가지 전자 감시와 도청 등 다양했다. 결국 1972년 6월 17일 밤, '도청장치'를 설치하기 위해 백악관 내에서 '배관공' 부대라고 알려진, 일단의 특별작전 팀을 워싱턴 워터게이트 빌딩의 민주당 본부에 침입시켰다. 대통령 공보비서는 그 사건을 농담으로 치부했고, 대통령 자신은 아무것도 모른다고 주장했다. 1972년 11월, 닉슨과 스피로 애그뉴 부통령은 재선되었고 1973년 초까지 그 사건은 사람들의 입에 별로 오르내리지 않았다. 그런데 건물 강제 침입과 공모 혐의로 기소된 5명이 유죄 판결을 받으면서 일이 커지기 시작했다. 당시 존 시리카 판사는 가혹한 형량을 선고하면서 만약 유죄 판결을 받은 자가 은폐된 범죄행위의 진실을 판사에게 털어놓는다면 형기를 줄여주겠다고 제의했다. 그들 중 한 명이 자백하면서 진실은 드러나게 되었다.

미 상원은 충격적인 폭로에 대응하여 직접 조사하기로 결정하고 청문회를 열었다. 일련의 백악관 공직자들은 이 비열한 행위를 공모했지만, 수석보좌관 존 엘릭맨과 보브 홀드맨을 비롯하여 몇 명은 계속 백악관의 개입을 부인했다. 하지만 대통령 보좌관을 지낸 존 딘은 위원회에서 증언할 때 사실을 실토했고, 전체적인 은폐 음모를 낱낱이 설명했다. 문제는 이제 딘이 얘기했듯이, 대통령이 처음부터 이 음모를 잘 알고 있었는지, 아니면 사전에는 몰랐다가 그의 지지자들이 주장하듯이 나중에 가서야 차차 알게 되었는지 여부였다.

이 시점에서 조사위원회는 닉슨이 나름대로의 이유 때문에 백악관에서 오고간 업무 이야기를 테이프로 녹음하는 습관이 있음을 알게 되었다. 따라서 그들은 조사할 목적으로 대통령에게 테이프를 넘겨달라고 요청했다. 닉슨은 그 요청에 불응했다. 업무량이 너무 많아 문서로 보관하지 못하고 테이프 녹음을 했는데, 사적인 일이고 기밀에 속하기 때문에 내줄 수 없다는 것이었다. 테이프를 조사위원들에게 넘겨주지 않는 것이 국가 안보의 중요성 때문이라는 변명도 했다. 변호사를 통해 대통령은 테이프를 제출하라는 소환장을 따르지 않으면서 통치 이론을 제시했다―"대통령의 특권 또는 대통령의 통치권이라는 합법적 권리에 의해 자료를 제출하지 않아도 된다." 대통령은 통치권이 구체적으로 규정만 되어 있지 않을 뿐 헌법상의 권리라는 말도 했다. 이것에 따라 대통령은 법원의 간섭을 받지 않고, 상황에 적절하다고 생각하는 대로 정치적 행동을 할 자격이 있다는 것이었다. 따라서 조사위원회는 테이프를 듣지 않고 조사를 결론지었다.

하지만 테이프를 넘기라는 압력이 가중되자 닉슨은 내용을 간추린 원고를 넘겨주겠다고 제의했다. 이 타협안은 누구도 만족시키지 못했으나 결국 닉슨은 테이프를 시리카 판사에게 보냈다. 그 테이프들은 군데군데 지워졌고, 녹음된 부분은 많은 곳이 알아들을 수 없게 뭉개져 있었다. 마치 아마추어가 위조하려고 애쓴 솜씨처럼 보였다. 하지만 닉슨의 비판자들이 가장 의심했던 것을 확인하기에는 그것만으로도 충분했다. 대통령은 옹졸하고 욕 잘하는 협잡꾼이었으며, 수단을 가리지 않고 자신의 경력을 추진해온 인물이었다. 그 뒤부터 닉슨의 명성은 물거품처럼 가라앉았다.

닉슨은 야망이 많았기 때문에 상당한 외교적 성공을 거두었고, 국무장관 헨리 키신저와 성공적인 관계를 유지할 수 있었다. 당시 중국과 러시아 공산주의자들의 차이를 잘 활용하면서 미국의 전통적인 방해전술을 포기하고 중국의 유엔 가입(1971년)을 받아들였다. 그후 1972년 2월에 북경을 개인적으로 방문함으로써 미중관계를 더욱 우호적으로 발전시켰다. 1972년 5월에는 모스크바를 방문하여 브레즈네프를 상대로 전략 핵무기 제한에 동의를 이끌어냄으로써 솔트 SALT(전략무기제한회담)의 성공을 확대했다. 1973년, 이와 똑같은 '왕복 외교'의 일부로 그는 욤 키푸르 전쟁이 끝난 뒤에 중동을 방문하고 아랍-이스라엘 관계를 서서히 회복시키기 시작했다. 1973년 1월에는 베트남에서 휴전협상을 했고 이어 미군이 철수하면서 베트남 전쟁은 끝났다. 이 모든 것은 닉슨의 해외 명성과 국내에서의 자존심을 강화시켰다. 그는 심지어 헌법 22조 수정 조항을 폐지하여 3번째로 대통령에 선임되는 과정을 추진하기 시작했다.

하지만 국내에서 그의 명성은 불안했다. 그는 국내 문제를 해결하는 데 큰 열성을 보이지 않았고 그래서 성공하지도 못했다. 미국의 많은 도시들이 황폐화하는 상태를 해결하기 위해 '도시문제위원회'를 설립하는 등 국내 문제의 일부는 어느 정도 해결했지만, 그를 가장 괴롭힌 것은 미국의 재정이었다. 막대한 국방 프로젝트와 함께 엄청난 금액의 해외 지출은 통화를 유출시키고 달러의 약세를 초래했다. 그 결과 1970년대의 새로운 현상 '스태그플레이션'이 발생했다. 그 현상은 경기침체와 높은 실업률에, 임금과 물가가 끊임없이 상승하는 인플레이션을 동반했다. 닉슨은 이 문제를 해결하기 위해 또 '친親기업당'으로서 공화당의 평판을 회복하기 위해 무척 노력했다. 하지만 대중의 마음을 얻지 못했다.

처음부터 그는 자신에 대한 대중의 반감을 이해하지 못했고, 비판자들을 지독히 불쾌하게 여겼다. 그는 대학교 교정에서 데모하는 학생들을 '책을 태우는 깡패들'이라고 부르고, 베트남전을 반대하며 징집영장을 불태우고 대통령 허수아비도 함께 태우는 학생들을 맹렬히 비난하고, 다른 많은 반대파를 하나로 묶어 '빨갱이'나 '과격주의자'(과격주의자/자유주의자)라고 매도했다. 또 미국의 자연보호를 지지했던 '극성스러운 환경보호론자'에게 분노를 터트렸다. 요컨대 그는 자기가 고마워할 줄 모르고 이해할 줄 모르는 여론의 피해자라고 생각했다.

동시에 그는 동부 해안 주를 향해, 그리고 특히 뉴잉글랜드 명문 대학 출신들의 안이한 우월감에 대해 잠재의식적인 열등감을 느꼈다. 그들의 매혹적인 대표주자 J. F. 케네디는 1960년 대통령 선거에서 그를 누른 바 있었다. 그는 또한 자신에게 적대적인 언론의 음모가 있다고 생각했다. 국방부 문서가 《뉴욕타임스》에서 발표되어, 베트남의 잘못되고 기만적인 상황을 폭로한 1971년부터, 그는 언론이 기를 쓰고 자신을 고립시키고 깎아내리려 한다고 확신했다. 이 때문에 그는 보안에 집착하여 '배관공' 부대를 워터게이트에 침투시켰던 것이다. 국내 문제에 관한 한, 그는 자신을 비애국적인 반대파의 희생자라고 생각했다. 그런 반대파에 몰려, 그들의 증오와 악의에 대한 방어 차원에서 불법적 행위를 저지르게 되었다고 생각했다.

그럼에도 불구하고 닉슨에 대한 전반적인 평가는 부정적이다. 워터게이트 훨씬 이전부터 그는 악평을 받아왔다. 그가 반대파를 괴롭히고, 연방대법원에 분명히 무능한 후보자를 지명하고, 린든 존슨의 '위대한 사회' 건설에 배정된 자금을 전용轉用했다는 것이다. 또 해외에서 선전포고도 없이 캄보디아를 폭격했다. 게다가 그의 부통령 스피로 애그뉴는 탈세의 불명예 때문에 비참하게 퇴임했다. 한편 닉슨 자신은 성심성의껏 봉사해야 할 공직을 남용한 행위 외에도 많은 수상쩍은 거래에 연루되었다. 하지만 그의 주된 범죄는 야당인 민주당의 업무를 방해하고 파괴하려 했다는 것이다. 그 때문에 아주 비열한 방식으로 미국 정치 시스템의 미래를 크게 위태롭게 했다. 그는 두고두고 '워터게이트 대통령'으로 기억될 것이다.

역사적 논쟁, 2퍼센트 부족하잖아

## 032

공포시대, 피의 숙청은
그 중요성이 과장되었을까

프랑스가 실제로 외국에게 정복당할 위험에 처했던 1792년 9월 대학살부터 1794년 7월의 로베스피에르 처형까지, 프랑스 혁명사에는 '공포시대'라고 알려진 암울한 시대가 있었다. 당시 혁명체제를 반대한다고 추정된 많은 사람들은 피의 숙청으로 죽었고, 그 사태는 세상에 충격을 안겨주었다. 이 유혈 사태는 그 중요성이 과장되었는가?

9월 대학살은 부분적으로 파리 혁명가들의 통치권에 도전하는, 라 방데 보수파 저항으로 발생했고, 폭도의 지지를 받았으며, 동부 전선의 상황이 급격하게 악화되었기 때문에 발생했다. 오스트리아 군대는 벨기에에서 진군했고, 프로이센 군대 또한 전진하여 9월초에 베르덩을 점령했다는 뉴스가 알려졌다. 파리의 혁명 코뮌은 시민들에게 무장하라고 요구했고 그들은 대대적으로 무기를 찾아다녔다. 그 과정에서 반혁명분자의 손에 있을 것이라고 추측되었던 소총 8만 정 대신에 약 2000정이 발견되었다. 당통은 선동적인 연설을 했고, 경종警鐘이 울려퍼졌으며, 화창한 일요일 오후 4시에 대학살은 시작되었다. 최초의 사건은 수레에 실려 아베 감옥으로 호송되던 죄수들을 공격한 것이었다. 뒤이어, 카르멜 수도원에 수감된 성직자들을 공격했고, 폭력은 나흘째 반혁명분자들의 보금자리라고 여겨지던 다른 감옥들로 번졌다. 또 성직자들을 의혹의 대상으로 여겼던 신학교로까지 폭력 사태가 번져나갔다.

대학살은 조직적으로 계획되거나 지휘를 받은 것이 아니었지만, 코뮌은 학살을 제지하려고 노력하지 않았다. 사실, 혁명 지도자들의 연설은 단호히 폭도들을 부추겼다. 대체로 약 1400명이 냉혹한 살육으로 죽었다. 당시 외곽 지역에서 대량 유입된 사람들로 인해 50만을 헤아리던 파리 전체의 인구에 비춰볼 때, 이것은 큰 숫자가 아닐지 모른다. 하지만 그것은 혁명의 본질을 잘 보여주는 공포를 생생하게 전파했다. 게다가 학살 이야기는 몸서리칠 만큼 무시무시한 살육의 세부사항들로 흥미진진하게 부풀려졌다.

1793년 가을과 겨울에, 의회에서 지롱드 온건파가 밀려나고 자코뱅 과격파가 들어선 뒤, 특히 1794년 7월까지 로베스피에르의 독재가 기승을 부리던 동안 '공포'는 정부의 공식적 도구로 등장했다. 그것은 일부러 숙청을 가하는 과정으로서 부정부패 또는 불순분자를 제거하여 혁명의 이상을 높이려는 것이었다. '경제적' 테러는 위폐범과 식품 매점매석 사범을 제거하는 것이었고, '종교적' 테러는 기독교의 붕괴를 목표로 삼은 것이었다. 공안위원회와 혁명법원으로 이루어진 '정치적' 테러는 여전히 너무 많은 귀족들과 반혁명분자를 추적하여 숙청하려 했다. 테러는 갖가지 열광적 행위를 부추겼고, 혁명의 대의에 미지근하다고 의심되는 이웃사람들을 밀고하는 것은 너무나 당연한 일이 되었다. 나중에는 '혐의법'에 따라서 이런 신고정신이 투철한 사람들은 유죄 판결을 받은 자 또는 처형된 자들의 부동산을 나눠가질 자격이 주어졌다.

기요틴 박사가 재능을 발휘하여 만든 편리한 참수기계(원래 처형할 때 특권계급에게 도끼를 사용하는 데 반해 보통사람들에게 밧줄을 사용하여 불평등의 요소가 있었는데 그것을 제거한 장치)는 효율적으로 운영되었다. 기요틴은 '자유' '평등' '박애'의 이름으로 한 시간에 30~40여 명의 사람들을 죽였다. 모든 사람들이 기요틴으로 죽은 것은 아니었다. 특히 파리 외곽의 어떤 사람들은 군도, 총검, 소총 등으로 살해되고 심지어 사슬에 묶인 채 대포에 맞아 처형되기도 했다. 사람들은 반혁명 행위에 참가하는 것을 비롯하여 사제를 숨겨주고 망명을 도와주거나 엄청나게 비싼 값으로 빵을 팔거나 "Merde a la Republique!"(공화국은 똥이다!) 같은 욕설을 내뱉은 행위 등 갖가지 범죄로 고발되었다. 약 1년 동안 상당히 많은 사람들이 이런 식으로 죽음에 내몰렸다.

지방도 수도 파리 못지않게 피의 숙청에 휘말렸다. 악명을 떨친 도시들로는 리옹, 마르세유, 보르도 등이 있었는데 이 도시의 자코뱅 위원들은 혁명 대의의 열정을 누가 가장 잘 보여줄 수 있는지 서로 경쟁했고, 그 결과 많은 사람들이 죽어갔다. 사실 리옹은 이제 더 이상 귀족이 없다는 신선한 상황을 기념하기 위해, 빌 아프랑시에 Ville Affranchie(해방도시)라는 새로운 이름이 붙었다. 동시에 문제의 방데 지역에서 혁명 측과 반혁명 측은 양쪽에서 끔찍한 폭력을 저질렀다. 보수적인 왕당파 농민들과 소수의 귀족들은 똑같은 수법으로 공화파에게 앙갚음하면서 수백 명의 죄수들을 살육하고, 혁명파를 추적하여 고문하고 죽였다. 공화파도 이에 맞서서 맹렬하게 보복했다. 시골에 많이 살았던 봉건귀족들은 무차별적으로 죽음을 맞이했다. 심지어 신하로서의 복종 서약을 거부한 성직자도 십자가형을 당했다. 낭트와 앙제르에서는 마구잡이식 살육이 벌어졌다. 낭트 위원은 기요틴만으로도 부족하여 이른바 '수직 추방vertical deportations'이라는 것을 실시하여, 바닥이 평평한 바지선의 밑창을 뚫은 채 수백 명의 죄수를 싣고 루아르 강으로 보냈다. 배는 침몰하고 승선한 사람들은 익사했다. 이른바 '누아야데noyades'(익사형)의 희생자들은 '공화국의 결혼'이라고 알려진 죽음을 당했는데, 발가벗긴 청춘 남녀들을 두 사람씩 묶은 다음에 강물에 빠뜨려 죽였다. 공화국의 대의명분을 반대하는 적에게 창피를 준다는 구실로 이런 악랄한 짓을 저질렀다.

공포시대에 전사자를 제외하고 약 4만 명이 죽었다. 이런 숫자 자체만으로도 끔찍한 일인데, 당시 사람들은 현장을 목격했기 때문에 더욱 공포에 질렸다. 이런 학살로 인해 오랫동안 프랑스를 다스려온 귀족제가 상당 부분 뿌리채 뽑혀 제거되었다. 유럽 문명의 중심지, 평화적인 국가라고 생각되는 프랑스에서 이런 끔찍한 학살이 자행되었다는 사실은 아주 충격이었다. 더욱 더 심한 것은, 그런 살육이 혁명 표어인 고상한 정치적 이상의 이름 아래 추진되었다는 점이었다. 따라서 '공포시대'의 실제 희생자 '숫자'는 과장되었을지 모르지만, '공포시대'의 정신적 그리고 정치적 '영향'은 과장이 아니었다.

## 033

조지 3세는 정말로 폭군이었을까

역사가들이 영국과 아일랜드의 국왕 조지 3세(1760~1820)를 부정적으로 판단하는 경향은 19세기 내내 그리고 20세기의 상당한 기간 동안 지속되었다. 오늘날 18세기 전공의 대학 교수들이 잘 알고 있는 바와 같이, 영국의 교과서는 1970년대까지도 조지를 폭군으로 분류했고, 미국의 교과서는 오늘날까지도 조지를 미국 독립선언 당시의 폭군으로 간주하고 있다. 이것은 정당한 판단인가?

영국에서 조지 왕 시대의 사람들은 그를 폭군이라고 비난하지 않았다. 단지 일부 휘그당 분파는 그가 권력을 남용한다고 생각했다. 존 윌크스와 같은 선동가들은 조지 왕의 '대신들'이 위압적으로 행동한다고 생각했다. 하지만 1832년 개정선거법이 통과되어 영국의 중상류 계급이 정치권력의 한 몫을 차지한 뒤에야 비로소 영국의 역사가들은 조지 3세를 폭군이라고 비난하게 되었다. 1832년 휘그당의 승리는 새로운 세대의 휘그 역사가들의 저술에 잘 기록되어 있다. 이들은 더 이상 이야기 작가나 연대기 기록자로 만족하지 않고, 자신들의 임무가 역사적 인물과 사건을 분석하고 판단하는 것이라고 믿었다. 그들은 19세기 중반의 경제와 정치가 지속적으로 발전한다고 확신했고, 원활한 발전을 방해하는 과거의 모든 인물과 사건을 음흉한 반동이라고 여겼다. 그들은 조지 3세가 대신들을 미국과의 갈등 쪽으로 내몰고, 절대군주제를 되살리려고 추구했지만 다행스럽게도 실패했다고 말했다. 그러한 판단이 널리 퍼지면서 조지 3세 폭군설이 나왔는데 그 전설은 면밀한 조사에 따르면 사실이 아니다.

영국의 절대군주제는, 국왕과 의회 사이에 벌어진 내전이 의회의 승리로 끝나면서 종식되었다. 1688년, 절대왕정을 되살리려는 제임스 2세의 단명한 시도는 비참한 최후를 맞이했다. 1688~89년의 명예혁명 덕분에 절대군주제는 사실상 종식되었고, 스튜어트 왕조의 마지막 군주인 앤이 죽은 1714년, 그녀의 뒤를 이은 하노버 왕가는 승리한 휘그당의 대신들을 받아들일 수밖에 없었다.

제임스 2세를 지지했던 토리당은 왕권이 쇠퇴함에 따라 그 영향력이 쇠퇴했다. 조지 3세는 1760년에 왕위를 이어받았을 때 합법적으로 행동하겠다고 선언했고 이후 잃어버린 왕권을 되살리려 시도하지 않았다. 이렇게 그는 (앤 여왕이 마지막으로 행사했던) 의회 입법에 대해 거부권을 행사하지 않았고, 내각 회의에 왕이 '규칙적으로' 참석하는 것을 재개하지 않았다. 한데 뭉뚱그려 '내각'이라고 알려진 정부의 고위 대신들은 영국에서 정치 실세였고, 그런 고위직에 오래 머무르고 싶다면 의회와 왕실 양쪽의 신뢰를 얻어야 했다.

조지는 서로 다투는 다양한 휘그당 파벌과 사실상 활동이 부진한 토리당에 직면하여, 파벌과 당을 초월해서 어느 정도 왕의 독립성을 유지하려고 했다. 하지만 당시의 법은 그의 적극적인 참여를 요구하고 있었다. 이렇게 1762~70년에 대신들의 임기가 짧은 것은 조지 3세가 꼭두각시 대신들을 앉혔기 때문이 아니라 그들을 물심

양면으로 지지하지 않았기 때문이었다. 1770년에 총리가 된 노스 경은 나무랄 데 없는 휘그당의 배경을 가진 인물이었고, 초기의 정책으로 많은 존경을 받았다. 노스는 비록 미국 식민지 쪽에서는 지지를 얻지 못했지만 의회와 왕실 양쪽에서 힘을 얻었다. 조지 왕은 1782년 노스의 사임을 직무유기로 간주했다. 게다가 노스가 1783년 조지 왕의 정적인 폭스와 정치 제휴를 결성하자 왕은 가만있지 않았다. 조지 왕은 상원에 영향력을 발휘하여 그 두 사람의 실각을 이끌어낸 다음 그들의 뒤를 이을 강력한 인물을 물색했다. 그렇게 해서 젊은 피트가 총리에 올랐다. 의회를 폭스와 노스의 영향에서 벗어나게 했던 젊은 피트는 왕의 허약한 꼭두각시가 아니라 정치 능력이 입증된 인물(그는 막 24세로 무척 젊었다)이었고, 그리하여 왕의 신임을 받는 총리가 되었다. 1801년, 피트는 로마 가톨릭에게 정치권력을 주자는 제안을 거부하는 국왕의 의사를 존중했다. 휘그 역사가들은 1783년과 1801년 조지 왕의 행동을, 당시 남아 있던 왕권의 합법적인 사용으로 보지 않고 절대군주제를 되살리려는 반동으로 보았다. 그들은 한 술 더 떠 아메리카 식민지의 상실을 왕의 탓으로 돌렸다.

그가 통치하던 초기에, 아메리카 식민지는 성공적인 독립투쟁을 시작했다. 1776년 독립선언문에서 아메리카 식민지는 '현재 영국 왕'의 폭정을 비난했고, 이 비난은 독립을 주장하는 기반이 되었다. 미국의 역사가들은 으레 조지를 혹평해왔는데, 오늘날에 와서는 그가 '폭정'을 했다고 주장하는 대신, 영국의 대미 정책을 형성하는 데 큰 몫—실제 이상의 큰 몫—을 했다고 주장한다.

아메리카의 애국자들과 '자유의 자손들'은 1760년대 영국 의회가 식민지로부터 수입을 늘리고, 그들의 무역 거래를 규제하고, 질서를 유지하기 위해 영국과 독일의 군대를 보내려는 것을 보고서 깜짝 놀랐다. 영국 의회가 식민지에게 행사한 권력은 당시의 관습에 따라 완전히 합법적이고 적절했다. 하지만 영국 의회는 잘못된 전략을 사용했다. 아메리카 식민지가 멀리 떨어져 있고, 또 멋대로 행동하며, 본국이 요구할 때 기꺼이 복종하지 않는다는 사실을 미처 깨닫지 못했다. 렉싱턴에서 영국과 아메리카 식민지 사이에 교전이 벌어졌을 때, 아메리카 사람들은 어떻게 생각했을까? 그들은 협상을 통해 갈등 상황을 해결할 가망이 없게 되자, 영국의 억압적 정책을, 의회에서 수립했다기보다 절대군주가 명령했다고 믿어버렸다. 다시 말해 민중보다는 왕을 상대로 싸우는 것이 더 쉬웠다.

물론 노스 경과 후임자들의 아메리카 정책은 의회에서 만장일치의 지지를 얻지 못했지만, 그 정책은 확실히 다수파의 것이었다. 조지 3세는 영국과 식민지의 유대관계를 강화하는 조치를 지지하면서 아메리카 식민지를 그대로 유지하려 했다. 실제로 미국에 적용된 정책이 오로지 조지의 책임이라는 증거는 어디에도 없다. 그렇지만 아메리카 쪽의 견해를 휘그 역사가들이 받아들이면서, 조지 3세를 폭군으로 분류하는 견해는 확고부동한 것이 되었다. 이런 견해가 고착되자 자연스럽게 아메리카의 애국자들이 조지로부터 아메리카를 구출했고, 왕의 광증이 영국의 의회를 구제했다는 논리적 결론이 도출되었다. 하지만 사실은 그게 아니었다. 아메리카의 애국자들은 폭군이 아니라 영국 의회로부터 아메리카의 독립을 쟁취했고, 조지의 정신착란은 광기가 아니라 신진대사 이상異狀의 피린증이 초래한 열병의 발작이었다. 늙고 눈먼 조지가 돌이킬 수 없는 치매에 걸린 것은 1811년 이후였다.

## 034

나폴레옹의 1805년 침공 계획은 영국에게 심각한 위협이었을까

1805년 나폴레옹의 대륙봉쇄령으로 고립된 영국은 프랑스 침공의 위협에 직면했다. 역사가들은 침공 위협이 영국에 진짜 위험을 안겨주었을 뿐 아니라 영국을 패배시킬 수 있는 계획이었다고 추정한다. 이러한 추정은 좋게 보면 논란의 여지가 많은 것이고, 나쁘게 보면 엄청난 오류다.

1804년 나폴레옹은 권력의 절정을 누렸다. 그는 프랑스 황제가 되었고, 유럽의 많은 지역은 프랑스 점령지역이거나 아니면 동맹국이었다. 강대국 중에서 영국만 계속 그에게 저항했는데, 영국이 자력으로 프랑스를 위협할 수 있는 일은 별로 없었다. 하지만 영국이 반反나폴레옹 유럽 동맹을 맺을 수 있는 기회가 상존했고, 이런 위험이 존재하는 한 프랑스는 절대적 안정을 누릴 수 없었다. 따라서 1804년 후반과 1805년초, 나폴레옹은 영국을 침공하여 정복하겠다는 야심찬 계획을 세웠다. 나폴레옹은 진심으로 이 계획을 실행할 뜻이 있었을까? 아니면 오스트리아와 러시아가 참여하는 새로운 유럽 동맹을 막으려는 것이었을까?

이 해답에 대한 실마리는 나폴레옹의 계획을 살펴보면 나온다.

결론적으로 말해서 그 계획은 실행 불가능한 것이었다. 최종적인 계획은 아주 간단했다. 브레스트, 로시포트, 툴롱에 정박한 프랑스 3개 함대는 영국 해협을 봉쇄중인 영국 함대와 교전하지 않은 채, 동시에 먼바다로 빠져나간다. 이어 페롤과 카디츠에 정박 중인 스페인 함대가 해상 봉쇄중인 영국 함대의 감시를 피해 난바다로 나간다. 두 함대는 추격해오는 영국 해군을 따돌리고 서인도 제도에서 만난다. 그리고 두 함대는 영국 해군보다 먼저 영국 해협으로 되돌아와 적어도 24시간 동안 해협을 장악하여 바닷길을 연다. 그러면 프랑스 대군을 수송하는 불로뉴의 바지선과 평저선이 영국 해협을 건너 15만 명의 병사, 보급품, 말을 영국 해안에 내려놓는다. 군대가 해협을 건너자마자 영국의 허약한 저항은 분쇄되고 전쟁은 끝날 것이다.

멋진 계획이었으나 여기에는 약점들이 많았다. 두 함대가 영국 해군의 봉쇄를 교전 없이 빠져나간다는 것은 어려울 뿐 아니라 거의 불가능했다. 게다가 카디츠와 페롤에 정박 중인 스페인 함대는 적극적으로 교전할 준비가 되어 있지 않았다. 두 함대가 서인도 제도까지 갔다가 교전 없이 되돌아올 수 있다는 추정은 좋은 행운과 유리한 날씨를 전제로 하는 것이었다. 이 계획대로라면 영국 함대는 서인도 식민지가 위협받는다는 소식을 듣고 즉시 그곳으로 발진하여 영국 해협을 비워주어야 한다. 과연 영국 함대가 계획처럼 해협을 비울지도 의문이었다. 설사 해협을 비워준다고 하더라도 여름 파도가 때때로 믿을 수 없을 정도로 높았다. 프랑스 함대가 며칠 동안 순조로운 출발을 하더라도 날씨가 계속 좋아야 계획을 성사시킬 수 있을 것이다. 이것은 특히 바지선과 평저선의 속도가 느리다는 점을 감안할 때 더욱 그랬다. 평저선은 해협을 건너기에 적합하지 않았고, 차라리 독일 회전會戰이 다시 벌어질 때 라인 강에서 사용하는 것이 더 적당했다. 만약 바람이 너무 잔잔해 말들이 이리저리 밀려서 발굽이 다치지 않을 정도라고 한다면, 풍속이 너무 약해서 배를 탄 군대가 해협을 건널 수 없다. 게다가 느린 풍속으로 인해 해협 횡단은 적어도 24시간이 필요할 것이다. 프랑스 대군이 불로뉴에서 최소한의 거리인 8마일을 성공적으로 횡단했다고 하더라도, 동부 켄트의 딜과 서부 서섹스의 페번시 사이에는 안전하게 상륙할 만한 지역이 없다. 따라서 설사 목적지에 도착하더라도 프랑스 대군은 뱃멀미에 시달리고, 말들은 별로 할 일이 없어 군용 식량으로 대체될 것이었다. 상륙 후 며칠이 지나야 프랑스 군대는 허약한 영국군과 교전할 수 있는 상태가 될 것이고, 그때쯤이면 보급 루트가 영국 해군에게 끊겨 고전할지도 몰랐다. 나폴레옹은 당연히 이런 어려움을 잘 알고 있었다.

계획은 그렇다 치고 실제 상황은 어땠을까. 브레스트 함대는 영국 해협에서 영국 함대의 제지를 받아 아예 빠져나가지 못했고, 7월에 피니스테르 곶에서 패전했다. 영국, 러시아, 오스트리아 사이의 3차 동맹 결성은 나폴레옹이 트라팔가 해전 몇 주 전에 이미 침공 계획을 포기했다는 뜻이었다. 그리하여 실전에 투입될 군대가 해협을 건너갈 수 있는지 여부는 결코 시험되지 않았다.

하지만 당시 영국은 침공 위협을 심각하게 생각했고, 화이트홀(영국 정부)에서는 공포의 순간들이 있었다. 프랑스는 큰 비용을 들여 군대와 보급품을 불로뉴에 집결시키고 있는데, 그것이 어떻게 허세일까? 하지만 불로뉴는 독일과 라인 강 하구에 무척 가까워서 그곳에 집결된 군대와 보급품은 다른 용도로 얼마든지 돌릴 수 있었다.

게다가 나폴레옹은 해협을 건너기에 적합한 바지선과 평저선에는 별로 돈을 들이지 않았다. 따라서 나폴레옹이 양다리를 걸치며 전쟁을 준비하는 것은 언제나 가능했다. 그는 예전에 많은 행운을 누렸기 때문에 이번에도 행운이 자신에게 미소 지을 거라고 생각하면서 해협 횡단의 성공을 낙관했을 수도 있다. 만약 횡단 계획이 실패한다면 빌뇌브 등의 해군제독, 험악한 날씨, 영국 총리 피트의 음모 또는 스페인의 협조 부족 탓으로 돌릴 수 있었다. 프랑스 해군이 대패한 트라팔가 해전이 없었더라면 그는 언제나 해협 횡단을 다시 시도할 수 있었다.

## 035

나폴레옹 1세는
마지막 계몽군주였을까

하느님이 우주의 중심이었던 중세 사상은 17세기까지 그대로 존속했다. 하지만 당시 천문학은 과학의 새로운 발견으로 혼란에 빠졌고 물리학은 일대 혁신을 이루었다. 모든 지식은 이제 인간의 손이 닿는 곳에 있었고, 세상은 신神 중심이 아니라 인간人間 중심으로 보이기 시작했다. 계몽철학자들은 세상이 인간을 위해 만들어졌기 때문에 인간의 발전과 행복이 가장 중요하다고 주장했다. 이렇게 18세기 계몽주의자들은 인간의 잠재력을 발전시키는 관습, 법률, 제도 등은 호의적으로 본 반면, 그것을 가로막는 일체의 것을 야만이라고 생각했다. 그들은 인도주의자였고 양심, 연설, 언론의 자유를 원했으며 법의 만인평등주의, 인도적 형사법, 자유경쟁 등을 위한 운동을 펼쳤다. 이런 사상을 선택적으로 받아들인 18세기 후반의 통치자들이 있었는데, 오스트리아의 요세프 2세, 러시아의 카테리나 2세, 프로이센의 프레데릭 2세 등이 그들이다. 소 군주들 가운데 눈에 띄는 사람으로는 토스카나의 레오폴드 공작이 있었다. 프랑스의 나폴레옹 1세는 흔히 마지막 계몽군주로 불리고 있다. 하지만 이런 주장은 대단히 의심스럽다. 나폴레옹은 그런 역할을 담당할 수 있는 근본적인 자격이 부족하기 때문이다.

나폴레옹 1세가 절대군주였다는 사실은 의심할 여지가 없다. 1799년에 도입된 복잡한 프랑스 헌법은 나폴레옹이 1804년에 황제에 즉위했을 때 약간 수정된 채 그대로 유지되었다. 하지만 그 헌법은 민중의 정치참여를 말로만 동의했을 뿐 실제로는 나폴레옹의 절대군주제를 예전 18세기 군주들보다 더 강화시켰다. 과거의 통치자들은 대부분 구식의 봉건적 속박에 매여 있었다. 나폴레옹이 급조한 왕실과 되살아난 귀족제는 그의 추종세력으로 구성되었을 뿐 진정한 왕족이나 귀족이 아니었다. 이에 비해 요세프, 카테리나, 프레데릭 주위에는 진정한 귀족과 지방 영주들이 포진하고 있었다.

백보를 양보하여 나폴레옹을 계몽군주로 인정하더라도 막차를 탄 계몽군주일 뿐이다. 프랑스 혁명은 전제군주의 계몽적 개혁 노력을 아예 없애버렸다. 약 25년 동안 유럽의 절대군주들은 승승장구하던 프랑스 군대가 프랑스 혁명의 자유사상을 전파하자 그에 맞서 싸웠다. 1815년이 지난 뒤, 그들은 이런 경험을 두 번 다시 하지 않겠다고 결심했다. 신성동맹과 4국동맹은 절대군주제의 유지를 목표로 했다. 군주들이 이처럼 군주제의 옹호를 선언하고 나섰으므로 만약 개혁이 이루어지려면, 그것은 위에서 자애롭게 내려주는 그런 것이 아니라 밑에서 치받는 힘으로 얻어내는 것이 되어야 할 터였다. 러시아의 알렉산더를 마지막 계몽군주라고 부를 수 있다고 주장되었지만, 그의 개혁은 선의보다는 필요성에서 나왔다. 또 계몽사상의 전통에 편입되기에는 시기적으로 늦은 편이었다.

그럼 나폴레옹은 계몽적이었는가?

18세기 통치자들은 철학자들의 저서를 잘 알고 있었고, 철학자들의 조언을 늘 받아들이지는 않았지만 가끔 그들과 상의했다. 나폴레옹 시대에 위대한 철학자들은 세상을 떠났고, 나폴레옹의 철학적 지식은 주로 볼테르와 루소에 국한되어 있었다. 볼테르의 신랄한 재치 때문에 누구나 그의 작품을 읽었고 나폴레옹은 루소 사상을 존경했다. 하지만 루소는 이론가였고 그의 위대한 저서 《사회계약론》은 여러 곳에서 모순이 많았다. 게다가 나폴레옹은 나이가 들어가면서 청년 시절의 열정을 내던져버리게 되었다. 나폴레옹이 이룩한 많은 업적 또한 필요성에서 나온 것이었다. 그의 업적이란 결국 혁명의 유산이라고 할 수 있는데, 혁명적인 변화들과 '구체제'의 법률과 제도를 병치시킨 것이었다.

이러한 복잡성은 혼란을 일으켰다. 나폴레옹의 지방 권력 강화는 계몽이 아니라 효율성을 목표로 삼았고 또 나폴레옹의 절대군주제를 뒷받침했다. 프랑스의 사법제도가 완전 정지하는 것을 막기 위해 《나폴레옹 법전》이 급히 필요했다. 하지만 그 법전은 배심원 재판제도와 인도적인 형법을 유지하지 않았다. 교육의 개혁 또한 절실히 필요했다. 혁명은 효율적인 다른 교육을 마련하지도 않은 상태에서, 과거에 성직자가 맡았던 기초교육을 무너뜨렸기 때문이다. 교육사상과 관련하여, 혁명은 계급이나 재산에 상관없이 누구나 학문과 고등교육에 접근할 수 있다는 계몽이론을 유지했다.

나폴레옹은 중농주의자들—계몽시대의 경제적 이론가들—을 존경하지 않았다. 그들은 자유무역을 지지한 반면, 나폴레옹은 보호무역을 좋아했다. 통화 개혁과 프랑스 중앙은행 설립은 재정과 통화의 안정에 절실히 필요했고 '아시냐 지폐assignats'의 유산을 없애는 데에도 필요했다. 나폴레옹은 도로를 건설하고 산업에 보조금을 지급하여 중상주의자들을 기쁘게 했지만, 전쟁에 초점을 맞춘 경제와 외국의 전리품으로 충당하는 재정은 중상주의자들의 빈축을 샀다.

한 가지 점에서 나폴레옹은 계몽군주의 성격에 맞지 않았다. 그는 세습군주가 아니었다. 그는 밑에서 올라왔고 혁명으로 큰 인물이었다. 계몽군주들은 역사적 합법성을 가지고 있었지만, 나폴레옹의 통치는 '합법적인' 것이 아니라 '사실상의' 지배였다. 그가 볼 때 사회적 변화는 주변 상황과 긴박한 필요성에 의해 주도되었다. 다시 말해 사회 변화는, 당시의 유행에 따라 위에서 나눠주는 것이 아니라 합당하거나 필요한 형편에 따라 이루어졌다.

계몽정신은 프랑스 혁명이 가져온 변화에 큰 영향을 주었고, 나폴레옹은 늘 혁명에 대해 입 발린 봉사의 말을 지껄였다. 혁명적 변화는 부분적이긴 하지만 나폴레옹과 그의 개혁으로 계속 유지되었다. 오직 그런 의미에서 나폴레옹을 마지막 계몽군주라고 제한적으로 주장할 수 있다. 하지만 나폴레옹의 개혁은 진정한 계몽이라기보다 편법으로 마지못해 실시한 것이었다.

## 036

스핀햄랜드 시스템을
과연 시스템이라고 할 수 있을까

　1795년 버크셔 주 뉴버리 인근의 스핀 지역 판사들은 서로 만나 당시 물가 상승과 가난한 농민의 증가 현상을 검토했다. 그들은 물가와 가족 숫자에 바탕을 둔 빈민구제 기준을 설정하고 버크셔의 각 지역 행정관들에게 이 기준을 권고했다. 몇 년 만에 스핀햄랜드Speenhamland 시스템은 영국의 빈민구제법과 동의어가 되었고, 1834년 새로운 빈민구제법으로 교체될 때까지 존속했다. 하지만 스핀햄랜드 시스템은 전혀 시스템이 아니었고, 그것을 '시스템'이라고 제시한 책들은 심각한 오류를 저지른 것이다.

　16세기 엘리자베스 시대의 빈민구제법은 원래 실업자에게 일거리를 찾아주거나 아니면 구빈원에 집어넣었고, 반면에 게으름을 피우는 사람은 처벌하거나 혹독한 조건의 감화원에서 가두었다. 이 새로운 법을 집행하기 위한 자금조달은 지방정부에서 맡았는데, 재원은 신설된 재산세로 마련했다. 그리고 이 법을 어떻게 적용할 것인지 구체적 세부사항은 지방정부를 구성하는 지방 치안판사들의 전결사항이었다.

　지방 판사들은 그때까지 지방 당국이 이미 알고 있던 상황을 발견하게 되었다. 공공기관에 집어넣어 빈민을 돌보는 것은, 그들이 자립한 상태에서 약간의 경제적 도움을 주는 것보다 훨씬 더 비용이 많이 들어갔다. 사정이 이렇게 돌아가자 18세기에 이르러 감화원은 실질적으로 사라졌고, 대부분의 행정구역은 너무 작아서 구빈원을 유지하지 못했다. 지방 행정관은 일할 수 없거나 일거리를 찾지 못한 18세기의 빈민들에게 재산세에서 일부 떼어놓은 돈으로 지원을 했다. 빈민이 다른 행정구역에서 한 구역으로 몰려드는 것을 방지하기 위해, 주민의 이동을 엄격하게 제한하는 정착법이 실시되었다. 부자들이 재산세에 대해 불평했지만 18세기 후반까지 그 시스템은 잘 돌아가는 듯했다.

하지만 18세기에 이르러 두 가지의 큰 문제가 빚어졌다.

첫째, 인구가 급증하는 지역에서 행정구역 시스템이 붕괴했다.

둘째, 전시戰時 인플레이션의 영향이 컸다.

한 마을에서 소수의 빈민을 돌보는 감독자와 마구 발전하며 인구가 급증한 도시의 훨씬 더 많은 숫자를 보살피는 감독자는 입장이 천지차이였다. 게다가 고용불안, 일시해고, 전시무역의 혼란으로 실업률이 증가하자 한 감독자에게 달려 있는 빈민이 수백 명에 이를 때도 있었다. 산업혁명이 진행되면서, 정착법의 유지는 실패로 돌아갈 수밖에 없었다. 가난에 시달린 이주노동자들은 나름대로 신도시의 공장과 작업장에서 더 부유한 생활을 추구하기 위해 도시로 몰려들었다. 1793년에 시작된 대對 프랑스 전쟁은 사태를 위기로 몰아넣었다. 전쟁으로 물가는 급등한 반면, 임금 증가는 물가에 비해 턱없이 모자랐다. 농촌의 일꾼들은 점점 더 구역의 감독들에게 도움을 요청해야만 했다.

1795년 이런 상황 때문에 스핀 지역에서 긴급 대책회의가 열렸다. 지방법원 관할 아래 각 구역 또는 구역들에서 빈민에게 주는 총액은 고정된 금액이었고, 그 액수는 지방행정관 전체회의에서만 변경할 수 있었다. 이런 회의는 규칙적으로 열리지 않았기 때문에 요동치는 물가를 따라잡을 수 없었고, 버크서 행정관들은 급히 펠리컨 여관에서 회동하여 해결책을 찾아 나섰다. 빈번한 회의의 필요성을 줄이기 위해 행정관들은 물가와 가족 숫자에 바탕을 둔 지급 기준을 설정했다. 그리고 일 년에 한 번 있는 회의에서 이 기준을 재확인하거나 조정하기로 했다.

행정관들의 의도는 실업자에게 최소한의 생활에 필요한 액수를 제공하는 것이었다. 하지만 그 기준은 소득이 부족한 시골 노동자들의 임금을 보완하는 데 사용되었다. 그 결과 보조임금의 수단이 되었다. 고용주들은 농촌의 일꾼에게 싼 노임을 줄 수 있었고, 차액은 재산세에서 나온 돈으로 감독자가 보전해주게 되었다. 버크서 행정관들의 조치가 대단히 성공적인 것으로 판명되자, 머지않아 다른 지역의 행정관들도 그와 유사한 기준을 적용하기 시작했다. 기준은 지역의 형편에 따라 자주 변경되었고 또 지역마다 달랐다. 영국 의회는 스핀함랜드 기준과 그 유사 기준에 개입하지 않았다. 그것들은 지방에서 사용하기 위해 지역적으로 설정되었다. 사실, 이 기준이 남부와 중부의 많은 지역에서 적용되었지만 대부분의 북부 지역에서는 사용되지 않았다. 급격한 산업 발전과 끊임없는 노동자 이동 때문에 북부 지역에서는 잘 통하지 않았던 것이다. 북부에서 빈민구제법은 규칙적으로 일하는 사람들의 임금을 보조하는 것이 아니라 일거리가 없는 사람들을 경제적으로 도와주기 위해 사용되었다. 그것은 예를 들어 베틀 짜는 사람들과 같은 삯일꾼—생계를 꾸려나가기에 소득은 너무 적고 일감은 때때로 끊기는 사람들—에게 하나의 경제적 완충 장치였다. 따라서 대부분의 북부 빈민은 임의적인 지방 기준이 아니라 궁핍의 정도에 따라 도움을 받았다.

시스템이라고 하면 일정한 것이 특징인데, 스핀햄랜드에는 그런 일정성이 없었다. 그것은 빈민구제의 국가적 시스템이 아니었다. 그렇지만 남부지역에서는 농촌 임금을 보조하는 빈민구제의 국가 시스템 비슷한 것이 되었다. 그 기준은 일정하지도 영속적이지도 않았다. 카운티는 물론이고, 카운티 안의 행정구역마다 달랐고 또 종종 바뀌었다. 그 모든 것들에게 공통된 한 가지 요소는 가족의 숫자와 물가에 바탕을 두어 구제기금을 지급했다는 것이다.

나폴레옹 전쟁이 끝난 뒤, 빈민구제와 관련된 국가 지출은 급등했고, 1818년에는 연간 약 800만 파운드에 달했다. 이것은 전후의 실업과 물가가 치솟은 결과였다. 이렇게 되자 스핀햄랜드 기준은 비난을 받았고, 비방자들은 그것을 '시스템'으로 편입하여 그 기준을 없애고자 했다. 1834년 수정 빈민구제법은 병자와 노인에게만 구제 활동을 인정했고 그 밖의 모든 사람들에게는 인정하지 않았다. 그 결과 스핀햄랜드 시스템은 종말을 고했다.

## 037

1832년 선거개혁법은
영국 민주주의의 효시였을까

1830년대 휘그당 정부가 이끈 의회의 개혁이 영국 민주주의의 시작을 알렸고, 영국 정부의 '자유주의' 전통이 그때 시작되어 19세기 내내 계속되었다는 얘기가 있다. 하지만 선거개혁법이나 1830년대의 개혁을 민주주의적이라고 부르는 것은 상당히 잘못된 것이다.

우선 위대한 선거개혁법은 의심할 나위 없이 중요한 것이기는 하지만 그 당시의 많은 사람들이 생각한 것처럼 그리 결정적이지 않았다. 그것은 광범위한 변화를 초래했지만, 도입 초기에 생각되었듯이 그리 전면적인 것은 아니었다. 사실, 여러 가지 점에서 민주주의를 이룩하기는커녕 오히려 가로막았다고 해야 한다. 토리당이 독점 선거구와 부패 선거구의 폐지로 약화되기는 했지만, 상당히 많은 소규모 부패 선거구들은 존속했고, 이곳에서 관직 임명권은 예전처럼 강력했다. 선거에서 공개투표가 버젓이 자행되었고, 부정부패는 종전처럼 심했다. 게다가 많은 정치적 구습들이 별로 바뀌지 않았다. 의회의 재임기간은 최대 7년이었고 귀족의 이익을 대변하는 전통적 거점인 상원의 권력은 그대로였다. 하원은 주로 개인적인 업무를 처리하기 위해 짧은 회의 기간을 계속 편성했다. 의회는 중산층에게만 투표권을 주었고, 전체 유권자 숫자는 총인구 약 1600만 명 중 겨우 65만 명에 불과했다.

게다가 1832년 선거 때, 개혁 시스템에서 치른 첫 번째 하원은 종전과 별반 달라진 게 없었다. 약 150명의 하원의원들은 상원의원들과 인척이었다. 여전히 전문 직업인들로 이루어졌는데, 약 200명은 변호사이거나 육군 또는 해군의 현역 장교이거나 영국 국교회에 관련된 인사였다. 상인이나 제조업자 출신은 고작 50명에 지나지 않았다. 이렇게 새로 구성된 하원은 민주적이라고 할 수 없었다. 많은 급진주의자들은 속았다는 것을 깨닫고, 의회를 압박하기보다 직접민주주의 행동으로 전환하면서 더 많은 변화를 외치기 시작했다. 차티스트 운동은 이런 생각의 자연스러운 결과였다.

1830년대의 대개혁은 종종 새로운 자유주의 정치의 결과라고 생각되지만, 이런 견해 또한 과장된 것이었다. 새로운 하원의 태도는 예전처럼 지나치게 귀족적이지는 않았지만, 여전히 상류층의 분위기와 의도를 간직하고 있었다. 그들이 의결한 각종 법안은 결코 민주적이지 않았다. 예를 들어, 지방자치 개혁은 오래 미루어온 시의회를 다시 구성하면서, 주로 자치도시의 통제를 새로운 상업계급에게 넘겨주었다. 교회 개혁은 비록 교회 권위와 재정, 교회 재산세, 십일조, 시민의 출생, 사망, 결혼 신고 등을 일부 건드리기는 했지만 일시적이고 제한적이었으며, 비국교도들이 지적한 교회의 비리를 근본적으로 해소하지는 못했다. 1833년에 이루어진 교육보조금과 1833년의 공장법 같은 사회적 개혁은 지극히 소극적이고 제한적이었지만, 그래도 문제의 해결에 성의를 보였다는 점에서 의미가 있었다. 1834년의 수정 빈민구제법은 사회의 극빈층을 일방적으로 동정하지 않았고, 그들에게 불쾌한 '구빈원 테스트'를 부과한 다음에야 도움을 주었다. 하지만 재산세를 낮추고 그들이 내는 돈의 가치를 보장했다는 점에서 중산층의 욕구를 만족시켰다. 하지만 이런 도움은 빈곤층에게는 차가운 위안에 지나지 않았다.

게다가 의회에 대한 왕의 영향력은 여전히 1830년대의 윌리엄 4세 치하에서 제한적으로 계속되었고, 그것은 개혁의 발목을 잡았다. 왕은 휘그당이 자신의 입맛에 맞는 대신들을 배출하지 못했다는 이유로 1834년 11월에 휘그당을 야당으로 돌려세웠다. 하지만 그 대신 들어선 필과 보수파는 오래 재임하지 못했다. 왕이 낙점한 대신들을 하원의원들이 지지해야 한다는 오래된 관습은 1835년 1월 선거로 종말을 맞이했다. 그 뒤부터 왕은 자신이 그 동안 추구해왔던 연립 내각의 구성을 포기했다. 1830년대 말에 빅토리아가 왕위에 즉위하면서 휘그당 총리인 멜번 경이 여왕에게 커다란 영향력을 행사하기 시작했다. 그 결과 휘그당은 거의 잃을 뻔했던 권력을 1839년에 되찾을 수 있었다. 필은 1841년에 세 번째로 총리에 올랐는데 그제서야 비로소 진정한 총리가 되었다. 1840년대 초반, 여왕이 파당적 정치에서 손 떼게 된 것은 새로운 남편 앨버트 왕자의 영향 때문이었다. 그녀는 정치에 대한 흥미를 잃은 것이 아니었지만, 앨버트의 영향으로 자신의 권력에 한계가 있고 내각과 함께 일해야 한다는 것을 깨닫기 시작했다.

1830년대에 모든 상황이 발전하고 있었고, 위대한 개혁법은 영국 정치의 완벽한 정체停滯를 미연에 방지했다. 하지만 그것이 민주주의 개혁의 효시였다고 말한다면 분명 과장이 섞인 얘기다.

## 038

비스마르크는
입안자인가 기회주의자인가

오토 폰 비스마르크 백작은 1862년에 프로이센의 총리가 되어, 9년 만에 독일 전역을 통합하고 통일 독일의 총리로 올라섰다. 그 결과 독일 통일의 입안자라는 전설이 따라붙게 되었다. 하지만 그것은 비스마르크 자신이 1890년 강제 사직당하면서 자신의 명성을 높일 목적으로 부추겼던 전설이었다. 확실히 비스마르크는 독일 통일의 공적을 인정받아야 하지만 그건 사전에 수립한 고도의 계획에 따른 것은 아니었다. 그가 통일 독일의 입안자인지 여부는 또 다른 문제다.

비스마르크의 우선순위 명단에서 통일 독일은 그리 높은 순번이 아니었다. 그는 네 가지—호헨촐레른 독일 왕가, 프로이센, 통일 독일, 유럽 문제—의 동심원同心圓 의무를 가지고 있었다.

따라서 비스마르크가 1862년에 공직을 맡았을 때, 그의 시급한 목표는 자유주의로부터 프로이센 군주제를 구출하고 프로이센 군사력을 확장하는 것이었다. 이것을 달성하자마자, 비스마르크는 주된 목표를 외교로 설정했다. 이미 관세동맹을 통해 프로이센은 북부 독일을 경제적으로 지배했기 때문에 이제 정치적 지배를 원했다. 하지만 오스트리아가 여전히 독일동맹을 지휘하고, 북부의 작은 독일 국가들이 오스트리아에 기대어 프로이센의 침입을 방어하려고 하는 이상, 그것은 불가능했다. 따라서 적당한 기회가 찾아왔을 때 오스트리아에게 도전장을 내밀어야 했다.

하지만 비스마르크는 사건을 앞장서서 일으킬 수 없었고, 사건이 벌어진 이후에 비로소 그것을 통제하며 반응할 수 있었다. 1863년 그는 덴마크와 슐레스비히홀슈타인 공국의 합병을 예상할 수 없었지만 그 기회를 프로이센에 유리하게 활용할 줄 알았다. 홀슈타인은 독일동맹의 일원이었고 덴마크의 합병은 동맹에 대한 도전이었으며, 프로이센은 동맹의 옹호자를 자처하며 덴마크 전쟁에 나섰다. 1864년 오스트리아의 대對 덴마크 전쟁 참전은, 만약 오스트리아가 동맹에서 최고의 위치를 그대로 유지하고 싶다면 불가피한 것이었다.

전쟁은 단기간에 성공으로 끝났다. 그것은 프로이센과 오스트리아가 두 공국을 점령하는 것으로 끝났다. 하지만 비스마르크는 오스트리아가 평화의 이익을 가져가지 못하게 하는 방법을 알고 있었다. 1865년 가슈타인 회의는 슐레스비히를 프로이센의 보호령으로, 홀슈타인을 오스트리아의 보호령으로 결정했다. 홀슈타인은 큰 지역이었지만, 내륙의 국경이 프로이센 영토로 둘러싸여 있었다. 오스트리아는 북부 독일에 주둔군을 유지하는 비용이 만만치 않아서 당황했는데, 내심 전쟁을 원하지 않았지만 프로이센에게 도전받자 싸우기로 결정했다. 1866년 7월, 사도바에서 오스트리아 군대는 프로이센 군대에 궤멸했다.

사도바 전투의 결과는 비스마르크가 공직에 올라섰을 때 세운 목표를 120퍼센트 충족시킨 것이었다. 북부 독일에서 오스트리아를 몰아내고, 프로이센이 지배하는 북부 독일 동맹이 형성되었을 뿐 아니라, 프로이센은 오스트리아 편에서 싸운 마인 강 북쪽의 국가들을 전리품으로 합병했다. 북부 독일의 대부분은 이제 프로이센의 영토에 편입되었고 나머지는 위성 공국들로 이루어졌다.

비스마르크는 그후 독일 통일을 마무리하기 위해 프랑스와의 전쟁이 필요했는가, 아니면 그 전쟁을 계획했는가? 수백만 명의 독일인들이 오스트리아–헝가리 제국에 살고 있었다. 프로이센이 지배하는 독일 국가의 국민으로 그들을 편입시키려면 오스트리아 제국을 붕괴시켜야 했고, 그러자면 중부 유럽에서의 큰 정치적 불안을 각오해야 했다. 비스마르크는 그런 상황을 원하지 않았다. 그는 남부 독일로의 확장에 별로 열성적이지 않았다. 바바리아 같은 지역의 가톨릭 국가들은 개신교 프로이센을 두려워했고, 오스트리아가 패전한 지금, 프랑스의 보호를 기대했다. 비스마르크의 주된 소망은, 남부 독일 국가들이 프랑스의 의도를 의심하면서 프로이센에 대한 반감을 누그러뜨리는 것이었다.

비스마르크는 자신의 외교 솜씨를 활용하여, 프랑스가 프로이센의 확장에 대한 보상을 요구하고 나서도록 유도했다. 나폴레옹 3세의 벨기에에 대한 은밀한 요구는 프랑스와 영국 관계를 악화시키는 소재로 활용될 수 있었다. 남부 독일 영토에 대한 나폴레옹 3세의 요구는 남부 독일의 프로이센 의구심을 줄이는 호재가 될 수 있었다. 비스마르크는 이처럼 이간질을 붙이는 과정에서 프랑스와의 전쟁을 각오하지 않았지만, 신중한 정치가답게 전쟁이라는 카드도 은연중에 준비했다.

기회는 뜻밖에 찾아왔다. 스페인의 이사벨라 여왕은 1868년 혁명으로 축출되었다. 스페인 사람들은 유럽 왕가에 그들의 왕위를 맡아 달라고 제안했지만 성공하지 못하자, 프로이센 빌헬름 황제의 먼 친 척에게 왕위를 주기로 결정했다. 프랑스는 스페인과 프로이센의 두 나라가 강력한 호헨촐레른 동맹을 체결할 가능성에 기겁했다. 그들 은 호헨촐레른 후보가 스페인 왕위를 맡아서는 안 된다고 요구했다. 비스마르크는 그 요구를 따르면, 프랑스에게 외교적 패배를 당하는 것이 되기 때문에 빌헬름 왕에게 프랑스의 요구를 거절하라고 진언 했다. 하지만 빌헬름은 친척에게 물러나도록 조언했다. 프랑스 신문 은 프로이센의 양보를 프랑스의 승리로 대서특필했고, 비스마르크 는 이 외교적 패배에 분노하여 사임을 심각하게 고려했다.

비스마르크는 빌헬름 왕이 프랑스 대사와의 만남을 객관적으로 설명한 엠스 전보의 내용을 손질하여 발표했다. 그 전보는 마치 프 랑스 대사를 문전박대한 것처럼 조작되었고, 프로이센은 그 문서 하 나로 프로이센의 외교적 굴욕을 외교적 승리로 바꿔놓았다. 그러자 뒤이어 발생한 사건이 비스마르크의 통제를 벗어난 것이었다. 그는 엠스 전보가 이런 큰 파장을 불러오리라고 예상하지 못했다. 그 전 보는 프랑스에서 격렬한 반반을 일으켰고, 나폴레옹 3세는 프랑스 대신들과 아내 위제니 왕비의 대 프러시아 전쟁 요구를 진지하게 생 각하기 시작했다. 나폴레옹 3세의 의지가 좀더 강력했다면 그는 썩 내키지 않는 전쟁을 막을 수 있었을 것이다. 이렇게 볼 때 프랑스- 프로이센 전쟁은 불가피한 것이 아니었다.

프랑스는 전쟁에서 곧 패배했고 프로이센은 알자스-로렌을 차지 하는 보상을 얻게 되었다. 뜻밖의 보너스로, 남부 독일 국가들을 프 로이센 편으로 끌어들이게 되었다. 이 나라들은 이제 나폴레옹 3세의 영토 야심에 너무 놀라서 프로이센을 유일한 보호자로 생각했다. 프로이센-프랑스 전쟁이 여전히 계속되고 있을 때 그들은 다른 국가들과 함께 프로이센의 그늘 아래로 들어갔고 그리하여 북부 독일 동맹은, 독일의 북부와 남부를 아우르는 독일 제국으로 바뀌게 되었다. 비스마르크는 프로이센의 이익을 위해 계속 사건들을 이용했고, 그 과정에서 아주 똑똑한 기회주의자 역할을 했다.

결과적으로 그의 총리 재직 시기에 독일이 통일되기는 했으나 우연한 결과였다. 그는 젊었을 때 다른 많은 독일인처럼 막연히 독일 통일을 얘기했지만, 1862년의 시점에서는 1871년의 독일 제국을 예상하지 못했다(060항 참조).

먼로주의는
미국 제국주의의 기초인가

1823년 12월, 제임스 먼로 대통령이 의회 연두교서에서 처음 제의한 먼로주의는 19세기와 20세기에 미국의 가장 중요한 정책이 되었다. 이 선언문은 "유럽 강국들이 아메리카 대륙을 미래의 식민지화 대상으로 생각지 마라"고 경고했고 또 스페인 식민지에서 새로 독립한 국가들의 자유를 간섭하는 어떤 시도도 '미국에 비우호적인 의도'로 간주될 것이라고 천명했다. 이 정책은 유럽의 강대국들에게 (특히 영국에게) 미국의 문제에 간섭하지 마라는 경고였다. 하지만 그 결과적 의미가 무엇이든 간에 먼로주의는 사뭇 다른 맥락에서 비롯한 것이다.

대통령 먼로에게서 그 이름을 딴 먼로 독트린은 실제로 존 퀸시 애덤스 국무장관이 초안을 작성했다. 그것은 오스트리아, 프로이센, 러시아의 유럽 '신성동맹'이 라틴아메리카를 위협하자 그에 대응하기 위해 나온 것이었다. 스페인 왕실 정부는 그 동맹의 힘을 믿고서 지난 10년간 지속되어온 라틴아메리카 국가들의 반란 진압에 나섰던 것이다.

원래 그 아이디어는 당시 임명된 영국 외무장관 조지 캐닝이 제안한 것이었는데, 유럽의 잠재적 침입으로부터 아메리카를 보호하기 위해 영국과 미국의 전함이 합동작전을 펼치자는 것이었다. 하지만 1812~14년 영미전쟁이 끝난 뒤 반영反英감정이 계속되기 때문에, 미국 정부는 그 아이디어를 받아들일 수 없었다. 그럼에도 불구하고 먼로 독트린은 캐닝이 "나는 구세계의 균형을 바로잡기 위해, 신세계가 생기도록 했습니다"라고 말했을 때 마음에 품은 바로 그것을 선언한 것이었다. 다시 말해 구세계와의 절연이 선언의 핵심인 것이다.

미국 정부는 먼로 독트린에 따라 "아메리카 대륙은 유럽의 미래 식민지를 위한 영토가 아니다. 아메리카의 정부 시스템은 유럽의 시스템과 본질적으로 다르다. 아메리카 영토에 영향력을 확장하려는 어떤 시도도 아메리카의 평화와 안정을 위협하는 것으로 간주될 것이다. 유럽이 이 정책을 받아들이는 보답으로 미국은 유럽의 기존 아메리카 식민지를 존중하고 유럽의 전쟁에 참가하지 않을 것"이라는 정책을 선언했다.

이 독트린은 100년 동안 미국 외교의 기본을 제공했다고 얘기된다. 하지만 그 적용은 무척 유연했고, 사실상 미국 제국주의의 기초가 되었다. 1845년 폴크 대통령은 미국의 국경과 관련하여 영국과 멕시코에 강경한 호전적 발언을 하면서 이렇게 선언했다―"오직 이 대륙의 사람들이 자신의 운명을 결정할 권리를 가지고 있다." 1904년 시오더 루스벨트 대통령은 여전히 이 정책을 고수했다. 당시 그는 아메리카 전체 대륙에서 미국이 '국제 경찰국가'라고 주장했다. 아메리카 대륙 밖에서도, 미국은 확장의 더듬이를 활발히 가동하기 시작했다. 1899년, 존 헤이 미국 국무장관은 중국의 '문호개방'이라는 새로운 정책을 발표하면서 모든 국가들이 중국과 동등하게 무역할 권리를 요구했고, 이듬해에 모든 국가들이 중국의 영토 보전을 존중하기로 동의했다고 주장했다. 1912년에도 로지 상원의원은 외부의 일본 간섭을 반대함으로써 먼로주의를 아메리카 대륙 밖으로 확장하는 결의안을 의회에서 통과시켰다.

양차 세계대전 중간 시기에 미국은 이른바 '고립주의' 정책에도 불구하고 유럽 문제에 개입하기 시작했다. 미국은 아메리카 대륙 밖에서는 개입하지 않겠다는 자신의 약속을 무시했다. 뒤이어 미국은 여러 '세력권' 중에서 동남아와 인도네시아에 상당히 간섭하고 나섰다. 2차 세계대전이 끝난 뒤, 이제 세계에서 초강대국이 된 미국은 고립의 약속을 헌신짝처럼 버렸다. 이런 상황에서, 미국은 쿠바 미사일 위기 때와 같이 자신의 이해관계가 위태로울 때 또는 분명한 필요성이 있을 때만 먼로 독트린을 행사했다. 1982년에도 영국과 아르헨티나가 포클랜드 섬의 주권 문제에 관해 전쟁을 벌였을 때, 연방정부가 먼로 독트린을 지켜야 한다는 요구가 있었다. 하지만 이런 요구를 레이건 대통령은 거부했다. 레이건은 대처 총리와의 우호적인 관계를 높이 평가했고 영국도 그것을 높이 샀다. 하지만 일반적으로 이 정책은 점점 이렇게 변질되었다―"당신은 아메리카 문제에 간섭할 수 없지만 우리 미국은 적절하다고 생각되는 경우 당신의 문제에 개입할 수 있다."

20세기 후반 미국이 세계의 최강자로 부상한 만큼, 힘이 최종 발언권을 갖는 현실정치의 장에서 이런 태도는 어느 정도 이해할 만한 일이기도 하다.

## 040

빅토리아 여왕인가
아니면 브라운 부인인가

시종인 존 브라운과 빅토리아 여왕의 개인적 관계는 의혹을 샀고, 여왕의 생시와 사후에도 끊임없이 쉬쉬하며 덮어졌다. 그런 관계는 오늘날까지도 논평가들 사이에 의구심을 갖게 하고, 여왕의 명성에 어두운 그림자를 드리웠다. 과연 거기에 뭔가 있었을까?

스코틀랜드 출신의 존 브라운은 스코틀랜드 고원에 있는 밸모랄 성에서 왕실 사람들을 알게 되었다. 브라운은 빅토리아 여왕의 사랑하는 남편인 앨버트 왕자를 위해 길리ghillie(사냥과 낚시하러 갈 때 안내인)와 시종으로서 일했다. 앨버트는 1861년 세상을 떠나기 전, 여왕에게 브라운을 정말 신뢰할 수 있는 하인이라고 추천했다. 빅토리아가 그 추천을 중시했기 때문에 브라운은 왕실에서 어느 정도 입지를 확보할 수 있었고, 그리하여 1883년 3월에 사망할 때까지 계속 근무했다. 두 사람은 꽤 친한 사이였는데, 그녀가 생전에 그에게 주었던 많은 소품들이 그것을 증명한다. 예를 들어 커프스단추, 브로치 등 빅토리아의 수수한 취향을 보여주는 개인용 보석류를 자주 선물했다.

빅토리아는 부군이 사망한 후 몇 년 동안 공적인 생활을 거의 접고서, 왕궁을 이리 저리 옮기면서 애도하며 칩거했기 때문에 대중적

인기와 거리가 멀었다. 비판자들은 그런 태도를 존 브라운의 부당한 영향력 탓으로 돌렸고, 심지어 여왕과의 정사情事를 암시하면서 여왕을 '브라운 부인'이라고 조롱하기까지 했다.

사실 브라운은 여왕이 원했던 바로 그런 사람이었다. 늘 아첨하는 조신들에 둘러싸인 고독한 여왕에게, 믿음직스럽고 솔직하며 상식적인 브라운은 한 줄기 시원한 바람이었다. 그녀는 그에게서 어쩌면 충성스러운 백성의 모습을 보았을지 모른다. 브라운은 여왕이 크게 의존했던 앨버트의 역할을 겸손하게 떠맡았다. 그는 늘 가까이 대기하고 있다가 여왕이 탄 말이 달아나려고 하면 재빨리 붙잡았고, 1872년에는 권총을 휴대하고서 여왕을 위해 기꺼이 살인자의 역할을 수행하려 했다. 그는 끈덕진 신문기자를 비꼬는 말로 쫓아버렸고, 여왕이 요청할 때면—가끔은 요청하지 않더라도—궁정풍의 감언이설보다 솔직한 상식적 조언을 해주었다. 그는 밸모랄 성에서 뿐 아니라 다른 왕궁에서도 여왕에게 충실히 봉사했다.

여왕을 충실하게 모시려다 보니, 자주 여왕의 개인 비서뿐 아니라 나중에 에드워드 7세가 된 에드워드 왕자와 신랄한 대화를 주고받았다. 사실 브라운은 왕자를 높이 평가하지 않았다. 빅토리아는 브라운이 정직, 솔직한데다 자신의 감정을 두려움 없이 표현하기 때문에 그를 좋아했다. 그는 불행한 일을 보면 눈물을 흘렸는데, 여왕은 일기에서 "착한 브라운이 감정에 압도당했다"고 여러 번 기록했다. 그는 위스키를 자주 마셨지만 술꾼은 아니었다. 요컨대 단순명료한 사람의 특징을 많이 가지고 있었고, 또 나름대로 인간적 결점이 있었기 때문에 빅토리아가 마음이 끌렸던 것 같다.

1901년 어머니가 세상을 떠난 직후 아들 에드워드 7세는 브라운과 관련된 모든 서류와 기념품 등을 없애버렸다. 이런 사실은 에드 워드와 브라운이 서로 적대적 관계였음을 보여준다. 하지만 동시에 터무니없는 루머를 정당화시켰고 '브라운 부인'의 전설에 기름을 부었다. 존 브라운이 사망했을 때 그의 일기(그의 직무와 생각을 자세하게 기록했던 일기)는 불가사의하게 사라졌다. 이 때문에 궁중의 사람들은 그의 솔직한 일기가 너무 폭발력이 커서 일부러 감춘 것이 아닐까 하고 생각했다.

20세기 말, 브라운의 손자 집 다락방에서 '잃어버린' 일기가 발견됨으로써 문제 해결에 새로운 빛을 던졌다. 1883년 당시에도 사라져버려 놀라움을 주었던 이 일기의 상당 부분은 곰팡이가 슨 채 발견되었다. 하지만 이 발견된 일기는 연구를 위해서나 출판을 위해서나 공개되지 못했다. 당시의 모후 엘리자베스(스코틀랜드의 귀족 출신으로 처녀 적 이름은 보우스-리온이고 선왕 조지 6세의 미망인)의 명성에 피해를 줄 수도 있다는 상당히 이상한 근거에서 출판이 금지되었기 때문이다. 예전의 일기가 어떤 피해를 줄 수 있다는 것인지 사람들 사이에서 납득되지 않았다. 이런 엉성한 핑계를 어떻게 해석해야 할까.

그것은 빅토리아와 브라운의 부적절한 관계에 대한 간접적 증거인가? 일기 내용이 별 것 없다는 사실을 가리기 위한 더 커다란 음모의 일환인가? 우리는 알 수가 없다. 확실한 것은 문제의 모후(엘리자베스 2세 여왕의 어머니)가 2002년 3월 30일 101세로 세상을 떠났으므로 더 이상 일기의 공개를 미룰 이유가 없다는 것이다.

일기가 공개될 때까지 빅토리아는 계속하여 좋은 방향으로 해석되는 혜택을 누릴 수 있을 것이다. 두 사람의 관계가 부적절했다고 암시하는 것은 여전히 근거 없는 가십일 뿐이다.

## 041

루시타니아 호는
과연 정당한 표적이었을까

　루시타니아 호의 침몰은 제1차 세계대전 때 독일이 저질렀던 많은 '사악한 행위' 중 하나였다. 그것은 커다란 반독 감정을 야기했고 독일의 대의명분을 크게 손상시켰다. 영국은 루시타니아 호가 전시 금지 제품을 싣지 않은 비무장 여객선이었기 때문에 독일 잠수함의 예고 없는 격침 행위를 용서할 수 없는 만행이라고 주장했다. 반면에, 독일은 루시타니아 호가 전시 금지 제품을 운송하고 있었기 때문에 표적으로 삼았다고 주장했다. 사실은 어떠했을까? 영국의 주장은 새빨간 거짓말이었으며, 독일의 주장은 헷갈리는 것이었다.

　1914년 8월초 유럽 전역에서 제1차 세계대전이 터졌다. 전부는 아니지만 대부분의 유럽 시민들은 영국과 프랑스에 호의적이었고 미국은 우호적인 중립을 유지하기로 결정했다. 하지만 영국 해군이 독일의 선박을 봉쇄하려 시도하고 독일 잠수함이 영국행 상선을 격침하면서 미국은 중립을 지키기가 어렵게 되었다. 처음에 독일 잠수함은 상선을 격침하기 전에, 그 상선의 선원들에게 구명정을 탈 시간을 주는 등 '순양함' 규칙을 준수했다. 하지만 영국 해군본부가 상선에게 무장하도록 허가하고 해군 함정을 상선으로 위장하면서 이번에는 독일의 U-보트가 공격을 당하기 시작했다. 이에 따라 독일 잠수함 함장들은 "발견하는 대로 수상한 배를 격침한다"는 정책을 채택했고 여객선에도 예외를 두지 않았다. 1915년, 이 정책은 독일의 공식적인 지지를 얻었다. 따라서 영국 선박에 탑승한 미국 시민들이 위험에 빠지는 상황은 불가피했다.

그래도 루시타니아 호는 안전하다고 자신했다. 그것은 커나드 해운회사 소속의 최신예 선박이었다. 갑판에서 23미터 높이까지 우뚝 솟은 대형 굴뚝 4개에, 정기선의 길이는 238미터였고 배수량은 3만 2500톤이었으며, 최대 26노트의 속도를 내고 해상의 어떤 배도 쉽게 따돌릴 만큼 속도가 빨랐다. 1등실의 설비는 최고급이었고, 식당의 돔은 흰색으로 도금되어 있으며, 객실은 마호가니 판자로 벽을 장식했고, 끽연실과 도서관도 모자라 24병상의 병원까지 마련되어 있었다. 선주인 윌리엄 터너 선장은 배를 엄청 자랑했다. 독일은 뉴욕에서 승선 예약자들에게 경고문을 발표했다. 만약 교전 해역을 지나가다가 어뢰를 맞으면 해운회사의의 책임이라는 내용이었다. 터너는 코웃음을 치면서 이렇게 말했다. "내가 오랫동안 들었던 농담 중에서 최고로군. 어뢰를 쏘아서 '루시타니아'를 맞추겠다니!"

1915년 5월 1일, 대부분 영국인 여행자들인 승객들이 배에 올랐다. 그들은 뉴욕에서 리버풀로 항해 중이었고 일주일 정도면 목적지에 도착할 것으로 예상되었다. 하지만 5월 7일, 아일랜드 남부 해안 부근의 올드 헤드 오브 킨세일에서 그들은 뜻밖에 독일 잠수함 U-20호와 만났다. 함장 발터 슈비거 중령은 4월말부터 해상에 나와 그 전날에 두 척의 배를 침몰시켰다. 한 척의 선원들에게는 배를 버리고 떠날 시간을 주었지만, 다른 한 척은 사전 경고 없이 격침시켰다. 그에게 남은 어뢰는 두 발뿐이었다. 수평선에서 루시타니아 호를 보자 그는 신중하게 접근하여 700미터 사정거리와 잠망경 수심에서 첫 번째 어뢰를 발사했다.

배는 18분 만에 침몰했고, 1201명―785명의 승객과 413명의 선원―이 익사했다. 세 명의 밀항자들이 더 있었는데 그들의 신원은 밝혀지지 않았다. 해안으로 떠오른 시체들 중 여러 구가 신원이 확인되지 않아 밀항자가 있었던 것으로 추정되었다. 영국과 미국은 즉각 격침을 소름끼치는 살인행위라고 비난했다. 독일은 정기선이 전시 금지 제품을 운송하고 있다는 주장을 뒷받침하기 위해 한정된 숫자의 기념 메달을 발행했다. 하지만 그 메달은 정부가 공식적으로 발행한 것이 아니라 뮌헨의 메달-제조업자 칼 괴츠가 개인적으로 찍은 것이었다. 메달의 한 면에서 승객들은 죽음을 상징하는 해골에게서 배표를 사고 있었고, 다른 면에서는 항공기와 대포를 싣고 침몰하는 배에 '전시 금지 제품 금지'라는 글자가 새겨 있었다. 하지만 그 메달은 독일 제국의 전쟁 정책을 비판하는 것이었기 때문에 곧 판매금지되었다. 영국은 고든 셀프리지(런던 가게의 주인)에게 그 메달의 복제를 위임함으로써 판금조치에 대응했다. 독일 것을 모방하여 만든 25만 개의 복제품을 발행함으로써, 독일인들조차도 이 사건을 매도하고 있다는 것을 은연중에 암시했다.

이 격침 사건을 조사하기 위한 위원회가 종전 전에 구성되었는데 영국은 1915년 6월에, 미국은 1918년 여름에 조사를 실시했다. 양측은 루시타니아 호가 전시 금지 제품을 운송하지 않았다고 결론지었다. 하지만 그건 잘못된 결론이다. 그 배의 선적 목록을 살펴보면 루시타니아 호는 탄약을 싣고 있었다. 4200상자의 소총 탄환(상자당

1000발의 탄환), 1250상자의 유산탄(장전되지 않은), 18상자의 격발 신관 등이 선적되어 있었다. 이 모든 것들은 상당히 모호하게 '비폭발화물'이라고 분류했기 때문에 교전의 규칙 아래 허용될 수 있었다. 하지만 이 선적 목록은 불완전했고, 두 선창船艙의 적재 내용은 결코 밝혀지지 않았다. 면화약gun cotton(나트륨과 황산이 가득 든 섬유로 제작된 고도의 폭발성 재료)을 많이 실은 이 화물이 모피의 위탁화물에 숨겨 있었다는 주장도 나왔지만 확실한 것은 아니다. 뉴욕에 파견 나간 독일 측 당국자는 미국 법에 의해 금지되었고 또 여객선에 실어서는 안 되는 화물을 배가 실었다고 의심했지만, 구체적 증거는 없었다. 그런데 뉴욕 주재 독일 영사가 그 배로 여행하지 말라고 내놓은 경고(신문에 게재한 경고)는 전시 금제품을 언급하지 않았다. 독일의 전시 금제품에 대한 주장은 배가 침몰한 뒤에 나왔다. 독일의 잠수함 함장은 배가 운송하던 화물은 물론이고 어뢰를 발사하는 마지막 순간까지 그게 어떤 배인지조차 알지 못했다. 그는 배를 보자마자 격침시켰으므로, 그 배의 금지 화물 때문에 정당한 전쟁 표적이었다는 독일의 변명은 신빙성이 떨어진다.

뒤이어 영국 해군이 터너 선장의 평판을 헐뜯으려고 시도했다. 그것은 아마도 터너가 선적 화물의 내용을 폭로할 경우에 대비하기 위한 것이었으리라. 하지만 선적 화물 목록이 불완전하기 때문에 그걸 폭로해도 큰 힘을 발휘하지는 못할 것이었다. 독일은 불만을 품을 만한 이유가 있었다. 영국은 거짓말을 했고, 독일의 의심은 들어맞았다. 하지만 연합국의 루시타니아 호에 대한 프로파간다와 미국이 참전할지 모른다는 의구심 때문에 독일은 몇 달 뒤에 "보이는 대로 격침시킨다"는 정책을 포기했다.

## 042

유틀란트 해전은
영국 해군의 대승리였을까

1916년 유틀란트 반도에서 영국 해군과 독일 해군이 교전한 사건은 영국에서 위대한 신화를 낳았다. 영국이 대승을 거두었다는 주장은 전쟁의 암울한 시기에 나왔는데 가뭄에 단비 같은 것이었다. 하지만 말이 승리였지 실제로는 재난에 가까웠다.

1916년 5월 31일, 제1차 세계대전의 주요 해전이 벌어졌다. 장소가 덴마크 해안에 가까운 곳이었기 때문에 유틀란트 해전으로 알려졌는데, 이 해전에서 영국과 독일의 주력 함대는 전쟁의 승패를 결정할 수도 있는 전투를 벌였다. 영국은 순양 전함 3척, 순양함 3척, 구축함 8척을 잃은 반면, 독일은 전함 1척, 순양 전함 1척, 순양함 4척, 구축함 5척을 잃었다. 그 전투에서 독일 해군은 장갑용 강철판, 대포, 총포의 우월성을 보여주었다. 영국 측은 많은 사상자를 냈다. 영국 수병이 6000명이나 사망함으로써 2500명을 잃은 독일군보다 두 배 이상 많았다.

당연히 독일은 그 해전을 독일의 승리라고 주장했다. 그들은 영국 함대보다 피해를 적게 보았고 선단이 대체로 피해를 입지 않았기 때문이다. 하지만 영국은 독일이 항구로 후퇴했고, 영국의 봉쇄를 뚫지 못했으며, 제해권을 얻지 못했고 또 영국과 프랑스의 통신을 끊지도 못했다고 주장했다. 따라서 유틀란트 해전은 영국의 승리라는 것이었다. 하지만 과연 그럴까? 정말 승리했다면, 독일 항구를 원거리에서가 아니라 근접거리에서 봉쇄했을 것이고 영국 해군의 우월성에 대한 모든 위협을 제거했을 것이다. 사실, 본국 항구에 정박한 독일 대양함대의 존재는 유틀란트 이후에도 예전과 다름없이 큰 위협으로 도사리고 있었다.

안개의 위협 때문에 독일 함대를 근접 추격하지 못했다는 영국의 주장은 속 보이는 변명에 지나지 않았다. 영국 해군은 더 이상 넬슨 제독이나 저비스 제독의 해전처럼 결정적인 승리를 얻을 수 없다고 깨달았다. 이러한 사실은, 영국의 제해권이 더 이상 당연한 것이 아니라고 생각하면서 독일 측이 기뻐한 것을 보면 알 수 있다. 하지만 영국의 언론은 계속 유틀란트 해전을 대승리라고 떠들어댔다. 반면에 독일은 이렇게 생각했다―'독일 잠수함이 바다를 제패할 것이기 때문에 위험을 무릅쓰고 해상에서 교전을 할 필요가 없다.' 만약 독일의 잠수함 작전이 성공했더라면 유틀란트 당시와 그 이후의 독일 전술은 정당화되었을 것이다.

하지만 사실은 그렇지 못했다. 독일 잠수함의 위협은 결국 극복되었고 독일 대양함대는 항구에 남아 있다가 전쟁의 마지막 단계에서 출항하라는 명령이 떨어졌을 때 출항은커녕 반란을 일으켰다.

유틀란트 해전은 바다의 상황을 별로 바꾸어놓지 못했다. 그 어느 쪽 해군의 명성이나 사기를 높여주지 못했다. 아무튼 영국 함대가 여전히 바다를 지배하고 독일 함대는 그렇지 못했다는 점에서 영국이 우세했다고 말할 수 있다.

## 043

레닌은 정녕
마르크시즘을 실천했을까

레닌의 업적은 칼 마르크스가 개요를 밝힌 사상을 실천한 데 있다는 것이 공통된 견해다. 칼 마르크스는 주로 1848년의 《공산당 선언》(독일에서 대역죄로 고발당하게 된 선언)과 1867년의 획기적인 작품 《자본론》에서 공산주의 혁명을 설명했다. 마르크스 사상은 나중에 스탈린과 같은 소련 지도자들이 끊임없이 추진하기는 했지만, 그 사상의 지속적 매혹은 마르크스와 레닌의 저서와 중요성에 대한 오해에서 비롯한 것이다.

무엇보다도 먼저, 마르크스 사상은 대단히 일반적이고 이론적이기 때문에 레닌에게 실천해야 할 구체적 사항을 제공하지 못했다. 그의 많은 저서는 민중의 역사를 몹시 비판했고, 과격한 관점에서 당대의 사건을 언급했다. 《공산당 선언》은 대단히 자극적이기는 하지만 구체적 지침서라기보다 수사적修辭的 측면이 더 강한 문서인 반면, 7부로 이루어진 《자본론》은 경제학 교수의 난해한 어투로 쓰여 있고 내용도 까다롭기 짝이 없다. 가끔 사회적 분석 능력이 번쩍일 때도 있지만, 그 책이 세계 혁명의 토대가 되었다고 말하는 것은 우스꽝스러운 일이다. 그렇게 말하는 것은 존 케네스 갤브레이스가 제2의 구세주라고 말하는 것과 비슷하다. 마르크스는 혁명의 청사진을 내놓지 못했고, 공산주의 사회가 어떤 것인지, 일단 그런 사회가 도래하면 어떻게 통치할 것인지 알려주지 못했다. 따라서 레닌은 혁명을 계획할 때 백지에서 시작했고, 그 혁명을 추진하면서 그때그때 형편에 따라 결정을 내려야 했다.

한편 레닌은 이론가이기보다 행동하는 인간이라는 점에서 마르크스를 보완했고, 상당한 지적 능력을 발휘하여, 전적으로 공산주의 사회는 아니더라도 부분적인 사회주의 사회를 성립시키는 제도를 고안해냈다. 따라서 혁명 이전의 그의 저술은 짧고 실제적이다. 1902년, 그는 《무엇을 할 것인가?》라는 팸플릿에서 초기 혁명 행동의 지침을 내놓으면서 전문 혁명가들의 굳게 단련된 당을 요구했다. 전문 혁명가들은 "노동 운동을, 노동조합의 무의식적 경향에서 부르주아의 보호 아래 전진하도록 바꾸려는" 목적을 가진 엘리트 집단이다. 이 주력 부대는 해야 할 일을 파악하고 그것을 달성하는 데 필요한 지도력을 제공해야 한다. '작지만 훌륭한' 이 주력 부대는, 일반대중이 지지하는 의회제도보다 성공할 가능성이 더 높다.

1905년의 팸플릿 《민주적 혁명에서 사회 민주주의의 두 가지 전술》은 마찬가지로 이렇게 경고했다—"러시아의 부르주아 계급은 일반적으로 너무 허약하고 우유부단하고 무능하기 때문에 혁명 행위를 맡길 수 없고, 따라서 프롤레타리아 당이 '프롤레타리아의 민주적 독재'를 지지해야만 하는데, 그 임무는 부르주아 사회를 사회주의 사회로 바꾸는 것이다."

이론적 문제를 본격적으로 논의한 두 팸플릿은 1908년의 《유물론과 제국주의 비판》과 1916년의 《제국주의》였다. 두 번째 팸플릿은 이렇게 설명했다―"독점 자본주의가 후기로 접어들 때, 자본주의 세력은 식민지 사람들을 착취하는 과정에서 혁명 지연의 수단으로써 노동자들을 그 과정에 동참시키겠지만, 결국 이런 전술은 실패할 수밖에 없고 혁명은 역시 찾아올 것이다." 이 팸플릿은 프롤레타리아 계급에게 이렇게 설명한다―"점진적 운동을 주장하는 노동자 계급 지도자들은 '잉여이익'에 매수될 것이고, 자본주의자들은 체제의 수명을 더 길게 연장하기 위해 노동자들에게 당근을 주어 그들의 관심을 딴 데로 돌리려 하지만, 노동자들은 이것에 속지 말고 혁명을 위해 계속 투쟁해야만 한다." 이 두 팸플릿은 그 이후 20세기 내내 '마르크스-레닌 사상'의 권위 있는 진술로 남았다.

그러므로 진정한 의미에서 마르크스는 공산주의 혁명의 '일반적 이론'을 정립했고, 레닌은 혁명 쿠데타의 '구체적 전략'을 세웠다고 말할 수 있다. 하지만 시간이 지나면서 레닌은 자신의 이러한 사상에서 크게 일탈했고, 결국 레닌 체제는 이름뿐인 공산주의가 되었다.

레닌의 심각한 시련은 볼셰비키가 1917년 연말에 권력을 잡은 뒤에 찾아왔다. 그의 초기 낙관론은 가혹한 현실 앞에 노출되자 곧 한 줌의 연기처럼 사라졌다. 그는 사회주의 승리를 몇 달 만에 얻을 수 있다고 낙관했고, 그 동안 저질렀던 어떤 잘못도 '전환점'이 가까이 있기 때문에 결국 문제되지 않을 것이고, 세계혁명이 곧이어 터져 나올 것이라고 보았다. 그는 갑자기 국가 전체를 통치하게 되면서, 미래 공산주의 국가의 청사진을 결정해야 하는 책임을 떠맡게 되었다. 비선출직 소위원회의 도움과 소비에트 국가평의회의 보증으로 그는 반半아마추어 행정을 날림으로 해치웠다. 공산당의 행정은 국가를 운영하고, 사유지를 몰수하는 첫 번째 조치를 취하고, 철도를 운영하고, 러시아 산업을 관리하는 것이었다. 그는 곧 독일과의 평화협정 문제, 기근, 내전을 다루어야 했고, 기존의 자본주의 체제를 '전쟁 공산주의'의 가혹한 현실에 맞추기 위해 러시아의 여러 가지 자유를 철폐했다. 그는 '부르주아 전문가'를 임명하여 공장 관리를 맡겼고, 경제 회복을 위해 단호하게 노동자 기강을 강화했다.

레닌이 국민들에게 지나치게 많은 것을 요구했기 때문에 볼셰비키는 곧 제정시대처럼 인기가 땅에 떨어졌고 1921년 3월, 크론스타트 수비대의 수병들은 페트로그라드의 많은 노동자들과 함께 폭동을 일으켰으며 '공산주의자가 없는 소비에트' 곧 볼셰비키 독재가 아니라 진정한 산업민주주의를 요구했다. 레닌은 이 경고 신호를 진지하게 받아들여, 전쟁 공산주의를 좀더 온건한 '신경제정책'으로 바꾸면서 더 많은 사유지를 허용하고 이윤 동기를 다시 도입했다. 이때 그의 비판자들은 레닌이 입으로는 공산주의를 실천한다고 말하면서 실제 행동으로는 공산주의를 포기하려 든다고 비난했다. 이런 비난에도 불구하고 레닌은 강인한 투지로 밀어붙여 새로운 정책이 효과를 거두게 했다. 이런 힘든 시기를 거치면서 레닌은 스트레스를 많이 받았고 무리를 한 결과 뇌졸중을 맞아 1924년 54세의 이른 나이로 사망했다.

결국, 마르크스는 이론가 겸 철학자였으며 자본주의 체제를 밝히고 그것을 공산주의 유토피아로 바꾼다는 꿈을 꾸었다. 반면에 레닌은 국토를 유린한 전쟁과 파괴적인 혁명에 뒤이어, 이른바 사회주의 체제를 맨땅에서 이룩한다는 무척 어려운 일을 추진했다. 두 사람 중 레닌은 러시아와 세계에게 훨씬 더 실제적인 영향을 끼쳤지만, 마르크스는 그보다 더 중요한 정신적 혁명을 가져왔다.

## 044

1941년 일본의 진주만 공격은 완벽한 기습이었을까

1941년 12월 7일, 일본의 하와이 진주만 공격은 태평양전쟁을 시작하는 계기가 되었다. 그 사건은 미국 현대사에서 결코 해결되지 않은 논란을 일으켰으며, 그에 관한 주장이 여전히 맹위를 떨치고 있다. 왜 미국 태평양함대는 공격을 당하기 전에 이런 취약한 상태로 포진하고 있었을까? 왜 미국 당국은 일본이 취한 비밀 조치를 충분히 알지 못했을까? 재난은 정말 피할 수 없는 것이었을까? 왜 미국 당국은 공격을 막기 위해 더 효과적인 조치를 취하지 않았을까? 루스벨트는 결백한 당사자로 보이려는 속셈 때문에 일부러 재난을 꾀했던 것일까?

1941년 늦가을, 미국과 일본의 관계는 위기로 치닫고 있었다. 중국 해안의 대부분 지역을 점령한 일본은 태평양 반구에서 우위를 차지할 계획을 세웠다. 1940년 9월 일본은 유럽의 사건들로 인해 나치 독일과 파시스트 이탈리아와 추축국 조약에 서명했고, 동남아에서 영국, 프랑스, 네덜란드의 식민지를 빼앗을 가능성이 높아졌다. 1941년 10월 고노에가 이끄는 일본의 온건한 정부는 훨씬 더 호전적인 도조 장군의 내각으로 바뀌었다. 일본 정부는 5월에 시작한 미국과의 장기 협상에서 강경 노선을 취하기 시작했다. 7월 그들은 이미 프랑스령 인도차이나를 점령했고, 미국은 일본 자산을 동결함으로써 보복했으며, 원유와 그 밖의 중요한 원자재의 공급마저도 중단할지 심각하게 고려했다. 이 모든 요인을 감안하여 일본 지도부는 11월 초에 중대한 결정을 내렸다. 그들은 외교적 노력을 더 계속하겠지만, 만약 월말까지 협정이 맺어지지 못한다면 전쟁을 개시할 계획이었다. 시한은 12월 8일(워싱턴 시각으로 12월 7일)로 정해졌다.

일본의 주요 외교 암호(암호 '자줏빛')를 풀었던, 명석한 암호 해독가 로렌스 프리드맨 대령의 작업을 통해 루스벨트 대통령은 일본이 외교적 해결 방법의 시한을 11월말로 정했다는 사실을 알고 있었다. '매직'이라는 미국의 암호 해독기 덕분에 일본의 암호 메시지를 정확히 판독할 수 있었다. 유감스럽게도 '매직' 메시지는 일본이 언제 어디에서 공격할지에 대해서는 정확한 정보가 없었다. 협상을 계속하던 루스벨트의 주된 목적은 일본과 타협하는 것이 아니었다. 그는 이미 타협은 물건너갔다고 판단했을 뿐 아니라 일본 대표단과의 협상 타결을 미루면서 전쟁 준비를 완수하고, 때가 오면 전쟁을 받아들이기 위해 국내의 적절한 정치 풍토를 조성하려고 애썼다.

12월초까지 루스벨트는 어느 곳이 될지 모르지만 일본의 공격을 기다리고 있었다. 그의 보좌관 해리 홉킨스는 대통령에게 만약 전쟁을 불가피하다고 생각한다면, 왜 먼저 공격하지 않는지 질문했다. 루스벨트는 미국이 일본의 침략을 받은 나라라는 인상을 세계에 알리는 것이 중요하다고 대답했다. 그렇게 되면 국민을 일치단결시켜 전쟁에 나설 수 있다는 것이었다. 하지만 미군 정보부대는 일본이 어디에서 공격해올지 정확한 지점을 알지 못했다. 그들의 무지無知

는 일본 함대가 무선교신을 완벽하게 중단함으로써 더욱 악화되었
는데, 일본 함대는 3000마일 떨어진 쿠릴 열도에서 남쪽으로 접근하
고 있었으며, 11월 중순에 태평양 쪽으로 출발했다.

루스벨트는 공격이 동남아의 어느 곳, 어쩌면 필리핀이나 괌에서
이루어질 거라고 내다보았다. 누구도 진주만을 표적으로 삼을 거라
고는 상상하지 못했다. 미국 최고사령부는 모든 상선들에게 입항을
지시했고, 큰 위험에 처할 것으로 예상되는 웨이크와 미드웨이를 비
롯하여 모든 해상기지들에는 공격에 대비하여 '만반의 실제적 경계'
를 취하라는 명령이 떨어졌다. '렉싱턴'과 '엔터프라이즈' 호는 항공
증원부대를 싣고 진주만으로부터 웨이크와 미드웨이로 파견되었고,
태평양 함대의 또 다른 함정들이 해상에 있었지만, 대부분의 해군 함
정들은 진주만 습격이 벌어졌을 때 항구에 정박하고 있었다.

12월 6일, '매직'은 도쿄에서 워싱턴의 일본 대표단에게 보내는
장문의 메시지를 해독하기 시작했다. 메시지는 '미국의 태도 때문
에' 외교적 해결 가능성이 없음을 알렸고, 대표단에게 12월 7일 정
각 13시(호놀룰루의 시각에서 새벽)에 협상을 결렬시키라고 지시했다.
문서의 번역은 오전 9시 15분이 지나서야 끝났고, 35분이 더 경과한
뒤에야 국무부에 도착했다. 당시 문서가 참모총장 책상에 올라왔을
때 총장은 외출하여 승마 중이었다. 그 결과, 메시지는 12시까지 지
연되었고, 진주만에 도착했을 때는 너무 늦었다. 공격은 이미 시작
되었다.

미국의 손실은 엄청났다. 일본군은 18척의 군함들을 침몰시키거
나 손상을 입히고 지상의 전투기 204대를 파괴했고, 5군데의 비행장
을 광범위하게 파괴하고, 약 2500명의 군인들을 살해했는데, 1000여

명은 '애리조나' 호가 폭발하여 침몰하면서 함께 수장되었다. 일본 군이 공격에 뒤이어 오아후 섬 전체를 즉시 장악함으로써 추가 공격을 하지 않았던 것은 약간 놀라운 일이다. 그들은 마음만 먹었더라면 비교적 쉽사리 섬을 점령할 수 있었을 것이다.

전쟁을 일으키고 싶지 않은 루스벨트의 마음, 일본과의 불화에서 침략자로 보이지 않으려 한 태도 등은 비교적 쉽게 이해가 간다. 하지만 커다란 대가를 치르게 한 정부 관료들의 서투른 행동, 군 정보부대의 상상력 부족—특히 일본 암호를 해독할 때 보여준 훌륭한 성과에 비추어—은 잘 이해가 되지 않는다. 그것 때문에 미국은 진주만 공격으로부터 막대한 손실을 입었다. 미군 정보부대는 공격에 앞선 진행 사항에 대하여 예상보다 훨씬 많이 정보를 확보했지만, 처리 절차는 지연되었고 또 관료적이었다. 아무튼 그들의 사전 지식은 불완전했다. 일본 최고사령부가 임박한 공격의 세세한 부분을 영리하게 숨기고, 일본 함대가 접근 중에 무선교신을 완전히 중단함으로써(게다가 상선들이 이용했던 항로를 능숙하게 피함으로써), 미국 측은 진상을 제대로 파악하지 못했다. 육군과 해군본부도 책임을 면할 수 없었다. 마지막으로, 대형 전함들이 늘 공습에 취약한 위치에 정박하고 있었다. 미군 지휘부는 이 사실도 충분히 고려하지 않았다. 게다가 진주만과 같은 작은 곳에 이런 많은 함정들을 집결시킨 것은 마치 사건이 터지기를 기다리는 태도라고 할 수밖에 없다.

그리하여 진주만 사건을 직무태만이나 심지어 반역이라고 비난하는 사람들이 곧 나타나게 되었다. 그들은 대통령을 비롯하여 미국의 고위 공직자들이 고의적인 음모에 연루되었다고 주장했다. 미국인들에게 충분한 분노를 일으키되 미국의 궁극적 승리 가능성을 해치지 않는 선제공격을 일본에 유도함으로써, 전쟁하기 꺼려하는 고립주의의 미국을 전쟁으로 끌어들였다는 것이었다. 어떤 비판가는 《엉클 샘의 벽장에 있는 해골》이라는 암시적인 제목으로 1973년에 출판된 저서에서 이렇게 밝혔다―"루스벨트가 자신의 정치적 안정을 위해 하와이 섬의 군인과 민간인의 안정을 맞바꾸었다." 비슷한 주장을 하는 저술들이 나중에 많이 나왔다. 예를 들어,《라누카이 호의 항해: 전쟁을 부추기는 자극》이라는 책은 대통령이 은근히 일본의 대미 공격을 도발했다고 암시했다. 또 다른 책《악명: 진주만과 그 결과》는 해군본부가 임박한 공격의 전모를 알았지만 입을 다물라는 상부 지시를 받았다고 주장했다. 이런 비난을 꼼꼼히 조사해보면, 실은 아무것도 입증하지 못한다. 1981년, G. W. 프레인지 교수는 《우리가 잠들었던 새벽》이라는 책에서 루스벨트가 일부러 일본의 습격을 유도했다는 이른바 '악마이론'을 뒤집었다. 그는 일본을 전쟁으로 유인하는 공직자의 음모가 없었다고 보았고, 설사 음모가 있더라도 미국 정부가 대다수의 미국 태평양함대를 항구에 무방비로 놔둔 채 일요일 아침의 대학살을 기다리는 멍청한 짓을 고의로 저질렀다고 보지 않았다. 인간적 약점, 잘못, 무능, 편의주의의 증거는 있었지만 고의적인 음모의 증거는 전혀 없다는 것이다.

그래도 일본의 진주만 공격이 루스벨트를 피해자처럼 보이게 만든 것은 사실이다. 결과적으로 그는 국민과 일치단결하여 전쟁을 수행할 수 있는 국민적 지지를 이끌어냈다. 그렇다고 해서 그가 전쟁에 참여하기 위해, 진주만 사건을 예방할 수 있었는데도 일부러 방치했다고 암시하는 것은 지나친 비약이고 또 사실무근이다.

## 045

1945년의 얄타 회담은
동서 어느 쪽의 승리였을까

제2차 세계대전의 종전에 대한 전시 '3거두'인 루스벨트, 스탈린, 처칠이 참석한 얄타 회담에 대한 논쟁이 여전히 일고 있다. 회담은 서방 강국의 승리였을까 아니면 소련과 공산주의 블록의 승리였을까? 당시 미국의 국무장관과 같은 옵서버들은 미국과 그 밖의 서방 동맹국들이 회담에서 기대했던 모든 해답을 얻었다고 말했다. 반면에 또 다른 사람들은 비판적인 논평을 내놓았다. 그 회담이 '소련의 외교적 성공의 극치였고 따라서 미국식 유화정책의 최저점'이었다는 것이다.

병색이 완연한 루스벨트 대통령은 상당 기간 스탈린 원수를 정치적인 면에서 너그럽게 봐줄 만큼 신뢰했다. 그는 소련의 어려운 형편에 동정했고 스탈린의 야심을 이해했다. 하지만 미국의 동맹국들과 동시대의 많은 미국인들은 루스벨트의 그러한 스탈린 관에 동의하지 않았다. 한편 루스벨트는 영국의 세계제국주의가 되살아날까 우려하면서 처칠을 더 경계했다. 영국의 예전 지위가 고달픈 전쟁 노력으로 인해 상당히 잠식되었다는 사실을 그는 제대로 파악하지 못했다. 그 결과, 루스벨트의 보좌관들조차도 조심하라는 보좌진의 권고를 무시하고 대통령이 독자적으로 나가는 것을 보고 깜짝 놀랐다.

스탈린은 으레 퉁명스러운 태도로 자신이 손에 넣은 것을 고마워하지 않았지만, 회담 결과 굉장한 이득을 챙겼다. 루스벨트는 처칠의 영미 협력정책을 미리 차단함으로써, 소련으로부터 '영국과 미국이 협조할 거라는 의혹을 사지' 않으려 했다. 회담에서 논의된 중요한 의제는 폴란드 관련 사항이었는데, 그곳은 소련이 이미 실질적으로 통제하던 지역이었다. 그 문제가 나왔을 때, 루스벨트는 소련의 제안에 기꺼이 동의했다. 소련은 폴란드에서 '반反나치의 모든 민주적 정당들이 참여하는' 선거를 치르자고 제의했다. 처칠은 국제선거 감시단을 파견하자고 강력하게 주장했지만, 루스벨트는 스탈린에게 〈유럽 해방 선언〉에 서명하라고 요청하는 것이 고작이었다. 그 선언은 주로 말로 상대방을 안심시키는 약속들로 이루어져 있었는데 스탈린은 기꺼이 서명했다. 스탈린은 2년 안에 미군이 유럽에서 철수할 것이라는 루스벨트 대통령의 말을 듣고서 더욱 신이 났다.

1월 얄타에서 스탈린은 소련군이 8월에 일본을 상대로 전쟁을 시작하는 대가로 상당한 영토 보상 약속을 받아냈다. 소련은 그리하여 일본과의 전쟁에 뛰어들었지만, 그 시점은 일본이 최종 항복하기 며칠 전이었다. 얄타 회담에서 극동은 중요한 의제가 아니었다. 크게 볼 때 러시아가 아직 태평양전쟁에 참전하지 않았기 때문인데, 그래서 장개석 문제를 검토하는 것은 밑그림에 불과했다. 이런 사정을 잘 몰랐기 때문에 "얄타 비밀합의에서 미국의 외교관들이 중국 영토의 통일성과 정치적 독립성을 넘겨주고, 대서양헌장의 원칙을 저버리고, 은밀하게 중국 공산화의 청사진에 동의했다"는 주장이 나중에 나왔다.

스탈린이 외몽고, 쿠릴 열도, 남 사할린, 포트 아서의 임차, 중국 동부 철도와 남만주 철도의 중국 합작 운영권을 요구하여 얻어낸 것은 사실이다. 그렇기 때문에 비판자들은 중화민국이 배신당했다고 생각했다. 하지만 다른 한편으로 현실주의자들은 이렇게 믿었다 ― '서방 연합국은 소련이 자력으로 취하지 못하는 것을 거저 준 것이 하나도 없다.' 에이브릴 해리맨의 얘기에 따르면, 얄타에서 장개석 정권의 전복을 방치한다고 결정한 바가 전혀 없다. 소련은 국민당 정부를 배신하지 않았다. 단지 장개석에게 해주었던 약속을 이행하지 않았을 뿐이고, 그 동안 장개석은 수습할 수 없을 만큼 무능력에 빠져 정권이 붕괴되었다.

사실, 루스벨트를 옹호하는 사람들은 그가 소련과 타협하면서 어리석게 행동한 것은 없다고 생각했다. 어떤 시사문제 해설자는 상원 위원회에 나와, 솔직히 폴란드 협상 조건조차 불만스러운 게 아니라고 증언했다 ―"나는 얄타 협정을 굴복이라고 생각지 않습니다. 소련이 그 협정을 어겼다고 해서 그 협정이 잘못 체결되었다고 말할 수는 없습니다. …… 폴란드나 폴란드 국민에게 유리한 것을 훨씬 더 많이 해줄 수 있는 상황이 아니었을 뿐입니다." 스테티니어스 국무장관은 훨씬 더 나아가 이렇게 주장했다 ―"회담의 기록을 살펴보면, 얄타에서 우리가 소련에게 양보했던 것보다 소련이 영미권에 훨씬 더 많이 양보했습니다. 체결된 협정은 …… 전체적으로 볼 때, 미국과 영국의 외교적 승리였습니다."

지금은 이 정도로 루스벨트를 지지하는 사람들은 찾아보기 어려울 것이다. 하지만 스탈린은 서방의 반공주의자들이 주장하는 것처럼 이해타산적이거나 배신을 밥 먹듯이 하는 사람이었던 것 같지는 않다. 결국 그는 처칠이 1944년 후반에 '웃기는 문서'라고 말한 것에 동의했고 뒤이어 그것을 존중했다. 사실 그 문서는 스탈린에게 루마니아와 불가리아를 위성국가로 제공하는 대신, 소련을 지중해에서 배제하는 내용이었다. 이와 관련하여 소련은 이탈리아와 그리스의 공산주의자들을 돕지 않는다는 단서가 붙었다. 스탈린의 동기 또한 순전히 방어적이었다. 그는 자신이 손에 쥔 것을 지키려 했다. 그의 고질적인 비밀 엄수주의는 전쟁으로 엄청난 피해를 입은 소련의 현황이 서방 국가들에게 알려질 것을 우려했던 두려움에서 나온 것이었다. 그가 발칸 반도와 폴란드의 비非공산주의 적들을 가혹하게 취급했던 것은 사실이지만, 그것은 스탈린이 적을 다루는 상습적인 방식이었다. 서방 옵서버들은 예전부터 있어온 그런 방식을 충분히 보지 못했을 뿐이었다.

그래도, 세상을 떠나기 며칠 전 루스벨트는 자신이 스탈린에게 너무 양보했다는 씁쓸한 결론을 내렸다. 3월, 그는 처칠이 자신에게 보낸 일련의 격렬한 메시지를 이해했다. 처칠은 그가 미래를 너무 낙관적으로 예상한다고 지적했던 것이다. 루스벨트는 주먹으로 휠체어를 치면서 이렇게 말했다고 전해진다—"스탈린과는 앞으로 거래하지 못하겠어. 그는 얄타에서 다짐한 약속을 모조리 파기했으니까." 그의 후계자, 트루먼은 이런 견해를 기꺼이 받아들였다. 하지만 유감스럽게도, 이러한 사태 해석 역시 과녁에서 멀리 벗어난 것이다.

역사의 수정,
주류에 똥칠을 놓아 봐

## 046

새뮤얼 플림솔은
해상 안전에 어떤 기여를 했을까

역사학자들과 역사 교과서는 플림솔에 대하여 종종 이렇게 말한다. 19세기의 개척자 새뮤얼 플림솔은 온 생애를 해상의 안전이라는 대의명분에 헌신한 뒤, 1876년 상선해운법 제정에 성공하고, 당시 상선의 상태를 개선했다. 만약 그가 그렇게 하지 않았더라면 바다에서 수많은 선원들이 목숨을 잃었을 것이다. 이것은 분명 미담이지만, 유감스럽게도 사실은 사뭇 다르다.

물론 해결해야 할 문제가 아예 없었다는 것은 아니다. 화물을 적재한 배의 상태는 위험했고, 선원들은 공장법의 보호를 전혀 받지 못했다. 1854년에 통과한 상선해운법은 초기 법규를 식량, 의료, 숙박 설비, 선원 임금까지 확대적용한 것이었지만, 해상안전 문제에 전혀 관심을 기울이지 않았다. 선주들은 때때로 항해하기 적절치 않은 배를 출항시켜, 항해하다가 파선하여 침몰하고 선원들이 익사했다. 배는 들보가 썩고, 목제 이음매가 삭거나 '나쁜 볼트'가 끼어 있었다. '나쁜 볼트'는 경제적 이유 때문에 사용되는 가짜 볼트인데, 이런 불량부품은 제 기능을 발휘하지 못하여 사고의 원인이 되었다. 이런 배는 '관棺처럼 생긴 배'라고 알려져 있었다.

또 다른 선주들은 썩은 배를 저렴하게 사들여 화물을 지나치게 많이 싣고, 보험을 두둑하게 가입한 뒤에 재난이 발생하면 배와 화물 양쪽에서 보험금을 챙겼다. 선주는 뱃전이 해면에 닿을 정도로 과도하게 적재한 다음 선원들을 결코 돌아오지 못할 항해에 내보내기도 했다. 선주는 운하를 다니도록 설계된 배를 대서양으로 보내거나 엔진의 능력을 초과하여 짐을 싣거나 뱃머리가 기울어질 정도로 갑판에 짐을 싣기도 했다. 어떤 선주는 솜이 든 짐짝을 갑판에 많이 실을수록 배가 침몰했을 때 선원들이 목숨을 구할 가능성이 높아진다는 황당한 얘기도 했다. 선주는 비용을 절감하기 위해 선원을 적게 뽑거나 부두의 쓰레기 같은 인간을 선원으로 고용하는 일이 많았다. 사실, 어떤 선주들은 이렇게 주장했다는 얘기도 전해온다—"만약 배가 침몰한다면, 그것은 배가 화물을 너무 많이 실어서가 아니라 선원들이 만취하여 배를 제대로 돌보지 않은 탓이다."

새뮤얼 플림솔은 혼자서 선주들의 이런 횡포에 맞서 싸웠다. 1824년, 브리스톨에서 태어난 그는 평생을 바쳐 상선해운의 안전 상태를 개선하려고 애썼다. 베네치아의 선원들이 약 1000년 전에 그렇게 했던 것처럼, 만재흘수선滿載吃水線(loadline, 적재선)을 배에 표시하도록 요구한 것은 그의 아이디어였다. 이 적재선은 처음에는 배의 너비와 상관없이 건현乾舷(흘수선에서 상간판까지의 현측)부터 화물창까지 물속으로 내려가도 허용이 되었다. 하지만 나중에는 '예비부력'이라는 것으로 엄격하게 단속하게 되었는데, 이것은 물속에 잠기는 부분을 지탱하기 위해 수면 위에 드러나야 할 배의 부분을 비율로 정한 것이다.

플림솔은 의회에서, 안전 항해를 보장하는 입법을 추진했고 여러 번 소동을 피웠지만 의원들은 그의 얘기를 경청하지 않았다. 그는 선주들이 수많은 선원들을 무모하게 죽음으로 내몬 악당이나 살인 자 패거리라고 확신했다. 선주에 관하여 선원들이 하는 얘기를 널리 퍼트리는 바람에 명예훼손죄로 여러 번 고소를 당하기도 했다.

디즈레일리는 그를 아주 귀찮은 존재로 인식했고 가혹하게 비난 했다. 가령 1875년 레이디 브래드포드에게 보낸 편지에서 그는 이렇 게 썼다―"플림솔은 까다로운 사람으로 정계의 무디와 생키(어떤 문 제를 소란스럽게 떠들고 다니는 자) 같은 존재인데 절반은 깡패, 절반은 광인입니다."

1875년 7월, 의회는 필림솔이 사악한 선주 편을 든 의원들을 난폭 하게 공격했기 때문에 일주일 동안 그에게 의회 출입을 금지했고, 그는 자신의 행동에 대해 비참하게도 사과해야 했다. 의회는 일반대 중이 그를 강력하게 지지한다는 사실을 의식하고 임시법을 제정했 다. 그 법은 나중에 확대되어, 1876년의 상선해운법에서 상설 조항 으로 명문화되었다.

이 법은 해운법을 많이 개선했지만, 가장 중요한 항목에서 결함 이 있었다. 만재흘수선의 조항을 명문화해도, 선주는 적절하다고 생 각하는 곳에 금을 그을 수 있다고 한 것이었다. 카디프의 어떤 변덕 스러운 선장은 증기선의 굴뚝에 적재선을 칠해놓고 그게 그 배의 적 당한 흘수선이라고 우겼다.

따라서 플림솔이 상선해운의 안전 문제를 단숨에 해결했다는 생 각은 근거 없는 것이다. 플림솔이 그 후에도 계속 관련법의 개선을 위해 열심히 뛰었다는 사실을 보면 새로운 법의 한계를 분명 알고 있었다. 이를테면 1880년, 그는 신임 상공장관 조지프 체임벌린에게 그 문제를 끈질기게 설득하려는 충동에 사로잡혀 버밍엄까지 함께 여행했다. 플림솔은 아침 7시에 장관의 집 현관 앞에 서서, 잠옷을 입고 있는 체임벌린과 면담하겠다고 우겼다. 체임벌린은 그를 좀 도와주기는 했지만, 바다에서 매년 죽는 60명이 광산에서 매년 죽는 315명에 미치지 못한다는 사실에 주목하고 그리 큰 열성을 보이지 않았다. 따라서 플림솔은 소란스러운 행동을 계속했지만 별로 큰 효과를 거두지는 못했다. 1898년 세상을 떠나기 직전에 그는 선원들을 위해 이룩한 것이 '별로 없다'고 한탄했다.

20세기 초의 10년이 지나서야 비로소 의회는 태도를 바꾸어, 배의 만재흘수선을 정하기 위해 예비부력을 올바로 계산해야 한다는 플림솔의 의견과 방법에 동의했다. 하지만 그렇게 해놓고서도 만재흘수선을 엄격하게 지키지는 못했다. 당시 상공장관이던 로이드 조지는 1906년에 적재선의 높이를 다시 올렸는데, H. M. 힌드맨은 그것을 살인자의 조치라고 비난했다. 제1차 세계대전 때 선원들은 흘수선 따위는 별로 신경 쓰지 않았고, 그래서 그 선은 다시 올라갔다. 갑판 적재는 그후 계속되다가 1949년의 상선해운법이 제정되면서 금지되었다. 그렇게 된 것은 인도적 조치 때문은 아니었고, 신형 상선들에 필수 장비인 레이더를 설치하기 위해 갑판을 비워야 했기 때문이다.

 아프리카 식민지 쟁탈전이 실제로 벌어졌을까

유럽 제국들이 전성기를 누리던 19세기 후반, 역사책들은 유럽 강대국이 아프리카 식민지를 건설하려고 투쟁한 이야기로 가득했다. 대강 이런 이야기다. '검은 대륙'이라고 불렀던 미지의 땅을 개척하는 것은 영웅적인 모험이었고, 뒤이어 유럽 국가들은 미친 듯이 '쟁탈'하여 최단시간 내에 많은 아프리카 영토를 장악했다. 후대의 많은 역사가들은 아프리카 식민지 쟁탈전이라는 도식적인 해석에 의문을 제기했고, 이제 그것을 사뭇 다른 관점에서 보면서 '아프리카 쟁탈전'을 대단히 잘못된 생각이라고 본다.

1870년 이전에, 아프리카 대부분의 내륙은 유럽 사람들에게 미지의 땅이었다. 해안의 몇몇 정착지들은 유럽 강국의 통제를 받았고 대부분의 정착지들은 영국의 케이프 콜로니와 프랑스의 알제리에 속해 있었다. 19세기 후반에 에티오피아, 리비아, 모로코를 제외한 아프리카 전체 지역은 유럽이 분할 소유했다. 에티오피아는 1896년 아도바에서 이탈리아 침략군에게 치욕적인 패배를 가하지 않았다면 똑같은 추락의 길을 걸었을 것이다. 스페인과 프랑스는 이미 모로코에서 활동하고 있었다. 30년 동안 대륙에 이런 변모가 오면서 유럽 강국들은 아프리카 식민지를 얻기 위해 열심히 경쟁했고, 이것이 제국주의적 열성에서 비롯되었다고 생각되었다. 하지만 이런 해석은 면밀히 따져보면 별로 치밀한 해석이 아니다.

영국은 통상적으로 19세기의 식민 강국으로 인식되었고, 영국 정치가 디즈레일리는 영국 국민과 영국의 주요 정당들이 대영제국을 자랑하도록 만든 공로가 있었다. 하지만 영국은 아메리카 대제국을 1783년에 잃었다. 그때부터 영국은 남아 있는 식민지들을 비경제적인 고민거리, 나중에는 '백인의 무거운 짐'이라고 여겼다. 식민지들은 아메리카의 선례에 따라 해방되어 독립할 때까지, 영국이 통치하고 보호해야 할 부담스러운 의무사항에 지나지 않았다.

인도는 19세기 영국이 해외에서 책임을 맡은 가장 큰 지역이었고, 또 1857년 폭동이 일어나면서 영국의 통치가 불안정하다는 것을 보여주었다. 하지만 아메리카의 독립 경험과 인도의 정국 불안에도 불구하고 영국은 서둘러 식민지를 포기하지 않았다. 사실 영국의 대對아메리카 정책은 미국이 캐나다 또는 영국의 카리브 해 식민지를 넘보지 않도록 예방하는 것이었다. 동시에 영국은 뉴질랜드에 식민지를 세우고, 오스트레일리아에 새로운 식민지를 건설했다. 디즈레일리의 관심사는 식민지들이 모국과의 효율적인 단결을 추구하기보다 나름대로 제 갈 길을 가도록 허용하는 것이었다.

1872년 6월 24일, 디즈레일리는 런던의 수정궁에서 기념비적인 연설을 했다. 그 연설은 제국의 유지를 강조했다. 특히 영국은 인도에서의 역할을 포기해서는 안 되고, 인도 외에도 영국이 소유하고 있는 영토와의 유대관계를 강화해야 한다고 주장했다. 나중에 그의 연설에 붙여진 주석들과는 다르게, 디즈레일리는 제국의 현황을 유지하자는 것이었지 '확장'을 지지한 것은 아니었다.

설사 19세기 후반에 강대국들이 아프리카 식민지를 건설하기 위해 맹렬히 돌진했다 하더라도 그건 마지못한 돌진이었다. 어떤 역사가들은 레오폴드의 '벨기에 국제협회'가 콩고 유역을 개척하면서 '쟁탈'이 시작되었다고 주장하지만, 레오폴드의 사업은 개인적 모험이었고 벨기에 정부는 나중에 세계 여론에 밀려 참여폭을 넓힐 때까지 아주 미적지근한 태도를 취했다. 대부분의 모험은 개인 무역업자들을 통해 시작되었다. 나중에 무역업자들은 정부를 설득하여 책임을 떠맡겨 관리비를 절약하는 한편, 정부에 편승하여 무역과 개척을 확장하고, 교회는 선교사들을 파견하여 원주민들에게 종교를 전파했다.

영국은 심한 갈등 없이 콩고에 얽힌 이해관계를 포기했고, 1900년까지 나이지리아를 영국의 식민지로 만들라는 압력에 반발했다. 영국의 주된 관심사는 인도와 그곳으로 향하는 통상로였다. 터키가 더 이상 육상의 통상로를 보호할 만큼 강력하지 못했고 또 육로가 수에즈 운하로 대체되자, 영국은 1875년 운하의 대주주 지분을 확보하고, 이집트의 키디브(터키 정부가 파견한 총독)에게 맡겨 그 운하를 보호하게 했다. 하지만 그는 운하를 보호하지 못했다. 영국은 국제협력에 참여하여 키디브를 지지했지만, 키디브를 보호하기 위해 단독으로 1882년 아라비 파샤의 반란군과 싸우게 되었다. 후임 영국 정부들은 이집트에 발판을 세우기는커녕 그뒤 20년 동안 이집트에서 발을 빼기 위해 최선을 다했다. 영국은 여러 차례 국제회의에서 운하의 안전을 다른 방법으로 보장할 수 있다면 이집트를 포기하겠다고 말했다. 영국은 1885년 수단에서 포위되어 전사한 상승常勝장군 고든의 복수를 하라는 민중의 압력에도 불구하고 주로 전비戰費 문제 때문에 13년 동안 복수를 거부했다. 결국 1898년에 키치너 원정대를 보냈으나 그 주된 목표는 마흐디의 후계자들이 이집트를 위협하지 못하게 하려는 것이었다.

영국은 대체적으로 아프리카의 다른 곳에서도 식민지 건립을 꺼려했다. 영국은 독일과 보어가 결합하여 인도로 향하는 케이프 항로를 위협할까 우려한 나머지 1885년 베쿠어나랜드를 자국의 보호령이라고 선포했다. 영국은 1884년 독일의 남서아프리카 획득을 막지 않았지만, 웰비스 만을 점령함으로써 케이프 항로에 대한 관심을 보여주었다. 동아프리카에서 영국은 심지어 독일의 확장을 도와주었지만 1890년에 잔지바르를 점령하여 노예무역을 규제하는 정책을 계속했다. 독일과의 1890년 협정으로 영국은 우간다에서 영향력을 발휘하는 국가가 되었지만, 솔즈베리와 글래드스턴이 처음에 합병을 거부하는 바람에 우간다는 1895년까지 영국의 정식 식민지가 아니었다. 케이프 콜로니는 인도로 가는 남항로에 걸쳐 있는 영국의 주요 전초기지였고, 영국은 그것을 보호하기 위해 관심을 기울였다. 보어 인들이 영국의 통치권을 거부했기 때문에, 영국은 보어공화국이 강력해지지 않도록 또는 이웃 영토에서 동맹국을 찾아내지 못하도록 견제를 가했다. 예전에 아프리카에서 강력했던 포르투갈 제국이 쇠퇴하고 있지만 아직은 힘이 남아 있기 때문에 영국은 가장 오래된 동맹국을 지지해야만 했고, 보어공화국이나 어떤 강국이 포르투갈의 손에서 전략적인 델라고아 만을 빼앗아가지 못하도록 원조해야 한다고 생각했다. 영국은 1889년 보어공화국의 북쪽에서 남아프리카 회사를 설립하여 보어인들을 포위했고, 보어인들에게 가해진 마타벨레의 성가신 위협에 대비했다.

카이저 빌헬름 2세는 나중에 독일이 아프리카 쟁탈전에 너무 늦게 뛰어들어 남아 있는 찌꺼기 땅으로 만족해야 한다고 불평했다. 하지만 비스마르크는 그렇게 보지 않았다. 어차피 대함대가 없으므로 독일이 많은 식민지를 확보할 가능성은 없었다. 따라서 비스마르크가 카메룬과 남서아프리카 등의 영토를 획득한 것은 유럽 외교 무대에서 홍정의 미끼로 삼기 위한 것이었다. 그런 만큼 1884년의 베를린 회담은 아프리카의 땅 배분에 못지않게 유럽의 외교 관계가 중심 의제였다. 이렇게 볼 때 독일의 식민지들은 그 자체로 목표가 되지 못했고, 국제적인 체스 게임에서 졸 역할을 맡았다. 나중에 그 식민지들은 독일의 해군 프로그램을 정당화하기 위해 이용되었다. 1880년대에 비스마르크는 유럽의 우위를 확보하기 위해서라면 아프리카 식민지 하나쯤은 기꺼이 떼어주었을 것이다. 1890년대 들어와, 식민지가 국위를 떨치는 상징이 되었기 때문에 그런 떼어주기의 선택은 더 이상 가능하지 않았다. 그렇더라도 남은 땅을 분할하기 위해 부당하게 서두르는 법은 없었다.

1882년에 이르러 비스마르크는 프랑스를 부추겨 튀니지를 점령하게 했는데, 그 진짜 목적은 아프리카 진출에 실패한 이탈리아를 양국동맹에서 내쫓기 위한 것이었다. 식민지 욕구가 강했던 이탈리아는 1890년대에 에리트레아와 소말리랜드에서 활동했으나 실제로 이탈리아의 관심사는 유럽에 관한 것이었다. 1882년 이후 이탈리아는 아프리카에서 다른 강대국들과 경쟁하고 싶지 않았고, 손쉬운 식민지만 찾고 있었다. 그래서 1891년 영국과 협정을 체결하면서 식민지 야심을 억제했고, 효과적인 저항이 별로 없을 거라고 예상했기 때문에 이탈리아는 1896년 에티오피아를 공격했다.

프랑스는 아프리카 제국帝國을 얻기보다 알자스-로렌을 회복하는 데 훨씬 더 많은 관심을 갖고 있었다. 튀니지는 프랑스의 알제리 이해관계가 확장된 것이었다. 프랑스는 처음엔 영국이 이집트에서 식민지를 건설하도록 방치했지만 나중에 그것을 후회했다. 한편, 영국은 프랑스의 사하라 세력권에 이의를 제기하지 않았고, 1890년 협정으로 확실한 마다가스카르 통제권을 프랑스에게 주었다. 마르샹 대령의 나일 강 원정대는 영국의 수단 내 지위에 심각하게 도전하기 위한 것이 아니었다. 하지만 원정대는 예상과 다르게 영국과의 대결 국면을 불러왔고 물러설 수 없는 국가적 체면의 문제가 되었다. 프랑스는 영국이 독일과 한 패가 되는 것을 바라지 않았고 그래서 물러섰다.

제국주의는 비용이 많이 드는 사업이었다. 오직 킴벌리, 랜드, 나중의 콩고만이 유럽의 투자에 큰 수익을 가져다주었을 뿐이다. 어떤 국가도 노골적으로 제국주의를 내세우며 아프리카 식민지를 건설하지 않았다. 아프리카를 분할한 유럽 국가들은 갖가지 이유 때문에 또는 우호적인 의도 때문에 그렇게 했다. 파쇼다조차도 겉보기만 화약통인 것 같았지 실은 그렇지 않았다. '쟁탈'도 없었다. 대부분의 식민지 획득은 마지못한 것이었고 일시적이라는 전제 아래 이루어졌다. 어떤 국가도 쟁탈하지 않았고, 어떤 나라도 아프리카 식민지 확보를 위해 돌진하지 않았다. 유럽의 아프리카 식민지는 그리 중요한 사안이 아니었고, 유럽 국가들의 국제관계가 친소에 따라 애증의 관계로 바뀐 1900년 이후에나 국가적 자존심과 국위의 문제가 되었을 뿐이다.

## 048

1910년 토니팬디의
'대학살'은 과연 존재했을까

남부 웨일스, 예전의 웨일스 탄광 지역에서 H. H. 애스키스의 자유당 정부가 군대를 동원하여, 노동자의 권리를 주장하며 파업 중인 웨일스 광부들에게 발포했다는 이야기가 여태 전해지고 있다. 당시 내무장관인 윈스턴 처칠은 이 만행에 책임이 있다고 한다. 그 결과, 웨일스 사람들은 결코 영국의 지배 계급을 용서하지 않았다. 하지만 그런 사건이 정말로 일어났던 것일까?

처칠이 급진적 인사라는 사실은, 처칠처럼 '고용주계급'에 대하여 반감을 갖고 있던 웨일스 광부들의 마음에 들었을 것이다. 그러나 웨일스 사람들의 기대는 빗나갔다. 처칠은 토니팬디 사건에서 노동자들을 야만적으로 대했을 뿐 아니라 노동자계급의 대의명분을 크게 훼손시켰다. 적어도 웨일즈 사람들은 그렇게 생각했다.

당시 사태가 아주 심각했다는 것은 의심할 여지가 없다. 탄광산업의 노동조건은 이 당시 전국적으로 열악했지만 남웨일스가 가장 심했다. 그들을 보호하기 위한 법이 여러 번 통과했지만, 수많은 광부들은 주급 2파운드가 못되는 임금으로 아내와 많은 자녀들을 부양해야 했다. 이러니 광부들의 감정이 격해질 수밖에 없었다.

하지만 정부가 정말 군대를 동원하여 배고픈 비무장 광부들을 무자비하게 억압했을까? 사정은 그렇지 않았다. 토니팬디 사건은 그리 볼만한 구경거리가 아니었다. 현장에 있었던 사람들은 실제로 어떤 일이 벌어졌는지 잘 알고 있었다.

상황은 확실히 위협적이었다. 론다 계곡에서 항의하던 광부들 중에서 과격한 패거리는 난폭한 상황으로 빠져들었고, 지방 경찰관들은 그들의 난폭함에 겁먹었다. 몽둥이와 장대로 무장한 패거리는 날이 어두워진 뒤에 거리를 배회했고, 상점은 물건이 털리거나 파괴되었다. 결국 글래모건의 경찰서장은 치안을 유지하기 위해 내무부에 군대 파견을 요청했다. 만약 현지 경찰서장이 이런 요청을 한다면, 그것을 거절할 내무장관은 아마 없을 것이다. 하지만 처칠은 평소 거친 말투에도 불구하고 폭도와 대치한 군대가 발포할까봐 크게 우려하여, 군대를 보내라는 명령을 급히 취소하고 그 대신 수도경찰을 파견했다. 수도경찰관들은 방수외투를 팔뚝 위로 걷어붙인 것 외에는 비무장이었다. 군부대가 예비로 부대에서 대기하고 있었던 것은 사실이지만, 실제로 거리에서는 비무장 경찰관들이 파업하는 폭도와 맞섰을 뿐이다. 이것이 사건의 진상이다. 그래서 피를 흘렸다고 해봐야 몸싸움 과정에서 몇 명이 코피를 흘린 게 전부였다.

따라서 처칠이 '전례 없는 개입'을 했다고 비판한 것은 의회 내에서의 정치적 발언일 뿐이다. 하지만 처칠이 무력진압은 없었다고 아무리 부인해봤자 소용이 없었다. 처칠이 노동자들의 무자비한 적이라는 생각은 그후 여러 해 동안 사라지지 않았다. 이런 이미지는 그가 1926년 영국 총파업 때 거친 발언을 해서 더욱 강화되었다.

## 049

몽스의 천사들은
신이 개입한 것이었을까

몽스의 전설은 곧이곧대로 믿는 사람들과 애국자들 모두에게 위안과 충족감을 오랫동안 가져다주었다. 하지만 그것은 사실무근이다.

제1차 세계대전 초기에 스미스-도리언이 지휘하던 영국 원정대의 3사단과 4사단은 벨기에 지역에서 폰 클룩 휘하의 독일의 약 40만 대군과 대치했다. 독일군의 숫자는 영국보다 4대 1로 우세했고, 그 결과 영국군은 1914년 8월 27일부터 28일까지 몽스에서 퇴각할 때 심한 압박을 받았다. 그들은 세심한 준비를 갖춘 독일군으로부터 위협을 당했고, 독일군은 영국군의 전투 능력과 용기에 깊은 인상을 받았다. 영국군의 소총 사격은 대단히 빠르고 정확하여(분당 '15회의 신속한 발사') 독일군은 기관총과 대적한다고 생각될 정도였다. 총사령관 존 프렌치 경은 영국군이 위태로운 처지에 빠진 것을 알게 되었다. 그의 좌익에는 부대가 사라지다시피 했고, 우익의 프랑스군은 서둘러 후퇴하여 이미 몇 마일 뒤에 있었다. 원정부대, 특히 스미스-도리언 사단은 엄청 우월한 적의 잇따른 공격을 심하게 받고 있었다. 많은 병사들은 하느님이 개입한 덕분에 자신들이 살아남았다고 믿었다.

얼핏 보기에, 아무것(특히 장교들의 얘기)도 믿지 않기로 유명한 영국 보병이 '몽스의 천사들' 얘기를 믿었다니 좀 이상하다. 흰옷을 입고 불타는 칼을 든 천사들이 필사적으로 싸우던 영국군 위의 공중에 나타나 독일 제1군과 맞서 싸웠다는 것이다. 많은 병사들은 그 이야기를 믿었고 '몽스의 천사들'은 제1차 세계대전에서 생겨난 전설 중에서 가장 오래 지속되었다. 이것을 어떻게 설명할 수 있을까?

대답의 일부는 전쟁터의 상황에서 찾아볼 수 있다. 1914년의 전쟁터는 정말로 처참한 것이었다. 맹렬한 대포 발사 때문에 병사들의 시체는 형체를 알아볼 수 없을 정도로 갈가리 찢겼고, 엄청나게 많은 병사들이 소총과 작은 병기를 가지고 육박전을 벌이다가 죽어갔다. 지원부대는 포연 자욱한 전쟁터와 밤낮 없이 계속되는 격렬한 전투에 완전히 압도당했다. 거센 연기 기둥이 전쟁터 위로 소용돌이치며 퍼져나갔다. 이런 상황에서, 혹사당하여 기진맥진한 많은 사람들 중 어떤 병사가 포연 자욱한 공기 중에서 뭔가를 보았다고 해서 무어 그리 이상한 일일까. 어쩌면 그 현상은 집단 히스테리였을지도 모른다.

하지만 더 무미건조한 설명이 있다. 1914년 9월 29일, 아더 메이천은 《이브닝 뉴스》에 대중적인 소설 〈사수射手들〉을 발표했다. 아쟁쿠르 전투에서 죽은 영국 사수들의 유령이 1914년 힘겨워하는 동포를 구하러 달려와, 전진하는 독일군에게 유령 화살을 쏘아 상처 없는 죽음을 안겼다는 내용이었다. 메이천은 이 유령들이 "길게 줄을 잇고 번쩍거린다"고 하면서 양쪽 군대 사이에 나타났다고 묘사했다. 이 '번쩍거린다'는 말은 아주 마술적인 단어였다. 며칠 만에 메이천이 상상해낸 사수들은 진짜 천사들로 바뀌었고, 소설은 객관적 사실로 둔갑했다. 천사들의 옷은 티 없이 하얀 옷이 되었고 화살은 불타는 칼이 되었다. 소설로 쓴 것을 사실로 믿어지게 되었다. 저자인 메이천은 이런 상황에 당혹했지만, 교회의 신자들은 그가 몽스에서 실제로 일어난 것을 초자연적으로 깨달았다고 확신했다—"천사들은 진짜였고 그들은 분명 몽스 부근의 하늘에 나타났다." 이런 얘기를 의심하는 것은 애국적인 태도가 아니었다.

이렇게 말한 병사들도 있었다—"전선으로 투입되면서 '의기양양함'을 느꼈고, '전투에서 상당히 멀리 떨어진 느낌'이 들었고, '무적'의 충천하는 사기를 느끼는 것이 마치 '다시 태어난' 듯했다." 평소 하느님이나 종교를 생각하지 않았던, 교양 없는 무식한 보통 병사들에게 이런 경험은 완전히 새롭고 깊은 인상을 주었다. 전문 심리학자들은 이것을 '전치轉置된 기독교' 현상이라고 부른다.

## 050

짐머만의 전보는
미국의 참전을 초래했을까

미국의 1차 대전 참전을 유발한 것이 베를린에서 멕시코로 보낸 짐머만의 전보였다고 한다. 또 루시타니아 호의 침몰이 미국의 참전을 초래했다고도 한다. 하지만 두 사건은 약 2년의 시간차가 있어서 어느 하나는 오류일 가능성이 높다. 짐머만의 전보 이야기는 명백한 오류는 아닐지 몰라도 아주 작은 진실만 품고 있을 뿐이다.

1917년 1월 19일, 알프레트 짐머만이 이끄는 독일 외무부는 암호 전보를 멕시코시티의 독일 대사에게 보냈다. 내용은 만약 미국이 독일과 전쟁한다면, 독일 대사는 즉각 멕시코에게 동맹을 제안하라는 것이었다. 이것은 진지한 제안이었을까? 미국의 참전을 재촉했을까?

1917년 1월, 독일이 미국의 참전을 불가피하다고 본 것은 의심할 여지가 없다. 독일의 무제한 잠수함전 재개 결정으로 미국 국적선의 침몰은 피할 도리가 없었다. 1월 31일의 발표문은 상당한 토론을 거친 후 발표 며칠 전에 결정되었다. 따라서 무제한 잠수함전이 재개될 것임을 알고서 독일 외무부는 1월 19일의 전보를 보냈다. 전보는 독일과 멕시코의 동맹을 제안했고 독일이 승리할 경우, 멕시코는 1846년에 잃었던 뉴멕시코, 애리조나, 텍사스, 그 밖의 영토를 돌려받게 된다는 것이었다. 또 멕시코가 일본을 설득하여 독일과 일본의 평화협정 체결을 주선하고 일본이 미국에게 선전포고를 하도록 유도하라는 내용도 있었다. 하지만 멕시코가 이렇게 유도하는 구체적 방법은 언급되지 않았다.

이런 전보를 보냈다는 것은 독일이 멕시코의 정세를 잘 파악하지 못했음을 보여준다. 멕시코의 카란사 대통령은 미국의 지원 덕분에 그 지위에 올랐다. 1916년, 퍼싱 장군과 미군의 추격 때문에 대통령의 라이벌 판초 비야는 모처에서 은신하고 있었다. 이때 멕시코 민족주의자의 지지를 잃을까 우려한 카란사 대통령은 마지못해 뒤늦게 멕시코 군대를 보내, 멕시코 영토로 침입하는 퍼싱 장군에게 맞서 싸우게 했다. 판초 비야는 확실히 반미였지만 카란사는 생각이 달랐다. 독일은 짐머만 제안이 멕시코 사람들을 비야 편으로 불러 모을 것이라고 생각했을지 모르지만, 판초 비야의 군대는 이미 붕괴된 상태였다. 게다가 암호로 보내기는 했지만 그 전보는 보안이 확실하지 않았다. 암호가 누설되지 않는다는 보장이 없었고, 또 해독된 전보가 엉뚱한 사람의 손에 들어갈 가능성도 많았다. 만약 미국이 그런 배후의 음모를 알게 된다면, 고립주의의 입장은 크게 약화되면서 서둘러 참전할 것이다. 하지만 독일은 이래저래 미국의 참전이 임박했다고 보았기 때문에 그런 전보를 보냈을지도 모른다.

결국 영국 외무부는 전보를 해독하고 그 사실을 미국 대사에게 알렸다. 출처의 비밀을 지키기 위해, 미국은 멕시코시티의 독일 공사관에 근무하는 멕시코인 서기를 매수하여, 그가 해독된 전문의 사본을 건네준 것처럼 꾸몄다. 그 동안 미국은 2월 2일에 독일 및 오스트리아-헝가리와 단교했는데, 표면적 이유는 독일의 1월 31일 잠수함전 발표 때문이었다. 미국은 전보의 발표를 3월 1일까지 늦추었다. 왜 지연했을까? 백악관은 한 달 동안 전보 사본을 가지고 있었다. 그것은 영국이라는 출처를 보호하기 위한 것이 아니었다. 윌슨 대통령은 여전히 독일이 무제한 잠수함전을 포기하기를 원했다. 윌슨은 "전쟁으로부터 미국을 지킨다"는 슬로건을 내세우고 재선되었기 때문에 가능한 한 참전을 피하려 했다. 하지만 평화의 인물 윌슨은 본의 아니게 서서히 전쟁 쪽으로 끌려들어갔다. 3월초, 그는 전쟁이 불가피하다는 것을 알게 되었다. 그런 상황에서 전보를 발표하여, 국민의 전쟁 지지도를 강화시키기로 마음먹었다. 그렇지만 전보 발표 이후에도 윌슨은 의회에 보내는 전쟁 메시지를 다시 한 달 동안 가지고 있었다. 그리하여 그 한 달 동안 미국 대부분의 지역에서는 반독 감정이 비등했다.

이처럼 이용된 측면이 있기는 하지만 그래도 짐머만 전보는 전쟁의 주요 원인도 아니고, 전쟁의 계기를 제공하지도 않았다. 잠수함 해전—미국 국적선의 침몰, 미국 시민의 죽음, 미국 무역의 방해—이 훨씬 더 중요한 참전 이유였다. 게다가 동부 금융가들은 일방적으로 연합국 편을 들면서 많은 자금을 지원했다. 만약 연합국이 패전한다면 금융가들은 회복하기 어려울 정도로 난처한 입장에 빠지게 될 것이었다. 참전 문제에 대한 의회의 표결 상황은, 하원에서 찬성 373표에 반대 50표였고 상원에서 찬성 82표에 반대는 겨우 6표였다. 이처럼 참전 의견이 강력했기 때문에 독일 외무부의 어리석음을 보여주는 전보 따위는 전혀 필요하지 않았다. 전보는 주요한 전쟁 원인이 아니었지만(아무튼 전쟁은 불가피했다) 미국인들로 하여금 전쟁을 더 쉽게 받아들이게 했다.

## 051

독일군은 1918년에 과연 패배한 것일까

1918년 가을 독일군은 사방에서 후퇴했다. 전쟁 초기에 양측에 엄청난 희생을 안겼던 주요 전투지역은 연합국의 손에 떨어졌고, 독일이 방어를 희망했던 힌덴부르크 전선은 곳곳에서 뚫리고 포위되었다. 1918년 11월 11일의 정전협정으로 독일은 연합군의 대대적인 본토 침공을 막을 수 있었다. 하지만 독일군은 과연 패배한 것일까?

독일군이 결코 패배하지 않았다는 것은, 나중에 1930년대의 나치 운동을 뒷받침하는 중요한 독단적 교리가 되었다. 독일 국수주의자들이 볼 때 패배라고 생각하는 것 자체가 이미 국가 반역죄나 다름없었다. 오히려 독일 군대는 자유주의자, 민주주의자, 평화주의자, 다수 유대인 등의 밉살스러운 공모에 배신당했다. 다시 말해 '그들이 등 뒤에서 칼로 찔렀다'는 것이다. 국수주의자들은 다음과 같이 주장한다―"1918년 가을의 독일군은 패배한 것이 아니라 방어선을 일부 축소했을 뿐이다. 만약 정치가들이 개입하지 않았더라면 또다시 공세에 나설 수 있었다."

1918년 독일의 춘계 대공세는 초기에 성공을 거두었지만, 그 이전에 서부전선에서 있었던 공세와 마찬가지로 곧 약화되었고 돌파구를 열지 못했다. 독일 최고사령부에게 그 작전의 실패는 재난이나 다름없었다. 1917년 미국이 참전했고, 이듬해에 약 400만 명의 미군 신병들이 도착할 예정이어서 그 전에 적의 방어선을 돌파해야만 했다. 루덴도르프가 볼 때, 미군 도착 이전에 승리를 거두는 것이 필수적이었다. 하지만 그는 단기적인 성공을 거두었을 뿐이고, 공격에 나섰기 때문에 많은 사상자들을 냈다.

더욱 나쁜 것은, 독일군 공세 때문에 연합국은 포슈 원수의 단일 지휘 아래로 재편성되어 최근의 패배에도 불구하고 8월부터 잇따른 반격을 개시할 수 있었다는 것이다. 연합군은 우연이든 계획적이든 독일군의 취약점을 공격하는 새로운 기술을 찾아냈다. 어떤 지역에 대한 초기의 타격이 독일군의 저항을 강화하면, 신속하게 전선의 다른 지역으로 목표를 바꿔 공격했다. 9월말, 독일은 최근 몇 달 동안의 전진 지역뿐 아니라 1916년과 1917년에 큰 희생을 치르고 얻은 지역 등 모든 전진 지역을 잃었다.

가벼운 뇌졸중으로 건강이 약해진 루덴도르프는 불가리아의 붕괴에 경악하면서 9월말에 이르러 독일의 승전은 물건너갔다고 결론지었다. 군대의 정수精髓인 젊은 병사들은 춘계 대공세 때 많이 죽었고, 수적인 열세로 인해 15세 소년들과 중년의 남자들을 징집하는 형편이었다. 독일군이 전진할 때 포획한 연합군의 장비와 식량이 독일군의 것보다 월등하게 좋다는 것이 알려지면서, 독일군의 사기가 떨어졌다. 독일군 지휘부는 병사들에게 승리를 약속했지만, 많은 병사들은 승전이 불가능하다는 것을 스스로 깨달았다. 연합군은 반격할 때 사기가 떨어진 독일군과 싸워서 유리했지만, 그래도 독일군은 한 치의 땅을 두고 여전히 끈질기게 저항했다.

전투가 치열하게 벌어지는 한편, 10월초 독일이 제안한 정전 요청으로 양측에서 일련의 의견 교환이 이루어졌다. 주된 의제는 윌슨 대통령의 14개 조항에 대한 독일의 용인과 독일이 점령한 모든 지역에서의 철수였다. 루덴도르프는 독일 본토에서 전쟁을 피하고 평화협정의 책임을 정치가들에게 떠맡기려 했다. 그리하여 독일군이 패배하지 않은 채 살아남아 훗날 다시 싸울 수 있기를 원했다. 연합국이 정전을 통해 독일로 하여금 다시는 전쟁을 하지 못하게 하려 한다는 것을 깨달았을 때, 루덴도르프는 정전협정을 중단시키려 했다.

하지만 판도라의 상자가 한번 열리자 막을 길이 없었다. 베를린의 정치가들은 정전협상을 계속 밀고 나갔다. 그 동안 터키는 전쟁을 포기하고, 오스트리아–헝가리가 붕괴해버리자 독일은 남쪽의 침공에 노출되었다. 키엘에서의 항명 사건으로 인해 독일 해군은 이제 더 이상 전쟁을 계속할 수 없게 되었다. 정전협상을 맡은 정치가들은 혁명의 두려움 때문에 아무리 가혹한 협상조건이라도 받아들일 태세였다. 카이저의 퇴위는 긴장이 고조된 상황을 부분적으로 누그러뜨렸고, 11월 11일에 정전협정이 조인되었으며, 독일은 붕괴하지 않았다.

독일 군대도 붕괴되지 않았다. 독일군은 황폐한 지형과 기관총 기지를 잘 활용하여 계속 연합군의 전진을 가로막았다. 몇몇 곳에서 연합군은 힌덴부르크 전선을 30마일이나 넘어섰지만 사망자 수가 엄청났다. 미군은 아르곤 공세 때 10만 명을 잃었다. 정전 당시, 알자스의 자그만 구석은 별도로 치고, 독일군의 모든 전선은 외국 땅에 설치되어 있었다. 헤이그는 만약 독일 본토에서 전쟁이 벌어지면 독일군이 엄청난 방어 능력으로 저항하리라고 내다보았다. 포슈나

퍼싱도 독일이 끝장났다고 보지 않았다. 확실히 독일군이 거의 모든 전선에서 후퇴했지만 그 어느 곳에서도 대패하지 않았다. 사실 그들의 후퇴는 북동 프랑스 방향으로 돌출한 전선을 단축시켜 독일군의 방어 위치를 더욱 공고하게 했다.

따라서 야전에서 패배했기 때문에 정전으로 나아간 것이 아니었다. 그것은 부분적으로, 미군이라는 강적이 1919년에 독일군을 압도하여 패배시키기 전에 루덴도르프가 독일군을 보호하기 위한 노력의 결과였다. 부분적으로, 독일의 동맹국이 붕괴함으로써 독일의 입장을 더 이상 지탱할 수 없기 때문이기도 했다. 부분적으로 '구 독일 제국'의 민간 정치가들의 작품이기도 했는데, 그들은 구질서를 어느 정도 유지하기 위한 노력으로 평화협상에 덤벼들었다. 패배와 재난은 독일군에게 임박했고 불가피했지만, 1918년 11월까지 영토의 상실은 없었고 퇴각도 질서정연했다. 1918년 11월, 독일군이 여전히 서부전선에서 건재했기 때문에 루덴도르프와 그 밖의 사람들은 독일이 패배한 것이 아니라 정치가들에게 배신당했다고 주장했다. 그리하여 '등 뒤에서 칼에 찔리기'의 전설이 생겨났고 히틀러는 그 전설을 적절히 활용했다.

## 052

1926년 영국 총파업의
중요성은 무엇일까

1926년 5월 영국의 총파업은 일반적으로 나라를 계급투쟁과 프롤레타리아 혁명의 직전까지 몰고 갔다고 한다. 하지만 이런 견해가 정당하다는 증거는 없다. '혁명'이라는 생각은 좌익에 물든 선동가들의 마음에만 존재했고, 그들이 아무리 장기간 준비했다고 생각하더라도 결코 혁명이 일어날 여건이 아니었다.

석탄산업의 노동조건은 확실히 지난 100년 동안 비참한 것이었다. 그런 열악한 상황을 향상시키려는 노력이 있었지만, 노동조건은 여전히 어렵고 위험하고 더러웠으며, 노동시간은 길고 힘들었고, 임금은 무척 낮았다. 1918년 이후, 광부들은 전후戰後의 바뀐 상황에 적응하기가 무척 어렵다는 것을 알게 되었다. 광부들은 독일에서 배상금 대신 들어오는 값싼 석탄의 수입에 분노했고, 또 원가를 더욱 절감함으로써 이윤을 높이려는 고용주의 노력에 반발했다. 석탄산업은 고용주와 노동자 사이의 반감이 뿌리 깊은 전통산업이었다. 사회주의를 진지하게 토론한 때부터, 광부들은 자본주의 체제의 종말을 요구하는 사람들의 최전선에 섰다. 그들은 국유화를 원했다. 개별적인 탄광회사들이 난립하는 것보다 정부의 우산 아래 단일화할 때만 효율적으로 석탄산업을 운영할 수 있다고 보았다. 또 국유화 아래에서 적정한 비율로 임금을 보장할 수 있고 노동조건이 개선될 거라고 보았다. 1925년, 고용주들은 석탄 수출을 더 경쟁적 사업으로 만들기 위해 강력한 임금삭감을 통지했고 광부들은 '영국 노동조합회의TUC'(Trades Union Congress)에 지원을 호소했다. TUC는 항만 노동자, 철도원, 광부들의 기존 동맹을 활용하여, 모든 노동조합원들이 참가하는 총파업을 감행하겠다고 위협하고 나섰다. 이것이 이른바 '붉은 금요일'(1925년 7월 31일)의 위협이었다.

위기를 피하기 위해, 보수당 총리인 스탠리 볼드윈은 왕립위원회를 구성하여 석탄산업의 모든 문제를 조사하겠다고 약속했다. 그는 조사에 필요한 9개월 동안 심지어 국가 세금으로 석탄산업에 보조금을 주겠다는 말도 했다. 노동시간과 임금은 조사 기간 동안 변하지 않을 것이고, 차액이 발생하면 정부 보조금으로 보전될 것이라고 약속했다. 그 차액은 약 2400만 파운드에 달했다. 자유당 허버트 새뮤얼 경이 위원장으로 임명된 새뮤얼 위원회는 산업구조의 획기적 변화를 건의하는 보고서를 작성했다. 하지만 그 보고서는 광부들이 전전戰前의 노동시간을 받아들이지 않는다면, 임금삭감에 동의해야 한다고 주장했다. 노사 양측은 그 보고서를 거부했다. 고용주 측은 그것이 지나치다 보았고, 광부 측은 기대에 훨씬 못 미친다고 생각했다. 웨일스의 공산주의자이자 광부들의 지도자이던 A. J. 쿡은 노동자들의 반대를 이런 구호로 요약했다—"임금을 한 푼도 깎아서는 안 되고, 노동시간은 1분도 늘어나서는 안 된다!" 정확히 5월 1일(메이데이), 광부들은 일을 중단했고 3일이 지나자 또 다른 조합원들도 동참하여 총파업이 시작되었다.

상황은 극도로 위협적이었다. 글래스고에서는 이미 총파업이 벌어졌고, 더 과격한 클라이드사이드 사람들은 그들 특유의 호전적 태도를 널리 전파하려 했다. 영국 공산당은 볼셰비키 사례를 열거하면서 기꺼이 노동자의 요구에 동참하겠다고 말했다. 몇 시간 지나지 않아 약 70군데의 도시가 러시아 소비에트와 대단히 흡사한 파업위원회에 의해 장악·운영되었다. 정부는 긴급조치법을 발효하여 부지, 건물, 식량, 그 밖의 필수품을 장악하고 차량을 징발했으며 철도, 항해, 석탄재고, 석유 공급과 수도, 가스, 전기 공급을 인수했다. 포괄적인 비상권력을 발동하여 경찰, 소방, 무장군대의 동원 권리를 확보했다. 또 공적 집회를 통제하고, 선동 혐의가 있다면 가택을 일방적으로 수색하는 비상권력을 행사하기로 했다. 이런 비상조치는 파업이 '헌법의 권위'에 도전했다는 정부의 주장으로 정당화되었다. 볼드윈은 이렇게 설득했다―"정부를 지지하세요. 법은 여러분이 지켜야 하는 것입니다. 여러분은 의회를 보호자로 삼았습니다. 총파업은 의회에 대한 도전이고, 혼란과 파멸로 가는 지름길입니다."

인쇄공들의 파업 때문에 주요 신문들이 발행되지 않자, 전국에는 뉴스가 부족하고 루머가 쉽게 퍼졌다. 많은 사람들은 새로운 '무선' 방송에 귀를 기울였고, 다행히 라디오를 장만한 사람들은 BBC 방송이 널리 들리도록 라디오를 창문턱에 올려놓았다. 나머지 라디오가 없는 사람들을 위해, 정부는 《브리티시 가제트》를 창간했다. 이 잡지의 편집은 호전적인 윈스턴 처칠이 맡았고 비非조합노동자(또는 '파업 불참가자')가 제작에 참여했다. 처칠은 파업 노동자들을 '적'이라고 불렀고, 파업 사태를 "만약 끝까지 싸운다면 오직 의회 정치의 붕괴로 끝나거나 아니면 의회의 결정적 승리가 될 수 있는 한판 승부”라고 간주했다.

　당시 좌익의 정기 간행물 《뉴 스테이츠맨》은 기사 제목을 〈우리
는 처칠 씨를 교수형에 처할까 말까?〉라고 붙였는데, 교수형에 처해
야 한다는 것에 강조점을 찍었고 그 대안(교수형에 처하지 않는 것)에는
전혀 관심을 기울이지 않았다. TUC는 나름대로 《브리티시 워커》를
발행했고, 자신의 선전으로 정부의 선전에 대항했다. 그들은 헌법을
공격하는 게 아니라는 강력한 메시지를 내보냈지만, 인쇄공을 파업
현장에 데리고 나간다는 그들의 결정은 그런 메시지를 스스로 부정
하는 것이었다. 파업 지역의 노조 대변인들의 호전적인 태도 또한
그런 메시지를 짓밟고 있었다. 그들 중의 한 사람인 북동부 지역의
독립노동당원은 의기양양한 목소리로 말했다. “와아! 이런 일이 전
에는 벌어진 적이 없었어! 만약 이곳의 지도자들이 우리를 배신하지
않는다면, 우리는 1주 만에 자본주의자들을 굴복시켜 우리 발밑에
서 설설 기도록 할 텐데. 오, 오! 드디어 혁명이로구나!”

　하지만 이런 열정은 방향을 잘못 설정한 것으로 드러났다. 영국
국민은 참을성 많은 침착한 사람들이고, 극단주의나 폭력에 쉽게 자
극되지 않았다. 많은 특별 경찰관들이 긴급조치에 대비하여 소집되
었지만, 그들이 할 일은 많지 않았다. 운송과 관련하여, 자동차라는
새로운 교통수단이 등장하여 합리적으로 물자 공급을 담당할 수 있
었다. 평생 단 하루도 일해본 적이 없는 대부분의 학생들이 파업 노
동자들을 대신하여 기차 운행을 맡음으로써 어렸을 적에 품었던 기
관사의 꿈을 성취했다. 영국의 혁명은 빅토리아 시대의 일요일 아침
과 같이 조용하고 질서정연했다. 물론 혁명이 터지는 바람에 교회에
갈 시간은 별로 없었다. 파업자들을 단속하기 위해 소집된 특별 경

찰관들이 파업자들과 축구를 하면서 시간을 보냈다는 루머도 있었다. 단 9일 만에, TUC의 총회는 겁을 먹고 파업을 중지했으며, 광부들을 제외한 모든 사람들은 직장으로 복귀했다. 광부들은 가을까지 파업 현장에 남아 있었지만, 결국은 고용주의 임금조건에 만족하고 직장으로 되돌아가야 했다.

볼드윈은 총파업의 문제를 해결할 때 온건 정책을 강조함으로써 '평화의 인물' 이미지를 유지했다. 하지만 1927년에 나온 노동조합 분쟁법이라는 보복 조치는 (그의 이미지를 손상시킴으로써) 그를 실망시켰다. 총파업과 동정 파업은 앞으로 불법(하지만 실제로는 단속하기 어려운 조항)이 되었을 뿐 아니라, 노동조합에 짜증이 날 정도로 많은 규제 사항들을 삽입했다. 가령 예전에는 내지 않아도 되었던 정당 지원금을 내야만 노동계약을 할 수 있게 한 것 등이 그러했다.

결론적으로 총파업은 극적인 일화였지만 진정한 중요성은 별로 없었다. 그것은 볼드윈 정부의 정책을 바꾸지도 못했고, 당시의 경제적 흐름을 돌려놓지도 못했다. 임금과 가격의 하락, 실업의 증가, 사회복지 제공의 축소 등은 예전과 다름없었다. 파업은 1회적 돌발 현상으로 그쳤다. 그것은 노동자 혁명의 시작이 아니라 끝이었다. '계급전쟁'이나 '프롤레타리아 혁명'을 말하는 사람은 아무도 없었다. 1930년대 노동자계급은 허리띠를 졸라매고 불황의 고통을 견뎌냈다. 제2차 세계대전이 끝난 1945년, 그들은 1945년 선거에서 권력을 잡았고 다행히도 민주적 수단으로 혁명을 시작했다.

 누가 독일 제국의회 의사당을 불태웠을까

1933년 독일 제국의회의 방화 사건은 해결되기까지 여러 해가 걸린 논란을 야기했다. 좌익이나 우익의 미사여구는 오랫동안 쟁점의 본질을 은폐했다. 오늘날에도 불법행위에 대한 책임 소재는 논쟁의 대상이 되고 있다.

1933년 2월 27일 저녁, 독일 제국의회 의사당은 화염에 휩싸였다. 히틀러는 좋은 기회라고 생각하고 그걸 어떻게 이용할지 알았다. 그는 한 달 전에 독일 총리로 지명되었지만, 의회의 다수파가 아니었고 공산주의에 대한 공포를 조성해야 할 입장이었다. 히틀러는 공산주의자들이 국가의 전복을 기도한다고 비난했지만 자신의 비난을 입증할, 설득력 있는 증거가 부족했다. 이 방화행위는 그런 적을 해치우는 절호의 기회를 제공했다.

나치는 불법행위를 공산주의자의 작품이라고 선전한 다음, 방화 용의자들의 재판을 고등법원에서 열었다. 수석검사인 괴링이 최선의 노력을 기울였지만, 재판은 나치의 패배로 끝나고 말았는데 주로 피고인 측의 눈부신 변호 때문이었다. 나치는 노골적으로 피고인들에게 유죄를 덮어씌우려 한 탓에 그들(나치) 자신이 불법행위를 고의적으로 저질렀다는 인상을 주었다. 앨런 벌록을 비롯하여 뛰어난 많은 역사가들은 이런 잘못된 생각을 거듭 주장했다. 하지만 실제로 어떤 일이 벌어졌을까?

그날 저녁 9시쯤, 도서관에서 공부하던 대학생이 귀가하다가 유리 깨지는 소리를 들었다. 그는 어렴풋한 그림자가 제국의회 의사당의 1층 창문을 기어올라 가는 것을 보았다고 생각했다. 그는 경찰관을 불러왔지만, 그들은 아무도 찾아낼 수 없었다. 하지만 경찰관은 불길을 보았고 9시 15분에 소방서에 연락했다. 소방대원들은 현장에 가까이 접근할 수 없었다. 가까스로 접근했을 때 이미 복도 한 곳이 불타고 있었다. 9시 40분이 지나자, 소방대 병력이 전원 집결했고 60대의 소방차들이 의사당으로 몰려왔다. 그 무렵 의사당 건물은 활활 불타더니 곧 복구할 수 없을 정도로 소실되었다. 소수의 나치 인사들은 의회 의장인 괴링이 히틀러, 괴벨스와 함께 가까운 곳의 파티에 있다는 것을 알고, 그들에게 전화를 걸어 이 소식을 알렸다. 그들은 처음에 전혀 믿지 않았다. 하지만 히틀러는 상황을 유리하게 바꿀 수 있는 기회임을 알아채고 대노한 척했다. 공산주의자의 음모가 분명하기 때문에 그들을 검거하여 사살하라고 지시했다.

그 동안, 마리누스 반 데어 루베라는 네덜란드 청년이 반쯤 벌거벗은 상태로 건물에서 체포되어, 가장 가까운 경찰서로 이송되었다. 당시 그는 새벽까지 심문을 받았고 범행을 낱낱이 자백했다. 그의 범행 동기는 어떤 막연한 분노에 바탕을 둔 듯했으나 불분명했다. 의사당 방화가 '봉기의 기폭제' 역할을 할 것이라고 막연하게 생각한 듯했다. 그는 명석하고 지적인 태도로 답변하여 심문관들에게 깊은 인상을 주었다. 어디에서 휘발유와 불쏘시개를 샀는지 설명하고,

어떻게 상의를 벗어 휘발유를 뿌리고 여기저기 던진 다음에 불을 붙였는지 말했다. 경찰은 그가 얘기한 세부사항을 확인하고, 그 모든 것이 진짜임을 증명했다. 소방당국은 건물 설계와 중앙 돔이 굴뚝 효과를 낳았다고 설명하면서, 방화가 기술적으로 가능하다고 확인했다. 게다가 건물 내부를 청소할 때 기름걸레로 벽을 규칙적으로 닦았기 때문에 아주 불붙기 좋은 장소가 되어 있었다. 그들은 반 데어 루베가 단독으로 범행을 계획하고 저질렀으며, 공산당은 연루되지 않았다고 판단했다.

히틀러와 그의 동료는 이런 설명을 전혀 받아들이지 않았다. 뒤이은 재판에서 나치 지도자들은 심문관들이 제시한 증거와 반 데어 루베의 성격에 대한 심문관의 판단을 무시했다. 나치는 방화범을 파렴치한 공산당의 얼빠진 하수인이라고 주장했다. 또 방화범을 적극적인 공산주의자라고 비난했다. 그러나 그는 막연한 사회주의적 좌익사상을 가지고 있었을 뿐, 공산주의자들에게 알려지지 않은 인물이었다. 나치는 한 개인이 아무런 도움 없이 이런 대화재를 일으킬 수 없다고 강조하면서, 많은 전문가들을 불러 모아 단독범의 소행이 아님을 증명하려고 했다. 하지만 그런 이른바 전문가들은 화재 전문가나 경찰관이 아니라 화학 교수와 범죄학 교수들이었으며, 그 누구도 의사당을 방문한 적이 없었다. 게다가 고발된 사람들 중 단 한 명—의회에서 공산주의자 그룹의 리더로 활약하는 토글러—만 그날 저녁에 제국의회 의사당 부근의 어딘가에 있었다가 오후 8시에 현장을 떠났다. 또 다른 사람들, 손꼽히는 불가리아 공산주의자인 디미트리프와 그 밖의 불가리아 사람들은 의사당 부근에 아예 있지도 않았다. 이들 공산주의자는 반 데어 루베와 무관했고 그 청년의 이름을 들어본 적도 없었다.

고등법원 판사들이 볼 때 공산주의자들을 범인으로 몰고 가는 것은 곤란했다. 그들은 선고를 내리기 전에 피고의 유죄를 입증하는 증거를 확보하려 했다. 반 데어 루베는 자신의 유죄를 솔직히 시인했다. 그는 일관성을 가지고 조리 있게 증언했다. 그는 아무도 그의 행동을 부추기지 않았다고 밝히면서, 6시간 동안 법정을 설득하고 전문가의 증거를 반박했다ㅡ"나는 현장에 있었고 그들은 없었습니다. 나는 불을 질렀기 때문에 그런 화재가 발생했다는 것을 알고 있습니다." 가장 인상적인 것은 법정에서 재판을 받던 손꼽히는 공산주의자 게오르기 디미트로프의 행동이었다. 그는 설득력 있고 명석했으며, 그의 논리는 수석검사인 괴링을 압도했다. 그는 괴링으로 하여금 앞뒤가 맞지 않게 횡설수설하도록 만들었다.

결국 고등법원은 반 데어 루베의 유죄를 인정했다. 방화는 대역죄가 아니었지만 (히틀러가 소급하여 대역죄로 만들어버리는 바람에) 그에게 사형을 선고했다. 그는 도끼에 목이 잘려 처형되었다. 4명의 공산주의자들은 무죄가 선고되었지만, 법원은 반 데어 루베가 '미지의 사람들'에게서 도움을 받았을 것이라는 추가 조항을 달았다.

디미트로프는 법원에서 괴링의 발언을 정면으로 반박할 때, 이렇게 나치의 취약점을 지적했다. "반 데어 루베는 도움을 받았습니다. 그런데 내게서는 받지 않았습니다. 그러므로 당신들(나치)의 도움을 받았습니다." 공산주의자들은 불법행위를 저지른 사람들이 나치라는 것을 나름대로 만족스럽게 증명하는 모의재판을 런던에서 열었다. 이 모의재판에서, 공산주의자들은 전화, 전선, 중앙난방 파이프를 괴링의 집 부근(파티에 있던 괴링에게 전화를 건 원래의 제보자가 있던 곳)으로 나르라는 '은밀한 대사'를 과장되게 말했고, 나치스 돌격대원들이 이것을 사용하여 건물에 침입했다고 암시했다. 나치는 직접 불을 질렀고, 마지막 순간에 반 데어 루베를 창문으로 밀어 넣었으며, 루베는 경찰에게 붙잡혀 죄를 뒤집어썼다.

이 모의재판 이야기는 역시 개연성이 떨어지는데 다음과 같은 사실을 무시했기 때문이다. 오후 8시 45분, 의원들의 우편물을 배달하던 우체부가 제국의회를 방문했다. 그 우체부는 어떤 용의자도 보지 못했고 냄새를 맡지 못했으며, 소리를 듣지 못했다. 재판에 호출되지도 않았던 이 보잘것없는 우체부의 증언에 따르면, 제국의회 의사당은 반 데어 루베가 9시에 침입했을 때 텅 비어 있었다.

따라서 가장 그럴듯한 결론은 공산주의자도 나치도 책임이 없다는 것이다. 반 데어 루베 혼자서 불을 지른 것이었다.

## 054

브리튼 전투에서 '소수'의 역할은 무엇이었을까

1940년 8월과 9월, 소수의 용감한 전투기 조종사들이 스핏파이어를 조종하여 압도적 다수의 독일 루프트바페에게 엄청난 승리를 거두었다. 이 전설만큼 현대인에게 강력한 영감을 주는 사건도 없을 것이다.

당시 독일군은 프랑스를 함락시킨 지 얼마 되지 않았는데, 대대적으로 영국을 침공할 준비에 바빴다. 8월 15일, 독일이 공습을 시작한 지 4주일 만에 영국의 전투사령부는 약 500대의 전투기를 잃었고, 루프트바페(독일 공군)의 사령관인 괴링 원수는 전투에서 승리했다고 생각하기 시작했다. 800대에 달하는 독일의 많은 전투기들은 8월 30일 하루에 남부 잉글랜드의 전투사령부 작전본부를 폭격하고, 영국 측에 큰 피해를 입혔다. 결과 보고서에서 독일 최고사령부는 스핏파이어와 허리케인 중대가 심한 타격을 입었다고 말했고, RAF(영국 공군)는 많은 전투기를 잃어서 이제 약 300대만 남았다고 판단했다. 그리하여 9월초, 괴링은 전술을 바꾸는 게 안전하다고 판단했다. 9월 2일, 부분적으로 RAF의 독일 폭격을 응징하는 차원에서, 그는 대낮에 런던을 대대적으로 폭격하라고 명령했고, 런던 대공습이 시작되었다. 남부 잉글랜드 전지역이 루프트바페로부터 큰 타격을 받았지만, 제공권은 독일에게 돌아가지 않았고 이렇게 하여 조국을 구한 RAF의 '용감한 소수'의 전설이 생겨났다.

'소수'는 거의 전부가 사립학교 학생들이고, 젊은 신사를 양성하는 영국 기숙사 제도의 산물이었는데 그 학생들은 약한 모음을 생략하는 상류층 어조로 말했다. 하지만 당시 조국의 생존을 위해 싸울 때 팔자수염을 멋지게 기르고 흰 실크 스카프를 두른 채 전투용 안경을 쓰고 맹렬하게 싸웠다.

신화는 영국 총리 윈스턴 처칠의 눈부시게 성공적인 전시 웅변에서 비롯하였다. 방송 연설에서 그는 날마다 생사의 고비를 넘나드는 조종사들에게 찬사를 바쳤다. 전과戰果가 여전히 오리무중일 때 셰익스피어의 《헨리 5세》를 인용하여 이 조종사들을 "이 소수, 오 행복한 소수"라고 부르면서, 공습에 겁먹은 영국 대중에게 "인간적 투쟁의 분야에서 많은 사람들이 이처럼 소수에게 큰 빚을 진 적은 일찍이 없었다"(1940년 8월 20일)고 엄숙하게 말했다.

그리하여 그들은 전투가 시작되자마자 이미 하나의 전설이 되었다. 하지만 진상은 평범한 것이었다. 과장된 '소수'는 엄청 많은 숫자의 사립학교 고등학생들이었고, '장교 조종사'이기보다 '하사관 조종사'였다. 나치 독일이 최근에 점령한 나라들—예를 들어 폴란드, 프랑스, 체코슬로바키아, 캐나다, 영연방—에서 온 많은 외국 조종사들이 이들과 협력하여 공동의 적에 맞서 싸웠다. 이 외국 조종사들은 유명한 '소수'의 점잖은 세련미는 없었지만 그래도 전투 공로는 많았다.

그들이 펼친 전술을 살펴보면 '소수'는 적에 비해 숫자가 훨씬 처지는 것도 아니었다. RAF는 독일 공군을 상대로 적은 숫자로 공격했는데, 루프트바페의 밀집대형 폭격기들을 공격하여 뿔뿔이 흩어지게 할 때에 특히 소수 정예의 전술을 채택했다. 영국 공군은 해를 등지고 날았으며, 수적 열세 때문이 아니라 전술적인 이유 때문에 소수 그룹으로 비행했다. 사실, 최근에 프랑스에서 큰 손실을 입고 약 450대의 영국 전투기들을 잃은 뒤에도, 7월 현재 약 700대의 전투기들이 2600대(독일 폭격기 편대를 포함한 숫자)의 루프트바페와 맞설 준비를 갖췄다. 사실, 교체 전투기와 부품이 먼저 떨어진 것은 독일 측이었는데, 이렇게 된 것은 그들의 조직이 비효율적이었기 때문이다. 게다가 영국과 연합국의 조종사들은 우방지역에 격추되었을 때, 신속하게 또 다른 전투기가 제공된(만약 그들이 생존하여 전투할 수 있다면) 반면, 독일 공군(만약 그들이 생존한다면)은 투옥되었다. 영국 공군의 상실도 비교적 적은 편으로서 독일 공군에 비해 2대1의 비율로 격추되었다. 이를테면 10월, 영국의 공중전 마무리 단계에서 RAF는 186대의 전투기를 잃었지만 루프트바페는 379대를 잃었다.

전설은 1940년 9월 15일의 '승리'로 신빙성이 훨씬 더 커졌다. 영국 공중전의 위기는 루프트바페가 제공권을 얻기 위해 마지막 노력을 기울인 그날에 찾아왔다. 하지만 독일 공군의 시도는 실패로 돌아갔다. 영국 방송과 신문은 의기양양하게 185대의 독일 전투기가 격추되었지만 RAF의 손실은 미미하다고 주장했다. 전후戰後의 독일 소식통은 독일 측의 진짜 손실이 56대에서 60대 정도라고 밝혔다. 영국의 손실은 26대였다. 이 차이를 어떻게 설명할 수 있을까?

전투가 치열하게 벌어질 때는 혼란이 많았다. 독일 전투기를 격추시켰다고 기록한 RAF 조종사들은, 총격을 받은 독일 전투기가 진짜 추락했는지 확인할 수 없었다. 연기를 내뿜던 어떤 전투기들은 갸우뚱거리며 해협을 건넜고, 독일에서 수리하면 다시 싸울 수 있었다. RAF는 이런 전투기들을 완파했다고 기록하곤 했다. 독일 전투기가 하늘에서 폭발했을 때조차 구체적으로 어떤 영국 조종사가 폭파시켰는지 알 수 없었다. 만약 독일 전투기가 여러 대의 영국 전투기들에게 공격받고 있다면 더욱 구분하기가 어려웠다. 따라서 여러 명의 RAF 조종사들은 똑같은 전투기를 명중시켰다고 주장할 수 있었다. 전투사령부는 적기를 격추시켰다는 주장이 모순되고 부정확하다는 것을 잘 알았지만, 진짜 숫자를 대충 추측할 수밖에 없었다. 사령부는 조종사들이 내놓는 숫자를 부풀리지 않고 상부에 보고했는데, 정부 당국은 그 숫자를 최대한 부풀려 활용했다. 이런 부풀려진 숫자는 영국 대중에게 9월 15일의 공중전에서 대승을 거두었다는 인상을 주었다. 사실 영국의 대중은 당시 너무나 우울할 때라 그런 좋은 뉴스를 목마르게 기다리고 있었다.

사정이 그렇기는 해도 그 숫자는 진짜 손실을 300퍼센트 넘게 과장한 것이었다. RAF는 또 루프트바페의 전체 규모를 과대평가했다. 독일도 브리튼 전투가 어떻게 진행되는지 정확한 정보가 부족했다. 괴링이 RAF의 실제 규모를 과소평가한 사실은 루프트바페에게 큰 대가를 치르게 했다. 영국의 9월 15일 과대평가는 영국 대중의 사기를 크게 북돋았고, 이 승리는 던커크로부터의 안전한 철수에 맞먹는 기적으로 승화되었다.

사실을 따져보면 그것은 기적이 아니었다. RAF가 승리한 이유는 아주 평범했다. 영국의 정보부는 괴링의 암호를 해독하고, 그의 명령이 떨어지자마자 곧 알아냈다. 영국 전투기의 공학과 설계 명세 또한 일반적으로 독일보다 뛰어났고 영국은 레이더를 일찍 개발하고 이용하여, 독일 전투기들이 영국 해안을 지나기 훨씬 전에 그들의 접근로를 파악했다. 게다가 제1차 세계대전의 격추왕이었던 괴링—그는 리히토펜 남작의 '서커스' 중의 한 명으로 싸웠다—과는 다르게, 휴 '엄격한' 다우딩Hugh 'Stuffy' Dowding과 나중의 공군 원수 '폭격기' 해리스와 같은 공군 지도자들은 현대기술이 가져온 상황의 변화를 잘 알았다. 그들은 공정한 경기에서 1대1로 창 시합을 하는 '하늘의 기사'이기보다 오히려 가공할 방어기계를 일일이 세밀하게 관리하는 효율적인 조직자, 입안자, 사업가였다. 어쩌면 그들 중에서 잘 알려지지 않은 한 사람은 케이스 파크 경이었는데, 무뚝뚝하게 일만 하는 뉴질랜드 출신의 일 중독자였다. 그는 욱스브릿지의 제11전투비행사령부에 근무하면서 (런던을 포함하여) 남동부 지역 전체를 눈부시게 방어함으로써 영국의 공중전 수행에 크게 기여했다.

하지만 RAF의 청년들에게 부여된 전설의 가치를 부정해서는 안 된다. '소수'의 엘리트들이 파트너들에게 보여준 의욕적인 격려, 자신들을 비하하는 멋진 유머, 그들의 평상심 등은 루프트바페 공군의 거만한 자존심과 크게 대조를 이루었다. 위기가 극에 달했을 때 그들 모두가 이룩한 성과 때문에 그들은 존경받게 되었다. 그리하여 '소수'의 얘기는 전설이 되었다. 프랑스 작가 조르주 베르나노스가 《영국인에게 보내는 편지》(리오 데 자네이로 1942년; 프랑스판 1946년)에서 얘기했듯이, 그것은 "하나의 동화였고, 어른은 쉽사리 이해하지 못하는 어린이들의 동화"였다.

## 055

바르바로사 작전에서 히틀러는 러시아의 겨울을 망각했을까

히틀러의 군대는 1941년 6월에 러시아를 침공했다. 12월 무렵, 그의 군대는 전진을 멈추었고 겨울이 시작되자 마비상태에 빠졌다. 역사가들은 독일이 작전을 세울 때 러시아의 겨울을 무시했고 또 기상정보를 미리 챙기지 못한 엄청난 실수를 저질렀다고 말한다. 하지만 이런 견해는 크게 잘못된 것이다.

독일은 러시아 사람들이 겨울 추위 때문에 고생한다는 사실을 잘 알았다. 아마추어 역사학자이기도 했던 히틀러는 샤를 12세의 운명과 나폴레옹의 재난을 알고 있었다. 독일 최고사령부도 완전히 바보는 아니었다. 그들의 기상학자는 러시아의 기온차가 심하다는 것을 알았다. 그들도 러시아 겨울의 평균기온에서 1월과 2월이 교전을 멈출 만큼 혹한酷寒이라는 것을 알았고, 장군들은 러시아 작전을 12월 전에 성공적으로 끝내겠다는 계획을 세웠다. 하지만 발칸 회전 때문에 침공이 지연되었고, 기상학자들은 그해 겨울 추위를 과소평가했다. 1939~40년(핀란드 전쟁의 겨울)과 1940~41년의 겨울은 러시아 겨울의 예년 기온에서는 찾아볼 수 없을 정도로 아주 추웠다. 기상학자들은 최고사령부에 이렇게 말했다—"이런 혹한이 3년 연속하여 이어진 경우는 17세기부터 기상관측을 시작한 이래 기록된 적이 없으므로, 1941~42년의 세 번째 혹한은 사실상 무시해도 좋을 것이다."

따라서 히틀러는 본격적인 겨울이 닥치기 전에 주요 작전이 끝날 것이라고 예상했다. 하지만 예상은 빗나갔다. 겨울은 일찍 찾아왔고 유례없는 혹한이었다. 예년과 마찬가지로 10월에 눈이 내렸고 또 쌓였다. 그리고 11월 13일의 기온은 영하 23도를 기록했다(1월의 영하 평균기온보다 7도나 낮았다). 12월 5일, 기온은 영하 38도까지 내려갔는데 그것은 러시아의 기준으로도 극심한 것이었다— 참고로, 모스크바의 평균기온(섭씨)은 11월 1.5(최고)~-3.3(최저), 12월 -4.5~-9.5, 1월 -9.3~-16.5, 2월 -5.7~-13.6이다. 겨울 내내 그런 날씨가 계속되었다. 추위 때문에 독일군의 전진은 중단되었고, 탱크와 수송 수단의 기름과 휘발유는 얼어붙었으며, 얇게 차려입은 독일군은 동상에 걸렸다. 하지만 비교적 두툼하게 입은 러시아군은 반격할 수 있었다. 물론 독일군의 공세가 멈출 수밖에 없는 여러 가지 이유가 있었지만, 러시아의 초기 겨울이 평균기온이었다면, 독일군은 12월까지 공세를 완료했을 것이고 그렇게 되었더라면 전쟁의 결과는 달라졌을지 모른다.

역사의 재평가, 새로운 눈이 필요한 거잖아

## 056

# 1789년 바스티유 함락은
역사적으로 얼마나 중요할까

바스티유는 프랑스 혁명이 터질 때까지 동부 파리에 있는 생-앙투안 노동자계급 지역을 굽어보는 왕실의 요새였다. 과연 파리 시민들은 바스티유 요새의 존재를 위협이라고 여겼을까? 요새 함락은 그처럼 역사적으로 중요한 사건이었을까?

바스티유 당국은 바깥의 정원을 시민에게 개방했다. 그럼에도 불구하고 군사적으로 중요한 방어거점이었고, 파리 시민들의 소요를 제압하기 위한 수비대를 언제라도 주둔시킬 수 있었다. 영국의 침략을 막기 위해 14세기 말에 세워진 이 요새는 샤를 6세의 치하에서 국가 감옥으로 바뀌었고 그때 이래 무시무시한 감옥으로 여겨져 왔다. 요새에는 둥근 석탑이 8개 있었고 벽의 두께는 5피트였다. 흉벽과 포대에 배치된 화포는, 8파운드 대포가 약 30문, 더 작은 대포는 10여 문이었다. 대형 화약고와 무기고가 설치되었고, 파리 시민들은 그곳을 소총과 총탄의 대규모 보급창이라고 생각했다(이것은 오해였다). 1789년, 일반대중은 그곳이 국가 사범들을 많이 수용하고 있다고 믿었다. 축축한 지하감옥은 땅속 깊숙이 내려간 지점에 있고, 벽은 오물로 끈적끈적하고, 지상의 감방들은 겨울이면 얼어붙고 여름이면

숨 막힌다고 전해졌다.

1789년 7월, 그곳에 수감된 죄수들은 사실 7명에 불과했고, 82명의 용병 수비대는 최근에 들어와서 스위스 연대에서 32명을 추가로 징집하여 병력이 강화되었다. 7월 14일, 바스티유를 처음 공격했던 탈영병과 시민 폭도는 무기고에서 머스킷 소총으로 무장하고, 대포의 위협을 없애려고 했을 뿐 바스티유를 폭파해버릴 생각은 아니었다. 하지만 드 로네 사령관은 그들의 요구를 거부했고 양쪽의 대치는 오래 끌었다. 군중은 결국 바깥 성문을 강제로 여는 데 성공했지만, 드 로네가 대포를 사용하여 그들을 몰살시키기 위해 유인하는 계략이 아닐까 생각하여 요새 안으로 들어가지는 않았다. 해가 저물기 전에 양쪽은 참을성이 바닥났다. 드 로네는 약 300통의 화약 재고를 모두 발포하는 문제를 신중히 고려했다. 그러면 요새 전체와 대부분의 구역이 폐허로 바뀔 것이다. 하지만 해질 무렵, 그는 안전통행을 약속받고 항복하기로 결심했다. 그런데도 불구하고 대부분의 수비대는 살육당했다. 사령관 자신은 끌려나와 모욕을 받고 결국엔 구타당하여 총검으로 찔리고 사살되었다. 그의 머리는 주머니칼로 절단되어 창에 꽂힌 채 효시되었다.

바스티유 함락은 그게 그리 공고한 요새가 아니었음을 보여준다. 바스티유는 파리 시민에 대한 왕의 우월성을 상징했을 뿐이고, 또 그 방어시설이 겉보기보다 취약했다. 일반대중의 공격으로 요새 전체는 말 그대로 돌이 하나씩 허물어지다가 그 자취를 찾아볼 수 없을 만큼 붕괴되어버렸다. 설계도조차 찢어져 사라졌고, 그래서 당시나 지금의 재현 건물은 순전히 가공적인 재건축이다. 그렇더라도 7월 14일은 여전히 프랑스의 중요한 국경일로 남아 있다.

## 057

1789년 '여자들의 행진'에서 여자들은 과연 행진했을까

'여자들의 행진'은 루이 16세 왕, 왕비와 아들딸을 파리 교외의 베르사유 궁전에서 파리로 데려온 사건이었다. 당시 사람들을 왕의 가족을 가리켜 "빵 굽는 사람, 그의 아내, 빵집의 작은 가족"이라고 야유했다. 그 행진은 프랑스 혁명의 전환점으로 하나의 전설이 되었지만, 정말로 그 이름처럼 여자들의 행진이었을까?

파리의 빵 공급 부족이야말로 사건의 발단이었다. 1789년의 수확은 좋았지만, 탈곡한 뒤 곡물을 수레에 싣고 도시로 운송하는 과정에서 시간이 지체되었고, 식량은 절실하게 부족했다. 농부들도 가격 인상을 기대하면서 재고를 곳간에 쌓아두었고, 양곡상인과 파리의 빵집 주인들은 식량 부족을 최대한 활용하여 빵값을 올렸다. 빵을 사려는 줄이 길게 이어지자, 시민들은 화가 치밀었다. 파리의 많은 시민들은 왕이 단순히 이런 상황을 알지 못하고 있다고 생각했다. 만약 왕이 시민의 곤경을 파악했다면 곧 일을 제대로 처리할 것이라고 믿었다. 마라의 《민중의 친구Ami du Peuple》 같은 많은 대중신문들은 일제히 궁전과 의회를 파리로 이전하라고 요구했다.

혁명에 불을 지른 촉매제는 왕이 파리 시민의 무력시위를 진압하기 위해 플랑드르 연대를 베르사유로 소집한 것이었다. 플랑드르 연대가 도착하자, 오페라하우스에서 연대를 위한 공식 환영 만찬회가 열렸고 왕과 왕비는 손님들과 어울려 유쾌한 시간을 보냈다. 그들은 반혁명 구호로 건배를 하고, 닳아 해진 검은 모표帽標, 삼색기, 그 밖의 혁명 상징들을 발로 짓밟았다. 이런 만행에 대한 루머는 파리에서 널리 부풀려져 나갔고 시민들의 불만은 부글부글 끓었다.

약 5000명의 여자 상인들(프랑스 용어로는 푸아사르poissards)은 파리에 모여, 베르사유 행진을 결정했다. 파리 강안을 따라 터벅터벅 걸어가면서 그들은 'le bon papa'(좋은 아버지, 곧 루이 16세)를 파리로 데려오겠다고 노래 불렀다. 그녀들은 좋은 의도로 노래 불렀지만, 부인할 수 없는 위협의 기미가 애정 어린 독설 아래에 깔려 있었다. 어떤 '여자들'은 그 축제 분위기에 어울리게 턱수염과 콧수염을 달고 있었는데 사실은 여장남자들이었다. 대부분의 시위자들은 정식 남자복장을 했고, 격렬한 분위기를 강조하기 위해 무기를 들고 갔다. 이 남자들과 합류한 사람들은 바스티유 참가자들과 국민군의 분견대 등이었다. 명목상으로는 라파예트가 지휘관이었으나 실제로는 군중이 그를 지휘했다. 그들은 또 창, 머스킷 소총, 대포까지 가지고 갔다. 약 2만 명의 시위대는 폭우 속에서 베르사유까지 12마일을 행진해갔다. 저녁이 되었을 때 그들은 궁전과 의회에 침입했다.

뇌동으로 사냥 나갔던 루이 왕은 급히 궁전으로 되돌아와 상황 수습에 나섰다. 그는 준비 중이던 군대 출동을 취소하고, 많이 망설인 뒤에 시위대의 요구 사항을 받아들이기로 결정했다. 그는 수도에 식량을 공급하기로 약속하고 근위대의 보호를 받으면서 '8월 포고'와 '권리선언'을 재가했다. 심지어 폭도의 대표단을 접견하는 것도 동의했다. 그리하여 소수의 대표단을 접견했는데, 피에레트 샤브리라는 수다스러운 젊은 처녀 상인이 대표단의 단장이었다. 평소 말이 많던 샤브리는 왕실의 장엄함에 압도당하여 왕 앞에서 실신했다. 그녀 못지않게 대중연설을 싫어했던 왕은 자신이 갖고 다니던 각성제로 그녀를 깨우는 친절을 베풀었다.

다음 날 아주 보기 흉한 사태가 발생했다. 왕의 근위대원 두 명이 살해되었고, 왕비 자신은 침실에서 도망하여 루이 왕의 침실로 도피함으로써 목숨을 구했다. 군중은 "왕을 파리로!"라고 함성을 질렀고, 결국 왕의 가족은 시위대와 함께 파리로 돌아가게 되었다. 그 뒤에 왕의 가족은 튈르리 궁전에서 지냈다. 파리로 옮겨온 뒤부터 루이 왕은 행동의 자유가 박탈되었고, 군주제는 파리 시민의 통제 아래로 들어갔다. 이렇게 하여 파리는 혁명의 주역으로 부상했다.

따라서 '여자들의 행진'이 역사적으로 중요한 사건임에는 틀림없지만, 그 행진에 참여한 여자들이 개인적으로 얼마나 공로가 있는지 좀 의심스럽다. 한편 전설은 그 행진의 공로를 인정하여 지금 역사의 일부가 되었다.

## 058

# 혁명의 폭도는 누구였을까

1793년의 공포시대 때, 파리의 '폭도'는 중요한 역할을 해냈다. 그들은 흔히 폭력적이고 예측 불가능한 행동을 저질렀다. 수도의 깡패와 부랑자들이 인근 지방의 거친 사람들과 함께 뒤섞인 무리라고 생각되었다. 지방 사람들은 당시 식량과 일거리를 찾기 위해 몰려온 뜨내기였다. 그들은 피에 굶주린 잔인한 트리코퇴즈tricoteuses('뜨개질하는 여자들')라고 불렸는데, 기요틴 아래에 앉아 침착하게 뜨개질하면서, '귀족들'이 처형될 때 그들에게 비웃음을 퍼부었다. 폭도는 가끔 카나이유canaille('개 같은 녀석')라는 이름으로 불렸고, 일반적으로 상당한 비방의 대상이 되곤 했다. 하지만 혁명 폭도를 이런 식으로 보는 견해는 역사적으로 정확한 것일까?

그들의 겉모습이 괴상했던 것은 의심할 여지가 없다. 많은 사람들은 기발한 코밑수염, 덥수룩한 구레나룻, 빗질하지 않은 머리를 길게 길렀다. 그들은 혁명의 장미 매듭과 리본을 달았고, 다양한 무기를 가지고 다녔으며, 대개 거칠고 위협적인 태도를 보였다.

하지만 인간쓰레기는 아니었다. 그들 중에서 많은 사람들은 착실한 노동자계급이었고 상당수가 겉보기보다 나은 사람들이었는데,

중소기업 사장, 저널리스트, 하급 공무원, 서기, 가게 주인, 심지어 소수의 와인 판매상 등이었다. 어떤 사람들은 여전히 중상류층의 딱 달라붙는 바지를 입었지만, 많은 사람들은 노동자 계급의 헐렁한 바지(상퀼로트)를 입었는데 상퀼로트는 노동자계급을 가리키는 말이 되었다. 하지만 노동자도 아니면서 상퀼로트를 흉내 내는 사람들도 있었다. 많은 사람들이 그들과 섞여 비슷한 옷을 입고 그들처럼 행세했다. 많은 파리 시민들은 파리의 각 구역에 설치된 자코뱅 클럽의 운영에 적극적으로 참여했다.

그들 중에는 앙라제enragés('미친 개')라는 몹시 과격한 지도자들이 있었다. 그들은 자크 르네 에베르와 비슷한 견해를 가지고 있었는데, 에베르는 결국 프랑스 교회를 폐지하는 목표를 달성했다. 앙라제는 견해가 극단적이기 때문에 로베스피에르와 같은 주류 자코뱅과 대립했다. 주류 자코뱅의 사고방식은 프티 부르주아의 개인주의에서 크게 벗어난 것이 아니었다. 1793년 초, 주류 자코뱅 중에서 많은 사람들이 숙청되었다. 그들 모두는 극단주의를 멀리 해야 한다는 의견에 공감했고, 여자 활동가들도 꽤 있었다.

하지만 자기 소신을 분명하게 말할 줄 아는 폭도는 사회의 하층계급 출신이 아니었다. 대중 앞에 서려면, 수박 겉핥기식이라도 교양이 있어야 했다. 정말 '폭도'는 그런 일을 할 수가 없는 것이다. 역사가 조르주 뤼데는 이렇게 설명했다―"그것은 좀더 조직적인 정치 운동의 특징이었고 …… 추진 세력은 가게와 작업장 주인들이었으며, 직공과 도제를 함께 데리고 다니면서 자신들의 주장을 펼쳤다."

따라서 폭도가 주로 하층계급으로 구성되었다는 전통적인 생각은 잘못된 것이다.

## 059

워털루 전투의
진정한 승자는 누구였을까

웰링턴 공작의 명성은 워털루의 승리로 훨씬 더 높아졌다. 하지만 많은 유럽인들, 특히 프로이센과 독일의 역사가들이 볼 때 워털루의 승리는 웰링턴의 것이 아니라 프로이센 사령관 블뤼허의 것이었다. 웰링턴을 승자로 인정하는 건 영국 역사가들뿐이지만, 그렇다고 해서 유럽 대륙의 견해가 자동적으로 옳다고 볼 수도 없다. 그들의 견해를 꼼꼼히 살펴보면 허점투성이다. 따라서 블뤼허를 진정한 승자라고 주장하는 것은 분명 잘못된 것이다.

1815년 6월 18일, 워털루 마을의 남쪽 1.5마일 지점에서 나폴레옹은 마지막으로 교전하여 패배했다. 승승장구하던 웰링턴 공작은 이미 상당한 명성을 누렸지만 그 승리로 더욱 유명해졌다. 그는 3분의 2가 외국인 병사로 구성된 열세의 군대를 거느리고 있었으나, 나폴레옹 군의 치열한 포격과 육박전을 꿋꿋이 버텨냈다. 그것은 이베리아 반도의 노병들도 일찍이 겪어보지 못한 치열한 전투였다. 웰링턴이 '패배 일보 직전'이라고 인정한 순간도 있었다. 하지만 오후 늦게, 블뤼허의 프로이센 군대가 전쟁터로 들어오기 시작했고, 웰링턴은 수세에서 벗어나 공세를 취하면서 사기가 꺾인 프랑스 군대를 추격했다. 하지만 힘이 달린 영국군은 곧 추격을 중지했고 이어 힘이 넘치는 프로이센 군대가 교대하여 추격했다. 대륙의 역사가들은 대체적으로 워털루가 웰링턴의 승리라는 영국의 견해를 거부한다. 그들은 블뤼허와 그의 프로이센 군대가 웰링턴을 패배 직전에 구했다는 입장을 취했고, 따라서 승리는 웰링턴이 아니라 블뤼허의 공로로 돌아가야 하다는 것이다.

먼저 프로이센 측은 그들(프로이센)이 리니에서 패배한 뒤 블뤼허가 웰링턴과 동맹을 맺지 않았다면, 웰링턴이 감히 워털루에서 전투하지 못했을 것이라고 주장했다. 나폴레옹은 적들을 따로 격파하려는 계획을 세웠고, 두 사령관은 무슨 일이 있어도 그것을 막겠다고 결정했다. 하지만 웰링턴은 다음과 같은 두 가지 선택안을 가지고 있었다.

첫째, 북쪽으로 12마일 떨어진 브뤼셀에서 싸우면서 방어하기로 한다. 만약 방어가 실패하고 프로이센 군대가 지체하거나 패배한다면, 질서정연하게 서쪽으로 후퇴하여 전함에 오른다.

둘째, 워털루에서 싸우기로 한다.

그는 우연히 워털루를 선택한 것이 아니었다. 그가 전투 장소로 선택한 몽생장의 언덕은, 예전에 이베리아 반도에서 방어했던 언덕과 여러 가지 점에서 비슷했다. 이베리아 반도 전투 시, 프랑스군과 연합군의 전력 차이는 지금의 워털루보다 훨씬 컸지만 웰링턴은 무사히 방어해냈다. 그는 며칠 전에 이 언덕을 골랐고, 프로이센에게 무슨 일이 벌어지든 이곳에서 저항하겠다고 결심했다.

프랑스의 공격은 며칠 전의 폭우로 땅바닥이 질척한 탓에 지연되었다. 먼저 프랑스는 우구몽 농장 부근의 웰링턴 우익을 집중 공격했다. 하지만 이것은 적을 속이기 위한 양동작전이었다. 오후 1시쯤 프랑스의 주력은 웰링턴의 중앙부대를 공격했다. 그 무렵 나폴레옹은 패배한 프로이센 군대가 동쪽으로 도망치지 않고, 그루시 휘하의 3만 3000명 프랑스 부대를 교묘하게 따돌리면서 워털루 전장에 곧 도착할 것임을 알아챘다. 나폴레옹은 프로이센 부대가 도착하기 전에, 웰링턴을 격파하려면 서너 시간밖에 없었다. 이것 때문에 그는 자신의 예비전력 전부, 특히 근위여단을 전장에 투입하는 것을 망설였다. 그래도 3시쯤, 나폴레옹은 전군을 투입하여 공세에 나섰고 프랑스군은 다시 격퇴당했다.

이때 웰링턴은 도망치는 적군을 열심히 추격하다가 2000명의 정예 기병들이 몰살되지 않았다면, 전면적인 공세로 전환했을 것이다. 그때까지 프로이센 부대는 현장에 도착하지 않았지만 멀리 동쪽에서 전진하는 그들의 모습이 보였고 나폴레옹은 그들을 막기 위해 로보 장군 휘하의 핵심 예비전력을 보내야 했다. 5시쯤, 나폴레옹은 근위여단의 일부 연대를 전장에 투입했다. 잠시 영국군의 중앙은 무너진 듯 보였지만 그래도 굳세게 버텼다. 전세를 바꾼 것은 프로이센 군대가 아니라 콜번 기병대의 측면 공격이었다. 프로이센 군대는 이제 전장으로 몰려들기 시작했는데 처음에는 드문드문 나타나다가 7시쯤에는 물밀듯 몰려들었다. 웰링턴은 이제 총진격을 명령했다. 먼저 영국군이 도망치는 프랑스군을 뒤쫓다가 뒤이어 프로이센 부대가 교대로 추격해오자 프랑스군은 이제 패배하여 달아나기 시작했다.

블뤼허 군대의 움직임을 말해보자면, 프랑스 군대가 이미 후퇴하고 있을 때 일부 선봉대만이 전장에 도착해 있었다. 따라서 프랑스 군대를 격퇴한 것은 블뤼허의 군대가 아니라 웰링턴의 군대였다. 열세의 병력으로 방어진지를 거듭 지켜냈던 사람은 웰링턴이었다. 프로이센의 공헌은 직접적이기 보다 간접적이었다. 프로이센 군대가 오후 일찍이 동쪽에서 처음 시야에 들어온 사실은 연합군의 사기를 확실히 북돋았을 것이다.

나폴레옹의 공격 능력은 프랑스 우익에서 그루시 장군의 부대가 전장에 도착하지 못했기 때문에 약화되었고, 추격하는 프로이센 군대는 프랑스 군대의 후방 재집결을 막았다. 블뤼허의 지원 약속이 없었다면, 웰링턴은 적군이 너무 많아서 싸울 수 없다고 생각했을지 모른다. 물론 프랑스 군대가 많다고 보는 시나리오는 그루시 장군 휘하의 프랑스 부대가 전장에 도착해 있다는 것을 전제로 한 것이다. 전투가 끝난 그날 저녁에, 블뤼허는 웰링턴에게 마음에서 우러나온 축하 인사를 했다. 이 사실은 유럽 대륙의 역사가들의 주장(블뤼허가 사실상의 승장)이 별 근거 없음을 보여주는 것이다.

1870년 프랑스-프로이센 전쟁은 엠스 전보 때문에 일어났을까

1870년, 유럽의 두 강대국인 프랑스와 프로이센은 군사적으로 충돌했는데, 어떤 역사가는 그것을 가리켜 '정면충돌'이라고 했다. 프랑스는 프로이센 국력과 야심의 급성장으로 국가적 자존심에 상처를 입고 국가안보가 위협받자, 프로이센과 충돌했다. 프로이센의 지도자들은 프랑스 정부에게 당한 최근의 외교적 좌절을 앙갚음하고 싶어 했다. 많은 사람들은 전쟁의 직접적인 원인이 독일 황제가 보낸 전보 탓이라고 믿었다. 과연 그럴까?

상황은 다음과 같다. 외무장관 겸 총리인 오토 폰 비스마르크의 희망과 달리, 프로이센 왕 빌헬름 1세는 영국, 오스트리아, 프랑스에서 항의해온 사실을 중시하여, 왕실의 머나먼 친척인 호헨촐레른-시그마린겐의 레오폴드 왕자에게 당시 비어 있는 스페인 왕위의 후보에 나서지 말라고 충고했다. 그 후보 자격은 강대국들 사이의 세력균형을 위협하고 있었다. 특히 프랑스는 동서의 두 전선으로부터 잠재적인 적대국의 위협을 받을 가능성이 있었다. 프랑스 언론은 유럽 각국이 고맙게 받아들인 이 후보 취소를 외교적 승리인 동시에 프로이센에게 모욕이라고 떠들어댔다.

비스마르크는 이런 사태 발전에 노발대발했다. 특히 왕이 이 문제에 관련하여 자신의 조언을 받아들이지 않자 사임하겠다고 위협했다. 그는 군 고위층의 두 동료인 폰 몰트케, 폰 론과 함께 저녁 식사를 들면서 잃어버린 체면을 어떻게 되찾을지 의논했다. 그때 라인 강의 광천 휴양지인 엠스로 온천 치료를 떠났던 빌헬름 왕이 보낸 전보가 그에게 전달되었다. 프랑스 대사, 베네데티 백작은 스페인 왕의 후보 문제를 다시 거론하지 않겠다는 다짐을 받기 위해 카이저를 졸라댔고, 왕은 그런 다짐은 해줄 수 없다는 내용의 전보를 내각에 보냈다.

비스마르크는 그 전보가 자신의 목적에 이바지할 수 있으리라고 생각했다. 그의 목적은 프랑스와 전쟁을 일으키는 것이 아니라(전쟁을 일으키는 것은 잘못이라고 널리 생각되고 있었다), 프로이센의 자존심을 약간 세우고 프랑스의 외교적 승리를 외교적 패배로 바꾸는 것이었다. 그래서 그는 좌석에서 전보를 큰소리로 읽은 다음, 생략하지 않은 채 전문을 언론에 보내면 너무 길다는 핑계를 대면서 원문의 상당 부분을 푸른 연필로 삭제했다. 다음은 원문 그대로의 전보와 생략된 전보다.

원래의 전보

베네데티 백작은 산책 중인 내게 접근하여, 대단히 집요하게 말하면서 다음과 같은 내용의 전보를 프랑스 본국에 치도록 허락해달라고 말했다. 호헨촐레른 왕가가 후보를 다시 내세우는 문제와 관련하여 짐은 앞으로 결코 동의하지 않겠다. 나는 좀 단호하게 거절했다. 이런 종류의 약속은 결코 이

행할 수 없고 또 옳지 않기 때문이다. 당연히 나는 백작에게 그렇게 말했다. 그는 내 자신보다 파리와 마드리드에서 일찍 정보를 입수하기 때문에 우리 정부가 후보 옹립의 문제에 개입하지 않았음을 분명히 알 수 있다. 짐은 왕자가 후보에 나서겠다는 의향을 알린 편지는 받은 바 있다. 짐은 베네데티 백작에게 그(후보에 나서지 말라고 충고한) 후 왕자의 소식을 기다린다고 말하면서 이렇게 결정했다. 위의 요구에 대하여 나 자신은 베네데티 백작을 두 번 다시 접견하지 않을 뿐더러 부관을 통해서 그에게 알려줄 뿐이고, 짐은 그 뉴스에 대한 왕자의 확인을 받은 바 있는데 베네데티 또한 파리로부터 그 뉴스를 들은 바 있으므로 백작에게 할 말이 없다. 짐은 베네데티의 요구와 그에 대한 거절을 당장 우리 대사들과 언론에게 전달해야 하는지 여부에 대해서는 총리에게 맡긴다.

내용을 크게 삭제한 전보

베네데티 백작은 산책 중인 내게 접근하여, 대단히 집요하게 말하면서 다음과 같은 내용의 전보를 프랑스 본국에 치도록 허락해달라고 말했다. 호헨촐레른 왕가가 후보를 다시 내세우는 문제와 관련하여 짐은 앞으로 결코 동의하지 않겠다. 짐은 이렇게 결정했다. 베네데티 백작을 두 번 다시 접견하지 않을 뿐더러, 부관을 통해서 그에게 알려줄 뿐이고, 짐은 백작에게 할 말이 없다.

원래의 전보에서 상당 부분을 삭제한 결과, 전체적인 메시지는 훨씬 더 퉁명스러워졌고, 빌헬름 1세가 프랑스 대사를 귀찮은 존재로 여기고 있음을 보여주었다. 그 발표는 파리와 베를린에서 엄청난 분노의 폭발을 일으켰고 며칠 만에 두 정부를 전쟁으로 치닫게 했다.

프랑스-프로이센 전쟁이 엠스 전보의 발송에 기인했다고 말할 수는 없지만, 그 전보는 확실히 양국의 외교관계를 악화시켰다. 사실 비스마르크는 군사적 대결보다 외교적 보복을 더 원했다. 프랑스는 비스마르크의 도발에 걸려들지 말았어야 하는 건데 그렇게 하지 못했다. 나폴레옹 3세는 당시 노쇠하여 병을 앓고 있었지만 올바른 직관력을 발휘하여 프로이센과의 전쟁을 피하려고 했다. 하지만 위제니 왕비는 강경파였고 프랑스 내각의 수반 드 그라몽 공작은 나폴레옹 3세가 그런 명백한 도발행위에 응전하지 않는다면 사임하겠다고 위협했다. 그리하여 전쟁은 벌어졌다. 이런 모든 상황을 감안할 때, 엠스 전보로 인해 전쟁이 발발했다고 생각한다면, 그것은 대단히 잘못된 판단이다.

 플로렌스 나이팅게일은 '등불을 든 숙녀'였을까

크림 전쟁 때 야전병원에서 부상자들을 정성껏 돌보는 간호사 플로렌스 나이팅게일의 이미지는 '등불을 든 숙녀'의 전설을 낳았고, 그것은 19세기 중반의 영국인들에게 강력한 상상력을 불러일으켰다. 그녀의 존재는 부패하고 더러운 곳에서 천사처럼 빛나면서 생명이 위독한 병사들의 사기를 북돋웠다. 병사들은 그녀가 병상을 지나갈 때 그녀를 복된 성녀라고 생각하면서 그녀의 그림자에 키스했다. 하지만 진실은 사뭇 달랐다.

한 가지 예를 들면 '등불을 든 숙녀'는 그 전쟁터에서 가장 사랑받는 간호사가 아니었다. 그 명예는 자메이카 태생의 서인도 간호사 메리 시콜에게 돌아갔다. 영국 병사들은 시콜의 사심 없는 헌신 때문에 그녀를 '육군의 진정한 어머니'라고 생각했다. 시콜에 대한 기록이 거의 없기 때문에, 그녀는 이제 거의 완전히 잊힌 존재가 되었지만 실제로는 솜씨가 뛰어나고 동정심이 깊은 여인이었다. 런던의 센트 토머스 병원의 플로렌스 나이팅게일 박물관 관장은 그녀를 이렇게 말했다—"그녀는 적십자 창설자인 앙리 뒤낭 등의 동시대인과 어깨를 견줄 수 있습니다." 반면 나이팅게일은 대중적인 이미지와는 다르게 간호업무의 개혁자였고, 야전병원에서의 적극적인 간호보다는 무기력하고 부적절한 의료업계의 관행을 질타한 비판자였다.

사실, 대부분의 전쟁 기간 동안 플로렌스 나이팅게일은 크림 반도에서 지낸 적이 없었다. 시콜 간호사가 세바스토폴 전선에서 5마일 정도 떨어진 스피링 힐에다 의료 보급품과 치료 설비를 세우고 각종 의료자재를 교전지대로 보냈던 반면, 나이팅게일이 근무한 병원은 전장에서 멀리 떨어진 스쿠타리에 있었다. 그곳은 보스포러스 해협의 아시아 쪽에 있는 콘스탄티노플 외곽이었다. 많은 부상자들은 흑해에서 200마일을 항해하여 도착했는데, 평소 같으면 사나흘 걸릴 여행이었지만 악천후 때문에 2,3주일이 걸리곤 했다.

플로렌스 나이팅게일은 자신을 '등불을 든 숙녀'가 아니라 관료의 나태와 무기력을 맹렬하게 비판하는 개혁가라고 생각했다. 부상당한 장교들은, 한 마디 따뜻한 말도 없이 자신의 문제에만 골몰하면서 휙 스쳐지나가는 그녀를 그리 좋게 생각하지 않았다. 하지만 자신이 중요하다고 생각하는 업무에서는 지칠 줄 모르고 열심히 일하는 여성이었고, 부주의하여 실수한 상대방을 신랄하게 비판하는 독설가였다. 그녀는 당시의 열악한 기준과 간호사들에 대한 낮은 사회인식과 싸워야 했는데, 거의 모든 야전 간호사들은 찰스 디킨스의 갬프 부인(디킨스의 장편소설 《마틴 처즐위트》에 나오는 인물로 지저분한 우산으로 유명)처럼 지저분하고 굼뜨고 무자비했다.

시콜이 스쿠타리 병원에 도착했을 때 나이팅게일은 그녀를 환영하기는커녕, 이미 38명의 간호사 팀을 거느린 자신의 지위를 이용하여 그녀를 경멸하면서 앞길을 방해했다. 그녀의 적의는 의학적인 것이라기보다 사회적인 것이었다. 시콜은 자신이 흑인이기 때문에 나이팅게일이 거부한다고 생각했다. 게다가 나이팅게일은 여성을 책임을 맡은 숙녀 또는 열심히 일할 하녀로 구분하는 것 같았는데, 시콜은 그 어느 쪽에도 들어맞지 않았다. 그녀는 '숙녀'(나이팅게일의 편협한 의미에서)가 아니었지만, 간호 업무에서 오랫동안 성공적인 경력을 쌓았기 때문에 자격이 넘쳐서 하녀도 아니었다. 메리 시콜을 거부한 태도는 플로렌스 나이팅게일과 육군 당국이 의기투합한 예외적 사항 중 하나였다.

다른 모든 점에서, 육군 당국과 플로렌스 나이팅게일은 끊임없이 싸웠다. 스쿠타리에서 그녀는 병원 곳곳의 더럽고 지저분한 환경 그리고 간호 업무의 기초적인 필수품조차 부족한 상태를 보고 아주 괴로워했다. 그녀는 자신이 맡은 부상자들의 고통에 번뇌했을 뿐 아니라 전시에 야전병원을 관리하기로 되어 있는 육군성과 육군 의무 참모부에 만연한 무능과 무관심에 경악했다.

침착하고 언성을 잘 높이지 않는 플로렌스 나이팅게일은 혼자서 야전병원의 조직 개혁에 앞장섰다. 그녀는 무자비하게 영국 정부와 크림 사령부의 상관들을 괴롭히면서 일 처리에 몰두했다. 또 상관들이 그녀의 요구 사항을 무시하지 않도록 끊임없이 그들에게 편지를 보냈다. 여성인 그녀 자신이, 그들이 무시해버린 일들을 중요하게 여기며 열심히 처리하고 있다는 것을 깨닫게 했다. 그녀는 그들이 그녀 이름을 듣기만 해도 머리를 흔들 때까지 그들을 괴롭혔다. 그녀는 신체가 약했지만 다른 사람들보다 더 열심히 일했고, 스스로 부과한 일에서 인내의 한계를 넘어설 정도로 열심이었다.

그녀는 짬을 내어 크림 반도의 야전병원들을 둘러보았지만, 그 지역에 이미 나가 있던 시콜 간호사는 대체로 무시했다. 크림 반도의 상태는 그녀가 예상했던 것보다 훨씬 더 심각했다. 그녀는 육군 장교들 밑에서 일하면서 무관심과 몰이해의 막다른 골목에 직면했다. 책임자라고 생각되는 사람들의 협조는 전혀 없었다. 그들은 그녀를 알아주지 않았고 그녀 혼자 알아서 하도록 내버려두었고, 심지어 그녀의 작은 팀에게 음식도 숙박 설비도 제공하지 않았다. 그녀는 몇 주 뒤 기진맥진하다가 열병에 걸려 반쯤 혼수상태에 빠져 일을 잠시 포기해야 했다. 그래도 귀국을 거부하고 스쿠타리에서 생색 안 나는 일을 계속했다.

종전이 된 뒤, 그녀는 대중들 사이에서 널리 명성을 떨쳤고, 관계와 의학계, 심지어 빅토리아 여왕의 칭찬을 받았다. 여왕은 밸모럴 성에서 그녀를 만나, 앨버트 공이 그녀를 위해 특별히 디자인한 브로치를 선사했다. 하지만 그녀는 의료 행정에 개혁할 일이 여전히 많이 남아 있다고 생각했다. 그녀는 전장에서처럼 열심히 일하다가 건강을 해쳤고 병상에 드러누울 지경이 되었다. 그녀의 평생 목표는 의료 개혁, 환자 치료의 향상, 간호사 신분의 상승, 간호 업무 훈련의 개선 등이었다. 그녀는 1907년 공로훈장을 받았고, 1910년에 90세의 나이로 세상을 떠났다.

 앨버트 공은 원숙한 정치가인가 외국인 참견꾼인가

빅토리아 여왕의 부군이었던 앨버트에 관한 여론은 크게 바뀌어 왔다. 그의 동시대인들은 그를 별로 존경하지 않았고, 그가 세상을 떠난 뒤 역사가들의 평판은 분열되었다.

어떤 역사가들은 그를 비하하면서 참견꾼과 익살꾼의 중간쯤 되는 존재라고 보았다. 또 다른 역사가들은 그의 긍정적인 특징을 좋게 보았다. 이제는 앨버트 공에 대한 평가가 확실하게 정립되어 그의 복권이 거의 완벽하게 이루어졌다.

앨버트 공은 삭스-코부르크-고타 공작의 둘째 아들로서 1819년 독일에서 태어났다. 어릴 때는 허약했지만 곧 건강한 청년으로 성장했으며 잘 생긴데다 매너가 좋았다. 1840년 2월, 그는 영국의 빅토리아 여왕과 결혼했다. 보통 지능의 젊은 부군은 몸가짐이 대단히 독일적이었고 잘난 체하는 경향이 있었다. 그의 스승 스토크마르 남작은 그를 약간 피상적으로 교육—수박 겉핥기식의 로마법, 경제학, 역사, 철학, 현대 언어, 음악, 과학—했으며, 그에게 "학습 과목에 오랫동안 집중하지 못하는" 습관이 있다고 다소 아쉬워하는 어조로 지적했다. 결혼은 오랫동안 설왕설래 끝에 이루어졌는데(젊은 여왕은 앨버트 공과 그의 형 중에서 마음대로 고를 수 있었다), 삭스-코부르크 가문의 사회적 야심이 그런 오랜 기다림을 이겨내게 했다.

영국에 건너온 앨버트는 좋은 인상을 주지 못했다. 그는 요령이 없는데다가 어눌했고 딱딱한 스타일의 사고방식을 바꾸지 않았다. 관찰력이 예민한 영국의 관측통이 볼 때 그는 출세주의자에 지나지 않았다. 여왕은 권력이나 군주의 책임을 남편과 공유하지 말고 또 그에게 상원의 어떤 지위도 주지 말라는 충고를 받았다. 사실 젊은 여왕이 믿고 의지했던 멜번 총리는 당초 오렌지 가문과의 결혼을 선호했다. 그는 앨버트를 불친절하게 대했고, 그의 연봉을 5만 파운드에서 3만 파운드로 삭감하는 결정에 동의했다. 앨버트는 그 조치를 "정말 부적절한 결정"이라고 비난했다.

그렇지만 빅토리아는 곧 앨버트 공의 판단이 여러 가지 면에서 건전하다는 것을 알고 그의 판단을 존중하게 되었다. 여왕은 그의 충고가 훌륭할 뿐 아니라 일의 부담을 덜어주기까지 한다는 것을 알았다. 하지만 그는 영국 입헌정치의 흐름을 잘 이해하지 못했고, 가끔은 자신의 관심사도 아닌 문제에 개입하려고 했다. 파머스턴 총리의 예측 불가능한 권위적인 외교정책은 앨버트의 균형감각과 어긋나는 점이 많았다. 그래서 앨버트가 여왕을 통해 제동을 걸고 나오면 파머스턴은 날카롭게 대응했다. 여왕 부부는 곧 외무부의 긴급공문을 함께 정독했고, 남편의 영향력이 여왕의 태도에서 두드러지게 나타나기 시작했다. 이를테면 파머스턴은 1848년 오스트리아와 이탈리아의 갈등에서 이탈리아에 우호적이었지만 여왕 부부는 반대로 오스트리아에 우호적이었으며, 파머스턴이 비엔나로 보내는 공문의 논조에 반대했다. 그해 5월, 여왕은 이렇게 말하면서 그 공문에 서명하지 않았다―"짐은 이런 편지는 보내지 않는 게 낫다고 생각하여 이 초안을 파머스턴 경에게 돌려보낸다. 짐의 생각으로, 그것은 불필요하게 짜증나는 편지여서 이 문제에 관한 그들(비엔나)의 불신만 키울 것이고 결과적으로 우리에게 아무런 이익도 가져오지 못할 것이다." 파머스턴은 여왕의 그런 거절에 앨버트의 입김이 작용했다고 생각하고, 상당히 뻣뻣한 어조로 여왕에게 대답했다―"파머스턴 자작은 폐하에게 겸손한 의무를 다하고 있으므로 폐하의 소원대로, 제출한 공문을 철회하겠습니다." 하지만 그의 짜증은 점점 늘어나고 또 빅토리아에게 공문을 늦게 보내거나 그녀가 승마하러 갔다는 것을 알고 자리가 비어 있을 때 편지를 보내는 일이 많았다. 심지어 어떤 경우에, 여왕의 지적이 달린 공문이 되돌아왔는데도 그 지적을 배제하거나 무시하곤 했다. 1850년 비망록에서 여왕은 이런 행동을 날카롭게 질책했다―"장관은 자신이 제의하려는 것이 무엇인지 명시해야 한다." 또 여왕이 승인한 조치가 "장관에 의해 자의적으로 바뀌거나 수정되어서는 안 된다"고 지적했다. 파머스턴은 기꺼이 동의했지만 곧 다시 예전의 습관으로 되돌아갔다.

앨버트는 속으로 파머스턴을 싫어했는데, 두 사람의 마찰은 1861년 '트렌트' 사건에서 비롯한 위기 때문에 절정으로 치달았다. 당시, 미국 북부의 전함 '산 하신토' 호는 공해에서 영국의 증기선을 정선시키고, 아바나에서 출발하여 사우샘프턴으로 가던 미국 남부 정부의 신임장을 지닌 두 명의 사절을 체포했다. 그때 총리인 파머스턴은 근위 연대를 캐나다로 급파한 다음, 퉁명스럽고 가혹한 비난을 담은 공문을 워싱턴으로 보내려 했다. 만약 이대로 밀어붙였더라면 미국과 영국 사이에 전쟁이 일어날 뻔했다. 당시 장티푸스에 걸려

와병 중이던(결국 사망의 원인이 되었음) 앨버트가 일러준 대로, 여왕은 공문의 논조를 완화하라고 지시했다. 그 수정된 공문 덕분에 미국 정부는 파머스턴이 주장하려 했던 사과나 배상을 교묘하게 빠져나 갈 여지가 생겼다.

여왕은 이 중요한 초안을 돌려보낸다.

짐은 전반적으로 그 내용을 승인하지만, 주된 초안의 내용이 좀 빈약하다고 느낀다. 짐은 다음과 같은 표현을 넣기를 바란다—"미 국의 함장은 미국 정부의 지시를 따르지 않았거나 아니면 따랐더라 도 그 지시를 오해하여 그런 행동을 했을지도 모른다. 또 미국 정부 는 이런 사실을 똑똑히 알아야 한다. 영국 정부는 국기의 모욕을 허 용할 수 없고 또 해상안전이 위험해지는 것을 바라지 않는다. ……."

미국 연방정부는 그런 빠져나갈 구멍을 마련해준 여왕을 고맙게 생각하면서, '지나친 열성'을 보인 윌크스 함장을 맹렬하게 비난했다.

돌이켜보면, 앨버트의 견해는 파머스턴 경의 격정적인 의견보다 더 적절하고 합리적이고 국익에 일치하는 것이었다. 빅토리아는 자 신의 남편에게 '부왕夫王'(King Consort)이라는 명칭을 주고 싶어 했 다. 하지만 이 아이디어는 굉장한 반발을 샀고, 1857년이 지나서야 그녀는 정부와 타협하면서 왕실 칙허에 의거하여 '여왕의 부군Prince Consort'이라는 칭호를 그에게 주었다. 앨버트에 대한 반감은, 입헌 군주제에서 여왕의 권리를 앨버트가 잘 모르는 데서 비롯하였고 또 그가 외국인이라는 사실에서 기인했다. 가끔 별난 견해를 보인 독일 왕자 앨버트는 19세기 영국 지배계급 사이에서 외국인 혐오증 혹은 잠재된 섬나라 근성을 불러일으켰다. 빅토리아는 그에게 깊은 애정을 느꼈으며, 개인적으로 그리고 정치적으로 그에게 의존했다. 그가 세상을 떠났을 때 그녀는 엄청난 상실감과 고립감으로 고통받았다.

어떤 동시대인들은 앨버트를 외교와 정치 문제에서 오지랖 넓은 사람으로 볼지 모르지만, 그의 성격에는 또 다른 매력적 측면이 있었다. 그는 원래 농업, 공업, 상업에 관심을 기울였고 음악과 미술의 후원자로 유명했다. 1851년 대박람회는 대체로 보아 그의 작품이었다. 늘 지나치게 꼼꼼했던 그는 이런 일들을 추진하면서 몸이 쇠약해졌고 결국 그의 죽음을 불러온 질병에 걸렸다. 그의 아내를 제외한 동시대인들은 그를 주제넘게 참견하는 사람으로 보았지만, 역사는 그를 더 관대하게 평가하고 있다.

남북전쟁이
미국의 노예제도를 끝장냈을까

가끔 남북전쟁이 미국의 노예제도를 끝장냈다고 말들 한다. 또 전쟁이 없었다면, 이런 결과는 없었을 것이라고 한다. 반면, 어떤 미국 학자들은 경제적 현상인 노예제도가 이미 기운이 다했고, 남북전쟁이 없었더라도 오래 존속하지 못했을 것이라고 주장했다. 이것은 100년 넘게 치열하게 벌어진 논쟁이고 아직도 계속되고 있다. 이제 결론을 내릴 수 있을까?

전전戰前의 남부 여러 주에게 노예제도가 중요했던 것은 의심할 여지가 없다. 설탕과 담배 재배는 제외하고 19세기 초반의 원면 생산만 놓고 보더라도 노예제도가 없었더라면 그 산업은 유지하기 어려웠다. 원면 생산은 연간 10만 가마니에서 1820년부터 1860년까지 450만 가마니로 증가한 한편, 원면 수출은 수출 품목 명단에서 첫째였으며 주로 영국 랭커셔의 공장으로 보내졌다. 1860년, 남부 여러 주의 인구는 약 900만 명이었는데 그 중 약 400만 명이 노예였다. 동시에 노예제도는 고르게 분포되어 있는 것이 아니었다. 주로 면화 재배 지역에 집중적으로 분포되어 있었고, 그곳에서 농업의 기계화는 더디게 발전했다. 50만 명의 백인들만이 노예를 데리고 있었고,

그들 중에서 약 8000명은 노예를 50명 이상 거느린 주인들이었다. 미국 노예제도의 핵심 지역은 이 면화 지역이었다. 하지만 1860년을 기준으로 경제적 상황은 바뀌었다.

한 가지 예를 들어, 남부지역의 중요성은 떨어지는 반면, 확대되던 서부지역은 훨씬 더 강력한 자석처럼 전 세계로부터 이민과 자원을 끌어들였다. 이에 비해 면화는 생산할 때 뼈빠지게 일해야 하는 작물이었고, 토양은 급격히 생산력을 잃었다. 게다가 원면 가격은 시장에서 별로 오르지 않았다. 가격은 1860년 이전에 해마다 약 5퍼센트씩 올랐지만, 1860년부터는 오르는 폭이 1퍼센트 이하로 줄어들었다. 반면에 노예 가격은 급증했다. 이러한 영향 때문에 농장주들은 노동 문제를 완화하는 수단으로서 기계화에 더욱 의존할 수밖에 없었다. 이런 경제적 통계를 살펴보면 노예제도는 아무튼 사라질 수밖에 없는 운명이었다.

경제 사학자들은 최근의 연구에서 전전戰前의 남부 경제 상황을 꼼꼼히 조사했다. 콘래드와 메이어는 1956년의 저술에서, 노예제도가 적어도 또 다른 투자만큼 수익성이 있다는 입장을 취했다. 여자 노예 가격의 인상을 살펴보면, 주인들은 노예의 가치가 늘어나면서 노예제도가 계속될 것이라고 예상했다. 1974년 포겔과 엥거맨은 이런 의견을 더욱 뒷받침했다. 그들은 노예경제가 효율적이고 경제적인 동시에, 또 주인이 노예 가치를 인정했기 때문에, 일하고 있는 노예들의 전반적 상태가 향상되었다고 말했다. 또 노예제도가 어떻게 남북전쟁 후에도 번창하는 남부 경제의 기초가 될 수 있는지 보여주는 통계를 많이 제시했다.

하지만 이런 예측에는 늘 상당한 어림짐작이 깃들어 있었다. 미국 경제의 지속적인 성장, 신제품의 다양화, 향상된 운송망—심지어 새로운 형태의 직물 등장—으로 인해 이제 통계 자료는 다르게 파악되었다. 그리하여 노예 가격이 별로 올라가지 않았으리라는 통계들이 제시되기 시작한 것이다. 그러니까 노예 가격은 1860년 이후에는 그런 상승세를 유지할 수 없었으리라는 통계가 나온 것이다. 왜냐하면 그때 이후 원면 가격이 상승하지 않았기 때문이다.

근본적인 문제는 이런 것이었다. 노예노동은 자유노동보다 더 효율적인가? 노예제도는 기계화를 늦추고 기계적 혁신을 가로막는 역할을 할 뿐 아니라 노동자에게 일할 동기를 별로 주지 않는다. 노예제도는 남북전쟁 이후에 별로 전망이 밝지 않았다. 원면 시장의 상태와 전체적인 가격 수준은 크게 향상되지 않을 전망이었다. 북부와 서부는 대량 이민과 상당한 기계적 발전으로 훨씬 더 빨리 성장하기 시작한 반면, 남부는 시대착오적인 노예제도에 갇혀 있었다. 그리하여 1860년의 남부 경제는 불균형이 심각했다. 그 경제는 소극적인 가난한 노동력에 바탕을 두었는데, 그들의 수요를 전부 합치더라도 결코 대규모 시장에 도달하지 못할 형편이었다. 적은 수의 부유한 농장주들과 가난한 많은 사람들 사이에서 소득분배 차이는 극심했다. 진실을 털어놓고 말해보자면, 남북전쟁이 벌어졌든 아니든 남부의 노예제도는 미래가 없었으며 궁극적으로 몰락할 운명이었다.

 하르툼 함락은 글래드스턴과 고든 중 누가 책임져야 할까

1885년 고든 장군은 수단에서 전사했다. 장군의 죽음은 당시 총리인 W. E. 글래드스턴의 굼뜨고 고집스러운 고의적인 정책 탓이라는 지적이 많고, 지금도 많은 역사가들이 그렇게 본다. 하지만 사실 고든의 운명은 글래드스턴이 아니라 고든 자신 그리고 그를 구출하는 임무를 맡았던 울슬리 경이 결정한 것이었다. 고든 구출 부대를 뒤늦게 보낸 책임은 글래드스턴에게 물을 수 있다. 하지만 고든은 먼저 구원부대가 와야만 살아날 수 있는 고립무원의 상황을 자초한 잘못이 있다. 또 글래드스턴의 지연이 구원부대가 제때 하르툼에 도착하지 못한 결정적 요인도 아니었다.

1883년, 민족의 지도자이고 자신을 '마흐디'라고 일컫는 이슬람 광신자는 여전히 이집트 수비대가 통제하는 지역을 제외하고 수단의 대부분 지역을 휩쓸었다. 그해 말, 힉스 장군과 그의 군대는 마흐디의 부대에게 패배했다. 약간 망설인 끝에 영국 정부는 고든 장군을 보내 상황을 파악하여 보고하도록 했다. 고든은 정해진 임무를 완수하고 철수하기보다는 현장에 남아 끝까지 싸우려 했다. 그러자 마흐디가 하르툼을 포위했다. 하르툼은 1885년 1월 26일에 함락되

어 고든은 살해되었고, 영국 정부가 파견한 구원부대는 함락 이틀
뒤에 현장에 도착했다.

　이 비극적 일화를 놓고 많은 의문들이 생긴다. 고든이 술에 중독
되었다는 터무니없는 얘기는 뒷받침할 증거가 없고, 오히려 그 반대
의 증거가 상당히 많다. 논란의 여지가 훨씬 더 많은 것은 네 가지
쟁점―왜 영국 정부는 고든을 수단으로 보냈고, 글래드스턴은 그를
보내는 첫 번째 발의자로 나섰을까? 왜 고든은 그의 지시를 무시하
고, 하르툼에서 저항했을까? 왜 글래드스턴은 구원부대를 보내는 문
제를 오랫동안 미루었을까? 글래드스턴은 구원부대가 너무 늦게 도
착한 사실에 책임이 있을까?―이다.

　찰스 고든 장군은 1860년대 중국의 ‘태평천국의 난’에서 전술을
연마했다. 현지에서 연전연승하여 상승장군常勝將軍이라는 명성을
얻었고, 이에 감사한 중국 당국은 그를 공식적으로 장군에 임명했
다. 하지만 그의 조국은 그에게 하찮은 일을 맡기는 경향이 있었다.
고든은 1873년이 지나서야 처음으로 적도지역의 총독으로 수단에
간 다음, 수단 전체의 총독 겸 장군이 되었다. 마흐디 반란군이 힉스
파샤를 격파하고 수단에 주둔한 이집트 수비대를 위협했을 때, 영국
정부는 결정의 기로에 섰다. 하지만 어렵잖게 풀어나갈 수도 있는
일이었다. 글래드스턴 내각은 디즈레일리의 제국주의를 거부했고,
키디브(터키 제국이 파견한 이집트 총독)가 현지에 효율적인 정부를 수
립할 때까지 이집트에서 영국의 발판을 유지하려 했다. 만약 이집트
를 잃어버린다면 수단에 더 이상 매달릴 이유가 없었다. 하지만 글
래드스턴 내각 전원이 철수 의견에 동의한 것은 아니었다. 해링턴
경이 이끌었던 자유당 내 제국주의파는 이집트 내에서 영국의 영향

력을 유지하고 싶어 했다. 또 이렇게 하려면 수단에 근거지를 유지해야 했다. 문제는 마흐디의 세력이 얼마나 강력한지 또 그를 저지하기 위해 어떤 무력시위를 해야 하는지였다.

고든은 수단 근무 경력이 있어서 그 지역의 전문가였기 때문에, 정부는 이미 1883년 12월초에 이집트의 영국 총영사 에블린 베어링 경과 상의하여 고든에게 수단 현지 조사 임무를 맡기려 했다. 예전에 고든과 충돌한 적이 있는 베어링은 고든의 임명에 두 번이나 분명히 반대했다. 하지만 자유당 제국주의자들이 부추긴 언론의 떠들썩한 요구로 임명 요구에 탄력이 붙었고, 글래드스턴은 그에 힘입어 베어링의 의견을 묵살했다. 소수의 장관들로 구성된 위원회는 고든에게 "수단으로 가서 현지의 상황을 파악하여 보고하는" 임무를 주는 데 동의했다. 이 위원회의 장관들은 대부분 자유당 내의 제국주의파였고, 만약 고든 파견이 잘못이라면 글래드스턴의 책임이라기보다 그들의 책임이 더 크다고 보아야 한다. 하지만 그 장관들이 고든을 선택했다고 해서 그들이 은밀하게 동료들과 글래드스턴에게 압력을 넣어 수단 수비대를 유지하게 만든 것은 아니었다.

아무튼 위원회는 병력을 철수해야 한다고 분명하게 지시했고 고든은 그 지시에 동의했다. 글래드스턴과 내각은 당연히 고든이 지시대로 행동할 것이라고 예상했다.

하지만 고든이 이집트에 도착하자마자 키디브는 고든을 수단의 총독 겸 장군으로 임명했다. 따라서 영국 정부에게서 받은 그의 임무는 현지 보고와 철수였지만, 이제 고든에게 직접 명령하는 키디브는 아주 포괄적인 임무를 고든에게 부여했다. 키디브의 위임을 받아들인다는 것은 이해관계의 충돌을 의미했다. 고든에 대한 베어링의 유보적 판단은 정확했다. 고든은 영국 정부와 키디브 사이의 이해관계의 충돌을 알아보지 못했다. 그는 현장에서 직접 뛰는 것을 좋아하는 행동형 인간이었다. 수단 현지는 효율적인 통신수단이 부족하기 때문에, 고든은 상황에 따라 주도권을 잡고 중요한 결정을 내려야 했다. 고든의 최종적 평가는 이러했다.

마흐디의 인기는 거품이고, 고립된 이집트 수비대를 보호하기 위해 영국의 수단 주둔이 필요하고, 영국과 인도 부대는 단기간에 마흐디와 그의 부대를 물리칠 수 있다.

하지만 영국 정부는 여전히 고든이 병력 철수 지시를 준수할 것이라고 예상하면서, 수단에 남아 있는 영국 부대를 철수시켰다. 하르툼은 곧 겹겹이 포위되었고, 고든의 유일한 희망은 영국의 강력한 구원 부대가 도착하는 것뿐이었다. 당시의 영국 총리 글래드스턴은 고든의 명령불복종으로 영국 정부가 끌려가는 불쾌한 사태를 달가워하지 않았다. 글래드스턴은 실용주의자가 아니었다. 그는 변화하는 상황에 잘 적응하지 못했고, 한번 결심하면 자신에게 반대하는 사람들을 비열하거나 잘못된 동기를 가지고 있다고 믿었다. 글래드스턴은 얼마 동안, 심지어 여왕이 그 문제에 관해 적극적인 행동을 권유할 때에도 저항하면서 여론의 압력에 반발했다. 결국, 마지못해 그리고 고든의 긴급보고서로부터 실제 상황을 크게 에누리하여 판단하면서, 글래드스턴은 구원부대 파견에 동의했다. 해링턴 경이 내각에서 사임하겠다는 위협도 그의 동의를 재촉했다. 8월에 울슬리 경이 원정대 사령관으로 임명되었고, 9월초에 구원부대가 이집트에 도착했다. 카이로에서 하르툼까지의 거리는 약 800마일이었다. 하르툼은 울슬리의 현지 도착 시점으로부터 4개월 반이 지난 뒤에야 함락되었다.

울슬리는 약 1만 명의 정예 영국군과 인도군을 지휘했다. 그는 기나긴 고된 사막 행군을 피하기 위해 부대를 소함대에 싣고 나일 강을 이용하여 목적지에 도착하려 했다. 11월 중순이 지나서야 울슬리는 강의 수심이 너무 얕기 때문에 수로 접근을 포기해야만 한다는 것을 알게 되었다. 나일 강은 으레 가을이면 수심이 가장 낮았다. 원정대의 전체 병력이 사막을 건너 장거리 행군을 하는 데 필요한 장비를 갖추지 못했기 때문에 행군은 또 다시 지체되었다. 약 6주가 걸려서야 충분한 숫자의 낙타들을 찾아냈다. 울슬리 경은 12월말에 출발했고 하르툼 도착은 너무 늦었다. 고든의 죽음은 정부 정책에 별반 영향을 주지 못했다. 정부는 원래의 계획대로 울슬리에게 수단 철수를 명령했던 것이다.

글래드스턴 총리는 고집 센 부하가 정부 정책을 바꾸는 것을 허용치 않으려 했기 때문에, 울슬리 부대 파견이 지연되었다. 따라서 재난에 대한 책임은 글래드스턴에게 돌려졌다. 하지만 글래드스턴의 지연 자체가 고든의 운명을 결정한 것은 아니었다. 울슬리가 아예 처음부터 육로 행군을 준비했다면, 고든이 죽기 이틀 전이 아니라 몇 주 전에 하르툼에 도착했을 것이다. 글래드스턴과 울슬리가 어느 정도의 책임을 나누어 져야 하겠지만, 주된 책임은 여전히 고든 자신에게 돌아가야 한다. 그는 명령을 따르지 않았고, 신뢰할 만한 보고를 믿지 못했고, 도피로가 여전히 열려 있을 때 피신할 기회를 거절했다. 따라서 고든의 사후에 글래드스턴에게 퍼부어진 맹렬한 비난은 부당한 것이다.

 파넬과 오시어의 이혼은 빅토리아 시대의 엄숙주의를 보여주는 사건이었을까

영국은 '페어플레이'의 나라로 명성이 높다. 이것은 유서 깊은 칭찬받을 만한 역사지만 실은 그릇된 통념이다. 그런 통념은 자주 깨졌고, 1890년에 발생한 사건은 가장 극적인 사례다. 당시 아일랜드 지도자인 찰스 스튜어트 파넬은 도덕적 청렴성과 정치적 보복에 발목이 잡혀 파멸했다. 파넬의 몰락 때문에 아일랜드는 평화적으로 자치정부로 나갈 수 있는 기회를 날려버렸다. 그 사건은 영국이 페어플레이와 상식을 지킨다는 그릇된 통념을 깼다. 파넬에게 내려진 징벌은 그것을 초래한 도덕적 죄의 무게보다 훨씬 더 가혹했기 때문이다. 역사가들은 오랫동안 파넬 혼자서 사태에 대한 책임을 져야 한다고 판단했다. 100년이 지나서야 우리는 그 사건이 동시대 사람들에게 일으킨 충격과 분노를 꿰뚫고 실제의 비극을 알아보게 되었다.

1889년 찰스 스튜어트 파넬은 정치적 경력에서 전성기에 올라 있었다. 1878년부터 그는 영국 하원에서 아일랜드 당의 지도자로 활약했고 그의 정치적 정직성과 개인적 고결함은 최근의 날조 편지 사건으로 입증되었다. 당시 어떤 편지들이 그의 날조라고들 비난했지만 실제로는 리처드 피고트가 날조한 것임이 입증되었다. 이때까지 파넬의 사생활은 정치적 논평의 문제가 아니었다. 1880년부터 파넬이 아일랜드 의원인 W. H. 오시어의 아내 키티 오시어와 동거했다는 사실은 그의 많은 친구들과 정치적 동료들에게 알려져 있었다. 오시어 대위는 과거에 경기병 장교였고 무절제한 낭비벽의 소유자였다. 그는 1886년에 정계를 떠났고 곧 이혼소송을 제기하려 했으나 그렇게 하지 않았다. 그가 서두르지 않은 이유는 개인적으로 파넬을 난처하게 만들고 싶지 않았거나 아니면 1887~89년에 파넬의 정치적 위기가 닥쳤을 때 아일랜드의 대의명분을 돕기 위해서였다. 하지만 더 그럴 듯한 이유는 키티가 숙모의 유산을 받게 되면 나눠가지려는 희망 때문이었다. 이 유산이 그에게 넘어오지 않았거나 아니면 다른 이유 때문에 오시어는 이혼소송을 1890년 11월까지 늦추다가 드디어 소송에 나섰다. 그는 아내를 간통죄로 고소하면서 파넬을 공동 피고로 소환했고, 고의적이든 아니든 그 자신을 포함하여 이 드라마의 모든 주역들을 파멸시켰다. 왜 이 이혼 사건은 파넬의 경력을 단숨에 끝장냈을까?

그 사건은 처음에는 정치적 파괴력이 별로 크지 않은 것처럼 보였다. 11월말, 파넬은 만장일치로 아일랜드 의회당의 당수로 다시 선출되었고, 글래드스턴은 그 당의 당권은 아일랜드 사람들이 결정할 문제라고 말했다. 하지만 곧 모든 것이 바뀌었다. 영국 자유당은 상당수 지지층이 비국교도 스코틀랜드 사람들이었다. 비국교도에게 간통과 이혼은 죄악이었고 따라서 혐오 대상이었다. 로마 가톨릭 교회 역시 결혼을 신성한 것으로 여겨 이혼을 혐오했다. 앵글리칸(영국 성공회)들에게도 이혼은 스캔들이고 치욕이었다. 어쩌면 빅토리아 시대 사람들은 이중의 기준을 가지고 있었는지 모른다. 그들은 사생활에서는 방종하게 행동하면서 공적인 생활에서 절제하는 사람의 이미지를 유지했다. 그들은 도덕적 기준을 어긴 사람들을 공직에서 마구 쫓아냈다. 런던 매춘부들의 영혼을 구해준다는 좋은 의도로 글래드스턴이 매춘굴을 출입한 사실이 널리 알려지지 않았던 것은 그에게 다행한 일이었다.

아일랜드 당이 지도자를 선출하기 3일 전에, 자유당의 하코트는 글래드스턴에게 만약 파넬이 승리한다면 아일랜드 당과 자유당의 모든 협력관계가 끝장날 것이라고 얘기했다. 선거하기 전날, 글래드스턴은 파넬에게 편지로 그의 재선이 '비참한 결과'를 초래할 것이라고 알렸다. 파넬은 그 편지를 받지 못했거나 아니면 읽지 못한 것 같다. 선거가 끝난 그날 저녁에 그 편지 건에 대해서 알게 되었을 때 그는 사임하지 않았고, 글래드스턴이 평소 자신을 공격해오던 사람이 아니었냐고 대수롭지 않게 말했다.

글래드스턴은 그 말을 듣고서 그 편지를 발표했다. 파넬은 이제 사면초가四面楚歌였다. 개신교신자인 그는 로마 가톨릭교회의 후원을 기대할 수 없었다. 사실, 1882년 초부터 교황은 독실한 가톨릭신자들더러 파넬에게 개인적 후원금을 내지 말라고 지시했다. 그가 개신교도일 뿐 아니라 스캔들까지 일으킨 마당에 후원금이 들어올 리 없었다. 당연히 아일랜드 주교들은 공공연히 그를 비난했다.《타임스》는 도덕적 기준의 수호자로 자처하면서 지난번 피고트의 날조 사건 때문에 파넬에게 당한 창피를 보복하고자 했다.

12월초, 동료들은 파넬에게 등을 돌리고 그의 자리에 저스틴 맥카시를 선출했다. 일반 여론은 이구동성으로 파넬을 받아들일 수 없다고 성토했는데, 어쩌면 그것은 기독교신자들이 성인답게 살기를 바라지만 늘 그렇게 살지 못하는 무의식적 죄의식을 그에게 뒤집어 씌운 것인지도 몰랐다. 글래드스턴은 독선적이기 때문에 유명해졌는데 실제로 빅토리아 시대에 그처럼 독선적인 인물들이 많이 있었다. 파넬은 9개월 동안 투쟁했고, 26명의 당원들이 계속 그에게 충성을 바쳤다. 하지만 그것은 승산 없는 투쟁이었고, 1891년 10월에 파넬의 때이른 죽음으로 모든 것이 끝장났다.

스캔들로 공직에서 쫓겨난 사람은 파넬만이 아니었다. 그 밖에도 많은 사람들이 있었다. 찰스 딜크 경은 까다로운 이혼 스캔들 때문에 파멸했는데 파넬과는 달리 죄를 지은 것도 아니었지만, 영국의 페어플레이는 온데간데없고 보복적인 엄격한 도덕성만이 횡행했다. 19세기뿐 아니라 20세기의 영국인들은 정치가에게서 높은 도덕 수준을 기대했다. 빅토리아 시대의 엄숙주의는 엉뚱하게도 유명 인사에 대하여 이런 기대감을 더욱 부추겼다.

에드워드 치하의 영국은
과연 황금시대였을까

에드워드 7세 시대의 영국은 영향력과 번영의 측면에서 '황금시대'의 국가라고 생각되었다. 하지만 이런 판단은 전적으로 공정하거나 정확한 것일까? '황금시대'라는 말이 나오게 된 것은, 제1차 세계대전이 끝난 후의 몇 년과 1920년대의 우울한 시대를 감상적感傷的으로 회상했기 때문이었다. 그 시대는 그처럼 장엄하게 시작되었지만, 뒤이은 시절은 영국인들에게 쓰라린 실망을 안겨주었다.

에드워드 치세의 10년은 대영제국의 절정이었다. 라드여드 키플링의 감동적인 애국적 시 그리고 그에 못지않은 에드워드 엘가 경의 웅장한 음악은 그 시대를 찬미했다. 영국의 인도 지배는 총독 커즌 경에게 커다란 자존심과 명예를 안겨주었고, 이어 1911년의 대접견Great Durbar에 이르러 최고조에 달했다. 당시 새로운 군주인 조지 5세는 왕비와 함께 인도아印度亞 대륙을 당당하게 방문하여 인도 황제로 등극했다. 동시에 영국은 외교정책에서 전통적인 고립주의적 태도를 버리고, 프랑스 및 러시아와 형성한 삼각협약에서 유럽의 주요 당사국이 되었다. 이미 100년 동안 제해권을 잡았던 영국은 해군 재무장의 방대한 프로그램을 시작하면서, 부와 영향력의 명성을 압도적인 군사력으로 더욱 강화하려 했다.

국내의 관점에서 볼 때 에드워드 시대는 편안함과 사치스러움의 동의어였다. 명문가들은 도시에 훌륭한 집을 지어 살았고, 시골에는 대궐 같은 저택과 방대한 땅을 소유했으며, 50여 명의 가정부들이 시중을 드는데다가 훨씬 더 많은 사람들이 농장에서 일했다. 그들의 음식은 자체 정원에서 조달되어 부엌에서 일하는 조리사들의 손에서 마련되었고, 요리가 다양했으며 늘 풍부했다. 귀족들이 아무리 변덕을 부려도 하인들은 다 들어주었다. 어떤 유한신사는 심지어 조간신문을 다리미로 가볍게 다려서 가져오라고 요구했다. 아침 식탁에 구겨진 신문은 안 어울린다는 것이었다. 또 이들 지배계급은 대단히 인상적인 가정주택과 고귀한 공공건물을 세웠다. 당시 유럽은 화려한 예술과 찬란한 연회로 유명했는데 그런 시대정신에 걸맞은 행동이었다.

에드워드 시대는 불공평에 기초를 두고 있었는데, 그런 불공평은 주로 소득분배 차이에서 비롯하였다. 사치스럽게 살고 있는 귀족계급 아래에는 근검절약하는 부르주아가 있었고, 서기와 장인들이 그들을 지탱했으며, 훨씬 더 천한 계급은 에드워드 사회의 최하층민이었다. 그들의 한 시간 벌이 또는 하루 벌이(가정부의 경우)는 '신사'가 덥석 안겨주는 6페니 팁보다 더 적었다. 그런 최하층민으로는 부두에서 일하는 사람들, "항만 노동자에게 6펜스"를 주장하며 파업을 일으킨 사람들, 형편없는 셋집에서 일하는 여자 등이 있었다. 그들은 죽은 토끼 10여 마리의 가죽을 깨끗이 벗겨내야 간신히 1펜스를 벌었고, 시장에서 사용하는 종이백 100개에 풀칠을 해야 간신히 1펜스를 벌었다. 그들의 자녀들은 흔히 더럽고 문맹에 누더기 옷을 입었으며 으레 굶주림에 시달렸다. 조직적인 공공복지제도가 없었으므로 이 하층계급의 많은 사람들은 구세군이나 바르나르도 박사의 가정 등 민간 자선단체의 산발적이고 미약한 식사에 의존하거나 늘 자금이 몹시 부족한 전문적 구호자의 자비에 매달려야 했다. 몇 년 사이에 영국의 이른바 군사적·기술적 '우월성'을 지탱하는 이 하층민들의 금간 생활은 훤히 드러나게 되어 있었다.

그러므로 극빈층의 경계에서 살다가 늙으면 구빈원 외에는 갈 데가 없는 대다수 사람들에게, 에드워드 시대는 결코 '황금시대'가 아니었다. 단 한 가지 의미에서만 황금시대였다. 그것은 지폐와 신용의 복잡한 절차가 등장하기 전이었고, 금융 유통과 영국의 세계 금융 지배는 주로 황금을 그 수단으로 하고 있었다. 따라서 전후戰後에 지폐를 가지고 금융 업무를 주무르는 사람들은 에드워드 시대를 문자 그대로 황금을 주무르는 시대로 추억했을 것이다.

 로이드 조지는 복지국가의 창시자였을까

로이드 조지는 1906년부터 1915년까지 영국의 재무장관을 역임했고, 1922년까지 6년간 총리를 지냈으며, 복지국가 형성기에 그 기초를 세웠다고 인정되었다. 이런 해석은 너무 후하고 잘못된 것이다. 로이드 조지는 복지국가를 세울 마음이 없었고, 그의 개혁은 흔히 말하는 것처럼 광범위한 개혁이 아니었다.

자유당은 빈곤의 문제에 대하여 전통적으로 자립과 절약을 격려해왔는데, 국가의 개입은 순전히 나태와 의존도를 키울 뿐이라고 보았기 때문이다. 하지만 로이드 조지는 그런 정책을 전적으로 지지한 것은 아니었다. 그는 원래 불운한 사람들에 대한 관심을 가지고 있었다. 부스와 로운트리의 빅토리아 후기 시대의 사회의식 연구는 당대의 정치가에게 많은 영향을 끼쳤고, 그에 따라 로이드 조지는 최악에 달했던 당시의 사회악을 해결해야겠다고 결심했다. 그는 자립과 절약으로 안정을 이루지 못하는 분야는 국가가 개입하여 그 격차를 메워주어야 한다고 생각했다. 그는 동료들에게 레세-페르laisser-faire(자유방임) 태도를 멀리하고 적극 개입을 제의했다. 그가 제의한 사회적 조치들은 어느 것이나 코브던 전통주의자들의 방해와 반대에 부딪쳤다. 따라서 신중하게 추진해야만 했다.

　복지국가는 사회주의 냄새를 풍겼는데 사회주의는 로이드 조지가 별로 공감하지 않는 사상이었다. 1908년 그는 사회악을 효과적으로 해결하는 방법을 알아보기 위해 독일을 방문했고, 독일의 복지 개혁이 어떻게 사회주의의 예봉을 무디게 했는지 살펴보았다. 그는 빈민을 돕고 싶었을 뿐 영국을 사회주의 국가로 바꾸려는 생각은 아니었다. 그 결과, 로이드 조지의 개혁은 재무장관 오스본의 오판誤判이 재정에 미친 나쁜 효과와 맞물려 비틀거리게 되었다. 그 재무정책은 영국의 새 노동당에 자금을 대는 노동조합의 기반을 해쳤고, 노동당의 초기 성장을 가로막았다. 아무튼 이 새로운 당은 진정한 사회주의당이라고 부를 수 없었다. 하지만 사회주의 물결을 저지하려는 목적에서 볼 때 로이드 조지의 개혁은 효과적이었다. 그런데 그 개혁 조치들은 빈민에게 안전망을 제공한다는 다른 목적에서도 효과적이었을까?

　이것에는 일반적인 해답이 없다. 각각의 개혁은 어느 정도 성공을 거두었지만, 어떤 것은 다른 것보다 훨씬 더 생산적이었다. 1906년의 학교급식법은 지방 당국으로 하여금 몹시 가난한 어린이들에게 학교 급식을 무료로 주도록 했다. 처음에는 무료급식 학생 숫자가 천천히 늘어나더니 1914년에 이르러 15만 명에 달했다. 가난한 어린이들의 숫자는 전체적으로 100만 명이 훨씬 넘었을 것이다. 그러나 급식법은 그 실시를 강제로 명령하지 않는 소극적 입법이었다. 1907년 학생 의료 상황을 의무적으로 보고하라는 지시 때문에 많은 지방 당국들은 영양 결핍과 구루병이 만연한 상황을 보고했지만, 풍토병인 머리-이를 제외하면 그 어떤 치료도 제공하지 않았다. 1908년의 광업

법은 최초로 어떤 산업에서든 성인 남자의 작업 시간을 제한한 획기적인 것이었지만, 상점법은 식사시간과 반半휴일을 제정하기는 했지만 상점 근무시간 문제를 다루지 못했다. 1909년에 설립된 직업안정국Labour exchanges은 노동자를 찾는 고용주들과 일자리를 찾는 노동자들의 상호접촉을 더욱 쉽게 해주었고, 일자리를 찾아다니는 실업자들의 고통을 많이 덜어주었다. 노동 유동성을 증가시키는 목적은 직업별로는 어느 정도 성공을 거두었지만 지역적으로는 별 효과가 없었다.

로이드 조지가 거둔 대성공은 1908년의 노후연금법이었다. 이 법은 전임 애스키스 총리 때부터 발의되어온 법인데, 만장일치는 아니지만 초당적 지지를 얻었다. 기초연금 5실링(기혼 부부들에게는 7실링 6페니)은 70세 연령이 되어야 지급되었다. 로이드 조지는 비용 문제 때문에 65세부터 조기 지급하는 것을 인정하지 않았다. 연금 자격은 많은 예외 조항을 두었는데 그 중 일부는 1914년 이전에 없어졌다. 가계의 자산을 엄격히 조사하여 연금을 지급했기 때문에, 연금과 수급자의 또 다른 소득을 합쳐도 그 금액은 (최저 생활 유지에 필요한) 빈곤선을 밑돌았다. 이 연금의 목적은 노인들을 구빈원에서 내보내자는 것이 아니었다. 신체 건강한 사람들과 달리 노인은 외부 구호금을 받을 자격이 있었고, 사실 구빈원 수용자의 숫자는 1909~14년에 1~3퍼센트 정도 줄어들었을 뿐이다.

하지만 외부 구호금을 받는 70세 이상의 노인 숫자는 1908년 17만 명에서 1914년 1만 명 이하로 떨어졌다. 지방의 빈민구호가 이제 국가의 자금지원을 받는 노후연금으로 대체된 듯했다. 연금이 노인들의 소득을 보충해주면, 노인의 가까운 친척들은 경제적 부담을 덜게 되었다. 이런 현상을 너무 비판적으로 언급한다면 그것은 너무 야박한 평가이리라. 아무튼 노령 인구가 증가하면서 수급자의 숫자는 급증했고 연금 지출은 로이드 조지의 원래 예상을 훨씬 웃돌았다. 하지만 사람들의 기대는 현실적이어서 연금이 모든 것을 해결해 주리라고 보지 않았다. 겨우 20세기 후반에 들어와서야 노후연금이 적절한 생활수준을 제공해야 한다는 생각이 제기되었지만 그것도 일시적인 아이디어로 그치고 말았다.

로이드 조지의 또 다른 위대한 사회적 업적은 1911년의 보험법이었다. 건강보험의 대상은 광범위했다. 무료 치료와 병가病暇를 보장하는 건강보험(피보험자가 일부를 부담하는) 계획은 약 1500만 명의 노동자들을 대상으로 잡았다. 하지만 1500만 명 중 많은 사람들이 이미 공제조합Friendly Societies과 노동조합이 운영하는 건강 계획에 자발적으로 가입한 상태였다. 따라서 이 계획은 기존의 조항을 보완하고, 노동조합과 공제조합이 관리의 주체가 되었다. 하지만 아내(출산 경비는 예외)와 자녀는 대상에서 빠졌다. 처자는 계속하여 공제조합에 의존했고, 공제조합에서 부과하는 작은 비용조차 감당할 수 없는 사람들은 지방의 무료 병원 외래 환자실에서 치료를 받아야 했다. 가난한 환자를 치료하는 일반 개업의의 생활 형편도 확실히 나아졌다. 공제조합과 노동조합을 위해 일하는 개업의사의 낮은 보수와 불안정한 생활은 건강보험 의사명부제도 도입으로 해소되었다. 그들은 그 제도에 등록함으로써 적절한 보수를 받을 수 있었다. 보험법이 시행된 뒤, 외래환자 치료의 숫자는 떨어지고 병원 입원 환자의 수는 증가했다. 건강보험 의사들이 일을 제대로 한다는 징후였다.

보험법의 보험 관련 조항들은 더 제한적이었다. 실업보험(피보험자가 보험비를 일부 부담)은 주요 산업—토목, 건축, 조선, 자동차 제조, 주철 제조, 제재 공장—에만 적용되었는데, 이런 분야의 실업은 구조적이기보다 주기적이었다. 따라서 그 보험은 장기 실업자들을 위한 해결책이 아니라 일시적 해고에 대한 완화장치였다. 실업수당이 주당 10실링, 환자보험이 주당 7실링 정도이기 때문에 노동자들은 직장을 잃어버리거나 몸이 아플 때, 구빈원에 들어갈 생각이 없다면, 이런 국가보조금에 자신의 돈을 보태야 했다. 이 법은 긍정적 효과를 가져왔는데, 실업이 증가하던 시기(1911~14년)에 구빈원 입소자 숫자는 계속 하락했기 때문이다. 이 법은 보험 대상을 다른 분야의 업종에도 확대했다. 그리하여 1911년에 230만 명이 피보험자 대상에 올랐고, 그 숫자는 1914년까지 네 배로 늘어났다.

로이드 조지의 작품 중 가장 큰 실패는 빈민구제법을 개혁하지 못했다는 것이었다. 여당과 야당은 둘 다 1909년의 빈민구제법 보고서를 제출하여 대개혁을 권고했지만 실적은 전혀 없었다. 지방 자치위원회의 위원장인 존 번스는 너무 무기력하다는 질책을 받았지만, 그래도 자유방임laisser-faire의 원칙에서 지나치게 이탈하는 것은 많은 자유당원들에게 너무 고통스러운 노선이었다. 로이드 조지와 동료들은 전반적인 개혁 조치보다 땜질식 처방을 했고 빈민구제법은 너무 큰 문제여서 1909~11년의 위기에 다루지 못했다. 게다가 그 밖의 정치적·사회적 문제들도 긴급한 사항이었다.

제1차 세계대전이 끝난 1918년, 로이드 조지는 하원의 보수파 여당에게 완전히 의존했고, 따라서 주요 복지 개혁은 물건너갔다. 그래도 보수당이 지배했던 내각은 실업보험을 전 업종으로 확장했다. 이것은 정부가 1909년에 개혁하지 못했던 빈민구제법을 뒤흔드는,

뜻밖의 극적인 효과를 가져왔다. 1919년의 애디슨 건축법은 지방 당국에게 주택 건설에 따르는 국가보조금을 주면서 반드시 그런 주택을 공급하는 의무를 부과했다. 이것은 낡은 개인 주택을 개량해주는 효과를 내게 되었다. 1919~21년 파업이 한창일 때, 로이드 조지는 그에게 권력을 가져다준 보수적인 하원의원들보다 파업 주동자들에게 더 우호적이라는 의심을 받았다. 그래도 전후戰後에 보수당이 여당이었을 때 로이드 조지는 지지자들의 자유방임에 대한 우려를 별로 신경 쓰지 않아도 되었다.

전전과 전후의 개혁 조치들은 복지 국가를 구축하지 못했고 또 그런 국가의 예고편으로 의도되지도 않았다. 하지만 그런 조치들은 사회적 문제에 관한한 자유방임을 추구하지 않는다는 최종 입장을 확인해주었다. 그 조치들은 어느 정도 성공을 거두면서, 최악에 달했던 당시의 사회악에 대한 완화책을 제공했고, 전시와 1940년대의 구체적 개혁을 위한 길을 준비했다. 로이드 조지와 함께 일한 윌리엄 비버리지는 이 당시의 경험을 살려1942년에 광범위한 비버리지 보고서를 작성할 수 있었다.

## 068

히틀러는 비스마르크의 전철을 밟은 것일까

비스마르크와 히틀러가 독일 역사에서 비슷한 위치를 차지했고, 정치적 경력도 똑같다고 주장되는 경우가 가끔 있다. 두 사람의 성격을 살펴볼 때 그들은 선악의 양면성이 있다. 두 사람은 국내 정치에서 좋은 일을 많이 했고, 국가의 업적 면에서는 물질적 혜택과 자존심을 안겨주었다. 둘 다 민주주의를 거부했다. 적을 무자비하게 다룰 줄 알았고 기강과 봉사정신을 사람들의 마음에 불어넣었다. 두 사람은 독일인에게 국민적 단일성을 심었고, 군국주의와 전쟁 확대의 길을 터놓았으며, 결국은 유럽의 이웃 국가들과 전쟁을 했고, 비참한 패배와 수치를 조국에 안겨주었다. 이런 비교는 공정한 것일까?

두 사람에게 피상적인 유사성이 있다는 것은 사실이다. 그렇지만 히틀러가 20세기의 비스마르크라거나 비스마르크가 19세기의 히틀러라는 주장에 대해서 그 누구도 진지한 증거를 제시할 수 없다. 두 사람은 닮은 점보다는 차이점이 훨씬 많기 때문이다.

무엇보다도 비스마르크는 신사였고 히틀러는 밑바닥 출신이었다. 이러한 차이를 들이대는 것은 속물적 사회비평이 아니냐고 할지 모르지만 그래도 두 사람의 성격을 꽤나 잘 설명해준다. 비스마르크

306

는 자신이 주장한 것처럼 융커Junker(귀족)는 아니었지만 안정된 가문 출신이었고 또 교육받은 사람이었다. 그는 쉽게 유럽 사회의 상류계급으로 올라갔고, 외교계에서 통용되는 프랑스어를 능란하게 구사했으며, 다른 외국어들을 그런 대로 사용할 줄 알았다. 그는 원래독일 사회의 바탕이 되는 법과 질서의 체제를 존중했다. 정치, 도덕, 종교에 대해 명확한 개인적 신념을 가지고 있었지만 타인의 신념도아울러 존중했다. 그의 애국심은 정통적이면서 상당히 관습적인 것이었다. 당시 그는 유럽의 극우 보수주의자라고 생각되었다.

반면, 히틀러는 이런 자질들이 거의 없었다. 그는 프티 부르주아의 무식과 편견이 들끓는 하층계급 출신이었다. 교육은 받다 말았고그의 머리에는 상당히 비합리적인 생각과 야릇한 변덕이 죽 끓듯 했다. 그는 그런 변덕스러운 생각을 자신의 독특한 매력으로 여겼고그것을 기준으로 예술, 철학, 정치, 과학 등을 제멋대로 해석했다. 그는 호헨촐레른 제국의 낡은 권위주의적 틀이 붕괴된 1918년과 그이후에 사회와 정치가 해체되면서 생겨난 별로 매력적이지 못한 인물이었다. 마음속에 깊은 불안감을 감추고 있는 그는 실제와 상상의적을 무자비하게 탄압했다. 평생 동안 히틀러는 위험하면서도 불합리한 민족적 배타성과 지배의 이상을 열심히 추구했다. 그는 이렇다할 원칙이 없었고, 깡패처럼 자신의 개인권력 강화에만 몰두했다. 게다가 신뢰할 수 없고 게으른데다가 일관성이 없는 인물이었다. 자신에게 따분한 일은 뭐든지 아첨하는 부하들에게 위임해버리고, 그렇게 하여 생긴 자유시간에 옛날 영화와 감상적인 오페레타 따위를관람했다. 그의 취향은 대중영합적이고 조잡했다. 의미심장하게도바그너의 장엄한 음악(두 사람은 반反유대주의를 공유했다)을 좋아했고 지나치게 거친 스타일의 현대건축을 선호했다. 비스마르크는 히틀러라는 존재를 아예 인정하지 않았을 것이다. 만약 인정했다면, 광적인 선동가라고 생각하여 구금했을 것이다.

따라서 두 사람의 정책은 다를 수밖에 없었다. 비스마르크가 유럽의 극우 보수주의자라면, 히틀러는 극우 혁명가였다. 히틀러는 독일의 노동자계급에게 혜택을 주는 값진 일을 했지만, 그의 업적 중 또 다른 측면은 아주 위협적이었다. 히틀러는 오래된 제국에게서 물려받은 법과 관리의 틀을 우회하거나 폐지하려 했고, 그 틀을 자의적이고 불명확한 딕타트diktat(명령)에의 맹종으로 바꾸려 했다. 그의 글라이히샬퉁Gleichschaltung(국가의 사회적·법적 구조를 나치화하는 정책)은 위험하고 무의미했으며, 법적 권력을 그의 개인적 의지에 종속시키려 했다. 가장 헌신적인 추종자들도 히틀러가 무엇을 추구하는지 파악하지 못했고, 논리적으로 이해하기보다는 무조건 따르는 것을 선택했다. 이해력이 빠르고 현실적인 또 다른 사람들은 적절한 슬로건을 연설조로 말했다. 그들은 독일에서 그들 자신의 개인적 권력기반을 구축하는 일에 몰두했고, 그런 힘으로 빼앗은 약탈물로 사복私腹을 채우기 시작했다. 제3제국의 사회, 경제, 상업, 재정 정책은 핵심이 뒤죽박죽이었고 일관성이 없었다. 전쟁을 각오한 나치의 정책들은 결국 파멸적인 갈등을 일으켰고, 그것은 '1000년 동안' 계속된다고 하던 제국의 수명을 10년의 단명 세월로 위축시켰다.

나치의 외교정책들은 서로 모순되었다. 비스마르크는 유럽의 안정에 관심을 기울였고, 유아기의 통일 독일을 보호하기 위해 열심히 우방과 동맹을 맺었다. 그는 유럽의 대규모 전쟁을 막으려 노력했다. 사실 제1차 세계대전은 1890년에 젊은 카이저가 그를 해임한 뒤에 비스마르크 정책을 포기한데서 비롯되었기 때문에 그의 탓이라기보다 그의 부재 탓이라고 말해야 한다.

반면에 히틀러는 공존보다 정복을 중시했으므로 그의 정책은 전쟁으로 치달을 수밖에 없었다. 그는 이웃 국가를 착취하고 나아가 정복하는 데 더 많은 관심을 기울였다. 또 진정한 안정화 방안은, 민족적 순수성과 우월성 이론에 기반을 두고서 유럽의 압도적 군사패권을 확립하는 것뿐이라고 보았다.

오스트리아에 대한 두 사람의 상이한 태도는 이런 차이를 잘 보여준다. 비스마르크는 유럽 남부에 평화와 안정을 보장하는 세력으로 바위처럼 견실하고 강력한 합스부르크 제국을 높이 평가했다. 그는 오스트리아가 기강과 보수주의의 원천일 뿐 아니라 가톨릭교회 세력이기 때문에 그 나라를 유지하려 했다. 그는 루터교가 주된 세력인 독일 안으로 가톨릭교회를 끌어들이기보다는 독일 밖에 두고서 평화공존하는 것이 낫다고 보았다.

하지만 히틀러는 이것을 꿰뚫어볼 안목이 없었다. 그는 그 자신의 것이 아닌 다른 이념을 활용하지 못했고, 그리하여 어리석게도 순전히 민족적 견지에서 독일과 오스트리아를 합병한 안슐루스 Anschluss(합병)를 단행했다. 그렇게 함으로써, 그는 중앙 유럽에서 오스트리아의 역사와 안정화 역할을 무시했고 따라서 간접적으로 그 지역의 정치적 분열에 이바지했다. 말이 난 김에 하는 말인데, 이 오스트리아의 제거 때문에 소련은 1945년부터 반세기 동안 공산주의 지배를 쉽게 펴나갈 수 있었고, 그 뒤에 1990년대의 유고슬라비아 해체—'발칸화'(소국분할주의)의 과정—도 유도할 수 있었다.

## 069

# 영국은 인도 독립 문제를 서투르게 다뤘을까

1947년, 인도와 파키스탄은 독립했지만 그들의 독립은 평화적으로 얻은 것이 아니었다. 식민 종주국인 영국은 독립에 반대하지 않았다. 하지만 힌두교도와 이슬람교도와 시크교도가 서로 분쟁을 일으키고, 대량 이민을 야기하고, 적어도 50만 명의 사망자를 낸 종파주의가 폭발했다. 영국은 당시에도 또 그 뒤에도 이런 혼란과 살육의 책임자로 비난을 받았지만, 그것은 대개 근거 없는 비난이다.

영국은 평화, 통일, 평등한 신앙의 권리, 현대적 통신, 경제적 성장 등을 인도에 가져다주었다고 주장했다. 하지만 이런 혜택은 나라의 독립과 바꿀 수 없었고, 인도의 그런 열망에 대응하여, 영국 정부는 1930년대에 개혁을 도입하여 상당한 규모의 자치를 허용했다. 인도 연방제도 제안되었으나 인도 지방 군주들의 반대로 무산되었다. 처칠과 같은 소수의 반대자도 있기는 했지만, 영국은 인도에게 자치령의 지위를 부여하는 문제를 신중하게 추진했다. 하지만 2차 대전이 터지는 바람에 중단되었다. 종전 뒤 새로 집권한 노동당 정부는 힌두교와 이슬람교 지도자들이 합의를 이루지 못하자 초조한 나머지 원래의 계획보다 10개월 빨리 인도의 분할 독립을 허용했다. 뒤이은 종교적 증오와 살육 때문에 노동당 정부는 인도 독립 문제를 잘못 처리했다는 비난을 받았다. 과연 그런가?

통일 인도는 영국의 창작물이었다. 인도는 예전에 무력에 의해 일시적으로 통일된 적이 딱 한 번 있었다. 무굴 제국은 후기에 명목상의 우두머리에 지나지 않았다. 따라서 만약 영국이 인도를 통일된 상태로 독립시키고 싶다면, 상당히 신중한 준비와 호의가 필요했다. 영국은 2차 대전 중에 인도 국민의회당의 지도자들을 투옥함으로써 서툴게 시작했다. 이 지도자들은 영국의 이런 무모한 조치로 인해 본의 아니게 친일파가 되었다. 1942년의 크립스 사절단은 종전이 되면 자치령 지위를 부여하겠다고 약속했다. 하지만 인도의 지도자들은 즉각적인 독립을 원했다. 간디는 영국의 제안을 가리켜 "부도날 것이 우려되는 은행이 발행한, 날짜 지난 수표"라고 말했다. 영국 정부는 일본이 인도를 침략해올지 모른다고 생각하여 즉각적인 독립을 허용하려 하지 않았다. 이에 맞서 국민의회당 지도자들은 '인도를 떠나라'는 캠페인을 조직했다. 영국은 그 당의 지도자들을 거듭 투옥하는 것으로 응수했다.

종전 뒤 영국은 소수파인 이슬람교도의 안전을 보장하면 통일 인도를 수립할 수 있다고 생각했다. 이슬람 지도자인 지나는 그런 생각에 동의하지 않았다. 그는 분리된 독립 파키스탄을 원했다. 그는 힌두교신자들을 믿지 않았고, 1946년 9월에 세운 임시정부에 들어갔지만 새로운 헌법의 논의에 참여하지 않았다. 이제 인도에는 사실상 영국 군대가 없었고 현지에 보낼 예비부대도 없었다. 인도 군대는 이제 거의 전부가 인도인으로 구성되었고 고급장교 역시 인도인들이었다. 행정기관은 1930년대에 이미 인도화가 진행되었다. 간디가 비폭력을 주장하며 말렸지만 인도 지도자들이 민족적·종교적 열정을 부추기는 동안, 질서를 유지해주어야 할 영국 당국은 이미 현지를 떠난 상태였다. 당연히 폭력과 무질서가 늘어났다. 인도를 효과적으로 유지할 수 없던 영국 정부는 인도아印度亞 대륙이 무정부 상태로 빠지기 전에, 가능한 한 신속하게 두 종교 그룹이 받아들일 수 있는 해결책을 마련하기를 바랐다. 영국 정부가 볼 때 지나의 요구대로 두 나라로 분리해야만 신자들의 피를 덜 흘릴 것 같았고, 분리가 지연될수록 폭력과 무질서는 더욱 커질 것 같았다. 논쟁하는 두 파벌에게서 동의를 끌어내기 위해, 영국 정부는 1947년 2월 분리 정책에 조급하게 매달리지 않은 채, 권력을 인도 지도자들에게 1948년 6월까지 양도하겠다고 발표했다. 마운트배튼 경이 이 일을 마무리짓는 임무를 띠고 신임총독으로 임명되었다.

마운트배튼은 곧 두 나라로의 분리가 불가피하다는 것을 깨달았다. 그는 엄청난 인명 피해를 불러오는 끔찍한 내전을 벌이지 않는 한, 인도의 일국一國 통일은 불가능하다고 국민의회 지도자인 네루를 설득했다. 마운트배튼은 분리정책을 실시해도 유혈사태가 불가피하다는 것을 알았지만, 그래도 분리독립이 빠를수록 유혈을 최소화하리라고 내다보았다. 하지만 현실적 어려움이 있었다. 모든 힌두교신자들을 분리 경계선 이쪽에, 모든 이슬람교신도들을 저쪽에 두부모 가르듯 분할하는 완벽한 분할선은 애당초 불가능했다. 하지만 만약 양측에 대체로 공정한 중재를 할 수만 있다면 분할은 빠를수록 더 좋았다. 그리하여 독립을 위한 새로운 날짜가 결정되었다.

1947년 8월 15일, 마운트배튼은 서둘러 자신의 일을 마쳤고, 분리 경계선을 결정한 것은 영국의 공무원들이었다. 설사 인도인이 그 경계선을 그린다고 해도 그보다 더 낫게 그을 수는 없었을 것이다. 인종적·종교적 소수파는 어디에다 분할선을 그어도 결국 엉뚱한 쪽에 남아 있게 될 것이었다. 카슈미르 같은 문제들은 해결되지 않았고, 그 후 계속하여 해결이 어려웠다.

1947년 약 50만 명의 이슬람교도, 힌두교도, 시크교도들이 학살당한 사태는 영국의 탓으로만 돌릴 수 없다. 영국의 잘못은 5년 간의 세계대전으로 국력이 약화된 나머지, 지난날의 우위를 유지할 능력이 없었다는 것뿐이다. 누구도 1947년 8월과 9월의 인도아 대륙에 닥친 그런 규모의 유혈사태를 예상하지 못했다. 만약 영국이 몇 년 동안 독립을 지연시킬 군사력과 의지를 가지고 있었다면, 유혈사태를 크게 줄이고 양쪽에게 합당한 통일안이 나왔을 것이다. 하지만 영국은 더 이상 그런 선택을 힘으로 강요할 입장이 아니었다. 만일 영국이 원래의 1948년 6월 독립안을 고집하고 그렇게 서두르지 않았다면 유혈사태를 어느 정도 누그러뜨렸을지 모른다. 하지만 이런 주장은 의심스럽다. 독립이 지연될수록 지나 또는 네루 같은 사람들이 새로운 장애물을 제기하거나 이미 합의한 결정을 번복할 우려가 있었다. 아무튼 어떤 사항이든 지나의 동의를 얻어내는 데에는 무척 시간이 오래 걸렸다. 당시의 대체적인 견해는 독립이 하루 지연될 때마다 그만큼 더 많은 사상자가 나오게 된다는 것이었다. 만약 전국과 지방의 정치가들이 정치적 목표를 추구하기 위해 민족적·종교적 증오를 부추기지 않았다면, 유혈사태는 훨씬 줄어들었을 것이다. 어떻게 보면 영국의 정책은 성공적이었다고 주장할 수도 있다. 거의 해결 불가능해 보이는 문제를 실용적으로 해결한 것이었다.

정치의 재평가, 사기치면 안 되지

## 070

뉴딜 정책은 대공황을 종식시켰을까

1930년대 초반, 미국은 대부분의 선진국들과 함께 대공황의 늪에 빠졌다. 1933년까지 미국의 실업자는 1300만 명에 이르렀고 농부는 파산에 직면했으며 은행은 예금주에게 돈을 지급할 수 없었다. 후버 대통령은 특히 은행들에 연방자금을 빌려주고, 주정부와 연방정부 차원에서 공공사업을 격려함으로써 문제 해결에 나섰다. 하지만 1932년 11월 대통령 선거에서 그는 낙선했고, 프랭클린 D. 루스벨트가 새 대통령에 취임했다. 루스벨트의 공식적 발언은 대공황과 정면으로 맞서는 '뉴딜' 정책의 필요성을 선언한 것이었다. 그의 대통령 취임 초기에 뉴딜 정책은 대통령과 의회의 입법 활동에서 구체화되었다. 하지만 많은 사람들이 그렇게 생각하듯이, 뉴딜 정책이 모든 문제를 단칼에 해결한 쾌도난마는 아니었다.

루스벨트는 일관된 경제 프로그램을 추진하지 않았다. 그가 대공황 해결을 위해 내놓은 일련의 조치들은 따로 따로 놀았다. 만약 어떤 조치가 시원치 않다면 그는 또 다른 수단을 시도했다. 그는 사회주의자가 아니었다. 그의 목표는 자본주의를 파괴하는 것이 아니라 구출하는 것이었다. 사실 그의 어떤 정책들은 정적政敵인 공화당에서 빌려왔다. 그는 케인즈주의자도 아니었다. 그는 경제를 잘 알지 못했고 대통령 자신과 재정부문 공직자들은 재정적자와 연방지출 개념을 잘 몰라 쩔쩔맸다. 그는 단기적으로 부채를 늘릴 준비가 되어 있었지만, 인플레이션을 피하려면 예산의 균형을 맞추어야만 한다고 보았다. 1920년대 독일 인플레이션의 유령은 세계 경제 위기를 대면한 각국의 지도자들을 괴롭혔다. 미국은 세계 최대의 채권국이자 최대의 소비국이었지만 1930년의 스무트-홀리 관세법으로 수출이 격감하는 바람에 미국 불경기의 큰 요인이 되었다. 게다가 미국 혼자만의 경제 회복은 세계의 다른 국가들이 따라오지 않는다면 도로아미타불이 될 수밖에 없었다.

정통적인 경제이론에 따르면 경기의 전환점은 어떻게든 찾아오게 되어 있다. 인건비의 하락과 물가의 하락은 결국 소비를 증가시키고 노동에 대한 수요가 올라가고 호황에 불황이 뒤따르듯이 불황에 뒤이어 호경기가 오는 것이 경제의 사이클인 것이다. 하지만 이번의 불경기는 너무 심해, 전환점이 찾아오려면 시간이 너무 오래 걸릴 것 같았다. 루스벨트의 목표는 그 순환주기 속도를 올리고 회복을 촉진하는 것이었다.

상당히 많은 경제적 활동은 신뢰에 바탕을 두고 있다. 이를테면, 화폐, 은행 제도, 시장 등은 신뢰가 핵심적 추진력이다. 루스벨트는 신뢰 회복에서 상당한 성공을 거두었다. 대공황 때 미국의 소규모 지방 은행들이 특히 취약했는데 대형 채무자가 파산하거나 수많은 농부들이 이자를 연체하면 그 여파로 은행 또한 도산할 우려가 있었다. 많은 은행들은 루스벨트가 취임하기 전에 이미 도산했고, 지방 은행들의 파산은 그들에게 자금을 빌려주었던 대형 은행의 기반을 뿌리채 뒤흔들었다. 긴급 은행법으로 연방정부는 건전한 은행들만 보증했으며, 따라서 취약한 은행들은 줄줄이 도산했다. 글래스-스티걸 은행법은 더 나아가 은행들에게 영업부문과 투자부문을 분리시키고 은행들의 투기를 억제함으로써 신뢰를 강화했다. 그리하여 살아남은 은행들은 신뢰를 얻었고, 물가가 떨어지면서 인플레이션의 두려움은 줄어들었으며, 화폐 신뢰는 회복되었다. 정부가 증권거래소의 사기, 투기, 신용거래를 규제하는 조치를 취함으로써 투자 신뢰 또한 되살아났다.

관련 은행법은 대부분 대통령 취임 '100일' 동안에 제정되었고, 낮은 이자율과 더불어 경제기반을 마련하는 데 크게 기여했다. 물론, 새로운 신뢰만으로는 충분하지 않았다. 루스벨트는 미국의 금본위제도를 폐지함으로써 수출품 가격 인하를 시도했지만 수출은 세계 경제가 회복하기 시작할 때까지 부진했다. 그는 농업에서 더 많은 성공을 거두었다. 정부는 은행이 담보물건을 경매처분하지 않도록 격려했고 농업조정법은 잉여작물의 폐기, 재배면적의 축소를 권유하면서 협동 관습을 격려했다. 농업 대출 연방법은 기존의 담보물권을 도와주고, 새로운 물건에 대출을 가능하게 했다. 대법원이 농업조정법을 위헌이라고 선고했지만 1937년과 1938년의 새로운 입법은 대부분의 농업조정법 조항을 되살렸고, 1939년부터 농업 분야는 완만하게 개선되었다. 신용과 협동은 기계화 증가로 이어졌고 여러 분야의 농장은 이익을 다시 내기 시작했다. 미국 중서부의 흙모래 폭풍이 심한 '건조 평원지대'에서조차 농부들이 희망과 신뢰를 되찾았기 때문에 이농離農사태는 상당히 완화되었다. 테네시 강 유역 개발공사는 대성공이었고 7개 주에 일자리를 제공했으며 저렴한 수력발전을 제공하고 수천 평방마일의 농지를 비옥하게 만들었다.

이와 달리, 루스벨트가 실업과 씨름한 여러 가지의 노력은 별로 성공적이지 못했다. 민간 자원관리공사는 청년들에게 임시 일자리를 제공했다. 대부분의 일은 삼림과 사회기반 시설과 관련되었지만 연방자금을 하찮은 일에 지원한다는 비판이 들끓었다. 연방 긴급구조관리공사는 비슷한 도움을 어른들에게 제공했다. 공공 및 민간 취업관리공사(1935년에 취업촉진관리공사로 개명된 기관)는 연방과 주 프로젝트의 건설 사업을 공급하는 데 역점을 두었지만, 당시 사정으로는 지나친 몸조심과 무능한 경영관리 등이 특징인 건설 업종을 격려하는 데 그쳤을 뿐이다. 국가재건공사는 산업을 돕고 노사관계 협력을 격려했지만 대기업을 위해 중소기업을 무시했으며, 지나친 관료주의 때문에 존립 기반이 상당히 흔들렸다. 그래도 이 '알파벳처럼 즐비하게 늘어선 공사들'은 노동자들에게 급료를 주고 원자재, 도구, 차량을 구입하면서, 소비 수요를 창출하고 경제를 바닥에서 끌어올렸다.

마찬가지로, 1935년의 사회안정법 등 복지 규정들은 대공황의 경제적 영향보다 사회적 영향을 다루기 위해 나온 것이었지만 수요 진작에는 별 효과를 주지 못했다. 실업보험과 노후연금보험은 즉각적인 큰 효과를 거두지 못했고 또 그 후 몇 년 동안 지지부진했지만 그래도 일반대중과 소비자 신뢰를 높이는 데 이바지했다. 대통령의 노변환담 라디오 방송과 블루 이글 배지Blue Eagle badges도 국민들의 신뢰를 높였다.

이렇게 루스벨트의 뉴딜 정책은 사방으로 뻗어갔다. 그런데 그것은 곧 적을 불러들였다. 1935년 대법원은 대부분의 입법을 위헌이라고 선고함으로써 뉴딜 정책을 마비시켰다. 1930년대 후반에 구출했던 성과의 대부분은 다시 늪으로 가라앉았다. 하지만 실업자는 극적으로 1937년까지 약 500만 명이 감소했다. 그런 좋은 상태는 오래 지속되지 못했다. 실업자는 1938년에 200만 명이 증가했고, 1940년에 이르러서도 1937년의 수준을 끈질기게 웃돌았다.

루스벨트는 대공황을 종식시키지 못했다. 다시 말해 대공황은 1930년대 내내 좀처럼 사라지지 않았던 것이다. 경제 회복은 전 분야에 확산되지 못했고 산발적인 경우에 그쳤다. 일부 회복된 분야는 세계무역 덕분이었지만 무역 자체가 미국 경제가 회복되어야 살아날 수 있는 것이었다. 유럽 전쟁이 발발하자 대공황은 종지부를 찍었다. 1939년부터 뉴딜 정책이 뒷전으로 밀려난 한편, 미국은 재무장에 집중했다. 실업률은 격감했으며 식량, 전쟁 물자, 무기 수출은 급증했다. 1940년 기준으로 국민총생산GNP은 1930년 대공황이 시작했던 때에 비해 26퍼센트가 증가했다.

따라서 루스벨트의 업적은 대공황을 종식시킨 것이 아니라 국민의 재정적·경제적 신뢰를 회복하고, 또 대공황을 물리치지는 못했더라도 적어도 억제할 수 있음을 보여주었다는 것이다.

## 071

처칠은 정말
위대한 전쟁 지도자였을까

1940년 5월 윈스턴 처칠은 영국의 총리에 취임했고 1940년과 1941년의 암울한 시절부터 1945년의 마지막 승리까지 영국 정부를 이끌었다. 영국이 연합국의 승리에 기여한 공로는 처칠에게 돌아갔다. 당시 국민들은 너무나 고마운 마음에 처칠을 7년 전쟁에서 영국에게 승리를 안겨주었던 대大 피트와 비슷한 인물로 여겼다. 하지만 처칠의 전쟁 지도력은 비판을 받아왔다. 그에게는 전략 아이디어가 없었고 그 밖에 많은 잘못을 저질렀다는 것이다. 그래서 처칠의 전시 지도력은 논란의 대상이 되었고 그 먼지는 아직 가라앉지 않았다.

처칠이 집권했을 때 노르웨이는 이미 함락되었고 북해 연안의 저지대(네덜란드·벨기에·룩셈부르크 지역)는 독일의 공격을 받았으며 프랑스의 붕괴는 임박했다. 처칠은 재야 시절 히틀러의 위험을 진지하게 생각해야 한다고 외롭게 외쳐왔으므로, 이런 재난의 사태들은 처칠 선임자들의 탓으로 돌려졌다. 독일이 영국 침공을 앞두고 영국의 대응전력을 약화시키기 위해 대규모 공습전(브리튼 전투)을 감행했을 때, 처칠은 영국 국민들이 신뢰할 수 있는 소수 지도자 중 한 사람이었다. 처칠을 늘 싫어했던 노동당은 그가 당시로서는 최고의 총리감이라는 것을 인정하고 전쟁 내내 충성을 바쳤다. 누구도 등 뒤에서 처칠을 험담하지 않았고, 그 때문에 처칠은 제1차 세계대전 때 애스 키스가 당한 운명을 피할 수 있었다.

그의 지지도에 큰 도움을 준 것은 일을 해내는 추진력과 집요함 이었다. 그는 전쟁 기간 내내 열심히 일했고, 최소한의 수면만 취했 으며, 다른 사람들도 그렇게 하기를 기대했다. 그는 전쟁 자체뿐 아 니라 전쟁의 동원 노력을 강조했고, 그래서 정부 하급기관의 자질구 레한 일까지 간섭했다. 그렇게 함으로써 정부 기관의 사람들을 바싹 긴장시키는 효과는 있었다. 하지만 이렇게 헛되이 보낸 시간을, 보 좌관들과 함께 전쟁 전략을 짜는 데 썼더라면 더 좋았을 것이다.

처칠은 과연 전략의 전문가였을까? 전쟁 초기에 그의 목표는 살 아남아 승리한다는 것이었지만 그것을 어떻게 실천할지 잘 몰랐다. 전쟁의 결정적 시기(1940년 6월~41년 6월)에 영국은 혼자 버텼고 동맹 국이라고 해봐야 그리스뿐이었다. 이 시기에 영국의 불충분한 군대 는 국내 방어, 북아프리카의 회전, 에리트리아와 아비시니아에서의 공세, 그리스와 크레타 섬의 방어 등 여러 지역에 투입되어 뿔뿔이 흩어져 있는 상태였다. 이런 상황에서 영국이 비교적 피해를 입지 않고 난국에서 벗어났으니 정말 다행이었다.

1941년 12월, 미국이 참전했을 때 처칠은 일본보다 독일을 먼저 패배시켜야 한다고 루스벨트를 설득했다. 이것은 대전의 후기 단계 에서 가장 중요한 문제로 떠올랐지만 당초에는 미국이 별로 납득하 지 못한 아이디어였다. 하지만 이 문제에 관련하여 처칠은 스탈린을 자기 편으로 끌어들였다. 처칠은 루스벨트와 스탈린을 여러 번 만났 지만 이 문제(대對 독일전 우선 처리)를 제외하면, 두 사람에게 많은 영향력을 발휘하지는 못했다. 미국이 대전에 참전하기 전에도 처칠은 루스벨트에게 간청했지만 군사적 개입의 언질을 얻지 못했고, 미국의 무기 대금을 결제하느라고 영국의 해외자원을 고갈시켰다.

나중에 루스벨트는 영국이 전쟁을 빌미로 영국의 제국주의 목표를 확장하려는 게 아닌지 우려했다. 미국 대통령은 영국의 제국주의 시대가 끝났다는 것을 파악하지 못했고, 또 소련이 처음부터 제국주의 대국이었다는 것을 알지 못했다. 3국회의에서 처칠은 자신의 뜻대로 밀어붙일 수가 없었다. 처칠은 발칸 대공격(처칠은 1차 대전 때 갈리폴리에서 실패한 바 있어서 그것을 만회하려 했다)에 대하여 연합국의 지지를 얻으려 했지만 헛수고였다. 그는 또한 D데이 직전까지 소련을 도와 제2전선을 펼치는 것에 대하여 미온적이었다.

처칠은 부하를 다루는 데 있어서도 늘 자상하기만 한 것은 아니었다. 내각의 장관들과 정부 공직자들은 그들의 부서와 관련된 처칠의 최근 결정을 잘 알지 못했다. 이렇게 무시를 당해도 그들은 충성을 바쳤다. 처칠은 끈질기게 주요 지휘관들에게 행동을 요구했고, 행동이 불가능하거나 재난으로 이어질 우려가 있는 때에도 계속 요구했다. 적을 공격하라고 처칠이 압박했을 때, 이집트의 웨이벌 장군은 3개월의 준비기간과 다량의 탱크 지원이 필요하다고 대답했다. 그의 요구는 거절당했고 이어 웨이벌은 해임되었다. 그의 후임자 몽고메리에게는 웨이벌 때 해주지 않았던 증원부대가 파견되었을 뿐 아니라 5개월의 준비기간이 허용되었다. 몽고메리가 성공적인 작전을 수행한 덕분에 처칠이 웨이벌을 홀대한 사실은 묻혀버렸다.

처칠은 야전 지휘관들을 들볶으면서 그들이 공세를 취하지 않으면 사령관직에서 해임했다. 그러면서 개인적 연줄이 있는 사람들을 제멋대로 봐주었다. 그는 신뢰하는 두 사람, 비버브룩과 브렌든 브래큰을 지나칠 정도로 편애했고, 사람들이 공군 원수 해리스의 작전을 비판했는데도 불구하고 한결같이 그를 두둔했다. 처칠은 드골과의 관계는 소원했는데, 다른 나라 지도자들과의 관계 역시 그러했다!

가끔 그의 아이디어는 터무니없이 어리석을 때도 있었다. 이를테면, 조지 6세는 D데이 상륙작전 때 노르망디 현지에 직접 가보겠다는 처칠의 계획을 겨우 만류했다. 국왕의 건전한 상식이 처칠의 과잉 의욕을 제압한 것이었다. 또 1940년, 영국과 무너져가는 프랑스의 동맹 제안은 예언적이라기보다 병적인 아이디어였다. 처칠의 5년의 전쟁 리더십에서 부정적인 측면을 골라내자면 비교적 손쉽게 골라낼 수 있을 것이다.

하지만 그는 공로가 과오를 뒤덮고도 남는 사람이었다. 그의 위대한 업적은 총리에 취임하면서 보여준 저 엄청난 결단력이었다. 그는 주어진 일을 맹렬하게 밀어붙일 수 있는 사람이었다. 그는 의회 연설과 라디오 방송을 통하여 영국 국민에게 자신의 의지를 알렸다. 재난이 닥쳤을 때는 그것을 일반대중에게 숨기지 않았다. 그가 '피, 땀, 노동과 눈물'을 얘기했을 때 영국의 일반대중은 감동을 받았고, 그리하여 시련을 딛고 일어섰다. 결정하지 않으면 안 될 때, 처칠은 옳든 그르든 결정했다. 1940년의 처칠처럼 영국민의 강력한 저항 의지를 고무시킬 수 있었던 사람은 아무도 없었다. 프랑스가 함락되었을 때 타협적인 평화를 원했던 각료라면 다른 지도자를 모시는 것이 더 좋았을 것이다. 처칠은 결코 완벽하거나 슈퍼맨이 아니었지만, 그가 없었다면 영국은 히틀러에게 굴복했을지도 모른다. 만약 그렇게 되었다면 미국은 거의 극복 불가능한 임무를 떠맡게 되었을 것이다.

 '철의 장막'이라는 말은 어디서 나왔을까

1946년 3월 4일, 윈스턴 처칠은 미주리 주 풀턴에서 연설하면서 유럽 대륙을 동서로 가로지른 '철의 장막'을 언급했다. 그는 이 단어를 말하면서 유럽의 공산국가와 서구 유럽의 비非공산국가를 엄격히 갈라놓은 이념의 물리적 장벽을 지적했다. 많은 사람들은 이 연설로 냉전이 본격적으로 시작되었다고 주장한다. 하지만 '철의 장막'이라는 말이 처칠에게서 나왔다고 생각한다면 그것은 잘못이다.

1945년 2월 괴벨스가 신문 사설에서 처음 그 단어를 사용했다. 1945년 4월말, 나치 독일의 마지막 외무장관 슈베린-크로치크 백작도 라디오 방송에서 이 말을 사용했다. 당시 나치의 마지막 헛된 희망은 서방 연합국과 러시아의 관계를 떼어놓는 것이었다. 처칠 자신은 1945년 6월초, 트루먼 대통령에게 보낸 메시지에서 그 단어를 사용했다. 처칠은 출처에 상관없이, 좋은 구절이라면 두루 활용하는 사람이었다. 풀턴 연설에 들어간 '철의 장막'이라는 말은 국제사회에 널리 퍼져 나갔고 이후 일반적으로 사용되었다.

 중국 공산주의는 스탈린에게 얼마나 많은 빚을 졌을까

역사학자들은 스탈린과 러시아 공산당의 적극적인 지원에 힘입어, 모택동이 장개석의 국민당 군대를 물리치고 1949년 중화인민민주주의공화국을 수립했다고 생각한다. 사실, 스탈린의 정책은 몹시 전통적이고 신중하고 심지어 보수적이었다. 그는 1950년이 지나서야 모택동의 중국을 인정했다. 요컨대, 중화인민민주주의공화국이 소련의 지지와 격려 덕분에 수립되었다고 가정한다면 그것은 잘못된 생각이다.

1920년대와 1930년대를 통해 스탈린은 자신을 세계 제국주의의 열강에 맞서는 인민민주주의 투사로 자처했고, 따라서 서구 열강이 자본주의와 식민주의를 앞세워 중국의 문제에 개입할 때 그들에 저항하면서 중국의 국민당 군대(국부군) 편을 들었다. 1922년 초, 러시아는 중국의 민중지도자 손문을 도와주었고 미하일 보로딘을 보내어 많은 자문을 했다. 손문에게 효과적인 정부를 조직하라고 조언했고, 국부군을 창설하여 유아기 공화국의 치안을 유지하라고 권고했다. 손문이 세상을 떠난 1925년, 장개석(일본 유학 후 1923년에 모스크바에서도 군사훈련을 받았던 인물)이 손문의 뒤를 이어 정권을 잡았다. 하지만 장개석은 공산주의를 좋아하지 않았다. 1927년, 국부군이 상해를 점령했을 때, 장개석은 상해의 유산계급과 은행 관계자들과 한통속이 되어 국민당 내에서 수천 명의 공산주의 지지자들을 학살했다. 그는 손문의 처제이자 기독교신자인 송미령과 결혼하면서 유산계급의 옹호자가 되었다. 국민당에 협력하던 공산주의 좌익은 뿔뿔이 도망쳤고, 장개석은 10년 동안 그들을 추격했다. 그는 1937년 이후에는 중국을 침략한 일본보다 공산주의자들을 더 위험한 적이라고 여겼다.

스탈린은 이 모든 사실로부터 별로 교훈을 얻지 못했다. 그는 국부군이 러시아의 전통적인 적, 서구 열강과 일본에 저항한다고 보았기 때문에 그를 지원했다. 또 스탈린의 보좌관들 중에서 아무도 그에게 솔직한 조언을 할 용기가 없었기 때문에 이러한 스탈린의 생각은 별로 고쳐지지 않았다. 스탈린은 국부군이 쓸모없어진 지 한참 뒤까지도 그들을 지원하려고 했다. 1941년에 나치 독일의 침공 위협을 받자 스탈린은 같은 해 4월에 일본과의 불가침조약에 서명했고, 6월에 나치가 침공해오자 그에 맞서는 위대한 애국전쟁을 벌이면서 소련의 생존을 위해 최선을 다했다. 이 모든 것의 영향 때문에 그는 2차 대전 내내 중국 문제에 어떤 역할을 하지 못했으며, 마지막 단계에 가서야 비로소 일본에게 선전포고를 했다. 소련은 1945년 8월 한국과 만주로 진군했고 실제로 만주지역을 국부군에게 반환했다. 중국 내전의 후기 단계에서 모택동은 스탈린의 인정을 가까스로 받는 형편이라 별 도움을 얻지 못했지만, 장개석은 미국의 엄청난 지원을 받았고 또 이것을 활용하여 중국 공산당을 물리치려 했다. 이 무렵 중국 공산당은 수많은 중국 소작인들의 지지를 얻었다. 스탈린은 뒤늦게 이런 사실을 알게 되었다. 모택동은 스탈린이 생각하는 그런 패배자가 아니었고 조금만 지원하면 위기를 견뎌내고 정권을 잡을지도 몰랐다. 한편, 장개석은 대도시를 점령하기 위한 공세를 시작했지만 그 와중에서 군대를 너무 분산시키는 바람에 집중력을 잃었다. 1949년, 북경은 공산주의자들에게 함락되었고 뒤이어 남경, 중경, 광동이 무너지고 결국 1949년 12월, 장개석은 국민당 세력과 함께 일본이 철수한 대만으로 도망쳤다.

따라서 중국 공산주의자들의 성공은 소련에게 빚진 것이 별로 없었다. 스탈린이 장개석의 승리를 예상한 1927년부터 1947년까지 스탈린의 도움을 거의 얻지 못했다. 1950년이 되어서야 스탈린과 모택동은 30년 우호조약과 중소동맹에 서명했다. 이 조약에 따라 러시아는 많은 경제적·기술적 도움을 중화민국에 제공하기 시작했으며 또 현대화를 위한 공업 전문가들을 많이 보내주었다.

그러므로 스탈린은 어쩌면 러시아와 중국 공산당의 유대관계를 굳건히 하는 큰 기회를 놓쳤다고 생각할 수도 있다. 하지만 이것도 틀린 생각이다. 중국 공산주의자들은 소련의 유럽 위성국가들에 비해 그리 온순하지 않았다. 중국은 아시아 문제에서 지배적인 역할을 하려 했고, 알바니아 같은 유럽의 소국들이 독자노선을 추구하는 것을 적극 격려했다. 중국은 제3세계 문제를 다룰 때 독자노선을 채택했으며, 소련의 원자폭탄 비밀을 공유할 자격이 있다고 생각했다. 스탈린은 늘 이런 것을 못마땅하게 여겼고, 모택동과의 관계를 아주 착잡한 축복이라고 여긴 흐루시초프도 마찬가지 생각이었다.

레이건 대통령의 높은 명성은
얼마나 타당할까

대통령 임기를 연임했던 로널드 레이건은 미국에서 부러워할 만
큼 인기가 높았고 취임할 때보다 이임할 때 인기가 더 많은, 소수의
대통령들 중 한 사람이었다. 하지만 그의 업적에 대한 논쟁은 여전
히 그치지 않고 있다. 특히 대통령의 업무수행 능력에 대한 의문도
가라앉지 않고 있다.

외국인이 볼 때 레이건은 지나치게 무식하고, 요령이 없고, 빠른
눈치에 비해 지성은 형편없는 사람이었다. 그는 세세한 점까지 추궁
당하는 것을 좋아하지 않았으며, 문제를 몹시 피상적으로 파악하는
결점이 있었다. 평생 동안, 성공한 영화배우로서 그리고 나중에는
캘리포니아 주지사를 지내는 동안 그는 많은 것을 당연시했고 골치
아프게 의심하는 것을 싫어했다. 그의 정신은 엄정한 도전에 노출된
적이 없었고 그래서 늘 피상적인 판단을 내렸다. 그 결과, 보좌관들
은 늘 그를 미리 준비시켜야 했고 그가 결정을 내려야 하는 분야가
그들이 준비시킨 분야와 일치하기를 바랐다. 그는 언제 엄청난 웃음
거리가 될 실수를 저지를지 몰랐다.

《뉴욕타임스》의 칼럼니스트 윌리엄 새파이어는 그를 몹시 가혹

하게 비판하면서 이렇게 말했다.

"대통령은 준비를 게을리했습니다. 즉흥적으로 연기할 수 있다고 생각한 거지요. 대통령의 측근은 당연히 이런 말을 해주어야 했습니다. 민주주의 사회에서 지도자의 이해력 범위는 언제나 테스트를 당할 수 있는데, 대통령은 그 테스트에서 계속 낙제점을 받아왔습니다."

기자회견에서 레이건은 질문을 받고 대답을 잊어버린 듯한 인상을 주기도 했다. 이것은 부분적으로 그의 귀가 어두웠기 때문이지만, 더 큰 이유는 '백악관의 말투'를 이해할 수 없었기 때문이다. 결국 보좌관들은 카메라에 비치지 않는 구석에 작은 확성기를 설치하여 기자들의 질문을 레이건이 이해할 수 있는 쉬운 용어로 풀이해주었다. 이것은 외국 특파원들이 볼 때 재미있는 구경거리였고, 그들은 보좌관이 대통령에게 대답을 일러준다고 생각했다. 레이건의 약점은 이름과 얼굴을 잊어버리는 건망증으로 가중되었는데, 어떤 사람들은 나중에 그를 괴롭히게 되는 알츠하이머병(치매)의 초기 증세라고 생각했다. 그의 건망증은 미국인의 공통적 특성인 편협성으로 더욱 심화되었다. 편협성이란 낯선 외국의 것을 무시하는 증상인데, 외국인의 화를 돋우지만 동시에 미국 동포들에게는 이해가 되는 멋진 특성이기도 했다.

레이건은 대통령직에 대하여 나름대로 확고한 생각을 갖고 있었다. 레이건이 감상적으로 기억하는 프랭클린 루스벨트를 모델로 삼은 대통령관이었는데, 대통령직은 안정되고 또 일사불란해야 한다는 생각이었다. 이런 사고방식의 바탕 위에서 의사결정권을 대폭 아랫사람들에게 위임하는 스타일, 그리고 대중 앞에 화려하게 등장하는 쇼맨십이 생겨나게 되었다. 그는 '위대한 의사전달자'—영화배우로 활약할 때 단련하여 강화한 재능—로 자처했고, 목소리의 힘으로 나라를 단결시키고 여론을 잘 활용하여 변화의 기폭제로 삼았다. 세일즈맨이었던 아버지와 마찬가지로 레이건은 아주 매력적인 세일즈맨이었고, 물건을 팔기 위해 상대방을 설득하기 전에 먼저 자기(세일즈맨) 자신이 제품을 신뢰해야만 한다고 생각했다. 레이건에게는 신뢰가 핵심 용어였다. 비록 틀리거나 잘못 알았더라도 자신만만하게 행동했기 때문에 사람들은 그를 신뢰했다. 그는 변명, 기만, 공격적 태도를 보이지 않았고, 보통사람들이 쉽게 납득하는 소박하고 경건한 어조로 말했다. 1980년 대통령 후보 예비선거 당시, 어떤 보좌관은 택시에 탔을 때 운전기사에게 레이건을 어떻게 생각하는지 물어보았다. "내가 알아들을 수 있는 말을 하는 유일한 정치가"라는 대답이 돌아왔다. 뛰어난 의사전달 능력은 또다른 자질을 이끌어냈다. 레이건은 세계 지리, 경제학, 로켓 과학을 잘 몰랐지만 자신이 원하는 것에 대해서는 명확한 그림을 갖고 있었고, 정치적 의제를 분명하게 설정했으며, (그가 완전히 신뢰했던) 영국의 마거릿 대처와 같이 단순한 도덕적 가치를 명확히 파악하여 꾸준히 밀고 나갔다. 그는 별로 의심을 하지 않는 대통령이었다. 그의 비판가들이 의심이 너무 없어서 문제라고 말할 정도였다.

레이건은 '위대한 의사전달자'일 뿐 아니라 '위대한 위임자'이기도 했다. 워싱턴에 올라왔을 때 그는 캘리포니아 주지사 시절에 했던 것과 똑같은 방식으로 내각을 운영하겠다고 결심했다. 그는 내각을 정부의 손과 발로 사용하겠다고 약속했다. 세 부담을 줄이고, 복지 사고방식을 철폐하고, 내각에 대폭 위임하겠다는 약속을 아주 진지하게 밀고 나갔다. 내각이 너무 비대하여 효율적으로 돌아가지 않았지만(그의 보좌관들 중의 한 사람은 내각을 '아주 쓸모없는 기관'이라고 말했다), 그는 전임자들보다 훨씬 더 광범위하게 권한을 위임했고, 폭넓은 행동의 자유를 부여했다.

부하들이 사무실에서 뼈빠지게 일하는 동안 대통령은 낮잠을 즐겼다. 이것은 천성적으로 게으른 탓이 아니고, 단지 레이건이 실무를 세세히 파악하는 사람이 아니었기 때문에 그런 것이다. 그는 카터 대통령이 사소한 업무를 일일이 챙겼던 상황을 기이하게 생각했으며, 자신을 최고경영자 또는 '이사회 의장'이라고 여겼다. 그의 대통령 임기에서 두드러진 특징은 보좌관들을 격려하여 전문지식 이외의 문제에도 개입하게 했다는 것이다. 레이건은 일반 원칙의 신봉자로서 이런 생각을 품었다―'에너지는 너무 중요하기 때문에 에너지부에게만 맡길 수 없고, 또 외교 문제는 너무 중요하기 때문에 국무부에게만 맡길 수 없다.' 알렉산더 헤이그는 그것을 이상하게 생각했고, 헨리 키신저 같은 사람은 절대 용납할 수 없다고 생각했다.

그 함축적인 뜻이 무엇이든, 이런 느슨한 시스템은 레이건에게 적절한 것이었다. 그는 지루하고 장황한 브리핑보다 동료들과의 격의 없는 논쟁을 선호했다. 정부의 어떤 관리들은 이처럼 부서 업무가 고정된 것이 없이 자율화되어가는 시스템을 좋아하지 않았다. 반면에 어떤 관리들은 대통령이 별 이의 없이 고개를 끄덕이며 재가해주는 것을 더 좋아했다. 그들은 대통령이 아예 없는 것 같은 상태를 더 선호했을지도 모른다. 하지만 레이건은 이런 거수기 역할을 거부했다. 그것은 자신에게 투표한 국민들에게 책임지는 자세가 아니라고 생각했다.

　그래서 두 번의 연임 기간 동안 레이건은 내내 국민과 직접 얘기했고, 그들과 맺은 유대관계를 더욱 발전시켰다. 보통사람들이 그를 좋아하고 높이 평가하기는 했지만, 레이건은 비전이 별로 없는 지도자였고 국내와 해외에서 쌓아올린 업적도 별로 없는 대통령이었다. 사실, 지식인들과 전문가들이 볼 때 그는 대통령 역을 연기演技하는 배우처럼 형편없는 대통령이었다. 그는 실적만 놓고 보자면 변변치 않다. 하지만 역설적이게도 대통령직의 명성과 권위가 레이건 시대처럼 높았던 적도 없었다.

1967년, 파운드 평가절하 때
해롤드 윌슨은 거짓말을 했을까

역대 영국 총리와 재무장관은 통화의 평가절하를 별로 중요하지 않는 기술적 판단의 문제로 넘겨버리는 경향이 있었다. 그리고 일반 국민들은 이런 태도를 그냥 받아들였다.

1967년, 재무장관 제임스 캘러헌은 발표 직전까지 거듭 약속했던 것과는 다르게 파운드화를 평가절하했다. 이때 해롤드 윌슨 총리는 국민에게 이렇게 말했다. "파운드는 지금부터 외국 통화에 비해 가치가 14퍼센트 적습니다. 물론 그것은 당신의 호주머니, 당신의 지갑, 당신의 은행에 있는 파운드가 평가절하되었다는 뜻이 아닙니다."

이것은 전혀 사실이 아니었다. 14퍼센트의 평가절하, 다시 말해 1파운드가 2달러 80센트가 아닌 2달러 40센트로 교환된다는 것은 수출가격이 인하된다는 뜻이다. 수출업계는 더 적게 일해도 수출품 가격에서 보상을 받는 한편, 수입품 가격은 올라가서 영국 소비자의 수입품 가격에 대한 부담이 상대적으로 커지는 것이었다. 캘러헌은 약속을 어긴 탓에 공직에서 물러났는데, 그의 사직은 소비자 부담의 증가를 인정했기 때문이었다. 윌슨은 자신이 꾸며낸 허구적 이야기를 세상을 떠날 때까지 믿었다.

 마거릿 대처는
영국 보수주의의 기대주였을까

마거릿 대처는 장기 집권했을 때 강력한 지도력을 발휘했다. 그리하여 그녀의 세대 중에서 논쟁의 여지가 가장 큰 정치적 인물로 남게 되었다. 지지자들이 볼 때 그녀는 20세기 후반 영국의 국부를 축적하도록 도왔고 또 현재의 입지를 확보해준 무척 중요한 인물이었다. 반대파가 볼 때, 그녀는 목청만 높은 사나운 여자였다. 집요하고 시야가 비좁고 현직에 있을 때는 독재적이었고, 퇴직을 해서는 국민을 잘못 지도하는 오지랖 넓은 여자였다. 이제 그녀의 역사적 중요성을 재평가할 때가 되었다.

마거릿 대처(처녀 때 성은 로버츠)는 1925년 그랜덤에서 야채가게 딸로 태어났다. 그녀는 그랜덤 고등학교를 졸업하고 옥스퍼드 대학의 서머빌 칼리지에서 화학을 전공했으나 후에 변호사가 되었다. 1959년 런던 북부의 지역구인 핀츨리에서 보수당 하원의원으로 선출되었고, 1961년부터 1964년까지 하위직을 두루 거쳤다. 그리고 1970년 에드워드 히스에 의해 교육장관으로 임명되었다. 히스 정권이 몰락한 뒤, 그녀는 놀랍게도 보수당 당수로 선출되었고 1979년 5월 총선에서 승리하자 총리로 취임했다. 총리로 재직할 당시, 조지프 체임벌린의 관세개혁 논쟁 이후 그 어느 때보다 치열한 당내 의견 차이가 벌어졌는데, 그때의 반감이 지금까지도 당내에 남아 있다.

대처의 정치 철학을 두 가지로 대별하면 다음과 같다.

첫째, 대처는 일부러 대결을 부추기는 스타일이었다. 그녀는 체임벌린, 맥밀런, 히스, 그 밖의 '단일민족' 토리당이 추구한 합의라는 개념을 거부했고 개인의 도덕적 관점에서 보수주의의 의미를 재정립하려고 했다. 그녀는 보수주의가 "경제를 관리하는 것이 아니라 사회를 통치하는 것"이라고 명백히 밝혔다.

둘째, 그녀는 이단아였다. 그녀의 사회적 배경은 히스의 그것과 비슷했지만 그녀는 결코 히스처럼 자연스럽게 그 사회에 수용된 인물이 아니었다. 그녀의 단순명료한 방법은 은밀히 웃음거리가 되었고, 저 속물적인 엘리트주의(보수주의의 별로 매력적이지 못한 특징)는 그녀를 공격했다. 어떤 비판자는 그녀를 "근본적으로 여전히 핀츨리 출신의 여자"라고 지적했다. 프랜시스 핌은 그녀를 경멸한다는 태도를 취하면서 이렇게 말했다—"우리는 권력의 정상에 장교가 아니라 하사관을 모시고 있습니다." 이 우월한 '단일민족' 토리당은 결국 대처의 때를 벗기고 그녀를 '세련되게' 만들 것이라고 생각했다. 또 그녀의 솔직함에 대해서는 '정상에' 있는 사람 치고 편안한 자신감이 부족하고 불안한 심정을 드러낸다고 보았다.

그녀가 토리당의 '기본'이라고 여기는 것을 잔소리처럼 계속 말했을 때 비판자들은 깜짝 놀랐다. 그녀를 찬양한 니콜라스 리들리는 1979년에 이렇게 말했다—"그녀의 기본 신념은 명확합니다. 건전한 화폐가치, 노동조합의 개혁, 필요한 곳으로 집중하는 복지, 세금의 인하, 영국의 세계적 지위의 재건…… 1979년 총선은 과감한 개혁을 지속하는 출발점이 될 것입니다." 당내의 논쟁은 곧 '중도파'와 '우파'의 논쟁이 되었다. 양파 사이의 논쟁은 처음부터 대처 예산의 특징인 통화관리정책에 집중되었다.

중도파에서 가장 논리정연한 이튼 학교 출신의 이언 길모어는 1977년에 《우익 내부》라는 책을 출판했다. 그는 책에서 '공동체 의식'이라는 것을 이끌어내는 게 중요하다고 강조했다. 하지만 대처는 그보다 더 개인주의에 기울어져 있었고 과격했다. 그녀는 심지어 이렇게까지 말했다—"사회라는 것은 없습니다(There is no such thing as society)." 통화주의정책이 1980년대 초에 인플레이션을 치솟게 하고 실업자가 300만 명을 웃돌자 중도파는 우파의 운명이 끝났다고 생각했다. 하지만 대처는 한 치도 양보하지 않았다—"시도할 또 다른 것은 없습니다. 대안은 없습니다(There is no alternative)." 이 문장은 가끔 언론에서 'TINA'로 줄여 발표했으며 대처 총리의 "바꾸지 않겠다"는 말은 그녀의 단순성, 솔직함, 확신을 잘 보여주었다—"보통사람들은 마음속 깊이 내가 옳은 얘기를 하고 옳은 일을 한다는 것을 알고 있습니다. 나는 그렇게 자랐기 때문에 그 상황을 알고 있어요. 나는 본능적으로 정확한 안테나를 갖고 있는 극히 정상적인 보통사람이라고 생각합니다."

이런 내적인 확신에 힘입어 대처는 우파가 아니라고 의심되는 사람들을 잇달아 제거하고, 자신의 생각과 같은 사람들로 교체하면서 총리의 권한을 확대했다. 그녀는 신중하게 내각의 의제를 통제하여 논쟁의 여지가 있는 쟁점을 제한했다. 그녀는 공보실을 이용하여, 그녀의 충성스러운 심복인 버나드 잉검 경을 내세워 장관들의 동태를 살피고 만약 쓸모가 없다고 판단되면, 그 장관들에 관련된 정보

를 흘려서 그들의 기반을 흔들어댔다. 그렇게 해서 굴복한 사람들
―존 스티버스 경, 길모어, 프라이어, 핌―은 한때 가졌던 영향력을
잃었고, 히스와 같은 사람들은 의원석에서 언짢은 얼굴로 노려보면
서도 그녀에 대한 공식적 논평은 삼갔다. 1985년에 이르러 그녀의
권력에 도전하는 사람들은 거의 없게 되었다.

무엇보다도 그녀는 국가 지도력, 국민이 이해할 수 있는 지도력
을 보여주려 했다. 그녀는 갈피를 못 잡고 표류하던 1960년대와
1970년대를 혐오하면서 번영과 성공을 다시 일으키려 했다. 돌이켜
보면 1960~70년대는 경제적으로 긴축과 완화 정책을 끊임없이 왕
복했으며, 큰 손해가 나는 파업이 빈발했고, 국가의 산업 실적은 형
편없었으며, 국가의 신뢰도는 내리막 일색이었다.

임기를 통틀어 대처에게 크게 유리한 것은 두 가지였는데, 첫째
는 유권자들의 지지였고, 둘째는 그녀의 의견과 사회적 배경이 비슷
한 의회 내의 보수당이었다.

유권자들의 지지는 전당대회에서 잘 나타났다. 전당대회를 싫어
하는 대부분의 내각 장관들과 다르게 그녀는 그 대회를 아주 적절히
활용했다. 대처는 그 대회를 하나의 기회로 보았다. 앞으로 해야 할
일을 결정하는 장으로 본 것이 아니라 올바르게 생각하는 일반대중
과의 유대관계를 굳히는 기회라고 보았다. 그녀가 볼 때 이 보통사
람들은 토리당의 고관들이 접하지 못한 그런 여론을 대변했다. 그녀
의 관심을 끌려고 아첨하는 텔레비전 카메라는 저녁 TV 뉴스 시간
에 대회 상황을 계속 보도하면서, 그녀의 자연스럽고 편안한 리더십
을 계속 광고해주었다.

하지만 대처주의Thatcherism는 결코 '이념'이 아니었다. 그녀에게

이념은 사전 작성된 추상적 청사진을 노예처럼 준수하는 나쁜 것이었다. 대처는 그것을 적극 거부했다. 하지만 그럼에도 불구하고 대처는 많은 옵서버들에게 이념적이라는 인상을 주었다. 이것은 그녀의 정책들이 유사한 운동, 방향, 목적을 갖고 있었기 때문이다. 대처주의자들은 '옳은 일을 하는 것'이 목적이었고, '옳은 일'이 무엇인지에 대하여 확고한 생각을 공유했다. 그녀 자신이 가끔 '빅토리아 시대의 덕행'이라는 것을 언급하면서 마치 19세기의 글래드스턴 자유당원 같은 인상을 풍겼다. 하지만 그보다 한 발 더 나아가 애덤 스미스로 되돌아가려 한다고 말하면 더 정확할 것이다.

그녀의 영국관은 세 겹의 동심원을 갖고 있었는데, 첫째로 개인에서 출발하여, 둘째로 가족으로 나아가 개인의 발전을 촉진하고, 셋째로 국가에 이르렀다.

그러니까 개인과 가족은 국가의 틀 내에서 번영하고 발전할 수 있는 것이다. 바로 이런 개인적 활동을 강조하는 의미에서 그녀는 "사회란 없다"고 말했던 것이고, 집단주의자들의 주장―"사회는 나름대로 방대한 복지 기관으로 존재하고, 개인의 역할과 그 자신(사회)의 역할을 일치시킨다"―을 거부했다. 그녀는 괜히 감리교신자로 성장한 것이 아니었다. 그녀의 사상은 아주 종교적이고 도덕적이고 개인주의적이었다.

마찬가지로, 그녀가 20세기 후반의 영국 사회에 끼친 영향을 과소평가해서는 안 된다. 그녀는 가끔 잘못 판단하기도 했다. 그녀는 인두세人頭稅의 함정에 빠지기도 했고, 또 재정자립의 미덕을 외국 정치가들에게 강조하면서 유럽 공동 통화에 가입하지 않으려고 했다. 하지만 1990년 11월 갑자기 (그녀로서는 도저히 이해할 수 없는 상황에서) 그녀가 실각하고 온건한 존 메이저로 교체되었을 때 그녀는 완전히 달라진 모습의 영국을 뒤에 남기고 떠났다.

그녀의 재임 중에 국가 운영의 전체적인 시나리오가 달라졌다. 그녀는 국가 주권—기이하게도 개인의 주권과 짝을 이루는 개념—에 집착했기 때문에 유럽연합의 추가 가입을 거부했고 또 공동 통화를 거절했다. 동시에 국내적으로는 국가가 운영해왔던 공기업 분야의 책임을 대거 철폐했다. 영국 정부는 가스, 전력 발전, 석탄 채광, 수도 설비, 철도와 같은 경제활동의 방대한 네트워크를 해체하거나 매각했다. 해롤드 맥밀런 등 노령의 토리당 정치가들이 '패밀리 실버family silver'라고 불렀던 산업을 그녀는 과감하게 민영화했다. 그녀는 심지어 우체국과 건강보험공사마저도 민영화할지 모른다고 의심을 샀다. 그녀는 노동조합의 콧대를 꺾고, 국가를 운영하는 것이 자신들(노동조합)이라는 노조의 알량한 환상을 단칼에 날려버렸다. 그녀는 세 부담을 낮추었다. 하지만 인두세의 몫을 부담시킴으로써 개인들에게 참정권의 대가를 지불하게 하려는 그녀의 최종 목표는 좌절되었다. 그녀와 권력을 나눠가지려고 하면서도 그 비용은 남이 내주기를 바라는 정치가들의 비협조 때문에 실패한 것이었다. 그녀는 민중의 국가관을 대대적으로 재정립했기 때문에 1997년 블레어가 노동당의 재집권을 이끌어냈어도 그녀가 도입한 개혁 사항들을 원상복귀시키지 못했다. 그녀가 보수주의를 재정립했듯이 블레어는 사회주의를 재규정하는 것으로 만족해야 했다. 그녀가 총리로 재임한 덕분에 영국의 정계는 결정적으로 집단주의에서 개인주의로 기울어졌다.

## 077

보스턴 차 사건이 과연
미국 독립전쟁을 촉발했을까

이른바 보스턴 차 사건은 미국 독립전쟁과 관련된 전설들 중에서 가장 지속적으로 사람들의 입에 오르내린 유명한 전설이다. 하지만 그 의미와 중요성은 종종 잘못 해석되어왔고, 식민지 아메리카에 전쟁을 가져온 역할에 대해서는 많은 오해가 있었다.

1773년 초에 이르러 영국과 식민지 아메리카 사이의 주된 쟁점들이 아주 분명해졌다. 수입 증대든 무역 규제(보스턴 차 사건의 배경이 된 사항)든 과세課稅라는 커다란 문제는 별도로 치더라도, 식민지 의회와 식민지 총독과의 관계, 막사幕舍 제공과 계엄령의 문제, 영국 법원이 식민지 법원보다 우월한지 등 여러 쟁점들이 도사리고 있었다. 영국과 식민지 사이의 관계 전반이 위기에 빠진 가운데 여전히 효과적인 타협점을 찾지 못하고 있었다.

1770년 3월의 보스턴 학살 이후 아메리카의 소요사태는 그런대로 진정이 되었고, 식민지들은 저희들끼리 다투던 예전의 관습으로 되돌아갔다. 뉴욕과 뉴햄프셔, 뉴욕과 펜실베이니아 등은 식민지의 경계선을 두고 치열한 논쟁을 벌였다. 캐롤라이나에서 6000명의 변경개척민들은 해안 식민지의 귀족들에게 반란을 일으켰는데, 15명의 인명 희생을 내고서야 진압되었다.

영국 정부는 아메리카 식민지에서 차 판매를 더욱 촉진함으로써 동인도회사의 번영을 되살려야겠다고 생각했다. 차세법茶稅法은 차의 아메리카 직수입을 허용했으며(그때까지는 먼저 영국으로 수입했다가 다시 아메리카로 수출하는 간접수입 방식이었다), 차에 매기는 영국의 과중한 관세를 없애고 대신 아메리카 관세만 유지했다. 밀수를 예방하기 위해, 동인도회사는 지정된 공식 대리점하고만 거래하겠다고 공고했다. 그 동안 차와 기타 상품의 밀수로 돈을 벌었던 아메리카의 상인들, 특히 뉴욕과 필라델피아 상인들은 이 조치에 분노했다. 이제 그들은 합법적인 거래에서 배제되고, 밀수 사업은 낮은 관세 때문에 수익성이 떨어지게 될 판이었다. 설상가상으로 비수입non-importation 협약을 되살리는 것은 무척 어려울 터이고, 그런 협약은 지금까지 대부분 파기되었다. 보스턴의 애국자들은 동인도회사의 아메리카 대리점 모집은 별로 어려움을 겪지 않을 것이고, 차 판매도 수월하게 진행될 것이라고 내다보았다. 뭔가 조치를 취하지 않으면 안 될 상황이었다.

그래서 일부 절망에 빠진 상인들이 모호크 인디언으로 위장한 채, 보스턴 항구에 정박 중인 두 척의 무역선에 승선하여 시가 1만 1000파운드에 해당하는 298개의 차 상자를 바다로 내던져버렸다. 이것이 바로 보스턴 차 사건이다.

그렇다면 과연 이 사건이 독립전쟁을 일으켰을까?

그 사건이 즉각적이고도 직접적인 계기를 제공한 것은 아니었다. 영국 정부는 지난해 가스페 호의 약탈사건을 못 본 체했듯이 보스턴 차 사건도 모른 체하고 넘어갈 수 있었다. 하지만 가스페 호의 경우 재산피해는 없고 인명피해만 있어서 사안이 경미했다. 18세기에는 재산피해가 인명피해보다 훨씬 더 책임이 무거웠다. 영국 정부는 보스턴 차 사건의 범인을 수색하여 재판하는 일을 매사추세츠 현지 당국에게 맡길 수도 있었다. 하지만 보스턴에서는 범인이 누구인지 널리 알려져 있어도, 보스턴 배심원을 설득할 수 있는 충분한 증거가 없었다. 식민지 대부분의 지역에서 차 사건은 환호를 자아내기보다 충격을 안겨주었다. 온건한 애국자들조차 보스턴 차 사건이 너무 지나쳤다고 생각했다.

당시 영국과 아메리카 양측이 분열보다 통합에 더 집중했더라면, 그 사건은 그 정도에서 마무리될 수도 있었다. 하지만 영국 정부는 아메리카에서도 처벌을 바라고 있다고 오판을 했고, 게다가 영국의 상인들과 동인도회사는 그런 무법행위를 처벌해야 한다고 강하게 요구하고 나섰다. 그대로 지나칠 수 없다고 판단한 영국 정부는 맹렬한 반대를 무릅쓰고, 애국적인 아메리카 사람들에게 '보복법Rataliatory Acts'이라고 알려진 일련의 법을 의회에서 통과시켰다. 보복법은 나중에 미국의 독립선언문에서 나열된 가장 구체적인 불평불만의 대상이 되었다.

보스턴 항구의 봉쇄는 제멋대로 자행된 집단적 처벌의 조치였다. 항구 봉쇄는 범인의 처벌에 반대하지 않는 사람들마저도 분노하게 만들었다. 아메리카 동부 해안의 다른 항구 상인들과 보통사람들은 자신들의 재산이 3000마일 떨어져 있는 영국 정부의 변덕에 따라 등락한다는 사실을 알고 경악했다. 매사추세츠의 특허에 대한 간섭은 다른 모든 식민지의 조직을 위협하는 것이었다. 재판권의 영국 이전移轉과 영국군의 보스턴 배치를 증가시켰던 '숙영법Quartering Act'

은 그 동안 잠잠해졌던 옛날의 불평불만을 다시 불타오르게 했다.

과격분자들은 대다수 아메리카 사람들을 이렇게 설득했다. 보스턴 차 사건이 일어나기 몇 달 전에 영국 당국이 준비해 왔던 '퀘벡법Quebec Act'을 잘 살펴보라. 이 법은 아메리카를 추가로 노예화하려는 도구가 아니겠나. 그러니 이제 우리는 경계해야 한다.

매사추세츠 분쟁이 발생하고 보수파가 많은 뉴잉글랜드 지역은 주로 청교도들이 거주하는 곳이었다. 그들은 퀘벡의 로마 가톨릭신자들에게 부여된 종교의 자유에 경악했고, 영국 교회가 교황(하필이면 교황이라니!)과 협력하여 청교도주의를 분쇄하려는 첫 번째 조치라고 생각했다. 청교도들 중 현실감각을 지닌 자들은 캐나다 국경이 오하이오 강까지 확장되는 것에 반대했다.

전반적으로 볼 때 보복법과 퀘벡법은 반反영국 소요사태를 되살리고 싶은 사람들이 이용하기 딱 좋은 법이었다. 그들은 그런 법들이 아메리카 사람들을 예속시키고 노예화하려는 영국의 고의적인 정책이라고 강력하게 주장하면서 과격파는 물론이고 심지어 온건파마저도 설득할 수 있었다.

온건파는 식민 각주들의 동맹이나 협약을 추진하자는 제의를 물리치면서 우선 회의를 하자고 제안했다. 이렇게 하여 온건파의 주도 아래 1774년 필라델피아에서 대륙회의가 개최되었다. 하지만 대륙회의는 곧 과격파들에게 장악되었다.

보스턴 차 사건이 없었다면 그 회의는 결코 개최되지 않았을 것이다. 보스턴 차 사건이 없었다면, 주된 의제—영국에 세금을 내지 말고 자체적으로 무장하여 아메리카를 방어하자—는 절대 합의를 보지 못했을 것이다. 만약 영국이 협상하려는 자세로 나왔더라면,

제1차 대륙회의는 영국과의 최종적인 결렬을 피하려고 했을지도 모른다. 하지만 영국 정부는 대륙회의를 불법 집회로 간주했다. 영국은 계속 보스턴으로 군대를 증파했고 매사추세츠는 시민군을 무장시켰다. 양측의 충돌은 불가피해 보였다. 설혹 1775년 4월 19일 렉싱턴에서 유혈충돌이 빚어지지 않았다 하더라도, 그해 봄 매사추세츠의 어딘가에서 또 다른 전투가 벌어졌을 것이다. 보스턴 차 사건은 전투의 발단이 된 사건이었다.

## 078

대영제국의 충성파는
양측으로부터 버림받았을까

미국 독립전쟁은 목소리가 큰 소수파의 작품이었다. 침묵의 다수파, 특히 대도시 밖의 사람들은 독립에 무관심했고 분쟁을 잘 이해하지 못했다. 영국 군대가 실제로 이웃마을에서 약탈만 하지 않았다면 전쟁의 결과에도 무관심했을 것이다. 미국 식민지에는 또 다른 적극적인 소수파가 있었다. 미국 애국자들은 그들을 토리당이라고 불렀고, 영국은 국왕파(혹은 대영제국 국왕파)라고 불렀다. 그들은 영국의 대의명분을 주장하면서 가끔 영국을 위해 싸우기도 했다. 전시에 대륙회의의 통제를 받는 지역에서 살고 있던 국왕파는 운이 좋아야 추방형에 그쳤고, 최악의 경우에는 몸에 타르 칠을 당하고 그 위에 깃털을 쓴 채 모욕을 당했고, 재산을 잃었으며, 심지어 살해되기까지 했다. 종전이 되었을 때 양측은 국왕파의 안전을 보장하겠다고 약속했지만, 과연 약속을 지켰는지 여부는 오랫동안 논란의 대상이 되었다.

영국이 평화협상에서 미국의 독립을 보장했을 때 국왕파의 문제가 크게 부각되었다. 영국은 특히 13개 식민지에 집을 갖고 있던 국왕파가 귀국하여 그 재산을 되돌려받을 수 있도록 신경을 썼다. 그

래서 전쟁을 끝내며 체결된 베르사유 조약(1783년)은 이렇게 권했다
—"영국 상인들에게 진 빚을 각 주가 모두 갚고, 국왕파의 재산을 되
돌려주고 신변 안전을 약속하는 구제법을 통과시킨다." 하지만 각
주는 설혹 그것을 이행하려는 마음이 있었더라도 약속을 지키기가
어려웠다. 전쟁의 분열은 최근의 일이었고 또 상처가 너무 깊었던
것이다. 아메리카로 돌아온 국왕파는 자주 폭력을 당했고, 전쟁이
끝난 다음에도 국왕파의 재산을 몰수하는 일이 계속되었다. 베르사
유 조약을 제대로 이행한 것은 사우스캐롤라이나뿐이었고 다른 주
들은 아예 무시했다.

13개 주에 돌아온 국왕파의 운명은 그 지역에서 애국적인 대의명
분이 얼마나 강한지에 따라 서로 달랐다. 그래서 어떤 국왕파는 조
용히 고향으로 되돌아왔고, 주 정부가 구제법을 내걸지 않더라도 전
에 하던 일을 다시 시작할 수 있었다. 하지만 미국의 애국주의가 강
했던 지역에서 국왕파의 생활은 고통스러운 것이었다. 영국은 이들
이 자유롭게 캐나다에 정착할 수 있다고 약속했고, 재정착을 시작할
때 물질적 도움을 주겠다는 암시도 했다. 하지만 즉각적인 구제조치
는 없었다.

아무튼 약 5만 명의 국왕파가 캐나다로 이주했고, 만약 거리가 좀
더 가까웠더라면 추가로 5만 명이 뒤따라갔을 것이라고 추정되었
다. 새로 캐나다에 이주해온 사람들은 자신들을 후원하는 조치가 전
무하다는 사실을 알게 되었다. 어떤 사람들은 노바스코샤와 퀘벡 지
역으로 흩어졌고, 겨우 일거리를 찾아내어 그 어떤 도움도 받지 못
한 채 척박한 삶을 꾸려가기 시작했다. 영국의 약속을 철석같이 믿
은 사람들은 영국이 약속을 지킬 때까지 끈질기게 기다렸다. 오랜

시간이 걸렸지만, 결국 영국 의회의 보조금 1200만 파운드가 '모든 계급과 조건의' 국왕파에게 지불되었다. 낮은 과세와 소액의 수입으로 충당된 이 자금은 영국 의회로서는 거액이었으나, 생활비가 절실하게 필요한 많은 국왕파에게는 충분한 액수가 아니었다. 의회에서 간헐적으로 건네주는 돈을 기다리다가 절망한, 소수의 강인한 그룹은 1791년에 노바스코샤의 해안에 핼리팩스 항구를 세웠다. 뒤이은 번영은 주로 주민들의 엄청난 노력 덕분이었고, 영국 정부 측의 관대한 후원에 힘입은 바가 전혀 없었다.

독립한 아메리카가 국왕파를 모질게 대한 것은 어느 정도 이해할 수 있는 일이다. 하지만 영국에 충성을 바치며 온갖 위험을 무릅썼던 사람들에게 영국 정부가 그토록 천천히 감사 표시를 했다는 것은 이해하기 어려운 처사다. 국왕파는 아메리카에 많은 재산을 남겨두고 캐나다로 이주해 왔으므로 독립 아메리카에 원한이 깊었다. 그렇기 때문에 국왕파는 캐나다-미국 전쟁(1812~14년) 때 선두에 나서서 미국과 싸웠으며, 그리하여 캐나다를 성공적으로 방어했다.

## 079

영국 정부는 아일랜드 사람들이 굶어죽도록 방치한 걸까

영국은 1846년 아일랜드 기근 사태와 관련하여 책임이 있다는 비난을 받는다. 아일랜드의 곤경을 가혹하게 외면하는 한편, 재난을 구제하기 위해 필요한 조치를 일부러 취하지 않았다는 것이다. 영국의 정치가들이 고의적으로 아일랜드 사람들을 굶어죽게 만들었다는 생각은, 필Peel과 러셀Russell 같은 고결한 사람들을 부당하게 중상모략하는 견해다. 두 사람은 당시 엄청난 경제적·사회적 재난에 직면했다. 이 재난의 근원은 영국이 아일랜드를 무력으로 정복한 몇 세기 전까지 거슬러 올라가는데, 영국은 당시 아일랜드에서 낯선 토지제도를 강제로 실시하여 기근 발생 시의 무대책에 간접 기여했다. 이런 제도 변화를 탓할 수도 있겠지만, 동시에 아일랜드 농부의 원시적인 영농법, 경기의 악화, 변화를 싫어하는 심리, 인구 과잉 등도 기근에 상당한 기여했다고 볼 수 있다.

아일랜드 기근은 1846년 여름에 이르러 사상 유례 없는 재난으로 바뀌었다. 그 여파는 전염병과 식량 결핍 등으로 인해 1847년과 1848년의 풍작을 맞이한 뒤에도 오랫동안 계속되었다. 기근이 극성을 부렸던 몇 년 동안에 약 100만 명이 사망했다. 영국과 아일랜드의 관계는 기근 때문에 더욱 악화되었고, 그것은 아일랜드가 자치정부를 요구할 때마다 내놓는 주요 불평불만거리였다. 만약 아일랜드에 자치정부가 있었더라면 영국 정부보다 기근을 더 잘 해결했을 것이라는 생각은 아일랜드 전역에 널리 퍼져 있었다. 설사 더 잘 해결하지 못했더라도 영국 정부처럼 죽을 쑤지는 않았을 것이라고 보았다. 영국 정부가 기근을 효과적으로 다루지 못했다는 믿음은 뿌리깊은 것이었다.

더욱 악랄한 소문은, 영국 정부가 아일랜드를 약화시키고 복종시키기 위해 일부러 기근을 방치했다는 것이었다. 가령 로버트 필 경과 존 러셀 경의 정부가 맬서스의 인구론에 강한 영향을 받은 나머지, 아일랜드의 인구 감소를 불가피한 상황 내지는 바람직한 상황으로 여겼고, 그래서 예방조치를 게을리했다는 것이었다. 영국 정부는 1998년 아일랜드 기근 대책에 대하여 공식적으로 사과함으로써 이런 소문에 신뢰성을 부여했다. 하지만 영국 정부의 사과는 역사적인 정확성에 바탕을 둔 것이라기보다 정치적인 편의주의 때문에 나온 것이었다. 그렇다면 필과 러셀의 정부에 대한 비난은 어디까지가 진실일까?

영국이 어떤 의미에서 기근에 책임이 있다고 주장해볼 수는 있다. 영국은 거류 외국인의 토지 소유 제도를 아일랜드에게 강요했다. 기근 발생 250년 전, 영국은 아일랜드를 지배하던 토호들을 쫓아내고 아일랜드의 토지 소유제도를 대수술하여, 영국에서 실시되는 변형된 형태의 토지제도를 강제했다. 영국에서는 대부분의 소작인들이 토지를 장기 임차했지만, 아일랜드에서는 소작인들에게 단기 임차만 허용하거나 소작인들의 의사를 무시하고 전혀 빌리지 못하게 했다. 이렇게 단기 임차 소작인들이 토지를 경작하여 양질의 땅으로 만들어놓았을 때 지주들은 지대를 더욱 많이 착취할 수 있었다. 양질의 땅은 수요가 많았고, 훨씬 더 높은 수익을 안겨줄 터였다. 주요 작물이 곡류였을 때 소작인들은 토지 전체를 경작해야만 했지만, 감자가 도입되면서 영농방식에 극적인 변화가 발생했다. 소작인은 감자 농사를 지을 경우, 임차한 토지 전체의 땅을 활용하지 않아도 되었다. 귀리나 밀에 의존하는 농가는 토지 전체를 활용해야 했지만, 감자는 임차한 경작지의 20퍼센트만 활용해도 가족을 먹여 살릴 수 있는 수확이 나왔다. 그리하여 소작인은 많은 토지를 경작하지 않은 채 놀렸고, 헛간이 허물어져도 그대로 내버려두었으며, 몇 마리의 내다 팔 가축을 키워 지대를 납부했다.

가난한 사람들은 이렇게 하여 생활비를 낮게 유지하고, 토지의 질을 높이는 일을 등한히 했다. 땅을 임차하지 못한 일꾼들은 지주를 위해 일할 수밖에 없었고, 그래서 주로 영국으로 수출하는 곡물을 경작했다. 하지만 땅을 임차한 소작인들은 작물을 전적으로 감자로 바꾸었는데, 그것 하나만 경작해도 필요한 영양분의 수요를 충족시킬 수 있었기 때문이다. 이렇게 하여 18세기 후반에 이르러 감자가 널리 경작되었다. 1845년쯤, 믿을만한 추정에 따르면 아일랜드 800만 인구의 절반은 전적으로 감자 농사만 지었다.

감자 수확은 1845년 이전에 부분적으로 흉작이 들었고, 이때 구제조치가 널리 요구되었다. 하지만 아무도 1845~46년에 발생한 대규모의 재난을 예상하지 못했다. 1845년 여름, 필의 보수당 정부는 감자 마름병이 영국에 번지자 경악했다. 두 명의 전문가, 리온 플레이페어 박사와 린들리 박사는 10월 하순에 상황이 대단히 나쁘고,

아일랜드의 감자 수확이 평년의 절반에도 미치지 못할 것이라고 보고했다. 두 전문가는 감자를 가마에서 말리고, 화학 방부제를 사용하도록 권고했다. 이런 조치는 결국 아무런 쓸모가 없는 것으로 판명되었지만, 그런 조치를 취하면서 시간은 헛되이 지나갔다. 필은 10월 하순에 보고를 받았을 때, 농부들이 대부분의 감자를 이미 수확하고 저장했다는 사실에 약간 안도했다. 그래서 처음에는 상황의 심각성에 대한 의구심까지 들었다. 하지만 저장했다가 꺼낸 감자들은 대개 썩어 있었다.

필의 공개적인 발언은, 영국 정부가 처음부터 사태의 심각성을 알았을 뿐 아니라, 당시에 통용되던 자유방임laisser-faire적인 생각과 달리, 기근 대비가 정부의 책임이라고 느끼고 있었음을 보여주었다. 필은 11월초에 이르러 곡물법Corn Law을 일시 중지시키기로 결정했지만 그의 귀족 동료들은 다른 생각을 하고 있었다. 곡물법 위기는 정치적 이유 때문에 날조한 것이고, 썩은 감자는 정치적으로 지어낸 이야기라고 보았다. 어떤 공작은 썩은 감자를 풀(草)과 함께 버무리면, 대단히 영양가 높은 식사가 된다고 주장하기까지 했다.

하지만 이 냉혹한 무관심은 정부의 정책을 대표하는 것이 아니었다. 아일랜드 사람들은 곡물 수출을 금지하라고 목소리를 높였다. 그러나 영국의 곡물 수확은 흉작인 반면, 아일랜드의 수확은 평년작보다 약간 못 미쳐서 영국으로의 수출이 불가피했다. 아일랜드 시골 사람들이 굶어죽는 동안, 곡물을 항구로 운반하는 마차들은 군대를 동원하여 지켜야만 했다. 하지만 필은 곡물 수출을 금지해도 해결되는 건 전혀 없다고 생각했다. 금지 조치는 지주들을 파산시킬 것이다. 어떤 지주들은 소작인들을 도우려 애쓰고 있었고, 아일랜드에서 내수를 위해 농산물을 자국 내에 보유한다고 해도, 아일랜드 사람들은 그것을 구매할 여유가 없어서 아무 소용이 없었다. 게다가 아일랜드의 곡물 수출을 금지하여 영국에서의 식량 부족을 악화시키면 그건 정치적인 자살과 다름없고, 필의 생각으로도 별로 도움이 되지 않았다. 그는 또 다른 조치를 제안했다. 그는 남부 유럽을 샅샅이 살피면서 이듬해 봄의 파종을 위해 병충해가 없는 씨감자를 구매해왔다. 그렇게 했건만 그 다음 해인 1846년 감자 수확의 75퍼센트는 실패작이었다.

아일랜드 도시와 지방에서는 무료 급식소들이 설립되었다. 이것은 굶어죽는 사람들을 구제하고, 아일랜드 사람들의 감자 의존도를 떨어뜨리려는 이중의 목적을 가지고 있었다. 그는 은밀하게 미국으로부터 16만 파운드 상당의 옥수수를 주문하여, 그것을 아일랜드 농부들에게 공개리에 파운드당 1펜스에 팔았다. 감자를 먹고 자란 농부들에게 옥수수는 동물 사료 냄새가 났고 맛이 안 좋았다. 그것은 '필의 유황Peel's brimstone'이라는 별명이 붙었다. 하지만 아일랜드 사람들은 곧 그것을 먹게 되었다. 빈민들에게 옥수수와 그 밖의 식비를 마련해주기 위해, 필은 노동위원회를 통해 이를테면 하수, 철도 건설, 도로 보수 따위의 취로사업 프로그램을 세웠다. 약 50만 파운드가 1846년 취로사업에 투입되었지만 효과는 미미했다. 배고픈 사람들은 중노동을 견딜 수 없었다. 책임을 맡은 공무원들은 기근을 다뤄본 경험이 부족했다. 인도에서 그런 경험을 겪어보았던 공무원들은 소수였고 그들은 여전히 인도에서 근무하고 있었다. 단 몇 주 사이에 약 1만 5000명의 공무원이 급히 필요했기 때문에 불만스럽게 임명된 경우들이 많았다. 따라서 부정부패가 만연했다.

1847년, 취로사업에 훨씬 더 많은 돈이 들어갔지만 3월, 러셀 정부는 상당히 뒤늦게 외부의 구제사업 허가권을 아일랜드 보호청에 주었다. 아일랜드의 구빈원들은 원생들로 넘쳐나기 시작했다. 1847년 수확은 좋았고 마름병의 증후를 별로 보이지 않았지만 그래도 여러 가지 점에서 1847년은 기근 중에서 최악의 해였다. 전염병은 아일랜드에서 늘 도졌고, 발진티푸스와 같은 가난한 자의 병이 2년 동안 퍼지면서 큰 피해를 주었다. 질병으로 그리고 굶주림으로 얼마나 많은 사람들이 죽어갔는지 정확히 알 수 없다. 외진 곳에서 죽어 몇 주 동안 발견되지 않은 시체들을 검시하는 것은 아일랜드의 평소 관습이 아니었다. 어떤 지역은 철도의 부족과 형편없는 도로 상태 때문에 사실상 취로 사업의 손길이 미치지 않았다.

하지만 발진티푸스에 걸려 죽은 사람들이 1847년 한 해만 35만 명에 이른다는 추정이고, 기근에서 비롯한 결핵은 여전히 1850년대까지 희생자를 낳았다. 믿을 만한 추정에 따르면, 1845~51년까지 25만 명이 굶어죽었고 100만 명이 질병으로 죽었으며, 30만 명이 이민을 떠났다. 1847년 봄, 사태가 최악에 달했을 때 아일랜드의 800만 인구 중에서 300만 명이 어떤 형태로든 취로사업에 다녔다. 기근으로 파산한 아일랜드 지주들 중에는 많은 지주들이 소작인들의 형편을 보아주다가 완전 파산했다. 그들의 땅은 곧 지대를 많이 뜯어내는 부재지주에게 넘어갔다.

영국은 아일랜드의 곤경에 무심했던 것은 아니었다. 700만 파운드의 공적자금이 정부 취로사업에 투입되었다. 공적 구호품과 사적 기부금은 정부의 기여를 상당히 보완했다. 5000만 파운드 정도인 영국 정부의 연간 지출 중 약 2퍼센트가 최악의 기근사태를 당한 아일랜드에게 배정되었으나 충분치 않았다. 하지만 아일랜드의 기근은 더 많은 돈을 쏟아부어도 쉽게 해결될 수 있는 문제가 아니었다. 원조 배급은 형편없는 도로와 철도의 부족 때문에 원만히 이루어지지 않았다. 기근에 적절히 대처할 노련하고 정직한 공무원들도 부족했다. 정부가 도와주려고 애쓰던 사람들은 취로사업의 배정에 분노했고 의심했고 적의를 품었다. 마름병의 확산을 막으려는 조치가 무용지물로 돌아가면서 공연히 시간만 허비되었다. 1840년대 중반에는 전염병을 예방하고 치료하는 특효약이 없었다. 이런 사실들을 놓고 볼 때, 필과 러셀 정부의 인도주의적 동기에 의문을 제기하는 것은 너무 심술궂은 일이다. 영국 정부 또한 양심상 이렇게 많은 사망자를 원하지 않았을 것이다. 영국 정부의 대응은 갈팡질팡했고 너무 늦은 시기에 너무 불충분한 조치를 취했다. 아무튼 아일랜드 기근은 인재라기보다 자연재해라고 보는 것이 더 타당하다.

## 080

잭슨의 인디언 이주 조치는 과연 평화적이었을까

강철같이 단단한 변경개척민이었던 잭슨 대통령은 1828년에 대통령으로 선출되었는데, 많은 원주민들을 미시시피 강 건너 서쪽으로 평화적으로 이주시킴으로써 인디언의 위협을 종식시켰다는 공적을 널리 인정받았다. 하지만 그는 과연 영웅의 호칭을 받을 자격이 있는가?

약 2만 명의 트살라기 부족(영어를 사용하는 미국인에게 '체로키' 족이라고 알려진 인디언 부족)은 1794년 조지 워싱턴에게서, 나중에는 족장들과 맺은 일련의 약 90개 조약들에 의해 부족 땅의 소유권을 보장받았는데, 그것들 중에서 가장 중요한 조약은 1798년에 체결된 것이었다. 그들은 동남부 아메리카 원주민들 중에서 가장 개화된 그룹이었다. 정원과 과수원을 가꾸고, 무역과 제조업을 시작하고, 주민 모두가 잘 아는 문자 언어가 있었고, 학교와 신문사를 세우고 심지어 나름대로 성문법까지 제정했다. 백인들은 주로 조지아뿐 아니라 앨라배마와 미시시피 인근까지 인디언에게 허용된 땅의 지역을 야금야금 잠식하여, 1828년에 이르러 인디언 소유지는 약 5만 평방마일에서 1만 5000평방마일까지 줄어들었다. 그때 조지아 주 의회는 통치권을 나머지 인디언 지역까지 확대했고 이렇게 하여 체로키 독립을 사실상 끝장내버렸다.

당시 대통령이던 잭슨은 서부와 남부의 난폭하고 거친 개척자들을 주된 정치적 지원세력으로 삼았고, 개척자들 사이에서 1815년 영국군의 뉴올리언스 상륙을 격퇴시킨 사람으로 알려져 있었다.

그는 인디언을 연방 영토에서 추방하자는 정착 개척자의 생각에 동의하고, 이미 1814년 앨라배마의 호스슈 크리크 전투에서 인디언과 싸워 격퇴시킨 바 있었다. 그는 인디언들에게 평화적인 이주를 약속했다. 하지만 그를 알고 있는 사람들은, 인디언의 이동을 '이주'라고 설명하는 그의 발언이 가혹한 유혈 추방을 은폐하는 완곡어법이라고 말했다.

1830년, 잭슨은 의회에서 이주법Removal Bill을 통과시키고, 주 방위군을 동원하여 체로키족에게 고향을 떠나도록 강요했다. 동부 주 사람들은 확실히 잭슨의 정책에 비판적이었고, 이런 상황 때문에 체로키족은 약간의 희망을 품었다. 추장은 부족의 곤경을 상원에게 호소하려고 시도했으나, 인디언이 '종속된 내국인'이라는 핑계 아래 그 호소는 제지를 받았고 따라서 간청할 수 없었다. 버몬트 선교사가 조지아 주에게 제기한 두 번째 조치는 성공을 거두었다. 이주법은 위헌이라는 선언을 이끌어낸 것이다. 하지만 잭슨과 의견이 같은 남부 사람들은 격분하면서 그 선언을 아예 무시해버렸다. 계엄령이 선포되고, 체로키족은 계속 그들의 거주지에서 쫓겨났다. 그들에게 가해진 압력은 점점 강도가 세어졌고, 마침내 인디언 지도자들은 1835년 또 다른 조약에 서명해야만 했다.

그들은 결국 마지막 땅을 연방 정부에게 양도하는 조약에 서명하고 지금의 오클라호마로 이주했다. 미국 상원은 이 조약과 관련하여 오랫동안 격렬하게 논쟁했고, 결국 한 표 차이로 그것을 비준했다. 1838년에 이르러 여전히 조지아에 남아 있는 체로키족은 채 2000명도 되지 않았다. 잭슨의 후계자인 마틴 밴 뷰런은 의회에서 이렇게 선언했다—"의회가 지난 회기에 승인한 조치는 …… 가장 좋은 효과를 가져왔고, 체로키족은 새로운 고향으로 기꺼이 이주했다."

그보다 몇 년 전 플로리다의 세미놀 인디언에 대한 가혹한 원정은 훨씬 더 심각한 결과를 초래했다. 그들의 가정은 파괴되었고, 많은 사람들이 사망하거나 이주했고, 인디언 추장 오세올라가 휴전기를 흔들어도 백인들은 그를 일방적으로 체포했다.

잭슨의 플로리다 조치는 살인적인 것이었다. 약 2만 명의 아메리카 원주민들이 마차와 수레를 타고 혹은 도보로 약 800마일 거리를 강제 이주했다. 비교적 단시일 내에 그리고 엄청난 살육이 없이 이루어진 일이라고 하지만 결코 자발적인 이주가 아니었다. 그러니 이 일을 잭슨의 공로라고 하는 것은 웃기는 이야기다.

 토니 블레어는 영국의 사회주의를 배신했을까

1990년대에 들어와 토니 블레어는 노동당의 목적이나 존재가 아예 없어질 정도로 그 목적을 재규정함으로써 영국 노동당의 활동을 약화시키거나 완전 무력화했다. 아니, 이미 노동당의 존재 이유를 없앴다는 말도 나온다. 이런 비판은 그의 정적뿐 아니라 그의 지지자들에게서 훨씬 더 큰 소리로 들려온다. 전통적인 영국 사회주의의 몰락을 토니 블레어의 탓을 돌리는 것은 얼마나 정당할까?

노동당의 간결한 역사

그렇지 않다는 항의가 많기는 하지만, 역사적으로 영국의 노동당이 과연 진정한 사회주의자인지 의심스럽다. 노동자계급의 생활 개선을 표방한 여러 그룹들이 느슨하게 연립하면서 19세기 후반에 발전한 노동당은 주로 영국 급진주의 운동, 차티스트주의자, 페이비언협회가 지도하는 점진주의 운동의 사상에 뿌리를 내렸다. 또 비非국교도 교회의 강력한 종교적 영향도 있었다. 그래서 감리교는 늘 마르크스주의보다 훨씬 더 중요한 사상적 지주였다. 노동자가 산업을 통제해야 한다고 주장했던 G.D.H. 콜, 계급 평등의 확대를 요구했던 R.H. 토니, 계급 긴장을 줄이는 수단으로서 공공의 소유를 지지했던 헤럴드 라스키 등의 영향력을 받은 노동당은 자유당과 분명한 차별화를 이루기 위해 1918년 강령에서 교조적인 사회주의로 나아갔다. 강령의 4조를 살펴보면 당의 목적을 이렇게 천명했다.

"생산 수단의 공동 소유와, 각 산업과 서비스의 획득할 수 있는 대중 관리와 통제 시스템을 기반으로 하여 손과 두뇌의 생산자에게 산업의 충분한 열매를 따게 만들고 그것에서 가능한 최대의 평등한 분배를 확보하게 한다."

이러한 강령을 표방하는 정당이 볼 때 자본주의는 낭비적이고 유해한 경쟁을 내세우는 사악한 시스템이었다. 진정으로 사회주의적인 시스템은 경쟁이 협력으로 바뀌고 사기업이 공영화로 바뀌어야만 비로소 이루어질 수 있었다. 1945년의 노동당 선거 공약은 계획된 사회주의 국가의 평화적이고 민주적 건설로 향하는 첫 걸음으로서 국유화할 산업―석탄, 강철, 철도, 그 밖의 기간산업―의 '쇼핑 목록'을 내놓았다.

계획된 사회주의 사상은 결코 제대로 실천되지 않았다. 몇몇 전통주의자와 지식인들의 항의에도 불구하고 강령 4조를 포기한 1960년부터 그 얘기는 더 이상 들어본 적이 없었다. 왜 그럴까?

첫 번째 이유는, 그 사상이 초래한 공영화 시스템은 사실상 예전의 사기업 및 관리 시스템과 다르지 않았기 때문이다. 노동자는 이제 또다른 주인(정부)에게 고용되었는데 그 주인은 산업을 구식으로 운영했고, 많은 산업들―석탄과 운송―을 가망 없을 정도로 망쳐놓았기 때문에, 노동자의 소망과 달리 공장 조업을 단축하고 결국은 산업을 해체하는 지경에 이르렀다.

두 번째 이유는, 노동당의 주요 지지 세력인 노동조합이 계획경제를 믿는 대신에, 자신의 임금 목표를 자유롭게 추구하고, 노동의 방향, 가격 통제, 그 밖의 번잡한 계획에 저항하는 변형된 형태의 사기업 경제를 더 신임했다는 것이다. 따라서 초기부터 애틀리 정부는 경제 정책을 위해 구체적인 계획이라는 개념을 포기해야만 했고, 그 대신에 재정의 주요 수단—은행 이율에 개입하고 수입 할당과 수출 동기를 부여하는 수단—을 활용하면서 광범위한 목표를 달성 차원에서 물가와 임금의 동결을 시도했다. 그때부터 1960년대의 윌슨 시대의 전체적인 기구—과학기술부, 물가 및 소득 위원회, 독점 및 합병 위원회, 통상부, 조지 브라운의 '국가 계획'을 법제화하는 모든 것—는 겉치레에 지나지 않았고, 계획 사회주의 경제를 실시하려는 진정한 노력은 영국에 존재하지 않았다.

세 번째 이유는, 1990년에 이르러 통제경제와 공영화된 산업이 완전히 붕괴할 조짐을 보였다는 것이다. 계획경제의 원조인 소련 제국조차 붕괴되어 산산조각이 났다. 그 시점에서, '통제경제'는 정치적 기대감이 가져오는 긴장을 견뎌낼 수 없다는 사실이 분명해졌다. 사람들은 사회주의가 통하지 않는다는 단순하고도 충분한 이유 때문에 그것을 믿지 않았다.

사회주의의 붕괴는 노동당의 운명에 어떤 영향을 주었을까? 그 결과, 노동당은 선거 공약에서 통제경제를 지향하는 정책을 뒷전으로 돌렸다. 이를테면 1970년 초부터 노동당은 국가가 완전히 운영하는 것보다 '혼합 경제'의 중요성을 강조하기 시작했다. 노동당은 이런 주장을 내세웠다—"우리의 목적은 산업의 양쪽에서 새로운 관계를 발전시키는 것이다. 정부와 산업의 전향적인 계획은 점점 경제성장의 이해관계에서 조화를 이룰 수 있다. 공공 부문과 사기업 분야의 관계 당사자들은 중장기 계획에 관심을 늘리고 있다.”

노동당은 마르크스 개념에 들이는 시간을 줄이고 또 (엉성하게 정의되어 있던) 평등과 사회 정의라는 예전의 이념에 다시 주목함으로써 예전의 전통으로 되돌아갔다. 휴 게이츠켈은 1958년 연설에서 당의 이런 측면을 강조했다―“사회주의 이상의 중심은 평등입니다. 이렇게 얘기한다고 해서 소득이나 제복 습관과 취향이 똑같다는 뜻은 아닙니다. …… 사람들은 다르게 발전하지만, 모두가 발전할 수 있는 기회가 동등하다는 그런 뜻입니다.”

실제로, 기회 동등의 정책은 다음과 같은 것을 의미했다. 당시 다양한 형태로 존재하는 사교육을 대신하여 국가가 보통 교육의 시스템을 제공하고, 가장 명백한 형태의 가난과 사회적 불평등을 없애는 복지 시스템을 마련해주는 것이었다. 그 뒤부터 복지 정책은 노동당 사업의 중심에 있었다. 1970년 선거 공약이 제시하듯이, 노동당은 ‘자녀가 딸린 과부, 만성병 환자, 실업자, 적절한 노후연금을 받지 못하는 수백만 명의 노인 연금수령자’를 돌보는 것을 목표로 삼고 있다. 동시에 노동당의 교육 정책은 ‘관용, 협력, 확대된 사회 평등에 바탕을 둔 사회를 발전시키는 최선의 방법’이라고 생각했다.

그 뒤부터 복지의 사상과 심지어 무계급 사회의 사상이 계획경제를 밀어내고 주도적인 사상으로 나서게 되었다. 하지만 상황에 따라 이 목표에서도 후퇴하지 않을 수 없었다. 평등과 정의를 구현하려는 수단으로서 사회공학은 점점 사라지기 시작했다. 한편, 광범위한 복지를 제공하는 비용은 지나치게 높아, 1997년 집권한 노동당은 야당이었을 때 개탄하며 반대했던 것과 똑같은 경제 조치를 취할 수밖에 없었다. 또 한편으로 노동당은 ‘선택의 자유’라는 명목 아래 학부모에게 사교육의 존속을 양보해야만 했고, 포괄적 교육이 아니라 선별적 교육도 어느 정도 지지하기 시작했다. 그들은 야당시절 반대했던 국민건강보험 제도를 보수당에서 물려받아 말로만 전임자보다 훨씬 더 효과적으로 시행하겠다고 제안하면서 실제로는 명칭만 바꾸거나 전혀 바꾸지 않았다. 중산층의 지지를 얻고 또 유지하고 싶은 마음에서, 노동당은 중산층의 '특혜'—민간 건강보험과 사교육 등—의 존속을 묵인하면서, 주로 재산에 바탕을 둔 사회적 불평등의 지속을 허용했다.

노동당에 대한 반발

이런 저런 이유 때문에 노동조합과 그 밖의 전통적인 노동당 지지자들은 노동당이 당시 나아가고 있는 방향에 의문을 제기하기 시작했고, 왜 블레어의 '새로운 노동당'을 지지하고 투표했는지 후회했다. 노동당의 지식층도 새로운 정부에 환멸을 느끼기 시작했다. '새로운 노동당'의 장관들도 애지중지하던 이론을 싫어하거나 아예 무시했다. 그들은 '아동 중심의' 교육에 등을 돌리면서 그 대신 시험 성적을 발표하고, 읽기와 쓰기를 강조하고, 아동에게 숙제를 내겠다고 제안했다. 그들은 어린이 집에서 아이를 양육시키는 것보다 피부색, 계급, 원칙 등 기존의 평등 개념을 무시하는 부모에게 입양시키는 것이 더 낫다고 보았다. 그들은 잘못 행동하는 학생을 사회악의 탓으로 돌리지 않고 징계하고 벌주어야 한다고 얘기하기 시작했다. 호전적인 노동조합원, 진보적인 교사, 정치적으로 예의 바른 사회사업가들은 이런 확신 부족을 받아들이기가 어려웠다. 토리당이 지식층에게 상식을 이용하라고 말하던 시절도 살기가 어려웠다. 그런데 이제 우군인 줄 알았던 노동당이 같은 얘기("상식을 이용하라")를 해대는 것은 특히 그들의 자존심을 상하게 했다.

블레어를 비판한 어떤 사람은 좌익 잡지 《오늘날의 마르크스주의》에 글을 기고하여 블레어가 사교계 사람들의 존경을 얻는 데 지나친 관심을 기울이고, 또 본질적으로 그의 태도가 피상적이라고 비난했다. 그는 제안된 개혁에 대해 찬반양론을 내놓는다는 비난을 받았고, 최고의 도덕적 언사를 구사하지만 직접 나서서 격려하지 않는다는 비난을 샀다. 오히려 그는 '경쟁자가 없는 정책으로' 제3의 길을 찾는다면서 쉽게 빠져나간다는 얘기를 들었다. 따라서 블레어는 '어디에도 없는 인간Nowhere Man'이라고 간주되었고, 깊은 이념적 뿌리가 없고, 불편한 문제가 제기되면 일반화하면서 교묘히 피한다는 것이었다. 블레어는 본질적으로 대처의 영향을 받은 인물이었고 "대처주의를 겪은 그의 경험이 중요한 정치 자산"이라는 말을 들었다. 사실, 전임 북아일랜드 장관이었던 피터 맨델슨이 이렇게 얘기했다—"우리 모두는 이제 대처주의자다." (2002년 6월)

블레어의 지도력을 묵인하는 사람들도 지도자인 그가 실제보다 이론에 강한 경향이 있다는 점에 동의한다. 말하자면, 정치적 관리의 일상적인 세부사항보다 폭넓은 정책을 언급하는 것이 뛰어나다는 것이다. 그는 명확한 정치적 비전을 가지고 있지만, 그 목표에 이르는 실제적 수단에 대해 주저하고 얼버무린다는 얘기이다. 어쩌면 그의 인기는 그에게 좀 감당할 수 없을 정도로 높인 것인지 모른다.

어떤 비판은 정당한 것 같다. 블레어가 처음 1997년에 선거에서 이겼던 열기를 타고 2001년의 두 번째 선거에서 승리했던 사실은 노동당이 강하기보다 보수당이 분열한 탓이 컸다. 사실 유럽과의 분열에서 토리당만이 국가의 미래에 장애물이라고 믿었던 사람들은 노동당이 똑같이 양다리를 걸친 것에 당황했다. 공동 통화 문제에서 더 확고하고 더 분명한 솔선수범 혹은 유럽과의 더 밀접한 통합을 추구했던 과격파는 존 메이저의 분열된 내각에서 보았던 똑같은 망설임을 목격했다. 쟁점에 대한 무지 혹은 의사결정의 결과에 대한 똑같은 기득권 등으로 보수당이 분열했던 것처럼, 노동당도 똑같은 이유로 분열했다. 동시에 유럽 문제 해결에 비우호적이었던 사람들은 고든 브라운 재무장관이 직접 '아니오'라고 말했다면 그를 훨씬 더 좋아했을 텐데, 영국이 유럽 연합체에 가입하려면 '회원국의 5개 필요조건'을 충족시켜야 한다고 그가 주장하자 속았다는 기분이 들었다. 건강보험 지출, 교육, 사회복지 등 영국 유권자의 마음에 훨씬 더 밀접한 쟁점들은 사실은 정치적 방향의 분명한 판단력에 달려 있고 또 그것들을 허용하는 영국의 입장에 달려 있다. 그러므로 유럽의 문제와 분리된 것이 아니고, 똑같은 경제적 번영과 국제적 지위와 관련된 문제들이다.

따라서 이렇게 말하는 것은 결코 과장이 아니다. 유럽 문제는 대단히 중요하기 때문에 일반대중의 토론에서 훨씬 더 중심적인 입장에 있는, 다른 모든 문제와 요구를 덮어버린다. 다른 정치적인 문제나 기타 정책들은 중요성을 잃고 하찮아진다. 노동당 세력이 그 주위에서 단결할 수 있는 고색창연한 깃발인 상원의 폐지는 상원 자체만큼이나 시대착오적이다. 한편, 비례대표제는 좌익이 단결된 사회주의 의회 그룹으로서 정치를 상속하면서 예전의 지위를 되살리는 수단, 스코틀랜드와 웨일스 의회에게 권한을 부여하는 수단, 북아일랜드에게 의회를 복원하는 수단 등으로 기능을 발휘해 왔다. 말하자면 그것은 정치적 '목표'이기보다 정치적 '수단'이었던 것이다.

이러한 특징들은 목적지를 모르고 헤매는 정당의 현주소를 보여준다. 노동당은 미래 유토피아의 막연한 이상을 제시하면서 제자리걸음을 하고 있다. 더욱 한심한 것은, 바람이 부는 방향을 알기 위해 때를 기다리면서 기회를 살피는 줏대 없는 정당인 것이다.

토니 블레어는 이런 비판에 직면하고 대답해야만 한다. 물론 그는 개인적으로 사회주의의 몰락에 대하여 책임이 없다. 그것은 세계 경기의 흐름이나 최근의 국제 정세에 그가 책임이 없는 것과 동일한 이치이다. 하지만 그는 현재 권력의 중심에 있기 때문에 이 모든 상황에 대응하는 새로운 정책을 짜낼 책임이 있다. 누구도 각광을 받기 좋아하는 그를 질시하지 않는다. 단지 보다 효율적이고 항구적인 실적을 올리면서 그런 각광을 받으라는 것이다.

## 082

블레어는 이라크 전쟁에 대해 속았을까 아니면 부정직했을까

미국과 영국 두 나라의 이라크 침공이 빚은 문제와, 현지의 '체제 변화' 노력의 결과는 두 나라가 의도했던 것보다 더 국제적인 논쟁을 낳았다. 이 중동 문제에 역사적인 성격을 부여해 주는 논란은 계속 벌어지고 있다.

상황의 개관

2003년 3월, 미국과 영국이 이라크를 침공했을 때 블레어 수상은 하원에서 대다수의 지지를 얻어냈다. 당시 그는 유엔의 결의안을 수행하고 또 인접 국가와 세계 전체를 노리는 이라크의 위협을 제거하기 위해 전쟁을 일으켰다고 주장했다. 극소수의 노동당 의원들만 항의했고, 자유당 의원들은 유엔의 위임이 없다는 근거로 영국 정부의 전쟁을 지지하지 않았다. 하지만 침공한지 몇 주 만에 정부의 정직성은 의심 받게 되었다. 정부는 이라크 적대 정책의 중요한 증거를 제공했던 2002년 9월 정보 문서를 (이를테면 중요성을 과장하여) '매력적으로 부풀려' 찬성투표를 얻어냈다는 주장이 나왔다.

허튼 경이 이끈 조사위원회는 정부의 무고함을 밝혀냈고, 언론 특히 BBC가 사실무근한 주장을 했다고 비난했다. 허튼 경은 정부가 정보를 왜곡했는지 여부를 조사하는 것 이외에, 정보부의 정보 정확성을 조사하는 것은 위원회의 임무로 여기지 않았다. 2004년 7월, 버틀러 경의 조사보고서는 정보의 정확성 문제를 다루었고 정보부의 비 신뢰성을 비판했지만, 정보부와 정부의 부정확하고 오용된 정보에 대한 책임을 면제해주었다. 그러나 두 번의 조사위원회와 보고서는 중요한 문제에 대답하지 않았다. 만약 정부가 정보부의 비非신뢰성을 몰랐다면, 합동정보위원회JIC(Joint Intelligence Committee)는 당연히 알았을 것이다. 그런데 정부는 어처구니없게도 JIC를 더 엄격하게 조사하지 않았다. 만약 정부가 정보부의 비신뢰성을 알았다면 정부는 증거를 부정직하게 이용한 것이 된다.

혐오스러운 독재자의 명단을 살펴볼 때 사담 후세인은 거의 만장일치로 수위에 꼽히는 인물일 것이다. 권력을 잡은 그는 사법 살인으로 많은 정적들을 죽였으며, 바트당 내의 경쟁자들을 똑같이 무자비하게 처리했다. 그는 정권에 반대하는 민족주의자들을 억압한 유일한 인물은 아니지만, 1988년 헬라브제의 쿠르드족에게 청산칼리와 독가스를 사용한 행동은 히틀러 못지않은 만행이었다. 스탈린이나 폴 포트는 죽인 사람들의 숫자에서는 그를 능가하지만, 살인 방법에서는 후세인보다 한 수 아래였다.

1990년 쿠웨이트에 대한 부당한 공격은 일반적인 비난을 샀고, 우호를 다짐했던 인접 국가들까지도 이라크를 비난했다. 쿠웨이트 시내에서의 공개 처형은 텔레비전을 통해 전 세계로 방송되었고 광범위한 공포를 불러일으켰다. 유엔이 지원하는 연합군은 1991년에 쿠웨이트를 해방시켰다. 사담 후세인은 미국과 영국의 전투기가 감시하는 북부 이라크의 '비행금지지역'에 동의할 수밖에 없었다. 그는 생화학전 무기를 포기하고 핵무기를 개발하려는 시도를 중단해야 되었다. 장거리 미사일을 제조하거나 비축해서도 안 되었다. 사찰단은 이라크 전역에 자유롭게 접근하고, 이런 조건에 위반하는 어떤 무기나 원자재를 발견하면 파괴할 수 있었다. 유엔은 사담을 굴복시키고, 무기사찰단의 자유로운 접근을 방해하는 사담의 조치를 막기 위해 제재를 가하기도 했다. 그러나 사담은 변덕스럽게도 협력할 때도 있었고 또 몹시 방해할 때도 있었다. 결국 무기사찰단은 전원이 추방당했다. 대對 이라크 제재는 강화되었고 의료품 및 그 밖의 생필품과 교환하면서 이라크의 원유를 수출할 수 있었지만 이라크의 생활수준은 급락했고, 권력층의 부패 때문에 이라크의 병원들은 필수 의료기자재가 몹시 부족했다. 하지만 무기사찰단은 금지된 무기와 원자재를 많이 발견하지 못했기에 사담이 그것들을 감쪽같이 감추었다는 생각이 널리 퍼졌다. 무기 은닉에 대한 첩보도 입수된 것이 없었다.

2001년 9월 11일, 알카에다의 뉴욕 무역센터 공격은 부시 대통령의 국제적 테러에 대한 '십자군전쟁'을 촉발했다. 그는 1991년 '사막폭풍의 작전' 당시 미국 대통령이었던 아버지 부시를 암살하려는 사담의 광기 어린 음모에 분노한 바 있었다. 그런 음모는 깡패 국가에게만 있는 것은 아니었다. CIA는 피델 카스트로 제거를 계획한 지 오래 되었다. 하지만 '악의 축' 연설에서 부시 대통령(아들)은 알카에다와 같은 테러분자와 사담 후세인의 연계를 암시했다. 그것을 분명하게 말하지 않았지만 많은 사람들은 둘 사이에 연계가 있다고 확신했다. 세속적인 이라크 지도자인 사담이 자신의 정권을 해치려는 호전적인 이슬람 과격주의를 격려하려는 이유는 결코 설명되지 않았다.

세계는 사담이 1998년 유엔의 무기사찰단을 추방했을 때 그에게 뭔가 감출 것이 있다는 인상을 받았다. 이라크에 대량살상무기WMD (weapons of mass destruction)가 없다는 사담의 주장은 경멸과 불신을 받았다. 무기사찰단이 결국 이라크로 되돌아왔지만 이런 무기를 발견하지 못한 것은 일반적으로 이라크 사람들의 은폐 솜씨와 사찰단의 활동 제약 탓으로 돌려졌다. 2002년 9월 24일, 영국의 합동정보위원회JIC는 내각에게 이런 보고서를 제출했다—"이라크의 목적과 능력에 대한 종합 판단 결과, 이라크는 사용 결정을 내린 지 45분 만에 대량살상무기를 사용할 준비가 되어 있고 또 사용할 수 있다."

이 보고서나 나온 날, 토니 블레어는 정보부의 보고를 "광범위하고 자세하고 신뢰할 만하다"고 하원의원들에게 말했다. 하지만 이 말은 나중에 버틀러 경의 보고서에서 의문의 대상이 되었다. JIC의 9월 문서는 정보부의 판단을 토대로 형성된 것이고, 그 정보에 입각하여 영국은 6개월 뒤에 참전하게 되었다.

한편, 아무것도 발견하지 못했지만 뭔가 찾아낼 것이 있다고 확신하던 무기사찰단은 이라크의 비협조적인 태도에 분노했다. 이라크 사람들은 마지못해 협조하다가 일부러 방해하는 등 오락가락했다. 단장 한스 블릭스 박사는 조사 시간의 연장을 요청했다. 하지만 유엔 안보리(안전보장이사회)조차도 지나치게 많은 시간을 주면 사담의 기만행위를 부추기기만 할 것이라고 생각했다. 2002년 11월 안보리가 동의했던 결의안 제1441조는 다음과 같다—"이사회는 결의안에 대한 이라크의 불이행, 그리고 대량살상무기와 장거리 미사일의 확산이 국제평화에 위협을 주고 있음을 인정한다."

그 조항은 만약 유엔결의안을 계속 무시한다면 심각한 결과를 초래할 것이라고 부언했다. 심각한 결과가 무슨 뜻이든 간에 미국과 영국은 만약 사담이 즉각 조사에 응하여 대량살상무기들을 없애지 않는다면 그에게 전쟁을 일으키겠다고 위협했다. 미국과 영국은 전쟁을 준비하던 4개월 동안 국민들의 지지를 이끌어내기 위해 위협적인 말들을 쏟아냈다. 독일과 프랑스가 양국을 지지하지 않자 안보리의 전쟁 결의를 얻을 수 없었고, 전쟁을 반대하는 개인들과 몇몇 국가들이 볼 때 유엔의 결의가 없는 전쟁은 불법이었다. 유엔의 지지를 얻을 수 없었던 미국과 영국은 독자적으로 행동하기로 결정했다. 블레어가 부시 대통령의 이라크 전쟁을 절대 지지한 것은 다양한 동기 때문이었다.

'원유에 대한 욕심'은 기상천외한 생각에 속했다.

훨씬 더 있음직한 가능성은 블레어가 영국의 가장 강력한 동맹과 어깨를 나란히 하고 싶은 마음 때문이고, EU 내의 독일과 프랑스에 비해 단역을 맡기보다 미국과의 공동 입장에서 비롯되는 국제적인 명성을 공유하려는 속셈 때문이었다. 노동당과 보수당 정치가들은 대영제국을 상실했지만 영국이 여전히 국제무대에서 큰 역할을 펼칠 수 있다는 망상을 품은 지 오래 되었다. 유엔의 결의를 무시하면 벌을 받아야 한다는 블레어의 정당한 확신은 유엔의 결의를 무시하는 것으로 악명 높은 이스라엘의 태도와 유엔 자체의 미지근한 태도를 살펴볼 때 공허한 메아리다. 하지만 블레어는 사담이 중동뿐 아니라 세계의 안정을 위협한다—이는 정보부의 잘못된 정보에서 비롯한 판단이다—고 진짜로 믿었을지 모른다.

그의 동기가 무엇이든 언론의 일부에서는 블레어를 '부시 대통령의 푸들(애완견)'이라고 묘사했다. 보수당 의원들은 하원에서 찬성투표를 던지면서 전쟁을 지지했다. 보수당 지도자인 이언 던컨 스미스는 다우닝가 10번지에서 토니 블레어와 개인적으로 대담하면서 전쟁의 필요성과 정당성을 설득당하는 듯했다. 많은 사람들은 블레어가 던컨 스미스에게 9월 문서에 담기지 않은, 대중에게 털어놓을 수 없는 정보부의 비밀 정보를 털어놓았다고 생각했다. 하지만 자유당 의원들과 노동당의 몇몇 하원의원들은 전쟁을 반대했기 때문에 보수당의 지지는 중요했다. 2003년 3월, 전쟁은 발발했고 정식 군사작전은 5월에 끝났다.

전쟁 이후의 상황

침공군은 수비군의 저항을 별로 만나지 않았고 대량살상무기를 발견하지 못했다. 침공하기 2,3일 전에 두 척의 이라크 배가 뱃전이 기울 정도의 무거운 화물을 싣고 위장한 채 바스라를 떠나 어쩌면 파키스탄으로 향했다는 소문이 널리 퍼졌다. 그 배는 금지 무기를 실었을까? 우리는 결코 알지 못할 것이다. 배 이야기는 신화로 바뀌었고 그 배는 결코 아시아 항구로 가지 않았다.

이라크는 JIC 문서가 지적한 45분 안에 대량살상무기를 사용하지 않았고 또 그 시간이 지나도 전혀 사용하지 않았기 때문에 '45분' 주장의 출처와 정확성에 대한 의문의 목소리가 커지기 시작했다. 5월 말, BBC의 국방 기자인 앤드류 길리건은 이렇게 주장했다—"9월 문서는 전쟁의 정당성을 의심하는 정치가들과 일반대중을 설득하기 위해 매력적으로 부풀려졌다."

길리언은 6월에 자신의 주장을 되풀이했고, 이번에는 총리의 홍보 비서인 앨러스테어 캠벨이 '45분' 주장을 삽입하는 데 책임이 있다고 주장했다. 길리건은 외교문제 특별위원회 앞에서 이런 주장을 반복했고, 캠벨은 1주일 뒤의 똑같은 위원회에 출석하여 그 주장을 강력하게 부인했다. 길리건은 출처를 밝히기 거부했지만, 그것이 정보부의 상부에서 나온 것이라고 암시했다. 하지만 언론은 국방장관에게서 충분한 단서를 얻었는데, 장관은 전 무기사찰단원인 데이비드 켈리 박사를 길리건의 자료 출처로 지목했다. 켈리 박사는 정보부에 근무하지 않았지만 국방부의 하급직원이기 때문에 고위급 인사가 연루되었을 것으로 추정되었다. 하원의 외교문제 특별위원회는 켈리 박사를 소환하여 호된 반대신문을 진행했다. 특히 노동당 의원들은 켈리 박사를 혹독하게 다루었다. 그들은 블레어를 보호하기 위해 일부러 켈리에게 창피를 주어야 한다고 생각했다. 켈리 박사는 위원회에 출두해야 하는 마지막 날, 바로 전날 자살했다.

정부는 켈리 박사의 죽음에 당황했고, 며칠 뒤에 전前 항소법원장 허튼 경의 지휘 아래 조사위원회를 만들어 그가 죽은 경위를 추적했다. 그 동안 BBC와 앨러스테어 캠벨은 말싸움을 주고받았고, 이제 언론으로부터 심하게 적대시된 캠벨은 사임했는데도 여전히 길리건의 비난으로부터 결백하다고 항의했다. 2004년 1월, 허튼 경은 보고서를 냈다. 보고서는 앨러스테어 캠벨의 제안에 따라 정보부의 문서에 약간의 변화가 이루어졌다는 것을 인정했다. 이런 사실 인정에도 불구하고 캠벨은 '45분' 주장과 관련이 있다는 비난의 책임을 모면했다. 허튼의 보고서에 따르면 그것은 캠벨이 문서를 조작하기 전에 삽입되었다. 허튼 경은 켈리 박사의 죽음에 대해 어떤 사람도 비난하지 않았지만 정부와 합동정보위원회의 정직성을 공격하고 길리건을 맹목적으로 지지한 BBC를 비판했다.

켈리 박사의 문제에 대하여 허튼은 이렇게 보았다. 켈리는 9월 문서의 내용에 대하여 길리건에게 유보적인 의견을 표시했는데, 길리건이 켈리와의 대담 내용을 직접 왜곡했을 것이다. 켈리는 문서의 종합적 결론 중에서 일부를 의심했을 가능성이 많다. 켈리는 더 많은 부분을 의심했을 것 같지는 않은데, 왜냐하면 문서가 간직한 특정 증거를 부정할 정도로 정보 접근이 가능한 고위직이 아니 때문이다. 허튼 보고서가 발표된 날, BBC 회장인 게빈 데이비스는 사임했고, 다음날 BBC 사장인 그레그 다이크도 뒤이어 사임했다. 길리건은 며칠 더 버텼다. 허튼이 '45분' 주장에 대해 정부의 책임을 면제해주었기 때문에, 그 '45분' 주장 얘기는 문서가 여전히 합동정보위원회 수중에 있으면서 아직 내각에 건네기 전에 삽입되었을 것이다.

허튼 경은 자신의 조사 임무가 켈리 박사의 죽음, 그리고 길리건과 BBC의 대對 정부 주장에만 국한되었다고 말했다. 정부가 전쟁의 정당성을 제시한 9월 문서의 신뢰성 문제를 밝히는 것은 그의 임무가 아니었다.

따라서 언론과 정계는 점점 9월 문서에 담긴 정보부 정보의 신뢰성을 조사하는 별도의 위원회를 열라고 정부에게 강력하게 요구했다. 이라크는 땅이 넓은 국가였고 대량살상무기는 아무리 기다려도 발견될 것 같지 않았다. 하지만 2004년 여름 즈음, 전쟁을 적극 지지했던 미국과 영국의 정치가들은 이제 대량살상무기가 전혀 발견되지 않을 것이라고 공개적으로 말했다. 정말 마지못해 영국 정부는 존경 받는 기득권층의 인물이고 전임 내각의 장관이었던 버틀러 경이 지휘하는 새로운 조사위원회를 열었다. 그는 9월 문서에 담긴 증거의 신뢰성을 판단할 것이지만 기득권층의 인물인 그는 (아무튼 언론이 보는 바에 따르면) 고위직에 있는 사람들을 지나치게 몰아세우지 않을 것이었다.

그는 2004년 7월말에 갑자기 보고서를 발표했다. 버틀러 보고서는 M16의 수법을 크게 비판했다. M16은 이라크에 첩자가 없었는데, 사담 후세인을 적대시하는 정보통의 정보에 의존했고 이 정보는 정확성이나 신뢰성을 상호확인하지 않았다. 원래의 문서에서 JIC는 판단의 기초가 되었던 증거의 신뢰성을 의심했지만, 내각에 문서를 제출했을 때 그런 유보적 단서는 사라지고 없었다. 블레어는 단서의 삭제가 실질적으로 JIC의 보고서(사담에게는 악운이었을까?)의 판단을 바꾸지 않았다고 주장하겠지만 아무튼 단서는 정부가 참전하기 전의 준비 단계에서 없어졌다. '45분' 주장과 관련하여 이것은 장거리 미사일이 아니라 단거리 미사일을 가리켰고, 당시에 의회나 일반대중에게 알려진 사항이 아니었다. 그렇다면 누가 '45분' 주장을 명쾌하게 밝히지 않고 태만하게 방치했을까? 버틀러는 아무 말도 하지 않는다. 추측하건대 그는 찾아낼 수 없었다. 정치가들의 비위를 맞추기 위해 단서가 결재 과정에서 없어졌을까? 책임을 JIC에게 슬쩍 돌릴 수도 있다. 버틀러는 JIC의 의장인 존 스칼렛을 내내 M16의 수장으로 승진시키라고 특별히 추천했기 때문이다. 하지만 이 모든 과정에서 버틀러는 의무를 다하지 않은 것 같다. 그는 블레어의 정직성을 받아들였다. 그렇게 함으로써 참전 여부에 대한 결정적인 문제에서 블레어가 무능한 참모들의 보좌를 받았다고 암시했다.

영국이 '잘못된 취지'에서 참전했던 과오는 전쟁의 합법성 문제에 조언했던 법무장관 골드스미스 경(블레어가 임명한 장관)이 개입한 탓이기도 했다. 사실 변호사기이도 한 그는 총리에게 신중하게 — 애매모호하게 그리고 나중에 아주 많이 수정된 내용으로―조언했는데, 전쟁의 합법성이 결국 두 번째의 유엔결의안 통과에 달려 있지 않다고 시사했다. 그는 또 결의안 제1441조에서 언급한 '심각한 결과'가 미국과 영국의 '경찰 행동' 등의 결과를 포함하는 것으로 해석될 수 있다고 주장했다. 만약 그의 조언이 블레어가 주장하는 것처럼 믿음직했다면, 그것은 유엔헌장 41조의 의미를 고쳐 쓴 것이나 다름없었다. 제41조는 분명히 '유엔 회원국에 대한 무장공격'이 벌어졌을 경우에 '정당방위를 행할 수 있는 고유의 권리'를 제한했고, 또 그런 상황에서도 '안보리가 국제적 평화와 안정을 유지하는 필요한 조치를 취할 때까지' 기다려야 한다고 되어 있다. 변호사가 아무리 말장난을 하더라도 사담 후세인이 영국과 미국을 공격했다고(혹은 공격할 수 있다고) 말할 수 없었다. 또는 안보리가 기꺼이 그의 '침략행위'에 대해 군사작전을 벌인다고 말할 수 없었다.

블레어 총리는 이처럼 분명한 문제에 대하여 법률적 조언 따위는 필요 없었을 것이다.

따라서 영국은 잘못된 사법적 조언과 정보부의 부정확한 정보에 입각하여 서둘러 참전했다. 정부는 어느 정도까지 이것을 사전에 알고 있었고 또 부시의 비위를 맞추기 위해 어느 정도까지 불확실한 정보를 손보았을까? 버틀러는 정보부가 전쟁의 정당성을 결정할 때 제한된 역할만을 맡았다고 말했다. 하지만 정당성은 당시에 만족스럽게 결정된 것이 아니었다. 사실 블레어 총리는 2005년 총선 전야까지 법무장관의 조언이 어떤 성격이었는지 밝히지 않았다. 그리고 골드스미스 경이 뭐라고 조언했든, 안보리 결의안 제1441호는 참전의 평계를 대줄 정도로 확대 해석될 수 없었다.

그리고 정보를 '매력적으로 부풀린' 문제가 남아 있다. 허튼은 정부에게 이 비난의 책임을 면제해주었다. 단서 삭제가 '매력적으로 부풀린 것'이 아니라면 무엇이 매력적인 부풀리기인가. 그것을 삭제한 사람들이 삭제의 중요성을 알지 못했다고 주장해도 객관적 사실(매력적 부풀리기)을 감추지는 못한다. 켈리 박사의 죽음은 언론에 진실을 제공하려는 양심적 과정에서 발생한 유감스러운 부산물이다. 비록 길리건이 '매력적으로 부풀린 탓'을 블레어에게 돌리기 위해 켈리 박사의 정보를 자기(길리건) 나름대로 부풀린 건 잘못된 일이었지만 말이다.

누가 무엇 때문에 단서를 삭제했을까?

JIC가 저지른 것 같은데, 만약 그렇다면 JIC는 왜 문서에 등장하는 여러 상황에 대한 의심을 내각에 보고하지 않았을까? 보수당 의원들은 잘못된 증거를 바탕으로 하여 정부에 찬성투표를 하기로 했다. 이 때문에 새로운 보수당 지도자 마이클 하워드는 진상을 사전에 알았다면 정부를 지지하지 않았을 거라고 발언하고 나섰다. 하지만 하워드의 발언은 노동당 하원의원들의 웃음거리밖에 되지 않았다. 노동당의 한 의원은 하워드의 발언을 '냉소적인 정치적 기회주의'라고 말했다. 버틀러 논쟁에서 하워드가 총리를 맹렬하게 공격하지 못했다는 약점은, 이언 던컨 스미스가 이라크 전 발발 이전에 다우닝가를 방문했던 사건의 신비스러운 분위기를 더욱 강화했다.

사담 후세인은 감방에서 연합국의 정보가 그처럼 비효율적인 것을 후회할 이유가 충분했다. 그는 일종의 허세 게임을 벌였다. 그것은 대량살상무기의 존재를 강력 부인하여 사람들이 그것을 믿지 않게 함으로써 자신의 이라크 체제를 굳히는 한편, 유엔이 그 무기의 존재를 믿어줌으로써 국내(이라크)에 싸울 자원이 없는 전쟁을 미연에 막아보자는 허세 게임이었다. 하지만 그 게임은 그가 예상할 수 없었던 반대의 결과를 가져왔다. 영국 정보부가 뛰어났다면 전쟁이 일어나지 않았을 것이다. 만약 블레어가 직접 단서를 삭제함으로써 9월 문서를 더욱 위협적으로 만든 다음, 그것을 활용하여 의회에서 참전에 대한 지지 투표를 이끌어냈다면(그는 이것을 계속하여 부인하고 있다) 그러한 행위는 총리가 민주적 절차를 명백히 남용하고 엄청나면서도 독특한 계산착오를 저지른 것이 된다.

반면, 정부와 야당이 JIC 내의 미지의 인물 또는 인물들이 조작한 정보에 잘못 끌려갔다면, 그리고 정부가 법무장관의 잘못된 그리고 마지못해 내놓은 사법적 조언에 의지했다면, 이 모든 에피소드는 총리가 인정하는 것보다 더 큰 어리석음, 국제법의 무시, 영국의 민주 절차에 대한 경멸, 어처구니없는 무능력 등을 보여주는 것이다. 두 가지 가능성 중 그 어떤 것도 새로운 노동당의 정직성과 원칙을 돋보이게 하지 않는다.

국제적 사건의 재평가, 누구 기준으로 볼 건데

## 083

뮌헨 회담은 배신이었을까

1938년 9월 말, 히틀러, 무솔리니, 달라디에, 체임벌린은 뮌헨에서 만나 체코슬로바키아 주데텐란트 지역의 미래를 논의하는 비상 회담을 열었다. 결국 논의된 지역을 며칠 안으로 독일에게 넘겨주는 합의문서가 작성되었다. 회담 직후, 독일 군대는 그곳에 살고 있는 소수의 독일인을 보호한다는 명목으로 진주하여 주데텐란트 지역 전체를 점령했다. 체코 정부는 이 행동을 두고 조약 동맹국들이 배신했다고 맹렬하게 비난했으며, 나중에 많은 체코 사람들이 그 비난에 동조했다. 하지만 오늘까지도 뮌헨 회담에 뒤이은 여러 정책들이 과연 체코를 배신한 것인지 의문으로 남아 있다.

체코

체코의 태도는 분명했다. 그들의 주데텐란트 입장은 제1차 세계대전 말에 오스트리아 정부와 맺은 생제르맹 조약(1919년)에 의존했다. 그 조약은 그 지역을 체코에게 양도한다고 명시했다.

그곳은 고도의 공업화가 이루어졌고 필센은 스코다 군수공장의 본거지였으며 요새화가 잘 되어 있었다. 그처럼 지역방어가 대단히 잘 되어 있었기 때문에 1938년 그곳을 장악했던 독일 군대도 깊은 인상을 받았다. 당시 체코 군대의 40개 사단은 유럽에서 훈련과 장비가 가장 뛰어난 병력이었다. 게다가 그들은 프랑스와 소련의 두 강대국이 약속한 지원에 의존할 수 있었다. 하지만 프랑스는 뮌헨 회담에서 배신했고, 소련은 체코 자신과 마찬가지로 회담에서 배제되었다. 체코는 이런 생각을 갖고 있었다—'서구 민주국가들이 일치단결하여 굳건한 입장을 보이면, 히틀러의 진로를 막을 수 있을 뿐 아니라 독일 참모총장인 루드비히 베크가 독일 장교계급을 규합하여 나치 체제를 붕괴시킬 기회를 줄 수도 있다.'

하지만 뮌헨에서 프랑스는 동맹국에 대한 조약의 의무를 지키기는커녕 체코의 가장 중요한 지역을 양도할 뿐 아니라 독일의 위협에 체코를 무력화하는 비겁한 음모에 끼었다. 이런 조치 때문에 체코슬로바키아 혼자서는 나치 독일에 저항하지 못했다.

표면적인 상황을 놓고 볼 때 체코 혼자서 싸우겠다고 했어도 그리 불합리한 결정이 아니었다. 체코는 전선에 80만 명을 이미 배치했고 350만 명까지 늘릴 예비병력이 있었다. 이러한 군대 규모는 독일과 맞먹는 것이었다. 게다가 체코는 전투기 1600대의 공군력을 보유했다(독일은 2600대). 체코는 470대의 탱크를 야전에 투입할 수 있었고 이것으로 720대의 독일 탱크와 한판 붙어볼 수 있었다. 보헤미아 국경의 산악지대에 배치된 콘크리트 방어진지는 단단했고, 나중에 그것을 조사한 독일 장군들은 난공불락이라고 판단했다. 폰 만슈타인 육군 원수는 말했다—"체코슬로바키아가 자체 방어를 했다면 우리는 요새 때문에 진군이 막혔을 것입니다. 우리에게 요새를 깨뜨릴 수단이 없었거든요."

하지만 체코의 이러한 우위는 겉보기에만 단단해 보였을 뿐이었다. 보헤미아 쪽 국경의 방어는 형편없었다. 독일과 오스트리아의 합병Anschluss으로 인해 그곳은 열려 있었고, 독일 군대는 오스트리아-체코 국경을 통과하여 배후에서 체코슬로바키아를 점령할 수 있었다. 게다가 독일의 전격적인 작전은 활주로에서 쉬고 있는 체코 공군력을 파괴해버렸고, 이런 공군력 파괴는 나중에는 폴란드에서도 되풀이되었다. 공중전이 벌어졌다면 독일 전투기는 확실히 기술적으로 우월했을 것이다.

체코의 입장은 이 정도에서 끝내자. 체코슬로바키아 문제에 개입한 다른 강대국들은 자신들의 행동이 배신이라기보다 조국의 방어라고 생각했다. 그들은 자기 나라의 이익을 먼저 고려했고, 만약 평화를 유지하는 방법이 체코슬로바키아를 나치 독일에게 바치는 것뿐이라면 기꺼이 그런 대가를 치를 생각이었다.

소련

소련은 서방 민주국가들이 자신들의 대표단을 뮌헨으로 초대하지 않아 모욕당했다고 주장하면서 1935년에 약속했던 대로 체코를 전면적으로 지원하겠다는 생각을 내비쳤다. 그런 태도 자체가 문제였다. 사실 영국이나 프랑스는 소련의 영향력이 중앙 유럽에 확장되는 것을 원하지 않았다. 두 나라는 자기 방식의 문제 해결을 선호했다. 하지만 소련은 말만 그렇게 했을 뿐 실제로는 체코슬로바키아의 문제에 말려들고 싶지 않았고, 서방 강대국의 문제를 대신 해결해주는 일은 더 더욱 하지 않으려 했다. 스탈린은 이미 스페인 내전의 개입에 대하여 몹시 냉정한 태도를 취했다. 그는 스페인 공산주의자들이 공화국을 위해 싸우는 것을 승낙했지만 그 자신은 작은 역할만

맡고 싶어 했고, 그나마 넉넉한 대가를 받아야 한다고 고집했다. 그의 우선순위는 주로 국내 문제였고 외국에서의 모험을 '트로츠키즘'이라는 별명으로 깎아내렸다. 그는 1931년에 대외 개입에 대한 자신의 본심을 밝혔다.

"우리는 선진국에 비해 50년 내지 100년이 뒤졌습니다. 이 격차를 10년 안에 따라잡아야 합니다. 이것을 달성하지 못한다면, 그들은 우리를 깔아뭉갤 것입니다!"

이것은 농업의 집단농장화, 러시아의 공업화, 당의 기강과 단결에의 집중, 당 노선 일탈자의 근절과 반대파의 숙청 등을 의미했다. 이런 방어적인 태도 때문에 그는 체코슬로바키아에 적극 개입하지 않았고, 설사 개입하여 좋은 결과가 나온다 하더라도 러시아에게 별 이득이 없다고 보았다. 체코가 슬라브 족과 관련이 있는데도 불구하고 스탈린은 체코인을 경멸했고, 그들의 민주적 시스템을 부르주아 풍의 반동주의로 치부했다. 스탈린이 뮌헨에 초대받지 않은 것은 스탈린 자신으로 보아서는 오히려 잘된 일이었다. 만약 그가 그 자리에 있었다면(만약 스탈린이나 몰로토프가 참석하기로 동의했다면) 그의 허풍은 정체가 폭로되었을 것이고, 그가 체코 문제에 별로 신경 쓰지 않는다는 것이 드러났을 것이다.

프랑스

당시 유럽의 강대국 대접을 받던 프랑스는 체코로부터 큰 책임이 있다는 비난을 받았다. 프랑스는 유럽 최대 규모의 군대를 보유했고 1935년의 프랑스-소련 조약으로 소련과 연계되어 있었으며, 그 조약은 체코슬로바키아 방어를 공약했다. 하지만 프랑스의 국력은 빛 좋은 개살구에 지나지 않았다. 사회개혁이라는 야심적인 프로그램을 도입했던 인민전선 정부는 화폐의 평가절하, 실업, 분쟁, 사회 갈등 등으로 국가의 혼란을 자초하더니 1938년에 국민통일의 우익 정부로 교체되었다. 우익 정부는 프랑스의 분열과 약점을 잘 알고 있었다. 게다가 겉보기만 멀쩡한 프랑스 군대는 장비가 형편없었고 사기는 바닥이었다. 국론이 분열되어 확고한 지도력을 발휘할 수 없었던 달라디에 정부는 프랑스 공산주의의 확대를 우려하여 내치內治만으로도 골치가 아픈 터라, 체코 문제의 주도권을 기꺼이 영국에게 넘겨주었다. 프랑스는 영국이 체코슬로바키아에게 사전 약속한 것이 없기 때문에 체코의 방위에 필요한 자원을 제공하지 않으리라는 것을 사전에 알고 있었다. 뮌헨에서 프랑스는 체코와의 약속을 지킬 결의가 부족했고, 자신의 생존을 위해 독일과 타협할 생각이었다.

영국

영국은 나름대로 체코슬로바키아를 구출할 마음이 별로 없었다. 영국 총리 체임벌린은 방송에서 체코 위기를 "우리가 전혀 알지 못하는 먼 나라에서 벌어진 분쟁"이라고 말했고, 어떤 대가를 치르더라도 평화를 유지하려 했다. 내각은 문제를 논의했고 체임벌린은 이렇게 말했다.

"…… 우리가 히틀러에게 위협적인 언사를 해서는 안 되고, 만약 그가 체코슬로바키아로 진군한다면 선전포고를 해야 한다는 의견이 만장일치였습니다. 하지만 그 결정은 너무나 중요하여 반드시 비밀에 붙여져야 했습니다."

이런 결정을 효과적으로 만들려면 당연히 발표해야 마땅한데, 그가 비밀 유지를 제의했다니 이해가 가지 않는다. 영국의 태도는 이렇게 보인다―프랑스가 독일의 요구를 강력히 거부하지 말기를 바라고, 독일 군부에 의한 히틀러의 전복을 바라지 않는 것이다.

체임벌린은 히틀러를 제거하면 독일이 공산당 집권의 위험에 노출될 것이라고 생각하고 이렇게 말했다―"히틀러가 물러나면, 독일은 1000만 명의 공산주의 투표로 이어질 것입니다." 이렇기 때문에 체임벌린은 항공 여행을 싫어했지만 1938년 9월에 세 번이나 독일까지 비행기 여행을 갔고, 히틀러를 몹시 싫어했지만 전쟁을 피하기 위해 그와 합의를 끌어내려고 애썼다. 그래서 체임벌린은 뮌헨 회담 다음날, 히틀러와 협정을 맺으려고 열심히 노력했다. 두 사람은 유명한 '종이쪽지'에 서명했는데, 영국과 독일은 미래의 평화를 위해 공동 노력하겠다고 약속한 내용이었다. 체임벌린이 헤스턴 공항으로 귀국할 때 의기양양하게 흔들었던 것이 바로 그 쪽지였고, 그날 저녁 다우닝 가에서 환호하는 군중에게 이렇게 말했다―"나는 이것으로 우리 시대의 평화를 확보했다고 믿습니다."

그가 히틀러의 보증을 받아들였는지 여부는 사실 대단히 미심쩍다. 그는 이미 히틀러가 문제를 해결하고자 하는 합리적인 인간이라는 예전의 생각을 버렸었다. 또 히틀러가 유럽을 새로운 전쟁 위협으로 몰고갈 '최후통첩'을 또 다시 제시할 것이라고 예측했다. 체임벌린은 이런 저런 노력에도 불구하고 전쟁이 발발했을 때 영연방의 지원과 미국의 참전을 다짐받는 것이 필수라고 생각했다. 또 영국이 결코 침략자가 아니라는 것을 널리 알리는 것이 중요했다. 히틀러와의 평화협정은 나름대로 이점이 있었다. 뮌헨 회담이 제공한 숨 돌릴 기회를 이용하여 영국은 전쟁 준비를 완료할 수도 있었다. 그러나 실제 사정은 그렇지 못했다. 영국의 전쟁 준비 노력은 지지부진했던 반면, 독일은 그 숨 돌릴 기회를 이용하여 두 나라 사이의 군비 격차를 메워나갔던 것이다. 설사 히틀러가 독일 군부에 의해 전복되지 않았더라도, 영국은 1939년보다 1938년에 독일을 물리칠 기회가 더 좋았다. 영국 정부는 공산주의에 대한 공포증 때문에, 뮌헨 회담 당시 판단력이 몹시 흐려져 있었다.

따라서 1930년대 후반의 이른바 '집단안보' 원칙은 '귀신은 가장 허약한 자를 잡아간다'는 원칙이었다. 말만 집단으로 안전을 보장했지 실은 가장 약한 나라를 희생 제물로 바치는 원칙에 지나지 않았다. 물론 어떤 강대국도 노골적으로 체코슬로바키아를 배신하겠다고 말하지는 않았다. 그렇지만 체코의 입장에서 볼 때 실제 발생한 일은 배신행위나 다름없었다.

## 084

양차 대전 사이의 기간 중에 미국 고립주의는 얼마나 완벽했을까

1차 대전과 2차 대전 사이의 기간 동안, 미국은 외교 관계에서 '고립주의' 정책을 준수하면서 외부 세계와의 관계를 최소화하려고 했다. 이런 아이디어는 어디까지가 진실일까? 그것은 미국의 전통에서 애지중지하던 고립의 신화에 불과한 것인가?

사실 미국을 세계 문제 속으로 끌어들이는 요인들은 많았다. 미국(제조업에서 세계 대국들 중의 하나)은 꾸준히 제품을 판매할 신규시장을 찾았고, 제조업에 필요한 원자재를 구하러 다녔다. 포드, 울워스, 스탠더드 오일과 같은 대기업들은 전세계에 판매망을 개설해놓고 있었는데, 그런 판매망을 포기할 이유가 전혀 없었다. 미국과 외부 세계와의 문화적 고리는 크게 번성했다. 다시 말해 미국의 문학, 방송, 영화, 음악은 전세계 사람들에게 생활양식의 일부가 되었다. 대부분의 사람들에게 미국의 관습, 말투, 담배 등은 각국의 국내 관습, 말투, 담배 못지않게 익숙한 것이었다. 사실, 두 세계 대전 사이의 기간 동안, 유럽과 기타 많은 나라들에서 할리우드와 재즈 음악이 지배적인 문화 세력으로 등장했다.

미국의 고립주의는 본질적으로 사회정책이라기보다 외교정책이었다. 미국 역대 정부의 배후에 깔린 사상은 외교적 분쟁에 말려들지 않음으로써, 그런 분쟁에서 빠지겠다는 것이었다. 하지만 그런 초연한 태도 유지가 늘 쉬운 문제는 아니었다. 투자와 무역의 문제에는 반드시 국가 정책이 반영되었다. 가령 무역과 관련해서는, 이민과 관세 정책에서 외국과의 접촉을 줄이려는 고립주의의 욕구가 드러났다. 하지만 미국은 대외무역에 의존하는 나라였고 무역의 앞길을 지나치게 가로막는다면 결국 고통을 받게 될 것이었다. 게다가 미국은 외국의 이민이 필요했고 그것이 없으면 나라가 잘 돌아가지 않았다. 따라서 미국의 이민 정책은 이민을 봉쇄하려는 것이 아니라 통제하려는 것이었다. 제1차 세계대전 때 유럽이 미국에 빚진 전쟁 채무 또한 미국을 짜증나게 하는 원인이었다. 유럽이 우물쭈물하면서 지불을 미룰수록 미국의 입장은 더욱 단호해졌다. 미국의 태도는 쿨리지 대통령의 좀 거친 말로 간단히 표현되었다—"그들은 돈을 빌렸소, 그렇잖은가요?" 미국인의 입장에서 볼 때 채무자가 빌린 돈을 갚는 것은 당연한 일이었다.

사정이 이런데도 미국의 주된 외교 목표는 본질적으로 외국과의 동맹에 끼어들지 않고 또 외부 세계와 약속하지 않으려는 것이었다. 이것은 미 상원이 미국의 국제연맹 가입을 의무화한 베르사유 조약을 거부했던 1919년 당시 극명하게 드러났다. 미국은 연맹에 가입하지 않고 1921년에 독일과 별도의 평화조약을 맺었다. 1935년의 중립 조약에서도 미국은 유럽 여러 나라들과 거리를 유지하려 했다. 이 조약에 따르면 미국은 전쟁 당사국에 무기 수출을 할 수 없고, 또 어느 나라에도 전쟁 물자를 보내서는 안 되었다. 이 조약은 1937년에 개정되었고 스페인 내전 중에 효력이 발생되었다.

하지만 이런 정책이 있다고 하여 미국의 외교 활동이 크게 줄어들었던 것은 아니었다. 미국은 예방 외교라는 할 수 있는 활동에 깊이 개입했다. 1921~22년 워싱턴 회담이 끝난 뒤, 미국 정부는 일본의 세력 확장을 우려하여, 1922년에 태평양에서 각국의 입장을 상호 보장하는 4개국 조약(일본, 영국, 프랑스, 미국)을 맺었다. 또 중국의 독립을 지지할 뿐 아니라 헤이 상원의원이 주장하는 중국의 '문호 개방'을 후원하기 위해 태평양의 모든 대국들이 참가하는 9개국 조약에 서명했다. 이러한 조약들은, 태평양 반구에서 해군 군비경쟁을 규제하기 위해 주요 해군 강대국들 사이에 맺어진 5개국 조약과 긴밀한 관련이 있었다. 그러나 이 해군 조약은 별다른 성공을 거두지 못했고, 1927년 제네바 해군회담과 1930년 런던 회담 등이 그것을 개선하려고 애썼지만 별 성과가 없었다.

두 세계대전 사이의 기간 동안에 미국은 1928년의 이상적인 계획인 전쟁 포기 조약—미국 국무장관 프랭크 B. 켈로그의 이름을 따서 흔히 '켈로그 조약'이라고 알려진 조약—을 추진하기도 했다. 미국 상원은 평소와 다르게, 전세계 약 60개국이 참가한 이 조약에 반대하지 않았지만 그 계획은 사실상 무용지물이었다. 이탈리아와 독일을 비롯하여 많은 참가국들이 그것을 웃음거리로 여겼기 때문이다.

미국 정부는 자신들의 영향권이라고 보았던 아메리카 국가들과의 관계에서는 고립주의를 주장하지 않았다. 미국 군대는 다양한 라틴 국가들과 카리브 해 지역의 국가들을 상대로 '경찰행위'를 자처하면서 개입했다. 산토도밍고(1924년), 니카라과(1925년), 아이티(1934년) 등에 미군을 파견했다가 나중에 철수했다. 쿠바와 파나마에는 미군이 계속 주둔했다. F. D. 루스벨트는 대통령 임기 동안 의식적으로 '우방정책'을 추진하여 라틴아메리카 국가들과 친선 관계를 도모했다. 몬테비데오(1933년), 부에노스아이레스(1936년), 리마(1938년)에서 회담을 열어 친선관계를 추구하는 동시에 미국의 지역 투자에 대한 안전을 보장받았는데, 이 무렵 미국의 이 지역들에 대한 투자 금액은 40억 달러가 넘었다.

두 세계대전 사이의 기간 동안 미국은 국제기구에 가입하기도 했다. (나치 독일과 소련조차 가입했던) 만국우편연합UPU의 가입은 실용적 조치였다. 1926년, 상원은 헤이그에 국제사법재판소ICJ를 설치하는 것에 조건부로 동의했지만 그 조건들이 너무 복잡하여 비현실적이었으므로 실제로는 거부한 셈이었다. 1934년 루스벨트 대통령은 더 나아가 국제노동기구ILO에 가입함으로써 국제연맹과 비공식적으로 협조했지만, 미국의 주권을 훼손하지 않는 범위 내에서 기구의 일에 협조한다는 단서를 달았다.

따라서 미국은 두 세계대전 사이의 기간 동안, 국제 외교무대에서 미국 정부의 편리에 따라 고립을 지키기도 했고 그렇지 않기도 했다. 고립 정책은 미국의 정치적 관점에 따라 가변적인 것이었다. 루스벨트는 제2차 세계대전에 참전하기 직전에 영국을 위해 '현금 판매 프로그램'과 '무기 대여 프로그램'을 통과시키려 했으나 국내의 정치적 사정 때문에 여의치 못했다. 하지만 전반적으로 볼 때 고립주의는 미국의 외교적 행동에 별로 제약을 가하지 못했다.

## 085

히틀러와 무솔리니는
친구이면서 동맹이었을까

역사학자들은 추축 조약국의 두 주요 멤버이고 전시 동맹국 지도 자인 히틀러와 무솔리니를 절친한 협조자이자 개인적 친구라고 생각한다. 하지만 이러한 생각은 상당히 잘못된 것이다.

무솔리니는 자존심이 세고 거만하고 허영심이 강했지만 앤소니 이든처럼 그를 개인적으로 알았던 사람들은 무솔리니에게서 나름 대로 매력을 발견했다. 히틀러는 촌스럽고, 약자를 괴롭히는데다 버릇없는 사람이었다. 헌신적인 추종자들을 곁에 두기도 했지만, 히틀러를 처음 만난 사람들은 혐오감을 느꼈다. 이런 두 사람이 서로 잘 지냈다면 그게 오히려 놀라운 일이었을 것이다.

두 사람 중에서 히틀러는 무솔리니에 대하여 상당히 호감을 느낀 듯하다. 무명 시절 히틀러는 무솔리니의 눈부신 성공과 강력하고도 매력적인 지도자 지위를 우러러보았다. 두 사람은 1934년 6월이 되어서야 비로소 만났는데 첫 만남은 그리 성공적이지 못했다. 하지만 1937년 9월 그는 메켈렌부르크의 성공적인 군사작전에 무솔리니를 초대했고 그 후 베를린에서 성대한 환영회를 열었다.

1938년 무솔리니가 나치의 오스트리아 합병을 지지하는 쪽으로 돌아섰을 때 히틀러는 지나칠 정도로, 거의 희극적일 정도로 감사의 뜻을 나타냈다. 히틀러는 그 뒤부터 계속 노골적으로 존경의 뜻을 표시했다. 무솔리니가 그 자신과 마찬가지로 평민이었기 때문에 히틀러는 그와 편안하게 지낼 수 있었다. 반면에 전통적인 지배계급, 가령 빅토르 엠마누엘이나 그 밖의 유럽 왕들과 편하게 보내지 못했다.

나중에 2차 대전에 돌입하여 이탈리아의 형편없는 전쟁 수행 능력은 히틀러를 실망시켰고 그리하여 히틀러는 무솔리니를 군사적 부담으로 여기기 시작했고, 기회만 있을 때마다 그의 결점에 대하여 장광설을 늘어놓았다. 하지만 그는 무솔리니에게 끝까지 충실했고, 1943년 9월에 산악에 포로로 갇혀 있던 그를 구출하기까지 했다. 북부 이탈리아에서 단명 정부로 끝났던 살로공화국의 수반에 취임한 무솔리니는 1944년에 독일을 여러 번 방문했다. 자신의 초라한 입장에 당황하던 그는 파시즘의 실패, 비겁함, 이탈리아 군대의 배반—양국의 동맹을 패배 일보 직전까지 몰고 간 행위—등에 대하여 히틀러의 장광설을 들어야만 했다.

무솔리니 자신도 처음에는 히틀러에게 깊은 인상을 받지 못했다. 1934년, 북부 이탈리아에서 히틀러를 처음 만나 무솔리니는 그의 신경과민과 소심한 태도를 지적하고, 특히 그의 뻣뻣한 머리카락과 물기 많은 눈을 지적하면서 그 생김새가 마음에 들지 않는다고 보좌관에게 말했다. 하지만 무솔리니의 그런 깔보는 태도는 서서히 바뀌었다. 그는 히틀러와 자주 만나면서 점점 독일의 강력한 힘에 깊은 인상을 받았다. 하지만 여전히 히틀러의 꺼칠꺼칠한 뺨과 인상적이지 못한 겉모습을 경멸하듯이 말했다—"나는 왜 독일인이 그에게 매혹되는지 알지 못하네!"

전체적으로 보아 무솔리니는 독이獨伊관계에서 쉽게 우위를 점하는 히틀러에게 깊은 인상을 받았고, 또 상당한 질투심을 느꼈다. 무솔리니는 은근히 경멸하는 사람에게 밀려 2인자 역할을 맡게 되자 자존심이 크게 짓밟혔다. 무엇보다도 그를 가장 구역질나게 하는 것은 히틀러의 장광설과 아니꼬운 독선이었다. 무솔리니의 사위이자 외교장관이었던 치아노는 1942년 잘츠부르크 회의에 참석했는데 다음과 같이 보고했다.

히틀러는 얘기하고 또 얘기하고 끝없이 얘기한다. 무솔리니는 참고 또 참는다. 평소 얘기를 주도하던 그는 오히려 침묵을 지켜야만 한다. 다음날 점심을 먹은 뒤, 히틀러는 쉬지 않고 한 시간 40분 동안이나 혼자서 떠들어댔다. 그는 자기가 하고 싶은 말을 하나도 빼놓지 않고 다 했다. …… 노예근성이 박힌 카발레로만이 경청하는 체했다. 가엾은 독일인들은 매일 그것을 참아야 했고, 나는 그들이 히틀러의 말이나 표현을 하도 들어서 외우고 있다고 확신한다. 요들 장군은 영웅적으로 버텼지만 결국은 이기지 못하고 소파에서 잠들어버렸다.

그러나 히틀러의 견해가 아무리 편협하고 불쾌하더라도 그는 유럽에서 가장 강력한 국가의 조직과 인력을 거느렸고, 그들은 히틀러의 의지를 실행하는 엄청난 능력을 가지고 있었다. 반면에 무솔리니는 점점 예전의 자존심을 잃어버리다가 결국은 1945년 빨치산에게 처형되어 밀라노의 차고 앞뜰에서 거꾸로 매달려 군중의 구경거리가 되었다.

## 086

뉘른베르크 전범재판은 정의를 희화화했을까

제2차 세계대전 때 나치가 저지른 야만적 행동에 대하여, 연합국들은 1943년 초부터 전범들을 재판하겠다고 나섰다. 이 재판은 1945년 11월부터 1946년 8월까지 뉘른베르크에서 열렸다. 연합국은 국제전범재판소를 설립하여 피고를 심문했고, 판사진은 네 명의 법관으로 구성되었으며, 판사의 발병에 대비하여 보조법관을 두었고, 판사 네 명은 연합군의 주요 4개국 — 영국, 프랑스, 미국, 소련 — 을 대표했다. 약 199명이 뉘른베르크 재판에서 기소되었고 그 밖에 수천 명의 사람들이 다른 곳에서 재판을 받았다. 그들은 연합군이 철수한 뒤에 각자의 고국 법정에서 또 다시 재판을 받았다. 뉘른베르크 재판의 정당성에 대한 질문은 당시에 이미 제기된 바 있었고, 그 후에도 정의보다는 복수심에 바탕을 둔 재판이었다는 논란이 계속되었다.

뉘른베르크에서 죄수들은 네 가지 항목 — 평화에 대한 범죄 곧 침략행위를 준비하고 수행한 것, 전쟁범죄 곧 전쟁 포로와 민간인을 부당하게 대우한 것, 개인이나 단체에게 저지른 극단적 만행, 음모 여부 곧 앞의 세 가지 죄를 저지르기 위한 계획에의 참여 — 에 대하여 심문을 받았다.

히틀러, 괴벨스, 히믈러 등 많은 피고들은 이미 죽었다. 《나치노동전선》의 예전 대표였던 로베르트 레이는 재판이 시작되기 전에 목매어 자살했다. 헤르만 괴링은 재판을 받았으나 교수형을 피하기 위해 재판 종료 직후 청산칼리를 삼켜 자살했다. 또 다른 피고 귀스타프 크루프는 노망이 들어서 자신의 기소 내용을 이해하지 못했다. 그의 아들 알프레트는 나중에 아버지 대신 재판에 임하여 선고를 받았다. 재판을 받았던 24명 중에서 세 명은 풀려났다. 히틀러의 부총통이었던 루돌프 헤스를 포함하여 세 명은 종신형을 받았다. 두 명은 20년형을, 한 명은 15년형을, 연합군에게 최종적으로 항복했던 되니츠는 10년형을 받았다. 아돌프 아이히만(유대인에 대한 '최종 해결책'을 관리했던 책임이 있는 인물)과 프란츠 슈탕글(트레블린카와 소비보르 강제수용소 소장)을 포함하여 많은 피고들은 나중에 해외에서 검거되었고, 재판에 회부되어 유죄선고를 받았다. 총 12명이 1946년 10월 16일에 교수형을 당했다.

재판이 진행되어 한 주 한 주 지나갈 때마다 오싹한 증거가 산더미처럼 쌓였다. 피고들 중의 한 명인 헤스는 정신착란 증세를 보였고, 괴링은 재치가 넘치는 말짱한 정신을 끝까지 유지했다. 다른 피고들은 사기가 저하되어 죽은 사람이나 마찬가지였다. 죄수 중 한 명인 한스 프랑크는 완전히 절망하여 이런 말을 했는데 그건 많은 사람들의 감정을 잘 요약했다—"1000년이 지나도 독일의 죄책감은 사라지지 않겠구나!" 프랑크는 꾸준히 써온 38권의 일기가 압수되어 살인, 아사, 멸종 등의 야만행위에 개입한 것이 가장 확실하게 입증되었다.

이 재판의 결과는 얼마나 정당했을까?

재판의 도덕적 정당성에 이의를 제기하는 사람들은 별로 없었다.

관련된 범죄는 너무 끔찍하고 압도적이기 때문에 그것을 바로잡을 길이 없을 것 같다고 생각했다. 사람들은 재판의 합법적 기반이 헤이그와 제네바 협정에 있다고 추정했다. 따라서 일반적인 반응은 뉘른베르크 재판이 역사상 유례없는 잔악행위를 단죄하기 위한 것이라며 환영했다.

그래도 난처한 문제점이 남아 있다. 침략을 처벌할 수 있는 합법적 합의서가 없는 상황에서, 침략행위가 어떻게 불법이 될 수 있을까? 뉘른베르크 이후 이와 비슷한 재판이 여러 번 열리기는 했지만 그 어떤 국가나 국가 지도자도 조약을 어겼다고 하여 처벌되지는 않았다. 소련은 폴란드와 핀란드에게 똑같은 죄를 범했으나 소련이 연합국의 일원이어서 그 나라의 입장을 봐주어야 했기 때문에, 고발은 추축국의 침략행위에만 국한되었다. 따라서 기소는 그들(추축국)이 저지른 범죄의 틀에 억지로 맞추는 고의성이 있었고 또 선택적으로만 진행되었다. 이탈리아 사람들은 전혀 기소되지 않았다. 이탈리아는 전쟁 막판에 추축국에서 연합국으로 편을 바꾸었기 때문에 그들을 기소한다면 소련도 함께 기소해야 하는 난처한 일이 벌어질 터였기 때문이다.

피고들이 저지른 범죄는 그 당시 국제법에 저촉되지 않았다. 따라서 그들은 국제법으로 처벌될 수 없는 죄로 인해 유죄선고를 받았다. 만약 인간성에 대한 극악범죄나 이런 범죄를 저지르는 음모가 당시 국제법에 저촉되는 것이라면, 똑같은 논리로 처칠 또한 기소되어야 했다. 만약 독일이 패배하지 않고 승리했다면, 처칠은 드레스덴 폭격 모의 때문에 고발당했을 것이다.

게다가 피고들의 상명하복 변명—"나는 명령에 복종했을 뿐입니다"—은 용인되지 않았다. 부하들에게 합법적 명령과 범죄적인 명령을 구분하라고 요구한다는 것은 정말 비현실적이었다. 연합국 사람들도 상관의 명령을 따라야 한다고 생각했으나 그 때문에 법적인 책임을 지지는 않았다. 이런 변명에 맞서서 연합국은 명령복종이 면죄의 사유가 될 수 없고 단지 정상참작될 뿐이라고 말했다. 이런 논리를, 최초의 원폭을 히로시마에 투하하라는 명령을 받은 '에놀라 게이Enola Gay'(미국 육군항공대가 보유한 B-29 슈퍼포트리스 중 하나로 1945년 8월 6일 히로시마 대한 원자폭탄 투하에 사용된 폭격기_편집자) 승무원들에게 적용하면 어떻게 될까. 그들 역시 무죄 방면되기는 어려울 것이다.

하지만 뉘른베르크 재판에 대한 가장 근본적인 비판은 아주 간단한 것이었다. 처벌이 적어도 정의의 모습을 갖추려면, 검사는 판사가 되어서 안 된다는 주장이었다. 뉘른베르크의 판사들은 전쟁의 당사자였던 국가를 대표했고 따라서 공평무사하게 판단할 수 없었다. 스웨덴이나 스위스와 같은 중립국가 출신의 판사를 배석시켰다면 훨씬 더 나았을 것이고, 비교적 공평무사하다는 인상을 주었을 것이다. 편파적인 판사 구성으로 인해, 재판이 단지 승자의 복수라는 논리를 거들었다. 괴링 자신은 재판에서 이런 날카로운 비판을 했다—"승자는 늘 판사가 되고, 패자는 피고가 될 것입니다." 이런 비판은 뉘른베르크 재판의 정당성을 약화시킬 순 있겠지만, 그렇다고 해서 그 재판을 초래한 범죄의 잔학성을 덮어주는 것은 아니다.

## 087

1956년의 헝가리 봉기는 총체적인 재난이었을까

1956년 10월 헝가리에서 시민봉기가 발생했다. 헝가리 봉기는 소련과의 관계를 단절하려는 시도였지만 실패로 돌아갔고, 그 후 30년 동안 소련에 일방적으로 복종하게 만든 사건이 되었다. 하지만 이것은 봉기 후 첫 몇 년 동안에만 해당되는 얘기다. 헝가리 봉기가 장기적으로 아무 성과도 거두지 못했다고 생각한다면 잘못이다.

헝가리는 2차 세계대전 직후에 소련의 군사적 점령을 먼저 겪은 다음, 소련의 전적인 지원 아래 공산주의 정권이 들어섰다. 그런데 1956년 2월, 20차 전당대회가 열렸을 때 러시아의 새 지도자 흐루시초프는 여러 면에서 스탈린의 실정을 비난했다. 흐루시초프는 '사회주의로 향하는 다양한 길'이 있다고 강조함으로써, 위성국가를 획일적으로 통제해왔던 스탈린 방식을 완화할 의사임을 보여주었다. 헝가리 사람들은 1956년 여름의 폴란드 사건으로 이런 기대감에 힘을 얻었다. 이웃 나라인 폴란드는 소련의 영향력에 불만을 가져오던 차, 정부에 압력을 가했고 그것이 통제의 완화로 이어져 대중적인 지도자 블라디슬라브 고물카가 집권한 바 있었다.

1956년 10월, 헝가리의 과격파는 헝가리의 새 지도자 에르노 게로에게 압력을 가하여 인기 있는 임레 나지에게 권력을 되돌려주라고 요구했다. 게로는 헝가리에 주둔한 소련군에게 도움을 요청하여 상황을 통제하려고 했다. 하지만 그의 행동은 오히려 상황의 악화를 부채질했다. 10월의 마지막 주에 부다페스트와 그 밖의 도시에서는 시가전이 벌어졌다. 정치범들은 석방되고 많은 비밀경찰AVO 요원들은 거리에서 공격받고 죽었다. 나지는 과감하게 일당독재체제를 폐지했고, 진정한 자유선거를 실시하겠다는 말을 흘렸다. 소련에게 무엇보다도 위협적인 것은, 나지가 '비동맹'의 아이디어 곧 독자적인 외교정책을 위해 바르샤바 조약에서 탈퇴하겠다는 생각을 내비쳤다는 것이었다. "러시아인이여, 돌아가라!"는 함성이 부다페스트에 메아리쳤다. 데모하던 학생들은 방송국을 점령하여 '라디오 자유부다페스트'라는 이름으로 방송하기 시작했다. 도시의 한 공원에서는 젊은이들이 거대한 스탈린 동상에 밧줄을 걸어 대형 트럭의 힘으로 쓰러뜨렸다. 그들은 한 쌍의 청동 장화는 좌대에 놔둔 채, 나머지 금속 몸통을 쓰레기차의 뒤편에 싣고 시내를 돌아다니며 반소시위를 벌였다. 나지는 처음으로 비非공산주의자를 내각에 임명하고 휴전협상을 제안했다. 헝가리 국방장관인 팔 말레터는 자국 영토에 주둔 중인 소련군의 전면철수를 의논하기 위해 소련 장교들과 협상을 시작했다.

이 사태가 발생한 동시에, 영국과 프랑스는 수에즈 운하의 안보에 관하여 이스라엘과 이집트에게 최후통첩을 보냈다. 최후통첩은 영국과 프랑스가 이집트를 침략하기 위한 사전 핑계였다. 이처럼 서방 국가들이 근동 문제에 몰두하고 있었기 때문에, 러시아의 헝가리 개입은 상황이 유리하게 돌아갔다. 반면, 미국의 선전 방송은 헝가리 사람들에게 바르샤바 조약에서 탈퇴하라고 촉구했다. 많은 헝가리 사람들은 미국의 도움을 기대했다. 어쩌면 흐루시초프는 이런 국면전환에 위협을 느꼈을 것이다. 그는 특단의 대책을 강구하기로 결정했다.

머칠 사이에 중무장 탱크로 보강된 소련의 대규모 군대가 진격하여 부다페스트를 제압했다. 탱크들은 시내 도심을 전속력으로 달리며 굉음을 냈고, 도로의 좌우에 있는 건물에 대고 총격을 퍼부었다. 나지는 간절하게 서방 국가의 도움을 호소했지만 성과를 거두지 못했다. 그와 말레터는 추가협상의 구실로 비행기에 태워져 소련으로 훌쩍 날아갔으나 소련 도착 즉시 체포되어 비밀재판에 회부되었고, 1958년에 처형되었다. 나지의 자리에는 체제순응적인 야노스 카다르가 대신 들어섰고, 헝가리를 예전의 소련 위성국 수준의 온순한 상태로 되돌려 놓았다.

붉은군대는 큰 대가를 치르고나서야 부다페스트에 질서를 회복했다. 3만 명의 헝가리 사람들이 사망했는데 그들 중의 많은 사람들이 구경꾼이었으며, 러시아 군인들도 약 7000명이 사망했다. 무력진압 이후, 러시아 제국주의의 무시무시한 구습舊習들이 다시 들이닥쳤다. 미국의 한 옵서버는 이렇게 논평했다.

"해방은 가짜였다. 그것은 늘 가짜였다. 헝가리가 한 것이라곤 가짜를 세상에 폭로한 것뿐이었다. 아무리 아이젠하워가 공산주의를 두려워하더라도 전쟁보다 더 두려워하지는 않았다. …… 헝가리 사람들과 그 밖의 동구 사람들은 해방이란 이제 원천적으로 불가능하고 동구와 서구를 서로 대결시키려는 정책이 소용없음을 알게 되었다."

한편, 소련이 임명한 새 헝가리 정권은 순순히 소련의 비위를 맞추고 엄격한 정통성에 입각하여 나라를 통치했는데, 민중은 속으로 분노하며 침묵할 뿐 달리 뾰족한 수가 없었다. 흐루시초프의 자유화 장난은 일시적인 게임으로 끝났고, 그에 따라 헝가리의 자유화 물결도 끝장을 맞았다.

표면적인 것만 놓고 본다면, 헝가리 봉기는 의미 있는 결과를 전혀 얻지 못한 것처럼 보인다. 아니, 완전 재난인 것처럼 보일 수도 있다. 하지만 상황은 그렇게 단순하지 않았다. 무엇보다도 소련은 그 다음부터 동구 파트너에 대한 태도를 바꾸고, 예전처럼 철저하게 억압적으로만 나오지 않았다. 예를 들어, 체코슬로바키아가 1968년에 폭동을 일으켰을 때, 러시아는 신중을 기하여 자신들의 탱크뿐 아니라 바르샤바 조약 국가들의 탱크들도 함께 프라하 거리에 진주시켰다. 진주한 군대는 체코 시민들 앞에서 위협적으로 대치했지만, 실제의 유혈사태는 별로 많지 않았다. 체코 지도자 두브체크는 루비안카에서 총살당한 것이 아니라 목재 하치장의 강제노동 현장에 보내졌다. 소련은 '위성'국가들의 내정을 예전처럼 치밀하게 통제하지 않았다.

헝가리의 사정도 봉기 후 달라지는 듯했다. 카다르는 겉보기에 대단히 체제순응적으로 행동하면서 1961년에 농지의 집단농장화를 마쳤다. 하지만 그는 예전의 헝가리 지도부가 미뤄두었던 정책들을 슬그머니 도입하기 시작했다. 따라서 헝가리 공산주의는 곧 독자적인 특색을 얻었다. 1960년대에 정치범들은 풀려났고, 비밀경찰은 경계심을 서서히 완화시켰다. 자유화의 분위기가 전국에 널리 퍼졌고 언론검열은 더욱 온건해졌다. 1964년, 카다르는 종교 문제에서 교황과 가톨릭교회와 타협하게 되었다(하지만 민첸티 추기경은 수용을 거부하고 미 대사관에 피신했으며, 1971년 해외로 망명했다). 더욱이 1968년, 헝가리 정부는 경제 분산화 조치를 시작했다. 서구 국가와의 접촉은 늘어났고 외국의 투자가 시작되었으며 사기업의 경쟁은 증가했다. 1983년, 선거는 기존의 공산주의 체제와 전혀 다르게 실시되기 시작했다. 1987년, 서방 국가를 모델로 삼은 소득세가 도입된 직후에 부가가치세VAT도 실시했다.

1988년 카다르가 정계에서 은퇴했을 때, 신임 총리 카롤리 그로쉬는 훨씬 더 나아가, 자유로운 노동조합을 인정하고 복수 정당을 합법화했다. 이듬해 5월, 다당제 민주주의와 새 대통령제를 바탕으로 하는 새로운 헌법을 채택했다. 1990년에 이르러 동유럽 블록의 해체는 더욱 가속화되었다. 중도우익 그룹이 선거에서 이겼고, 공산주의자들이 징발했던 물자에 대하여 지주와 기업인들에게 보상해주었으며, 헝가리와 유럽공동체의 협력관계를 시작하는 조약에 서명했다. 이 모든 현대화 과정이 1956년 헝가리 봉기 사건까지 소급된다고 말해도 과장은 아니다.

 1982년 포클랜드 위기에 영국은 꼭 전쟁을 일으켜야 했을까

1982년의 포클랜드 위기는 영국이 식민정책의 후유증을 아직도 앓고 있음을 완벽하게 보여주었다. 영국 정부가 이 위기를 전후하여 올바른 대응을 했는지 여부는 아직까지도 의심스럽다. 당시 대처 정부가 내린 결정 이외에 다른 대안이 없었을까? 대안이 없었다고 생각한다면 그건 아마도 잘못일 것이다.

누가 봐도 아르헨티나가 포클랜드 제도의 소유권을 주장하는 것은 타당해보일 것이다. 이 섬들은 아르헨티나의 동부 해안에서 약 400마일 떨어진 곳에 위치하고, 또 똑같은 대륙의 일부를 형성하기 때문에 이른바 '근접 주장'에 따르면 동일한 영토의 일부다. 하지만 유감스럽게도 '근접 주장'은 일반적으로 전세계에서 인정받지 못하고 있다. 이런 주장은 만약 채널 제도, 코르시카, 로도스 섬과 같은 곳으로 확장한다면, 또는 영국 제도諸島까지 확장한다면 끝없는 문제를 일으킬 것이다. 영국 제도는 프랑스 해안으로부터 400마일이 아니라 겨우 22마일 떨어져 있을 뿐이다.

다행히도 아르헨티나는 근접 주장을 펼치지 않았다. 그들의 주장은 역사적 사실에 바탕을 둔 것이었다. 세계를 분할한 교황 알렉산더 6세의 토르데실라스 조약(1493년)으로 소급해 올라갔다. 당시 교황은 지구를 둘로 나누어 동반구를 포르투갈에게 할당하고 서반구를 스페인에게 주었다. 하지만 그 뒤에 이런 심판이나 조약을 받아들인 국가들은 많지 않았다(어떤 나라들은 교황의 존재조차 인정하지 않았다). 특히 영국과 프랑스는 만약 어떤 국가가 지속적인 정착지를 현장에 세우지 않는다면 그 영토에 대한 주장은 할 수 없다는 태도를 취했다. 포클랜드 섬에는 그런 정착지가 없었다.

그 섬은 겨우 16세기 중반에 가서야 발견되었는데, 발견자도 스페인 사람이 아니라 프랑스 사람이었다. 정착지는 18세기 중반이 지나서야 세워졌고, 이곳에서 프랑스 사람들이 양떼를 치기 시작했다. 영국은 7년 전쟁 끝에 이 프랑스 정착민들을 몰아냈다. 당시 프랑스는 이 섬의 소유권을 스페인에게 넘겼지만, 영국 해군은 아랑곳하지 않고 이곳에 무역항을 건설했다. 하지만 스페인은 1770년에 무력으로 영국 사람들을 추방했다. 전쟁이 발발할 위험이 있었지만 결국 영국과 스페인은 의견 차이를 해소하면서 1771년 조약에 서명했고, 비밀 조항에 따라 두 나라는 섬에서 철수하여 무인도로 남겨둘 것에 동의했다.

스페인의 남미 제국이 나폴레옹 전쟁으로 붕괴되기 시작하면서 부에노스아이레스 주는 포클랜드 섬의 소유권을 제기했다. 1816년, 부에노스아이레스가 아르헨티나의 일부가 되었을 때 포클랜드 소유권의 주장은 아르헨티나로 넘어갔다. 4년 뒤, 아르헨티나는 섬에 수비대를 설치했지만, 영국은 군 수비대가 주둔하는 것만으로는 정착촌이 아니라고 보았고, 아르헨티나가 1771년 조약을 위반했다고 생각했다. 아르헨티나는 자기들이 1771년 조약의 당사자가 아니므로 그 조약에 구애받지 않는다는 주장을 폈다. 아무튼 영국은 무력으로 아르헨티나 수비대를 철수시켰다. 그리고 1832년에 가서 영국의 정착지—당연히 민간인 정착지—를 세움으로써 합법적 제스처의 효과를 내팽개치고 아예 포클랜드를 영국 식민지라고 선포해버렸다. 이 상황은 20세기까지 지속되었다.

섬의 소유권에 관한 첫 번째 현대적 문제는 제2차 세계대전이 끝난 뒤에 발생했다. 1947년, 아르헨티나는 유엔에 분쟁을 제기했다. 영국은 그 지역의 소유 문제를 국제사법재판소에 신청할 것을 제의했지만, 아르헨티나(그리고 칠레)는 그 지역에 대한 '반박할 수 없는 권리'라는 근거로 재판 회부를 거부했다. 1955년, 영국은 일방적으로 분쟁에 대한 재판을 신청했지만, 재판소는 아르헨티나가 재판권을 거부했기 때문에 청문회를 기각했다. 뒤이어 부에노스아이레스에서 여러 차례의 반영反英시위가 일어나자 1977년 제임스 캘러헌의 노동당 정부는 남대서양으로 함정을 보내기로 결정하면서 평화적인 해결책을 모색하려고 했다. 대처는 총리에 취임하자, 더 진전된 제안을 가지고 니콜러스 리들리를 아르헨티나로 보냈다. 리들리는 분쟁을 장기적으로 동결하여, 임대차 계약 조건부 매각을 제의했는데 명목상의 주권은 아르헨티나에게 귀속되고 섬의 실제 관리는 영국—아르헨티나가 공동으로 운영한다는 것이었다. 이 제의가 이행되었다면, 뒤에 나온 여러 정책들에 비해 훨씬 건전하고 실제적인 대안이 되었을 것이다.

유감스럽게도 여기에는 많은 어려움이 도사리고 있었다. 첫 번째 어려움을 들면, 런던의 보수당, 노동당, 자유당의 하원의원들은 그 계획을 줏대가 없다고 맹렬하게 비판했다. 대부분의 비판자들은 아르헨티나를 밀어붙이는 강경노선을 원했다. 두 번째 어려움은 포클랜드 섬의 입법부의 태도에서 비롯했는데, 그들은 섬을 아르헨티나에게 넘기는 것을 싫어했다. 아르헨티나 정부는 포클랜드를 '가장 소중한 지역'으로 우대하겠다고 제안했지만 별 효과가 없었다. 세 번째 어려움은 아르헨티나 대표단에게서 비롯하였다. 그들은 중재 회담에서 추가적인 시한 연장을 완강하게 거부하면서, 만약 섬의 주민들이 아르헨티나 주권을 받아들인다면 섬 주민 1800명 각자에게 무려 1만 8000파운드의 보상금을 주겠다고 제의했다. 하지만 이 제안은 묵살당했다. 따라서 아르헨티나는 협상을 신속하게 마무리짓지 못한다면, 분쟁을 해결하는 또 다른 수단을 강구하겠다고 강경하게 나왔다.

이 무렵 대처 정부는 분쟁과 관련하여 강경책을 결정했다. 대처 총리의 결론은 이러했다—"아르헨티나의 조바심이 누적된 것은 최근 남대서양에서 영국의 해군력이 경제적 이유로 감축된 때문이다. 따라서 상황을 바로잡을 방법은 증원부대를 보내는 것뿐이다."

대처 총리는 현지의 영국군 배치 현황을 보고받고, 이스트 포클랜드에 70명의 영국 해병대 분견대와 20밀리미터 기관포 두 정으로 무장한 초계정 한 척이 전부라는 것을 알고 크게 실망했다. 1982년 3월, 아르헨티나 전함이 60명의 '무력 해결사' 집단을 사우스조지아에 상륙시켰을 때 영국의 취약성은 눈에 띄게 드러났다. 아르헨티나 병력은 어렵지 않게 섬을 점령했다. 이에 영국의 성난 목소리는 맹렬한 반응을 보이며 높아지기 시작했고, 노동당의 외교 문제 대변인인 데니스 힐리는 정부의 행동을 "어리석고 용기가 없다"고 비판했다.

이와 동시에 대처 총리는 1년 안에 소규모 대외전쟁을 일으키고 승리하여 재선 국면을 유리하게 가져가겠다는 구상을 하게 되었다. 4월초, 아르헨티나 군대가 포트 스탠리에 상륙하여 3시간 만에 섬을 점령하여, 영국 총독 렉스 헌트를 추방하고 아르헨티나 행정기관을 세웠을 때, 대처 총리의 그런 결심은 더욱 굳어졌다. 대처는 재빨리 그 도전장을 접수하고 나섰다. 그리하여 10주 동안 남대서양 해상에서 아르헨티나와 영국 사이에 선전포고 없는 전쟁이 벌어졌다.

영국은 즉각적인 병참 능력을 과시하면서 약 30척의 전함과 지원함의 기동부대, 최신 전투기 대대, 6000명의 전투부대를 투입했다. 이들 부대는 효과적으로 8000마일을 항해하여 무력으로 섬을 탈환했다. 사우스조지아는 4월 25일에 되찾았고, 이스트 포클랜드의 포트 스탠리는 6월 13일에 되찾았다. 약 1만 2000명의 아르헨티나 병사들은 결국 영국 기동부대에 항복했다. 아르헨티나 군의 전사자는 400명에 달했고 영국군의 전사자는 약 50명이었다. 영국 해군은 아르헨티나의 공대함 미사일 공격으로 인해 두 척의 구축함과 두 척의 프리깃함을 잃었다. 또 아르헨티나의 엑조세 미사일은 산 카를로스 해상에서 접안하던 커너드 해운회사의 컨테이너선 애틀랜틱 콘베이어를 침몰시켰다. 아르헨티나도 피해가 많았다. 5월에 영국 잠수함이 아르헨티나의 순양함 '벨그라노 장군'함을 어뢰로 격침했을 때 약 400명이 목숨을 잃었다. 포크랜드 분쟁은 비행기 공격에 전함이 취약하다는 것을 다시 한 번 확인해주었다. 전쟁이 끝난 직후, 갈티에리 대통령 정부는 거의 자동적으로 전복되었다.

미국은 전쟁이 발발하기 전과 전쟁 동안에 갈등 해결에 나서면서 대단히 곤란한 입장에 처했다. 분쟁 당사자 양국이 미국의 우방이었기 때문이다. 레이건 대통령은 국무부와 국가안보이사회를 대표하여 알렉산더 헤이그를 런던으로 보내, 분쟁을 막거나 억제하려고 했으나 실패했다. 헤이그는 당면 문제를 시시하게 보았다. 지도를 펼쳐놓고 보았을 때 그는 왜 영국이 화를 내는지 이해할 수 없었다. 그는 이렇게 말했다―"이거, 엉덩이에 난 뾰루지에 불과하잖아!"

하지만 그 문제는 레이건 대통령에게 아주 까다로운 문제였다. 그는 무력 사용을 반대하는 안보리 결의안 502호를 지지하는 동시에, 양쪽에 군수물자를 공급해야 하는 모순된 입장에 놓였다. 하지만 대처 총리는 단호했고 자신의 입장에서 한 발짝도 물러서려 하지 않았다.

"우리는 헤이그 장관에게 분명히 밝혔습니다. 침략군이 먼저 철수해야만 합니다. 침략행위 때문에 섬의 주권이 영향 받는 건 아닙니다. 앞으로의 협상에 관한 한, 가장 중요한 것은 포클랜드 섬 사람들이 무엇을 원하는지에 달려 있습니다."

이런 얘기는 영국의 가장 기본적인 오류를 내포하고 있다. 대처 정부가 1983년에 의석이 늘어난 다수당으로 복귀한 것은 사실이었고, 영국 제국의 전통적 개념을 지키고 싶었던 '맹목적 애국주의자들'을 기쁘게 한 것은 사실이다. 하지만 수억 파운드의 전비가 들어갔고, 남대서양의 근본적으로 불안한 입지를 유지하기 위해 전쟁까지 한 것이 보람 있는 조치였는지 여부는, 여전히 논란의 여지가 많다.

당시 부에노스아이레스에게 명목상의 주권을 넘기는 초기의 계획을 포기했기 때문에 '남부 유럽 사람들의 위협'에 맞대응하는 것 외에 어쩌면 대안은 없었을 것이다. 부에노스아이레스의 군사정부는 (헤이그가 내각에서 말했듯이) '갱단'이었고, 유엔은 그들을 비난했다. 결의안 502호는 아르헨티나의 철수를 요구했는데도 군사정부는 응하지 않았다. 따라서 철수하지 않는다면 영국으로서는 정당한 힘을 사용하여 영토를 회복해야 했고, 유엔 헌장 51조가 그런 권리를 뒷받침했다. 영국은 그 권리를 정식으로 행사했을 뿐이다. 순전히 법률적인 사항만 놓고 보면 그렇게 말해볼 수 있지만, 그 실익을 따져보면 그렇지도 않다. 아르헨티나 국기보다 영국 국기를 계속 달고 싶다고 주장하는 2000명 이하의 정착민과 그보다 수십 배나 많은 60만 마리의 양떼를 지키기 위해, 저 먼 바다에까지 나아가서 전쟁을 벌이는 것은 정말 돈키호테적인 일이 아닐 수 없다.

포클랜드 거주민들에게 아르헨티나 종주권 아래에 살도록 요구하는 것이 뭐가 그리 나쁜 일인가. 1997년, 150년 된 조약이 만기가 되자 약 500만 명의 영국화된 홍콩 주민을 공산주의 국가인 중국에게 되돌려준 거나 지브롤터를 스페인에게 반환하는 문제를 한번 상상해 보라. 그런 조치보다 특별히 더 나쁘다고 볼 수도 없다. 영국의 포클랜드 반환정책을 비판하는 사람들은 다음과 같은 사실을 잊어버리고 있다. 이제 영국은 더 이상 제국주의 강대국이 아니다. 또 20세기 후반에 제국주의적 제스처를 취하는 것은 아주 값비싼 조치이고 그 효과는 예전만큼 강력하지도 않다.

## 089

1962년 쿠바 위기 때
케네디는 자유세계를 구한 것일까

역사가들은 1962년의 쿠바 미사일 위기 때 케네디 대통령이 보여 준 단호한 용기에 높은 점수를 주었다. 당시 케네디는 핵전쟁의 위험에서 세계를 구했다고 널리 칭송되었다. 하지만 이러한 견해는 상당히 수정할 필요가 있다.

1962년 10월의 쿠바 상황이 심각한 것은 의심할 여지가 없었다. U-2 정찰기는 당시 섬의 상공에서 비행하다가 쿠바에 설치 중인 소련 핵미사일 기지를 발견했다. 핵무기는 미국의 대부분 지역을 겨냥할 것으로 평가되었다. 케네디의 보좌관들은 미사일을 즉각 제거해야 한다고 조언했다. 하지만 케네디는 어떻게 하면 핵전쟁을 일으키지 않고서도 쿠바에서 미사일을 제거할 수 있을까를 고심했다.

어떤 보좌관들은 기지를 기습공격하자고 주장했는데, 그러면 위협을 제거하겠지만 동시에 소련 기술자와 쿠바 병사들을 죽이게 될 것이었다. 어떤 보좌관은 쿠바를 무력으로 침공하고 싶어 했는데, 그건 예전의 '피그만' 공격(결국 실패로 끝난 공격)보다는 더 성공적으로 수행할 수 있다고 말했다. 하지만 로버트 케네디는 (그 뜻이 무엇이든) "형에게 진주만의 기록을 남기고 싶지 않다"고 말했다. 따라서 미국 국방부는 결국 핵무기의 추가 선적을 막을 수 있는 쿠바 섬의 해상봉쇄를 결정했다. 10월 22일, 텔레비전 방송에 나온 케네디 대통령은 쿠바 섬을 '고립'시키고, 만약 카스트로 의장이 미국에 미사일을 발사하려고 한다면 전면적인 핵 보복을 가하겠다고 위협했다—"쿠바가 핵미사일을 서방의 어떤 국가에든 발사한다면, 미국 정부는 그것을 소련이 미국을 공격한 행위로 간주할 것이고, 그렇게 되면 전면적인 보복이 뒤따를 것입니다."

따라서 만약 흐루시초프가 이 위험한 주도권을 포기하고 핵무기를 제거하지 않는다면, 케네디는 전쟁을 불사하겠다고 위협했다. 흐루시초프는 처음에는 핵무기를 쿠바에 설치하고 있다는 사실을 부인하더니 곧 이어 그 핵무기가 방어용이라고 우기고 나섰다. 한편 핵무기 기지는 며칠 안에 정상적으로 가동될 것으로 평가되었다. 미국 정부의 위험 경고는 적색 등급으로 올라갔다. 공군은 쿠바가 기지를 정상 가동시키기 전에 제거할 준비를 갖추었으며, 해군은 먼저 접근하는 소련 상선을 정선시킬 위치로 항해했고, B52 전략 폭격기 대대는 핵폭탄을 적재한 채 공중에서 명령을 대기했다.

하지만 어느 쪽도 전쟁을 원하지 않았기 때문에 위기는 무사히 지나갔다. 최초의 러시아 상선은 정지 명령을 따르고 수색에 응했다. 쿠바로 흘러들어가던 핵무기 부품들은 중단되었다. "만약 미국이 공격하지 않겠다고 보장한다면 쿠바에서 미사일을 철수하겠다"는 편지를 흐루시초프가 케네디에게 보냈다. 케네디는 그 제안을 받아들였지만, 그가 답장을 보내기 전에 흐루시초프는 두 번째 편지를 보내 "미국도 터키에서 핵무기 기지를 철수하라"고 요구했다. 케네디는 흥정을 거부했다. 10월 27일 저녁, 로버트 케네디는 소련 대사아나톨리 도브린을 만나 "내일까지 쿠바 기지를 제거하겠다고 약속하라"고 요구했다. 그는 만약 소련이 동의하지 않는다면, 미국이 직접 제거하겠다고 위협했다. 그리고 만약 소련이 미국의 제의에 동의한다면, 터키의 미국 미사일도 해체될 것이라고 덧붙였다.

위기는 갑작스럽게 발생한 것만큼이나 급박하게 가라앉았다. 흐루시초프는 미사일을 제거하기 시작했고, 미국의 공격에서 쿠바를 보호하는 목적을 달성했다고 주장했다. 그 직후 미국 미사일은 터키 기지에서 제거되었다. 뒤이어 백악관과 크렘린궁 사이에서는 미래의 유사한 위기를 막기 위해, 혹은 상황을 오해하거나 장비의 오작동 때문에 일어나는 우발적인 전쟁을 예방하기 위해, '핫라인' 전화와 텔렉스가 설치되었다. 그 후 1963년, 두 나라는 최초의 핵실험금지조약을 체결했고, 1968년에는 핵확산금지조약에 서명했다. 이것은 냉전의 긴장이 어느 정도 완화되기 시작했다는 표시였다.

미국인들은 이것을 '자유세계'의 대승이라고 주장했으며 케네디의 단호한 결의를 칭찬했다. 서방의 여론은 백악관 공직자 딘 러스크의 말—"우리는 두 눈을 부릅뜨며 정면으로 대치했고, 상대방이 먼저 눈을 깜빡거렸다고 생각합니다"—에 동의했다. 별로 관대하지 않은 옵서버들은, 케네디가 공화당의 비판을 잠재우고 1962년 11월 중간선거에서 민주당의 승산을 높이기 위해 위기를 조작했다고 비난했다. 케네디는 그 동안 주로 뉴프런티어 프로그램 등 국내 문제를 추진해왔지만, 이 위기로 인해 자신을 현명하고 강력한 국제적 리더로 내세우고 싶어 했던 이미지가 더욱 강해졌다. 그는 미국이 소련보다 4배나 많은 미사일을 가지고 있어서 설사 44기의 미사일을 쿠바에 배치했더라도 핵무기의 균형이 크게 기울어지지 않는다는 것을 알았지만, 핵무기가 미국에 근접하면 미국 사람들에게 불안 감을 일으킬 것임을 알았다. 그는 이 불확실성을 충분히 활용할 준 비가 되어 있었다. 이런 점에 비추어, 어떤 옵서버들은 쿠바 위기가 위험하면서도 무책임한 핵무기 벼랑 끝 전술이라고 보았다.

흐루시초프에 관한 한, 쿠바 위기의 좌절은 그의 정치 경력에 치 명적이었고 1년 만에 권좌에서 물러나는 계기가 되었다. 어떤 사람 은 미국의 분석에 동의하면서, 그가 이 대치 때 최악의 행동을 저질 렀다고 생각했다. 1964년 그의 자리를 뒤이은 브레즈네프 치하에서 소련은 육군과 해군을 확장하고 또 소련의 핵 무장을 미국과 같은 수준으로 끌어올리는 비상계획을 시작했다. 흐루시초프 자신은 나 중에 그 사건을 사뭇 다르게 기억했다. 그는 케네디가 솔직하고 착 한 인물이라고 보았지만 그를 그리 높이 평가하지 않은데다 미숙하 고 상당히 천박한 사람이라고 생각했다. 또 케네디를 전쟁도 불사하 는 미국의 방대한 군산복합체의 앞잡이라고 믿었다. 흐루시초프는 또 로버트 케네디가 도브린에게 한 말—"만약 케네디 대통령이 미 국 군부의 제안에 동의하지 않는다면, 그는 미국 군부에 의해 쫓겨 날 위험이 있다"—(소문일 뿐 확인된 것은 아니다)을 사실로 믿은 듯하 다. 흐루시초프는 이런 생각도 했다—'케네디 대통령은 민주당의 선거 승산을 높이고 선거에서 지지층을 얻기 위해 끈덕진 애국적 포 즈를 취하지 않을 수 없기 때문에 저렇게 세게 나오는 것이다.'

흐루시초프가 이런 식으로 자신의 행동을 합리화하려는 것은 어 느 정도 예상되는 일이었다. 하지만 1962년의 위기를 바라보는 흐루 시초프의 분석은 이 문제에 다른 시각과 새로운 빛을 던져준다.

## 090

'도미노 이론'은 얼마나 타당할까

1960년대의 혼란한 와중에서, 미국은 동남아에서 공산주의 확산을 막기 위해 전력을 다해야 한다는 생각이 널리 퍼져 나갔다. 이 지역에는 전세계의 공산화를 노리는 강력한 이웃 공산국가에 맞서는 나라들이 여럿 있는데 그들을 보호해야 한다는 것이었다. 하지만 이러한 미국의 도미노 이론은 전략과 역사의 측면에서 큰 잘못으로 드러났다. 그 정책은 별 효과를 거두지 못했다.

1945년이 지난 뒤, 미국은 중국의 내전을 피하기 위해 필사적으로 노력했고, 내전이 발발하자 공산당과 국민당 사이에서 계속하여 중재를 시도했다. 미국의 역대 정부는, 중국 공산주의의 성공에 위협을 느끼고 또 민주 국가를 전복하려는 세계 공산주의 음모가 커지고 있다고 의심했다. 미국은 국민당 지도자 장개석이 대만으로 도피한 지 오랜 후에도 계속하여 그를 돕고 격려했으며, 또 20년 동안 북경의 공산당 정권을 인정하지 않았다. 동남아 여러 국가에서 공산 세력이 준동하는 것은 이 지역 전체가 공산화의 위협에 놓여 있음을 시사했다.

이것은 특히 인도차이나에 딱 들어맞는 얘기였다. 미국의 역대 행정부는 당초 '식민정책'을 풍기는 어떤 행위에도 개입하기 꺼려했지만, 인도차이나에서 고전하던 프랑스 정권이 끈질기게 호소하자 마음을 바꾸었다. 베트남 북부지역에서 호치민의 세력이 커지고 1954년 디엔비엔푸에서 프랑스 대군을 물리쳤을 때, 아시아 공산화의 두려움은 커졌다.

1960년쯤에 '도미노 이론'은 미국의 사고방식에 결정적 영향력을 끼쳤다. 이것은 공산주의 침략으로 어떤 지역 정권이 붕괴하면 번갈아 하나씩 마치 도미노처럼 다른 국가가 공산화한다는 이론이었다. 따라서 미국이 그 지역을 빨리 방어하는 태도를 취할수록 그 지역은 더 빨리 공산주의의 지배에서 벗어날 수 있었다.

이 확신의 결과로, 케네디 행정부는 점점 더 호치민의 공격에 맞서 베트남 방어에 개입했고, 처음에는 고문단을 보내더니 나중에는 전투부대를 파견했다. 1966년, 존슨 대통령은 심각한 표정으로 "미국인은 침략이 멈출 때까지 …… 남베트남 사람들과 나란히 서서 싸울 것"이라고 선언했다. 1968년에 이르러 미국은 베트남 전쟁을 완전히 떠맡아 막대한 자금, 공급물자, 무기를 그 나라에 쏟아부었고, 약 50만 명의 병사를 싸움터로 보냈다. 대통령이 된 닉슨은 전쟁에서 철수하겠다는 의사를 표명했지만, 1973년 1월 파리에서 맺은 정전협정으로 전쟁의 늪에서 빠져나오기까지 몇 년이 걸렸다. 이 협정으로, 마지막 미군부대는 1973년 3월까지 베트남에서 철수하고, 전쟁 포로를 맞교환하고, 정전을 감시하기 위해 유엔군이 파견되기로 결정되었다.

미국이 이렇게 고통스럽게 지탱해왔던 남베트남은 정전협상 후 마치 익은 과일처럼 북베트남의 손아귀에 떨어졌다. 1975년까지 공산주의는 승승장구하여 베트남 전국을 장악했다. 승리를 새롭게 쟁취한 베트남 군대는 1970년대 말, 최근에 독립한 이웃 나라인 라오스로 물밀듯이 밀어닥쳤다. 그들은 또 개입 요청을 받자, 캄보디아(나중에 캄푸치아로 개명)를 침략하여 크메르루주를 물리쳤다. 크메르루주 지도자 폴 포트는 전임자인 론 놀 장군으로부터 권력을 빼앗은 뒤부터 소름끼칠 만큼 야만적인 테러를 가했다. 폴 포트는 악랄한 수법으로 국민의 약 절반을 숙청했는데, 그 때문에 캄보디아에 진격한 베트남군은 거의 해방군으로 여겨졌다.

베트남에서는, 공산주의 과두 독재자들이 서둘러 해묵은 적들을 숙청했으므로 1979년에 이른바 '보트 피플boat people'이라는 엄청난 탈출 행렬이 뒤따랐다. 보트 피플은 대부분이 중산층이고 몰락한 사이공 정부를 지지했기 때문에 공산주의 체제 안에서 살 수가 없었다. 그래서 바다에 떠 있는 건 뭐든지 타고 해외로 피난을 갔다. 옵서버들은 이 모든 사건을 목격하고, 미국이 처음 동남아에 개입한 큰 실수가 이제 그 개입을 중단함으로써 더욱 나쁜 실수가 되었다고 생각하기에 이르렀다. 이처럼 인도차이나 전지역이 공산주의의 위협을 받게 되자, 어쩌면 '도미노 이론'이 맞는 얘기일지 모른다는 의견이 생겨났다.

하지만 여러 사건들은 곧 공산주의에 대한 미국의 두려움은 신경과민이고 부풀려진 것임을 증명했다. 1980년대에 들어와 베트남 군대는 라오스와 캄푸치아에서 철수했고, 평화는 베트남 자체에도 돌아왔다. 중국은 새로운 베트남 정부와 공통의 대의명분을 함께 나누지 않고, 예전의 피보호국의 고분고분하지 않은 태도에 분노하여 적대적 관계를 유지했다. 1979년, 베트남과 중국 사이에 국경전쟁이

단기전으로 터졌고, 먼저 상처를 치료하기 위해 후퇴한 쪽은 중국이
었다. 공산주의 블록 국가들의 관계는 그리 단합된 것이 아니었고,
특히 러시아와 중국은 미국의 일방적인 적대세력(매카시와 다른 많은
옵서버들이 상상했던 것)으로 등장하지 않았다. 두 나라는 세계의 다른
나라들과 마찬가지로 서로의 의견이 일치하지 않았다. '도미노 이
론'이 예전에는 미국 내에서 힘 있는 이론일지 몰라도, 이제 더 이상
중요하지 않았다.

거대한 획일적인 이념이라고 생각했던 공산주의의 실체는 별로
위협적이지 않았고, 결국 예전부터 있었던 민족주의 이념이 공산주
의보다 더 중시되었다. 공산주의 음모 세력이라고 생각되었던 공산
주의 지도자들은 자기 나라에 달갑지 않은 외국인들을 내쫓고, 자기
식대로 통치하려는 것뿐이었다. 그리하여 동남아 국가들은 공산주
의 독재정권으로 줄곧 쏠리지는 않았다. 미국은 자신들이 직면하고
있다고 생각한 위험을 과대평가했다. 북한이나 베트남 등 공산주의
자들이 여전히 권력을 잡고 있는 국가들은 자신들의 상황에 걸맞은
보호색을 취했고, 자국의 이익을 생각하면서 공산주의 못지않게 민
족주의에 입각한 정책을 추구했다.

## 091

동서 데탕트는
얼마나 성공적이었을까

1962년의 쿠바 위기 때 서로 '정면' 대치한 뒤, 미국과 소련은 핵무기의 대량살상을 피하기 위해 데탕트(긴장 완화)와 군비축소의 외교정책을 추구했다. 일반적으로 말해서 데탕트는 효과가 그리 크지 않았다. 그 정책이 상당히 많은 것을 성취했다고 생각한다면 잘못이다.

1963년, 두 강대국은 핵실험금지조약에 동의했다. 양국은 또 1968년 핵확산금지조약에 동의하고 핵무기의 추가 확산을 막으려 했다. 이 두 조약은 다른 많은 국가들이 받아들였지만, 프랑스나 중공은 받아들이지 않았다. 데탕트 정책에 협조하는 것은 당시 조약 가맹국들의 목적과 일치했다. 미국은 당시 베트남에서 허우적거리고 있었기 때문에 다른 신규사업을 벌일 수가 없었다. 브레즈네프 휘하의 소련은 나름대로 말뿐인 강경노선을 걸었지만, 중공을 훨씬 더 골칫거리로 여겼기 때문에 미국과의 화해를 계속 추구했다. 닉슨 대통령은 1970년대 초반에 잇따라 북경과 모스크바를 방문하고 중국과 소련과의 관계를 개선했다. 모스크바 방문 때 두 개의 중요한 신규조약이 SALT(전략무기제한회담)의 결과로 체결되었다. 첫 번째 조약은 ABM(탄도탄 요격 미사일 시스템)과 관련된 것으로서 이런 무기들을 배치할 수 있는 지역을 제한하는 것이었다. 두 번째 조약은 두 강대국이 보유한 ICBM(대륙간 탄도 미사일)과 SLBM(잠수함 발사 탄도 미사일)의 전체 숫자를 제한하는 것이었다. 1973년 6월, 브레즈네프는 미국을 답방하여 두 번째 정상회담을 가졌다.

하지만 두 강대국의 관계개선은 오래가지 않았고, 1970년대에 들어와 그 열기는 시들해졌다. 모스크바 측에서 기존의 조약에 관련된 불편한 심기를 드러내기 시작했다. 미국의 새로운 MIRV(다탄두 각개 목표 재돌입 미사일)이 그 조약에 감안되지 않았기 때문이다. 이 신형 미사일은 하나의 미사일로 따로 지휘되는 여러 개의 탄두를 넓은 범위의 표적에 쏟아부을 수 있었다. 양국의 불안감은 1973년의 제4차 중동전쟁 때 커졌는데, 미소는 공식적으로 중립을 지킨다고 말했지만 전통적인 우방국들에게 계속 무기를 공급했다. 브레즈네프는 만약 이스라엘이 안보리의 휴전 요구를 무시한다면 이스라엘 본토를 공격하겠다고 위협하기까지 했다.

그렇지만 두 강대국이 추가 합의 노력을 완전 포기한 것은 아니었다. 1974년, 닉슨은 소련에서 한 번 더 브레즈네프와 세 건의 합의에 가조인했다. 첫째 것은 150킬로톤을 초과하는 핵무기의 지하실험을 금지하는 것이었고, 두 번째 것은 단 하나의 ABM 시스템을 배치하도록 합의한 것이었고, 세 번째 것은 전략무기를 추가로 제한하는 것이었다. 1974년 후반, 이 합의들은 블라디보스토크에서 열린 브레즈네프 회담 때 포드 대통령이 서명하여 발표되었다. 닉슨과 브레즈네프는 또 CSCE(유럽 안보협력동맹)를 설립하려는 첫 번째의 임시 조치를 취했는데 이것은 비록 야심적 계획이기는 했지만 결국은 실패로 끝나고 말았다. 이 계획은 1975년 헬싱키 회담을 가져왔고,

그 최종 조약은 국경, 인권, 군비축소, 경제와 과학 협력 등 다양한 주제에 관해 훌륭한 서면 선언을 포함했다. 하지만 이것들은 유감스럽게도 눈에 띌 만한 성과를 거두지 못했다.

이런 계획이 실패한 배경은, 미국과 소련이 상대방을 지속적으로 불신한 데서 찾아볼 수 있다. 한 가지 예를 들면, 브레즈네프는 소련 강경파들로부터 자본주의 서방에 단호한 태도를 취하라는 강한 압박을 받았다. 또 다른 예를 든다면, 소련이 엄청난 노력을 기울여 미국과의 핵무기 경쟁에서 맞먹을 정도가 되었다는 것이다. 미국은 나름대로 이제 베트남 전쟁의 부담에서 벗어났고, 다시 한 번 군국주의가 담장 위로 머리를 드러내기 시작했다. 그 결과, 미국의 국방비 지출은 미국의 동맹국 유지 비용을 포함하여 1976년 450억 달러에서 1979년 700억 달러로 치솟았다. 이런 지출에 비춰보면, 1979년 6월 비엔나의 SALT II 회담의 결론은 속빈 강정에 지나지 않았다. 미소 관계는 소련이 아프가니스탄을 침략한 탓에 훨씬 더 악화되었다. 1981년에 등장한 레이건 정부는 수단, 소말리아, 모잠비크(쿠바가 앙골라와 자이레를 지원하는 것과 함께)와 같은 아프리카의 일부 지역에서 소련의 미심쩍은 '모험주의'와 더불어 아프가니스탄 침략 때문에 소련과의 협상을 훨씬 더 기피하게 되었다. 그 결과, 미국의 첫 번째 행동은 SALT II 조약이 상원의 비준을 받기 전에 그 조약을 거부한 것이었다. 1982년 브레즈네프의 사망과 그의 뒤를 이은 소련 지도자들도 미국의 태도를 별로 바꾸지 못했다. 1985년 고르바초프가 권력을 계승했을 때에도 미국은 여전히 소련의 의도를 깊이 의심했다.

하지만 고르바초프가 1986년 레이캬비크에서 획기적인 군축 회담을 제의해오자, 레이건과 미국 대표단은 깜짝 놀란 나머지 상당

기간 그 제의를 받아들이지 못했다. 2년 동안 치밀하게 협상한 다음에야 두 강대국은 첫 번째의 중요한 조약에 서명할 준비를 갖추고, 중거리 탄도 미사일을 폐기하기로 했다. 고르바초프는 곧 소련의 아프가니스탄 철수를 명령했고, 그 후 동구에서 소련군과 군 장비를 철수하겠다는 훨씬 더 파격적인 제안을 들고 나왔다. 또 미국의 감시위원들이 소련의 극비 군사기지를 방문하여 과잉 미사일의 해체와 파괴를 목격하는 것도 허용했다.

하지만 이런 조치를 취한 것은 소련 측이 갑자기 합리주의를 신봉했기 때문이 아니었다. 고르바초프의 유연성은 타고난 온건함 때문이 아니라 국방비 지출(092항 참조)의 무거운 부담으로 인해 소련 경제가 파탄날 지경이기 때문에 생겨난 것이었다. 데탕트는 양측의 지도자들이 서로 신뢰하지 않고 또 그 전반적인 성공을 바라지 않았기 때문에 1963년부터 제한적인 성공을 거뒀을 뿐이다.

데탕트는 어느 정도 국제적인 긴장을 완화시켰다. 1970년대 후반과 1980년대에 들어와, 핵 전면전의 위험은 강대국 사이의 지속적인 격차에도 불구하고 줄어들었다. 이것은 데탕트가 서서히 국제적인 신뢰를 향상시키고, 예전의 쿠바 사태 같은 것을 다시 발생시키는 위험을 줄여준 때문인지도 모른다. 하지만 1991년 무렵, 국제관계의 전체적인 상황은 돌이킬 수 없이 바뀌었다. 공산주의는 붕괴하고, 그에 따라 동구의 소련 위성 '제국'도 붕괴했다. 소련 동부에 자리잡은 아르메니아, 우크라이나, 발틱 해 국가들 등이 중앙 통제에서 벗어나겠다며 자유를 요구했다. 이 모든 것을 감안해보면, 동서의 무기 경쟁은 더 이상 예전처럼 중요하지 않다. 따라서 데탕트는 더 이상 그것(데탕트)의 존재가 필요하지 않다는 점 때문에 성공했다.

## 092

전략방위구상이
냉전을 끝냈을까

전략방위구상SDI(Strategic Defence Initiative)은 당시의 통속적인 공상과학 영화에 빗대어 '별들의 전쟁'이라 불렸고, 1990년대 미국과 공산주의 블록 사이의 냉전을 종식시키는 데 상당한 공로가 있었다. 하지만 이런 생각은 그것을 뒷받침한 과학적 이론과 마찬가지로 완전 허구였고, 그것이 냉전의 종말에 약간의 차이를 가져왔다고 생각한다면 그것 역시 오류다. 만약 어떤 차이를 가져왔다면, 그건 사람들이 으레 생각하는 것과는 사뭇 다른 어떤 것이었다.

아무튼 그 아이디어는 공상과학 소설 그 자체다. 레이건 대통령이 자신 있게 발표했던 그런 구상의 주된 목적은 미사일 요격 미사일을 발사하여 우산처럼 미국 전역을 보호한다는 것이었다. 미국의 요격 미사일은 미국으로 날아오는 소련 미사일을 공중에서 명중시켜 파괴할 것이다. 만약 완벽하다면, 그 전략은 소련의 공격을 무력화하면서 미국이 난공불락으로 군림하는 한편, 소련은 미국의 공격에 대해 속수무책이 될 것이었다. 아주 신나는 일이기는 하지만, 그 전반적인 아이디어는 갖가지 기술적인 이유 때문에 현실성이 거의 없었다.

레이건 자신이 1950년대에 출연했던 공상과학 영화가 이 프로젝트와 상당히 닮았다. 레이건이 SDI에 열중했을는지는 몰라도, 그가 이 아이디어를 실제로 믿었다고 추정할 근거는 별로 없다. 그 프로젝트는 또한 비용이 엄청났는데 바로 그것 때문에 관계 당사자들의 지지를 받았음이 밝혀졌다. 1980년 레이건은 백악관에서 임기를 시작하면서 MIRV(Multiple Independently targeted Re-entry Vehicle, 다탄두 각개 목표 재돌입 미사일)와 같은 평범한 프로젝트에 더 열중했다. MIRV는 똑같은 탄두에서 따로 따로 지휘되는 미사일을 넓은 범위의 표적에 쏟아부을 수 있었다. 레이건은 더욱 기발하게도 유명한 공상과학 작가들을 워싱턴으로 불러 회의를 열고, SDI의 자세한 계획을 한번 작성해보라고 요청했다. 그 후 레이건은 그 허구의 테크놀로지가 실제로 존재하는 것처럼 얘기했고, 심지어 그것으로 소련을 위협하기까지 했다.

소련은 미끼에 걸려들었고, 그들 자신의 전략을 찾기 시작했다. 그들은 결국 존재하지 않는 전략적 비밀을 알아내기 위해 온갖 첩보활동을 벌였고, 과학적 연구 프로그램을 배가했다. 고르바초프가 1986년 레이캬비크 정상회담에서 레이건을 만났을 때 소련의 지도자들은 SDI의 위협에 조바심을 냈다.

SDI의 주된 가치는 소련이 그것을 감당할 경제적 여유가 없었다는 점이었다. 소련의 재무장이라는 막대한 경비에 SDI 연구비용이 추가되자 그것은 소련의 경제적 부담을 가중시켰고, 소련 전체 경제의 안정을 위협했다. 소련의 국방예산은 당시 아프가니스탄 침략으로 더 악화되었는데, 이제 매년 450억 달러에서 900억 달러로 치솟기 시작했다. 고르바초프는 이미 소련의 실패한 계획경제에 부담을 느끼면서 군축을 열심히 추구했다. 처음에는 레이캬비크에서, 다음에는 워싱턴(1987년)에서 더욱 적극적으로 군축을 주장하여 어느 정도 성공을 이끌어냈다. 그의 개혁은 정치적 합의를 넓히고, 경제 전체의 효율성을 향상시키자는 것이었다. 하지만 그 계획은 소련의 완전한 붕괴와 소련 블록의 해체로 이어졌다.

따라서 SDI가 세계 공산주의의 붕괴를 초래했다는 의견에는 약간의 진실이 있지만, 그 공로는 군사적이거나 전략적인 것이라기보다 어디까지나 경제적인 것이었다. 상당한 성과를 올린 것은 객관적 과학이 아니라 재정적 위협이었던 것이다.

 스탈린은 사진 증거를 날조했을까

사진은 흔히 말보다 더 강력하고 지속적인 이미지를 전한다. 사진의 절대적 진실을 믿는 것은 때때로 환상일 뿐이다. 다른 형태의 증거들과 마찬가지로 사진은 얼마든지 변조 가능하기 때문이다.

스탈린은 사진을 수정함으로써, 자신이 숙청한 정적들을 역사에서 지우려고 시도했다. 가장 유명한 사진은, 1920년 볼쇼이 극장 앞에서 군대에게 연설하는 레닌의 사진이다. 사진 속에서 레닌은 거침없이 웅변하면서 나무연단 위에 서 있는 모습인데, 트로츠키와 카메네프가 연단 바로 뒤에 함께 서 있다. 스탈린은 트로츠키와 카메네프를 제거한 후 사진 속에서 그들의 모습을 지웠다.

스탈린은 또 간단한 사진 속임수를 활용하여 정치 경력을 쌓았다. 이런 사진들 중 하나를 살펴보면, 그는 1922년 병상에 누워 있는 레닌의 곁에 앉아 걱정하는 모습을 보여주는데, 마치 두 사람이 아주 친밀한 관계인 듯하다. 하지만 당시 두 사람은 아주 사이가 나빴다. 스탈린은 이처럼 사진을 조작하여, 1924년 이후 레닌의 진정한 계승자는 트로츠키가 아니라 자신임을 강조했다.

원폭을 투하하지 않았어도
일본은 항복했을까

1945년 8월 6일과 9일, 일본의 두 도시 히로시마와 나가사키는 원폭으로 폐허가 되었다. 며칠 만에 일본은 평화를 제의했고, 연합군이 천황의 권력보다는 지위를 존중하겠다고 약속하자 무조건 항복을 받아들였다. 그렇게 하여 전쟁은 끝났다. 그때 이래 역사가들은 원자탄 사용이 필요했는지 그리고 일본이 원폭의 투하와 상관없이 결국 평화를 선택할 것이었는지, 논쟁을 벌여왔다.

1944년 후반에 이르러 일본의 패전은 사실상 불가피했다. 미국은 10월 레테만의 승리를 거두면서 절대적인 제해권과 제공권을 확보했고, 필리핀 제도를 침공할 준비를 갖추었다. 이제 미군 항공기는 일본의 본토에서 500마일 이내 지점에 공군기지를 확보했다. 전쟁을 지지했던 핵심 인물 도조 수상은 이미 사임했다. 압도적으로 우세한 연합군이 목을 조이면서 일본 제국은 서서히 붕괴하는 중이었고, 해외에서 조달하던 중요한 자원이 상실되었고, 미군기지에서 날아온 항공기의 공습으로 대도시들은 파괴되었다.

그래도 미국은 일본 본토를 침공했을 때 엄청난 사망자를 예상했다. 일본군은 전원 옥쇄할 때까지 이오지마와 오키나와를 지켰고,

가미가제 특공대를 날려 미국의 전함과 보급함을 공격했다. 일본 본토 전쟁은 양쪽 모두 엄청난 희생을 치르면서 1946년 후반까지 계속될 것이라고 예측했다.

6월말, 일본은 독일의 항복에 따라 소련군이 대일전쟁에 나서리라는 사실을 알고, 소련에게 평화협상 중재를 요청했다. 소련은 그에 응할 마음이 없었지만, 미국과 영국은 일본의 무선암호를 해독하여 이 평화협상 타진을 파악하고 있었다. 연합국은 무조건 항복을 요구했기 때문에 직접 평화협상에 나설 가치가 없다고 생각하여 7월의 얄타 회담에서 일본의 무조건 항복을 거듭 요구했다.

이런 강경 노선을 설명하는 다음과 같은 주장이 나왔다.

미국 과학자들은 엄청난 비용을 들여서 원자폭탄을 개발했고, 과학자와 정치가들이 폭탄이 실제로 작동하는지 알고 싶어 했다. 7월의 원폭실험은 폭탄이 가공할 파괴력을 갖고 있음을 보여주었다. 게다가 미국은 폭탄의 용도를 연합국과 협의하지 않았다. 영국은 7월에 그 폭탄이 사용될 것이라는 사실을 통보받았고, 그에 대한 승인을 요청받았다. 처칠은 이의 없이 동의했다.

하지만 미국의 과학자나 정치가들은 원자폭탄을 전쟁에 사용하는 데 만장일치로 찬성한 것은 아니었다. 일본의 무조건 항복은 당시에 주요 쟁점이 아니었다. 원자폭탄을 완성하기 전에도 이미 독일에게 무조건 항복을 요구한 바 있었으므로, 폭탄과 상관 없이 일본에게 무조건 항복을 요구하지 못할 이유가 없었다.

소련에 대한 경고로써 미국의 힘을 보여주기 위해 폭탄을 사용했다는 추측이 제기되기도 했다. 7월의 연합국 얄타 회담에서는 확실히 의견 차이가 있었다. 소련의 전쟁 개입은 북부 중국과 만주에 영향을 줄 것이기 때문에 연합국은 폭탄을 사용함으로써 소련의 개입을 불필요하게 만들 수도 있었다. 하지만 이것은 냉전의 출발점을 앞당겨 잡은 좀 황당한 해석일 뿐이다. 당시 시기적으로 이미 소련의 참전을 막을 수 없는 시점이었다. 소련은 유럽 전쟁이 끝난 지 석달 만에 일본을 공격하겠다고 약속했다. 최초의 원폭이 투하된 지이틀이 지난 8월 8일, 그들은 실제로 만주를 침공했다.

폭탄 사용을 더 강력하게 반대하는 사람들은 일본의 군사적·경제적 상황이 급속히 악화되고 있었다고 주장한다. 일본의 군수산업은 공습으로 기반이 무너졌고, 원자재가 몹시 부족했으며, 패전은 불가피했다. 일본은 소련 공격이 임박했다는 것을 알았고, 만주는 물론 본토의 북부 섬들까지 위험해지는 것을 원하지 않았다. 따라서 연합국이 폭탄 투하 전에 무조건 항복을 강요하지 않았다면, 또는 폭탄의 위력을 더 자세하게 경고했더라면, 일본은 협상에 나설지도 몰랐다.

하지만 그럴 가능성은 별로 많지 않았다. 일본의 지도자들은 명예의 문제를 중시하여 항복하기보다 폐허가 되는 한이 있더라도 본토를 방어할 것을 각오했다. 원폭이 떨어진 뒤에도 일본의 내각은 반반으로 나뉘었다. 원폭 투하 이전에 '온건파'는 소수였고 '과격파'가 다수였다. 연합국은 천황제와 관련하여 더 많이 양보를 했더라면 히로시마에 원폭을 투하하지 않고 평화를 이룰 수도 있었을 것이다. 사실 히로시마와 나가사키가 파괴된 뒤, 천황이 개입함으로써 무조건 항복에 뒤이어 평화가 성립되었다. 따라서 히로시마 원폭 투하 1주일 전에 천황의 개입 없이 무조건 항복을 얻어낼 수 있다고 주장하는 사람들은 객관적 사실을 무시하는 것이다.

해묵은 수수께끼, 참심한 해법 좀 없어

 안드레 소령 처형 사건은 조지 워싱턴이 저지른 유일한 잘못일까

1781년 10월 2일, 영국군 장교 존 안드레 소령은 허드슨 강의 워싱턴 사령부에서 간첩 혐의로 교수형을 당했다. 관대한 조치를 호소하는 모든 노력은 무산되었고, 영국 측은 워싱턴을 야만적인 징벌자라고 비난했으며, 심지어 미국인들조차도 워싱턴에게 너무 인간미가 없다고 말했다. 이 일화는 워싱턴의 티 없는 경력에 흠집을 냈다.

1781년 9월, 안드레 소령은 웨스트포인트 요새의 미국 사령관인 베네딕트 아놀드와 그 요새의 항복을 협상하라는 지시를 받았다. 아놀드는 최근의 모욕적인 군법회의에 화가 치밀었고, 왕당파 아내의 뜻에 따라 애국심을 저버린 채 미국을 영국에게 팔아먹기로 결심한 자였다. 안드레 소령은 보트를 타고 영국과 미국의 전선 사이의 어느 지점에 도착하여 아놀드로부터 안전통행증을 받고, 웨스트포인트에 관련된 많은 중요한 서류와 항복 계획을 받았다. 그는 이 모든 문서를 장화 속에 숨겼다. 그는 미국 전선을 건너갈 생각이 없었기 때문에 가벼운 외투 속에 영국군 제복을 입고 있었다. 하지만 보트는 다음 날 그를 영국군 전선으로 데려갈 수 없게 되었다. 되돌아갈 방법은 미국 전선을 육상으로 통과하는 것뿐이었다. 그는 영국군 제복을 벗고 다니면 귀환의 가능성이 높다는 얘기를 들었다. 그리하여 뜻밖의 상황 때문에 안드레는 계획을 바꾸어 영국군 제복을 벗어버리게 되었다. 처음에는 모든 것이 잘 돌아갔다. 그는 미국의 마지막 전선을 건넜고, 완충지대로 들어서서 좀 안도했는데 갑자기 세 명의 지방 민병들과 마주쳤다. 기습당한 그는 아놀드의 휴전 깃발을 흔들 수 없었고 당황한 태도로 대답했으며, 그 결과 민병들의 의심을 샀다. 그들은 그의 몸을 수색하여 유죄가 되는 증거를 찾아냈다.

워싱턴은 장교위원회를 구성하여 안드레 소령 사건을 조사시켰다. 그 사이에 아놀드는 급히 도망쳐서 간신히 체포를 면했다. 조사위원회는 며칠 동안 증거를 살펴보고, 안드레에게 간첩죄 명목으로 유죄 판결을 내렸다. 위원회의 판결은 만장일치가 아니었으리라고 짐작되지만 관련 증거가 부족하다.

한편, 영국은 안드레의 석방을 위해 워싱턴에게 상당한 압력을 가했다. 영국은 미국 편에 서서 간첩활동을 하면서 영국에 충성한다고 주장하는 이중간첩에게 최고의 형벌을 내린 적이 없었다고 지적했다. 그래도 아무 소용이 없었다. 간첩으로서 교수형을 당하기보다 장교로서 총살형을 당하게 해달라는 안드레의 요청은 거부되었다. 영국 등의 추가적인 진정을 피하기 위해 간첩 판결이 난 지 며칠 만에 전격적으로 처형이 이루어졌다. 이 일화 때문에 워싱턴의 명성도 흠집이 났다.

워싱턴의 의도는 과연 무엇이었을까? 안드레가 의도적이기보다 우발적 상황으로 간첩이 된 것은 사실이었다. 하지만 그것 자체로는 면책의 사유가 될 수 없었다. 그는 확실히 간첩처럼 행동했다. 낮에는 숨어서 움직이지 않았고, 충성스러운 미국인인 체했으며, 민간인의 옷을 입고 있었다. 이런 가혹한 처분을 내린 워싱턴의 주된 관심사는 미국 군대의 기강과 사기였다. 그가 안드레 사건에 대하여 언급한 기록을 살펴보면, 진짜 악당 베네딕트 아놀드의 체포가 어려워지자 그에 대한 복수심으로 안드레를 징벌한 것은 아니었다. 워싱턴은 안드레의 용기와 장교로서의 행동과 태도를 칭찬했다. 하지만 워싱턴의 마음속에는 휘하 군대의 위태로운 처지가 가장 걱정되는 요소였다. 봉급은 종종 절망적일 만큼 지연되었고, 부대의 군기는 땅에 떨어져 있었으며, 하극상의 위험은 늘 도사리고 있었다. 아놀드의 배반은 미국 병사들의 불만이 표출된 사례였고, 참모 장교들 사이에서도 그런 불만은 만연해 있었다. 워싱턴은 반역죄를 저질러도 무사하다는 심리를 용납할 수 없었다. 또 영국 장교가 미국 전선 안에서 자유롭게 돌아다니며 전략적 지역을 탐사해도 무사하다는 생각을 방치할 수가 없었다.

만약 안드레를 반역죄로 벌줄 생각이라면 워싱턴에게는 대안이 없었다. 간첩은 총살형이 아니라 교수형에 처할 수밖에 없는 것이었다. 형량 경감은 전시에 어려운 것이었다. 게다가 장기 투옥을 위한 감옥 시설은 각 주에는 드물었고, 군대 내에는 아예 존재하지 않았다. 그를 영국 전선으로 되돌려 보내는 것은 생각조차 할 수 없었다. 워싱턴은 교수형을 시행하는 것밖에 대안이 없었고, 형 집행을 연기함으로써 헛된 기대를 안겨주고 싶지도 않았다. 그는 자신이 해야 한다고 생각하는 의무를 다했고, 안드레의 사후에 관대한 장례식을 치르게 해줌으로써 자신의 괴로운 양심을 달랬다.

범 영국계의 국명은
왜 그다지도 혼란스러울까

　많은 역사책에서 '잉글랜드 역사'는 잉글랜드의 역사뿐 아니라 웨일스의 역사도 포함한다. 그것은 또 전체는 아니더라도 스코틀랜드와 아일랜드 일부의 역사를 다룬다. 다음에는 얼스터라고 알려진 북아일랜드도 다룬다. …… '대 브리튼'이란 무엇인가? 이런 국가 구분은 흔히 뒤죽박죽이고 명확하지 않다. 외국인들은 혼란스럽고 심지어 영국인도 종종 헷갈린다.

　과연 이런 용어들의 의미를 정확히 구분할 수 있을까? 그렇다면 '유나이티드 킹덤'(연합왕국)은 또 무엇인가?

　대영제국이 최고 전성기를 누리던 19세기 후반, '영국사'는 식민지들과 인도의 역사까지 아우르고 있었다. 그러한 영국 역사책은 영국이 통치했던, 영어를 사용하는 전지역(과 영어를 쓰지 않는 많은 지역)에서 널리 사용되었다. 하지만 1783년 이후 그 책은 미국을 포함하지 않았다. 하지만 일부 영국인 계급에서는 미국도 포함시켜야 한다고 생각했다. 이 계급의 사람들은 미국인이 독립했다고 하나 여전히 변절한 식민지 이주자에 지나지 않는다고 생각했다.

　이제 지명을 좀더 정확하게 묘사해보자. 유럽의 북서쪽 해상에 떠있으면서 유럽의 일부를 이루는 섬들을 모두 가리켜 '브리티시 제도'라고 한다. 그 중 아일랜드를 제외한 가장 큰 섬을 '대 브리튼'이라고 한다. 1800년 아일랜드와 브리튼 사이에 연합법이 이루어진 뒤, 브리티시 제도는 '대 브리튼과 아일랜드의 연합왕국'과 같은 말이 되었다. 이것은 다시 1921년에 아일랜드의 분리가 발효한 뒤에 '대 브리튼과 북아일랜드의 연합왕국'이 되었다. 대 브리튼에도 잉글랜드, 웨일스, 스코틀랜드의 세 가지의 구성 요소가 있다.

잉글랜드

잉글랜드는 세 지역 중에서 주력이고, 자원과 인구의 관점에서 볼 때 다른 두 지역보다 훨씬 더 중요하다. 하지만 20세기가 지나가면서 이곳 사람들이 자신을 '브리티시'라고 부르는 관습이 생겨났다. 이렇게 하는 것은, 부분적으로 대 브리튼 중에서 영어를 쓰지 않는 상당히 많은 소수를 고려하기 때문이고, 부분적으로 외국인의 편의를 위해서다. 외국인들은 브리튼의 속사정을 자세히 안다고 기대할 수 없다.

웨일스

웨일스는 오웬 글렌도워와 같은 왕자들이 독립을 주장했지만 (1405년), 별도의 왕국으로 인정받은 적이 없었다. 이 지역은 13세기에 시나브로 정복당했고 마침내 잉글랜드의 일부처럼 관리되었다. 하지만 최근에는 그들의 자체 의회가 허용되었다. 그 지역의 주민들은 '웨일스 사람Welsh'이라고 알려져 있다. 유감스럽게도 이 단어는 가끔 속어에서 '속이다'라는 뜻의 동사로 사용된다.

스코틀랜드

스코틀랜드는 별도의 역사적 왕국이었는데, 1603년부터 잉글랜드와 공통의 군주를 모셨고, 1707년 연합법에 따라 잉글랜드와 합쳐졌다. 그 뒤부터 잉글랜드의 일부처럼 취급받았다. 하지만 최근에 그 자체의 의회가 허용되었다. 그 지역의 주민들은 '스코틀랜드 사람Scots'이라고 알려져 있고, 그 단어의 형용사 형태는 스코티시Scottish이다. 널리 알려진 스카치Scotch는 오로지 그곳에서 증류한 위스키를 가리키고, 스코틀랜드는 이 위스키로 유명하다.

영국의 역사책에는 웨일스와 스코틀랜드 역사의 상당한 지역이 등장하지만 두 민족은 별도의 민족이라고 주장하고, 그들 자신의 언어를 가지고 있다. 하지만 영어가 널리 쓰이고 현지에서도 훨씬 더 널리 알아듣는다. 민족의 기본적 구분은 앵글로-색슨족과 켈트족이다. 영어는 대다수의 언어이고 주로 앵글로-색슨 언어에 바탕을 두고 있으며, 라틴어와 노르만 프랑스어에서 상당히 많은 단어를 차용해 왔다. 켈트 언어를 살펴볼 때 스코틀랜드 게일어, 아일랜드 게일어, 기타 게일어(웨일스, 브리타니, 아스투리아스, 예전의 콘월에서 사용된 게일어의 형태) 사이에는 현저한 유사성이 있다. 한편 콘월의 소수파는 타마르의 서부지역을 고대의 명칭인 커나우로 부르면서 독립지역의 대우를 해줄 것을 계속 요구하고 있다.

20세기에 들어와 '민족'과 '언어'는 세계의 많은 곳에서 정치적으로 예민한 주제가 되었고, 브리튼에서도 사정은 마찬가지였다. 20세기 후반 무렵, 브리튼의 이민 인구가 늘어나면서 '브리튼'(브리턴어 'Prydain'에서 온 말)과 '잉글랜드'라는 용어는 이상하게도 한물갔고,

웨일스와 스코틀랜드의 독자적인 의회 설립과 북아일랜드 의회의 설립 시도는 이러한 추세를 더욱 강화했다. 2002년 5월에는 잉글랜드 각 지방의 독립 의회도 발의되었다. 방송기자들은 해외에서 행락객들이 '이 섬들로' 되돌아온다고 얘기하기 시작하는 한편, 내각의 장관들도 '연합왕국의 모든 관심사를 대표하고, 그것이 연합왕국의 모든 민족들을 포함하는' 필요성을 얘기했다.

이런 현상 때문에 영국 섬들은 예전보다 훨씬 더 여러 언어를 사용하는 것처럼 보였다. 마치 '브리튼'이라는 용어는 언급해서는 안 되는 기피 용어가 되어버렸다. '잉글랜드'라는 용어는 스포츠와 관련된 불가피한 경우가 아니면 거의 사용되지 않았다. '잉글랜드'는 그것을 은근하게 가리키는 용어인 '지역Regions'으로 대체되었고, '브리튼'은 '연합왕국'으로 바뀌었다. 마치 단일민족 '브리튼'의 개념은 구식이고, 영국이라는 나라는 내부적으로 표류하여 뿔뿔이 흩어지고, 장기적으로는 유럽의 한 국가라는 개념 속으로 함몰하는 듯하다. 어쩌면 세 번째 밀레니엄이 시작되는 이 시점에서 그건 그리 나쁜 아이디어가 아닐지도 모른다.

## 097

나폴레옹 1세는
어떻게 죽었을까

센트 헬레나는 멀리 남대서양 한 가운데에 떠 있는 비바람 많은 섬이고, 영국이 중간 기항지로 사용하는 곳이다. 프랑스의 나폴레옹 1세가 약 6년 동안 유형당한 곳이 바로 여기였고, 1821년 5월 5일에 죽은 곳도 여기였다. 그렇지만 사망 원인은 무엇이었을까?

그의 사후에 나폴레옹이 비명횡사했다는 유언비어가 나돌기 시작했다. 그는 나이가 50대 초반밖에 되지 않았고, 프랑스의 측근과 영국의 수비대는 그가 살아 있는 것보다 죽는 것이 더 유리했다. 그들은 더 이상 그 섬에 머물 필요 없이 귀국할 수 있으니까. 항간에는 비소나 스트리크닌을 장기간 투여하여 그를 죽였을 것이라는 주장이 나왔다. 프랑스는 영국과 유럽을 괴롭게 만든 장기간의 전쟁을 괘씸하게 여긴 나머지, 영국이 일부러 나폴레옹에게 복수했다고 비난했다. 이것은 그리 신빙성이 높은 주장은 아니었다. 센트 헬레나의 지사인 허드슨 로우 경은 정부의 지침을 엄격히 준수했고, 자신의 이익을 위해 남을 죽일 위인은 아니었다. 그의 휘하에 있던 민간인 및 군인 부하들은 임기가 끝나면 귀국하기로 되어 있었다. 반면에 나폴레옹의 유형에 함께 따라갔던 프랑스인들은 그렇지 못했다.

그들은 충성심 때문에 센트 헬레나까지 따라갔고, 그런 만큼 황제가 죽을 때까지 그를 섬길 수밖에 없었다. 이처럼 나폴레옹의 측근들은 모두 헌신적이어서 그들 가운데서 살인 혐의를 찾을 수 없었다.

예전에 황제의 동료였고 또 그와 말다툼했던 몽톨롱 장군에 대한 비난은 뒷받침할 만한 증거가 부족했다. 유형지에 나와 있었기 때문에 프랑스 사람들 사이의 불화는 충분히 예상되는 일이었고 불화 자체가 살인의 가능성을 암시하지는 않는다. 몽톨롱이나 보좌관 중의 한 명이 프랑스 왕권의 계승자인 샤를과 은밀하게 공모하여 나폴레옹을 살해했을 것이라는 최근의 주장도 있으나 증거가 희박하고, 실제 있다고 하더라도 상황 증거일 뿐이다. 몽톨롱은 당연히 프랑스로 돌아가고 싶어 했겠지만, 그럴 목적으로 배신과 살인을 저질렀을 가능성은 높지 않다.

영국과 프랑스의 의사들은 황제의 시체를 해부했는데, 사망 원인에 대한 의견이 서로 달랐다. 프랑스 의사들은 나폴레옹이 음습한 곳에서 오랫동안 지내면서 건강이 악화되었다고 주장하면서 위궤양을 원인으로 지적했다. 영국의 의사들은 그것이 위암이라고 진단하면서 센트 헬레나의 기후와 강제감금이 원인은 아니라고 주장했다. 현대의학의 분석에 힘입어 나폴레옹의 머리타래에서 비소의 흔적이 발견되었으나 그것이 타살을 뒷받침하지는 못했다. 비소는 죽음 이전과 이후에도 전염될 수 있기 때문인데, 나폴레옹이 거주했던 방의 벽지 풀에서 약간의 비소가 발견되었다. 합리적으로 볼 때, 나폴레옹이 암이든 심한 위궤양이든 위장병 때문에 죽은 것은 분명하다. 그 밖의 것을 주장하는 사람들은 그것을 직접 증명해야 할 의무가 있다.

## 098

알라모의 마지막 시간에 어떤 일이 벌어졌을까

미국의 전설과 민간전승에서 위대한 영웅으로 칭송되는 사람들 중에 짐 보위와 데이비 크로켓이 있다. 보위의 칼과 크로켓의 비버 털모자는 그들의 등록상표지만, 그들에게 영웅의 이미지를 심어준 것은 비장한 죽음이었다. 1836년 3월 6일, 산타안나가 지휘하는 멕시코 군대는 텍사스 주 산 안토니오에 있는 알라모 선교 사무실 건물에 밀어닥쳐 수비대 전원을 학살했다. 보위와 크로켓은 텍사스 독립의 대의명분을 위해 끝까지 싸우다가 장렬하게 전사했다. 이것은 과연 사실인가?

텍사스 사람들은 1836년 초부터 멕시코로부터 독립을 선언했다. 멕시코 대통령인 산타안나 장군은 이 선언 때문에 멕시코 주력부대를 동원하여 그들의 진압에 나섰다. 대충 어림잡아도 3000명의 훈련된 병사들을 진군시켰고, 텍사스 사람들은 방어를 준비할 시간이 별로 없었다. 뿔뿔이 흩어진 텍사스 정착민들은 곧 멕시코 군대에 제압당했고, 샌안토니오의 주민들은 외부의 도움을 단념한 채 요새화된 큰 선교 건물로 피신했다. 200명의 민병들은 멕시코 군대를 2월 24일부터 12일 동안 막아냈다. 결국 방어선이 무너졌을 때, 남자 어른들은 생존자가 한 명도 없었고, 보위와 크로켓과 지휘관 윌리엄 트래비스는 학살된 것으로 추정되었다. 마지막으로 목격된 세 사람은 여전히 싸우고 있었고, 다른 사람들에게 계속 싸우라고 독려했다.

하지만 알라모에 마지막 시간이 닥쳤을 때 주위는 온통 혼돈과 혼란으로 뒤덮였고, 생존자들의 증거는 일치하지 않았다. 믿을 만한 목격자들은 실제로 세 명의 지도자들이 쓰러져 있는 모습을 보지 못했다. 텍사스 사람들은 나중에 수비대가 전원 학살당했다고 말했지만, 멕시코 측은 죽은 사람들이 무기를 들고 저항하다가 교전 중에 죽었을 뿐이라고 말했다. 생포된 포로나 항복한 사람은 없었다고 했다.

그런데 최근에 이와 아주 다른 주장이 나왔다. 곧 크로켓과 다른 여섯 명은 포로로 잡혔고, 크로켓이 항복한 뒤 자신을 가리켜 엉겁결에 전투에 휘말린 억울한 민간인이라고 탄원했지만 학살되었다는 것이다. 이 이야기의 배경은 알라모의 산타안나 휘하에서 복무했던 호세 엔리케 데 라 페냐 중령의 일기다. 페냐의 일기는 1955년에 처음 등장했다. 의심을 살 만큼 뒤늦은 시점이었지만, 19세기 중반의 종이 위에 씌어 있어서 어떤 학자들은 진품이라고 믿고 있다. 만약 이 일기가 진실의 기록이라면 크로켓의 영웅적인 죽음 얘기는 수정되어야 한다. 그리고 멕시코 사람들은 다혈질의 살인자라기보다 냉혹한 학살자로 평가해야 한다.

또 다른 가설은 보위, 크로켓, 그 밖의 사람들이 전투에서 살아남고, 몇 년 동안 포로로 잡혀 있었다는 것이다. 이 가설을 뒷받침하는 믿을 만한 증거는 없다. 샘 휴스턴과 텍사스 지도자들은 이런 변수에 침묵을 지킨 이유가 있었을 것이다. 그들은 텍사스 영웅주의가 비굴한 항복으로 더럽혀지는 것을 원하지 않았을 것이다. 하지만 포로 교환의 이론에서 살펴볼 때 수상한 점이 없는 것도 아니다. 몇 주 뒤 그 자신 샌하신토San Jacinto에서 포로로 잡혔던 산타안나가 맞교환을 위해 자기 쪽에도 포로가 있다는 사실을 밝히지 않은 것은 좀 이상하다. 만약 그들이 멕시코의 포로였다면 포로에 대한 암시나 유언비어가 누설되지 않았을 리 없다.

그들이 싸우다가 죽었다는 멕시코 버전은 영웅적 전설을 뒷받침하고, 페냐의 일기를 부정한다. 항복이든 포로든 후대에 나온 소문들은 알라모를 텍사스 함성("알라모를 잊지 마라")의 진원지로 만들려는 노력에 흠집을 가한다. 우리가 현재 확실히 알고 있는 바는 이렇다. 알라모는 학살로 끝났지만, 학살이 전투 중에 아니면 전투가 끝난 뒤에 일어났는지 여부는 페냐 일기의 진위 여부에 달려 있다.

## 099

스코틀랜드의 타탄은
유구한 전통일까
아니면 현대의 허구일까

특정 스코틀랜드 부족의 일원임을 보여주는, 스코틀랜드 식 이름을 가진 사람들은 그 이름을 문장紋章의 표지처럼 생각한다. 그리하여 자신들에게 타탄Tartan(격자무늬 스커트)을 입을 권리가 있다고 주장하고, 심지어 그런 권리를 보존하려 한다. '타탄 입기'의 유구한 역사적 계보를 주장하는 책들이 많지만 이런 주장은 근거가 없다.

특정 형태의 무늬로 짠 옷감을 타탄이라고 부르는데, 그것을 스코틀랜드 고유복장이라고 볼 이유는 특별히 없다. 그것은 모직을 짜는 가장 단순한 형태 중의 하나이고, 그것의 사례는 선사시대의 몽골, 중세의 이탈리아에서 발견되었고, 중국과 일본에서 생산된 직물에서도 볼 수 있다. 따라서 그런 모직이 스코틀랜드 지방의 중소 가내공업에서 나왔다는 사실은 별로 놀라운 일이 아니다.

그것이 스코틀랜드 민족의 의상이라는 통념은 오래된 뿌리를 가지고 있다. 1745년의 제임스 2세 지지자들이 반란을 일으킨 뒤, 영국의 의회가 '스코틀랜드 고지 의복'의 착용을 금지하는 법이 으레 타탄을 가리킨다고 보게 된 것은 부분적으로 이 통념 때문이었다. 하지만 그 법은 어떤 특별한 의복을 언급하지 않았다.

　　1746년의 컬로든 전투 이후 얼마 동안 스코틀랜드 고지 연대의 병사들이 합의된 형태의 타탄을 입을 권리를 얻었던 것은 사실이고, 또 18 세기말까지 이 지방에서는 조직적으로 타탄을 입었다. 하지만 타탄을 예전부터 입었다는 얘기는 근거가 없는 듯하다. 18세기의 가족 그림을 살펴보면, 컴버랜드의 공인된 군인화가 데이비드 모리어는 전투 중인 스코틀랜드 고지 사람들을 사실적으로 그렸다. 그래서 그림 속의 부족들은 타탄을 입지 않고 오히려 다양한 옷—조끼, 재킷, 혁대를 두른 격자무늬 망토, 갖가지 격자무늬의 모직 바지와 반바지—을 입었고, 그들 중 누구도 똑같은 옷을 입지 않았다. 19세기 초, 월터 스콧의 친구이고 소비에스키-스튜어트라는 특이한 이름의 행운을 얻은 두 명의 폴란드 형제는 자신들이 '보니(사랑스러운) 프린스 찰리'의 후손이라고 주장했다. 그뿐 아니라 모든 부족의 타탄에 관한 역사 기록을 담은 오래된 책을 소유하고 있다고 주장했다. 하지만 그들은 결코 이 문서를 내놓지 못했다.

　　타탄을 널리 입게 된 실제적인 계기는 1822년에 조지 4세의 에든버러 방문에서 비롯했지만, 빅토리아 여왕 때 밸모랄 성과 관련을 맺기 시작한 뒤에야 타탄에 대한 관심이 높아졌다. 1842년에 처음 스코틀랜드를 방문한 빅토리아 여왕은 《스코틀랜드 고지에서의 생활》이라는 일기 첫 페이지에서 '스코틀랜드 고지 의상'이 타탄인 것처럼 서술했다. 여왕은 화려하고 눈부신 타탄을 즐겼고, 그로 인해 대유행으로 번져나갔다. 이렇게 되자 스코틀랜드 가족들이 낭만과 역사의 호소력을 제공하는 오래된 계보를 만들어냄으로써 타탄의 관습을 그럴듯하게 보이게 했다.

 미국의 남북전쟁에서 북군은 반드시 이기게 되어 있었을까

북부의 여러 주들은 남부 연맹보다 훨씬 강했기 때문에, 남부와 북부 사이에 내전이 벌어진다면 북군이 반드시 이긴다는 얘기가 널리 퍼져 있었다. 대체로 보아 역사적 판단은 "발생한 사건은 어떻게든 발생하게 되어 있다"는 원칙을 따라간다. 그러나 이러한 판결은 결코 절대적인 것이 아니다.

1861년, 남북전쟁이 발발했을 때 북부는 모든 점에서 유리했다. 물밀듯이 들어오는 이민으로 불어난 약 2000만 명의 인구는 남부에 비해 압도적 우위를 누렸다. 남부의 인구는 약 900만 명에 불과했는데, 그나마 절반 정도는 무장시킬 수 없는 흑인노예들이었다. 북부는 산업뿐 아니라 전략적인 관점에서도 귀중한 철도망으로 잘 연결되어 있었다. 남부가 제조품을 북부의 공장과 영국의 수입품에 의존한 반면, 북부는 산업 능력이 우월했고 많은 군수품을 생산할 수 있었다. 주식시장에서 거래가 넘쳐흘러 금융이 풍부한 점, 나날이 기술혁신이 이루어진다는 점 등은 북부의 또 다른 특징이었다.

전쟁은 북부의 국가부채를 30억 달러나 급증시켰지만 국가의 자원은 결코 바닥나지 않았다. 사실, 전쟁 때문에 북부의 1인당 국민소득은 1860년부터 1870년 사이에 2배로 늘어났다. 북부는 또 인적자원에서도 우위를 누렸는데, 약 10만 명이 북군에 입대해 왔을 때 그중 4분의 3은 21세 이하였다. 처음에는 훈련 상태도 형편없고 기강도 해이했지만 결국 가공할 군대로 성장하여 남부를 제압할 수 있었다. 마지막으로 북부의 링컨은 적의 지도자들에게 찾아볼 수 없는 용기, 정치적 지혜, 판단력을 갖춘 뛰어난 인물이었다.

비록 인력이나 산업시설 측면에서는 열등했지만 그래도 남부연맹은 무서운 적이었다. 군사적 측면에서 보자면, 남부 사람들은 야외 생활에 더 익숙했고, 기강이 엄정한 군대를 확보했으며, 대다수는 자신들이 싸우고 있는 대의명분을 믿었다. 나중에 강제징집으로 증원되던 북군은 무기력한 남자들이 많았고, 산업 현장의 고된 일로 신체가 허약했으며, 때때로 전쟁이 어떻게 끝나든 개의치 않는 무관심한 자들이 많았다. 남부의 또 다른 유리한 점은 북부만큼 유능한 장군들이 많았다는 것이다. 두 명의 걸출한 장군, 로버트 E. 리와 '돌담' 잭슨이 버티면서 초반의 군사적 우세를 유지했는데 둘 다 버지니아 출신이었다. 두 장군은 이심전심以心傳心의 이점을 누렸고, 남부의 사회적 조직은 효율적인 전투력 배양에 큰 도움을 주었다.

게다가 남부는 시민들에게 절대적인 충성심을 불러일으켰다. 그들은 자신들이 소중하게 여기는 모든 것—자유, 자치, 가정, 고향—을 위해 싸우고 있었다. 동시에 많은 유럽 정부들로부터 동정을 얻었다. 예를 들어 영국의 파머스턴 경은 그들을 도우러 가겠다는 농담을 할 정도였다. 전쟁은 이상하게도 계급 문제로 비화했다. 정부의 공직을 차지했던 많은 상류계급은 남부를 동정했지만, 노동자계급—심지어 랭커셔의 노동자들—은 남부에 대한 원자재 공급을 거부했고, 북부 여러 주의 보통사람들에게 일체감을 느꼈다. 하지만 북부는 전쟁 초기에 무관심하거나 무능력한 지휘관들 때문에 전쟁 수행에 어려움을 겪었고 나중에 율리시스 S. 그랜트 장군이 임명되어서야 비로소 승리의 길로 나아가기 시작했다. 북부가 승리하는 데에는 예상보다 오랜 시간이 걸렸고, 승리가 찾아오기까지 값비싼 유혈의 대가를 치러야 했다.

전쟁은 그런 비용을 요구했다. 남부는 연방에서 탈퇴했고, 북부는 그것을 원래대로 되돌려놓으려 했다. 하지만 연방의 회복은 내전에서 승리를 거둔 뒤에야 가능한 것이었다. 남부의 독립이나 노예제도의 확산을 인정해 주는 것은 곧 북부의 패배를 의미했다. 남부연맹은 북부를 굳이 물리치지까지는 않아도 되고, 단지 북부에게 패배하지만 않으면 되었다.

반면에 북부는 남부를 격퇴시키고 정복해야만 전쟁에서 이기는 것이 되었다. 북부는 체제의 존립보다는 연방제의 수호라는 대의명분을 위해 싸웠다. 노예해방이라는 사상은 훨씬 뒤에 나온 것이었다. 북군이 행군하면서 불렀던 〈공화국의 전투 찬가〉는 '연방'과 '자유'에 집중되었을 뿐 노예해방을 언급하지 않았다.

대체로 보아 전쟁의 결과는 빤히 예상되는 그런 것이 아니었다. 미국의 남부는 독립을 얻으려면 엄청난 대가를 치러야만 한다는 것을 명확히 알지 못했다. 가령 남미의 공화국들과 이탈리아공화국도 갖은 곤란을 무릅쓰고 온갖 우여곡절 끝에 겨우 독립을 얻었던 것이다. 헝가리도 러시아의 개입이 없었더라면 그런 치열한 투쟁 끝에 독립을 얻었을 것이다. 벌 런Bull Run에서와 같은 남군의 승리들은 남부연맹이 전쟁에 본격적으로 나섰음을 보여주었지만 북군은 여전히 본격적으로 싸울 마음이 없었다.

만약 1861년 워싱턴 인근에서 남군이 몇 번만 더 승리를 거뒀더라면 북부의 결의, 사기, 정치적 안정 등은 결정적으로 타격을 받았을 것이다. 심지어 1864년에 가서도 많은 유럽 인사들이 남부와 북부의 분리를 당연한 것으로 여기고 있었다. 북군이 전쟁의 명분으로 내건 연방이 유지되지 않았더라면, 아메리카는 '분리된' 국가들로 해체되었을 것이다. 그렇게 되었더라면 세계사의 전체 과정이 크게 달라졌을 것이다.

미국은 제1차 세계대전의
종전에 어떤 역할을 했을까

미국은 제1차 세계대전 때 유럽과 적당한 거리를 두고 관망하면서, 그러는 중에 전쟁이 끝나도 상관없다고 생각했다. 미국이 참전한 것은 종전 후의 평화조정안에 영향력을 발휘하기 위해서였다. 유럽에서, 특히 영국에서는 이런 견해가 1917~18년에 널리 뿌리를 내렸다. 이렇게 볼 때 미국은 최종 승리에 실제로 공헌한 것이 별로 없게 된다. 하지만 그 당시는 물론이고 그 뒤에도 이런 생각은 상당히 잘못된 것이다.

미국이 참전하기 전에 오랫동안 주저했던 것은 사실이다. 이것은 세계적 입장에서 보았을 때 주로 미국의 특수성 때문이었다. 미국은 유럽에서 건너온 사람들의 '도가니'였고, 그 때문에 유럽에서 일어난 분쟁에 어느 쪽 편도 들 수 없었다. 전통적으로 미국은 오랫동안 중립을 지켰고, 유명한 먼로 독트린의 선언 이후 다른 나라의 분쟁에 개입하는 것을 피해왔다. 우드로 윌슨 정부는 독일로부터 일련의 도발을 받았지만, 윌슨 대통령은 전쟁에 끼어들지 않으려 했다. 미국이 돌연 참전한 것은 '짐머만 전보'(050항 참조)에서 밝혀졌듯이 멕시코에 대한 독일의 위협, 그리고 1917년 봄에 독일의 무제한 잠수함전 선언이 발표된 뒤였다.

월슨 정부가 참전했을 때 미국의 전투 준비는 영 시원치 않았다. 미군의 병력은 소규모였고 장비와 무기는 구식이었다. 미국의 최근 전투였던 멕시코 전투—멕시코에서 내전을 벌어졌을 때 감히 뉴멕시코를 습격했던 멕시코 산적 판초 비야를 체포하기 위한 전투—는 9개월 동안 계속되었으나 별로 성과가 없었다. 하지만 제1차 세계대전을 준비하는 미국의 노력은 신속했고 대단히 성공적이었다. 의회는 선발징병법을 제정하여 500만 명을 징집했고 2400만 명을 추가로 징병 후보로 선정했다. 이들 중에서 200만 명은 해외로 나갔고, 그 중 약 150만 명이 프랑스에서 싸웠다. 그 규모는 전쟁 당사국이 기울인 전쟁 동원 규모에 비하면 비교 대상이 아니었지만, 1917년 6월 유럽에 도착하기 시작했을 때 확실히 연합국의 승리에 상당히 기여했다. 1917년 말에는 이미 미군 병력이 20만 명을 넘어섰다.

당시 서부전선의 상황은 균형이 잘 잡혀 있었다. 양쪽은 상대편의 전선을 필사적으로 뚫기 위해 어마어마한 병력과 무기를 소모했고, 이제 바닥나기 일보직전이었다. 존 J. 퍼싱 장군은 미국 원정군 사령관으로 임명되자 미군을 총알받이로 만드는 것을 거부하고, 그 대신 1918년 3월까지 미군의 병력을 계속 증강했다. 그는 1918년 3월 미군을 지휘하여 독일의 마지막 춘계대공세를 저지했다. 틀림없이 이 새로운 군대가 도착하자 균형추는 결정적으로 연합군 쪽으로 기울었고, 1918년 6월과 11월 사이에 종전을 앞당기는 데 도움이 되었다. 6월에 미군은 독일군을 샤토 티에르에서 몰아냈고, 7월에 마른 전투에 참여하여 랭스와 소와송 사이에 돌출한 독일군을 물리쳤다. 9월에 약 100만 명의 미군은 가공할 힌덴부르크 전선을 향하여 아르곤

숲으로 전진했다. 이곳에서 미군은 많은 사상자를 냈다. 훈련이 부족한데다 적의 취약한 곳이 아니라 가장 강력한 지역을 공격하는 연합군의 작전을 퍼싱 장군이 사용했기 때문이었다. 미군이 전선에 나갔던 짧은 기간을 감안하면 그 손실은 참으로 엄청났다. 약 5만 명이 전사했으며, 약 20만 명이 부상당했다.

바다에서도 미국의 승전 공헌은 상당했다. 1916년, 잠수함 전투에도 불구하고 연합국과의 해상무역은 7억 5000만 달러에서 30억 달러로 확대된 반면, 똑같은 기간에 독일과의 무역은 3억 5000만 달러에서 3000만 달러로 줄어들었다. 하지만 1917년, 독일 잠수함의 공격이 대서양을 운행하는 상선들에게 큰 피해를 입혔기 때문에 영국의 식량 재고는 6주의 공급량으로 줄어들었고, 영국은 굶어죽기 직전에 이르렀다.

미국의 개입은 또 다시 균형추를 기울게 했다. 신형 배들을 많이 건조하여 취역시켰는데, 이를테면 1918년 독립일 하루만에도 약 95척의 배를 진수했다. 미국의 상선들은 점점 필수품의 수입을 도와주는 한편, 전함들은 로이드 조지 영국 총리의 수송 계획을 실행하는 데 협력했다. 그 계획은 무장호송대로 하여금 대서양을 건너는 많은 배를 보호할 수 있도록 한 것이었다. 미국은 또 독일 잠수함 함대를 수색하여 파괴하는 과학적 장비를 공급하기 시작했다.

미국 은행들은 대출한도를 확대하여 전시의 많은 무역금융거래를 원활하게 만들었다. 그들은 미국이 참전하기 전에 이미 영국에게 약 25억 달러를 대출해주었다. 그러자 윌슨 공화당의 정적들로부터 이런 비판이 터져나왔다―"전쟁은 이미 수백만 달러를 벌어들인 사람들, 그리고 만약 참전한다면 수백만 달러를 추가로 더 벌게 될 사람들에게만 유리하다."

금융권의 대출은 미국이 참전한 이유 중의 하나(금융투자를 보호하기 위한 이유)였다. 종전 무렵, 미국은 계속 유럽 연합국에게 돈을 빌려주어 그 규모가 100억 달러를 넘었다. 대체로 미국의 전비는 약 200억 달러에 이르렀는데, 3분의 1은 부가세로 충당했고 3분의 2는 '자유공채' 발행으로 보충했다. 재무장관 윌리엄 맥커두는 공식적인 호별 방문과 심지어 가두판매로 이들 전시채권을 조성했다. 이런 미국의 자원이 없었다면 연합국은 독일·오스트리아 동맹국을 물리치기가 훨씬 더 어려웠을 것이다.

이런 관점에 비춰볼 때, 제1차 세계대전의 결과에 대한 미국의 공헌은 지대했다. 미국의 도움이 없었다면 연합국은 전쟁에 이길 능력을 갖추었을지는 몰라도 몇 년이 더 걸려서야 적을 물리쳤을 것이다.

 로이드 조지는
신페인당을 속였을까

1922년, 로이드 조지는 영국으로부터의 분리에 바탕을 둔 아일랜드 조정안을 총괄지휘했다. 그의 지지자들이 볼 때, 로이드 조지는 그 상황에서 이끌어낼 수 있는 최선의 해결책을 확보했고, 또 민족주의자와 연합주의자를 똑같이 공정하게 대해주었다. 그를 비판하는 사람들과 배신당한 아일랜드 사람들이 볼 때, 로이드 조지는 미심쩍은 술책, 잘못된 약속, 교활한 정치적 획책 등으로 신페인당(아일랜드 독립운동당)의 동의를 얻어냈다. 과연 그는 신페인당을 속이고 농락하여 조정안을 받아들이게 했을까? 아니면 그가 의도했던 계획과 약속을 비타협적인 보수파가 파기했던 것일까? 논란은 여전히 무성하다.

영국 정부는 아일랜드에서 무력으로 영국의 권력을 유지할 수 없었고, 마찬가지로 북아일랜드(얼스터)에게 더블린의 통치를 받아들이라고 강요할 수 없는 상황에 이르렀다. 이런 상황에서 로이드 조지는 정치적 초인이 되어야 했다. 그가 의회에서 다수당이 될 수 있었던 것은 주로 보수파의 지지 덕분이었는데, 그들은 결코 아일랜드에서 연합주의자의 대의명분을 포기하지 않으려고 했다.

　　로이드 조지가 1920년에 원래 제의했던 조정안은 얼스터를 더블린의 통치 아래에 두자는 것이었는데 당연히 현지(얼스터)에서는 폭동이 벌어졌다. 이후 그 조정안은 로이드 조지의 보수파 동료들에 의해 거부당했다. 그래서 1921년, 로이드 조지는 여러 가지 대안을 제시했고, 그것들 중의 하나는 벨파스트와 더블린이 의회를 따로 설립함으로써 아일랜드를 분리하자는 것이었다. 이것은 통합 아일랜드의 위협을 물 건너가게 하는 것이므로 얼스터 연합주의자들은 기꺼이 이 조건을 받아들였다. 그런데 로이드 조지는 어떻게 하여 아일랜드를 통일하려는 신페인당의 결의와 이것(통합 아일랜드의 물 건너감)을 조정할 수 있었을까? 영국과의 투쟁에 지친 아일랜드 대표들은 로이드 조지가 협상을 연기하겠다는 사실상의 최후통첩을 받아들였다. 그들은 로이드 조지의 이러한 암시에 걸러들었다. 남부와 북부 아일랜드의 경계를 결정하는 국경확정위원회가 경계를 그어놓으면(특히 북부 아일랜드의 티론과 퍼머너프 카운티를 잠식하는 경계선), 얼스터는 결국 오래 버티지 못하고 더블린과 통일될 것이다.

　　로이드 조지의 원로보수파 동료들이 이 암시를 뒷받침했기 때문에 신페인당 대표들은 로이드 조지의 약속을 액면 그대로 받아들이고, 아일랜드 조약이라고 알려진 해결책을 채택했다(1921년 12월에 영국 의회에서, 그리고 1922년 1월에 아일랜드 하원에서 비준했다). 로이드 조지의 지나친 자신감, 그리고 보수파 동료들을 현재의 지위에 오르도록 밀어주었다는 그의 오만한 생각을 감안하면 그런 암시는 진짜였고, 그는 지킬 수 있다고 예상했다. 만약 일이 그렇게 돌아가지 않으면 그건 결국 암시였을 뿐이라고 뒤로 한 발 뺄 수도 있었다.

　　신페인당은 영-아일랜드 국경위원회에게 재량권이 주어질 것이라고 예측했다. 결국, 1924년에 노동당 소수 정부는 위원회를 설립했고, 다른 누구보다도 로이드 조지 자신이 국경의 수정이 미미할 것이라고 얘기했다. 이런 수정은 티론과 퍼머너프 카운티의 경계선 잠식과 비교해볼 때 하찮은 것이었고, 또 다른 지역에서 민족주의자가 양보해야 하기 때문에 전체적인 균형을 보면 국경 조정은 사실상 하나마나한 것이었다. 따라서 아일랜드는 위원회에서 탈퇴했고, 얼스터 6개 카운티의 경계는 사실상 바뀌지 않았다.

이렇게 말만 그럴 듯하게 하고 실제로는 우물우물하는 것이 로이드 조지의 원래 의도였을까? 만약 그렇다면 그는 의도적으로 신페인당의 협상자들을 속인 것이 된다. 로이드 조지는 1921년 12월에 티론과 퍼머너프 카운티 주민들의 대다수가 어쩌면 더블린 통치를 바랄 것이라고 시사했다. 그것은 분명히 자유로운 국경확정위원회를 완곡하게 지지하는 표현이었을까? 1921년과 1924년 사이에 로이드 조지의 마음이 변한 것은 부분적으로 그가 더 이상 공직에 있지 않게 되었고, 또 6개 카운티를 손대고 싶어 하지 않는 보수파 정부의 태도 때문이었다. 어쩌면 로이드 조지는 원래 자유로운 국경확정위원회를 의도했고, 그렇게 해서 신페인당을 1920년 협상 테이블로 끌어들일 수 있었다. 하지만 얼스터의 연합주의자와 보수파 동료들이 티론과 퍼머너프의 새로운 경계선을 거부한다는 것을 로이드 조지가 알았을 때, 그는 그것이 원래의 의도가 아니었다고 한발 뒤로 뺐다. 따라서 그의 정책을 결정한 것은 치밀한 악의가 아니라 그의 실용주의였는데, 그게 로이드 조지로서는 좋은 결과가 된 것이었다. 하지만 신페인당과 더블린은 배신당했다고 생각할 만했다.

## 103

# 쿨락은 어떤 사람들이었을까

1930년대에 들어와 소련의 스탈린은 쿨락Kulaks을 공산주의 혁명의 적이라고 비난하면서, 그들을 검거하여 추방하고 죽이거나 시베리아의 강제노동수용소에 투옥했다. 하지만 우리는 사실 쿨락이 어떤 사람들인지 잘 알지 못한다. 이것은 스탈린의 광범위한 농업정책의 변화를 변호하기 위한 스탈린 프로파간다의 일부이고, 교활하지만 도전받지 않는 프로파간다였다.

소련 지도자는 쿨락을 부농富農계급이고, 러시아 토지를 대대적으로 집단화하는 계획의 걸림돌이라고 주장했다. 스탈린은 그들이 이윤 추구와 사기업을 지지하는 프티 부르주아의 신념을 가졌다고 비난했다. 그는 또 그들이 소련 농업의 5개년 계획에서 목표 달성을 방해하거나 돕지 않음으로써 파업한다고 비난했다. 그는 가난한 농민들을 들쑤셔서 쿨락의 특권적 위치에 대하여 질투와 불신을 품게 했고, 농민의 협력을 얻어서 '그들의 계급을 제거했다.' 약 200만 명의 쿨락들이 스탈린의 숙청 과정에서 죽었다고 추정된다.

쿨락에 대한 정보는 제한적이다. 그들에 대한 이야기는 19세기로 거슬러 올라가는데, 1861년 농노해방이 이루어진 후 그들에 대한 언급이 나온다. 하지만 유감스럽게도 소득, 세금 납부, 가계 예산의 관점에서 그들의 존재를 밝혀줄 경험적 증거는 별로 없다. 일반 농민들 사이에서 설탕, 차, 면직물(술은 해당되지 않는데 그들은 많은 불법 증류주를 직접 만들어 마셨다) 등 많은 제품의 소비 지출이 늘어났다는 것을 암시하는 물품세 통계의 정보가 좀 있지만, 쿨락에 대한 우리의 지식은 이것으로 인해 별로 더 늘어나지 않는다.

그들은 또 공산주의 혁명 이전에는 크게 논란을 일으키지 않았다. 전문에 따르면 그들은 농민 인구 중 약 15퍼센트를 차지한다고 한다. 그들은 흔히 땅을 새로 개간하거나 공유지를 흡수함으로써 더 많은 땅을 소유하게 되었다. 그들은 또 더 많은 땅을 빌려주고, 과학적 방법을 많이 도입했고, 아마亞麻와 같은 새로운 작물을 재배했다. 새로운 일거리의 가능성도 있었는데, 가령 지방 공장이 소작농에게 면직물 같은 하청을 주었고, 특히 농장 일이 쉬는 겨울철에 하청을 많이 주었다. 쿨락이 부유했다는 증거는 별로 없다. 그들이 사들였던 땅 대금의 지급은 으레 외상이었고, 그들 역시 농민인 만큼 평소에 어떤 세금이든지 가능한 한 내지 않으려 했다.

마찬가지로 영주들이 그들을 압박했거나, 그들이 순차적으로 그들보다 못한 가난한 농민을 압박했다는 증거는 별로 없다. 사실, 사회계급의 아래층에 있는 쿨락과 농민의 사회적 구분이 뚜렷하지도 않았다. 당시 농민이라는 전체 계급의 위상이 대단히 유동적이었다. 같은 가족이라도 사회계급에서 올라가거나 내려갈 수 있었다. 농민이 나이가 어려서 영농을 도와줄 자녀가 적을 때 고생하며 지냈는데 이러한 사정은 그가 늙어서 많은 일을 할 수 없을 때도 마찬가지였다. 하지만 그가 중년이고 미혼의 자녀들이 그를 도와준다면 몇 년 동안 유복하게 지낼 수 있고 또 심지어 이웃에게 쿨락이 된 것처럼 보이기도 한다. 그러면 그는 영농법 개선을 시도하면서 더 많은 기계나 가축을 사들인다. 그의 가족은 더 멋진 옷을 입고 더 맛있는 음식을 먹는 등 일반적으로 차림새가 나아졌다. 그러나 이것은 쿨락에게만 한정되는 이야기가 아니었다. 모든 농민들이 그와 비슷한 생각을 갖고 있었다.

이렇게 볼 때, '쿨락'이라는 단어는 농업개혁에 반대한 사람들에게 공산주의 프로파간다가 갖다 붙인 명칭에 지나지 않았다. 공산주의 혁명에 반대하는 계급의 적이라는 쿨락의 개념은, 소련 독재자의 마음이 꾸며낸 허구에 지나지 않았다. 그것은 약속된 집단낙원이 실현되지 않았을 때, 농민을 위협하여 굴복시키기 위해 또는 스탈린식 정치의 결함을 덮기 위해 만들어낸 일종의 귀신이었다(트로츠키 또한 그런 귀신이었다). 질투심에 배 아파하던 농민 이웃은 어떤 사람을 고발하고, 지방 당원들이 그를 데리고 가서 감금하는 모습을 보면 행복했겠지만 그렇다고 하여 그 잡혀간 사람이 저절로 쿨락이나 반혁명분자가 되는 것은 아니었다. 잡혀간 사람은 쿨락도 반혁명분자도 아닌 약간 부유한 농부에 지나지 않았다.

## 104

게르니카 학살은
누구의 책임이었을까

게르니카 마을이 파괴된 책임 문제는 사건이 끝난 지 여러 해가 지나도 치열한 논란을 불러일으켰고, 최근까지 다양한 피해 당사자들 사이에서 분노 어린 비난을 샀다. 이제 사태가 발생한 지 60년이 지나서야 폭격 책임의 소재를 분명히 가려 논란을 가라앉힐 수 있게 되었다.

게르니카는 스페인 북동부 비스카야의 바스크 지방에 있는 소도시인데, 1936년 스페인 내전의 폭력에 휘말렸다. 바스크 지방의 언어, 문화, 전통은 과거와 현재에도 카스티야 스페인의 것과 사뭇 달랐다. 이곳에서는 프랑코 장군의 중앙집중적인 민족주의 세력에 대한 동조가 별로 없었다. 1936년 10월, 스페인 공화 정부는 이미 바르셀로나의 카탈로니아에게 인정한 것과 비슷한 자유를 바스크에게 부여했다. 그리하여 전통적으로 스페인 왕들이 바스크 지방의 특별한 자유를 존중하겠다고 맹세한 곳, 게르니카의 오크 나무 아래에서 유스카디Euzkadi라는 별도의 정부가 세워졌다. 하지만 프랑코 장군을 추종하는 민족주의자들은 곧 그 정부의 합법성에 도전했다. 인구가 7000명뿐이고, 바다에서 6마일 떨어져 있으며, 그 지역의 가장 중요한 도시인 빌바오에서 20마일 떨어진 가파른 계곡에 위치한 게르니카는 얼핏 보기에 전쟁과 거리가 먼 지역이었다. 그곳은 서부와 남부에서 일고 있는 전투를 피해 프랑스 국경을 향해 북쪽으로 줄지어 가던 많은 피난민들의 안식처였다.

1937년 4월, 게르니카에서는 대규모 폭격이 마을을 덮쳤고, 많은 곳을 파괴하면서 1000여 명의 주민을 학살했다. 시장, 영국 영사, 외국의 많은 특파원들은 현지에서 보도하던 중 엄청난 폭격과 치솟는 불길을 목격했다. 그들은 독일 하인켈 111호와 융커스 52호가 도시를 폭격했고, 약 30대의 폭격기 부대가 전투기, 메세르슈미트 109호와 더 낡은 하인켈 51호의 지원을 받았다고 주장했다. 폭격기가 도시를 폭격하고 있을 때 전투기는 도망치는 시민들에의 등에다 대고 기관총을 난사했다. 나중에 파블로 피카소는 그 도시에 덮친 전쟁의 적나라한 공포를 묘사한 〈게르니카〉라는 유명한 그림을 그렸다.

처음에 민족주의자들은 게르니카 폭격을 전면 부인했다. 폭격 파편이 거의 발견되지 않았다고 지적하면서 대부분의 피해는 바스크 과격파가 설치한 방화 장치에 의한 것이라고 둘러댔다. 과격파가 자신의 도시를 폭파함으로써 '민족주의자에 대한 분노를 일으키려 한' 자작극이라는 것이었다. 프랑코의 수뇌 지도부는 상황을 파악했을 때 처참한 파괴에 기겁하고, 자신들과 아무 상관이 없다고 부인하고 나섰다. 프랑코는 특히 한산한 마을을 공습했다는 사실에 충격을 받고 노발대발했다는 얘기가 전해진다. 1970년이 지나서야 스페인의 민족주의 정부는 결국 게르니카 공습을 시인했고, 소이탄뿐 아니라 고성능 폭약의 피해 증거가 많다는 것을 인정했다. 당시에도 그들은 파괴를 명령하거나 묵인하지 않았다고 주장했다.

책임은 일반적으로 공습을 수행한 독일 공군에게 돌아갔다. 이른바 독수리부대 폭격기 중대원들의 공적, 사적인 많은 고백들이 기록으로 남아 있고, 통상적인 독일의 설명에 따르면 그 도시는 정당한 군사적 목표였으며, 인근에 소화기 공장(사실 이 공장은 무사했다)과 인근의 오카 강 위에 중요한 다리가 있었다는 것이다. 이 다리는 공화국 군대가 그 지역에서 철수할 때 중요했는데 역시 공습을 받지 않았다.

하지만 공습 아이디어가 나치의 것이고 한다면, 습격의 어떤 특징은 수수께끼로 남는다. 독수리부대는 왜 그 일에 사용할 수 있는 훨씬 더 정확한 급강하 폭격기가 아니라 비교적 낡은 비행기를 사용했을까? 왜 독일 폭격기의 목표는 주된 공격 목표를 피해갔을까? 도시로부터 치솟는 연기와 먼지가 너무 짙어서 조종사들이 정확하게 조준하지 못했다는 핑계는 독일 공군처럼 전문적 기술을 자랑하는 조직에게는 어울리지 않은 핑계인 듯하다. 더욱이 몇몇 핵심 독일 공군 장교들의 일기는 민족주의자들이 폭격을 사전에 알고 있었다고 주장했다. 나중에 그들이 정말 알지 못했다고 주장했지만 말이다.

진상은 어쩌면 스페인 민족주의자들이 폭격을 부추기고, 독일 공군이 작전을 수행했을지 모른다. 독일 장교들 중 몇몇은 그 아이디어를 그리 달갑게 여기지 않았다. 그들이 나중에 제2차 세계대전 때 유럽 대도시를 폭격한 전격전을 미리 예행연습했다는 생각은 비현실적이고 그럴 법하지도 않다. 하지만 스페인 민족주의자와 독일 공군은 이 사건을 부끄럽게 여겼고, 그래서 책임을 부인하려 했다.

## 105

힌덴부르크 비행선의 재난은 사보타주였을까

1937년 독일의 비행선飛行船 힌덴부르크 호 사건은 1930년 처녀 항해 때 프랑스 보베에서 비행선 R101호가 추락한 참사에 뒤이어 너무 빨리 찾아온 재난이었다. 그 재난은 비행선의 상업적 발전에 사실상 종지부를 찍었다. 그 이후 부양 제재인 수소의 불안정성 때문에 그런 사고가 발생했다고 판단되었다. 하지만 이런 판단은 잘못되었다. 최근의 연구는 사뭇 다른 원인을 제시했다.

힌덴부르크 호는, 독일 프리드리히샤펜에 본사를 둔 체펠린 회사가 1936년에 건조하여 취역한 비행선이었다. 디자인은 통상적인 체펠린 식에 길이는 245미터였다. 최대속도는 시속 84마일이었고 순항속도는 시속 78마일이었는데, 100여 명의 승객과 상당히 많은 상업 화물을 실어 나를 수 있었다. 1936년, 비행선은 10회의 정기 여행에서 독일과 미국 사이에 1000여 명의 승객과 상당한 화물을 운송함으로써 북대서양 횡단의 상업 서비스를 시작했다. 그뿐 아니라 신세계의 다양한 도시로 많이 날아갔다. 히틀러는 비행선을 자랑스럽게 생각했고 '아돌프 히틀러' 호라는 명칭을 붙이기를 원했지만, 선주는 정중하게 그 제의를 거절했다.

1937년 5월 6일, 뉴저지의 레이크허스트에 착륙할 때 수소가 가득 들어 있는 힌덴부르크 호는 화염 속에서 폭발하여 완전히 파괴되었다. 97명의 승선인 중에서 36명이 사망하고, 많은 사람들이 부상했다. 당시 폭풍이 몰아치는 날씨에다 비행선이 인근에서 번개를 동반하는 두 건의 폭우를 피해 운행하노라고 착륙이 지연되었기 때문에, 화재는 비행선에서 내보내던 수소 가스 부근에 모인 대기의 전기 탓으로 돌려졌다. 그 사고는 세계적으로 센세이션을 일으켰고, 미국 상무부는 즉시 조사위원회를 구성하여 조사활동을 펼쳤다. 이 재난에 위신이 걸려 있는 체펠린 회사도 나름대로 조사했지만 그 결과는 발표하지 않았다.

이 재난을 설명하는 이론이 상당히 많이 나왔다. 혐의는 얼마 동안 직업 곡예사인 한 독일 시민에게 돌아갔다. 그 곡예사는 플래시 카메라로 사진을 찍기 위해 선체 안의 부양주머니들 사이로 올라갔다는 의심을 샀던 것이다. 하지만 이 가설은 결국 폐기되었다. 광적인 반反나치주의자들이 '제3제국'의 평판을 떨어뜨리기 위해 사보타주를 했을지도 모른다는 추측도 나왔다. 속속들이 살펴보았지만, 이런 추측에 대한 증거는 전혀 나타나지 않았다. 결국 조사자들은 수소의 불타기 쉬운 속성 탓으로 돌리면서, 이 원소가 너무 위험하기 때문에 운송의 목적으로 이렇게 많은 양을 사용해서는 안 된다고 결론지었다. 힌덴부르크 호의 재난은 사실 상업적 항공 교통에서 수소 활용 비행선의 종말을 알렸다. 독일에서는 이미 한 척의 비행선이 거의 제작 완료되었지만 추가 연구와 개발은 포기되었고, 1939년 전쟁이 발발하면서 비행선 이야기는 사라졌다.

하지만 1990년대의 나사NASA 로켓 과학자들은 이런 판단이 만족스럽지 않았다. 그들은 수소가 위험하기는커녕 연료 혹은 부양제재 어느 것으로 쓰든 환경친화적인 가장 좋은 형태의 연료라고 확신했다. 나사 과학자들은 당시 힌덴부르크 호의 조사에 많은 시간과 에너지를 쏟아붓기는 했지만, 조사는 결코 재난의 근본 원인에 닿지 못하고 사고의 책임을 수소에 미루는 손쉬운 과정을 택했다고 생각했다. 한 가지 예를 들면, 조사위원회에서 일일이 증언했던 모든 사람들의 목격담, 그리고 불길의 움직임과 화염의 색깔—모두가 수소가 탈 때의 거의 투명한 파란색이 아니라 붉고 주황색이었다고 얘기했다—은 미루어 짐작하는 재난 원인과 일치하지 않았다. 나사 과학자들은 많은 증거들을 다시 조사하고, 처음으로 체펠린 회사의 사적 보고서와 상무부의 보고서를 나란히 두고 분석했다. 질문에서 밝혀낸 것도 조사했고, 당시의 결론을 시험하기 위한 실험을 고안해내기도 했다.

이렇게 하여 재난의 원인을 제대로 파악하려는 새로운 설명이 등장하기 시작했다. 한 가지 예를 들면, 선체에 들어 있는 수소는 당초 가정했던 대로 움직이지 않았다. 정상적으로 배출하면, 그것은 상당한 전압의 정전기가 있어도 불붙지 않았다. 하지만 힌덴부르크 호의 구조와 작용의 여러 측면은 의심을 샀다. 선체와 수소 주머니를 두른 직물은 내구성을 늘리고 유연성을 높이기 위해(내부의 수소가 과열되거나 팽창하지 않도록) 도프 도료를 칠했고, 외부의 덮개를 구성한 별도의 패널은 쉽게 조작할 수 있기 위해 밧줄로 단단히 졸라매었다. 체펠린 회사는 정전기가 일으키는 문제를 잘 알았고, 그렇기 때문에 비행선이 도착하여 착륙 밧줄이 드리워질 때 축적된 전압이 방전될 것이라고 믿었다. 유감스럽게도 도프 도료는 알루미늄 가루와 그 밖의 산화철과 같은 내용물로 이루어져 있었다. 그것들은 아폴로 발사 때 고체 연료로 사용된 바로 그 물질이었으며 따라서 인화성이 강했다. 게다가 별도로 덮여 있지만 함께 묶어놓은 패널들은 따로 방전하기로 되어 있었는데 그것들은 겨우 1인치의 간격으로 절연되어 있을 뿐이었다. 그 때문에 빗물 정도에 젖었더라도 함께 묶은 밧줄이 충전을 배출하는 데 필요한 만큼 높은 전도성을 갖지 못했다. 티끌 같은 정전기 불똥이 튀어 이 간격을 메워버린다면 비행선을 칠한 로켓 연료를 점화하고도 남았을 것이다.

그래서 현대 조사자들은 비행선 주머니에 들어 있는 많은 수소의 존재가 사고와는 무관하다는 것을 밝혀냈다. 하지만 화재가 발생한 뒤, 불길은 수소 때문에 세졌다. 그들은 이런 자세한 원인을 파악하고 나서, 항공운송의 효율적이고 경제적인 방법으로써 비행선 고유의 가능성에 관심을 더 기울여야 한다고 주장했다.

## 106

히틀러의 집권은
불가피했을까

역사학자들은 흔히 바이마르공화국이 붕괴하던 후반기에 히틀러와 나치 추종자들의 집권을 불가피하다고 오해한다. 그들은 1929~33년의 대공황이 만성적 정치 불안의 누적된 결과라고 보았다. 그들은 결국 발생한 사건 이외의 결과가 올 수도 있었다고 생각하지 않는다. 이런 의견은 상당히 잘못된 것이다.

1929년의 나치당은 바이마르공화국에서 별로 비중이 큰 정당이 아니었다. 1928년 5월 당시의 선거에서 국민의회에 진출한 나치 의원들은 491석에서 12석을 차지했을 뿐이다. 나치 추종자들과 공산당 지지 세력은 거리에서 자주 난투를 벌였지만, 몇 개 도시에서만 공중 질서를 위협할 정도였다. 나치 의원들이 늘어난 것은 1932년 7월에 나치 동조자들이 크게 성황을 이루었을 때였다. 당시 230석을 차지했지만 여전히 전체 의석 608석의 3분의 1 정도였다. 나치가 이듬해에 권력을 잡은 것은 그들의 음모와 정치적 공세를 통해서였다. 이렇게 볼 때 나치 집권은 결코 불가피한 일이 아니었다.

독일 민주주의의 뿌리가 깊지 않았다는 것은 사실이다. 바이마르공화국은 몹시 불유쾌한 베르사유 조약, 배상금 상환 부담, 독일 영토의 상실, 특히 폴란드와 같은 '열등한' 이웃 국가에게 영토를 상실한 굴욕 등으로 인해 인기가 없었다. 1923년과 1929년의 경제 위기는 공화국의 신뢰를 떨어뜨리는 데 크게 작용했다. 하지만 독일 민주주의가 반드시 실패할 운명에 놓여 있는 것은 아니었다. 1920년대 중반에는 그런대로 괜찮았고, 경제 침체가 어느 정도 안정되면 1930년대에 들어가서는 민주주의가 되살아날 수도 있었다. 영국의 램지 맥도널드 정부에 대한 의심이 노동당의 평판을 떨어뜨렸듯이, 정적들이 퍼뜨린 유언비어는 독일 바이마르공화국의 위신을 크게 해쳤다. 영향력이 점점 커지는 독일의 많은 중산층 사람들은 공화국이 그런 위기에서 회복하기를 기대했는데, 그렇게 하지 못하자 실망하면서 굴욕감을 느꼈다.

상황을 잘못 다룬 책임의 많은 부분은 우익의 탓으로 돌려야 한다. 그들은 1923년의 '급성 인플레이션'으로 되살아날지도 모르는 물가 급등을 우려했고, 1929년의 여당인 사회민주당과 관계를 끊음으로써 면책을 시도했다. 당시의 여당은 경기가 침체했을 때, 실업자의 요구에 부응하기 위해 사회보험 혜택을 늘렸다. 브뤼닝은 1932년 5월에 똑같은 문제에 봉착하고 우익에게 인기가 없는 정책을 시도했다. 곧 그는 실업 노동자들을 융커(귀족) 계급의 영유지에 정착시키려는 제안(귀족들이 '볼셰비키의 토지균등정책'이라고 비난했던 제안)을 내놓았다. 그의 정부는 붕괴하고 1932년 6월, 폰 파펜에게 넘어갔다. 파펜은 타고난 음모꾼이었고 '국가 재건의 정부'를 내세우면서, 주로 권위주의적 시스템을 형성함으로써 우익과의 관계를 해결하려 했다. 이런 방식을 취하면 공화국의 귀찮은 민주주의 속박을 피할 수 있다고 보았다. 이런 계략은 실패로 돌아갔지만 히틀러의 호소력을 강화하는 뜻밖의 결과를 초래했다. 12월, 폰 파펜은 사임했고 당초 폰 슐라이허가 총리로 취임하게 되어 있었다. 이때 히틀러는 파펜에게 거래를 제안하여 "총리는 히틀러, 부총리는 파펜으로 하자"는 조정안을 내놓았다. 힌덴부르크 대통령이 이 조정안을 받아들이자 히틀러는 1933년 1월에 집권하게 되었다. 하지만 파펜을 비롯하여 그 누구도 이렇게 바뀐 상황을 심각하게 여기지 않았다.

1월에 임명된 뒤, 히틀러는 1933년 3월 총선을 요청하면서 자신에게 또 다른 합법성의 외피를 둘러 씌웠다. 이 선거—1년 만에 세 번째로 국민의회를 뽑는 선거—는 표면상 자유로웠지만, 선거기간 내내 폭력과 협박이 난무했다. 그래도 나치는 다수당을 확보하지 못했다. 그들은 647석에서 288석을 차지했고, 45퍼센트의 지지밖에 얻지 못했다. 히틀러는 합법적으로 힌덴부르크에 의해 총리에 임명되었다. 그렇지만 정부의 토대인 '합법성'을 아무리 강조해도, 그는 독일 국민이 직접 선출하여 권부에 오른 권력자로는 한참 미달이었다.

1933년에는 독일 지식인들이 이렇게 얘기하는 소리까지 들려왔다—"히틀러에게 권력의 맛을 보게 하자. 6개월만 지나면 국가경영의 무능력이 탄로날 테니까. 나치는 공직을 제대로 수행하지 못하는 책임 때문에 파멸하고, 그러면 우리는 그들을 영원히 제거할 수 있을 거야." 이런 얘기는 히틀러의 위협을 심각하게 과소평가한 것이었다. 1947년, A. W. 덜레스는 《독일의 지하운동》이라는 책에서 독일 지식인의 취약한 사고방식을 이렇게 지적했다.

지식인들은 민주주의는 결코 공짜로 얻어지는 것이 아님을 깨닫지 못했다. 그들은 민주주의를 지켜야 하는 필요성을 알지 못했다.

독일 대학의 성실하고 초연한 교수들은 일관성 없는 책 《나의 투쟁》에 제시된 히틀러의 운동 방향을 너무 우스꽝스럽게 생각하고 진지하게 받아들이지 않았다. 많은 지식인들이 자기도 모르는 사이에 사회에서 쫓겨나고 투옥되거나 침묵하거나 유형을 갔다.

……

독일인이 나치가 주장하는 '민족의 재탄생'과 '도덕적 재각성'이 무슨 뜻인지 깨달았을 때, 세계가 지금까지 보아왔던 경찰국가들 중에서 가장 무자비한 국가는 이미 기반을 단단히 다졌다. …… 현대기술—무전기, 망원사진, 도청기—을 동원하여 가장 효율적으로 탐지하고 고문함으로써 자유를 억압했고 나치 독재에 반대하는 사람들을 수색해냈다.

그러므로 히틀러의 잔인성 또는 하등동물 같은 교활함을 과소평가한 것은 크게 잘못된 일이었다. 그의 주요 연설 주제는 그 자신만이 재난에서 독일을 구할 수 있다는 것이었다. 그는 자신의 능력을 증명하기 위해 4년의 '유예기간'을 달라고 했으며, 그 뒤에는 유권자에게 되돌아가 임기의 '연장' 여부를 묻겠다고 했다. 그는 늘 신중하게 자신을 민주주의자, 대중주의자로 포장했다. 하지만 일단 공직에 취임하자 그 동안 쌓인 원한을 풀고 또 권력을 다지기 위해 각종 음모를 꾸미기 시작했다. 이를테면 3월 선거를 치르기 전에, 의사당 건물이 이상하게도 불타버렸는데 히틀러는 즉각 그 사건을 자신에게 유리하게 활용하면서 공산주의자들의 소행이라고 비난했다. 그 결과, 나치가 직접 방화를 준비한 것이 아니냐는 의심을 샀다. 그는 범죄를 저지른 공산주의자에 대한 국가 재판을 마련했을 뿐 아니라 노쇠한 대통령을 설득하여 많은 긴급명령을 통과시켰다(그는 바이마르헌법 48조에 따라 그렇게 할 자격이 있었다). 그렇게 하여 헌법에 명시된 개인 자유의 보장을 중지시켰고, 선거 직전에 공산당을 금지했으며, '국민을 보호하기' 위해 독일 정부 전체와 나치 원칙의 '협력 Gleichschaltung'을 선언했다. 3월, 그는 이른바 '권능부여 조례 Enabling Bill'를 도입하여 의회뿐 아니라 내각에서도 국내법을 제정할 수 있게 함으로써 성공적으로 독일 의회의 기능을 폐지했다. 그는 의사당을 자신의 지지자들로 빽빽이 메우고, 나치당원을 의사당 경비병으로 활용하여 총리실 벽에 도열시킨 채 비판자들을 막고, 연설의 인기를 높이기 위해 총리실을 연극무대로 활용했다. 이 조치는 실질적으로 국민의회를 무용지물로 만들었지만 그는 형식을 유지하기 위해 의회를 없애지는 않았다. 이렇게 하여 바이마르공화국은 공식적으로 종말을 고한 것이 아니라 목이 졸려 죽어갔다.

하지만 이는 결코 불가피한 것이 아니었다. 히틀러는 일부러 자신의 권력을 다지는 수단으로서 이런 상황을 촉진했다. 히틀러는 지식인들의 허를 찌르기 위해, 또 모든 독일인에게 족쇄를 채우기 위해 대중의 무관심을 이용하고 그들의 무지와 편견에 영합했다(독일인에게 채워진 족쇄는 결국 국가적 재난을 맞이하고 난 다음에야 풀렸다). 히틀러는 아무리 빛 좋은 개살구라도 국민의 불평불만을 달래면서 개선하겠다고 약속하는 프로파간다의 비결을 알았다. 그가 대중의 헌신적인 추종을 얻는 데 성공했던 사례는 미래의 독선적 지식인들에게 나쁜 영향을 미쳤다. 국가경영에는 정직이나 교양보다는 프로파간다가 더 중요하다는 생각이 그런 지식인들의 머리에 자리잡게 된 것이다.

 독일 사람들은 강제수용소의 존재를 얼마나 알았을까

제2차 세계대전이 끝날 무렵, 홀로코스트(유대인 대학살)의 전모가 공개되었을 때, 제한된 숫자의 나치 간부들만 홀로코스트의 무시무시한 공포를 알았다는 주장이 독일에서 나왔다. 일반 독일 국민은 사태의 진행을 전혀 몰랐다는 것이다. 하지만 이런 해석은 나치의 야만행위에 대한 무지를 호소하고 싶어 하는 독일인들이 애써 만들어낸 신화였다. 그러한 신화는 오늘날까지도 진실인 것처럼 강요되고 있다.

수용소가 해방된 직후, 연합군의 인솔 아래 직접 현장을 보게 된 인근의 독일 시민들은 대부분 경악하고 충격을 받았다. 어떤 사람들은 자신들이 본 참사에 몸을 가누지 못하고 기절했다. 하지만 소수의 독일인들만이 죽음의 수용소 곁에 살았고 개인적으로 그곳을 방문했을 뿐이었다. 연합군은 홍보 차원에서 그 수용소를 촬영하여 독일 전국에서 영화로 보여주었다. 12년 동안 나치에 세뇌당한 사람들의 전형적인 반응은 강제수용소 영화가 연합군의 프로파간다이며 허위선전이라는 것이었다.

그러나 독일 사람들은 처음부터 강제수용소의 존재를 알고 있었다. 최초의 수용소는 1933년 독일에 설립되었고, 그 존재를 비밀로 취급하지 않았다. 나치는 독일 민간인에게 일을 시켰고, 독일 회사들은 물품과 서비스를 제공했으며, 어떤 수용소들은 독일의 도심과 가까운 곳에 있었다. '장검長劍의 밤'(1934년)은 독일인들 사이에서 나치의 정적 살해 사건으로 익숙하게 알려져 있었으며, 무자비한 살인이나 처형이 수용소에서 만연했다는 것은 하나의 상식이었다. 아주 사소한 죄목에도 사형을 명시한 수용소 규정집은 비밀로 취급되는 문서가 아니었다.

처형 수용소는 사정이 좀 다른데, '최종 해결책'을 수행하기 위해 설립된 곳이었다. 이 수용소들은 모두가 전전戰前 독일 국경의 외부에 위치했고, 그 중에서도 특히 아우슈비츠와 트레블린카가 악명 높았다. 나치는 당연히 그들의 사악한 목적을 발표하지 않았다. 그렇더라도 나치의 고급간부들 외의 더 많은 사람들은 그곳에서 어떤 일이 진행되고 있는지 알고 있었다. 대부분의 나치 친위대원들은 그런 사람들이었고, 휴가 갔을 때 어떤 대원들은 자신들이 본 것을 가족에게 얘기했을 것이다. 가스실을 위해 지클론Zyklon B 독가스를 만들었던 IG 파벤 같은 독일 회사들은 그 용도를 알았을 것이고, 모든 직원은 아니더라도 많은 직원들이 그런 사실을 인지했을 것이다. 독일 은행은 치과용 금이 풍부하게 공급되는 상황을 보고서 그 출처가 어디인지 어렴풋이 짐작했을 것이다. 독일의 많은 중소기업은 수용소와 관련이 있었고 현지의 사정을 알았을 것이다. 독일 전문의들은 강제수용소 '연구'에 적극적으로 참여한 동료 의사들을 대충 알았을 것이다. 대부분의 독일인이 수용소를 직접 알았던 친척이나 친구가 주위에 별로 없었다고 하더라도, 유대인을 짐짝처럼 실은 화물차가 끊임없이 덜커덕거리며 동쪽으로 향하고 있을 때 그것이 뭔지 의심했을 것이다. 그들은 유대인들이 죽음의 수용소가 아닌 강제수용소로 간다는 얘기를 정말로 믿었을까?

어떤 독일인들, 가령 시골과 동서 철도간선에서 멀리 떨어져 살고 있는 사람들은 처형수용소의 존재를 모를 수 있었다. 하지만 적잖은 독일인들이 수용소, 그리고 그곳에서 벌어지고 있는 일을 직접 알았다. 대다수는 다양한 출처에서 흘러나오는 소문을 들었다. 그들은 그게 신빙성 없는 얘기라고 생각했다면 머리에서 지워버렸을 것이다. 만약 정말처럼 들렸다면, 게슈타포의 의심을 사는 것을 두려워해 그런 소문에 대해 침묵을 지켰으리라. 아무튼 독일인의 도덕의식은 몇 년 동안 나치의 프로파간다에 물들어 무뎌졌다. 독일 국민 전체는 초기의 강제 수용소에 대해서는 알고 있었지만, 죽음의 수용소에 대해서는 믿을 만한 정보가 부족했다. 그들은 설사 정보를 입수했더라도 그에 입각하여 행동할 도덕적 의지나 정치적 수단이 부족했다.

108
연합국 지도자들은
유대인 대학살을 얼마나 알았을까

제2차 세계대전이 끝난 뒤, 연합국 쪽의 전쟁 지도자들은 나치 독일과 나치 치하의 유럽 여러 지역에서 약 10년 동안 자행된 홀로코스트(유대인 대학살)를 전혀 몰랐다고 항변했다. 대부분의 경우, 이런 항변은 근거 없는 것이었다. 당시 그들은 이미 알고 있던 사실을 모른 체했고, 그런 정보에 반응하여 홀로코스트를 막으려는 조치를 취하지 않았다. 이러한 침묵은 무지無知에서 비롯되기보다 교활함의 탓이 더 컸다.

그들은 알고 있는 사실을 별로 선전하지 않거나 전략적으로 활용하지 않았지만, 많은 정치가들, 적어도 영국의 정치가들은 동유럽과 서부 러시아에서 나치 독일이 자행한 범죄를 어렴풋이 안 것이 아니라 아주 소상히 알고 있었다. 워싱턴의 아메리카 대학교 교수 브레이트먼은 1998년에 출판된 《공식적 비밀: 나치가 계획한 것, 그리고 영국과 미국이 알았던 것》에서 이렇게 발표했다―"영국은 일찍이 1941년 늦여름부터 나치의 유대인 대량 학살 정책을 알았지만, 그 정보는 1982년이 지나서야 미국의 전범 혐의자 조사의 일부로서 미국인들에게 건너갔다." 브레이트먼은 영국 쪽에서 정보 활용을 꺼리는 이유를 추측해보았다.

한 가지 이유는 영국 지도자들 사이에서 그런 정보가 사실인지 여부, 그리고 만약 사실이라면 그것을 활용하는 것이 좋은 아이디어인지에 대해 의견이 엇갈렸던 것 같다. 영국 외무장관 앤소니 이든은 분명히 정보 활용이 괴벨스의 선전에 놀아날 것이고, 연합국이 '유대인을 위해 싸운다'는 오해를 줄 수 있다면서 그것에 반대한 사람들 중의 한 명이었다. 또 다른 이유는 영국이 독일 암호를 해독했다는 사실을 독일 쪽에게 알리고 싶지 않았다는 것이었다. 1941년 6월초부터 영국은 해독된 경찰 메시지에 따라 동부전선에서 유대인 학살이 자행되었다는 사실을 알게 되었다. 하지만 정보를 숨긴 주된 이유는 런던과 워싱턴 당국 사이에 유대인 문제에 대한 불신이 깔려 있기 때문이었다. 한 가지 예를 들면, 영국의 우익이 볼 때 루스벨트 대통령은 유대인 문제에 대하여 '미온적'이라는 의심을 샀다. 또 다른 이유를 들면, 유대인의 워싱턴 '로비'는 미국의 정책 결정에 대단히 강한 영향력을 발휘한다고 생각되었다. 루스벨트가 1942년 12월에 별도로 나치의 만행을 알게 되었을 때, 그와 처칠은 공동성명으로 나치의 행동을 강력히 비난했다. 하지만 처칠은 루스벨트에게 자신이 홀로코스트를 이미 알고 있다는 사실을 인정하지 않았다.

한편, 명예롭고 정직한 인간이라는 처칠의 평판을 지켜줌으로써, 영국 당국을 달래고 싶었던 영국 유대인 사회는 처칠이 그런 모르쇠 결정에 말려들지 않았다고 얘기했다. 그들의 얘기에 따르면, 늘 첩보에 관심이 많았던 처칠은 1941년 9월까지 해독된 메시지를 받기는 했지만 정작 읽지 않았다는 것이다. 그 이유는, 이 당시 유대인 학살은 다반사였기 때문에 그런 메시지를 '단지 일상적'인 것으로 여겼다는 것이다. 하지만 영국 당국이 받은 정보가 사실인지 여부를 확신할 수 없다는 예전의 단언과 이런 인정은 서로 일치하지 않는다. 게다가 유대인 사회는 훨씬 더 믿지 못할 의견을 내놓았는데, 당시 영국 정부의 고위직 사이에 반反유대주의 단체가 조직되어 있다는 사실을 부정하면서, 홀로코스트의 재난이 방치된 것은 입수한 보고의 중요성을 '하찮은 것으로 보는 오해' 때문이었다고 말했다.

당시 연합국이 저지른 갖가지 실책들이 많았던 것은 사실이고, 이것은 그런 것들 중의 하나일 수도 있다. 만약 그들이 홀로코스트 정보를 유효하게 썼더라도 유대인의 생명을 구할 수 없었을지 모른다. 사실, 그들은 1944년 이전에는 어떤 구체적 조치를 취할 수가 없었고, 독일의 패색이 짙어지던 1944년 무렵에는 나치가 자발적으로 수용소를 철거하기 시작했다. 하지만 영국이 전시에 알고 있던 사실을 미국과 공유하지 않았던 것은 변명의 여지가 없다.

## 109

1945년의 강제송환 때 무슨 일이 벌어졌을까

1945년 5월과 6월, 스탈린과 티토(전시에 영국의 동구 공산권 동맹국인 유고의 지도자)의 요청으로 약 7만 명의 코사크 사람과 유고슬라비아 사람들이 강제송환되었다. 이것은 현대사에서 가장 수치스러운 사건들 중 하나였다. 영국 군대는 개머리판과 곡괭이 자루를 휘둘러 위협하면서 수많은 사람들을 가축 트럭에 강제로 탑승시켜 동구의 강제수용소로 보냈다. 수용소에서 많은 사람들이 투옥되고 고문을 받고 심지어 처형되었다. 이 불쾌한 사건의 진상은 무엇이었을까?

1945년 2월의 얄타 회담에서 처칠과 루스벨트는 스탈린에게 이렇게 약속했다―"당신(스탈린)이 '소련 시민'이라고 하는 사람들은, 히틀러를 위해 싸웠든 아니든 가리지 않고 러시아로 되돌려 보내겠다." 티토 또한 전쟁 때 세르비아인에게 복수했던 크로아티아 사람들(그들의 복수는 너무 잔인하여 나치 친위대가 파랗게 질릴 정도였다)을 손에 넣고 싶었기 때문에, 유고슬라비아를 위해 똑같은 송환 조치를 요구하고 있었다. 오스트리아의 영국 주둔군은 소련에 충성스러운 동맹국임을 보여주려고 기꺼이 송환 임무를 시작했다. 그들은 나치 부역의 혐의자들뿐 아니라 그런 죄를 저지른 바 없는 사람들까지 강제송출했는데 그 중에는 수천 명의 여자와 어린이들이 포함되어 있었다.

1988년, 《전쟁과 평화》를 쓴 톨스토이의 손자뻘 되는 역사가 톨스토이 백작은 나이절 와츠와 함께 올딩턴 경을 고소했다. 고소 사유는 당시 8군의 5군단 참모장이었던 올딩턴 경이 의무를 남용하여 무고한 수많은 사람들을 편협한 스탈린 정권으로 보낸 전범戰犯이라는 것이었다. 톨스토이는 패소했고, 올딩턴에게 입힌 정신적 피해 보상으로 150만 파운드를 지불하라는 판결을 받았다. 하지만 톨스토이는 가난하다는 핑계를 대고 지불을 거부했고, 심지어 35만 파운드의 소송비용도 내지 않았다. 그 대신, 그는 명예훼손으로 맞고소했다. 12년이 지난 2000년, 톨스토이는 용케도 품위 있게 노년을 보내고 있지만, 쪼들린 채 살았던 올딩턴은 86세 때 거의 실명한 채 암으로 사망했다. 이것으로 논쟁에 종지부를 찍는 듯했다.

하지만 최근의 연구에 따르면, 사건은 분명하게 종결된 것이 아니었다. 파일과 마이크로필름 등 관련 증거는 갈피를 잡을 수 없을 정도로 많았고 혼란스러웠다. 더욱 심각하게도, 1945년 사건의 공식적인 은폐가 있었을 뿐 아니라 재판 과정에서도 은폐 시도가 있었다. 대처 정부의 장관들을 비롯하여 윈체스터 칼리지의 '동창 조직'이 올딩턴 경을 도와 소송을 준비했다는 얘기도 있었다. 사건의 관련 파일은 보관 중이던 공문서보관소PRO(Public Record Office)에서 빼돌려진 다음 국방부와 외무부에 숨겨졌고, 톨스토이가 요구했을 때는 '분실'되었거나 '이용 불가'였다. 윈체스터 칼리지 출신인 올딩턴 경은 1986년부터 1989년 사이의 국방장관인 영거 경에게 접근하여 자신이 파일을 조사할 수 있도록 PRO에서 국방부로 파일을 옮겨달라고 요청했다. 외무부에도 비슷한 요청을 했고, 파일은 또다시 옮겨졌다. 그 결과, 톨스토이가 열람을 원했을 때 문서들을 이용할 수 없었다.

이런 음모가 존재했다는 것은 톨스토이의 당초 고소에 약간의 진실이 있음을 보여준다. 이 문제가 아직까지도 해결되지 못한 것은 결코 놀랄 일이 아니다. 하지만 비난의 화살은 주로 1945년에 발생한 일에 맞추어져야만 한다. 당시의 상황을 살펴보면, 강제송환 담당자들은 상부의 명령을 묵묵히 수행함으로써 번거로운 일을 피하려 했다고 전해진다. 그들은 6년 동안의 전쟁에 지쳤고 이제 좀 조용히 살고 싶었다. 자연 소련에게 동조하는 입장이었고 그들과 문제를 일으키고 싶지 않았다. 때문에 자신들이 되돌려 보내는 사람들의 운명을 별로 신경 쓰지 않았다. 그들이 과연 현명하게 처신했는지 여부가 크게 의심받은 것은 공산주의 정권이 몰락한 뒤였다.

지속적인 논쟁, 출발점을 다시 찍어봐

 조지 워싱턴은 위대한 장군이었을까

만약 1783년 독립전쟁에 가장 크게 공헌한 사람이 누구인지 미국인에게 물어본다면, 거의 만장일치로 조지 워싱턴을 들 것이다. 그가 없었다면, 아무도 변경 개척민과 사격수들을 효율적인 군대로 단련시키지 못했을 것이다. 그가 없었다면, 그 누가 숱한 패배를 겪고도 최종적인 승리를 쟁취할 수 있었을까? 이렇게 말하면서 워싱턴을 일방적으로 칭송한다. 그래서 미국의 현대 논평가들은 워싱턴의 실패를 될 수 있는 대로 은폐하고, 그의 승리에서 될수록 좋은 것만 뽑아내 그를 군사적 천재로 둔갑시켰다. 영국의 현대 논평가들은 미국의 성공을 워싱턴의 군사적 능력이 아니라 영국군 사령관, 특히 몹시 무능한 하우 장군의 탓으로 돌리고 있다. 어느 쪽 주장이 더 진실에 가까울까?

워싱턴은 군사적 배경이 없었다. 그는 처음에 서부 변경지대에서 측량기사로 일했기 때문에 인디언의 싸우는 전술을 직접 관찰할 기회가 많았다. 버지니아 식민지 의회는 지형을 잘 안다는 이유로 그를 군 장교로 임명했다. 그는 1755년 포트 듀케인을 점령하려다가 실패로 끝난 브래독 원정대에 참가했다. 여기서 워싱턴은 브래독의 생존한 부대원들을 재난에서 구해내면서 상당한 용기와 능력을 발휘했다. 식민지 의회는 워싱턴을 버지니아 군사령관에 임명함으로써 그의 공적에 보상했다. 1758년, 그는 포트 듀케인을 점령함으로써 3년 전의 패배를 설욕했다. 그 뒤에 워싱턴은 군 생활을 그만두고 자신의 영지로 되돌아와 지방 정계에 입문했다.

1774년, 영국과 식민지의 분쟁이 확산되었을 때 워싱턴은 제1차 대륙회의 대의원이 되었다. 1775년 4월에 렉싱턴에서 교전이 벌어졌고, 제2차 대륙회의는 전투를 조정하기 위해 의회 식민지군의 최고사령관을 임명하기로 결정했다. 이때 워싱턴은 단일 후보는 아니었다. 사실 워싱턴의 일부 나중 문제들은 헨리 리 장군(남북전쟁 때의 로버트 리 장군의 아버지)처럼 사령관직에서 탈락한 지망자들이 일으킨 것이었다. 하지만 군사와 정치 경험을 겸비한 워싱턴의 능력이 결국 이겼고, 그리하여 1775년 6월에 사령관으로 임명되었다.

워싱턴의 부대원들은 하나같이 용감했고 헌신적이었다. 하지만 영국의 정예군과 상대할 정도로 단련시키려면 그들을 민간인에서 병사로 바꿔야 했다. 그들은 숙련된 기수, 전문적 사수, 기꺼이 싸우려는 사람들이었지만 아직 오합지졸이었다. 2년 동안 워싱턴의 주된 임무는 병사의 단련이었다. 그는 부하들의 존경을 받았고, 또 그들이 장교를 존경하게 만들었다. 그들은 서서히 오합지졸에서 탈피하여 진정한 군대가 되었다. 하지만 병력의 규모는 작았고, 가끔 드문 경우를 제외하면 야전의 산개한 대형으로 싸우는 위험을 걸 만큼 숙련된 전투 기술을 갖지도 못했다. 하지만 워싱턴 군대는 영국에서 보았을 때 눈엣가시였다. 만약 워싱턴이 보유한 뛰어난 기수들을 가지고 기병대를 만들었다면 그것은 영국에게 훨씬 더 큰 위협이 되었을 것이다. 기병대는 18세기 병법에서는 아주 소중한 자원이었지만 기동 전술은 워싱턴의 강점이 아니었다.

워싱턴의 1776년 도체스터 하이츠(고지高地) 점령은 보스턴 함락으로 이어졌지만 상당히 경솔한 모험이었다. 단지 영국군이 지세의 유리한 이점을 제대로 살리지 못했기 때문에 성공한 작전이었다. 그는 뉴욕 방어에 성공하지 못해 부대를 위험에 노출시켰고, 화이트 플레인스에서 취약한 중앙진지와 고립된 우익은 재난을 초래했다. 하지만 그가 영국군 장군 하우의 무능을 꿰뚫어보았기 때문에 위험을 무릅쓸 가치가 있었다. 그는 1776년 12월 트렌튼에서 얼어붙은 델라웨어 강을 건넜을 때 많은 찬사를 받았지만 도강 속도는 아주 느렸다. 식민지군은 새벽까지 독일 용병의 주요 진지에 도착하지 못했고, 영국군이 작전을 잘 전개했더라면 식민지군은 엄청난 위험에 처했을 것이다. 1777년 9월, 하우 장군이 브랜디와인에서 워싱턴을 패배시킨 경우에서 볼 수 있듯이, 산개한 전투대형이라면 식민지군은 영국군의 적수가 되지 못했다. 워싱턴의 전략이 뛰어난 것은 1777~78년 겨울 포지 계곡에서 야영했던 시기에 분명히 증명되었다. 워싱턴은 뉴잉글랜드의 혹독한 겨울 날씨에서 자신의 부대를 단련시켰다. 이 역경을 통하여 그는 오합지졸을 단결된 부대로 응집시킬 수 있었다. 무엇보다도 그의 야영은 하우 장군으로 하여금 약 20마일 떨어진 필라델피아의 막사에 틀어박히게 만들었다.

하지만 1778년 6월, 뉴저지의 먼마우스 코트 하우스에서는 예전의 전술적 취약점이 거듭 드러났다. 워싱턴이 만약 영국군의 후미가 아니라 중앙을 공격했더라면 클린턴을 물리칠 기회가 있었다. 그는 또 다시 기병대의 활용을 고려하지 않았다. 기수들은 기병 훈련이 부족했기 때문에 후퇴하던 영국군 보병을 공격하여 혼란에 빠뜨릴 기회를 놓쳤다. 이것은 산개한 대형에서 싸운 마지막 전투였다. 클린턴의 영국군은 뉴욕에 남아 방어했지만, 워싱턴은 허드슨 인근에서 야영하며 영국군을 감시했다. 이때 워싱턴의 어려움은 가중되었다. 보급품은 물론 군자금도 부족했다. 워싱턴은 정치적 협상 능력을 유감없이 발휘하여, 인색하기 짝이 없는 다양한 식민지 당국들로부터 지원금을 받아내 자신의 군대를 존속시킬 수 있었다.

워싱턴의 위대한 순간은 1781년에 찾아왔다. 병력이 줄어든 뉴욕의 클린턴(클린턴은 콘월리스를 버지니아로 파견했다)을 공격할지 아니면 버지니아로 간 콘월리스를 공격할지 막연했다. 프랑스가 이제 제해권을 장악했고 콘월리스를 요크타운 요새의 덫에 빠뜨릴 수 있다는 얘기를 듣자 그는 마음을 굳혔다. 뉴욕의 클린턴을 공격하는 것처럼 양동작전을 벌이면서, 워싱턴은 채 한 달도 안 되는 사이에 400마일 떨어진 남부로 군대를 이동시켰고, 라파에트의 프랑스 육군 및 드 그라스의 프랑스 함대와 합동작전을 전개하여 콘월리스 휘하 7000명의 병사들과 함께 콘월리스의 항복을 받아냈다. 이것은 위대한 전략의 극치였다. 이것으로 전쟁은 사실상 끝난 것이나 다름없었다.

이렇게 볼 때 워싱턴은 국지전에 뛰어난 전술가라기보다는 전쟁을 승리를 이끄는 위대한 전략가였다. 어쩌면 병력, 보급품, 정치적 지원이 더 많았다면, 또는 버지니아의 빠른 말들을 잘 활용했다면 그는 더 이른 시간에 더 많은 승리를 얻었을 것이다. 그럼에도 불구하고 그는 전쟁의 승리에 크게 공헌했다. 대통령이 된 그의 말년 활동은 주로 전시에 미국을 결속시켰던 유대관계를 평화 시절에도 강화하는 것이었다. 하지만 그것은 전시 못지않게 힘든 일이었다.

## 111

루이 16세는 폭군이었을까
아니면 그저 무능한 왕이었을까

정적과 비판자들은 생전의 루이 16세에 대하여, 접근하기 어렵고 낭비벽이 심한 폭군이라고 비난했다. 이런 견해는 진실일까, 아니면 단순한 허구일까? 그가 피로회복을 목적으로 사냥터에서 불쌍한 농부들의 목을 베어 그 싱싱한 피에 자신의 피곤한 발을 담갔다는 얘기가 가끔 전해졌다. 이런 황당한 얘기가 널리 퍼졌다는 것은 그의 이름과 관련된 두려움과 공포를 증명한다. 하지만 그는 진짜로 폭군이었을까?

루이는 그의 아버지 루이 도팽이 왕위에 오르지 못한 채 10년 전에 세상을 떠났기 때문에 1774년 할아버지 루이 15세가 붕어하자 프랑스 왕위를 물려받았다. 그는 상상력이 부족하고 신경이 무딘 청년이었기 때문에 할아버지는 그에게 실망하는 일이 많았다. 루이는 왕이 되어서도 국가 문제보다도 야외 사냥을 돌아다니는 것에 관심이 많았고, 시계 고치기 취미가 있어서 어설프게 시계를 만지작거리기도 했다. 그가 승인해야 하는 국가적 문제가 아무리 중요하더라도 사냥터에 나가지 못하고 하루를 보낸 날에는 자신의 일기에 "오늘 짐은 아무 일도 하지 않았다"고 기록할 정도였다. 그것을 뭐라고 부르든 이런 행동은 결코 폭군을 만들어내지 못한다. 그는 유럽의 강대국인 프랑스에서 절대권력자라는 신분에 힘입어 큰 권력을 통제했다는 의미에서만 폭군이었다. 그러니까 제도상의 폭군이었지 실제로는 사냥을 좋아하고 시계 고치기를 좋아하는 평범한 사람이었다.

사실, 프랑스 헌법은 비공식적인 불문법이었지만 그에게 어마어마한 권력을 부여했다. 그는 자유롭게 법을 제정하거나 바꿀 수 있고, 의회가 그에게 부과한 형식적 제한은 하찮아서 있으나마나한 것이었다. 그는 세금을 부과하거나 고칠 수 있고, 전쟁이나 평화냐를 결정할 수 있고, 대신들을 자신의 뜻대로 임명하거나 해임할 수 있었다. 그는 어떤 제한이나 재판 없이 특별영장으로만 마음 내키는 대로 신하들을 투옥할 수도 있었다. 그는 자신의 의지에 반하는 어떤 일이든 하지 않을 수 있었다. 베르사유 궁전에 출입하는 많은 조신朝臣들은 그를 교묘하게 설득해야만 왕의 의지를 조종할 수 있었다. 수도와 지방 각지에 많은 직업군대를 주둔시켰고, 또 파리에 거대한 왕실 요새(파리 시민들에게 두려움을 일으켰던 '건물' 곧 바스티유)를 세워 놓아 그 누구도 왕의 권력과 권위에 도전할 수 없었다.

문제는 그가 권위를 남용한 것이 아니라 아예 사용하지 않았다는 것이다. 그는 자신의 당당한 지위, 그리고 군주제를 둘러싼 전통의 힘을 단단히 믿었기 때문에 권력을 행사하고 싶어 하지 않았다. 어떤 비판자들은 그가 오히려 더 정력적이면서 단호하기를 바랐고, 폭군이라기보다 무관심하고 나태한 왕이라서 비판했다. 그들은 그를 연못에서 하릴없이 뒹구는 '통나무 왕King Log'(이름뿐인 왕)이라고 생각했을 뿐, 백성을 지켜보다가 반대하는 자를 자신의 부리로 쪼는 '황새 왕King Stork'(폭군)이라고 생각지는 않았다. 정치·경제적 문제가 가중되고 있던 당시, 프랑스는 이처럼 무능한 지도자를 선장으로 삼다보니 나아갈 방향을 잃고 헤매고 있었다.

튀르고와 네케르와 같은 다양한 재무장관들은 루이에게 프랑스의 재정구조를 뜯어고치라고 권했고, 특히 국가의 실제 세수 능력에 근접하는 세금 징수액을 확정하기 위해 성직聖職과 면세특권, 귀족의 특권을 견제해야 한다고 건의했다. 하지만 루이는 이런 급진주의를 거부했다. 그가 이렇게 한 것은, 면세특권이 법적인 절차로 돈 주고 사들인 것이어서 그 특권을 판 다음에 곧 취소해 버린다거나 아예 면세특권을 인정하지 않고 새로운 세금을 부과하는 것은 너무 야박하다고 생각했기 때문이었다. 그는 낡은 제도의 불필요한 요소를 정리할 결심이 서지 않았다. 게다가 세금 징수 과정이나 회계감사를 촉진하는 재정회계의 새로운 방법을 알아보는 적극적인 상상력이 없었다. 그는 프랑스 국정에 문제가 있다는 것을 알고 있었지만 그 문제를 해결하려는 단호한 의지가 없었다. 그에게 국정에 관해 마지막으로 진언했다는 한 보좌관은 이런 말을 했다고 한다―"오믈렛을 만들려면 먼저 달걀을 깨트려야 합니다." 루이 뒤에 등장한 나폴레옹은 이것을 실천하려는 단호한 근성이 있었다.

그가 1787년 의회에서 개혁에 반대하는 귀족들과 대면했을 때, 또는 150년 전인 1614년부터 국가가 처음 선출한 삼부회를 만났을 때, 그는 사람들을 제압하며 국정을 이끌어갈 재치나 개성을 보이지 못했다. 만약 그런 재능을 보였더라면 프랑스는 그를 존경했을 것이다. 그가 할 수 있는 일이라곤 발을 동동 구르면서 평소보다 더 시무룩한 표정을 짓는 것뿐이었다. 그는 중요한 문제에 직면하면 우유부단한 성격을 보였고, 신하들을 너무 부드럽게 대하기 때문에 그 누구도 왕을 두려워하지 않았다.

한편, 프랑스의 진보세력과 반동세력은 일약 전면에 나서서 최종단계로 치달을 준비를 했다. 드디어 혁명적인 상황이 닥쳐왔다. 이때 루이는 외국의 원조를 받아 사태를 수습하기 위해 바렌느에서 오스트리아 국경으로 도망치려 했으나 그 계획은 왕비 때문에 미수에 그쳤다. 루이는 그 과정에서 정치범으로 체포되어 파리로 되돌아왔다. 그의 정치적 판단력에는 시비를 걸어볼 수 있겠으나 그의 개인적 용기는 의심할 수 없다. 1789년 10월 베르사유로 행진할 때, 또는 1792년 8월 폭도가 튈르리 궁전을 공격했을 때, 루이는 신상의 위험에도 불구하고 의연하게 행동했으며 부드러운 목소리로 왕비의 안전을 요청했다. 갈퀴와 창을 들고 시위를 벌이며 왕비를 내놓으라고 소리치는 폭도에게 둘러싸였지만 루이는 조금도 위축되지 않았다. 그는 침착한 목소리로 그들에게 얘기했고, 붉은 '자유의 모자'를 머리에 써보이며 그들의 비위를 맞춰주는 가운데서도 왕비를 내놓으라는 요구는 거부했다. 그는 몇 달 뒤에 인민에 대한 범죄(대역죄에 대한 새로운 해석) 때문에 재판이 열렸을 때 역시 침착했고 당당했다. 1793년 1월, 그는 기요틴으로 씩씩하게 걸어갔고 자신의 명성에 비겁자라는 오명을 남기지 않았다.

루이 16세는 가증스러운 폭군이 아니었다. 그는 단지 자신의 능력에 버거운 직책을 맡은 무능한 인간이었을 뿐이다.

## 112

로베스피에르는 정치가인가
아니면 테러리스트인가

막시밀리앵 로베스피에르는 프랑스 혁명가들 중에서 가장 유명한 인물이다. 피비린내 나는 무자비한 공안위원회의 대표적인 인물이고, 그리하여 공포시대를 상징했다. 하지만 이것은 공평한 평가인가?

로베스피에르는 동시대인과 역사가 양쪽에게 수수께끼 같은 존재였다. 한편으로는 이상주의자—고상한 원칙의 남자—라는 평판이 있었는데, 그 때문에 칼라일은 그를 가리켜 "바다의 옥빛처럼 청렴결백하다"고 말했다. 다른 한편으로는 공포시대를 초래한 무자비한 주인공으로 기억되고 있다. 그가 살육의 대상으로 삼았던 귀족의 복장을 세심하게 떨쳐입었다고 해서 그를 덜 잔인한 테러리스트로 만들어주지는 않았다. 그가 자신감이 부족하고 신경질적인데다가 사람들 사이에서 소외감을 느끼고 개인적 인간관계가 소심했다는 사실도 그를 덜 잔인한 테러리스트로 만들어주지 않았다. 그의 청렴결백과 이상주의는 어느 정도 많은 동료들과 공유되었는데, 그것 자체로 무자비한 태도가 부정될 수 있는 성격은 아니다.

그는 고상한 이상에 도달했지만 헛수고에 그친 지도자, 청교도적인 정치가일 수도 있다. 자신의 이상에 동조하지 않은 개인들을 불편하게 생각한 사람, 미봉책이나 타협을 거부했던 사람, 개인이 각자 자신의 결점을 극복할 수 있다면 엄청난 잠재력을 실현한다고 믿었던 사람, 그런 사람이었다. 그는 자신의 의견에 반대하는 경향을 잘못된 것 또는 비뚤어진 것이라고 믿었기 때문에 독선에 빠져 매사에 엄격했고 그것이 결국 자신의 파멸을 초래했다.

그는 변호사로서 경력을 시작했고, 1789년 아르투아 지구의 의원으로 정계에 입문했다. 미라보는 평소 그를 위험한 미치광이라고 생각했다. 특히 로베스피에르가 엄청난 열정과 야심을 가지고 인권과 관련된 난해한 내용을 열렬히 연설했을 때, 그가 국가를 재난으로 몰고갈지 모른다고 생각했다. 로베스피에르는 루이 왕의 바렌느 도피를 보고서, 혁명이 반反혁명에 의해 밀려나는 일이 없도록 하기 위해 공화주의자가 되었다. 그는 처음에 전쟁과 폭력을 둘 다 반대했다. 하지만 나중에는 전쟁을 지지하게 되었는데, 여기에는 그의 적들이 그것을 부추긴 측면도 있었다. 그는 인간의 해방 과정에서 혁명을 불가피한 단계라고 보았다. 1792년 의회에 선출된 그는 곧 자코뱅의 정책을 옹호했고, 자코뱅은 서투르게 전쟁을 일으키면서 중앙집권에 반대하는 온건파와 대립했다. 전쟁이 시작되어 외침外侵의 위험이 닥쳐오자 로베스피에르는 혁명을 위협하는 사람들을 숙청해야만 혁명을 구할 수 있다고 확신했다. 그는 '9월 학살' 관련자들을 징벌하지 않음으로써 인민재판을 신봉하는 태도를 드러냈는데, 인민재판은 사실 린치나 다름없는 것이었다. 왕에 대한 재판이 열렸을 때 그는 평소 극형을 반대했던 자신의 소신과는 다르게 사형을 요구했다—"국가가 살려면 루이가 죽어야 하기 때문이다." 그는 사형을 선고해야 하는 혁명재판관이 되는 것을 거부했고, 루이

16세를 처형하는 날에는 집에 틀어박혀 문을 걸어 닫고 칩거했다.

이렇게 그는 유혈과 숙청 사태를 밀고 나갔다. 하지만 그는 나중에 혁명법원에서 활동할 때는 재판에 많이 개입하여 관대한 처분을 내렸다. 그는 숙청을 사형의 관점에서 보지 않았고, 사회의 병든 부분을 도려내는 수단으로 보았다. 지나치게 미덕·순수·신앙을 강조했기 때문에 동료들 사이에서 인기가 없었고, 그의 심문하는 듯한 눈초리는 두려움의 대상이었다. 하지만 그는 공안위원회를 장악한 실세였고 대중의 인기를 사로잡은 우상이었다. 또 그는 숙청을 강조하여, 사람들의 마음에 희망과 두려움을 동시에 불어넣었다―"공포가 없다면 미덕은 불가능하다. 미덕이 없다면 공포는 무의미하다."

사회정의는 대가를 치르고 얻어야 한다는 것이었다. 1793년과 1794년의 몇 달 동안 위기의 와중에 위험이 가중되었을 때 기요틴에 의한 숙청이 대대적으로 수행되었다. 로베스피에르가 볼 때 당통 Danton(1792년, 군주제를 무너뜨리고 프랑스 제1공화국 수립을 주도했으며, 공안위원회 초대위원장이 되었으나 공포정치를 반대하다가 결국 단두대의 이슬로 사라짐_편집자)의 '관대위원회' 제안은 과격 공화주의와 에베르의 무신론 주장만큼이나 위험한 것이었다. 그런 자들이 로베스피에르의 권력 장악을 위협했다는 해석도 있다. 사회적 이상을 확신했기 때문에 자신의 권력 장악을 정당하다고 생각했고, 공직에서 봉사하는 것을 좋아했기 때문에 권력에 매달렸다는 것이다. 그의 이신론理神論 사상 또한 자신의 하늘빛 양복을 과시하는 태도 또는 국민의 정신적 욕구의 재확인에서 나온 사상이라는 해석도 있다. 하지만 사실을 털어놓고 말해보자면 그에게는 무자비한 독재자의 근성이 없었다. 로베스피에르의 성격은 대부분의 독재자와는 다르게 냉소벽과 야만성이 부족했다. 그는 자신의 철학에 따라 정치적 자유를 목표로 삼았고, 위기의 시기에 발생하는 혁명적 독재는 순전히 일시적 현상에 지나지 않는다고 보았다.

따라서 그가 폭군은커녕 진정 독재자인지 여부도 의심스럽다. 그는 공안위원회에서 지배적인 권위를 행사하지 않았고, 1793년 7월까지 상근위원도 아니었다. 바레르, 카르노, 프리외르 드 라 마른은 그보다 훨씬 더 많은 법령에 서명했다. 그가 1794년의 강화된 '공포'에 대한 책임을 혼자서 짊어질 이유가 없다. 그는 인민의 적이 사형에 처해지는 게 마땅하다고 보았지만 결코 일반 보안위원회 위원들이나 생 쥐스트('죽음의 천사') 등 광적인 동료들처럼 가혹하지 않았다. 그의 어떤 정책 결정은 그 판단력이 의심스러운 경우도 있었다. 과격 공화주의자들에게 계급회의에 참석해달라고 돈을 지불한 것이나 좌익(에베르)과 우익(당통)을 동시에 때리면서 정치적 줄타기를 했던 것 등은 어쩌면 위험천만한 결정이었을 것이다. 1794년 7월, 불특정 다수의 익명 위원들을 위협함으로써 의회에서 호통을 친 것역시 예전에 성공했던 술책을 다시 써먹은 것에 지나지 않았다. 하지만 이번에는 상황이 적대적으로 변했다는 것만이 달랐다. 이렇게 볼 때 그의 정치적 수완은 효율적인 행동보다 드높은 신념에서 더 많이 발견된다.

테르미도르(열熱의 달) 반대파가 그에게 기울인 지나친 관심 때문에 역사가들은 로베스피에르의 중요성을 과대평가해왔다. 그리하여 로베스피에르는 전적인 책임을 질 필요가 없는데도 공포시대를 상징하게 되었고, 결국에는 그의 작품으로 여겨지던 '공포'의 희생자가 되었다.

## 113

커스터 장군은 무모했을까
아니면 불운했을까

커스터 장군은 1876년에 미국 정부에서 파견한 원정군의 지휘관이었다. 상대는 수족, 샤이언족, 아라파호족 부대로 구성된 인디언 연합부대였는데, 몬태나의 리틀 빅혼 강의 계곡에 집결한 인디언 전사는 약 1만 2000명이었다. 어떤 사람들의 얘기에 따르면 커스터는 압도적인 다수와 맞서 마지막까지 싸운 영웅이었고, 또 다른 사람들에 따르면 때를 잘못 만난 불운한 장군이었다. 그 밖의 사람들은 그가 명령을 어기면서까지 어리석은 행동을 저질렀고 자신의 영광만을 추구했다고 보았다. 이처럼 의견이 중구난방이다보니 커스터 신화의 진실은 아직도 오리무중이다.

중서부 인디언들은 이미 절망적인 약자의 입장에 몰려 있었다. 남북전쟁이 끝났을 때 셔먼 장군은 인디언들을 사냥터에서 내몰겠다고 위협했고, 20여 년 동안 약 200차례의 대對 인디언 전투가 벌어졌다. 백인의 기술적 우위, 서부철도의 부설, 1849년 캘리포니아 주에서 금이 발견된 뒤의 골드러시, 인디언에게 주된 식량을 제공했던 버펄로 떼의 꾸준한 감소 등은 인디언을 곤경에 빠뜨렸다. 인디언은 추격을 받아 살해되거나 '인디언 보호구역'에 갇혀 농장에서 여자들이 하는 일이나 해야 했다.

1839년에 태어난 조지 암스트롱 커스터는 웨스트포인트 사관학교에서 훈련받을 때 대단히 명석한 생도였고, 남북전쟁 때는 야심에 찬 용감한 장교였다. 1866년, 그는 제7기병대의 사령관이 되었다. 그는 인디언 추장들 사이에서는 악명이 높았다. 현지의 수족을 진압하고 정착자의 금 탐색을 촉진하라는 임무를 부여받고, 1874년 다코타 경계의 블랙 힐로 파견되었다. 일반적으로 의지가 강하고 무모한 사람이라고 믿어지는 커스터는 인디언을 경멸했고, 그들에게 눈부신 승리를 거둠으로써 화려한 군 경력을 쌓고 싶어 했다.

1876년, 크레이지 호스Crazy Horse와 시팅 불Sitting Bull 인디언 추장이 일단의 전사들과 함께 인디언 보호구역으로 가라는 지시를 거부하자 이에 맞서 미국 정부는 백인 정예 원정대를 빅혼 산맥으로 파견했다.

총지휘를 맡은 테리 장군은 기번 대령과 주력부대를 빅혼 강의 남쪽으로 행군시키는 한편, 커스터의 제7기병대로 하여금 울프 산맥을 행군한 뒤, 빅혼의 북쪽으로 전진하여 인디언 부대가 야영했던 지점에서 만나는 계획을 세웠다. 하지만 커스터는 나름대로 작전의 아이디어를 가지고 있었다. 그는 기병대를 셋으로 나눠, 첫 번째는 길을 따라 산등성이를 수색하고, 두 번째는 강의 우안을 따라 계속 전진하고, 세 번째는 자신이 직접 지휘하는 215명의 부대를 좌안으로 이동시켜 인디언의 허를 찌르려고 했다.

하지만 첫 번째와 두 번째 갈래의 부하들은 월등히 많은 인디언과 만나 후퇴할 수밖에 없었고, 커스터는 퇴로가 끊겨 포위되었다. 그는 용감히 싸웠지만 결국 그의 소부대는 최후의 한 명까지 전사했다. 커스터가 전투의 어느 시점에서 죽었는지는 알려지지 않았다. 그는 자살했을지도 모르는데, 미군 병사들은 인디언에게 포로가 되기보다 '자살을 위해 마지막 총알 하나를 남겨두기' 때문이었다.

이것은 사실일 것으로 추정되는데, 왜냐하면 그의 시신은 토막 나지도 않았고 머리가죽이 벗겨지지도 않았기 때문이다. 인디언은 자살한 사람의 시체는 훼손하지 않는다고 알려져 있었다. 그래도 인디언 부족의 구술 전승에 따르면, 두 명의 여자 원주민은 커스터가 구두口頭협정을 헌신짝처럼 자주 무시한 탓에 화가 치밀어서, 죽은 자들 가운데 그의 시체를 찾아내어 시신에 흠집을 내지는 않은 채 가느다란 금속 바늘을 귀에서 머리로 찔러넣었다. 그것은 지키기로 한 조약을 못 알아듣는 '그의 막힌 귀를 뚫어 청력을 향상시키기 위한' 조치였다.

커스터의 패배는 그의 무모함 때문에 빚어진 것이 확실하다. 그는 만약 자신의 명성을 떨치기보다 상관의 명령을 그대로 지켰다면 안전했을 것이기 때문이다. 자만심이 작용한 것은 분명하지만 그 밖의 동기는 무엇이었는지 알려지지 않았다.

## 114

제1차 세계대전의 장군들은 무능한 죄인이었을까

역사를 전공한 사람이든 아니든, 1914~18년의 제1차 세계대전에 참전한 양측의 장군들을 신랄하게 비판했다. 이러한 비판은 지나치게 가혹한 것이었고, 어떤 경우에는 부당하기까지 했다.

전쟁이 4년 계속되는 동안에 서부전선에서 약 350만 명이 사망했다. 거듭된 공세가 수포로 돌아가면서 빚어진 어마어마한 인명피해는 영국에게 환멸을, 프랑스에게 하극상을, 독일에게 절망을 불러왔다. 1916년, 영국과 프랑스 장군들은 막대한 사망피해 때문에 비난받기 시작했지만, 승리해야 장군의 지위를 유지할 수 있기 때문에 값비싼 새로운 공세를 계속 시작했다. 따라서 많은 역사가들이 이런 결론을 내렸다.

"서부전선의 장군들은 무능하고, 자신들의 잘못에서 배우지 못하고, 전선에서 몇 마일 떨어진 사령부에 틀어박혔을 때만 자신감이 넘쳐흘렀다."

다음과 같은 어떤 장군의 말은 모든 군사령관의 전형적인 마음가짐을 보여준다고 하여 자주 인용되었다 ─ "우리는 사망자가 많이 날 것입니다. 하지만 적이 우리 병사를 죽이는 것보다 더 많은 숫자의

적을 죽일 것입니다." 장군들을 옹호하려는 입장은 주로 장군들의 전기에서 많이 발견되는데, 대체로 보아 장군들을 일방적으로 옹호하는 경향이 있다. 물론 이렇게 그들을 변명해주는 것은 가능한 일이지만 그건 결코 정당화되지 못한다.

1914년 이전의 군사훈련은 주로 기동작전을 바탕으로 이루어졌다. 예전의 전쟁에서 기병대가 돌파하면, 보병은 뒤따라가 남아 있는 저항부대를 소탕하는 것이 주된 전략이었다. 1차 대전 이전의 전쟁에서도 철조망과 기관총이 사용되기는 했지만, 그것들의 가치는 아직 진지전陣地戰에서 테스트되지 않았다.

1차 대전이 발발한 지 3개월 후, 유동적이던 서부전선이 교착상태에 빠지면서 양쪽의 군대는 참호를 팠고 전혀 예상치 못한 새로운 상황이 찾아왔다. 적군의 참호진지를 돌파하자면 할 수 없이 공격에 나서야 했다. 장군들은 오랜 시간이 지나서야 베르덩을 제외한 모든 주요 전투에서 공격 측이 방어 측보다 더 많은 사상자를 낸다는 것을 알게 되었다.

물론 연합군의 장군들은 공세에 나서서 승리를 거두라는 정치적 압력을 많이 받았다. 하지만 전쟁을 빨리 끝내야 한다는 애초의 기대는 물 건너갔다. 군사적으로 승리를 거두어야만 전쟁을 끝낼 수 있었기 때문에 장군들은 중무장한 진지를 계속 공격했다. 또 뭔가 행동에 나서야만 해임이 되지 않았다.

이러한 사실은 영국 원정대 사령관 존 프렌치 경의 경우에서 예증되었다. 그가 기동전 초기에 별로 두각을 드러내지 못하자, 프랑스 사령관인 조프르 장군과 영국 국방장관인 육군원수 키츠너 경이 그에게 무공을 세우라고 압력을 가해왔다. 그 압력을 못 이겨 루스의 적군 참호진지를 공격했으나 실패로 돌아갔고, 프렌치는 작전 실패를 포병의 지원 부족 탓으로 돌렸다. 영국 정부는 이에 노발대발했고 프렌치 사령관은 해임되었다. 이것은 진지를 벗어나 공세로 전환하고 싶어 했던 다른 장군들에게 경고 카드로 작용했다. 독일 장군들도 마찬가지로 정치적인 압력(이 경우에는 절대 군주 카이저의 압력)을 받고 있었다.

따라서 그들은 공격할 수밖에 없었지만 그렇다고 해서 전사자들에게 무관심했다고 생각한다면 그건 잘못이다. 사상자가 늘어 병력손실이 큰 군대는 전쟁을 계속할 수 없기 때문이다. 그리하여 베르덩의 경우를 제외하면 독일은 1918년까지 대공세를 피했고 단지 연합군보다 우월한 방어선을 구축하고, 공격받을 때까지 기다리는 작전으로 전환했다. 이것은 연합군 장군들 또한 선호했던 작전이었다. 하지만 베르덩 방어는 프랑스 전체의 운명을 결정지을 만큼 중요했기 때문에, 프랑스는 독일의 공세를 분산시키기 위해서 영국에게 공격을 간청했다.

이것을 신중하게 준비하는 데 몇 주가 걸렸고, 따라서 솜므 전투가 시작될 무렵 베르덩에서의 전투 준비는 완료된 듯했다. 영국 원정대의 신임 사령관 더글러스 헤이그 경은 포격으로 적의 전선을 말끔히 파괴할 수 있다고 확신했다. 그는 적이 후퇴하여 텅 빈 진지로 군대가 전진하리라고 예상했고, 그러면 사상자는 얼마 되지 않으리라고 보았다. 하지만 그의 생각은 틀렸다. 포격은 적의 철조망을 하늘로 날려보냈고 그것은 다시 땅으로 떨어져 예전보다 더 혼잡하게 뒤엉켰다. 영국군의 공세는 지역적인 작은 성공에 그쳤고, 헤이그는 하극상이 우려되는 프랑스 군대를 돕기 위해 엄청난 전자사가 발생에도 불구하고 솜므 전투를 계속했다.

독일군도 많은 전사자 발생에도 불구하고 베르덩 공격을 끈질기게 계속했다. 그들은 베르덩 함락이 프랑스의 항복으로 이어질 것이라고 굳건히 믿었다. 프랑스도 베르덩을 지키지 못하면 끝장이라는 심정으로 버텼고 그리하여 이 격전지에서 약 60만 명이 도살되듯이 죽어갔다.

잠시 프랑스는 수비적인 태세로 돌아섰고, 영국은 숨을 고르며 때를 기다렸다. 1917년 4월부터 프랑스와 영국은 미군의 도착을 기다리기로 했다. 하지만 헤이그는 1917년 6월 메신느 산등성이에서 독일군을 격파하자 자신감이 되살아났고, 독일군 전선을 돌파할 수 있다고 확신했다. 영국군은 이제 탱크를 소유했고 이것은 돌파구를 뚫을 것으로 보였다. 그는 승리의 영광을 미국에게 넘겨주고 싶지 않았고, 이탈리아 전선에 노력을 집중하면 승전의 가능성이 더 높다는 합리적 제안마저 물리쳤다. 헤이그의 고급 참모들과 내각의 대다수는 공격 작전을 의심스러워하면서 엄청난 전사자 발생을 피하고 싶어 했다.

헤이그는 1917년에 정말로 전쟁을 끝낼 수 있다고 생각한 듯하다. 하지만 뒤이은 파샹데일 전투는 앞으로 나아가지 못하고 플랑드르의 늪에 빠져 허우적거렸다. 철 아닌 여름비가 가을까지 계속 내려 통과할 수 없는 수렁으로 바뀌는 바람에 당초 탱크가 통과하기 좋은 평탄하고 탁 트인 지역이라는 예상은 빗나가고 말았다. 공격 측은 또 다시 방어 측보다 훨씬 심한 피해를 입었다.

1918년, 독일군은 셀 수 없이 많은 미군이 곧 도착할 것을 두려워하여, 연합군의 규모가 독일과 어느 정도 비슷한 이 시기에 공격하기로 결정했다. 또 군대를 증강하기 위해 러시아 전선에 나가 있던 독일군을 서부로 돌렸다. 루덴도르프는 공격자가 공격할 때 저지르는 잘못을 피하기로 했다. 그는 연합군의 정보부대를 혼란시키기 위해 야간에 부대를 이동시켰고, 무엇보다도 사전 포격 없이 전진시켰다. 과거에 연합군의 사전포격은 아군의 진지를 너무 많이 알려주어 작전이 실패로 돌아갔던 것이다. 하지만 루덴도르프는 한 가지 교훈을 배우지 못했다. 다시 말해, 그는 적들과 마찬가지로 상대방의 취약한 지점이 아니라 강한 지점을 끊임없이 공격했다. 그 때문에 너무 큰 피해가 나서 그의 공세는 곧 약화되고 말았다. 미국의 퍼싱 장군조차 처음에 이런 잘못을 저질렀기 때문에 미군의 전사자는 엄청 많았다.

이때 이동공격을 생각해낸 사람, 또는 누군가 말했듯이, 우연히 떠올렸던 사람은 포시 원수였다. 포시의 작전은 상황에 따라 적의 강력한 방어전선을 우회하여 더 취약한 전선을 공격하는 작전이었다. 1918년 11월 정전이 이루어질 무렵, 몇 군데를 제외하고 참호전쟁은 중단되었으며, 그 후 양쪽의 장군들이 내내 원했던 기동전으로 전쟁의 국면이 바뀌었다.

서부전선의 장군들은 오랜 시간이 지나서야 그들의 잘못을 알게 되었다. 전쟁에서 승리하려면 공격밖에는 대안이 없었다. 지루한 방어전은 정치 지도자들은 물론이고 장군들과 적장들에게도 참을 수 없는 것이었다. 하지만 장군들은 사망자를 무시할 만큼 무자비한 것은 아니었고, 희생을 무시한 채 공격을 명령한 것은 아니었다. 작전계획을 수립할 때 엄청나게 많은 사망자를 미리 예상하는 장군은 아무도 없었다.

니벨과 헤이그는 둘 다 적은 희생으로 공격에 성공할 것이라고 생각했기에 공격에 나섰으나 막상 구체적 손실을 알게 되자 경악했다. 대부분의 고급장교들은 전선을 방문하여 직접 전황을 살펴보는 경우가 드물었다. 따라서 장군들은 사상자 수에 냉담했고 그들 자신의 형식적 관료주의에 빠질 수도 있었다. 사실 현대 전쟁은 관료주의적 특성이 강했다. 하지만 그들이 사상자를 전혀 신경 쓰지 않았다고 생각해서는 안 된다. 설사 장군들이 전선을 자주 방문했더라도 참호의 교착상태를 끝낼 수 있었으리라고 보기 어렵다. 장군의 비판자들은 그들이 전장에서 마땅히 했어야 할 일보다 하지 말았어야 할 일을 더 많이 들춰내고 있는 것이다.

 레닌은 선동가인가
아니면 정치가인가

블라디미르 일리치 레닌은 생전에 볼셰비키 혁명의 아버지로 존경받았다. 1924년에 세상을 떠난 뒤, 방부 처리된 그의 시신은 정장을 입은 채 크렘린궁에 안치되었고, 모든 진정한 러시아 공산주의자의 순례 대상이 되었다. 반면에 비판자들은 웅변으로 대중을 뒤흔들고 공산주의의 이상을 타락시킨 선동가에 지나지 않는다고 보았다. 지지자들은 그의 실용주의가 진정한 정치가의 자질을 보여준다면서 만약 그가 좀더 오래 살았더라면, 소련 공산주의는 성공했을 것이라고 주장했다. 이처럼 찬반양론이 팽팽하게 맞서기 때문에 레닌에 대한 평가는 여전히 미완이다.

그가 데마고그(민중을 선동하는 자)라는 사실은 의심의 여지가 없다. 1917년의 어지러운 혁명 시기에 레닌은 폭도를 흥분시키듯이 쉽게 위원회를 뒤흔들 수 있었다. 세련된 청중에게는 지식인의 모습을 내보였고, 공장 노동자들에게는 작업 동료처럼 굴었다. 1917년, 볼셰비키는 선동가를 필요로 했다. 하지만 레닌이 생각할 때 볼셰비키는 2월 혁명의 정치가들과 협력하는 위험을 경고해주는 사람, 볼셰비키가 정권을 접수할 때가 되었다고 주장해주는 사람, 당의 소수

엘리트가 지도하는 정부가 필요하다고 설득하는 사람, 이런 사람이 필요했다.

10월 혁명의 초기에, 많은 중요 사항들이 서둘러 결정되어야 했다. 만약 레닌이 선동가 정도로만 그쳤다면, 볼셰비키 지도자들은 레닌에게 그처럼 화급한 시선을 돌리지 않았을 것이다. 레닌은 데마고그 이상의 존재였다. 무엇보다도 그는 명석한 두뇌, 그리고 일단 정해진 목적을 끈질기게 추구하는 집념을 갖고 있었고, 동료들은 그 점을 높게 평가했다.

따라서 레닌에게는 선동가 이상의 자질이 있었다. 하지만 그를 정치가라고 부를 수 있을까? 어떤 의미에서는 아니다. 그는 '국제적인' 정치가가 아니었다. 1917년 이후 그는 러시아 바깥으로 여행을 떠나본 적이 없었다. 그는 외국의 정치가를 만나지 않았고, 소련이 고립주의가 아닌 상호주의를 추구할 때에는 외교행위를 다른 사람들에게 맡겼다. 하지만 정치력은 반드시 국제무대에서만 검증되는 것은 아니다. 일반적으로 말해서 정치꾼은 당 노선을 따르면서 개인적인 의견을 당의 강령 아래 두는 일꾼이다. 반면에 정치가는 당을 초월하여 국가 문제의 필요성을 본격적으로 다루는 사람이다. 비록 그것이 인기가 없거나 당의 원칙에서 벗어나더라도 밀고 나가야 하는 것이다.

레닌은 행동의 여지가 상당히 많았다. 칼 마르크스는 공산주의의 일반원칙을 세웠고, 레닌은 그 원칙을 충실히 따랐다. 하지만 마르크스는 공산주의 이론을 구체적으로 어떻게 적용할지 세밀하게 설명하지 않았다. 그는 변증법 분석이 뛰어났지만 구체적 실천 사항에 들어가면 막연했다. 이것 때문에 레닌은 정책을 만들어낼 뿐 아니라 해석할 여유를 얻었다. 그는 과감하게 결정했다. 제헌의회 해산과 독일과의 전쟁 등 논란의 여지가 있는 문제들에서 단호했다. 레닌은 당시 동료들을 이렇게 설득했다 ─ "소련이 동유럽 지역 일부를 포기하면서 제1차 대전에서 탈퇴하는 근거인 브레스트-리토프스크 조약은 단명한 조약으로 끝나고 말 것이다." 그 예언은 적중했다. 하지만 그 조약을 뒤집어엎은 것은 레닌이 기대했던 세계혁명이 아니라 스탈린과 히틀러의 불가침조약이었다.

소련 내전의 와중에 레닌은 군사령관을 선택할 때 능력을 보여주었고, 브루실로프 등 황제시대 장교들을 기용하는 데에도 반대하지 않았다. 그는 트로츠키와 스탈린 같은 부하들을 다루면서 상당한 솜씨를 보여주었다. 두 정치적 라이벌의 개인적 증오심은 전쟁의 전략을 위험에 빠뜨릴 수도 있었는데, 레닌이 적절히 조정하여 무마했던 것이다. 하지만 전후戰後의 기근은 엄청난 비극이었다. 나중의 스탈린과 달리 레닌은 기근의 존재를 부인하지 않았고, 자존심을 내세우며 국제적인 원조를 거부하는 짓 따위는 하지 않았다. 기근은 공산주의 경제의 실패를 알렸고, 레닌은 '전시 공산주의'를 신경제정책 NEP으로 바꾸면서 정통적인 엄격한 공산주의 원칙을 어느 정도 포기해야 한다는 것을 알게 되었다. 크론슈타트 해군기지의 반란(1921년)은 레닌이 얼마 동안 생각해오던 사항을 확인해주었다. 그건 국가가 공산주의 계획경제를 받아들일 준비가 충분히 될 때까지 자본주의와 타협이 필요하다는 것이었다. 그는 NEP를 지속할 의도는 없었지만, 반대하는 동료들을 설득하여 NEP를 조금이라도 받아들이게 한 것은 그의 수준 높은 능력과 리더십 덕분이었다.

볼셰비키라는 소규모의 특권적 지배 엘리트는 불가피하게 폭력을 사용하여 권력을 유지했다. 내전을 겪으면서 레닌은 정적들을 경멸하던 사람에서 확 바뀌어 그들을 무자비하게 제거하는 폭군으로 바뀌었다. 권력을 완전히 손에 틀어쥐자 그의 무자비했던 성격은 다소 원만해졌다. 레닌이 뇌졸중으로 쓰러지던 무렵에 이미 전체주의 국가의 틀은 확고히 형성되어 있어서 쉽게 폐지될 수 없었다. 이때 레닌은 권력이 극소수의 사람들에게 집중되는 것을 지켜보면서 권력남용의 위험을 우려하기 시작했다. 따라서 그의 유언은 스탈린의 성품을 예리하게 꿰뚫어보았고 트로츠키의 몇 가지 약점을 걱정스럽게 지적했다. 하지만 생전에 그를 존경했던 동료들은 이제 죽을병에 걸린 그를 저버렸고, 유언은 무시되었다.

레닌이 아니었다면 볼셰비키 혁명은 없었고, 설령 혁명이 일어났더라도 실패했을 것이라고 주장할 수 있다. 또 강화된 공산주의 국가를 성공적으로 후계자에게 넘긴 업적을 레닌의 위대함으로 돌릴 수도 있다. 그것이 그의 정치가 자격을 증명할 수 있는지 여부는, 그가 시작한 70년의 소련 공산주의가 유익한 것이냐 아니냐에 따라 판가름날 것이다. 공산주의 역사가들은 그에게 경의를 바치겠지만, 경제 역사가들은 비판적 평가를 내릴 것이다.

## 116

# 에드워드 8세는 과연 나치였을까

에드워드 8세에게는 이런 비난이 따라다닌다―"나치 동조자였고, 전시에 독일의 승리를 희망했고, 나치의 보호 아래 영국 왕으로 복위하기를 바란 인물." 이러한 비난의 증거는 주로 정황적인 것이다. 그런 증거로는 에드워드의 전전戰前 독일 여행, 그의 친親나치 발언, 전시에도 정보를 독일 외교관에게 넘긴 행위, 1940년에 포르투갈을 떠나지 않으려 했던 태도, 바하마에서 보낸 그의 개인 편지 등을 들 수 있다. 독일 소식통도 1939~40년에 저지른 에드워드의 소행이 바보짓이기보다 반역에 가까웠다는 견해를 보이고 있다.

1936년 12월, 영국 왕 에드워드 8세가 퇴위했다. 두 번 이혼한 여자 월리스 심프슨 부인과 결혼하려는 그의 계획을 정치가들과 여론이 반대하자 왕위를 포기하여 동생인 요크 공에게 넘겨주었고, 그와 신부는 자진하여 프랑스로 망명했다. 그는 퇴위 당시의 상황 때문에 영국 정치가들을, 퇴위한 뒤에 자신을 홀대한 국왕 조지 6세(에드워드의 동생)를 대단히 미워했다. 그는 윈저 공이라는 칭호를 받았지만 아내는 왕족의 지위를 얻지 못했다.

전시에 독일 정부는 에드워드를 나치 동조자라고 판단하여 그를 복위시켜 주겠다는 생각을 내비쳤다. 그들은 그렇게 하자면 먼저 영국을 정복해야 하겠지만 그 사이에 그의 신병을 확보하여 친독일 동조행위에서 유리한 선전 고지를 점할 수도 있었다. 에드워드가 기꺼이 이런 독일의 계획에 참여할 생각이 있었다는 주장이 거듭 나오고 있는데 여기에는 얼마간의 진실이 깃들어 있을까?

에드워드의 정치적 성향은 가끔 우익보다 좌익에 더 동조했지만, 나치는 당초 그를 사회주의자라고 보았다. 에드워드는 확실히 실업에 관심을 기울였고, 1936년 사우스 웨일스를 방문하여 "뭔가 조치를 취해야 한다"고 주장하여 정치가들을 경악시켰다. 그의 솔직한 견해 때문에 어떤 정치가들이 그를 퇴위시키기로 결정했다는 얘기가 있지만 증명되지 않은 억측일 뿐이다. 하지만 히틀러를 추종하여 악명이 높았던 미트포드 가문의 사람들과 친분이 있었던 탓에 그가 독일을 방문했던 것은 사실이다. 그는 독일인의 마음에 드는 행동을 보여주었고, 정치적 문제를 경솔하게 언급한다는 평판이 뒤따랐다. 윈저 부부는 퇴위할 때의 섭섭함 때문에 방독을 말리는 영국 정부의 조언을 무시하고 현명치 못하게도 독일행을 강행했다. 그들은 훨씬 더 경솔하게도 1937년 10월 히틀러와 함께 사진을 찍었다. 나치는 그 사진을 대대적으로 선전했고 영국은 당혹스러워했다. 에드워드는 나치가 실업 문제를 다루는 방법을 존경했고, 게다가 권위주의적 통치에 본질적인 반감이 없는 사람이었다. 전전戰前에 파시즘을 찬미하는 상류층 사람들이 에드워드 말고 많이 있었지만, 그런 찬미자들은 곧 파시즘을 버리고 제2차 세계대전에서 연합국을 이끄는 지도자의 대열에 합류해 버렸다.

전쟁이 발발하자 윈저 공의 독일 방문은 갑자기 끝나버렸다. 독일이 1940년 프랑스를 침공하면서 공작 부부는 내키지 않았지만 프랑스 거처를 떠나야 했다. 어떤 사람들은 이렇게 주장했다. 공작 부부는 순진하게도 전전의 사생활을 계속할 수 있고, 독일이 그들을 정치적으로 이용하지 않을 거라고 생각했기 때문에 침략자들에게 협조하려 했다는 것이다. 부부는 리비에라에서 잠시 머문 뒤 거처를 포르투갈로 옮겼다. 이곳에서 윈저 부부는 전시에도 불구하고 독일 외교관들을 초대했고, 독일인들은 저녁 식탁에서 무심코 대화하다가 얻어들은 연합군의 전쟁과 관련된 유익한 정보를 베를린으로 보낼 수 있었다. 에드워드는 전쟁이 속전속결로 끝나 평화협상이 이루어지기를 바랐고, 독일의 영국 공습이 영국을 협상 테이블로 끌어낼 것이라는 의견을 피력하기도 했다.

특히 독일인들이 윈저 부부를 설득하여 스페인으로 이주시키려고 하는 상황에서 윈저 부부가 포르투갈에 계속 남아 있는 것이 영국의 안보를 위협할지도 모른다고 영국 정부는 판단했다. 그래서 나온 것이 공작에게 바하마 제도 총독으로 부임하라는 제안이었다. 에드워드는 바하마 제도에 발이 묶이는 것을 싫어했고, 그곳으로 보내려는 처칠의 제안을 거부했다. 하지만 윈저 부부가 결국 가기로 동의한 것은 에드워드의 뒤늦은 애국심 때문이라고 어떤 사람들은 판단했다. 하지만 다른 사람들은 그렇게 보지 않았다. 처칠이 공작 부부에게 압력을 가했고, 에드워드가 영국 장교 신분을 유지했기 때문에 군법회의에 회부될까봐 마지못해 갔다는 것이다. 군법회의 이론을 뒷받침하는 구체적인 증거는 나오지 않았지만 에드워드가 그 전에 명령 불복종을 여러 번 저지른 것은 사실이다.

바하마 제도는 서대서양의 비교적 안전한 곳에 위치한 섬이었다.

그곳에 도착한 뒤에도 공작은 개인 편지에서 무심결에 계급적 편견을 드러냈고, 또 히틀러가 독일 국민에게 가져다준 혜택을 언급했다. 이렇게 개인적인 언급을 했다고 하여 공작을 반드시 나치 지지자라고 볼 수는 없다. 그는 물론 히틀러 정권의 어두운 면을 잘 알지 못했다. 나치 정권의 정치적 편협성과 반反유대주의는 알았지만 소름끼치는 강제수용소나 대학살은 몰랐다. 설사 히틀러가 영국 왕으로 복위시켜준다는 계획을 실천하려 했다고 하더라도 그가 나치의 꼭두각시 역할을 받아들였을 것이라는 뚜렷한 증거는 없다. 독일 쪽에서는 공작의 협력을 기대했겠지만 그것은 지나친 낙관론에 그쳤을 수도 있다. 처칠 자신은 독일 잠수함이 공작을 유괴할지도 모른다는 계획(좀 황당하게 들리는 계획)에 대비하여 바하마 제도를 방어할 생각이 없었다.

나치의 어떤 업적을 순진하게 찬양할 수 있지만 그런 찬양과 나치주의를 완전히 받아들이는 것은 서로 별개의 문제다. 공작이 또 나치주의를 받아들였다는 직접적인 증거는 별로 없다. 공작이 독일의 손아귀에 떨어졌다면 기꺼이 조국을 배신했을 거라고 보는 것은 더욱 황당한 생각이다.

공작은 1936년 영국 정부가 자신을 대우한 처사, 그리고 나중에 왕족들이 자신을 따돌린 처사에 분노를 품었다. 그는 당연히 바하마 부임을 그런 소외와 유형流刑의 연장이라고 생각했다. 하지만 이런 감정을 대역죄의 의도로 연결시키는 것은 아무래도 지나친 억측이다. 누가 나치주의의 어떤 측면에 동조한다고 하여 반드시 철저한 나치주의자가 되는 것이 아니다. 에드워드는 부주의하고 순진한데다 반항적인 사람이었을 뿐 그 이상의 결정적인 증거는 없다.

## 117

히틀러는 독재자인가
아니면 몽상가인가

히틀러가 처음부터 나치 독일의 정책노선을 명확히 수립했다고 생각한다면 그건 잘못이다. 이 널리 퍼진 전설을 깊이 살펴볼수록 그 증거는 점점 설득력을 잃고 만다. 히틀러는 1933년 집권했을 때 폭넓은 일반적 목표를 가지고 있다고 주장했지만 구체적인 정책에 대해서는 별로 깊은 생각을 하지 않았다. 정책을 폭넓게 언급하기 좋아하는 성향과 근본적으로 게을러서 문제를 충분히 생각하지 않는 성격 때문에 세부사항을 아주 지루하게 여겼고, 또 거기에 시간을 쏟으려 하지 않았다. 이것은 실제로 히틀러의 구체적 정책이 거의 없다는 뜻이기도 했다. 그렇다면 히틀러가 전체주의적 통제의 독재권을 강력하게 요청했다는 얘기는 어떻게 보아야 할까?

사실, 독일은 진정한 전체주의적 국가와 거리가 멀었다. 국가가 놀랄 만큼의 통제와 수색 조직—도청기, 교묘한 심문 기술 등—을 가지고 있었던 것은 맞지만, 이것들은 드문드문 적용되었을 뿐이다. 대외적으로 엄청 과시하던 국가통제는 실제로 누더기에 가까웠다. 방대한 기득권은 국가의 간섭을 전혀 받지 않았고, 개인적인 통제의 제국들private empires of control이 많았는데 히틀러가 눈감아주었거나 적극적으로 부추긴 그런 제국들도 있었다.

1933년에 독일 정책에 공백이 있었다. 이것은 권력이 여전히 공무원들의 손에 있었고, 또 분명한 정치적 주도세력이 없는 상황에서 공무원들이 바이마르공화국에서 넘어온 정책을 그대로 유지했다는 뜻이다. 히틀러는 이미 바이마르의 정책에 반대한다는 입장을 솔직히 밝힌 바 있었다. 히틀러는 그때 집권 구상에 몰두했을 뿐 정책 따위는 전혀 신경 쓰지 않았다.

제3제국은 총통이 그어놓은 분명한 길을 따라간 것이 아니었다. 그 길은 잇따른 여러 투쟁의 결과에 따라 결정되었는데 전체적으로 보면 그런 결과들이 나치 국가를 형성했다. 바이마르공화국 때 공직을 맡았고 새로운 나치 이념과 어울리지 않았던 보수적인 부르주아 정치가들은 별로 중요하지 않았다. 그들은 곧 밀려났다. 히틀러로서는 한편으로 정권에 특별한 권위주의를 부여해주는 경제력과 국방력이 중요했고, 또 다른 한편으로는 '국가사회주의' 운동에 동원하여 새 사회를 건설할 군중이 중요했다.

히틀러는 이 두 가지 요소를 어떻게 통합할지 잘 알지 못했다. 그는 통합이 저절로 이루어지기를 기다렸다. 그 과정에서 자신(히틀러)을 게임의 심판으로 자처하고, 투쟁 자체를 나치주의의 변증법적 성격이라고 보았다. 그 변증법적 절차에 의거하여 두 요소의 분열은 계속되었다. 곧 한편으로는 이윤, 효율성, 노동력의 통제를 요구하는 국방과 산업 계층이 있고, 다른 한편으로는 정치적 재편, 규율, 고용, 사회적 조화를 주장하는 나치 운동이 있었다. 두 세력의 접점은 재무장이었다. 그것은 '더 위대한 독일'의 건설에 필수적인 운동이었다. 바로 이 재무장에서 전자는 이윤과 힘을 알아보았고, 후자는 일자리와 번영을 내다보았다. 하지만 투쟁에서 이긴 쪽은 결국 군산복합체로 나아갔고 국가사회주의는 패배했다.

자칭 전체주의 독재자인 히틀러는 국정에 일일이 간섭하지 않는 이상한 습관을 가지고 있었다. 그런 수수방관적 태도는 적자가 생존할 뿐 아니라 적자의 아이디어가 패배한 자의 아이디어를 제압한다는 적자생존適者生存 신념의 일부였다. 따라서 그는 괴링, 히믈러와 같은 당의 심복이 통제하는 권위주의적 제국을 그런대로 허용할 수 있었다. 그들은 히틀러 총통의 지위를 침해하거나 당 정책에 거슬리지 않는 한, 마음대로 국정을 주무를 수 있었다. 그런데 히틀러 자신의 지위가 명확하게 규정되어 있지 않고 당 정책이 몹시 유동적이어서 예하 지도자들은 시험되지 않은 막연한 틀 내에서 활동하게 되었다. 일이 잘 되어갈 때는 그대로 내버려두지만 잘 돌아가지 않을 때에는 히틀러가 자신의 변덕에 따라 징벌을 가했다. 이런 애매모호한 국정 운영 상황 덕분에 히틀러는 자신의 게으름을 은폐하는 핑계거리를 얻었고, 발작적인 에너지를 사소한 프로젝트에 오랫동안 쏟아붓거나 옛날 영화를 시청하거나 백일몽에 빠지는 등 나태하게 지낼 수 있었다. 따라서 나치 통제는 마구잡이식이고, 정실과 독직이 만연하고, 배임이 횡행했다.

그는 한 가지 일에 여러 사람들을, 가령 비슷한 일에 두 사람을 임명하면서 그들에게 소관 업무를 명확히 설명하지 않는 기이한 습관을 가지고 있었다. 이를테면, 그는 외무장관 폰 노이라트를 한물간 구식의 부르주아 외교관이라고 무시하면서, 두 군데의 외교 문제 사무국을 설립하여 폰 리벤트로프(예전에 샴페인 판매상이고 자칭 영국 전문가)와 알프레트 로젠베르크(당 '이론가'이고 주로 동구에 관심이 많은 발틱 해 출신의 독일인)에게 각각 지휘를 맡겼다. 이것은 임명된 사람들 끼리 건전한 경쟁을 초래한다는 이점도 있었지만 효율적인 관리에 는 도움을 주지 못했다.

동시에, 합법적으로 이뤄진 독일 정부는 그 형태가 붕괴되었다. 1933~34년에 나치는 슈타트할터Stadthalters(정부 감독자)를 임명하 여 정부의 움직임을 감독했고, 예전의 모든 정당들을 대신하여 나치 당은 '국가의 당'이 되었다. 더 중요하게도, 괴링의 지휘 아래 게슈 타포(비밀경찰)를 설립하여 정규 경찰의 업무를 보강했고, 검은 제복 을 입은 엘리트 부대인 친위대SS(Schutz Staffeln)를 갖추었으며, 그 결 과 민간 경찰의 정규 업무는 점점 제자리를 잃었고 당은 법원을 거 치지 않고 제멋대로 행동했다. 바이마르헌법에 명기된 개인적 자유 의 보장은 중단되었다. 그 뒤부터 어떤 독일인도 임의적인 체포, 고 문, 투옥으로부터 자유롭지 못했다. 적절한 시민 통제에서 벗어난 무한한 권력과 더불어 나치 정부의 활동은 당시에 합법적으로 이루 어진 정권이기보다 저급한 지하세계의 갱단을 닮았다. 나치 지도자 들은 이 변덕스러운 체제를 마음 내키는 대로 사용했고, 오로지 히 틀러의 이론적 거부권에만 복종했다. 따라서 나치 정권의 야만성과 그에 못지않은 경박한 변덕이 굳건히 자리잡게 되었고, 그것은 나치 정권을 바라보는 사람들의 마음에 공포심을 심어놓았다.

 나치의 외교정책은 계획적이었을까 아니면 임기응변이었을까

1930년대 외교정책의 위기를 잇달아 겪었던 당대의 관측통들은 제2차 세계대전의 발발을 히틀러 탓으로 돌렸다. 그를 단호하고도 무자비한 지도자라고 보았다. 히틀러가 나치의 세계 정복을 위한 첫 단계로서, 자신의 권력욕을 만족시키기 위해 전쟁을 일부러 계획했다는 것이다. 하지만 그는 실제로 세계 지배 정책을 시작했을까? 이것과 관련하여 약간의 의문이 제기되었다.

전쟁은 나치의 세계관에서 불가결한 일부였고, 독일은 이런 세계관에 봉사할 때 위대한 국가의 절정을 이룩한다고 보았다. 일부러 전쟁과 파괴를 결심하는 것은 광인의 행동이라고 반박하는 해석에 대해서는 다음과 같은 반론이 나왔다.

"당시의 정신적 풍토를 감안하면 히틀러의 권고 사항에는 어느 정도 신빙성이 있다. 히틀러와 추종자들이 약간 혼란스러운 모습을 보여준 것은 사실이다. 하지만 히틀러는 전쟁을 일관되게 계획했다. 다시 말해, 그는 전쟁을 지향하려 노력했고, 결국 원하는 것—그 자신과 이념을 위해 세계를 정복하는 기회—을 얻었다."

이런 견해는 많은 탁월한 저자들이 광범위하게 동의했다. 유대계 미국인 언론인 윌리엄 샤이러는 기념비적인 저서 《제3제국의 흥망 성쇠》(1959년)에서 자신의 그런 경험을 보고했다. 두 명의 훌륭한 영국 역사가 겸 학자도 그런 견해에 동의했는데, 휴 트레보-로퍼는 그의 저서 《히틀러의 마지막 나날들》(1950년)에서, 앨런 벌록은 《히틀러: 독재에 대한 연구》(1952년, 개정판 1962년)에서 그런 주장을 펼쳤다. 그들이 보기에 제2차 세계대전을 일으킨 요인은 히틀러의 타락한 성격과 사악한 음모였고, 히틀러는 일관되게 전쟁을 추구했다.

이런 견해는 인상적이게도 뉘른베르크 전범재판 당시에 이른바 《호스바흐 비망록》의 출간으로 확인되었다. 이 비망록 얘기는 예전에 많이 나돌았지만 실물이 나오지는 않았었다. 이 문서가 나오면서 히틀러는 처음부터 유럽 정복 계획을 꾸몄다는 얘기가 널리 퍼졌다. 가장 기념비적인 출판물 《독일 외교정책에 관한 서류》의 편집자들도 이렇게 말한다—"호스바흐 문서는 1937년 독일 외교정책을 요약하고 있습니다." 그 내용은 1945년의 나치 지도자들에게 '전범행위'의 증거로 제시되었다. 이 비망록을 깊이 살펴보면 역사적 유용성이 의심스럽다. 그것은 1차 사료가 아니라 전해들은 것이고 비공식적인 문서였다. 다시 말해, 사건 당시가 아니라 사후에 기록되었다. 또 하급 공무원의 회상에 바탕을 둔 문서였다. 가장 중요한 점은, 히틀러의 계획이 무엇인지 정확하게 규정하지 않았을 뿐 아니라 다양한 가능성(호스바흐가 '경우'라고 언급한 것)을 추측했을 뿐이다.

역사가 A. J. P. 테일러는 그의 저서 《제2차 세계대전의 기원》(1961년)에서 지체 없이 호스바흐 문서의 이런 추측을 '대부분이 백일몽'이라고 치부하고 이렇게 주장했다—"호스바흐의 추측은 잘못된 것이었다. 그것들은 1939년의 실제적인 전쟁 발발과 아무 관련이 없다. 호스바흐 문서 속의 히틀러처럼 부정확하게 미래를 예측하는 경마 예상꾼이 있다면 그는 밥을 굶어야 할 것이다."

테일러의 저서가 신랄하고 격렬한 논쟁을 불러일으킨 것은 부분적으로 트레보-로퍼와 테일러의 개인적 경쟁의식 탓도 있었다. 두 사람은 함께 옥스퍼드 대학교에서 근무하면서 2차 대전 역사가로 명성이 높았다. 또 테일러의 이론이 거의 '절대적 진실'이라고 여겨지던 히틀러와 나치에 대한 일반 통설을 크게 뒤집었기 때문에 많은 논쟁을 불러일으켰다.

히틀러 현상에 대한 테일러의 분석은 총통 자신에게 지나치게 집중하지 않았고, 이른바 성격 결함에 초점을 맞추지도 않았다. 테일러의 분석은 1930년대의 전체적인 배경을 감안한 것으로, 가령 이런 것들이었다—베르사유 조정안이 독일을 대할 때 불공정했다는 민주적 국가들에 퍼져 있는 감정, 나치에 맞서 전쟁 억제 조치를 취하기 위해 재무장할 때 일치단결하지 못하고 미지근한 서방 강국들, 볼드윈이 말했듯이 만약 전쟁이 벌어진다면 '볼셰비키'와 '나치'가 서로 싸우게 하는 것이 좋다는 의견, 호전적인 공갈의 이면에 히틀러가 결국 조건을 받아들일 준비가 되어 있는 올바른 인간이라는 체임벌린의 희망, 충돌보다 '타협'을 선호하는 서방 강국들.

전쟁 도발자라고 주장되는 히틀러뿐 아니라 이런 모든 현상이 2차 대전의 근원을 설명한다고 테일러는 분석했다. 테일러의 개략적인 의견은 이러하다.

히틀러는 잇따른 기회—라인란트로의 진주, 오스트리아와의 합병, 뮌헨 평화협정—를 맞이할 때마다 행운을 얻은 '도박꾼'이었다가 자신의 절대 무류無謬(혹은 그가 말했듯이 '직관')를 확신하게 되었다. 그의 추종자들도 그가 거둬온 업적에 압도된 나머지 거대한 잘못을 저지를 때까지 계속 그를 신뢰했다. 히틀러가 너무 많은 판에서 승리를 거두어 그냥 믿어버리게 되었다는 이런 의견은, 히틀러의 마음에 깔려 있는 공격성뿐 아니라 상대방의 약점을 악용하는 능력, 그리고 그럴듯하지 않은 상황에서 즉흥적으로 성공하는 능력을 강조하는 의견이다. 히틀러의 승리는 끈기와 결심의 미덕을 밝혀주는 것이지만 동시에 훌륭한 관리보다 행운에 따른 승리였음을 더 많이 보여준다.

테일러의 이러한 생각은 히틀러의 악마적 특징을 강조하는 다른 설명보다 더 자연스러웠다. 하지만 또 다른 의미에서 히틀러의 결정이 얼마나 인간적인지, 또 그가 째째할 정도로 평범한 사람임을 보여줌으로써 히틀러에 대한 기존의 평가를 깎아내렸다. 당연히 히틀러가 행동의 근거로 과시했던 이념들도 따라서 평가절하되었다. 히틀러 이념은 그가 믿거나 그의 적들이 믿었기 때문에 먹혀들어간 것이 아니라―가령 스탈린은 《나의 투쟁》의 레벤스라움lebensraum(생활권) 주장이나 볼셰비키 비판론을 에누리하여 받아들였다―순전히 1차 대전에 패배한 뒤 자신감에 굶주린 독일 군중이 히틀러의 연설과 저작을 무작정 받아들여준 덕분에 힘을 얻었다는 것이다.

테일러 해석의 비판자들은 테일러의 약점을 이렇게 지적했다―"이념의 영향을 너무 가볍게 무용지물로 보아서는 안 된다." 비판자의 한 사람인 T. W. 메이슨은 1964년 학술지 《과거와 현재》에 게재한 〈제2차 세계대전의 어떤 기원〉이라는 논문에 이렇게 썼다.

국가사회주의 이념은 어쩌면 전쟁의 원인 중에서 뿌리가 가장 깊은 원인이었고, 또 누구도 그 이념을 믿지 않았다고 말한다면 대단히 위험스러운 일이다. 사실, 나치라고 자처하는 사람들은 모두가 그 이념을 믿었다. 게다가 전쟁이 발발하려면 쌍방이 필요하다는 테일러의 생각은 왜 히틀러가 1930년대의 모든 위험을 짊어지고 싶어 했는지에 대하여 시원한 설명을 하지 못한다. 만약 전쟁으로 치닫는 준비를 하지 않았다면, 그는 무슨 일을 하고 있었단 말인가?

메이슨은 테일러 저술의 한계를 비판했다. 메이슨의 설명에 따르면, 테일러는 원래 외교 분야의 역사가였고, 그래서 주로 외교문서의 원문에 바탕을 두고 연구를 했다. 하지만 이 문서들은 보수적인 독일 외교관의 작품이었고, 그들은 나치 이념이 부각된 언어를 무시하거나 지웠으며 외교 세계에 적절한 사실만 다루었다. 이렇게 스스로 부여한 한계 때문에 테일러 이론은 1930년대 나치 독일의 일부만 설명할 수밖에 없다. 연설, 집회, 선전은 모두가 무척 중요했고 실제로 나치의 행동과 의도를 설명하는 것은 외교문서가 아니라 그런 이념이었다. 그리하여 테일러 이론은 진정한 해답의 일부분에 불과하다.

또 다른 학자 F. H. 힌슬리는 1963년에 출판된 저서 《권력과 평화의 추구》에서 테일러의 방법을 이렇게 비판하고 있다.

테일러가 얘기했듯이, 히틀러가 단지 분명한 전쟁 계획을 세우지 않았기 때문에 전쟁을 원하지 않았다고 말한다면 그건 논리적 비약이다. 히틀러의 일반적인 정책 흐름은 전쟁을 지향했지만 (호스바흐 비망록이 보여주듯이) 그의 계획은 여전히 추측 단계에 머물러 있을

지 모른다. 히틀러와 협력자들은 분명히 머지않아 몇 년 안에 전쟁이 터질 것이라고 생각했고, 전쟁을 회피하거나 지연시키려 애쓰지 않았고, 전쟁이 발발했을 때 승리할 준비를 했다.

힌슬리는 히틀러가 뮌헨에서 완승을 거두는 큰 행운이 따랐다는 견해를 받아들이고 있다. 그 시점에서, 양식 있는 합리적인 인간이라면 전쟁 준비를 멈추었을 것이다. 히틀러가 먼저 체코슬로바키아, 다음에 폴란드 침공을 강행했던 것은 히틀러의 야욕을 분명하게 보여준다. 그는 한심스러울 정도로 무모하게 독일의 세력판도를 확장했을 뿐 아니라 근본적으로 자신의 정책이 전쟁이라는 결과를 가져올 것인가 말 것인가에 대하여 신경 쓰지 않았다. 결국, 전쟁은 나치가 늘 예상해오던 바였다.

그러므로 사실, 히틀러는 1939년에 전쟁을 일으킨 제1의 추진력이었다. 그는 전쟁 자체를 원하지 않았을지 모른다. 실제로 1939년에 전쟁이 발발했을 때 실망과 당혹감을 드러냈다. 하지만 그는 전쟁이 벌어져도 좋다는 배짱으로 많은 일을 추진했으며, 1930년대에 자신의 행운을 믿고서 거듭 공격했다. 그 동안 다른 강대국들은 양보하면서 전쟁을 피하기 위해 최선을 다했다. 히틀러는 전쟁이 임박했을 때에도 자신이 원하는 요구 사항을 관철하는 데 관심이 있었을 뿐, 이웃 나라에 양보할 줄 몰랐다. 전쟁은 독일의 판도를 넓히려는 그의 결심에 대한 대가였다. 그는 너무 과도하게 밀어붙이다가 지하 벙커에서 비참하게 자살하는 것으로 인생의 막을 내렸다.

## 119

스탈린은 과연
세계를 정복하려고 했을까

제2차 세계대전의 막판에 얼핏 보였던 동서의 분열 현상은 종전이 되자마자 더욱 현저해졌다. 1946년 무렵, 처칠은 '철의 장막'을 얘기하고 있었고, '냉전'은 시작되었다. 2차 대전이 끝났을 때 스탈린은 세계 정복까지는 아니더라도 유럽 정복을 계획한다는 비난을 받았고, 냉전의 초기단계를 부채질한 것은 스탈린의 이른바 확장정책이라고 지목되었다. 하지만 스탈린에 대한 이런 견해는 역사적 허구에 지나지 않는다.

소련은 엄청난 피해와 끔찍한 사상자를 낳았던 2차 대전에서 막 벗어났다. 소련 경제는 파탄났고, 경제 재건은 몇 십 년이 걸릴 듯이 보였다. 세계의 유일한 핵 강국을 이반시킬 영토 확장 모험은 미친 짓이었을 것이다. 스탈린은 이미 20년 전에 세계공산주의 사상을 거부했고, '일국사회주의' 개념을 받아들였다. 2차 대전이 발발해도 그는 마음이 바뀌지 않았지만 전쟁으로 인해 안보를 의식하게 되었다. 따라서 그가 발틱 해 국가들을 영구적으로 병합하고, 소련 인접 국가들에서 우호적인 공산정권을 수립한 것은 당연한 수순이었다.

스탈린은 작전을 다르게 풀어나갈 수도 있었다. 만약 그가 서유럽과 우호적 관계를 수립하려고 했다면, 동남 유럽을 공격하자는 처칠의 계획을 지지했을 것이다. 이렇게 했다면, 소련은 엘베 강이 아니라 라인 강 너머로 전진하는 기회를 얻었을 것이다. 하지만 스탈린은 그렇게 하지 않았다. 1943년 테헤란 회담에서 전쟁 지도자인 스탈린, 루스벨트, 처칠은 소련의 세력권 범위에 대하여 합의했다. 그리하여 그는 약속한 대로, 1946년 이란에서 소련 군대를 철수시켰다. 그 후 미국이 이란에서 영향력을 키우자 그것이 합의의 일부가 아니라는 정당한 불평을 제기했다. 스탈린은 루마니아와 불가리아에서 적극적으로 개입했지만 그리스의 내전에 간섭하지 않았다. 그리스 공산주의자들은 그리스 정부를 전복하기 일보직전까지 갔다가 주저앉았는데, 만약 스탈린이 지원했더라면 그 결과가 달라질 수도 있었다. 만약 스탈린이 세계공산주의 확산에 진정으로 관심이 있었다면, 그는 중국의 국민당과 공산당의 내전 때 모택동 쪽을 지원하지 않았을까? 하지만 그는 장개석이 이길 것으로 보고 공산당을 지원하지 않았던 것이다.

그의 관심사는 주로 유럽의 안보였다. 그는 아시아의 안보 위협에 대해서는 별로 중요하게 생각지 않았다. 스탈린은 1948년 베를린 봉쇄로 냉전을 촉진시켰다는 비난을 받지만, 스탈린의 관점에서 보았을 때 서방측이 베를린의 절반을 차지한 사실은 동독의 안보에 위협이었고, 서베를린은 분명 철의 장막 동쪽으로 침투한 서방의 첩보 전초기지였다. 그래서 서베를린 봉쇄에 돌입했고, 서방이 전쟁 불사의 태도로 나오자 스탈린은 서베를린의 공수空輸를 막을 수 없음을 알고서 봉쇄를 풀었다. 서베를린 때문에 전쟁까지 할 수는 없었던 것이다. 스탈린이 안보의 필요성에 대해 편집병적인 증세를 보인 것은 사실이다. 하지만 그를 원흉으로 지목하는 영토 확장 계획은 곧 서방과의 전쟁을 의미하는데, 당시 소련은 전쟁을 수행할 능력이 없었다. 따라서 이 계획은 원천무효다.

스탈린은 과대망상증 환자가 아니었다. 소련의 전후戰後 취약성, 핵을 보유한 미국에 대한 두려움, 공산주의 우방국이라는 코르동 사니테르cordon sanitaire(완충지대)를 세우고 싶은 욕망이 그를 움직이는 동기였다. 그는 확실히 서방세계를 의심했고, 초창기 볼셰비키 국가에 대한 그들의 무력 개입을 기억하고 있었다. 하지만 서방세계를 지나치게 몰아붙이고 싶은 생각은 없었고, 국제협정을 충실하게 지켰다. 서방세계가 그를 두려워했지만 오히려 스탈린은 서방세계를 더 두려워했다. 그의 방어적인 외교정책은 바로 그런 두려움에서 나온 것이다.

## 120

누가 냉전을 시작했을까

어떤 나라 혹은 나라들이 냉전을 시작했는지에 대한 의견은 아직도 분분하고, 여전히 논란거리다. 냉전을 시작한 쪽은 동방인가, 아니면 서방인가? 냉전은 어디에서 어떻게 출현했는가?

1946년 3월, 처칠이 미주리 주 풀턴에서 철의 장막을 지목하는 연설을 했을 때, 냉전이 이미 진행 중이었다는 것은 의심할 여지가 없다. 냉전은 상호불신과 다양한 목적에서 비롯되었고, 그것들 중 많은 부분은 오래 전으로 소급되는 요인들이었다.

스탈린은 늘 전시의 동맹국인 영국을 경계해왔다. 영국 지도자 처칠은 1918년과 1919년 볼세비키 혁명에 반대하는 내정간섭을 적극 지지했다. 한편으로 영국은 1940~41년 동안 혼자 힘으로 독일과 싸웠는데, 소련의 사주를 받은 영국 공산주의자들은 전쟁을 비난하고 파업을 촉발했다. 스탈린은 영국을 불신하여, 히틀러와 1939년 불가침조약을 맺었고, 1941년 6월에 독일이 곧 소련을 침공할 거라는 정보를 영국으로부터 제공받아도 영국의 이간질이라며 의심했다.

그러나 독일의 소련 침공을 계기로, 처칠과 스탈린은 마음에 깔린 예전의 오해를 접고 동맹국으로서 전쟁을 수행하기 위해 최선을 다했다. 스탈린이 서유럽에서의 제2전선을 요구해도 처칠이 그 부탁을 들은 척도 하지 않고, 북아프리카 상륙 이야기를 들었을 때 스탈린은 공공연히 분노했다. 그 때문에 두 사람의 관계는 껄끄럽게 되었다. 스탈린은 독일 잠수함과 힘겹게 싸우면서 무르만스크로 항해했던 영국 호송선단의 가치를 업신여기기까지 했다. 폴란드 문제는 계속 불화를 일으켰으나 처칠과 루스벨트가 카틴 학살 사태를 눈 감아주고, 사실상 '런던의 폴란드 사람들'을 배신하고, 스탈린의 영토 요구에 동의하면서 가까스로 해결되었다.

스탈린은 동맹국이 원자폭탄 정보를 얘기하지 않았을 때, 그리고 이란을 미국의 보호국으로 만들어 그의 의표를 찔렀을 때, 그들이 성실하게 행동하지 않았다고 생각했다. 스탈린은 트루먼 대통령을 루스벨트 대통령보다 더 다루기 어렵다고 보았다. 루스벨트는 스탈린과 돈독한 유대관계를 유지했지만 트루먼은 그에게 무뚝뚝했고 퉁명스러웠다. 이러한 사태 발전에 스탈린은 놀랐고, 약화되고, 고립된 느낌이 들었다.

스탈린은 이렇게 불신의 싹이 새로 트이자 서방세계와의 국경에서 우방 국가들을 더 늘려야 한다고 확신했고, 적군赤軍이 해방시킨 나라들에서 공산주의 정권의 기반을 준비하기 시작했다.

1945년에 소련이 절실히 필요로 하는 대출을 미국이 제대로 제공하지 않아 스탈린은 화가 났고, 그 때문에 합의된 전쟁 배상액수를 초과 요구하고 나섰다. 스탈린은 동부 독일 지역에서 필수품과 기계류를 빼내어 가져갔지만, 서방 3개 동맹국들은 휘하의 서부 독일 지역에서 경제를 재건하기 시작했고 식량과 기계류를 오히려 쏟아부었다. 이렇게 되자 독일은 1945년 후반부터 더 이상 재통일을 준비하지 않았고, 점령국들 사이의 정치적 투쟁 무대로 바뀌었다.

1947년과 1948년에 있었던 마셜 원조와 베를린 봉쇄는 냉전을 더욱 굳혀놓았다. 하지만 냉전의 근원은 더 일찍부터 찾아야 한다. 오직 스탈린을 비난하고 그의 병적인 안보관을 비판하면서 그에게 전적인 책임을 돌려서는 안 된다. 냉전의 씨앗을 뿌린 것은 동맹국들이 2차 대전 중 스탈린을 전적으로 신뢰하지 않은 탓이라고 똑같이 주장할 수도 있다.

냉전은 이렇게 상호 오해에서 비롯하였고, 어떤 요인은 1918년과 1919년의 사건으로 소급되기까지 했다. 일단 냉전이 진행되자 양쪽의 정치가들은 일부러 냉전을 강화하는 듯했다. 이제 냉전은 스스로의 힘으로 굴러갔고 누구도 멈추려 하지 않았다.

## 121

고르바초프는 공산주의와 소련을 붕괴시켰을까

냉전이 시작된 지 약 50년이 지난 뒤, 공산주의는 뜻밖에 극적으로 붕괴했고 소련은 해체되었다. 소련 붕괴 당시의 지도자가 미하일 고르바초프였기 때문에 그 사태의 책임을 그에게 돌리게 되었다. 그래서 공산주의자와 비非공산주의자를 가릴 것 없이 러시아 사람들은 레닌과 스탈린의 '좋았던 옛날'을 향수 어린 시각으로 회상하면서 고르바초프를 배신자로 보았고, 그의 국내 지지도는 바닥으로 곤두박질쳤다. 고르바초프를 이렇게 보는 사람은 러시아 외부에도 많다. 하지만 그의 정치적 경력은 상당한 논란거리로 남아 있다.

1991년 8월 21일, 고르바초프를 전복시키려던 쿠데타는 좌절되었다. 소비에트 연방의 최대 국가인 러시아의 대통령 보리스 옐친은 즉각 공산당을 금지시켰다. 고르바초프는 8월 24일에 공산당 서기장에서 물러났다. 다음 달이 되자 발틱 해 공화국들은 이미 일방적으로 독립을 선언하면서 소비에트 연방의 회원국 자격을 거부했다. 소련은 1991년 12월에 '독립국가연방'으로 바뀌었고, 고르바초프는 12월 25일에 소련 대통령직을 사임했다. 이리하여 소련은 지상에서 사라졌다. 고르바초프는 이런 사태를 막을 수 있었을까?

소련은 혁명의 와중에서 태어나 무력으로 유지되었다. 소련은 국가들이 합의한 연방이 아니었다. 볼셰비키가 제정시대의 러시아에서 물려받은 제국이었고, 러시아인이 지배 민족인 반면 다른 국가 사람들은 식민지 민족이었다. 공산주의는 소련을 결합시킨 접착제였다. 스탈린의 계획경제는 공산주의가 실생활에 얼마든지 적용될 수 있고, 자본주의보다 우월하다는 것을 보여주려고 했다. 계획경제의 성패는 궁극적으로 공산주의 자체의 성패에 달려 있었다. 계획경제는 처음에는 소련의 산업기반이 비교적 낮았기 때문에 효과적이었다. 제2차 세계대전이 끝난 뒤, 경제적으로 소련에 종속된 위성국가들과 전쟁 보상이 경제를 끌어올렸다. 하지만 경기는 지속되지 않았다. 계획경제의 본질적 약점은 이미 스탈린이 사망할 무렵에 나타났다. 따라서 고르바초프는 국가경제위원회가 실패하여 서방세계의 생활수준을 달성하지 못한 데 대하여 책임이 없다.

심각한 문제들은 이미 1950년대에 등장하고 있었다. 소련이 전후戰後의 위성국가들의 자원을 짜내 경제를 유지했지만, 이 나라들은 몇 년이 지나자 소련에 자산보다 채무가 되기 시작했다. 그들은 경제 원조를 요구했고, 그들의 충성을 계속 유지하려면 소련은 막대한 군사비 지출이 필요했다. 게다가 소련 경제는 침체했다. 이런 침체는 그 시스템에 내재되어 있었다. 국가경제위원회는 상부에서 무엇이 필요하고 어떻게 생산할지 결정했다. 그들은 시장의 힘을 무시했고 기껏해야 부적절한 기능, 그리고 최악의 경우에는 자본주의의 악이라고 여겼다. 이 시스템에서는 독점 현상이 불거졌다. 여러 공장들이 자전거 바퀴를 만들기 위해 살을 생산하거나 많은 공장들이 트랙터 엔진을 제작하는 것은 어리석은 자본주의적 행태였다. 이렇게 독점이 만연하다보니, 한 공장에서 원자재가 부족하고 기계가 고장이 나면 완제품 결핍 상태는 전국적으로 번져나갔다. 주요 생산자들과 공장 관리자들은 물물교환을 함으로써 시스템을 유지했다.

누구도 얼마나 많이 생산되는지 알지 못했다. 공장 관리자는 원자재 수요와 완제품 생산량을 실제보다 부풀렸다. 목표를 달성하지 못하면 강제노동수용소나 더 험한 곳으로 가야 했던 스탈린 시대의 유산이었다. 또 다른 유산은 예비 부품보다 완제품 생산을 더 선호한 것이었는데, 이러다보니 부품이 모자라서 한 기계가 고장이 나면 멀쩡한 다른 기계를 해체하여 그 부속을 가져다가 수리하는 일이 벌어졌다. 엄격한 물가 통제는 인플레이션을 억눌렀을지 몰라도 사들일 만한 물건이 시중에 없기 때문에 많은 돈이 은행 예금계좌에서 놀고 있었다. 이런 억제된 수요 심리에 엄청난 인플레이션 위협이 도사리고 있었다.

흐루시초프는 긴급조치가 필요했다는 것을 알았지만 그 조치가 구체적으로 어떤 것인지 알지 못했다. 그는 공산주의를 개혁하려는 시도가 결국엔 공산주의를 파괴하리라는 것을 잘 알았다. 숲을 만들기에 적절치 않은 곳에 나무를 심으려는 시도, 그리고 밀 재배에 적합하지 않은 지역에 밀을 심으려는 시도는 국가경제위원회의 전형적인 접근법이었다. "국가가 그렇게 말하기 때문에 그 지시를 따르라"는 식이었다. 흐루시초프는 개인농장을 억누름으로써 국영농장을 장려하려고 했다. 이렇게 되자 농부는 가축을 버리고 개인의 생산량을 줄였다. 국가가 잘못을 깨닫고 개인농장을 다시 장려했을 때는 너무 늦었다. 농부들은 저녁시간에 이제 가축을 키우거나 채소를 심기보다 TV 시청을 더 선호했다. 그들은 낮 동안에는 아무 열의 없이 국영농장에서 대충 일하며 시간을 때웠다. 그 결과 농업생산에 대한 수요는 증가했지만 생산량은 지지부진했다. 흐루시초프와 후계자들은 1956년에 스탈린식 전체주의 방법을 비난했기 때문에 스탈린처럼 경제를 살리자고 무력과 공포를 사용할 수 없게 되었다. 공산정권과 경제 시스템에 대한 비판은 제 목소리를 내기 시작했다.

다음은 브레즈네프 시대였다. 서구의 생활수준은 치솟는 데 반해 소련의 수준은 제자리를 걸었다. 소련 시민은 점점 더 그런 사실을 알게 되자 그는 뭔가 조치를 취해야만 했다. 소련 경제는, 정치적으로 억압하는 스탈린주의로 전면 복귀하거나 공산주의 경제정책을 철저하게 재검토함으로써 완전히 탈바꿈해야만 했다. 브레즈네프는 두 손 놓고 바라보기만 했다. 그의 통치 특성은 경제적 타성에 젖어 있었다. 그는 해외에서 두각을 나타내고 싶어 했다. 아프가니스탄을 침공함으로써 소련에게 경제적 부담을 가중시켰고, 레이건 대통령의 안보의식을 자극시켜 미국의 엄청난 군비증강을 초래했지만 정작 소련은 그런 경제 규모를 감당할 수 없었다. 브레즈네프의 후계자 안드로포프와 체르넨코는 신중하게 개혁했지만, 그들이 지나치게 노쇠했기 때문에 소련은 사실상 지도자 없이 표류하는 상태나 마찬가지였다.

고르바초프의 1985년 3월 권력 승계는 사태가 호전될 전망을 약속했다. 그는 비교적 젊고 건강했으며 변화를 열망했다. 그는 민중 합의의 요소를 도입함으로써 소련의 독재적 시스템을 해방시키고 싶어 했지만 그렇게 하면 당연히 정권의 합법성을 해칠 위험을 깨닫고 있었다. 그는 반공주의자가 아니었고, 소련의 해체를 꾀할 생각도 없었다. 그는 내부의 공산주의 개혁을 원했고, 냉전을 끝냄으로써 소련을 유지하고, 이리하여 외부의 위협을 막으려 했다. 그는 위성국가들의 불만을 알았지만, 1940년에 무력으로 점령하고 1945년에 합병한 발틱 해 지역들에게 나름대로 민족적 열망이 없다고 판단했다. 하지만 그것은 오해였다. 현지의 러시아화 정책은 건설적이 아니었고, 그 지역에서 격렬한 민족적 분노를 일으켰다. 따라서 고르바초프는 침체의 늪에 빠져 허우적거리던 공산주의 경제와 붕괴 직전의 제국을 물려받았던 것인데, 그러한 현실을 정확히 꿰뚫어보지 못했던 것이다.

새로운 지도자가 내세운 글라스노스트glasnost(개방)는 정치를 더 개방적으로 접근한다는 뜻이었다. 그는 당 간부의 특권에 대한 공식적 비판을 허용하기 시작했고, 소련 민중에게 좀더 솔직하게 얘기하라고 권유했다. 그의 경제정책—정치·사회적 구조조정의 한 측면인 페레스트로이카perestroika(개혁)—은 계획경제를 유지하는 것이었지만, 지역적 통제에 더 많이 위임하는 동시에 시장의 힘을 어느 정도 허용하는 것이었다. 이 정책이 당내에서 반발을 많이 살수록 고르바초프는 맞대응으로 언론 통제를 더 많이 풀었다. 그 때문에 개혁 반대파는 개혁을 찬성하는 대중 및 언론과 맞서게 되었다.

고르바초프는 해외에서 대성공을 거두었다. 그는 인기도 없고 값비싼 아프가니스탄 침공으로부터 소련군을 철수시켰다. 초창기에는 약간 답보하고 또 잘못 나가기도 했지만, 결국 그와 레이건 대통령은 냉전에 종지부를 찍었다. 어쩌면 고르바초프는 위성국가들로 하여금 혼자 힘으로 꾸려나가도록 했을 때, 자신이 의도한 것을 훨씬 초과하는 행동을 했을지 모른다. 위성국가들은 공산주의 통치자를 축출함으로써, 과거에 잃었던 독립을 거듭 주장했다. 고르바초프는 일부러 동독의 강경파인 에릭 호네커의 기반을 약화시켰고, 자기도 모르는 사이에 독일 재통일의 길을 닦았다. 이것은 냉전을 끝내기 위해 지불할 만한 가치가 있는 대가였다.

하지만 소련이 경제적으로 부담스러운 위성국가를 줄이는 것과 식민지 민족이 도전하는 것은 별개의 문제였다. 발틱 해 사람들은 동구에서 벌어지고 있는 상황을 알게 되자 그들도 자유를 요구했다. 우크라이나와 카프카스 지역도 마찬가지였다. 이것은 고르바초프가 의도했던 것이 아니었다. 소련 군대는 1989년과 1990년에 그루지야와 아제르바이잔 시민을 사살했지만, 1991년 1월의 빌뉴스와 리투아니아 학살은 스탈린 제국주의의 종말을 초래했다. 고르바초프는 학살을 애도했지만 가해자와의 관계를 부인하지는 않았다. 대부분의 발틱 해 공산당 정치국원들apparatchiks은 정치적 실각을 피하는 유일한 수단으로 서둘러 민족주의를 채택했다. 고르바초프는 무력으로 소련을 유지할 수도 있었지만 그런 수단을 선택하지 않았다. 그는 발틱 해 분리주의자들에게 끔찍한 결과를 위협했지만 빌뉴스 사건 이후 그들은 고르바초프의 위협이 허풍이라는 것을 알았다.

이런 우유부단은 고르바초프의 약점이었다. 공산주의를 포기하는 문은 글라스노스트 덕분에 활짝 열렸다. 고르바초프는 단지 공산주의를 개혁하고 싶어 했다. 페레스트로이카(개혁)가 공산주의 틀 내에서 부분적으로 성공하려면 글라스노스트(개방)를 포기해야만 할 것이다. 이렇게 되자 고르바초프는 뒷걸음질쳤다. 강경파는 그에 대한 음모를 꾸몄고, 반면에 개혁파는 그에게 실망하고 옐친과 같은 사람들에게 의존했다. 소련 최초의 자유선거에서 비非공산주의자와 반공주의자들이 등장했다. 고르바초프는 정치적 지위가 너무 불안하여, 전국 규모의 선거에 대통령 후보로 나서 전면적인 권력을 추구할 형편이 되지 못했다. 대통령직은 나중에 옐친에게 넘어갔다.

고르바초프는 무력을 사용함으로써 공산주의와 소련 체제를 강화할 수 없었다. 위성국가들의 상실과 발틱 해 국가들의 저항에 경악한 소련의 강경파 장군들은 쿠데타를 계획하고, 그가 휴일에 자리를 비운 틈을 이용하여 거사하려고 했다. 하지만 대부분의 무장 군인들은 1930년대의 스탈린 군부 숙청을 기억하고 정치 개입을 피하고 싶어 했다. 심지어 KGB조차도 믿을 수가 없었다. 그들 중의 어떤 사람들은 은밀하게 옐친과 정보를 교환했다. 따라서 1991년 8월 고르바초프에 대한 쿠데타는 미수로 끝날 수밖에 없었고, 고르바초프의 권위는 실추하고 옐친이 떠올랐다.

소련은 처음부터 자체적으로 파멸의 씨앗을 품고 있었다. 그 나라는 공산주의 옷을 차려입은 제국주의자들의 제국이었다. 레닌과 스탈린은 무력으로 제국을 결합시켰다. 권력의 약화가 경제적 침체와 맞물리자 그 운명은 정해졌다. 제국의 붕괴에는 많은 사람들이 일정한 역할을 맡았다. 흐루시초프는 스탈린주의 복귀를 일고의 가치도 없는 것으로 만들었고, 브레즈네프는 아프가니스탄 침공으로 제국의 쇠망에 기여했다. 그와 두 명의 후계자들은 경제적 타성에 젖어서 아무런 개혁 조치도 취할 수 없었다. 레이건 대통령은 소련이 따라갈 수 없는 군사비 지출을 승인함으로써 소련을 재정적으로 압박했다. 고르바초프는 전임자들이 두드러지게 이룩하지 못했던 것, 곧 공산주의 소련을 재건하고 싶어 했다. 하지만 그는 능력과 수단이 부족했고, 부지중에 소련의 붕괴를 가져온 촉진제가 되었다.

## 122

다윈의 논쟁,
원숭이인가 천사인가

19세기 과학의 많은 발전 중에서 가장 논쟁적이었던 중요한 발전은 찰스 R. 다윈이 1859년에 출판한 《종의 기원》이었다. 그는 진화론을 처음 제의한 사람은 아니었지만 그의 큰 장점은 생물의 진화를 설명할 수 있는 과정을 제시했다는 것이다. 그의 저서는 일대 센세이션을 일으켰다. 책은 출판 당일에 초판이 매진되었다. 당시 많은 지도자급 과학자들이 그를 지지했는데, 생물학계의 T. H. 헉슬리와 지질학계의 찰스 리엘이 대표적 인물이었다. 특히 리엘은 자신의 저서 《지질학의 원칙》(1829년)에서 지질학의 주제를 근본적으로 재평가한 바 있다. 반면에 어떤 사람들은 다윈 연구의 중요성을 과소평가하려 했다. 과연 다윈의 업적은 얼마나 중요한 것이었을까?

다윈의 이론은 인간과 동물을 근본적으로 구분짓던 경계선을 없애는 것이었고, 인간이 특별한 과정을 거쳐 창조되었다는 사실을 부정했다. 따라서 그의 저서가 교회의 격렬한 반발을 초래했다는 것은 놀랄 일이 아니며 그 논란은 오늘날까지도 이어지고 있다. 1925년, 테네시 주의 데이튼에서 벌어진 스코프스 재판에서 진화론을 부정하는 판결이 나오는 등 여전히 열띤 논란의 대상이었다. 최근에는

1999년에 '미국 남부의 신앙이 두터운 지역'의 몇몇 주에서 진화론을 가르치는 생물학 교실을 중지시킨 바 있고, 또 2002년에 티스사이드의 한 학교는 진화론을 '이단'으로 규정하기도 했다.

이런 논쟁은 다윈의 연구가 창세기의 설명과 일치하지 않아서 빚어졌다. 인간을 고등동물에 지나지 않는다고 보는 그의 연구는 인간의 타락 교리와 그 모든 신학적 해석을 부정하는 것이었다. 리엘의 지질학적 이론과 결부했을 때, 진화론은 성서가 더 이상 사실을 문자 그대로 진술하지 않았음을 보여주었다. 이런 추리를 논리적으로 따르면 구약성서는 도덕적 동화에 불과하다는 결론이 나온다. 따라서 교회의 통렬한 적개심은 당연한 것이었다.

윌버포스 주교(유들유들한 매너 때문에 '매끄러운 샘Soapy Sam'이라고 적들에게 알려진 인물)는 《쿼털리 리뷰》의 칼럼에서 《종의 기원》을 공격했고, 1860년 옥스퍼드 영국협회 회의에서 다윈을 옹호하던 헉슬리에게 질문을 던졌다―"다윈이 인간을 원숭이의 후손이라고 주장하는데, 그는 할아버지 원숭이에게서 나왔는지 아니면 할머니 원숭이에게서 나왔는지 궁금하다."

다윈을 공격한 많은 성직자들은 과학에 대해 알지 못했고, 과학계의 적들도 신학에 대해 무지했다. 이런 상호 무지가 그들의 적개심을 불렀다. 하지만 찰스 킹슬리와 프레데릭 템플 주교 등 일부 성직자들은 다윈의 저서가 과거의 화석 증거, 발생학의 연구, 과학적 관찰 사실에 바탕을 둔 지식에의 기여 등으로 공로가 있다며 환영했다. 신학의 독단적 확신은 무너지게 되었다. 많은 학자들은 비오 9세가 《잘못의 교서 요목》에서 진화론을 비판했을 때 그것을 가톨릭 반反계몽주의의 마지막 고백이라고 여겼다. 예수회의 과학신학자 피에르 테이야르 드 샤르댕이 진화를 가리켜 "생물학적 변화를 추진하기 위한 하느님의 엔진"이라고 설명한 것은 20세기의 일이었다. 이로써 과학과 성서를 동시에 믿을 수 있게 되었다.

하지만 다윈주의라는 과학적 이론은 엄청난 영향력을 갖고 있었기 때문에 과학적 중요성의 범위를 뛰어넘게 되었다. 그것은 영국과 세계의 경제적·사회적 사상에 영향을 미쳤다. 철학과 형이상학은 심한 변화를 겪었다. 문명사회에서도 생존경쟁이 불가피하다는 사상을 지지하기 위해 진화론(적자생존)이 인용되었다. 어떤 '사회적 다윈주의자들'은 약자와 강자의 관계에 개입하려는 인도주의적 시도는 자연의 의도와 상반된다고 생각했다. 똑같은 견지에서 국가의 개입을 반대했고, 콥든과 브라이트는 공장법이 경쟁적 임금협상의 자연적 권리에 간섭한다면서 공장법에 반대했다. 국제무대에서는 오래지 않아 휴스턴 스튜어트 체임벌린이 다윈주의 가르침을 인종적 우월주의의 개념에 적응했고, 히틀러는 아리아인의 우월성에 대한 생각을 보강하기 위해 진화론을 활용했다. 20세기에 들어와 과학과 종교 사이의 갈등은 인간사회의 작용과 자연의 작용에 대한 새로운 논쟁에 자리를 내주게 되었다.

다윈주의 이론은 현재까지도 여전히 논쟁을 야기하고 있다. 박애와 자선 활동을 격려해야 한다고 믿는 사람들 또는 개인의 이익보다 이타적 행동을 옹호해야 한다는 사람들은 여전히 사회적 다윈주의의 가르침과 불편한 관계에 있다. 과학자들도 진화론이 정통 기독교 신앙 같은 맹목적인 신념으로 굳어지는 것을 바라지 않았다. 사실 많은 사람들은 해답 없는 의문점이 여전히 남아 있다는 것을 인정한다. 과학은 최종적인 해결이라기보다 하나의 연속적 과정이다.

123 교황청은 파시즘과 나치즘 앞에 너무 허약했나

로마 가톨릭교회는 1929년 무솔리니, 그리고 1933년 히틀러와 정교政敎협약을 맺었다. 가톨릭교회는 무솔리니가 몰락하는 1943년까지 계속하여 그와 협력했다. 가톨릭교회와 나치즘의 밀월은 단명으로 끝났다. 나치가 끔찍한 만행을 저지르고 있다는 사실을 알면서도 바티칸은 나치즘을 온건하게 비판했을 뿐 공개적으로 비난하지 않았고 또 나치 지도자들을 파문하지 않았다. 그래서 몇몇 가톨릭 역사가들은 1930년대 후반과 전시의 가톨릭교회의 태도를 날카롭게 비판했다. 존 콘월이 최근에 펴낸 비오 12세에 관한 저서는 그런 논란에 기름을 부었다. 하지만 어느 쪽에서도 똑 부러진 결론을 내리지 못한 채 논란은 계속되고 있다.

이탈리아의 파시즘

1929년 가톨릭교회와 이탈리아 정부가 맺은 3개 협정은 50년 동안의 비협조와 교착상태를 종식시켰다. 교회가 볼 때 그것은 교회의 세속적 권리의 회복(작은 바티칸 국가의 성립)을 의미했지만, 훨씬 더 중요하게도 로마 가톨릭교회를 이탈리아의 국교로 만들고, 특히 법과 정의의 측면에서 상당한 시민권을 부여한 것이었다. 바티칸 당국은 재정적인 협정으로 인해 파시스트 정권으로부터 기득권을 얻었다. 왜냐하면 교회는 이자를 주는 정부 채권으로 10억 리라를 받았기 때문이다. 가톨릭교회는 파시스트 정권을 인정하는 축복을 베풀었지만 그래도 유리한 계약을 맺었다.

교회는 파시스트를 적극 지지하지는 않았지만 확실히 공산주의보다 파시즘을 선호했다. 비오 12세는 민주주의 시스템의 불확실성보다 파시스트 독재정치를 더 좋아했다. 바티칸에게 코민테른과 서방의 공산당은 교회의 존립에 대한 위협이었고, 또 스페인 내전은 그런 위협이 가까이 다가오고 있음을 보여주었다. 인민전선의 정부는 더 나을 게 없었다.

여러 가지 점에서 가톨릭교회는 파시스트 이탈리아에게 제한된 영향력을 발휘했다. 교회는 정치적 탄압을 막을 수 없었지만, 부분적으로 파시스트 이탈리아로 하여금 나치 점령지역에서 시행된 극단적인 인종차별주의와 반反유대주의를 채택하지 않도록 유도했다. 유대인은 취업 기회를 잃고 직장에서 쫓겨났지만 박해는 그 정도에서 그쳤다. 무솔리니는 교회의 반발을 의식하여 히틀러의 비위를 맞추는 정도로만 유대인을 탄압했고, 유대인 출신인 자신의 치과의사를 바꿀 생각도 없었다. 비오 12세는 반유대주의로 비난받았지만 이탈리아에서 피난처를 구하려는 유대인의 시도를 막은 경우를 제외하면 1943년부터 1944년까지 반유대주의로 심하게 비난받은 적이 없었다. 가톨릭신자는 어릴 때부터 유대인이 그리스도의 살인자라는 가르침을 받으면서 자라기 때문에 어느 정도 반 유대인 정서를 갖는 것은 어쩔 수 없는 일이었다. 게다가 비오 12세는 거의 확실히 반개신교에 반이슬람이었다.

가톨릭교회는 법과 질서를 원하고, 정치적 무질서와 공산주의를 두려워하고, 기독교 신앙의 자유가 필요했기 때문에 파시즘을 실제 이상으로 묵인했다. 전임 교황인 비오 11세는 에티오피아에서 이탈리아의 제국주의 모험을 비난하지 않았고, 비오 12세는 1939년 4월 이탈리아의 알바니아 점령을 비판하지 않았다. 하지만 그는 모든 외교적 명성을 활용하여 이탈리아의 제2차 세계대전 참전을 막으려고 시도했다.

독일의 나치즘

가톨릭교회가 나치즘을 비난하지 않았다는 비판은 더 거세다. 1929년의 무솔리니와의 정교협약이 성공을 거두자 바티칸은 히틀러와 협정을 체결하면 독일에서 방해를 받지 않고 교회활동을 펼칠 수 있다고 믿었다. 1933년 7월, 파첼리 추기경(나중의 비오 12세)는 이 정교협약을 추진했다. 그는 바이마르공화국이 허약하여 공산주의의 위협을 받을 것이라고 평가했다. 그는 히틀러를 칭찬했고 그가 독일을 구할 것이라고 생각했다. 다른 많은 고위 옵서버들도 그렇게 생각했다. 가톨릭중심당을 해산하기로 한 파첼리의 협약은 히틀러의 취약한 집권기반을 강화하기 위한 것이었다. 중심당 해산에 동의했기 때문에 가톨릭교회가 히틀러의 잠재적 반대세력을 약화시켰다는 비난은 우스꽝스럽다. 중심당은 '권능부여조례'에 찬성투표를 했고, 가톨릭교회를 탄압하지 않겠다는 히틀러의 약속을 믿었다. 아무튼 1933년 11월의 법은 독일을 1당 국가로 바꾸었고, 중심당은 협정이 없더라도 단명으로 끝났을 것이다.

가톨릭교회는 오래지 않아 협약을 후회했다. 1937년의 '비탄에 잠긴’ 회칙은 나치가 협약을 위반한 갖가지 방법을 지적했다. 비오 11세는 히틀러가 약속을 지키지 않았다는 것을 알게 되었고, 1939년 로마에서 체임벌린과 핼리팩스를 만났을 때 그런 불평을 털어놓았다. 1939년에 교황으로 선출된 비오 12세는 다가오는 전쟁을 막을 수 없었고, 히틀러의 독일 가톨릭교회 박해나 반유대주의 정책을 막을 수 없었다. 하지만 교황 자신이 극단적인 항의 조치를 취한다면 독일의 3000만 가톨릭신자들을 위태롭게 할 수 있었다. 히틀러에 반항한다면 가톨릭신자들은 게슈타포에게 체포될 위험이 있었다. 만약 그들이 교황에게 저항한다면 가톨릭교회와 단절될 것이었다. 하지만 대부분의 사람들은 성인으로 태어나지 않았다. 독일의 가톨릭교회로 하여금 이런 심각한 선택에 직면하게 만드는 것은 비합리적 처사였다. 독일의 가톨릭신자들은 다른 기독교신자들과 마찬가지로 개인적으로는 나치 정권을 비난했다. 그들은 두려워서 또는 잘못된 충성심에서 정권이 자행하는 잔학행위에 참여했고, 이런 사정은 다른 기독교신자들도 마찬가지였다. 악랄한 나치즘의 진면목은 1943년과 1944년이 지나서야 바티칸에 제대로 밝혀졌고, 파시스트 이탈리아가 붕괴하여 독일군이 로마에 진주했을 때 바티칸의 생존 자체가 불투명했다.

당시 가톨릭교회는 정치적 또는 인종적 이유로 나치에 박해받는 사람들을 도와주라고 막후에서 신자들을 격려했다. 하지만 교회는 공식적으로는 신중한 입장을 취했다. 1942년, 비오 12세의 크리스마스 메시지는 나치나 유대인을 특별히 언급하지 않은 채 전쟁의 비인간성을 비난했다. 하지만 바티칸의 자금은 박해당하는 사람들의 도피를 돕기 위해 사용되었고, 바티칸 시로 떼지어 몰려든 피난민을 유지하기 위해 지출되었다. 교황 측에서 삐끗하여 반항적인 행동을 취한다면 독일군은 바티칸 시로 입성하게 될 터였고, 그렇게 되면 연합군 방송의 청취 기지와 피난 캠프 노릇을 했던 바티칸의 유용성은 곧 사라질 것이었다. 나치의 포로가 될 수도 있는 교황의 개인적 안전은 당연히 위협받을 것이다.

교황은 용의주도하게 줄타기를 해야만 했다. 줄타기를 하지 않고 공개적으로 도덕적 자세를 취할 경우 생명을 구하는 데 실제적 효과가 없을 뿐 아니라 박해받는 사람들을 훨씬 더 위협받게 만들 수도 있었다. 히틀러는 언제든지 스탈린의 저 유명한 말을 지껄이며 군사적 행동으로 나올 수 있었다—"그런데 교황은 얼마나 많은 사단을 가지고 있다는 거야?" 교황이 나치와의 관계를 그런대로 유지한 데 따른 실제적인 효과도 있었다. 나치가 야간 검거를 시작했을 때 로마의 8000명 유대인 중에서 6000명을 구할 수 있었던 것이다. 하지만 어떤 사람들은 교황의 개입이 사람의 생명을 구했다는 주장을 부정하면서, 피신했던 사람들이 바티칸의 개입보다 개인의 행운 덕분이었다고 말했다. 나치가 이탈리아의 많은 지역을 점령했던 위험한 시기에 교황이 나치의 반유대주의 정책에 협조했다는 제한적인 증거조차 있다. 따라서 가톨릭교회는 양쪽과 손잡고 양다리 작전을 폈을 수도 있다.

교황의 파시즘 협력은 이해할 만하다. 교황은 그런 협력 덕분에 사실상의 성 베드로 대성당의 수감생활을 끝냈고, 이탈리아의 독실한 가톨릭신자들이 교회와 국가 사이에서 내려야 하는 불가피한 선택을 종식시켰다. 교황은 나치즘과 협력했지만 결코 전적으로 지지하지 않았다. 1937년부터 교회는 나치와 거리를 두었다. 그 단계에서 독일의 모든 가톨릭신자들을 나치즘의 적으로 만든다면 그건 실용적인 조치가 아니었다. 1933년이라면 그런 조치가 가능했을지 모르겠지만 그 이후에는 어려웠다.

가톨릭교회가 온건 정책을 취한 것은 상황의 편의성을 따른 것이었다. 하지만 가톨릭교회가 나치즘에 대해 더 강력한 도덕적 자세를 취했더라면, 단기적으로 불리해도 장기적으로 유리했을 것이다. 나치즘에 대응하는 문제에서 비오 12세의 정치적 공감과 개인적 성향이 교회의 단견을 초래했을지 모른다. 그러나 설사 더 강력한 반나치 태도를 유지했더라도 그것이 나치즘의 가장 심한 잔학행위를 억제하는 데 효과를 거두었을지는 의심스럽다.

대중의 오해, 그건 아니잖아

 # 마리 앙투아네트가
정말로 그런 말을 했을까

프랑스의 왕비이자 루이 16세의 아내인 마리 앙투아네트가 혁명이 일어나기 전에 프랑스 국민이 빵 부족으로 힘들어한다는 것을 알고서 몰인정하게 "그럼 케이크를 먹으면 되잖아!" 하고 말했다는 이야기가 전해지고 있다. 정말 이렇게 말했을까? 이 전설의 배경은 무엇일까?

오스트리아 여황제 마리 테레즈의 딸이고, 프랑스혁명 때 통치했던 황제 레오폴드 2세의 여동생인 마리 앙투아네트는 1755년에 태어났고, 15세가 되기 전에 미래의 루이 16세와 결혼했다. 우아하고 매력적이지만 금지옥엽으로 자라 응석받이였고 나이가 들면서 사소한 계략을 일삼았다. 그녀는 인기가 바닥이었는데, 부분적으로 외국인이었기 때문이지만(그녀는 L'Autrichienne 또는 '오스트리아 여자'라고 알려졌다), 주로 유명한 낭비벽 때문이었다. 그녀의 낭비벽은 프랑스 정부의 재정을 망가뜨렸다고 전해지고 있는데 이것은 사실무근이다.

그녀에 얽힌 불쾌한 유언비어가 프랑스에서 많이 나돌았고, "그럼 케이크를 먹으면 되잖아!"도 그런 것들 중 하나였다. 사실 이 이야기는 단순한 오역 때문에 나온 것이었다. 실제로 그녀가 했다는 말은 이랬다— "만약 빵이 떨어졌다면, 왜 그들은 브리오슈brioche(버터·달걀·효모로 만든 카스텔라 비슷한 빵)를 먹지 않는가?" 프랑스에는 갖가지 빵이 다양하게 많았고, 브리오슈는 상당히 고급이고 더 비쌌는데, 물가를 잘 모르는 그녀에게는 어떤 빵이나 마찬가지였다. 그녀는 일상적인 빵 대신에 브리오슈를 항상 먹었다. 만약 그녀에게 책임이 있다면 몰인정하다기보다 어리석은 요인이 더 컸다. 사람들이 보통 빵을 살 여유가 없으면 당연히 고급 빵을 사지 못한다는 것을 그녀가 헤아려야 했기 때문이다.

하지만 그런 에피소드가 실제로 있었는지 여부도 좀 의심스럽다. 이 케이크 이야기의 시발은 마리 앙투아네트가 아니다. 1660년에 루이 14세와 화려하게 결혼한 스페인 공주 마리아 테레사가 그런 이야기를 처음 했다고 하며, 나중에 다른 많은 외국인 공주들과 관련하여 이 이야기가 되풀이되었다. 따라서 이 말은 프랑스 사람들이 외국인을 경멸하는 마음에서 나왔을 가능성이 많다. 이러한 말을 공주가 되풀이하여 말하기는커녕 실제로 말하지 않았을 가능성이 높다. 그럼에도 불구하고 대부분의 전설처럼 이 이야기는 사라지지 않고 계속 살아남았다.

 임종의 넬슨은 하디 함장에게 무어라고 말했을까

넬슨 제독의 죽음은 화가, 시인, 역사가, 소설가에게 많은 영감을 주었다. 특히 '키스메트'라는 임종의 말은 계속 궁금증을 자아내는 전설이 되었다.

1805년 10월 21일, 넬슨은 트라팔가에서 대승을 거두었지만 해전의 와중에서 치명상을 입었다. 그가 숨을 거둘 때, 기함 함장에게 "운명Kismet일세, 하디"라고 변덕스러운 운명을 한탄했다는 전설은 오랫동안 내려왔다. 하지만 그의 임종에 자리를 함께 했던 사람들은 이구동성으로 넬슨이 함장 하디에게 키스해달라(kiss me)고 얘기한 것으로 전했다.

억압이 심하지 않았던 시대에, 죽어가는 사람이 친구에게 그것(키스)을 요구했다는 것이 그리 볼썽사나운 일이라고 할 수 없다. 넬슨의 얘기를 "운명일세, 하디"라고 고치려는 시도는 빅토리아 시대의 엄숙주의 풍조 때문일 것 같은데 구체적인 증거는 없다.

 소 피트의 유언은 무엇이었을까

임종의 또 다른 전설은 소小 피트의 유언이 "조국이여, 어떻게 너를 이대로 두고 떠날 수 있을까"이다. 1806년 1월 23일, 소 피트는 영국 총리로 재직하다가 세상을 떠났다. 위인이 죽었을 때, 전기작가들은 기억할 만한 유언을 찾아내고 싶어 한다.

그런데 피트가 임종할 때 조국을 생각한 것은 적절한 처신이었다. 영국이 트라팔가 해전에서 승리했지만 오스트리아의 울름과 아우스털리츠에서 참패한 탓으로 영국이 다시 한 번 동맹국을 얻지 못했기 때문이다. 피트는 마지막 몇 주 동안 이 참패 때문에 슬퍼했고, 머리가 맑았을 때라면 당연히 이 유명한 말을 했을 것이다. 그가 느꼈을 감정을 잘 반영하고 있으니까.

하지만 실제적인 유언의 진실은 훨씬 더 평범하다. 하원의 나이든 메신저는 디즈레일리에게 이렇게 보고했다. 피트의 유언은 "벨러미의 송아지고기 파이를 먹고 싶어"였고, 요리를 가져다주기 전에 그는 세상을 떠났다고 한다.

이 얘기는 너무 기이하여 진짜일지 모른다는 생각이 든다. 그리하여 "조국이여, 어떻게 너를 이대로 두고 떠날 수 있을까"라는 유언의 진정성에 상당한 의문을 던지게 만든다.

 경기병대의 돌격은 승리였을까
아니면 참패였을까

1854년의 크림 전쟁 때 발라클라바 전투에서 경기병대의 돌격은 뛰어난 용기와 눈부신 군사적 승리의 사례로 간주된다. 이 사건은 알프레드 테니슨 경이 지은 감동적인 담시譚詩에서 높이 칭송되어 불후의 명성을 얻었다. 하지만 전투에 대한 이런 평가는 완전히 허구였다.

전투의 와중에서, 영국군 사령관인 레이글런 경은 러시아군이 영국 해군의 12파운드 대포를 견인해가려는 광경을 망원경으로 관찰하자 기병대에게 돌격하여 러시아군을 막으라는 명령을 내렸다. 레이글런은 곧 연필로 종이 조각에 급히 메모하여, 전령 에드워드 놀런 대위에게 주면서 경기병대 대장인 루컨 경에게 전하라고 지시했다. 놀런은 예전에 귀족 출신의 상관(카디건 경)을 공공연히 비판하여 악명을 떨친 적이 있었다. 그는 말에 올라탄 뒤, 급히 가파른 비탈을 지나 계곡 바닥으로 달려가 메시지를 전달했다. 레이글런 경의 위치에서 213미터나 아래에 있던 루컨은 러시아에게 빼앗긴 대포를 볼 수 없었다. 그러나 명령서를 꼼꼼히 읽고 난 그는 곁에서 놀런이 가쁜 숨을 내쉬고 있는 모습을 보고서, 장군이 생각하는 대포가 어떤 것인지 물어보았다. 놀런은 대포가 있다고 기억하는 지점을 향해 막연히 손을 휘두르면서 이렇게 외쳤다—"사령관님, 적은 저기에 있습니다! 대포들도 저기에 있습니다!"

놀런이 가리키는 방향을 보았을 때, 루컨은 기나긴 계곡의 끝에 러시아의 6파운드 대포의 포대만 볼 수 있었고, 그 진지는 많은 보병과 기병들이 겹겹이 보호하고 있었다. 그가 보기에 돌격은 자살이나 다름없었다. 이런 위치에서 기병대가 적의 포대에 돌격하면 전멸할 것이 뻔했다. 그는 동료 장교인 카디건 경에게 명령을 전했다. 카디건은 적진지가 강력하다며 항의했지만 루컨은 레이글런 경의 엄명이라면서 당장 복종해야 한다고 대답했다. 카디건은 자신의 가문 이름—"자, 여기 브루데넬 가문의 마지막 남자가 간다!"—을 중얼거리면서 속보로 전진할 것을 명령하고 자신의 말에 박차를 가했다.

놀런이 600명의 기병들을 개죽음으로 내몰고 싶지 않았던 것은 분명하다. 그는 갑자기 자신이 예상한 오른 쪽으로 경기병대가 향하지 않은 것을 알아채고 기병들의 뒤를 쫓아 달리면서 잘못을 바로잡기 위해 칼을 높이 치켜들고 흔들며 외쳤다. 카디건은 어쩌면 이것은 놀런의 또 다른 건방진 사례라고 여기고 그를 무시한 채 대열에서 물러나라고 외쳤다. 그 순간 러시아 포탄이 카디건 경의 오른쪽 몇 야드에서 폭발했고, 포탄 조각이 놀런의 흉부를 찢어놓아 심장이 노출되었다. 칼은 그의 손에서 떨어졌으나 오른팔은 여전히 세워져 있었으며, 몸은 말안장에 꼿꼿이 남아 있었다. 그의 절망적인 마지막 비명과 함께 비극을 막을 수 있는 기회는 사라졌고 경 기병대는 피할 수 없는 패배를 향해 달려갔다.

계곡의 남쪽과 북쪽에 위치한 페디오킨 힐과 코즈웨이 하이츠의 가파른 비탈에 포진했던 러시아 포병과 보병들은 영국 경기병대의 무모한 용기에 깜짝 놀랐다. 경기병대는 연병장에서 열병하듯이 대열을 짓고 2.4킬로미터 떨어진 러시아 포병과 보병 쪽으로 달려오고 있었다. 무시무시한 십자포화를 당하고, 포탄과 포도탄이 그들의 머리 위에 비 오듯이 떨어져도 그들은 머나먼 계곡을 돌파하여 다수의 대포들을 빼앗았고, 흐릿한 연막 속에서 육박전을 벌였다. 고지에 있던 러시아군은 당황하여 후퇴했다. 캉로베르 장군의 프랑스 경기병대는 영국군의 어려운 상황을 약간 덜기 위해 양동작전을 벌이라는 명령을 받았지만 영국 경기병대가 불구덩이에 짚을 지고 뛰어든 재난은 피할 길이 없었다. 프랑스 장군 보스케는 놀라서 이렇게 말했다—"C'est magnifique, mais ce n'est pas la guerre!(보기에 굉장하지만, 저건 전투가 아닙니다!)"

계곡으로 돌격했던 700명의 기병들 중에서 겨우 195명만이 살아 돌아왔다. 17창기병 대대는 37명으로 줄어들었고, 13용기병 대대는 2명의 장교와 8명의 기병만이 살아남았고, 500필의 말이 죽었다. 이 작전은 하나의 전설이 되었지만 전쟁의 성과에 어떤 영향도 주지 못했다.

 에밀리 데이비슨은 자살했을까

영국에서 가장 유명한 경마대회는 더비Derby대회인데, 유명한 엡섬 경마장에서 매년 6월에 개최된다. 1913년 더비대회는 6월 4일에 열렸다. 말들이 태튼엄 코너의 휘어진 곳을 막 지나가고 있을 때 여성참정권운동에 헌신적인, 교양 있는 여자 에밀리 월딩 데이비슨이 울타리를 비집고 나와 레이스코스에 뛰어들었다. 그녀는 왕의 말 앤머와 충돌하여 쓰러졌고 뒤이어 달려온 말들에 짓밟혔다. 그녀는 병원에 옮겨진 나흘 뒤에 사망했다. 이 사건은 강경 여성참정권자들과 에밀리 지지자들에 의해 하나의 전설로 격상되었고, 그녀는 일부러 '여성투표권'의 대의명분을 위해 생명을 바쳤다고 칭송되었다. 하지만 이것은 진실성이 별로 없는 해석이었다.

검시관은 많은 목격자들의 증언을 듣고서, 에밀리의 의도가 경기를 방해하는 것이었지 자살할 생각이 없었다는 결론을 내렸다. 그럼에도 불구하고 언론에서는 곧 그녀가 일부러 왕의 말에 몸을 던져서 계획적으로 자살했다는 소문이 퍼졌다. 그녀에게 적대적인 언론사들은 이것을 대의명분에 대한 헌신보다도 불안정한 성격의 탓으로 돌렸다. 하지만 목격자들의 증언과 당시의 뉴스 영화는 이런 견해 (불안정한 성격)를 반박했다.

첫째, 레이스코스에 도착했을 때 그녀는 말에 몸을 던지지 않고 서있었다. 그녀는 말에 치어 쓰러졌을 때 앤머의 고삐를 잡으려고 애쓰는 듯했다.

둘째, 당시 뉴스영화의 깜박이는 화면에서 그녀의 행동을 알아보기가 어렵지만, 목격자들은 그녀가 앞서 달리는 말의 고삐를 잡으려다 실패했다고 주장했다. 따라서 그녀의 표적은 어떤 특정한 말이 아니었다. 주요 목격자들은 단호하게 에밀리의 자살을 부인했고, 게다가 그녀는 유서를 남기지 않았다.

이렇게 볼 때 검시관의 판단이 타당한 듯하다. 에밀리 데이비슨은 적극적이고 투쟁적인 여성참정권 운동가였다. 그녀는 여성참정 운동을 알리기 위해 대담하고도 특별한 이벤트를 계획했다. 그녀는 위험을 무릅써야 한다는 사실을 알았지만 말에 몸을 던지거나 자살할 의도는 없었다.

 영국은 벨기에 때문에 제1차 세계대전에 참전했을까

많은 역사학자들은, 평화를 좋아하여 중립을 지키던 영국이 독일의 1914년 벨기에 침공 때문에 느닷없이 참전 쪽으로 기울었다고 생각한다. 벨기에는 1839년 조약으로 독립과 중립성을 국제적으로 인정받아온 국가인데 독일이 침공하는 바람에 전쟁의 발단이 되었다는 것이다. 이것은 좋게 보면 오해이고, 나쁘게 보면 새빨간 거짓말이다.

제1차 세계대전은 오래 전부터 예상되었지만 전쟁은 놀랄 정도로 갑자기 찾아왔다. 오스트리아-헝가리와 세르비아 사이의 사소한 분쟁은 7월 28일에 대규모 전쟁으로 커졌다. 러시아는 7월 28일 세르비아를 지원하여 군사동원령을 내렸다. 8월 1일, 독일은 러시아에게 선전포고를 했다. 독일은 프랑스가 러시아 동맹국(세르비아)을 지원할 것이라고 가정하면서 미리 수립한 슐리펜Schlieffen 계획을 성사시키기 위해 8월 3일 프랑스에게 선전포고를 했다. 슐리펜 계획에 따라 독일군이 벨기에를 통과해야 하기 때문에 독일은 8월 2일 벨기에에게 무사 통행을 요구했다가 거부당했다. 그러자 독일은 일방적으로 벨기에를 침공했다. 독일의 전쟁 계획은 후퇴하는 대안이 없기 때문에 벨기에로부터 철군하라는 영국의 최후통첩에 동의할 수 없었다. 이에 영국은 8월 4일 오후 11시에 선전포고를 했다. 독일이 벨기에를 침공하지 않았더라도 과연 영국은 참전했을까?

영국의 ‘위대한 고립’ 정책의 본질은 다른 나라들을 상대로 구체적 쟁점을 해결하는 것이었지, 미래에 대해 구속력 있는 약속을 하는 것이 아니었다. 따라서 일본과의 동맹은 영국의 극동전진정책을 실행하려는 것이 아니라 가능한 한 오랫동안 현상을 유지하자는 것이었다. 마찬가지로 1904년 프랑스와의 앙탕트Entente(협정)는 오래된 논쟁에 선을 긋자는 것이지, 새롭게 프랑스 편을 들자는 것은 아니었다. 영국의 의도는 그러했지만 실제로는 그런 식으로 인식되지 않았다. 일본과의 동맹은 영국이 조선에서 일본을 지원하는 것으로 인정되었고, 앙탕트는 영국이 모로코에서 프랑스의 행동을 묵인한 것으로 간주되었다.

영국의 외무장관 랜스다운 경이나 그의 후임자 에드워드 그레이 경은 둘 다 유럽의 어떤 동맹체제에 가입하고 싶어 하지 않았다. 그레이는 앙탕트를 동맹으로 격상시키지 않음으로써 영국에게 행동의 자유를 주고 독일에게 영국의 중립을 보장한다고 생각했을지 모른다. 하지만 아무도 그렇게 생각지 않았다. 1907년 러시아와 맺은 앙탕트는 오래된 견해 차이를 해결했을 뿐 아니라 이제 동맹이 된 두 나라(영국과 러시아)의 우호조건을 형성하고, 또 독일을 잠재적인 적으로 본다는 뜻으로 해석되었다.

제1차 모로코 위기 때 영국은 어쩔 수 없이 어느 한 나라를 지지해야 되었고 그래서 프랑스를 선택했다. 그레이가 프랑스에 제안한 비공식 군사회담은 독일에게 하나의 메시지를 보내는 것이었다. 그것은 프랑스를 지나치게 몰아세우지 말라는 경고의 의도였다. 그렇지 않다면, 1908년에 시작한 군사회담은 별로 의미가 없었을 것이다. 홀데인은 아직 BEF(영국 해외 파견군)를 창설하지 않았고, 회담은 단지 도상연습에 그쳤다. 하지만 군사회담의 자세한 내막을 알지 못하는 영국 국민이 볼 때 독일은 이미 잠재적인 적이었다. 크루거 전보, 독일의 해군 증강 프로그램, 언론 보도 등은 독일에 대하여 전반적인 의심을 일으키기에 충분했다. 영국 신문들은 독일과의 전쟁 발발 여부보다 전쟁의 구체적 시기에 관심이 더 많았다. 1911년에 맨션 하우스에서 행해진 로이드 조지의 위협적인 연설은 여론의 흐름과 일치하는 것이었다. 모로코에서 손을 떼야만 했던 독일은 분노할 수밖에 없었고 그 결과 영국과 프랑스의 우호 관계는 더 굳어졌다.

이어 1912년의 해군 프로그램이 그 뒤를 이었다. 영국이 프랑스-독일 전쟁에 참전한다는 약속은 없었지만, 전쟁이 일어난다면 영국은 프랑스와 상의하겠다고 동의했다. 더 중요하게도, 영국 해군은 독일의 공격에 대해 프랑스 해협과 대서양 해안을 방어하는 유일한 수단이었지만, 반면에 프랑스 해군은 그보다 남쪽인 지중해에 집중되어 있었다. 그레이는 협정을 맺었다고 하여 영국이 참전한다는 뜻이 아니라고 생각했을지 모르지만, 독일은 전쟁의 열기 속에서 모종의 위반 행위를 저지르지 않을 수 없을 것이고 그것은 자연 영국의 참전을 불러올 터였다. 독일은 해군 프로그램을 삭감하자는 1913년의 처칠 초청을 받아들이지 않았지만, 그래도 1913년과 1914년 내내 영-독 관계는 다소 개선되었다.

홀데인의 육군 개혁은 대륙에서 싸울 6개 사단의 해외 파견군을 창설하는 것이었는데 이는 유럽 대륙에서 전쟁이 벌어진다면 영국이 참전할 것임을 암시했다. 영국은 프랑스가 독일의 손에 또 다시 패배하여 약화되는 상황을 좌시할 수 없었다. 이렇게 되면, 이미 제해권을 노리고 있고 또 발칸 반도와 터키에게 영향력을 확장하는 독일이 유럽 대륙을 장악하게 될 우려가 있었다. 1904년부터 영국과 프랑스의 밀접한 우호관계의 증대, 군사회담과 해군협정, 모로코에 대한 공동 입장 등은 전쟁이 일어날 경우 영국이 프랑스를 지원할 도덕적 의무를 가지고 있음을 시사했다. 비록 그 의무가 동맹으로 격상되지는 않았지만.

그러나 이처럼 끌려들어가는 전쟁은 노동당에게 인기가 없었고, 자유당 당원들에게 불화의 씨를 뿌릴 것으로 예상되었다. 자유당 정부는 국론이 분열된 상태로 참전하고 싶지 않았다. 그러나 벨기에 문제는 정부에게 도덕적 행동을 요구했다. 반면에 독일은 융통성 없는 전쟁 계획 때문에 벨기에를 공격하지 않을 수 없는 입장이었다. 1839년 런던 조약에 따라 강대국들은 벨기에의 중립을 집단으로 보장했지만, 독일이 아닌 프로이센이 조약 당사국이었다. 영국이 법적으로 벨기에를 방어할 의무가 있는지는 불확실한 사항이었다. 중립은 집단보장이었지 개별보장이 아니었기 때문이다. 하지만 영국은 조만간 프랑스 전쟁에 뛰어들어야 할 입장이었다. 벨기에 문제 때문에 곧 참전할 수 있는 확실한 근거를 얻었던 것이다. 영국 권력층은 영국이 참전한다는 사실을 알았지만 영국 정치가들은 얽히고설킨 외교의 장막 뒤에 몸을 숨겼고, 그래서 이 전쟁을 일반대중에게 설득하기가 어려웠다. 따라서 대중은 전혀 마음의 준비가 되어있지 않았다. 벨기에는 영국 정치가들에게 국가의 여론을 그들에게 유리한 쪽으로 바꾸는 기회를 안겨주었다. 이리하여 영국은 일치단결하여

독일의 침략과 맞서 참전했다. 내각에서 장관 한 명만이 사임했고
(한 사람은 이미 3일 전에 사임했다), 아일랜드의 민족주의자들도 사실상
만장일치로 지지를 약속했다.

영국이 프랑스를 도덕적으로 지원하고 독일이 슈리펜 계획을 예
정대로 밀고나가자, 영국의 동맹체제 불개입 방침은 자연히 깨졌다.
영국은 1차 대전에 참전하지 않을 수 없었다.

130 신페인당은 1916년 '부활절 폭동'의 배후였을까

'부활절 폭동'은 1916년 4월 25일부터 시작하여 나흘 동안 치열하게 투쟁한 뒤, 결국 영국군에 의해 진압되었다. 인명피해는 엄청났다. 128명의 영국군, 약 180명의 아일랜드 민간인, 수백 명의 무장 폭도들이 죽었다. 양측의 전투가 한참 벌어질 때, 그리고 직후에 아일랜드 여론은 폭동을 반대했다. 그러나 영국이 15명의 지도자들을 처형하자 미국 언론의 지지를 등에 업은 신페인당은 그들을 순교자로 추앙했고, 아일랜드 여론은 신페인당으로 기울었다. 신페인당은 그 후 폭동을 계획하고 시작했다는 공로를 인정받았고, 이런 견해는 신속하게 널리 퍼져나갔다. 하지만 그것은 사실일까?

신페인당이 부활절 폭동을 계획하거나 수행할 때 특별한 역할을 맡은 것이 없었다. 실상은 그들은 다른 단체들이 시작한 사건을 가로채 자기들의 공로로 삼았다.

신페인당은 극단적인 민족주의 그룹들과 달리 폭력을 반대했다. 그들의 목표는 정부의 역할을 수행하고 또 기존의 공식적인 영국 기관들을 대체할, 지방 자치단체 나아가 국가기구를 수립하는 것이었다. 신페인당은 완전한 독립이 아닌 자치 수준의 타협안을 받아들일 준비가 안 되어 있다는 점에서 아일랜드민족주의당과 달랐지만 폭력을 지지하는 아일랜드공화국협회의 지도자들 가운데 한 명인 제임스 코널리 같은 사람을 비난했다. 하지만 신페인당의 인내심은, 완전한 독립을 거듭 부인하는 1912년 제3차 자치법안이 발의될 무렵에 바닥났다. 그들은 최후의 수단으로서 폭력이 필요하다고 생각하기 시작했고, 또 코널리가 이끄는 아일랜드공화국협회와 패트릭 피어스가 이끄는 민족의용군과의 관계는 더욱 돈독해졌다.

하지만 폭동을 계획하고 시작한 단체는 신페인당이 아닌 나머지 두 단체였다. 물론 3개 단체는 그들의 차이점에도 불구하고 서로 배타적인 게 아니었고, 어떤 신페인당원들은 처음부터 직접 개입했다. 그런데 신페인당은 폭동을 별로 주도하지 않았으면서도 그것에서 비롯되는 이익을 많이 얻었다. 나중에 폭동에 참여하고 지지함으로써 온건한 여론의 붕괴라는 혜택의 주된 수혜자가 되었다. 1918년 북 아일랜드를 제외한 총선에서 신페인당은 총 79석 중 73석을 차지하여 아일랜드 독립 의회인 도일Dail을 세웠다. 이렇게 하여 아일랜드 의회는 영국과 협상하는 정치적 능력을 얻었다.

## 131

1924년 맥도널드의 패배는 지노비에프 편지 때문이었을까

1924년 10월 선거에서 영국 노동당은 지노비에프 편지 사건 때문에 패배하여 정권을 내주었고, 보수당이 재집권했다. 노동당 지지자들은 선거 패배는 지노비에프 편지 때문이라고 주장했고, 역사학자들은 그것을 사실로 받아들였다. 이런 주장은 과연 얼마나 정당할까?

램지 맥도널드는 노동당에서 배출한 영국 최초의 총리였다. 그는 1924년 1월에 집권했으나 의석의 과반수를 차지하지 못해 자유당의 지지를 얻어 총리직을 유지했다. 자유당이 의석을 잃었던 10월에 노동당 정부는 패배했다. 공산주의 노동자 주간지 현역 편집장인 J. R. 켐벨은 주요 군사시설 밖에서 선동적인 신문을 배포하여 병사들의 반란을 부추긴다는 비난을 받았다. 이렇게 되자 보수당 반대파는 정부가 공산주의자를 온건하게 대하고, 공산주의의 진짜 위협에 무르게 대처한다고 비판했다. 자유당은 그런 오명을 피하기 위해 야당 편을 들었고, 정부는 소수당으로 전락했다. 하지만 총선에서 성공하면 정부의 행운을 되살릴 수 있었다. 총선 일자는 10월 29일로 정해졌다. 지노비에프 편지는 투표 4일 전인 10월 25일에 언론에 공개되었다. 그 편지는 코민테른의 문서로 "영국에서 시민 불화를 조장하여 성공적인 계급투쟁을 추진하라"는 것이었다. 그 후 정부는 총선에서 패배했고, 그 원인은 지노비에프 편지 때문이라고 널리 생각되었다. 이것은 얼마나 사실일까?

지노비에프 편지는 베를린이나 리가에 사는 러시아 이민자들이 볼셰비키를 비난할 목적으로 작성한 가짜 문서였다. 하지만 이런 사실 자체는 별로 중요하지 않았다. 그 편지는 볼셰비키의 상투어로 가득했고, 코민테른의 정책을 정확하게 잘 요약했다. 영국 외무부는 주영 러시아 대리대사에게 항의함으로써 편지에 신빙성을 부여했고, 따라서 편지는 진짜라고 널리 믿어지게 되었다. 캠벨 사건은 노동당이 볼셰비키를 온건하게 대한다는 사실을 보여주었고, 지노비에프 편지는 그걸 확인하는 결정타였다. 자유당원들은 노동당에게 최후의 순간이 찾아왔다고 믿고 선거에서 떼지어 당을 등졌다. 게다가 보수당 지도자인 볼드윈은 1924년 여름에 보호관세를 도입하려는 생각을 포기함으로써 유권자들의 자유당 선호 요인을 제거했으며 보수당에 대한 투표 가능성을 더욱 높였다. 볼드윈은 이제 보수 중도파로 자처하면서, 건전한 상식을 가진 정치세력에 표를 달라고 호소했다. 대부분의 유권자들은 지노비에프 편지가 신문에 크게 취급되기 전에 이미 마음을 굳힌 듯했다.

보수당은 42석으로 줄어든 자유당에 힘입어 415석을 획득했다. 노동당은 42석을 잃은 152석을 확보했다. 투표율은 이전 선거의 71퍼센트에서 약 77퍼센트까지 올라갔다. 이것은 어쩌면 지노비에프 영향 때문이었을 것이다. 노동당은 약 100명 더 많은 후보를 내세웠고, 이것 때문에 그들에게 투표한 사람들은 430만 명에서 550만 명으로 늘어났다. 하지만 노동당이 예전에 후보를 냈던 모든 선거구에서 투표율은 하락했다. 자유당은 약 120만 표를 잃었다.

　1923년 12월 선거를 위한 자유당과의 일시적인 연립은 오래 가지 않았다. 애스키스와 로이드 조지의 오래된 반목은 다시 불거졌다. 특히 볼드윈의 보호주의 정책 포기로 인해 그들은 서로 합칠 이유가 없어졌다. 자유당은 힘이 빠진 듯 보였고, 노동당과의 연립으로 내부가 오염되면서 서로 신랄하게 비난하기 시작했다. 유권자들이 볼 때 상식적 관점에서 정부를 운영하겠다는 볼드윈의 자세는 매력적이었다. 유권자들은 소련에 우호적인 맥도널드에게 깜짝 놀랐고, 노동당의 좌익이 선동하는 연설에 놀랐다. 노동당은 나중에 지노비에프 편지 때문에 정권을 내놓았다고 주장했지만 사실은 보수당의 재기, 자유당과의 분열, 켐벨 사건으로 압도당했다고 말하는 게 더욱 그럴 듯하다. 지노비에프 편지는 노동당의 패배를 악화시켰을지 모르지만 패배의 직접적인 원인은 아니었다.

## 132

'지원금'은 무엇이었을까

실업수당과 지원금dole을 혼동하는 것은 1930년대의 공통된 현상이었다. 이런 오류는 당시를 연구하는 학자들에게서도 발견되고, 흔히 오늘날까지 계속되고 있다. 1930년대를 실제보다 훨씬 더 어둡게 보는 사람들은 지원금을 모든 실업수당을 가리키는 집합적인 용어로 사용하고, 그것이 보편적인 소득 조사 수단이라고 오해하고 있다. 1930년대의 대공황이 많은 사람들에게 고통과 비참함을 가져다준 것은 사실이다. 《지원금에 대한 사랑》 같은 소설들은 가족 소득을 조사받은 뒤 보조금과 기부금으로 살아간 영국인의 생활 풍경을 묘사했다. 하지만 실제로는 이렇지 않았다.

1911년 보험법은 남성 보험 가입자들에게 실업수당을 26주(6개월) 동안 주었다. 1930년까지 대부분의 남성 근로자들은 이렇게 실업을 대비했고, 만약 실직하면 국가에서 실업수당을 6개월 동안 받을 수 있었다. 6개월은 근로자들이 또 다른 일을 구할 때 까지 필요한 최장 기간이었다. 이 실업수당은 가족의 경제적 수입에 상관없이 지급되었다.

6개월은 오랜 기간인 듯했지만 구조적 실업을 극복하기에는 충분치 못한 시간이었다. 광업, 조선공업, 면직 공업과 같은 업종은 불황이 심한 사양산업이었다. 이 업종에서의 실업은 정상적인 시장의 힘으로 곧 바로잡을 수 있는 계절적 실업이 아니었다. 그것은 장기적인 불황이었고, 전국적으로 특히 북동지역과 북서지역의 경제를 피폐시켰다. 이 업종의 실업자들은 실업보험으로 생계를 이어갈 수 없었다. 1921년의 보험법은 실업보험으로 충당하지 못한 '계약 범위 이외의 수당'을 추가로 주었다. 그 수당은 게으른 사람이나 취업할 수 없는 노령자와 병자를 위한 것이 아니라 진정한 구직자를 위한 것이었다. 금액은 조금씩 찔끔찔끔 주는 것이었는데 여기서 "지원해준다doled out"는 말이 나왔고, 그렇게 하여 실업수당 이외의 '지원금dole'이라는 명칭으로 정착되었다.

1931년, 지원금을 결정하는 특별한 가계소득 조사 방법이 도입되었다. 가족 전체의 수입을 감안하여 지원금을 결정했는데, 가령 세탁이나 잡일을 하는 부인과 신문을 배달하거나 심부름하는 자녀가 푼돈을 벌고 있다면, 그 금액을 반영하여 남편의 지원금 규모를 결정했다. 그래서 26주 동안 지원금은 전액 지급되지 않고 다른 가족들의 소득에 의해 보충이 될 수 있었다. 26주가 지난 뒤, 가족은 추가 소득을 포기하고 지원금의 극빈 속에서 살거나 추가 소득을 감추면서 발각되지 않기만을 바랐다. 장기적인 실업자가 볼 때 미래는 가난을 벗어날 수 없을 정도로 절망적이었다. 대부분의 영국인은 계속 일자리를 잡고 있었고 또 실업을 했더라도 잠시에 그쳤기 때문에 지원금은 어쩌면 1930년대 영국의 생활을 지나치게 과장하는 면이 있다. 하지만 생계를 지원금에 의존했던 사람들로서는 아주 처참한 생활이었다.

133 스페인 내전은 제2차 세계대전의 리허설이었을까

역사 교과서가 통속적이어서 많은 역사학도들이 그런 책을 믿을 수록, 스페인 내전을 다가오는 제2차 세계대전의 리허설이라고 보게 된다. 이념적 갈등의 장소에 외국 군대가 개입한다는 것은, 앞으로 다가올 파시즘과 볼셰비즘 사이의 충돌을 예시한다는 것이다. 하지만 이 이론은 물샐 틈 없이 완벽한 것은 아니다.

1936년 7월, 파시즘과 볼셰비즘은 서로 반대되는 세력을 편들었다. 좌익은 인민전선을 지지했고 우익은 프랑코 장군이 지휘하는 민족주의 반군세력을 지원했다. 1936년에 불간섭주의조약이 서명되고 1937년에 니온 조약이 체결되었어도, 외국의 원조는 스페인으로 계속 흘러들어왔다. 몇몇 관계 당사국들은 시침을 떼면서 무기 및 갖가지 거래를 확인하기가 어렵다고 주장했고, 또 통제할 수 없는 민간 지원자들이 참전한 것이어서 막을 수 없다고 둘러댔다.

무솔리니가 볼 때 그 사건은 정말 당황스러운 것이었다. 약 8만 명의 이탈리아 군대를 스페인에 파견했지만 두드러진 성공을 거두지 못했고, 대부분이 1937년 후반에 철수했다. 이탈리아 전투기의 산발적인 공습도 별로 성과를 얻지 못했다. 이탈리아 해군이 지중해에서 공화국 화물의 운송을 막으려던 시도는, 증강된 영국 해군의 봉쇄에 막혀 물거품이 되었다. 사실 무솔리니는 스페인 내전에 별 관심이 없었고, 이탈리아의 참전은 두체(무솔리니)가 원했던 국가권력의 영광도 드날리지 못했다.

시시콜콜한 일에 얽매이지 않았던 히틀러는 독일이 참전해야 하는 전략적 이유를 큰 틀에서 설명하면서 이렇게 선언했다─"우리는 반드시 볼셰비즘으로부터 스페인을 구해야 한다." 동시에 그는 스페인 사건을 국내의 정치적 임무를 훼방놓는 번거로운 일이라고 보았다. 그래서 프랑코의 사절을 만나는 것을 미루고 극장에서 오페라 〈지크프리트〉를 관람했다. 히틀러는 나중에 그 사절을 만났을 때 독일 군대가 어떤 일을 하느냐보다 어떤 보상을 받을 수 있는지 더 관심이 많았다. 결국, 그는 약 3만 명의 군대, 상당한 양의 군수품, 항공기, 탱크, 전함을 보냈지만 이런 지원은 별로 성과를 얻지 못했다.

특히 레옹 블룸의 인민전선이 정권을 잡았던 프랑스는 많은 이념을 공유했던 스페인의 인민전선을 지원하려 했지만 영국이 만류했다. 프랑스의 동맹국인 소련이 어쩌면 프랑스에게 더 위험한 적이 될 수 있으므로, 인민전선 지원은 소련에게 맡겨두는 게 나을 것이라고 지적했다. 프랑스는 영국의 조언에 따라 전쟁을 수수방관했다.

마찬가지로, 스탈린은 소련의 국내 문제에 집중하려 했고 외국에서 모험할 의욕이 별로 없었다. 그가 주장하는 '일국사회주의'는 외국 문제에 말려들지 않겠다는 정책이었다. 게다가 스페인의 쟁점인 '세계공산주의'라는 개념은 트로츠키이즘을 연상시켰고, 스탈린은 이념적으로 그것을 싫어했다. 그는 또 스페인의 볼셰비즘을 옹호하는 듯한 자세를 취하여 프랑스를 놀라게 하고 싶지 않았다. 결국 스탈린은 인민전선을 약간 지원하기는 했지만 스페인공화국의 금 보유분을 러시아로 보냄으로써 지원의 대가를 담보하라고 요구했다. 이 많은 금은 이상하게도 북해 항구인 오데사로 향하다가 사라졌고, 나머지 금은 몇 달 동안의 확인 절차를 거쳐 스탈린의 개인 호주머니 속으로 자취를 감추었다. 그 금은 그 뒤 다시 나타나지 않았다.

공화국 편에서는 이른바 '국제여단'들이 많았는데 병사 외에 의사, 간호사, 엔지니어 등 비전투 요원들도 많았다. 그들 중에는 프랑스, 폴란드, 우크라이나, 체코, 스칸디나비아와 발칸반도의 사람들도 있었다. 독일인과 오스트리아 사람들은 공화국파와 민족주의파 양쪽에서 싸웠고, 국제여단에는 약 5000명의 지원자들이 지원했는데 2000여 명이 죽었다. 그 밖에 약 2000명의 영국 지원자들과 약 2800명의 미국 지원자들이 몰려들었는데 그들의 피해도 컸다. 일반적으로 스페인에서 약 8만 명이 싸웠다고 생각되고 있다. 이 숫자는 어쩌면 과장이었을 것이다. 최근의 연구에 따르면, 전체 숫자는 3만 5000명에 가깝고, 그들 중에 약 1만 8000명은 늘 전쟁터에 있었다. 부대를 모두 합치면 6개 여단이었는데, 지원자들이 실제보다 더 많다는 것을 보여주려는 의도에서 그 앞에 10자를 붙여서 제11여단에서 제16여단까지 명칭을 부여했다.

이렇게 볼 때 스페인 내전이 제2차 세계대전의 리허설이라는 생각은 좀 지나친 것임을 알 수 있다. 리허설 운운하는 것은 외국의 기여가 미미하다는 사실을 무시하는 것이다. 전쟁은 주로 민족전선과 인민전선 사이의 지독한 반목 때문에 발생했던 것이다. 1939년의 프랑코 승리로 내전이 끝났으나 문제가 해결되기는커녕 더 복잡해졌고, 갈등상태는 1975년 프랑코가 사망할 때까지 지속되었다.

 월스트리트의 붕괴가 대공황을 일으켰을까

많은 역사학자들은 월스트리트의 붕괴가 대공황의 유일한 이유는 아니더라도 주된 이유라고 생각한다. 하지만 이것은 지나치게 단순한 분석이다.

1929년 10월 23일, 미국의 주식시장은 붕괴하기 시작했다. 당시 뉴욕 증권거래소에서는 갑자기 수백만 주의 보통주들이 매도거래에 쏟아져나왔다. 그날, 공황은 실제로 일어나지 않았지만 매도된 전체 주식은 약 40억 달러의 가치를 잃었다. 공황은 뒤이어 찾아왔는데, 매수거래는 자취를 감추었고 매도주문량은 산더미처럼 늘어났다. 10월 24일은 '검은 목요일'이라고 불렸으며 최악의 날 가운데 하나였다. 손실금은 전날보다 갑절로 늘어났다. 주가는 급락했고 회복되지 않았다. 연말쯤 장부가격의 손실은 400억 달러에 이르렀으며, 이는 증권거래소에 상장된 모든 주식 총액의 60퍼센트에 해당하는 금액이었다. 그 후에도 하락은 계속 이어졌다. 1933년까지 하락했고, 다우존스지수는 32포인트에 머물렀는데, 붕괴 전날 시가총액의 10퍼센트 수준이었다. 대공황의 근원이었다고 흔히 여겨지는 것은 이 주가 폭락이었다.

하지만 사실, 대공황의 원인은 더 깊은 곳에 있었다. 1920년대 내내 미국의 경제 자체는 근본적으로 불안했다. 소득분배가 골고루 이루어지지 않았던 탓에 인구의 부유층 1퍼센트가 국부의 60퍼센트를 차지했고, 공화당이 추진한 감세정책 혜택은 부자들에게만 돌아갔다. 그들의 투자로 경제는 겨우겨우 돌아갔으나 높은 소득으로 늘어난 소비지출은 주로 사치품 구매로 이어졌다. 동시에, 기술 향상 덕분에 상품 생산은 소비자들이 흡수할 수 있는 것보다 더 빠른 속도로 증가했다. 기업은 광고와 할부구매와 같은 수단으로 판매를 잠시 촉진했지만 결국에 판매는 한계에 이르렀고, 상품은 팔리지 않게 되었다. 건설 경기는 1925년 초까지 절정에 달했다가 내리막길로 들어섰다. 자동차 산업은 1926년에 정점을 찍었고, 내구재를 생산하던 그 밖의 산업들도 계속 생산에 매진하다가 시장은 포화상태에 빠졌다.

근로자의 평균임금은 10퍼센트만 올랐지만 신기술의 도입으로 실업은 증가했고, 실업률은 1928년까지 전체 노동인구의 7퍼센트에 달했다. 침체된 임금과 실업률은 섬유, 철도, 광업과 같은 오래된 주요 산업의 특징이었다. 게다가 광산이나 공장에 의존하던 지역사회는 공장 폐쇄로 인해 피폐되었으며, 경기침체와 불황이 만연했다.

미국의 농민들도 대공황의 피해를 겪은 사람들이었다. 그들은 제1차 세계대전이 끝난 뒤에 농산품 가격의 하락으로 고통을 받았다. 이 하락에 대해 그들은 처음에 생산량을 늘려 대응했으며, 가격에서 손해본 것을 생산량으로 보전하기를 원했고, 기계를 개량하는 동시에 단위당 생산량을 늘리기 위해 은행에서 대출을 많이 받았다. 하지만 이러한 대응책은 상황을 더욱 악화시켰고, 농산물의 과잉 생산을 가져왔다. 농부들은 담보대출 상환금의 부담 때문만 아니라 농산물 가격이 헐값으로 떨어져 재배할 가치가 없었기 때문에 파산했다. 이런 상황을 더욱 악화시킨 것은 '황진지대dust-bowl' 현상이었다. 미국 초원의 흙은 흔히 너무 가벼워서 경작할 때 김을 매면 모래로 바뀌었고, 바람에 쉽게 날려갔다. 대초원 지방의 넓은 지역은 이렇게 사막으로 변했고, 그곳에 살던 사람들은 떠날 수밖에 없었다.

연방정부의 엉성한 정책들도 문제를 더욱 악화시켰다. 미국과 같은 채권국은 수출하기보다 더 많이 수입해야만 했다. 그래야 돈을 빌려간 채무국이 수출대금을 가지고 빌린 돈을 갚을 수 있는 것이다. 하지만 미국은 외국과의 경쟁으로부터 국내 제조업과 농업을 보호하기 위해 훨씬 더 높은 관세를 부과했고, 그 결과 1920년대 내내 유럽의 무역 상대국에 대해 엄청난 무역흑자를 기록했다. 이 근본적 문제는 유럽 정부에게 유리한 조건의 대출을 확대하면서 '저금리 자금'이라는 재무부의 정책으로 가중되었다. 말이 좋아 저금리 자금이지 사실은 부채 상환용 자금을 빌려준 것이었다. 붕괴가 일어나기 훨씬 전에 미국의 금융가들은 추가 대출을 거절했고, 대출 기한이 돌아왔을 때 기존 대출을 회수했다. 이리하여 외국은 미국의 수출품을 사지 못했고, 미국 국내의 과잉 생산 문제를 악화시켰다. 따라서 1929년까지 미국 시장에서 넘쳐나던 필수품과 제조 품목은 팔리지 않게 되었다.

동시에 주식시장 붕괴가 다가오는 대공황의 단순한 징조 이상의 것임을 알아야 한다. 주식시장의 책략이 또한 문제를 일으키는 데 일조했다.

1920년대 후반, 무모한 호황의 한 특징은 주식 투기였다. 투기자들은 대박을 노리면서 주식을 사기 위해 자금을 빌렸고, 빌린 돈을 갚을 수 있었으며 여전히 상당한 이익을 올렸다. 이 관습은 '신용거래'라고 알려졌다. 심지어 은행들도 고객의 자금으로 투기를 했다. 1929년 가을, 그들은 혼쭐이 났다. 6000여 개의 중서부 은행들이 신용거래의 함정에 빠져버린 것이었다. 그들은 농지를 담보로 하여 농민들에게 엄청난 자금을 빌려주었다. 이 땅의 가치가 폭락하면서 은행들도 파산했다. 이 재난은 수백만 명의 예금을 하룻밤 사이에 날려버렸고, 유동성의 규모를 더욱 줄여놓았다. 상품은 널려 있는데 돈이 부족했다. 대공황 내내 발생했던 비참한 가격 폭락은 돈 부족 현상을 잘 설명한다.

따라서 주식시장 붕괴는 경제적 신뢰의 몰락을 알려주기 때문에 중요한 현상이었다. 사람들은 돈을 잃을 위험이 있다고 생각한다면 주식시장에 투자하지 않을 것이다. 물론 주식이 나타내는 고정자본은 주가가 높든 낮든 상관없이 예전과 똑같았다. 다시 말해, 결국에 공장들은 여전히 서 있었다. 차이가 있다면, 공장들은 더 이상 가동되지 않았고 아무도 공장을 경영하지 않았다. 공장에서 일했던 사람들은 더 이상 소득을 올리지 못했다. 증권거래소에 상장된 주식 가치의 추락은, 아무도 그 공장을 소유하지 않으려 한다는 뜻이었다. 그 공장이 이익 배당을 해주지 못한다고 보기 때문에 그 공장의 주식을 사지 않는 것이었다. 그리하여 붕괴는 구매력 저하와 부유층의 투자 능력의 감소뿐 아니라 미국 경제의 생산 및 무역의 전체적인 몰락을 가져왔다.

# 135 히틀러의 《나의 투쟁》은 나치의 성경이었을까

　　《나의 투쟁》은 나치즘의 이상과 철학을 잘 표현하고 그 목적과 의도를 요약했다고 전해진다. 나치의 '성경'이라는 것이다. 하지만 이 책이 당시 유럽이나 독일 자체에 미친 영향력은 크게 의문시되고 있다.

　　책의 기원은 1920년대 중반으로 거슬러 올라간다. 당시 히틀러는 1923년 11월의 미수로 끝난 뮌헨 폭동 때문에 5년형을 선고받고 란트스베르크 감옥에 갇혀 있었고, 형량 중에서 채 9개월도 복역하지 않은 때였다. 이 기간 중, 지지자들이 종종 방문하고 식사가 규칙적으로 나오는 편리한 감방에서 히틀러는 충실한 협조자이고 나중에 부총통이 된 루돌프 헤스와 함께 《나의 투쟁》을 저술했다. 헤스는 히틀러의 말을 받아썼고, 두 권의 책은 1925년과 1927년에 나왔다.

　　책은 나치 철학을 과장되게 허풍 떨고, 두서없이 장황하게 얘기하고, 세련미가 없었는데, 간단히 부정확한 자서전적 소재가 곁들여 있었다. 책의 전편에 스며들어 있는 신랄한 반유대인 사상은 별도로 치더라도 《나의 투쟁》은 주로 니체의 종교적 도덕적 사상을 대중화하고 찰스 다윈의 사상을 왜곡한 것이었다. 히틀러가 '적자생존'과 '생존투쟁'과 같은 용어를 사용한 것은 약육강식의 교훈을 지적하기 위해서였다. 곧 생존의 법칙은 갈등의 법칙이고, 관용, 동정, 자비라는 개념들은 약자가 강자의 행동을 견제하기 위해 꾸며낸 속임수라는 것이었다. 사실 그 책은 유대인의 몰살, 세계대전의 촉발, 소련의 전복, 레벤스라움Lebensraum(생활공간)의 획득, 새로운 나치 세계 질서를 지배하기 위한 자원의 흡수 따위를 예언했다.

독일의 제3제국 치하에서 결혼한 부부들은 이 책을 선물로 받았고, 늙은 독일인 서가에는 먼지를 뒤집어쓴 채 고스란히 모셔져 있는 것이 여전히 발견되고 있다. 《나의 투쟁》을 읽은 지식인들은 그 책을 광신자의 미친 헛소리라고 여겼다. 당시의 정치가들은 히틀러를 심각하게 여기지 않으면서 선동가 내지는 사기꾼 정도로 격하했다. 몇몇 정치가들은 나중에 그를 게임의 졸로 사용하려고 들 만큼 히틀러라는 인물을 가볍게 보았다. 히틀러가 총통이 된 뒤에도 많은 사람들은 계속하여 그의 성격과 정책에 대하여 내심 불안하게 생각했으나 내놓고 표현하지 않았다. 그들이 보기에《나의 투쟁》은 빨리 잊어버리는 게 최상인 나치 초창기의 찌꺼기일 뿐이었다.

마찬가지로 외국의 지도자들은 히틀러의 맹렬한 분노와 천박한 욕설을 연극의 일부라고 생각하면서 무시했다. 이런 무시하는 태도는《나의 투쟁》의 단호한 메시지를 경시했기 때문에 나온 것이었다. 스탈린조차도 악랄한 공산주의와 열등한 슬라브 민족에 대한 히틀러의 신랄한 공격을 정치적 선동의 글로 간주하여 대수롭지 않게 보았다. 스탈린은 그런 글이 당시 싸구려 인기를 얻기 위한 것이며 히틀러의 진심이 아니라고 착각했다.

따라서 사실상 누구도 《나의 투쟁》을 주목하지 않았지만, 이미 그 안에는 나치 정책의 완벽한 청사진이 들어 있었던 것이다.

 영국은 1940~41년 동안에
혼자서 싸웠을까

1940년 6월 22일, 프랑스는 독일과 정전협정을 맺었다. 정확히 1년 뒤인 1941년 6월 22일, 바르바로사 작전에 따라 독일은 러시아를 침공하기 시작했다. 두 사건이 벌어지는 1년 동안 영국 혼자서 추축국과 싸웠다는 주장이 자주 제기된다. 하지만 이것은 사실이 아니다.

영국은 1940년 6월 22일부터 10월 28일까지는 단독으로 적과 싸웠다. 그리하여 영국 전투와 독일의 영국 침공이 임박한 당시 동맹국이 하나도 없었다. 하지만 1940년 10월 28일, 알바니아를 점령한 이탈리아 군대는 그리스를 침공했다. 이리하여 그리스는 파시스트 이탈리아와 맞서 싸우는 영국의 동맹국이 되었고, 영국은 빈약한 자원이나마 여투어서 그리스에게 제공했다. 충분치 않은 군수품, 무기, 운송수단을 공급했으며 1941년 초부터 영국 군대는 몇몇 그리스 섬들, 특히 크레타의 수비를 도와주었다.

그 보답으로 그리스는 귀중한 동맹국의 역할을 충실히 수행했다. 그리스 군대는 이탈리아 16개 사단의 발을 묶어놓았다. 알바니아에서 이탈리아 요새를 제압하고 거둔 승리는 전쟁의 암울한 시기에 영국군의 사기를 북돋아주었다. 이탈리아가 그리스 전쟁에 집중하면

서 리비아의 이탈리아 군대를 효과적으로 강화하지 못한 탓에 1941
년 1월, 웨이벌 장군은 키레나이카를 점령할 수 있었다. 웨이벌 장군
의 작전 중에 영국군은 약 12만 명의 이탈리아 병사들을 포로로 잡
아 이탈리아에 커다란 손실을 안겨주었다.

그리스가 이탈리아에 대해 승리를 거두자 히틀러는 분노했고,
1941년 2월에 그리스를 위협하여 무솔리니와 평화협상을 맺으라고
했다. 하지만 그리스는 전쟁에서 승리하고 있었기 때문에 강화講和
에 별 관심이 없었다. 따라서 히틀러는 발칸 회전에 개입해야만 했
고, 그 탓에 러시아 침공은 5주나 지연되었다. 1941년 4월 6일, 독일
군대는 그리스 국경을 넘어왔고 영국의 도움에도 불구하고 그리스
의 저항은 3주 만에 무너졌다. 하지만 바르바로사 작전의 지연은 나
치의 최종 패배에 결정타가 되었다. 영국은 그리스를 도와주는 과정
에서 해상과 지상에서 막대한 피해를 입었다. 하지만 모든 상황을
고려해보면 그리스의 분쟁은 여러 모로 이득이었다. 이탈리아가 이
집트에서 승리하지 못하도록 막았고, 알바니아에서 이탈리아의 군
사적 약점을 폭로했고, 전쟁에서 승리할 수 있는 동맹국(그리스)을
영국에 제공했고, 독일로 하여금 값비싼 발칸반도 개입을 강요했다.
따라서 프랑스의 함락부터 러시아 침공까지 영국에게 어떤 동맹국
도 없었다고 주장하는 것은 잘못된 얘기다.

## 137

독일의 크레타 침공은
정말로 중요했을까

영국의 크레타 방어 결정은 당시와 그 이후에도 많은 비판을 받았고, 제2차 세계대전의 역사에서 논쟁거리의 에피소드가 되었다.

1941년 5월 20일, 독일은 크레타 섬을 침공하기 시작했다. 섬의 방어군은 대포를 그리스 본토에 남겨두었기 때문에 대포가 턱없이 부족했고, 소총 화기와 총탄도 부족했다. 독일이 맹렬하게 공습하여 지상에 있는 대부분의 대공진지가 파괴되었기 때문에 크레타 섬을 공중에서 방어하려는 작전은 아예 시도되지 않았다.

대공방어가 부족한 탓에 영국 해군은 위험에 노출되었고, 커닝엄 제독은 3척의 순양함과 6척의 구축함을 잃은 뒤에 후퇴할 수밖에 없었다. 프레이버그 장군 휘하의 영국 육군은 영웅적으로 방어했지만 5월 27일, 그는 전황이 절망적이라는 것을 깨닫고 6월 2일까지 많은 부대원들을 철수시켰다. 그래도 남은 1만 2000명은 독일의 포로가 되었다. 그 패전은 1년 전 노르웨이를 잃으면서 시작한 참패의 목록이 또 한 줄 늘어난 것을 의미했다.

영국은 크레타를 침공하려는 독일의 의도를 잘 알고 있었다. 독일이 몰타를 목표인 것처럼 양동작전—5월 10일부터 그들은 맹렬한 공습을 다시 시작했다—을 폈지만 영국 정부는 에니그마 암호 전송을 해독하여 다가오는 크레타 공격의 세부사항을 정확하게 알고 있었다. 크레타는 세 군데의 중요한 비행장과 대형 해군기지가 있었기 때문에 영국은 효과적으로 방어할 수만 있다면 이 섬을 잃고 싶지 않았다. 독일군은 처음 공격할 때 공수 부대원들과 글라이더의 피해가 컸다. 무선통신이 더 원활했다면 방어군은 섬의 방어에 성공할 수도 있었는데, 전황이 생각보다 방어군에게 유리하게 돌아갈 때 아쉽게도 철수를 시작했다.

영국이 비록 이 전투에서 패배하기는 했지만 그 결과가 전적으로 독일에게 유리하게 돌아간 것은 아니었다. 그들은 결코 크레타 비행장을 효과적으로 활용하지 못했고, 크레타를 성공적인 해군기지로 전환시킬 해군력이 없었다. 그들은 영국의 크레타 섬 활용 기회를 빼앗았지만 키프로스, 시리아, 레바논 등이 영국의 대체 기지 노릇을 해주었다. 섬의 점령이 독일에게 별 이득도 아니었던 것처럼, 영국이 섬을 잃은 피해는 별로 크지 않았다. 독일 점령군은 해군력의 부족, 공군력의 침체, 그리스 빨치산의 활동 등으로 인해 점점 크레타 섬을 부담스럽게 여겼다.

독일군의 크레타 침공에서 양측의 전사자는 비슷했고(약 4000명이 전사하고 약 2500명이 중상을 입었다) 독일이 더 많은 포로를 잡았지만 독일의 피해는 더 컸다. 영국, 오스트레일리아, 뉴질랜드에 비해 독일은 고급장교들을 더 많이 잃었고 제7공정사단의 부대원들 대부분이 죽었다. 고도로 훈련된 전문 병력은 쉽게 보충될 수 없었다. 독일은 주요 공수작전에서 이 부대를 두 번 다시 활용하지 못했다. 게다가 독일은 공중과 해상에서 몰타를 침공하려던 계획을 조용히 폐기했다. 몰타는 1942년 이집트를 방어할 때와 1943년 이탈리아를 침공할 때 연합국에게 귀중한 기지 노릇을 해주었다.

따라서 크레타 상실은 흔히 생각되는 것처럼 엄청난 재난이 아니었다. 섬을 방어하려는 영국의 결정은 승리에 목마른 전시내각의 미친 결정이 결코 아니었다. 러시아 침공이 임박한 상태에서 독일은 크레타에서 병력을 손실해도 상관없는 상황이 아니었고, 섬을 점령했다는 선전 가치는 생각보다 작았다. 영국은 크레타 상실을 별 것 아니라고 할 수는 없겠지만, 많은 사람들이 우려했던 것처럼 그렇게 큰 피해는 아니었다.

끈덕진 왜곡, 이젠 그만하지

## 138

폴 리비어는 애국자인가
아니면 말썽꾼인가

폴 리비어는 미국 역사상 민중 영웅의 한 사람이다. 그가 말을 타고 콩코드로 달려간 이야기는 롱펠로의 유명한 시 〈노변 여인숙의 이야기〉 중 "폴 리비어의 말 달리기"에 잘 나와 있다. 그는 국가의 부름에 응하기 위해 생업(세공사)을 기꺼이 그만둔 애국전쟁의 영웅이었다. 하지만 리비어를 다르게 보는 사람들도 있었다. 어떤 역사가는 그를 '여기저기 싸돌아다니면서 말썽을 부리는 사람'이라고 말했다. 어느 쪽이 더 진실에 가까울까?

보스턴에 살고 있던 리비어는 독립선언을 가져온 중요한 사건들의 중심 무대에 서있었다. 그는 본능적인 우애감정 덕분에 지방의 많은 자유의 아들들과 사귀게 되었다. 그는 반反인지조례폭동anti-Stamp Act riots을 목격하고 독립운동에 참여했던 것으로 보인다. 허친슨 총독관저 약탈사건이 벌어졌을 때에도 현장에 있었다. 1760년대 후반, 그는 정치적 풍자만화를 그리기 시작했고 1770년 보스턴 학살을 그린 유명한 그의 그림은 대단히 선동적이었다.

그는 기마 전령이 된 1770년부터 말을 타고 애국자들의 전령 노릇을 했다. 당시 전령은 일이 있으면 즉각 말을 타고 나서야 했다.

1773년 가을에는 보스턴을 빈번하게 출발하여, 차 상자를 실은 배가 보스턴에 도착한 사실을 인근 항구의 연락위원회에게 알려주었다. 12월, 그는 모호크 부족 인디언의 복장으로 위장한 채 배에 올라 차 상자를 보스턴 항구의 앞 바다에 던진 사람들 중의 한 명이었다. 그가 배의 경비원을 기절시킨 사람들 중의 한 명인지 여부는 알려지지 않았다.

1774년은 그에게 바쁜 한 해였다. 5월, 그는 강제법에 대응하여 새로운 반反수입협정에 대한 제안서를 가지고 뉴욕과 필라델피아로 달려갔다. 9월에는 메시지를 전하면서 필라델피아의 제1차 대륙회의를 오갔다. 12월에는 뉴햄프셔 주 포츠머스의 영국 수비대가 강화될 것이라는 소식을 듣고 지방의 민병대에게 경고해주었다. 그 결과, 민병대는 사상자 없이 요새를 뚫고 들어가 보급품과 탄약을 빼앗을 수 있었다.

1775년 4월, 그는 큰 업적을 세웠다. 보스턴에서 콩코드로 달려가 이런 소식을 알렸다. 영국의 게이지 장군이 식민지 애국자들이 모여 있는 무기고를 점령하기 위해 군대를 보냈다는 내용이었다. 4일 전, 리비어는 렉싱턴으로 달려가서 애국자들의 리더인 핸콕과 애덤스가 체포될 위험이 있다고 경고했고, 콩코드에는 탄약창고를 옮기라는 소식을 전했다. 그는 또 보스턴의 교회탑에 등불을 사용함으로써 영국군의 육상과 해상의 이동을 애국자들에게 경고했다. 나흘 뒤, 리비어는 다시 전령 업무에 나서서 영국군의 이동 사실을 지역사람들에게 더 많이 알렸다. 지도자급 애국자들에게는 이미 경고를 해두었던 것이다.

리비어는 독립전쟁 초기 몇 달 동안 전령 역할을 계속했다. 결국 그는 중령까지 올라갔다. 평화가 돌아왔을 때는 은세공업을 다시 시작했는데 미국에서 가장 뛰어난 장인이 되었으며, 그의 작품은 마니아들의 열렬한 수집 대상이 되었다.

그가 대단히 적극적인 애국자라는 것은 의심할 여지가 없고, 콩코드 전령 업무는 그가 나라에 봉사한 많은 일들 가운데 하나였다. 영국에 대하여 맹렬한 반역행위를 하지는 않았더라도 반역의 마음을 갖고 있었다. 그의 영웅심이나 애국심은 잘 알려져 있다. 단지 어느 편에 서 있느냐에 따라 보는 시각이 달라지는 것이다. 식민지 주민들은 그를 애국적 영웅의 화신이라고 보는 반면, 영국인들은 밀정密偵이라고 보았다.

## 139

비오 9세는 정말 자유주의자인가

1846년 6월, 지오반니-마리아 마스타이 페레티는 교황으로 선출되었다. 즉위한 지 몇 주 만에 그는 자유주의적인 프로그램을 시작했다. 지오베르티와 같은 이탈리아 민족주의자들은 그 프로그램에 힘입어, 교황이 통일 이탈리아의 정치적 지도자가 될 것이라고 기대했다. 당시의 사람들은 비오 9세에게서 많은 것을 기대했다. 하지만 교황은 1848년 오스트리아 전쟁 때 이탈리아의 여러 국가들에 동조하지 않았다. 교황청 총리인 로시 백작이 살해된 뒤 그는 가에타로 피신했다. 교황의 자유주의와 온건한 개혁 조치는 곧 물거품으로 사라졌기 때문에 그는 "비오 노-노"(안 돼-안 돼)라는 비웃음을 샀다. 그의 자유주의는 피상적인 것이었고 1848년 혁명의 와중에 가뭇없이 사라졌다.

비오 9세의 선출은 놀랄 만한 사건이었다. 취임 당시 로마 군중의 태도는 그가 무명인사인 탓에 미지근했다. 그는 남미에서 2년을 보내는 중에 극심한 독재정부를 싫어하게 되었다. 그리하여 그가 즉위한 직후에 1000여 명의 정치범을 석방한 것은 진심에서 우러난 행동이었다. 그것은 대단한 성과를 가져왔다. 교황에게 관심을 보이지 않던 민중은 그를 따르게 되었다. 그는 환영을 받았고 새롭게 인기를 누렸다. 그는 곧 언론자유를 크게 확대했고, 교황국가의 행정을 돕기 위한 '위원회consulta'를 설립하고, 로마 시에 자치의회를 허락했다. 그는 양보할 때마다 인기가 높아졌다. 하지만 유대인에 대한 엄격한 법을 완화시킨 것은 인기를 끌기 위한 것은 아니었다. 오히려 인기 없는 정책이었지만 밀어붙였다.

교황을 통일 이탈리아의 정치적 지도자로 보는 사람들은 개혁조치에 흥분했다. 하지만 그 개혁은 사실 별 것이 아니었다. 비오 9세의 특사로 풀려난 정치범들의 숫자는 일부였을 뿐이다. 그보다 훨씬 많은 수천 명의 정치범과 죄수들이 야만적 형법 아래 시들어가고 있었다. 언론의 자유도 완전하지 않았다. 언론검열은 완화되었으나 폐지된 것은 아니었다. 위원회는 다만 자문 역할에 그쳤고, 자치의회는 극히 제한된 권한을 가졌을 뿐이었다. 유대인에 관한 비오 9세의 관심도 그들에게 완전한 시민권과 취업의 절대적 자유를 돌려주지 못했다. 이렇게 비오 9세는 제한된 자유를 주었지만 권력의 고삐는 계속 잡고 있었다. 대중의 물밀듯한 칭찬을 받고 있었으므로 그 영향에 휩싸여 원래의 의도보다 더 권력에 집착하게 되었다.

1848년 3월, 메테르니히가 몰락하고 오스트리아가 혁명으로 마비되었을 때, 비오 9세는 교황의 군대와 민간 지원자를 피에몬테로 보내기로 동의했지만 가톨릭의 정신적 지도자로서 전쟁, 특히 오스트리아에 대한 전쟁을 선포하지 않았다. 그는 오스트리아를 신앙의 주된 보루라고 생각했다. 피에몬테 군대가 커스토차에서 패배하고 정전이 이루어지자 로마의 흥분한 폭도는 전쟁을 기피하는 교황의 태도와 전선으로 향하던 교황 군대의 철수에 격분한 나머지 로시 백작을 죽였고 로마공화국을 세웠다. 비오 9세는 결코 로마를 떠나지 않겠다고 단언했으나 바로 그날 가에타로 도망쳤다.

교황이 과연 진정한 민주주의자 또는 자유주의자가 되겠다고 나선 것인지 알기가 어렵다. 예수 그리스도는 제자들의 반응과 상관없이 하느님의 가르침을 결정했는데, 교황의 권위 또한 그에 못지않게 독재적이었다. 교리적인 문제를 결정하는 사람은 교황 혼자였다. 그는 중요치 않은 권한을 세속의 장관이나 위원회에게 위임했는데 이것은 행정상의 편의에 지나지 않았다. 비오 9세는 교리에 관한 책임이 무엇인지 명확하게 알았고, 이런 문제에 관해 어떤 토론도 허용치 않으려 했다. 1848년부터 1849년까지 쓰라린 망명을 한 뒤, 비오가 자유주의를 깔아뭉갠 것은 놀랄 일이 아니다. 세상의 일을 바라보는 시각이 달라진 것이다.

1849년 이후부터 이탈리아 통일은 순전히 세속적인 운동으로 바뀌었다. 비오 9세는 피에몬테의 반反교황세력이 아니라 마치니와 공화주의자들과 협력할 수밖에 없었다. 이리하여 교황은 1859년 전쟁을 찬성하지 않았고, 1860년 피에몬테와 공국公國들의 통합에 놀랐고, 그해 늦게 피에몬테의 로마 침입에 맞서 교황의 영토를 지키려고 애썼다. 빅토르 엠마누엘에게 보낸 비밀편지를 살펴보면, 교황은 피에몬테의 반反교황입법을 혐오했다. 1861년, 이탈리아 왕국이 선포되었을 때 비오 9세는 유감스럽게도 자신이 로마를 수도로 지정하는 과정에서 방해가 된다는 사실을 알게 되었다. 1864년의 회칙 '콴타 쿠라Quanta Cura'(어느 정도의 보살핌이 필요한가)에서 비오 9세는 여론의 자유, 언론의 자유, 주권재민主權在民 사상, 교회에 대한 국가의 우위성을 비난하고 나섰다. 이렇게 비난하는 입장이면서도 교황은 프랑스 혁명에는 좋은 것이 있다, 특히 법 앞에 만인이 평등하다는 사상은 좋은 것이라고 생각했다.

1870년, 이탈리아 군대가 로마에 입성하면서 비오 9세는 정치적 권력을 잃었다. 이런 사태는 불가피했고, 비오 9세는 그해에 '교황의 절대무류성' 교의를 발표하면서 정치적 독재권을 잃는 반면, 보편교회의 수장으로서 정신적 문제에 대한 절대무류성을 자신에게 부여했다. 그는 신생 이탈리아 국가를 공개적으로 싫어하는 태도를 보였지만 개인적으로는 협력하기도 했다.

다른 많은 독재자들처럼 비오 9세는 제한된 자유주의를 상명하복식으로 베풀었다. 그는 확실히 선임 교황들보다 더 인본주의적이었고, 빈곤이나 잔학행위에서 비롯한 인간적 고통을 싫어했다. 그는 유머감각까지 있었다. 그는 실물보다 못하게 나온 자신의 사진을 수녀에게 보내면서 사진에 이런 설명문을 붙였다—"두려워 마라, 나다." 하지만 그는 만년에 이르러 취임 첫 2년 동안에 보였던 정력적인 활동을 후회했고, 1848년이 지난 뒤부터는 인류의 진보보다는 교황권의 보호에 더 많은 관심을 기울였다.

140  알렉산더 2세는 '해방자 차르'인가

역사책은 흔히 러시아의 알렉산더 2세를 '해방자 차르'로 부르고 있다. 이것은 그가 아직 차르로 재위하고 있을 때 해방을 고마워한 백성이 붙였을 법한 이름이다. 그런데 알렉산더는 과연 그런 이름을 받을 자격이 있을까?

1861년에 알렉산더는 4500만 농노의 해방을 선언하고, 봉건적 노예상태의 백성을 자유롭게 풀어주어 자유농민으로 되돌려주었다. 보통사람들은 이것을 박애주의의 위대한 행동이라고 생각했다. 사실은 그런 게 전혀 아니었다. 그의 아버지인 니콜라스 1세는 자신의 통치 때 농노반란을 많이 겪었지만 그런 문제를 조사위원회에서 묵혀두는 것 이상의 조치를 취하지 않았다.

알렉산더는 크림 전쟁에서 조국의 패전을 목격했을 때 개혁을 더이상 늦출 수 없다고 생각했다. 하지만 이때 그가 생각한 개혁은 자유주의보다 현대화였다. 그는 자유로운 노동력을 확보해야 할 필요가 있었고, 그래야 산업혁명을 시작할 수 있었다. 특히 알렉산더는 건강하고 지적인 신병들을 징집하여 러시아를 군사대국으로 만들고 싶어 했다. 그는 행정개혁—사법, 교육, 군사 개혁의 도입—에서도 똑같은 목표를 가지고 있었고, 러시아의 지방정부를 개편하려고 했다. 그가 마음속에 품은 것은 박애주의가 아니라 효율성이었다. 알렉산더는 마음속으로 독재자였고, 러시아 의회의 구성을 계속 거절한 사실은 그것을 증명한다.

농노는 해방된 뒤에도 생활조건이 많이 개선된 것은 아니었다. 농노는 여전히 지방에서 이동할 때 허가를 받아야 했고, 자유를 제한하는 조치들이 많았다. 설사 도시로 이동하더라도 더 나을 게 없었다. 마을에서도 그는 일반적으로 가장 형편없는 땅을 맡았고, 미르mir(제정 러시아의 촌락공동체)의 성가신 통제에 복종해야 했으며, 이미 자신의 것이라고 생각하는 땅에 대해 무거운 상환대금의 부담을 짊어졌다. 그는 무식했고, 교육을 받지 못했으며, 농기구는 형편없는데다가 무엇보다도 몹시 가난했다.

 카부르는 이탈리아의 민족주의자였을까

카밀로 카부르 백작은 이탈리아 통일에 크게 기여한 이탈리아 영웅이다. 그가 없었다면 이탈리아는 통일되지 않았을 것이다. 1861년, 그가 젊은 나이(51세)에 죽자 곧 카부르 전설이 생겨났다. 그는 본인도 생각하지 못했던 의도와 목표를 지닌 인물로 간주되었다. 헌신적인 이탈리아 민족주의자이고, 이탈리아 통일을 계획하여 실현했고, 1861년에는 자신의 민족주의를 베네치아와 로마에 이식하려고 계획했다는 것이다. G. M. 트레블리언 등 저명한 휘그당 역사가들은 카부르에 대한 이런 전설을 객관적 역사로 강화시켰다. 트레블리언이 볼 때 인류의 발전에 기여한 모든 공로는 칭찬받을 만했다. 이탈리아 통일은 19세기 발전의 사례 중에서 극찬할 가치가 있었고, 통일의 대표적 설계자는 카부르와 가리발디였다. 트레블리언은 두 권의 저서 《가리발디와 1000명》과 《가리발디와 이탈리아 형성》에서 자신의 그런 생각을 표명했다. 이리하여 카부르는 이탈리아 통일의 목표를 위해 다양한 국내외의 정책을 세웠다는 공로를 인정받았다. 1950년대에 들어와 트레블리언의 역사 해석은 D. 맥 스미스의 공격을 받았다. 맥 스미스는 《이탈리아의 형성》과 그 밖의 저서에서 카부르가 이탈리아 민족주의자였다는 견해와 그의 정책이 실용적이었다는 의견을 맹렬하게 비판했다. 맥 스미스의 이의제기에도 불구하고 오래된 전설은 계속 내려왔다. 하지만 그 전설을 지지하는 것은 이제 명확한 오류임이 밝혀졌다. 따라서 카부르의 제한된 목표를 균형잡힌 관점에서 다시 평가할 때가 왔고, 그의 업적이 이런 목표와 얼마나 일치하는지 꼼꼼히 살펴보아야 한다.

카부르는 1852년 피에몬테의 총리가 됨으로써 눈부신 정치 생애의 정상에 올랐다. 9년 동안 총리로 재직했던 카부르는 피에몬테의 농업과 군대를 강화하고, 경제를 발전시키고, 로마 가톨릭교회의 힘을 약화시켰다. 1855년, 그는 크림 전쟁에서 싸우기 위해 피에몬테 군대의 일부를 파견했다. 1859년, 그는 오스트리아와의 전쟁에서 부분적인 성공을 거두었고, 1860년에는 중부 공국을 피에몬테와 통일시켰고, 그해 후반에 나폴리 왕국을 추가로 합병했다. 그가 세상을 떠난 1861년 당시, 이탈리아는 토리노에 국회가 있었고 로마와 베네치아를 제외한 이탈리아 전국은 피에몬테의 왕 빅토르 에마누엘에게 충성을 바쳤다.

가리발디와 같은 다른 사람들도 이탈리아 통일에 역할이 컸지만 카부르가 이탈리아 통일의 설계자라는 생각은 쉽게 사라지지 않았다. 하지만 카부르는 이탈리아 민족주의자가 아니었고, 1861년의 이탈리아는 9년 전 그가 총리직을 맡았을 때의 이탈리아와 사뭇 달랐다. 카부르가 볼 때 이탈리아 민족주의는 여러 가지 점에서 매력이 없었다. 먼저 그는 빅토르 에마누엘 왕에 의해 총리로 임명된 사람이었다. 따라서 그의 첫째 임무는 왕에 대한 봉사였고, 피에몬테 왕국을 보존하고 강화하는 것이었다. 다음으로 이탈리아 통일은 교황청이라는 장애물에 직면했는데, 교황의 영토는 중부 이탈리아에 걸쳐 있었고, 그 영토를 위협하려 들면 프랑스와 오스트리아와 같은 가톨릭 강대국의 개입을 초래할 판이었다. 이런 외세의 개입은 피에몬테에게 손해를 줄 뿐이었다. 피에몬테에서 반反교황입법―교황의 정신적 힘에 대한 공격―을 촉진하는 것과 중부 이탈리아에서 교황의 세속적 권력을 공격하는 것은 전혀 별개의 문제였다. 북부와 남부의 원활한 통합도 별로 현실성이 없어 보였다. 피폐한 나폴리 왕국은 풍요로운 북부의 수입을 갉아먹는 부채가 될 터였다.

하지만 카부르는 제한된 참정권을 가진 사람들이 선출한 의원들을 상대해야 하고, 또 여론을 감안해야 하는 총리의 신분이었다. 1848년 이후부터 이탈리아의 민족주의는 널리 퍼졌고, 그것을 적극적으로 반대하면 선거에서 참패할 수도 있었다. 따라서 카부르는 민족주의운동과 일정한 관계를 유지하면서 피에몬테의 야심을 키우기 위해 그 운동을 적극 활용하는 한편 국가의 통제를 벗어날 때만 그 운동을 억누르기로 결심했다.

귀족적인 배경에도 불구하고 카부르는 자유주의사상을 적극 지지했고, 1847년에 신문사를 설립하여 그 사상을 실천했다. 그의 신문사 '일 리소르지멘토Il Risorgimento'(부활 또는 재생)는 피에몬테를 강화하여 부흥시키는 일과 이탈리아에서 외세를 없애는 일에 관심을 기울였다. 신문사 이름은 곧 이탈리아 통일운동과 같은 이름이 되었고, 이리하여 카부르는 자신의 의도를 훨씬 넘어서는 이탈리아 통일운동의 공로를 인정받게 되었다.

카부르는 이탈리아에서 오스트리아의 외세를 몰아내고 싶어 했다. 오스트리아가 에서 중립을 지키고 있을 때 카부르는 러시아전쟁에 참전함으로써 피에몬테의 힘을 보여주려 했다. 당시 피에몬테는 러시아와 어떤 알력도 없었다. 에서 승리한 피에몬테는 평화협상 테이블에 참석했고, 그 자리에서 카부르는 오스트리아의 이탈리아 통치를 비난함으로써 오스트리아 옵서버를 당황하게 만들었다. 하지만 즉각적인 영향은 별로 없었다.

나폴레옹 3세의 날카로운 시선이 이탈리아에 멈추게 된 것은 오르시니의 폭탄 때문이었다. 1858년, 그는 플롬비에르에서 은밀하게 카부르를 만났다. 카부르의 목적은 프랑스의 도움을 얻어 북부 이탈리아에서 오스트리아를 쫓아내고, 가능하다면 공국들을 남쪽으로 추방하려는 것이었다. 이렇게 되면, 피에몬테는 북부에서 경쟁 상대가 없는 국가가 될 것이었다. 프랑스가 도와주는 대가로, 카부르는 프랑스어를 널리 쓰는 지역인 니스와 사보이를 프랑스에게 양보하겠다고 제안했다. 이렇게 되면 남부 또는 중부 이탈리아에는 변화가 없지만, 교황은 북부지역의 교황국가들을 잃게 될 것이므로, 확장된 피에몬테, 교황국가들, 나폴리 왕국으로 구성된 느슨한 연방의 수장이라는 타이틀로 보상해주어야 할 필요가 있었다. 하지만 이러한 이탈리아 통일안은, 교황이 그것을 거부하리라는 점 때문에 다소 문제가 있었다.

1859년 전쟁은 오스트리아를 북부 이탈리아에서 쫓아내지 못했기 때문에 카부르에게 전적인 성공은 아니었다. 그는 피에몬테 평화협상에서 베네치아가 아니라 롬바르디를 얻었을 뿐이다. 카부르는 북부 이탈리아 계획이 실패로 돌아가자 넌더리나서 사임했다. 하지만 공국들Duchies에서의 반反오스트리아 반란이 새로운 상황을 초래했다. 북부 이탈리아에서 오스트리아인을 추방하려는 계획의 일부로서 카부르의 첩자들은 공국들에서 활발하게 활동했다. 그들의 활약에 힘입어 공국들과 피에몬테와의 통일을 묻는 주민투표에서 압도적인 다수를 확보했다. 카부르는 급히 재집권했고, 니스와 사보이를 프랑스에게 넘겨주려 한다는 이탈리아 민족주의자들의 비난을 받았고, 공국들을 피에몬테에 흡수했다. 베네치아를 제외하면 카부르의 제한적인 목표는 이제 마무리되었다. 가리발디만 아니었더라면 카부르의 목표는 그대로 유지되었을 것이다.

카부르는 가리발디가 나폴리 왕과 싸우기 위해 지원자들을 모집한다는 소식을 착잡한 기분으로 들었다. 가리발디는 모험가였고, 공화주의자의 성향을 갖고 있었으며, 피에몬테의 이익에는 무관심했다. 하지만 그는 인맥이 두터웠고 이탈리아 국내와 해외에서 널리 존경받았다. 카부르는 피에몬테와 그 밖의 지역 민족주의자들로부터 압력을 받았다. 가리발디의 원정대가 피에몬테의 항구인 제노바에 모였을 때 카부르는 모든 사람의 비위를 맞추려 했다. 그는 공개적으로 가리발디를 비난했다. 오스트리아와 나폴리는 그런 비난에 반색했고 그것은 외교 정책상 정답이었다. 하지만 그는 은밀하게 원정대를 승인했고, 이런 조치에 민족주의자들과 영국 등 외국의 지지 국가들은 환영하고 나섰다. 카부르는 마음속으로 시칠리아와 나폴리에 대한 공격이 별로 효과를 거두지 못할 것이라고 생각했다. 만약 오스트리아가 개입한다면 이탈리아뿐 아니라 피에몬테의 대의명분도 위험해질 것이었다. 만약 카부르의 예상과 희망대로 가리발디가 실패한다면, 어떤 비난도 카부르에게 돌아오지 않을 것이었다. 그러면 가리발디를 영원히 제거해버리고, 더 이상 이탈리아 민족주의에 아첨하지 않아도 되었다. 그는 민족주의의 여러 특징들을 경멸하고 있었다. 반면에 가리발디가 성공한다면 카부르는 불가피한 국제적 위기에 대응해야 할 것이었다.

가리발디가 즉각적으로 성공을 거두자 모든 사람들은 깜짝 놀랐다. 그가 정복한 지역을 빅토르 에마누엘에게 넘겨주지 않겠다는 것은, 카부르가 볼 때 두 사람(가리발디와 마치니)이 남부 이탈리아에서 공화국을 세우겠다는 뜻이었다. 이런 상황에서 오스트리아의 개입은 불가피할 것이고, 가리발디는 교황국의 국경에서 몇 마일 밖에 떨어지지 않은 곳에 있었으므로 곧 월경할 태세였다. 그 사태를 방관한다면 재난으로 이어질 것이 분명했고, 카부르는 행동을 취하기로 결심했다. 그는 피에몬테 군대를 마르치아와 움브리아—교황국가의 동부지역—로 파견하면서 로마에 가까이 가지 않겠다고 약속했다. 이 약속에 나폴레옹 3세는 만족했고, 마찬가지로 오스트리아의 행동을 고립화시켰다. 피에몬테의 군대는 쉽게 카스텔피다르도의 교황 수비군을 무찌르고, 로마의 남서부를 우회하여 가리발디의 로마 진격을 효과적으로 막았다. 가리발디는 불가피한 운명에 복종하면서 정복한 지역을 피에몬테에게 넘겼고, 그리하여 1861년에 이탈리아 왕국이 선포되었다.

베네치아와 로마가 없는 새로운 왕국은 민족적인 열망에 훨씬 못 미쳤다. 하지만 왕국은 카부르의 희망을 훨씬 넘어섰다. 외세를 몰아내고 피에몬테를 북부 이탈리아에서 지배적인 국가로 만들려는 당초 목표와 달리 통일 이탈리아로 나아가게 된 것이다. 카부르는 사건들의 힘에 떠밀려가다가 이탈리아 민족주의자들이 자력으로 이룩할 수 없었던 목표를 얼떨결에 달성한 것이었다. 그것은 이상주의에 대한 실용주의의 승리였다.

디즈레일리는
현대적 보수주의의 창시자였을까

벤저민 디즈레일리는 1874년부터 1880년까지 영국 총리를 역임했는데, 현대적 보수주의의 발전과 가장 밀접한 관계가 있는 정치가였다. 그는 대중을 위한 사회개혁의 명분을 세웠고, 유서 깊은 토리당을 더욱 현대적인 정당으로 재정립했다. 동시에 위대한 영국 제국이 전세계에 확산되는 것을 꿈꾸었으며, 먼 나라에 문명의 혜택을 가져다주면서 대영제국의 특권을 강화했다. 이러한 인물 평가는 그의 과장된 명성의 여러 측면과 마찬가지로 정치적·역사적 전설에 바탕을 둔 것이다.

제국주의

디즈레일리의 제국주의적 신조를 언급한 두 가지 경우는 1872년의 위대한 대중연설에서 시작되었는데, 그해 4월 맨체스터 자유무역회관의 연설과 6월 수정궁에서의 연설이 그것이다. 장문의 연설이 흔한 시대였지만 그래도 지나치게 장황했다. 4월의 연설은 무려 세 시간이 넘게 걸렸다. 이때 그는 한결같이 '투명한 브랜디'로 목을 축이면서 기력을 차렸다. 청중은 그 무색한 음료수가 물인 줄 알았으나 시간이 가도 줄어들지 않는 수다 때문에 그게 술이라는 사실을

알게 되었다. 그럼에도 불구하고 두 번의 기다란 연설에서 디즈레일
리가 제국에 대해 말한 내용은 실망스럽게도 짧았다. 둘 다 5분을 넘
지 않았다.

자극적인 내용도 없었다. 이 제한된 시간에 그는 국내와 식민지
의 책임을 정의했고, 필요하다면 영국이 식민지의 도움을 요청하려
는 목적을 설명했다. 그런 목적은 영국 청중에게는 좋은 뉴스겠지
만, 식민지 사람들에게는 별볼일없는 뉴스였다. 그의 발언에서 주된
요점은 자유당의 정책을 비판하는 것이었는데, 그가 볼 때 자유당
정책은 제국의 붕괴를 목표로 삼는 것이었다. 그의 연설에서 유일하
게 진보적인 부분은 전통적인 보수주의를 탈피하여 보통관세정책,
자치정부의 확대, '대도시에서의 중앙대표위원회'를 갖춘 제국 등을
주장한 것이었다. 그것은 조지프 체임벌린이 시작하게 될 제국주의
의 예고편 같은 것이었다. 하지만 자치정부를 확대하는 동시에 식민
지의 도움을 요청한다는 것은 임기응변적인 구상임을 보여주었다.

디즈레일리의 제국주의는 구체적으로 시행했을 때 대단히 복잡
한 결과를 낳았다. 수에즈 운하 주식의 매입을 살펴보면, 그것은 나
중에 토리당 재정 정책의 특징이 된 재빠르고 재치 있는 솜씨를 보
여주었지만, 실제로는 이집트라는 지속적인 두통거리를 영국에게
안겨주었을 뿐이다. 1879년 아프가니스탄에서 그의 제국주의 확산
시도는 영국 영사와 직원들의 죽음을 초래했다. 남아프리카에서는
줄루족 추장 케테와요의 전쟁에 이어 이산드할와에서 영국 소부대
가 전멸하는 결과를 가져왔다. 그는 빅토리아 여왕에게 '인도의 여
황후'라는 칭호를 바치는 정책으로써 다소 성공을 거두었다. 하지만
그것은 여왕에게 노골적인 아첨을 바친 것이었을 뿐, 인도 사람들의

마음을 사로잡지는 못했다. 인도인들은 그 새로운 명예에 전혀 반응을 보이지 않았고 대부분의 사람들은 그것을 들어보지도 못했다.

사실 디즈레일리는 또 다른 중요한 관심사를 가지고 있었다. 사회에서 완전히 소외된 유대인 출신으로서, 디즈레일리의 주된 임무는 토리당에서 자신의 신분을 공고히 하는 일이었다. 영국성공회 신자로 개종한 유대인이었던 그는 정치소설을 쓰고 또 과격한 대의명분에 잠깐 손을 대기도 했지만 별로 성과를 거두지 못했다. 그는 1846년에 당의 반란 때 당수 필에게 맞서는 토리 지주들의 불만 그룹을 지휘함으로써 성공을 거두었다. 이 뻔뻔스러운 벼락출세자의 개인적 야심에 분노했던 더비 경은 디즈레일리를 '인간쓰레기'라고 불렀다.

사회개혁

디즈레일리는 또 대중을 위하여 사회를 개혁해야 한다고 역설했다. 1867년 선거법을 개정하여 300만 공장 노동자에게 선거권을 부여한 사람이 바로 그였다. 역사적 사실의 관점에서 보았을 때 이것은 원래 그의 속셈이 아니었다. 그는 연설할 때 주거, 건강, 고용 상황에 대한 사회개혁을 개략적으로 설명했다. 하지만 사회개혁에 대한 분명한 사명의식이 없었다. 그는 특별한 해결책을 제시하지도 않았고, 집단주의, 국가 자금조달, 평등주의 등의 사상을 예시하지도 않았다. 그의 해답은 사회사업에 있는 게 아니라 불평등사회에서 상류계급이 하층계급을 대하는 일종의 가부장적 온정에 있었다. 그는 '한 나라'의 이상에 사로잡혀, 자유주의자의 냉정한 공리주의와 산술적인 평등을 거부했다. 그의 정부는 1874년 집권했을 때 사회입법을 제정했지만, 이 무렵 그는 이미 지친 노인이었고 그의 조치는 상황에 떠밀린 마지못한 혁신이었을 뿐이다. 노동조합법에 근본적인 변화를 가져온 1875~76년의 입법은 나중에 대단히 심각한 문제를 낳았다. 아무튼 그의 대부분의 입법은 강제적이기보다 임의적인 것이었고, 따라서 새로운 법의 실시는 허점투성이에 그쳤다. 게다가 디즈레일리 자신은 그런 법의 통과에 그리 열정적이지 않았다. 그는 초안을 내각 동료들에게 맡겼고, 초안의 세부사항에 대해서도 관심이 없었던 만큼 나중에 의회에서 어떻게 처리되든 무관심했다.

그리하여 디즈레일리는 토리당의 지도자로서도 어울리지 않았을 뿐 아니라 그의 사상 역시 선명한 구석이 없이 이상적이고 일반적이었다. 제국에 대한 그의 지식과 관심사가 공식적인 허세의 측면이 있었던 반면, 자신(디즈레일리)이 국제외교 분야에서 큰 몫을 해냈다고 자부했다. 이것은 통찰력 높은 비스마르크 경이 놀랍게도 공유했던 의견이었다. 그는 1878년 베를린 의회 때 디즈레일리를 칭찬했다—"Der alte Jude, das ist der Mann(저 늙은 유대인은 멋진 남자야)!" 비스마르크의 그런 평가가 어떤 속셈에서 나온 것인지 모르지만, 디즈레일리는 까다로운 국내 개혁에 신경 쓸 시간이 별로 없었다. 사회 개혁에 대한 그의 해답은 어떤 독단적인 해결책에 있는 것이 아니었다. 오히려 국가의 독특한 성격과 사회적 응집력을 높여야 한다고 생각했는데 그 자신의 말로 하면 '하나의 제국'을 추진해야 한다는 것이었다.

 1930년대 영국의 생활수준은 하락했을까

1930년대 초에 암울했던 영국인의 생활은 문학—예를 들어, 엘렌 윌킨슨의 소설 《살해된 도시》—과 영화에서 많이 묘사되었다. 이 시대의 대표적 상황이면, 길목에서 어슬렁거리며 '지원금'을 받는 절망적인 남자들과 만연한 극빈상황을 들 수 있다. 하지만 이런 부정적 판단에 의문을 낳는 여러 가지 요인들이 있다.

대부분의 실업자들은 실업수당이 떨어졌거나 그 수당을 받을 수 없을 때 지원금을 받았다. 실업자의 가족을 감안할 때 3500만 영국인 중에서 약 600만 명이 지원금에 의존했다. 하지만 지원금은 생필품을 사들이는 돈을 제공했을 뿐이었다. 기근은 면했지만, 옷과 구두조차 사치품이었고 많은 사람들은 구호품으로 옷을 입어야 했다. 1931년 실업수당의 삭감은 확실히 사태를 악화시켰고, 실업상태가 언제 끝날지 알 수 없는 사람들은 실업이 늘어나면서 절망적 상황은 더욱 심각해졌다.

하지만 이런 상황을 완화시켜주는 특징도 있었다. 생계비는 1920년대 초부터 계속 떨어졌고, 대공황으로 급락했다. 이렇게 1929년부터 1933년까지 생계비는 15퍼센트나 떨어졌다. 물가가 다시 서서히 오르기 시작한 1934년, 1931년에 실시되었던 실업수당의 삭감은 원래대로 회복되었고, 지원금은 진정한 의미에서 1929년의 가치에 못지않았다.

실업이 최고조에 달했을 때(1933년)조차 적어도 가족 중의 한 명이 일하고 있었던 인구의 약80퍼센트는 물가 하락과 1934년부터의 임금 상승으로 인해 어느 정도 생활수준이 향상했다. 가계소득으로 더 많은 물건을 구입할 수 있었고, 생활수준은 전반적으로 향상되었다. 전기 사용의 확산, 새로운 가정 제품, 라디오와 영화는 대중의 생활에 새로운 차원을 가져왔다. 더 좋아진 공영주택과 임대주택은 청결한 주거환경을 조성했다. 수수한 집은 매주 5실링에 임대할 수 있거나 매주 10실링이라는 저이율의 부동산담보 대출을 통해 300파운드에 구입할 수 있었다. 건강보험 가입자들은 무료 치료를 받았다. 미가입자들은 공제조합 회원이 됨으로써 저렴하게(아동은 1주일에 1페니 정도만 부담) 치료 혜택을 받을 수 있었다.

많은 사람들은 대공황으로 고생했고, 북동 잉글랜드의 조선造船 도시 등(그 중에서 재로우가 가장 유명), 실업률이 높은 지역은 특히 심했다. 하지만 대부분의 사람들에게 1930년대는 생활수준이 향상하는 시기였고, 1920년대의 생활수준에 비해 크게 발전했다. 이런 향상은 주로 소비자물가 하락 때문이었는데, 그만큼 돈의 구매력이 높아졌다는 뜻이다. 그 밖에 가정의 쾌적하고 유용한 문화 설비 증가, 주거와 공중위생의 개선, 새로운 서비스와 오락, 향상된 의료 덕분이기도 했다. 범죄발생률이 떨어진 것도 생활환경 개선에 도움을 주었다. 일반대중은 본래보다 훨씬 더 암울하게 이 시기를 기억함으로써 잘못된 역사인식이 자리잡게 되었다.

 앤소니 이든은
유화정책을 추구했을까

1938년 2월 20일, 앤소니 이든은 영국의 외무장관에서 물러났다. 사람들은 그의 사임을 체임벌린 정부의 유화정책에 대한 불만 표시라고 널리 믿어왔다. 하지만 그것은 잘못된 견해다. 이든이 사임한 것은, 유화정책에 대한 불만 때문이 아니라 외교정책에 간섭하는 체임벌린에게 화났기 때문이다. 뮌헨 회담까지만 해도 이든이 원칙적으로 유화정책을 반대했다는 증거가 없다.

체임벌린 총리가 외무장관과 상의하지 않고 외교 문제를 주도하는 경향을 보이자 이든은 점점 안절부절못했다. 1938년 2월, 이탈리아 정부는 독일의 위성국가로 전락하지 않기 위해 영국과 프랑스와 우호관계를 유지할 목적으로 서면동의서를 제안했다. 그 동의서의 내용은 이탈리아의 에티오피아 점령을 인정하면, 스페인 내전에서 이탈리아 군대를 철수하겠다는 것이었다. 이든은 그 서면동의서에 반대했다. 에티오피아 위기에 대응하는 영국 정부의 태도가 국민들 사이에서 인기가 없다는 점이 반대 이유였다. 그는 사실 이탈리아의 에티오피아 점령을 서면으로 동의함으로써 인기가 훨씬 더 떨어지는 것을 바라지 않았다. 이든은 또 그 동의서를 다루는 방식에 대해서도 반대했다. 이든은 비공식적으로는 이탈리아의 에티오피아 점령에 동의했지만 한동안 공식적인 동의에는 주저했다. 체임벌린은 이런 시점에서 그를 제압하고 내각을 설득하여 서면동의를 받아들였다. 따라서 이든은 사임했다.

그렇다고 하여 이든이 유화정책을 반대한 것은 아니었다. 그의 회고록을 살펴보면, 체임벌린의 정책에 대하여 의문을 표시한 부분이 많다. 1938년 9월말, 보수당의 거의 모든 하원의원들이 기립하여 체임벌린의 발표를 환영했을 때 이든은 묵묵히 앉아 있었다. 당시 체임벌린은 격론을 벌인 끝에 세 번째로 비행기를 타고 히틀러를 만나러 가겠다고 발표했다. 하지만 이든은 뮌헨 회담을 비난하는 처칠에게 명시적으로 가세하지 않았고, 그 회담에 불만이었다고 암시하는 간접적 증거가 있을 뿐이다.

이렇게 볼 때 체임벌린과 이든이 반목한 것은 유화정책 때문이 아니고, 실제이든 상상이든 자신을 소홀히 대한다는 개인적 섭섭함에서 비롯되었다. 이든은 보수당의 부랑자인 처칠과 협력할 정책적 이유가 없었다. 만약 처칠과 손잡는다면 이든은 정치적 황무지로 나가, 텐트에서 심술이 난 채, 공직으로 되돌아갈 날을 기다려야 했을 것이다. 그는 홧김에 사임했지만 되돌아보면 그의 사임은 원칙에 따른 사임처럼 보였다. 이렇게 하여 이든 곧 유화정책의 반대자라는 전설이 만들어졌다. 이든은 그 후 오랫동안 이 전설로부터 많은 정치적 이익을 보았다.

# 145 광란의 1920년대는 허구인가 실제인가

미국 사람들 사이에서 미국의 1920년대가 '광란의 20년대'였다는 환상이 생겨났고, 나중에 역사책에서도 소중히 다루어졌다. 특히 미국에 이민 온 수많은 사람들은 이런 환상을 품었고, 그들은 더 나은 보람찬 삶을 기대했다. 유감스럽게도 광란의 20년대는 모든 사람에게 좋은 시절인 것은 아니었다. 미국을 '기회의 땅' 또는 '자유의 땅'으로 보았던 사람들은 유언비어에 말려든 것이었다.

미국 사회가 운 좋은 개인들에게 다양한 기회를 마련해주어 필요한 것을 충족시켰던 것은 사실이다. 큰 재산을 모은 사람들은 세금 제도의 혜택을 받았고, 부호는 자금을 활용하여 빈틈없는 관리와 유리한 투자로 더 큰 재산을 축적할 수 있었다. 하지만 사회의 밑바닥 계층에는 가난한 사람들이 많았다. 1세대 또는 2세대 이민은 행운을 별로 얻지 못했지만 지루한 일을 묵묵히 참을성 있게 해냈다. 그들은 언젠가 행운이 자신에게 미소를 지을 거라고 기대하면서 열심히 일했다.

부모가 길게 줄지어 서부로 향하던 개척자들 사이에 끼어 있었던 사람들은 이제 대초원이나 로키 산맥의 황량한 낙원에서 거칠게 살고 있었고, 평원이나 산맥의 메마른 땅에서 빈약한 삶을 간신히 꾸려나갔다. 예전에 농장이었던 곳 또는 '가난하고 초라한 지대'에서는 백인과 흑인 지역이 따로 있었다. 그들은 몹시 가난하게 살았고 흑인 주민들은 KKK(Ku Klux Klan, 미국의 극단적인 백인우월주의자들이 결성한 비밀 테러 조직_편집자)를 두려워하며 살았다. 북부 공장에서는 노동조합에 가입하지 못한 근로자들의 임금을 착취했는데, 약간의 수당으로 고용하여 힘에 부칠 정도로 가혹하게 일을 시켰다. 그들은 힘이 다 빠지고 귀가 멍멍하고 아사 직전에 이를 때까지 일했다. 1930년대 후반에 서비스업, 세탁소에서 종사했던 어떤 여성 근로자는 자신의 경험을 이렇게 말했다.

나는 다리미질을 했는데, 노동조합은 나중에 결성되었습니다. '노예'는 우리가 일했던 상태를 묘사하는 단어죠. 1주일에 적어도 54시간씩 "더 빨리! 더 빨리!"라는 소리가 들렸고, 일하면서 점심을 먹었고, 몸에서 땀이 비 오듯이 떨어졌으며, 하루에 10시간씩 일했습니다. 귀가하면 가끔은 너무 지쳐서 저녁식사를 준비하지 못할 정도였어요. 나는 침대에 픽 쓰러져 두서너 시간 동안 잠잤다가 다시 일어나 밥을 해먹고 곧장 잠잤습니다. 그건 아주 건강에 나쁜 생활방식이었지요.

우리 공장의 화장실은 사람은 물론이고 동물이 쓰기에도 적절하지 못했습니다. 남녀 공용 화장실이 딱 하나 있었어요. 내가 불평했을 때 주인은 이렇게 말했습니다. "에비, 1주일에 10달러를 주는 공장은 많지 않아요." 그것으로 나의 불평은 끝이었습니다. 나는 잘리고 싶지 않았으니까요.

고용주가 착취하는 이런 근로자들은 많았고, 그들은 겁먹어서 침묵을 지켰다. 왜냐하면 그들은 미국에 도착한 지 얼마 안 되었고 무슨 불이익을 당할지 잘 몰랐기 때문이다. 어쩌면 그들은 노예상태가 일시적이고 더 좋은 때가 곧 찾아올 거라고 믿었을지도 모른다. 동유럽이나 중부유럽의 오래된 공동체에서 미국으로 건너온 사람들은 이런 신념을 확신한 탓에, 떠나온 조국보다 더 나을 게 없는 열악한 상태를 묵묵히 견뎌나갔다.

1920년대를 거치면서 상황은 어느 정도 개선되었다. 평균노동시간은 매주 47시간에서 46시간으로 약간 줄어들었고, 평균임금은 약 8퍼센트가 올랐다. 하지만 기업주의 이익 증가는 근로자에게 돌아가는 혜택보다 훨씬 더 높았다. 이익의 일부는 더 높은 배당으로 주주들에게 돌아갔지만, 경영진과 기업주들은 최대의 이익을 올렸다. 게다가 이런 이익의 약 80퍼센트는 미국 시민의 1퍼센트에게만 돌아갔다. 1929년의 조사보고서를 살펴보면, 미국 인구의 상위 5퍼센트는 미국의 전체 가계소득의 3분의 1을 벌어들이는 반면, 인구의 60퍼센트는 생필품을 구입할 수 있는 돈을 간신히 벌고 있었다.

따라서 1920년대가 소수에게 성공과 부를 가져다주었지만, 그 밖의 대다수는 많은 것이 부족한 상태로 힘겹게 살아갔다.

유엔은 국제연맹에 비해
획기적으로 개선되었을까

국제연맹은 제2차 세계대전의 발발을 예방하지 못하는 등, 유감스럽게도 실패작이라는 얘기가 흔하다. 반면 유엔은 대성공이고, 제3차 세계대전의 도래를 막았다고 한다. 하지만 이런 판단은 지나친 단순화로서 근본적으로 수정되어야 한다.

국제연맹이 실패한 것은 의심할 여지가 없다. 처음부터 구두항의에 지나치게 의존했고, 또 침략국을 제재하는 수단으로써 경제제재의 중요성을 과대평가했다. 국제연맹은 국제관계를 기계적으로 보았고, 모든 국가들이 평등한 동시에 세계 문제에 대한 발언권이 똑같다고 추정하는 비현실적인 입장을 취했다. 게다가 문제를 국제적으로 널리 확산시키는 것은 오히려 책임을 회피하는 방법으로 변질되었다. 각국 정부는 국제연맹이 행동하기를 기대하는 반면, 그들 자신은 꼼짝도 하지 않았다. 하지만 국제연맹은 회원국들이 결정해야만 활동할 수 있었다. 회원국 자격도 제한적이었고 50개국 이상을 넘지 않았다. 미국은 회원 가입을 거절함으로써 치명타를 가했고, 공산국이 된 러시아는 오랫동안 가입이 배제되어 있었다. 나중에 국제연맹에서 독일(1926년까지 가입조차 못하다가)이 탈퇴했고, 1930년대에 이탈리아와 일본이 탈퇴하면서 국제연맹은 점점 더 영불의 동맹 체제 같이 되었다. 그래서 "세계의 모든 언어는 영어 또는 프랑스어로 말해야 한다"는 애기가 나돌게 되었다.

하지만 국제연맹이 실패한 가장 근본적인 이유는 무척 단순했다. 각국 정부는 자국의 국가적 이익을 적극적으로 보호하고 나섰다. 그들은 자신들의 이익에 부합하기만 한다면 기꺼이 국제연맹의 결정을 따를 것이었다. 그 어떤 나라도 자기 나라가 반대하는 문제에 일방적으로 동의해야 하는 것은 피하려 했다. 주권국가들로 구성된 국제연맹의 효율성은 본질적으로 자가당착이었다. 실제로, 외교라는 오래된 방법과 전통적인 국가 시스템은 전혀 변하지 않았다. 국제연맹은 그들의 행위를 보기 좋게 꾸미는 도덕적 겉치레에 지나지 않았다.

2차 대전 후 유엔 기구를 처음 시작했을 때 각국은 이런 약점을 고치기 위해 노력했다. 회원자격은 확대되고 강대국과 약소국을 포함하여 약 200개의 나라들이 가입했다. 절차는 엄격해졌다. 국제연합군은 침략국에 대한 무력제재가 가능했다. 의결은 더 이상 만장일치로 통과하지 않아도 되었는데, 다수결 또는 자격 있는 다수결로 처리될 수 있었다. '거부권'은 여전히 남아 있었지만 안전보장이사회의 '5개국'으로 제한되었다. 그 거부권을 어느 정도 제약하기 위한 노력이 나중에 경주되었다. 유엔의 권한은 사회, 교육, 과학, 문화의 기능 추가 덕분에 더 확대되었고, 그런 목적을 위해 설립된 많은 전문기관들이 그런 기능을 감독했다.

하지만 유엔 기구에도 근본적인 약점은 여전히 남아 있다. 유엔 가입 국가들이 평등하다고 전제하는 약간의 허점은 계속되고 있다.

회원국들은 국부, 규모, 영향력, 중요성의 형편이 크게 다르다. 우루과이, 룩셈부르크, 차드, 나우루가 연합하여 투표하면 러시아, 중국, 미국을 이길 수 있는 세계기구는, 솔직히 말해 진지한 국제기구라고 할 수 없다. 약소국가들이 중립과 투표의 독립성을 유지하려고 하는 유엔총회에서의 투표 숫자는 표의 영향력을 과장하는 듯한 인상을 준다. 그들이 강대국의 정책을 자유롭게 비판해도(영국은 1956년의 수에즈 운하 위기 때 비판을 받았다) 강대국 쪽에 짜증을 내게 하거나 냉소를 짓게 할 뿐 더 이상의 영향을 미치지 못한다. 더욱이 약소국 출신의 유엔 직원들이 본업에 충실하기보다는 유엔의 권위, 특권, 교제비를 활용하여 경력을 쌓으면서 이권이나 챙기려는 태도를 보이는 때도 있다.

그 결과, 강대국은 국제사회가 뭐라고 하든 자신들이 원하는 대로 행동할 뿐이다. 강대국은 자기 판단에 따라 국제여론을 무시하고 제멋대로 도박하면서 가끔 성공할 때도 있다. 몇몇 강대국들은 으레 그렇게 행동한다. 많은 강대국은 국제여론을 염려한다고 하지만, 생존을 위해 투쟁하는 빈국들에게 강대국 예산의 1퍼센트조차도 제공하지 않고 있으며, 자신들의 환경 정화 노력은 지지부진한 한편, 다른 나라들이 만들어낸 환경오염을 비난하고 있다.

게다가 보편적 존중의 바탕이 되는, 공명정대하다는 유엔의 주장은 흔히 의문시된다. 미국을 지지하는 쪽이 유엔의 지지를 얻어내기가 쉽다. 이를테면 이스라엘이나 쿠웨이트는 유엔의 지지를 얻기 쉬우나 리비아는 그렇지 못하다. 프랑스가 독일에 대한 배상 요구를 실시하기 위해 혹은 유럽에서 군사적 지위 향상을 다지기 위해 국제연맹을 활용하려고 애쓰듯이, 유엔 기구는 '구질서'를 유지하기 위해 존재하는 것일까? 만약 그렇다면, 유엔은 빼앗긴 조국을 찾기 위해 노력하는 팔레스타인을 지지했어야만 마땅한데도 그렇게 하지 않았다. 만약 구질서를 수호하기 위한 것이 아니라면, 장개석이 여전히 중국을 통치하고 있다는 허구를 지속시키면서 1971년까지 중화인민공화국의 유엔 가입을 거부했던 것을 반성해야 한다.

대체적으로 보아 유엔이 국제사건에 개입했을 때 별로 성과를 얻지 못했다. 아랍-이스라엘 관계를 해결하려는 거듭된 시도 또한 구체적인 성과가 별로 없었다. 한국전쟁 참전은 미국이 주장하자 비로소 이루어졌다. 콩고 전쟁 개입은 문제 해결을 이끌어내지 못한 채로 결국 그 문제는 콩고 사람들의 손에 넘어갔고, 상황은 곧 파괴와 폭정이라는 악화일로를 걸었다. 키프로스, 르완다, 보스니아에서 유엔 옵서버와 감시자들은 현지 사태에 괴로워했으나 긍정적인 성과를 얻지 못했다. 전체적인 효과를 살펴보면, 20세기 후반의 유엔 기구는 효과보다도 참견 때문에 더 웃음거리가 되었다.

사실, 많은 옵서버들에게 유엔은 일치단결된 조직이 아니다. 1990년대까지 유엔은 동구 공산권 대 미국이 이끄는 서구('자유세계')의 두 블록으로 분열되어 있었다. 두 블록 사이에는 이른바 '제3세계'라는 비동맹 약소국가들의 유동적인 큰 그룹이 있었다. 20세기 말에 동서의 두 그룹은 해체되었고, 이제 이 그룹에 헌신적인 국가들이 별로 없다. 공산국가 대 비공산국가라는 낡은 이념적 구분은 없어지고, 예전보다 적나라한 기준으로 대체되어 있다. 그것은 전능의 힘을 가진 달러에 영향을 받는 애매모호한 공통의 관심사다. 형태는 다르지만, 각국은 최고의 관심사인 주권을 여전히 추구하고 있다.

그래도 약간의 발전은 틀림없이 이루어졌는데, 특히 비非정치적 분야에서 그러하다. 예전보다 훨씬 더 효과적으로 애로사항이 타결되었다. 해상 항해, 방송 주파수, 전염병 관리, 우체국 서비스, 그 밖의 많은 기술적 문제가 크게 발전했다. 정치적 문제를 해결하거나 분쟁을 제거할 수 없었지만, 유엔은 적어도 대화의 길을 열어놓았다. 총회에서 강대국은 제3세계의 다양한 의견을 접하면서 행동을 어느 정도 제한 받았고 또 여러 나라의 생각을 알게 되었다. 결론적으로, 처칠이 말한 것처럼 "장광설은 전쟁 발발보다 낫다."

 남아프리카 인종차별 정책은 언제 시작되었을까

얀 스마츠가 이끄는 통일당은 1939년부터 1948년까지 남아프리카를 통치했다. 1948년 총선에서 맬런 박사가 이끌어 되살아난 국민당은 근소한 차이로 승리하면서 스마츠를 몰아냈다. 선거기간 동안, 맬런 박사는 '흑인 위협'을 강조함으로써 백인의 두려움을 교묘히 이용했고, 백인의 권력과 부를 공고히 하는 수단으로써 '아파르트헤이트'라는 인종차별정책을 제안했다. 맬런은 "아프리카 흑인을 온건하게 대한다"는 얘기를 들었던 스마츠를 조소했고, 집권하자마자 아파르트헤이트를 굳건히 확립하는 법률을 남아프리카 의회에서 통과시켰다. 하지만 이것이 진정한 인종차별의 출발점이었을까?

'아파르트헤이트'를 새로운 현상이라고 생각한다면 그건 잘못이다. 흑인의 정치적 사회적 상태는 오랫동안 백인에 비하면 훨씬 더 처졌을 뿐 아니라 백인 통제에 대한 복종은 40년 전부터 확립된 인종차별법의 틀에서 법적으로 강요되었기 때문이다.

1910년, 남아프리카연합이 세워졌을 때 정치적 권력은 백인에게만 주어졌다. 오로지 백인 참정권만이 트란스발에 존재했고, 흑인 투표권은 케이프와 나탈에만 존재했다. 1931년 웨스트민스터 법령

은 남아프리카 의회가 1936년 케이프의 흑인 참정권을 폐지하도록
허용했다. 흑인 의원들은 더 이상 의회에 직접 선출될 수 없었고, 유
색 인구의 참정권이 여전히 존재하는 나탈에서도 사정은 마찬가지
였다. 정치적 의미로 볼 때 아파르트헤이트는 선거 명부에서 흑인과
유색 투표권자의 제거를 뜻했고, 이것은 1955년에 실시되었다.

인종차별은 1948년 이전의 남아프리카의 큰 특징이었고, 입법에
의해 강화되었다. 비非백인은 번화한 백인 지역에서 추방되어 판자
촌 동네에서 살았고, 1923년의 법은 흑인이 살지 못하는 지역을 명
시했다. 차별은 공공장소에서 이루어졌다. 흑인에게 신분증의 휴대
를 의무화시킨 법률은 비백인 남자의 이동을 제한했다. 그들은 1911
년 초까지 법으로 노동조합 가입이 금지되었다. 1926년의 부도덕법
은 다른 인종간의 성적관계를 금지했다.

백인이 유색인종에 대해 경제적으로 우월한 지위는 법으로 강화
되었다. 유색인종은 1913년 법에 의해 백인에게 지정된 지역의 3분
의 1 이하만 토지를 소유할 수 있었다. 또 다른 법은 비非백인이 탄
광이나 공장에서 기술직을 갖지 못하도록 금지했다. 흑인은 파업을
일으키거나 참여하는 게 금지되었고, 경제적 상태를 개선할 수단도
희망도 갖지 못했다. 백인들은 이런 법을 시행하여 비백인이 형편없
는 미숙련 직업을 갖도록 유도했다.

따라서 정치·사회·경제의 측면에서 차별하는 법의 틀은 1948년
이전에 존재했고, 그때 이래 비非백인에 대한 백인의 우월성을 강화
해왔다. 1948년 이전에 이런 법의 적용은 자의적이었고 인종차별은
어느 정도 선택적이었다. 1948년, 아파르트헤이트를 통해 인종차별
은 전반적인 시스템이 되었고, 그 바탕은 이미 마련되어 있었다.

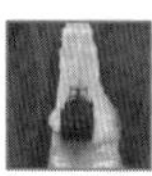# 수에즈 운하 위기 때
나세르는 제2의 히틀러였을까

1956년 7월, 가말 압둘 나세르 대령이 수에즈 운하를 국유화했을 때 운하의 대주주인 영국과 프랑스는 분노했다. 두 달 만에 양국은 이집트에 맞서는 군사작전을 은밀하게 이스라엘과 협상했고, 두 나라의 정치지도자들은 나세르를 공개적으로 비난했다. 만약 그들이 무력으로 나세르를 제재하려면 여론을 등에 업어야 할 필요가 있었다. 영국 정부의 장관들뿐 아니라 영국의 야당 지도자 휴 게이츠켈도 나세르를 히틀러와 동일시했다. 하지만 이것은 강박관념에 사로잡힌 비현실적인 판단이었다.

히틀러와 닮았다는 비난은 나세르의 내정보다 국제적 역할에 더 초점을 맞춘 것이었다. 나세르는 아무리 생각해도 나치주의자가 아니었다. 그는 사회주의를 강력하게 지지했고, 대규모 사유지를 분할함으로써 토지 소유의 확대에 관심을 가졌고, 촌락 협동조합을 장려하고, 교육을 향상시키고 건강보험과 사회복지를 발전시키고, 산업 발전과 확대를 촉진하려고 했다. 그의 프로그램은 히틀러의 독재정치보다 스탈린의 5개년계획과 더 비슷했다. 특히 1955년, 나세르가 무기를 구입하고 동구에서 자금을 확보하기 시작했을 때 그런 경향이 두드러졌다.

나세르의 1당 국가는 전체주의 국가의 모든 특징을 가지고 있었지만 나세르는 히틀러나 스탈린처럼 대량 학살자가 아니었다. 그는 이슬람 과격주의자들이 공공연한 불법행위와 테러를 시작했을 때 무자비하게 검거할 수 있었지만, 법을 준수하는 종교 소수파를 박해하지 않았다. 이집트에 살고 있는 기독교신자나 유대인이 어리석은 폭도에게 공격당했을 때, 그의 비밀경찰은 이집트 국민이 유대 이스라엘을 극히 싫어했는데도 유대인들을 구조했다. 그의 체제를 적극 반대하는 사람들은 편하게 잠잘 수 없었지만, 정치에 관여하지 않는 보통사람들은 그를 두려워하지 않았다.

히틀러는 합법적인 절차에 대해 냉소적인 입발림의 말만 했지만, 나세르는 법에 따라 행동하려고 했다. 수에즈 운하를 국유화했을 때 그는 주주들에게 적절한 보상을 약속했고, 이스라엘을 제외한 모든 국가들에게 항해의 자유를 보장했다. 하지만 그에게는 이스라엘을 싫어한다는 한 가지 강박관념이 있었다. 그는 이것 때문에 반서구적인 태도에 물들었다. 미국, 영국, 프랑스가 무기와 금융으로 후원하면서 이스라엘을 적극 지지해온 것이 나세르에게 그런 서구 증오심을 안겨주었다. 따라서 나세르는 리비아, 요르단, 이라크와 같은 친서방 국가들의 안정을 흔들기 위해 열심히 노력했고, 또 이집트를 지배적인 파트너로 삼는 방대한 아랍연맹을 꿈꾸었다.

이 이집트-아랍 패권의 웅장한 구상은 히틀러의 유럽 및 세계 지배 계획과 약간 닮았다. 하지만 1956년, 수에즈 운하를 점령했을 때 그의 동기는 국제적인 것이라기보다 국내적인 것이었다. 아스완 댐은 그의 내정에서 중요한 백미였다. 댐은 이집트의 불안한 물 사정을 해결하고, 이집트의 새로운 산업에 동력을 공급하고, 인구 과잉에 땅이 부족한 이집트에게 비옥한 많은 땅을 제공할 것이었다. 운하는 댐을 보완할 것이다. 나일 강과 함께 운하는 이집트의 주요 통로였다. 나세르는 운하의 통제를 비우호적인 외국인의 손에 맡길 수 없었다. 외국인은 운하를 이용하여 이집트의 경제성장을 촉진하기보다 좌절시킬 수도 있었다.

영국과 프랑스는 운하 점령을 다르게 해석했다. 중동지역의 정세가 더 불안해지면서 이스라엘에 가해지는 위협이 증가하고, 소련이 그 지역에 적극적으로 개입하는 전주곡이라고 보았다. 나세르를 히틀러에 비유함으로써 두 나라는 국제사회에서 그를 배척하고 운하를 보호하기 위한 무력행사를 정당화하고, 가능하다면 나세르와 그의 정권을 붕괴시키려 했다. 그들이 취한 작전은 결국 운하를 봉쇄시켰고, 아랍 국가들에서 서방의 입장을 아주 곤란하게 만들었고, 이스라엘을 전보다 더 중동으로부터 고립시켰다. 1945년, 히틀러 제국은 결국 붕괴했지만 1956년, 나세르의 이집트는 위기를 딛고 살아났다. 두 사람은 비슷하기보다 다른 점이 더 많다.

팔레스타인 성지 분쟁은
왜 그토록 해결하기 어려울까

팔레스타인이라고 알려진 중동지역의 논쟁은 오래된 것은 아니다. 또 거기(갈등)에는 우호적으로 해결할 수 없을 만큼 난처한 이유가 있는 것도 아니다. 그럼에도 불구하고 엄청난 규모의 갈등으로 존재하고 있어서 20세기 최고의 역사적 문제가 되었다.

전반적인 개관

그것은 인종적 분쟁이 아니지만 흔히 그렇다고 믿고 있다. 사실 유대인과 아랍인은 똑같은 인도-유럽어족이고 비슷한 인종적·문화적 배경을 가지고 있다. 아랍 지도자인 에미르 파이잘은 1919년 베르사유 평화회담에서 이렇게 말했다—"유대인은 혈통이 아랍인과 대단히 밀접하고, 두 민족 사이의 성격 차이는 없습니다. 원칙적으로 우리는 하나입니다." 그래도 확실히 민족적 분쟁이 있다는 것은 의심할 여지가 없고, 팔레스타인의 양쪽은 자신의 문제를 해결하기 위해 전념하고 있다.

그것은 종교적 분쟁도 아니다. 사실, 이슬람교, 유대교, 기독교는 이 지역에 원천을 두고 모두가 똑같은 하느님을 받들고 있다. 하지만 기독교신자들이 하느님의 아들 그리스도의 신성을 받드는 반면,

유대인은 이것을 거부하고 그를 사기꾼이라고 보면서 진정한 메시아의 도래를 계속 기다리고 있다. 한편, 이슬람신자들은 모세와 마찬가지로 예수를 여러 예언자들 중의 하나로 보면서 마호메트를 가장 위대한 예언자라고 믿는다. 마호메트는 코란의 행동규약에 엄격하게 복종하면서 날마다 기도하고 단식하고 자선을 베푸는 생활양식을 수립했다. 이 세 종교는 팔레스타인을 '성지聖地'로, 예루살렘을 '성도聖都'로 보고 있다. 이집트의 지하드(성전聖戰) 그룹과 같은 이슬람 과격파는 외교로 달성할 수 없는 정책 목표를 이루기 위해 테러 무기 사용을 지지하면서 팔레스타인의 이슬람신자들을 이렇게 자극하고 있다—"조국을 독립시키고, 제국주의적인 이스라엘에게 복수하기 위해서는 비행기를 공중 납치하고, 자살폭탄을 감행하고, 그 밖의 테러 수단을 강구해야 한다."

하지만 분쟁은 역사적 뿌리를 가지고 있다는 점에서 확실히 역사적이다. 이스라엘의 고대왕국은 성서시대의 다윗과 솔로몬의 통치시기까지 거슬러 올라가지만, 기원전 1세기초에 로마인들이 그 왕국을 정복했다. 당시부터 유대 민족의 이산離散은 시작되었고, 서기 100년이 지난 직후는 유럽 전역에 뿔뿔이 흩어졌다. 그 후 600년이 지나자 아랍인들이 팔레스타인을 정복하면서 이 지역은 주로 아랍어를 말하는 이슬람지역이 되었다. 1096~1291년의 시기에 기독교 십자군 운동은 8회나 계속되었고, 당시 유럽 기독교 왕국의 세력은 잠시 팔레스타인의 일부 지역을 지배하는 데 성공하기도 했다. 하지만 1917년이 지나서야 예루살렘은 다시 기독교 측에 함락되었고 아랍이 터키에게 반란을 일으켰던 당시(1차 대전이 끝나갈 무렵), 앨런비 장군은 영국군의 선두에서 입성했다.

그런 일이 있기 전에 유대인은 19세기 후반에 이미 시온주의 운동을 시작했다. 그 운동은 박해를 받았던 유럽 지역에서 7만 명의 정착민을 팔레스타인으로 보냈고, 그들은 현지에 정착하여 땅을 경작하기 시작했다. 제1차 세계대전이 끝난 뒤, 소수의 유대인들은 아랍인과 불안하게 공존했다. 평화가 이루어진 뒤 이제 위임통치국이 된 영국은 양쪽의 평화를 유지하려고 애썼으나 성공하지 못했다. 양쪽은 영국에게 배신당했다고 확신했다. 유대인은 영국이 발포어 선언의 약속을 지키지 않는다고 비난했고, 아랍은 맥머흔 편지에서 의미하는 약속에도 불구하고 자신들의 독립을 거절했다고 비난했다. 결국 영국은 제2차 세계대전에서 국력을 소진하고, 아랍연맹의 지속적인 압력과 많은 유대 게릴라 조직의 소동에 괴로워한 나머지 팔레스타인을 새로 설립된 유엔 기구에 넘기고, 비참하게 이 지역에서 철수했다. 이때 기회를 잡은 신생국가 이스라엘은 독립을 선포했다.

1947년부터 이스라엘을 포위한 아랍 국가들은 그들의 땅 한가운데 자리잡은 신생국가를 짓밟기로 결정했다. 전쟁은 1956년, 1967년, 1973년에 잇달아 발발했지만, 아랍 국가들은 이스라엘에게 원래의 취약했던 국경을 공고히 하고 확대하는 기회를 주었을 뿐이고 엄청난 아랍 피난민을 양산했다. 전쟁은 또한 서방과 소련 블록의 갈등을 초래했고, 이리하여 국제적인 문제로 번져나가는 동시에 아랍-이스라엘 적대감을 심화시키면서 평화 정착이 아주 어렵게 되었다.

1977년, 이집트의 사다트 대통령과 이스라엘의 메나헴 베긴 수상은 문제를 해결하는 첫 번째 단계를 밟았다. 그때부터 평화협상은 더듬거리면서 서서히 이루어졌다. 당사자간의 1998년 협상은 간신히 파국을 피했고 비교적 사소한 쟁점만 다루었을 뿐이다. 팔레스타인 자치라는 비틀거리는 주된 장애물은 여전히 해결을 기다리고 있고, 양쪽의 극단적인 조직들은 평화적 해결을 방해했다. 이런 엄청 어려운 문제들을 가져오는 것은 특히 팔레스타인 자치 문제다. 왜 이런 비합리적 과격론이 나오는 것일까?

이스라엘의 관점

아랍 적대감은 부당하다. 유대인이 이스라엘에 도착했을 때 그곳은 가난에 찌든 땅이었고, 아랍인들은 드문드문 흩어져 살고 있었다. 또 그들은 땅에서 빈약한 생계를 근근이 꾸려나가면서, 말라빠진 양과 염소 떼를 돌보고 있었다. 유대인은 번화한 정착지를 세웠고 땅을 경작했으며 국가의 생산량을 엄청 늘렸고, 외국 자본을 많이 끌어들여서 전체 공동체에 혜택이 돌아가는 투자를 많이 했다. 이스라엘은 아랍 적대감을 언짢은 질투 탓이라고 의심하고, 그것이 국가의 미래에 큰 위협이 될 것이라고 두려워하고 있다. 그들은 자신들을 영토에서 완전히 쫓아내려는 아랍의 결심이 여전하다고 생각하고, 또 이것 때문에 흩어져 있는 농업지역에서 유대인이 무기를 보유하고 군비를 확장하는 것이 당연하다고 생각한다.

많은 이스라엘 사람들은 이스라엘에서 태어났고 또 아랍 사람들의 반감을 위협적일 뿐 아니라 오래 된 것이라고 본다. 이스라엘 사람들은 유대인의 워싱턴 로비에 공감하고 지지하고 따라서 미국을 지지한다. 한편 이슬람신자들은 일반적으로 그 지역에 대한 미국의 개입을 세계 제국주의의 관점에서 보고 있다.

안보 문제는 유대인의 비타협적 태도를 정당화하기 위한 핑계만은 아니다. 후미진 정착지는 팔레스타인 테러분자의 공격을 받았고,

텔아비브와 같은 이스라엘 도시에서 거듭된 불법 폭발 행위는 많은 사람들의 생명을 빼앗아갔다. 하마스와 같은 이슬람 과격파는 팔레스타인의 공식적인 의견을 무시하고 이스라엘을 파괴하기로 결정했다. 이스라엘의 내정이 안정되고 아랍의 모든 인접국가가 실용적인 국경을 인정할 때까지 이스라엘은 안정을 유지할 수 없다. 게다가 이스라엘의 인접 국가들은 정치가 불안하다. 1981년, 이집트의 사다트 대통령은 암살당했고, 그의 후계자는 이스라엘과 전쟁을 일으키고 싶은 이슬람 과격파를 잘 통제하지 못한다. 시리아와 리비아는 예측 불가능한 독재자의 수중에 있고, 그들은 언제든 훨씬 더 믿지 못할 사람으로 바뀔지 모른다. 처음에 인위적으로 만들었던 국가인 레바논은 지난 20년 동안 전쟁터 역할을 했다. 인근 이라크의 지도자 사담 후세인은 이스라엘을 위협하고 있고 최근에는 미사일을 발사하여 공격했다. 이 지역의 온건화 요인 중 하나였던 요르단 카드는 1999년 요르단의 후세인 왕의 사망으로 사라졌다.

이란, 파키스탄, 아프가니스탄의 이슬람 과격파 또한 적대감을 보인다. 이 때문에 많은 이스라엘 사람들이 아랍과의 거래를 대단히 위험한 정책이라고 본다. 우익의 리쿠드당은 마지못해 아랍과의 거래에 나서고, 이스라엘 노동당은 마지못해 그런 거래를 지지한다. 이스라엘의 극단적인 정통 보수파는 영향력이 커지고 있는데, 어떤 양보안이든 단호하게 반대한다. 모든 정치집단을 하나로 묶는 것은 예루살렘 문제이고, 이스라엘 사람들은 1980년부터 예루살렘을 이스라엘의 역사적 수도라고 본다. 노동당만은 기꺼이 모종의 권력 분할 혹은 공유를 고려하는 반면, 다른 정당은 어떤 협상 과정이든 정치적 자살이 될지 모른다고 생각한다. 웨스트뱅크의 새로운 이스라엘 정착지를 제한하는 것도 마찬가지로 어렵다. 리쿠드당은 그것과 관련된 어떤 의안도 찬성하지 않을 것이고, 노동당이 정착지를 반대하는 목소리를 낼 때마다 유권자의 표가 상대 당으로 넘어가 버린다.

무엇보다도 70만 팔레스타인 난민 문제는 중대하다. 이들은 1947년과 1967년에 고향과 정착지를 버리고 떠났다. 유대인과 아랍인은 어떤 형태의 인종 청소가 난민을 쫓아냈는지 혹은 그들이 전쟁을 피하기 위해 스스로 피신했는지 혹은 유대인으로부터 멀리 떨어지기 위해 그렇게 했는지 논란중이다. 비좁고 지저분한 상태에서 살고 있는 피난민을 몰아넣은 수용소는 극단적 폭력의 온상이고, 그들이 버린 땅과 가정은 약 50년 동안 유대인의 손에 들어가 있다. 피난민은 이제 되돌아올 것인가? 이런 유입은 선거인 명부를 팔레스타인 사람들로 흘러넘치게 하여 이스라엘의 민주주의를 해칠 것인가? 1947년부터 그 모든 일이 일어난 뒤에도 유대인과 아랍인은 평화와 화합 속에서 공존할 만큼 신뢰를 쌓을 수 있을까?

아랍의 관점

2000년 전으로 거슬러 올라가는 유대인의 팔레스타인 영유권 주장은 정말 받아들일 수 없다. 이런 근거라면, 이탈리아는 로마제국의 모든 영토를 자기 것이라고 주장하거나, 색슨족(독일 북부 엘베 강 하구에 살고 있던 게르만족)은 영국의 많은 땅을 자기 영토라고 주장할 수 있다. 아랍인은 유대인의 대량 이민뿐 아니라 그곳에서 벌어진 작태에 분노한다. 많은 아랍 사람들은 땅을 이민자에게 팔고서 유대인의 돈을 받았다. 푼돈으로 팔린 메마른 땅은 유대인이 열심히 일하면서 외국 자본과 기술을 들여온 뒤 상상할 수 없을 정도로 가격이 폭등했는데, 아랍인은 예전에 가졌던 자본의 가치가 증가하는 현상을 보고서 속았다고 생각한다. 땅이 없는 아랍인은 이런 사태에 분노하고 있다. 아랍연대에 헌신적인 단체들과 이슬람 과격파는 내내 이런 분노를 부추기고 있다. 이스라엘의 많은 아랍 인접 국가들은 지난 몇 년 동안 이스라엘의 존재를 받아들이는 중이지만, 아랍 일반대중의 태도는 근본적으로 화해를 적대시하고 있다.

아랍인에게 가장 긴급한 문제는 팔레스타인 난민이다. 팔레스타인 사람들은 가자 지구와 헤브론과 같은 몇몇 도시들보다 훨씬 큰 국가를 목표로 삼고 있다. 그들은 웨스트뱅크의 반환과 예루살렘을 원한다. 피난민의 귀향과 현지 유대인 주민의 철수를 원한다. 예루살렘의 전면적 소유를 인정받지 못하더라도 도시 문제에서 적절한 역할을 맡기를 기대하고 있다.

하지만 아랍은 그 밖의 관심사도 가지고 있다. 소련에서 공산주의가 붕괴하자 이민은 이스라엘로 홍수처럼 밀려들었고, 그들 중 많은 사람들은 웨스트뱅크에 불법적으로 정착했다. 유엔이 이 정착을 비난했지만, 이스라엘은 그들을 철수시키려는 어떤 심각한 조치도 취하지 않았고, 미국의 압력도 전혀 없었다. 사실, 해마다 부지를 닦고 새로운 지역을 세웠다. 이렇게 지속되는 도발을 괘씸하게 여기는 많은 아랍인은 폭동과 폭력을 내세우는 호전적인 과격파를 은근히 지지한다. 이리하여 공식적인 지도자 야세르 아라파트(이스라엘과 협상할 준비가 되어 있는)와 이슬람 과격파 사이에서 아랍의 여론은 점점 분열하고, 이슬람 과격파는 이스라엘의 약속을 불신하면서 미래의 자치정부라는 헛된 약속에 응하지 않고 있다. 이런 상황에서 극단적인 파벌은 급증하고 아라파트는 강경해지라는 압력을 받고 있다. 그는 이스라엘의 비판에 대응하기가 점점 어려워지고 있다. 이스라엘은 아라파트가 자신의 지지자들을 통제하지 못하기 때문에 더 이상 그들의 대표가 아니라고 비판하고 있다.

2001년 가을, 국제적인 테러 세력은, 이전에 아프리카 국가의 여러 수도에 있는 몇몇 미국 대사관을 폭탄 공격한 뒤 거듭 공격을 준비하면서, 이스라엘과 미국 제국주의에 의해 지배된다고 보는 외교 질서 안정을 위협하기 시작했다. 알카에다는 아프가니스탄의 비밀 본부에서 오사마 빈 라덴이 조종하고 자금을 댔는데, 자살 공격과 생화학적 기술의 테러를 광신적인 이슬람 지원자들에게 훈련시키는 군대를 조직했다. 2001년 9월, 그들은 이스라엘의 강력한 동맹인 미국을 공격했다. 당시 그들은 워싱턴의 펜타곤과 뉴욕의 세계금융센터에 재난과 다름없는 자살공격을 감행했다. 이 가공할 테러가 일으킨 충격파는 미국뿐 아니라 자본주의 세계 전체를 그 근본까지 뒤흔들었다. 또 미국의 공공건물이 위험에 얼마나 취약한지 보여주면서, 전혀 새로운 타입의 위협—조직적이고 세계적 규모의 테러—에 대해 미국은 조직적으로 대對 테러 노력을 강화했다.

따라서 논란이 끊이지 않는 이유는 양쪽의 화해할 수 없는 극단주의의 탓으로 돌릴 수 있다. 한편에 이스라엘의 정통 보수파가 있다면, 다른 한편에 호전적인 팔레스타인 행동파가 있는 것이다. 그들의 배후에는 세계적 규모의 무정부 및 허무주의라는 정체불명의 위협이 도사리고 있다. 아랍은 이스라엘이 1967년 이전의 국경으로 되돌아가기를 원하고, 1948년부터 이스라엘이 점령한 모든 영토를 통합한 팔레스타인 국가를 세우고 싶어 하고, 더 나아가 그 땅에서 쫓겨난 모든 피난민들이 귀환하도록 요구하고 있다. 당초 이스라엘의 완전 소멸을 바랐던 아랍의 요구를 받아들일 수 없었던 것과 마찬가지로, 이런 요구는 이스라엘 정부가 받아들일 수 없는 것이다.

정통 유대인은 팔레스타인을 하느님이 그들에게 준 시온으로 여기고, 어떤 장애를 무릅쓰더라도 그곳을 개발하고 영원히 거주하는 천부적인 권리를 가지고 있다고 믿는다. 따라서 어느 쪽도 타협할 의지가 없다. 이스라엘 정통파가 볼 때 타협은 이스라엘의 국가 존립 자체를 해치고, 팔레스타인 강경파에게는 외국의 침략군을 받아들이면서 조국에 대한 정당한 권리를 포기한다는 뜻이다. 양쪽의 온건파가 뭐라고 말하든, 현재 양쪽의 극단적 의견이 더 많은 지지자를 얻고 있다. 이런 상황에서 온건한 제의를 내놓는다면 그건 정치적 자살과 다름없다. 아무리 선의를 내세워도 며칠의 평화회담으로 의심과 증오를 걷어낼 수 없다. 최종 해결은 온건한 지혜에 달려 있으므로 해결책을 얻기까지 오랜 시간이 걸릴 것이다.

아랍 전체의 분노에서 빚어지는 훨씬 더 시급한 위협은 세계적 테러다. 이제 새 천년이 시작되었다. 우리는 민족국가 시대인 15세기 말부터 500년 동안 지속적으로 발전해왔다. 그리하여 합법적으로 통제하는 시민정부, 질서정연한 사회, 합의된 작전 방법을 사용하는 정규군, 국제협력 시스템, 전통적인 외교를 확립했다. 이런 체제가 잘 확립된 정부들은 이제 기존 체제의 유지에 힘을 기울여야 하고, 세계가 무정부의 끝없는 나락으로 떨어지지 않도록 막아야 한다. 그런 혼란스러운 상황을 예방하려면 국경 없는 세계화를 확대해야 하고, 대단히 유동적인 노동력과 대기업이 마음껏 활동할 수 있는 세상을 만들어야 한다.

 아일랜드 문제는
왜 해결되지 않을까

셀러와 에트맨은 그들의 유명한 저서 《1066년과 그 모든 것》에서 이런 날카로운 견해를 내놓았다. 아일랜드 문제가 결코 해결되지 않은 큰 이유는 영국인이 정답을 찾을 때마다 아일랜드 사람들이 질문을 부당하게 바꾸었기 때문이다! 사실 영국을 오랫동안 괴롭혀왔던 아일랜드 문제는 요점이 내내 바뀌어 왔고, 그 때문에 중요한 문제로 부상했다.

역사적 개관

아일랜드 갈등은 원래 아일랜드의 게일 족장들과 잉글랜드에서 건너와 정복한 노르만 기사들 사이의 부족적 그리고 민족적 갈등이었다. 노르만 기사들은 교황 하드리안 4세(본명이 니콜러스 브레익스피어인 영국 유일의 교황)의 격려를 받았다. 교황은 아일랜드 주교들의 불복종에 화났고, 그들을 복종시킬 목적으로 회칙 라우더빌리터 Laudabiliter(칭송)를 발표했다. 노르만 영국인들은 헨리 2세의 통치 때 무력으로 아일랜드를 정복하기 시작했다. 서로 분열한 아일랜드 왕들 덕분에 헨리는 어부지리를 얻었다. 각각 코너트의 왕인 오코너 왕가와 라인스터의 왕인 맥머러 왕가는 서로 싸우다가 헨리에게 개입의 핑계거리를 가져다주었다. 특히 디아무이드 맥머러는 영국으로 도망쳐 헨리에게 충성을 맹세했다. 그리하여 1170년, 헨리는 아일랜드에게 노르만 질서를 강요하기 위해 강궁強弓이라고 알려진 리처드 피츠길버트의 지휘 아래 강력한 노르만 군대를 파견했다. 웩스포드 해안에 상륙한 리처드는 워터포드를 포위하고 어렵지 않게 더블린을 점령했다. 그 과정에서 헨리 2세는 카운티 티퍼러리의 록 오브 캐실에 열린 의식에서 아일랜드 대부분의 왕들로부터 경의와 충성 맹세를 받았다. 아일랜드 사람들은 겉으로는 복종했지만 성난 마음이 누그러지지 않았다. 당시 건축된 더블린 성과 그 밖의 아일랜드 도시를 둘러싸고 있는 요새는 오늘날까지 악독한 영국 지배의 상징이 되었다. 1547년, 헨리 8세가 수도원을 해체했을 때, 영국의 영향력에서 멀리 떨어져 있던 아일랜드 사람들은 그 화를 피하고 가톨릭에 충성할 수 있었다.

따라서 17세기 때의 아일랜드 문제는 주로 종교적 문제였다. 엘리자베스의 대對 아일랜드 전쟁은 아일랜드의 무질서를 끝내지 못했고 또 제임스 1세 치하에서 1611년, 스코틀랜드의 장로교 영주들은 타이론과 타이코넬 등 가톨릭 족장의 지역에 얼스터 식민을 조직적으로 실시했다. 1607년 폭동이 일어난 뒤에 아일랜드인의 땅은 몰수당했다. 새로운 정착민은 힘이 넘쳤고, 그들의 손에서 황야나 다름없는 극빈의 지역이었던 얼스터는 아일랜드에서 가장 번영하는 지역으로 탈바꿈했다. 장로교 영주를 제외하고, 땅을 빼앗긴 족장들은 결코 그 모욕을 잊지 않았다. 이러한 적개심은 아일랜드가 청교도 적에 맞서 비밀 가톨릭신자인 영국의 찰스 1세를 위해 1641년에 반란을 일으킨 근본적 원인이었다. 아일랜드 왕당파의 지속적인 불만 때문에 크롬웰은 1649년에 아일랜드 총독 겸 총사령관으로 임명되었다. 드로그다, 웩스포드의 유혈 학살이 여기에서 비롯하였으며, 크롬웰은 성공적으로 아일랜드 정복을 끝냈다. 크롬웰과 청교도 장교들이 순수하고도 진지한 개신교 신앙에 따라 행동했지만, 그들의 행동은 무자비하고 잔혹했으며, 아일랜드의 많은 가톨릭신자들은 오늘날까지 그들을 기억하고 미워한다. 아일랜드 가톨릭신자의 운명은 17세기 후반에도 별로 나아지지 않았다. 1690년, 가톨릭신자인 제임스 2세는 충성스러운 아일랜드 추종자들의 지지를 얻고, '보인 전투'에서 진군했지만 개신교도인 윌리엄 오브 오렌지에게 패배했고, 오렌지 공은 이후 영국의 윌리엄 3세가 되었다.

가톨릭 탄압은 1691년 리메릭 조약에서 맺은 관대한 약속을 위반하는 것이었지만, 18세기의 야만적인 형법은 아일랜드 가톨릭신자들을 힘으로 억압하면서, 가톨릭 신앙의 유지를 교묘하게 방해했다. 아일랜드 가톨릭신자들은 좋은 직업을 얻지도, 무기를 갖지도, 자녀를 가톨릭으로 가르치지도, 땅을 구입하거나 상속받지도 못했다. 가톨릭신자들은 100실링(5파운드) 이상 나가는 말을 소유할 수 없고, 가톨릭 성당은 교회 종을 울려 가톨릭신자들을 불러 모으지 못하게 뾰족탑의 건립이 허가되지 않았다. 개신교도인 딘 스위프트는 1724년에 이렇게 논평했다 — "가톨릭신자들은 정복자들에게 장작을 나르고 물을 길러다주는 사람이 되었습니다." 18세기 후반에 아일랜드 의회는 결국 해산하고 1800년에 영국과 아일랜드의 두 나라는 강제 합병되었다.

19세기에 아일랜드의 영국 주인들은 양심적인 노력을 기울여 가톨릭신자들의 불만을 누그러뜨리기 시작했다. 1829년, 그들은 정치적으로 해방된 뒤부터 가톨릭 학교를 설립했고, 아일랜드의 우수한 신학원은 보조금이 늘어났다. 1869년, 아일랜드의 개신교 교회는 폐지되었고 기부금의 많은 자금은 빈민구제에 쓰였다. 유감스럽게도 이런 양보에 의해서도 아일랜드가 가난에 찌든 후진국이라는 사실을 숨길 수 없었다. 1840년대 중반에 '감자 기근'이라는 충격파가 닥쳤는데, 감자에 의존하던 농업 인구가 무려 50퍼센트나 감소했다.

영국은 철도 건설과 같이 개선할 수 있는 분야를 실시하여 아일랜드 농산물의 상업화를 용이하게 했지만, 국가의 대부분 지역은 무기력과 결핍에 찌들었고, C. S. 퍼넬과 같은 아일랜드의 지도적 인물들은 정부의 활동을 형편없고 지지부진하다고 생각했다. 문제는 이제 정치화되었다. 영국 정부는 아일랜드 사람들에게 자치自治를 허용하는 노력을 세 번이나 진지하게 기울였지만, 이것은 영국의 주요 정당들을 심각하게 분열시키면서 일치된 해결안을 가로막았을 뿐이다. 따라서 아일랜드의 전면적인 독립운동은 신페인당(곧 '우리만으로'당)의 지도부 아래 압력을 가하기 시작했다. 분쟁은 1916년의 더블린 폭동과, 제1차 세계대전이 끝났을 때 아일랜드의 내전에서 절정에 이르렀다. 이 무렵, 제4차 자치법안은 의회에서 통과되었고, 주민 대부분의 희망에 따라 세워진 북 아일랜드 주는 여전히 영국과 연결되어 있었다.

북아일랜드 문제

이렇게 하여 북아일랜드 문제, 이른바 얼스터의 문제가 생겨나게 되었다. 북 아일랜드가 과거와 현재에도 영국의 인위적 산물이라는 것은 의심할 여지가 없다. 자치에 대한 얼스터(북아일랜드) 사람들의 저항은 제3차 자치 법안 당시에 시작되었다. 그때 영국과의 통합을 주장하는 얼스터는 영국의 통치 아래 남겠다는 결의를 선포했다. 그들은 영국의 보수당과 협력했고 이것은 북부에서 내전에 가까운 사태를 초래했다. 로이드 조지 영국 총리는 전쟁이 끝난 뒤 아일랜드 자치 정부에게 해주었던 영국의 약속을 지키려 했으나, 자신의 연립 정부에서 다수인 보수당의 반대에 봉착했다. 보수당의 완강한 반대를 극복할 수 있는 방법은 북아일랜드 개신교도들이 아일랜드와 관계를 끊고 영국의 통치 아래 남는 것뿐이었다. 그리하여 얼스터를 구성하는 북부 아일랜드의 6개 카운티는 개신교도 주민들과 함께 아일랜드에서 떨어져나갔다. 그들은 스토먼트의 의회와 함께 영국인으로 남은 반면, 아일랜드의 나머지는 사실상 독립을 얻었고, 영국 주권의 마지막 흔적은 1939년에는 사라졌다.

아일랜드 민족주의자들은 이런 상황을 흔쾌한 마음으로 받아들인 건 아니었다. 그들은 얼스터를 포함하는 아일랜드의 통일을 원했다. 아일랜드공화군Irish Republican Army은 민족주의 공동체 안에서 소수였지만, 민주적인 수단으로 북아일랜드를 재통합할 수 없다고 보고, 제2차 세계대전보다 훨씬 전에도 테러 폭력에 호소했다. 북아일랜드 개신교도들은 훨씬 더 강력한 공동체 의식을 발전시켰고, 오렌지 오더Orange Order(오렌지당, 북아일랜드에서 개신교도의 힘을 유지하기 위해 결성된 정치결사)를 활용하여 주택과 직업에서 가톨릭신자들을 차별하고, 부정투표를 하고, 지방정부의 경계선을 부당하게 뜯어고침으로써 입지를 강화했다.

1960년대 후반, 세계의 많은 곳에서 일어난 시민권운동이 북아일랜드의 가톨릭 소수파에게 강력하게 호소한 것은 놀랄 일이 아니었다. 가톨릭과 개신교 신자들은 처음에 서로 배척하지 않았다. 하지만 평화시위로 시작한 운동은 곧 과격해졌고, 법과 질서를 파괴하게 되었다. 종파주의가 고개를 쳐들고 등장했다. 서로 뒤섞여 살던 동네가 종파에 따라 분리되면서, 신앙의 소수파는 위협당하여 살고 있는 집과 어떤 경우에는 거리 전체를 포기해야만 했다. 개신교도와 가톨릭 신자들이 비교적 화합하면서 공존했던 구역은 서로 용납하지 않는 개신교도 동네 혹은 로마가톨릭 동네로 바뀌었다. 영국군이 질서를 유지하기 위해 파견되었다. 민족주의 공동체는 곧 영국군을 점령군으로 보았고, IRA는 영국군을 암살하기 시작했다. IRA는 저명한 개신교도와 북아일랜드 보안대 요원들도 공격의 표적으로 삼았다. 무차별 폭발과 폭탄이 사람들을 죽였다. 개신교도 과격파는 준군사 그룹을 조직하고 가톨릭신자들에게 보복 살인을 시작했다. 스토먼트는 분열되었고 절망적인 상태로 빠져들었다. 1972년, 영국은 얼스터를 직접 통치하기 시작했다.

그때부터 이 지역의 사망자는 4000명을 넘어섰다. '유혈의 일요일'(런던데리, 1972년)과 같은 비극으로 로마 가톨릭신자들은 분노했고, 에니스킬렌(1987년)과 같은 또 다른 비극은 개신교도의 분노를 샀다. IRA는 테러 지역을 북아일랜드 이외의 지역으로까지 확대했다. 1979년에 아일랜드공화국의 마운트배튼 경을 암살했고, 1984년에 브라이튼의 보수당 전당대회에서 마거렛 대처의 내각 전체를 몰살하려고 시도했다.

1972년부터 북아일랜드에 평화를 정착하려는 시도가 런던 정부와 더블린 정부의 밀접한 협력을 비롯하여 다양하게 이루어졌다. 당시까지 그들의 성공은 제한적이었다. 폭력은 강경한 입장을 초래한다. 대부분의 북아일랜드 사람들은 평화를 그리워한다. 하지만 극소수의 가톨릭신자들은 장기적으로 아일랜드의 완전 통일만을 받아들이려는 IRA와 신페인당을 지지한다. 따라서 IRA는 민주적인 주도권을 일축했고 1998년까지 폭력운동을 계속했다. 영국 정부가 북아일랜드의 많은 가톨릭신자들을 잔혹하게 탄압했다고 오해한 해외의 아일랜드 사람들은 IRA를 지지하고 자금을 크게 후원했다. 그들의 정치적 날개인 신페인당은 테러를 비난하지 않지만, 가끔은 정치적 정략으로 그들과 거리를 두기도 한다. 개신교도들은 다수이기 때문에 민주주의는 다수결원칙이라는 주장을 펴고 있고 또 영국인으로 남고 싶어 하기 때문에, 더블린의 통치 아래로 들어가는 해결책을 거부한다. 그동안 개신교도의 군사조직은 보복살인을 계속하고, 또 오렌지당원들은 윌리엄 3세의 300년 된 승리를 축하하는 전통적인 행진을 고수하고 있다. 이때 이 행렬은 전에는 개신교도의 동네였으나 지금은 가톨릭이 되어버린 동네를 통과한다. 영국 정부는 주민의 대다수가 달리 선택하지 않는 한, 북아일랜드를 영국 영토의 일부로 유지하겠다는 정책을 선언했다.

결국 1998년 성금요일, 정치가들은 타협을 끌어냈다. 곧 영국은 주권을 유지하지만, 더블린은 언젠가 국경을 넘나드는 기구를 통해 북아일랜드 문제에 어느 정도 발언권을 갖기로 한 것이다. 개신교 정당은 마지못해 이것을 받아들이면서, 협정이 그 지역에서 영국의 지속적인 통치를 보장한다고 생각했다. 한편 민족주의자들도 이 타협을 받아들이면서, 통일 아일랜드로 향하는 불가피한 중간 단계라고 보고 있다. 양쪽의 과격파는 협정을 맺은 뒤에도 얼마 동안 테러를 계속했지만, 1998년 8월의 오마하 폭탄 사건에서 22명이 죽고 수

백 명이 부상을 당하자 심한 반감을 샀고 대부분의 사람들은(심지어
는 과격파까지도) 폭력을 포기했다.

문제해결의 어려움

아일랜드 문제의 주된 장애는 얼핏 보기에 해결 가능한 것처럼
보이지만 실제로 아주 해결하기가 까다롭다. 1998년 6월에 북아일
랜드에서 실시된 선거는 예상한 것과 대동소이한 결과를 초래했다.
왕당파Unionist(얼스터가 영국과 통합되기를 바라는 세력)는 확실한 대다
수를 차지했고(하지만 처음의 예상보다 약간 적은 의석을 얻음), 민족주의
자들은 소수의 의석을 얻었다. 성금요일 협정에 대한 조건 중의 하
나는 양쪽의 무장해제였다. 왕당파는 합동위원회를 설립하기 전에,
민주적 절차를 약속한 당사자들이 무기를 포기함으로써 신의성실
을 보여야 하는 것을 원칙의 핵심이라고 말했다. 한편 민족주의자들
은 최근까지도 상대 쪽이 약속을 철저하게 준수하는지 의심하면서
합동위원회를 설립하게 된 뒤까지 무장해제를 하지 않았다. 그들은
많은 테러범들을 석방시키는 데 성공했지만 무장해제에 대한 합의
를 얻어낼 수 없었다. 두 가지 절차를 동시에 진행하려는 시도가 다
양하게 있었지만 성공하지 못했다. 민족주의자가 제시할 수 있는 최
선의 제안은 2000년 부활절까지 무장해제를 완료하겠다는 것이었
지만 왕당파는 마음속으로 이 제안을 의심했다. 마찬가지로 패튼 보
고서가 나온 뒤에 얼스터 보안대의 이름을 바꾸고 개혁하려는 제안
은 양쪽이 반대했다. 그동안 2000년 부활절 기한의 합동위원회는 설
립되었으나 정회되었다가 2000년 중반에 다시 설립되었다.

2001년, 양쪽에서는 극단주의와 편협한 고집이 이어졌고 북아일

랜드 지방의회는 붕괴 직전까지 휘청거렸다. 교착상태는 계속되었고 양쪽에서는 번갈아 산발적인 암살과 폭탄 투척을 자행했다. 가톨릭신자들은 오렌지 의식에서 개신교도의 행진을 봉쇄했는데 그들이 '자신들의' 길을 통과하기 때문이고 개신교도들은 가톨릭 여학생들이 초등학교에 가는 길을 막았는데 '자신들의' 등교 길을 방해하기 때문이었다. 왕당파의 정당은 신페인당이 즉각적으로 공개적이고 실질적인 무장해제를 시작하지 않는다면 의회에서 신페인당의 의원들을 축출하라고 요구했다. 반면 신페인당은 협정을 방해하려는 왕당파를 비난하고, 무장해제를 하지 않더라도 적어도 무기를 '실증적으로 사용하기 어렵게' 하겠다고 제의했다. 양쪽은 교착상태를 상대방의 불신과 애매모호한 태도 탓이라고 주장했다. 쌍방의 입장은 강경했다.

성금요일의 협정Good Friday agreement이 북아일랜드에서 영구정착의 기초가 되겠는지 여부는 두고봐야 한다. 미래는 길조가 아니다. 아일랜드 통일에 대한 민족주의자들의 요구는 타협을 허용하지 않는다. 만약 그들이 목표에 대한 진전이 지지부진하다고 하여 다시 투쟁에 나선다면 그들의 적 또한 반격에 나설 것이다. 왜냐하면 왕당파는 민족주의자들이 뭐라고 말하든 그 말을 진심으로 믿지 않기 때문이다. 반면에 민족주의자들이 무장해제하는 척할 뿐 민주적 원칙을 진지하게 지키지 않는다고 의심된다면, 왕당파는 평화적 과정 전체를 저버릴 수 있다.

두 당사자의 입장은 타협할 수 없다.

당사자 한쪽이 받아들일 수 있고 필요하다고 보는 것을 다른 쪽은 아예 도외시한다. 영국 정부—때때로 외부의 옵서버들도 그렇게 말하지만—는 이 골치 아픈 지역에서 책임을 포기하고 두 당사자가 스스로 해결을 찾아낼 때까지 싸우도록 방치하려는 유혹을 느끼지만, 그것은 온 사방에서 반대하고 있다. 그것은 교양 있는 사람들이 볼 때 비도덕적이고 불쾌할 뿐 아니라 해결은커녕 폭력을 증가시킬 뿐이다. 아일랜드공화국 정부도 아일랜드 전체 민족에 관한 문제이므로 이 문제에 참여할 수밖에 없다는 생각을 가지고 있다.

영국과 아일랜드가 아무리 후회하고, 양쪽의 온건파가 아무리 살인을 싫어하고 평화와 질서의 회복을 그리워하더라도, 왕당파와 민족주의자들의 태도는 추가 타협이 쉽지 않다. 평화적 타결을 바라는 대다수의 소망이 이처럼 무시되고 있으므로, 뭔가 획기적인 변화가 없는 한 현 단계에서 아일랜드 문제의 해결은 요원하다.

참고문헌

여기에는 두 가지 참고문헌 리스트가 있다. 하나는 역사학도와 좀더 깊이 알려고 하는 독자들을 위한 일반 리스트이고, 다른 하나는 저자들이 이 책의 본문을 집필하면서 참고했던 책들의 리스트이다.

일반 리스트

영국 역사

Gash, Norman, *Aristocracy and People: Britain 1815–1865* (Edward Arnold, London, 1979)

Gregg, Pauline, *A Social and Economic History of Britain, 1760–1972* (Harrap, London, 1973)

James, R.R., *The British Revolution: British Politics 1890–1939* (Methuen, London, 1977)

Langford, Paul, *England, 1727–1783* (OUP, 1989)

Mowat, Charles Loch, *Britain between the Wars, 1918–1940* (Methuen, London, 1959)

Oxford series :

Steven watson, J., *The Reign of george III* (Clarendon Press, Oxford, 1960)

Woodward, E.L., *The Age of Reform, 1815-1870* (Clarendon Press, Oxford, 1954)

Ensor, R.C.K., *England, 1870–1914* (Clarendon Press, Oxford, 1952)

Taylor, A.J.P., *English History, 1914–1945* (Clarendon Press, Oxford, 1965)

Read, Donald, *England, 1868–1914, The Age of Urban Democracy* (Longman, London, 1979)

Seaman, L.C.B., *Victorian England: Aspects of English and Imperial History, 1837–1901* (Methuen, London, 1973)

Seaman, L.C.B., *Post-Victorian Britain, 1902–1951* (Methuen, London, 1966)

제국과 영연방

McIntyre, W.D., *Colonies Into Commonwealth* (Blandford, London, 1966)

Miller, J.D.B., *The Commonwealth and the World* (Duckworth, London, 1965)

Watson, Jack, *Empire to Commonwealth, 1919–1970* (Dent, London, 1970)

유럽 역사

Blandford History series:

Leslie, R.F., *The Age Transformation, 1789–1871* (London, 1975)

Western J.W., *The End of the European Primacy, 1871–1945* (London, 1965)

Bullock, Alan, *Hitler and Stalin: Parallel Lives* (HarperCollins, London and Alfred A. Knopf, New York, 1991)

Collins, Irene, *The Age of Progress: A Survey of European History between 1789 and 1871* (Arnold, London, 1964)

McCauley, Martin, *The Soviet Union, 1917–1991* (Longman, London, 1993)

Schama, Simon, *Citizens: A Chronicle of the French Revolution* (Penguin, London and New York, 1989)

Seton-Watson, Hugh, *The russian Empire, 1801–1917* (Clarendon Press, Oxford, 1967)

Shirer, William L., *The Rise and Fall of the third Reich* (Pan Books, London, 1964)

Taylor A.J.P., *The Struggle for Mastery in Europe, 1848–1914* (OUP, Oxford, reprinted 1965)

Tulard, J., *Napoleon* (Methuen, London, 1985)

Westwood, J.N., *Russia, 1917–1965* (Batsford, London, 1966)

미국 역사

Morison, S.E., Commager, W.E., and Leuchtenburg, H.S., *Growth of the American republic* (two volumes, OUP, Oxford, London and New York, 7th edition, 1980)

Moss, George, *America in the Twentieth Century* (Prentice Hall, New Jersey, 1989)

Snowman, Daniel, *America Since 1920* (Heinemann, London, 1968)

세계 역사

Ambrose, Stephen E., *The rise to Globalism* (Allen Lane, New York, 5th Ed., 1972)

Gilbert, Martin, *A History of the Twentieth Century* (three volumes, HarperCollins, London, 1999)

______ , *The Second World War* (Guild Publishing, London, 1989)

Johnson, Paul, *A History of the Modern World, 1917 to the 1980s* (Wiedenfeld & Nicolson, London, 1983)

Watson, Jack (ed. O'Leary, Brendan), *World History Since 1945* (Murray, London, 1989)

참고문헌 리스트

영국 역사

Becket, J.C., *A Short History of Ireland* (Hutchinson, London, 5th edn., 1973)

Blake, Lord Robert, *Disraeli* (Eyre & Spottiswoode, London, 1966)

Curtis, R., *A History of Ireland* (Methuen, London, 6th edn., 1973)

Dangerfield, George, *The Strange Death of Liberal England* (Paladin, London, reprinted 1970)

David, Saul, *The Homicidal Earl* (Little, Brown, London, 1997)

Evans, Eric, *The Forging of the Modern State: Early Industrial Britain, 1783–1870* (Longman, London and New York, 1983)

Fussell, Paul, *The Great War and Modern Memory* (OUP, Oxford, 1975)

Gash, N., *Peel* (Longman, London and New York, 1972)

Grigg, J., *Lloyd George, the People's Champion, 1902–1911* (Eyre Methuen, London, 1978)

Hammond, J.L. and Barbara, *The Bleak Age* (Pelican, London and New York, 1947)

James, Robert Rhodes, *Albert, Price Consort: A Biography* (Hamish Hamilton, London, 1983)

James, Robert Rhodes, *Anthony Eden* (Wiedenfeld & Nicolson, London, 1986)

Letwin, S.R., *The Anatomy of Thatcherism* (Fontana, London, 1982)

Lewis, M., *The History of the British Navy* (Penguin, London and Baltimore, 1957)

Magnus, Philip, *Gladstone* (Murray, London, 1954)

Paxman, Jeremy, *The English, the Portrait of a People* (Penguin, London, 1999)

Reilly, Robin, *Pitt the Younger* (Cassell, London, 1978)

Sawyer, Roger, *Roger Casement's Diaries: The Black and the White* (Pimlico, London, 1997)

Simpson, C., *Lusitania* (Longman, London, 1972)

Skidelsky, Robert, *Politicians and the Slump: The Labour Government of 1929–1931* (Pelican, London, 1967)

Strachey, Lytton, *'Florence Nightingale' in Eminent Victorians* (Penguin, London, 1948)

Taylor, A.J.P., *The First World War* (Hamish Hamilton, London, 1963)

Turner, E.S., *Roads to Ruin; The Shocking History of Social Reform* (Michael Joseph, London, 1950)

제국과 영연방

Cross, Colin, *The Fall of the British Empire, 1918–1968* (Hodder & Stoughton, London, 1968)

Grierson, Edward, *The Imperial Dream, British Commonwealth and Empire, 1775–1969* (William Collins, London, 1972)

Jeffries, Sir Charles, *The Transfer of Power, Problems of the Passage to Self-Government* (Pall Mall Press, London, 1960)

Macmillan, W.M., *The Road to Self-Rule: A Study in Colonial Evolution* (Faber, London, 1959)

유럽 역사

Almedigen, E.M., *Emperor Alexander II* (Bodley Head, London, 1962)

Glorney Bolton, J.R., *Roman Century, 1870–1970* (Hamish Hamilton, London, 1970)

Bower, Tom, *Blind Eye to Murder: Britain, America and the Purging of Nazi Germany: A Pledge Betrayed* (André Deutsch, London, 1981)

Conquest, Robert, *Lenin* (Fontana/Collins, London, 1972)

Cooper, Duff, *Talleyrand* (Jonathan Cape, London, reprinted 1958)

De Jonge, A., *Stalin* (Fontana/Collins, Glasgow, 1986)

Farquharson, John, *Explaining Hitler's Germany: Historians and the Third Reich* (Croom Helm, London, 1983)

Fest, Joachim, *The Face of the Third Reich* (Wiedenfeld & Nicolson, London, 1970)

Harris, Robert, *Selling Hitler: the Story of the Hitler Diaries* (Faber & Faber, London and Boston, 1986)

Koch, H.W., *In the Name of the Volk: Political Justice in Hitler's Germany* (Tauris, London, 1989)

Lewis, Gwyn, *The Frency Revolution: Rethinking the Debate* (Routledge, London and New York, 1993)

Loomis, Stanley, *Paris in the Terror* (Jonathan Cape, London, 1964)

Mack Smith, D., *The Making of Italy, 1796–1970* (Macmillan, London, 1968)

Mansergh, Nicholas, *The Coming of the First World War: A Study in European Balance* (Longmans, London and New York, 1949)

Rudé, George, *The Crowd in the French Revolution* (OUP, Oxford and London, 1959)

Taylor, A.J.P., *The Course of German History* (Hamish Hamilton, London, 1945)

Thomas, Hugh, *The Spanish Civil War* (Hamish Hamilton, London, 1977)

Thorne, C., *The Approach of War* (Macmillan, London and New York, 1967)

Vovelle, Michel, *The Fall of the French Monarchy* (CUP, London, 1974)

Williamson, D.G., *The Third Reich* (Longman, Studies in History series, London, 1982)

미국 역사

Banks, *Ann Third Person America* (Vintage Books, New York, 1981)

Boromé, Joseph A., 'The Evolutionary Controversy' in *Essays in American Historiography* (Sheehan & Syrett, Colombia, New York and London, 1960)

Boyer, Richard O., *The Legend of John Brown: A Legacy and a History* (Alfred A. Knopf, New York, 1972)

Brogan D.W., *Abraham Lincoln* (Duckworth, London, 1974)

Cannon, Lou, *Reagan* (Putnam/Perigee, New York, 1982)

Graebner, Norman A., *A Manifest Destiny* (Bobbs-Merrill, Indianapolis, Indiana, 1968)

Jonas, Manfred, *Isolationism in America, 1935–1941* (Imprint publications, Chicago, 1990)

Leuchtenburg, W.E., *Franklin roosevelt and the New Deal* (in New American Nation series, Harper & row, London and Glasgow, 1986)

Manchester, William, *The Death of a President* (World Books, London, 1968)

Managhan, J., *Custer: The Life of General George Armstrong Custer* (University of Nebraska Press, Lincoln and London, 1971)

Parish, Peter J., *The American Civil War* (Eyre Methuen, London, 1975)

Prange, Gordon W., *Pearl Harbour: The Verdict of History* (Penguin, London, 1991)

Tefertiller, Casey, *Wyatt Earp, the Life Behind the Legend* (Wiley, London, 1997)

White, Theo H., *Breach of Faith: The Fall of Richard Nixon* (Cape, London, 1975)

세계 역사

Brody, Richard L., *Strategical Defence in NATO Strategy* (National Institute for Strategical Studies, London, 1987)

Higgins, Hugh, *The Cold War* (Heinemann Educational, in Studies in Modern History series, London, 1983)

Marquand, Leo, *The Peoples and Policies of South Africa* (OUP, London, 1966)

Rayner, E.G., *The Cold War* (Hodder & Stoughton, in History at Source series, London, 1992)

Watson, Jack (ed. O'Leary, Brendan), *World History since 1945* (Murray, London, 1989)

White, Stephen, *Gorbachev and After* (CUP, London and New York, 1996)

자

차

카

타